MEIGUO HUAREN SHEQU
YUE FANGYAN YU WENHUA YANJIU

美国华人社区粤方言与文化研究

陈晓锦 著

（下册）

·广州·

版权所有　翻印必究

图书在版编目（CIP）数据

美国华人社区粤方言与文化研究：全二册/陈晓锦著．—广州：中山大学出版社，2023.3

ISBN 978-7-306-07628-1

Ⅰ.①美…　Ⅱ.①陈…　Ⅲ.①粤语—方言研究—文化研究—美国　Ⅳ.①H178

中国版本图书馆CIP数据核字（2022）第186312号

出 版 人：	王天琪
策划编辑：	高　洵
责任编辑：	高　洵
封面设计：	曾　斌
责任校对：	陈　霞
责任技编：	靳晓虹
出版发行：	中山大学出版社
电　　话：	编辑部 020-84110779，84110283，84111997，84110771
	发行部 020-84111998，84111981，84111160
地　　址：	广州市新港西路135号
邮　　编：	510275　传　真：020-84036565
网　　址：	http：//www.zsup.com.cn　E-mail：zdcbs@mail.sysu.edu.cn
印　刷　者：	恒美印务（广州）有限公司
规　　格：	787mm×1092mm　1/16　55.25 印张　1342 千字
版次印次：	2023年3月第1版　2023年3月第1次印刷
定　　价：	298.00元（全二册）

如发现本书因印装质量影响阅读，请与出版社发行部联系调换

3.2.1.2　美国华人社区粤方言创新词研究

我们曾在《东南亚华人社区汉语方言概要》(世界图书出版公司广东有限公司，2014)词汇一章，分析过东南亚十国华人社区闽、粤、客方言的创新词，谈到东南亚华人的创新词，使人"不难感受到东南亚华人社区汉语方言词汇勃发的活力，这些国内同一方言所无的词语令人耳目一新，创新词包容了诸多指代东南亚特殊的地理气候物产、文化经济风俗的信息，包容了华人的智慧和创造力"，指出东南亚华人闽、粤、客方言的创新词丰富多彩，其既具有双面性、包容性、方言性、地域性，也还有变化，甚至有很强的能产性。

与东南亚华人社区的创新词相比，美国华人社区粤方言台山话和广府话的创新词也相当丰富，也同样令人耳目一新。不过，不难发现，创新中主要是"旧词新说"的多，即采用新创的说法指称祖籍地也有的旧事物的居多，表示祖籍地没有的事物的新词则相对较少。这与东南亚华人社区的创新词有大量反映居住国气候、环境、物产、文化经济风俗习惯等有差别。

从上述的新词语中，我们也不难发现美国华人的创新词具有的另一个独特特点：创新有随意性和不定性。也就是说，除了少数几个例外，如表示汉语普通话"周末"的"拜尾"一说，表示美国特有的节日的"鬼仔节$_{万圣节}$""火鸡节$_{感恩节}$""执蛋节$_{复活节}$"等被两种粤方言多点使用以外，不同的地点、不同的人在不同的场合，甚至同一个人在不同的场合，对同一事物都可以有不同的创新。这方面也与东南亚华人社区的创新词不一样，东南亚华人社区的创新词往往是在某个国家的整个华人社区，甚至几个不同国家的华人社区，使用同一汉语方言的华人中比较固定，且广泛流通，是大家都使用的。也有的是东南亚使用不同的汉语方言，使用闽、粤、客方言的华人都使用的。上文曾经提到的，表示"超车"的"割车"就是一个例子。此外，还有表示"放在饮料里的冰粒"的创新词"雪底"（有关东南亚华人社区汉语方言这方面的表现，参见陈晓锦《东南亚华人社区汉语方言概要》，2014）。

不知是否还需要经过一段时间的流通和磨合，美国华人粤方言台山话和广府话的创新词才能有所稳固，现如今的这种状况不知是否可以归结为是创意时代的新表现。也许这也与方言的式微有关。在方言逐渐式微，使用英语或者汉语普通话即可顺畅交流的时代，语码转换的方便使人们对方言词语的创新也不那么在意了，而语言、方言的创新也是需要"追风"，需要"追捧"才能最终在语言、方言中扎稳脚跟，成为语言、方言词汇库中的一员的。

从某一方面来说，词汇的创新能够反映语言、方言的活力。因此，从整体来看，美国华人社区汉语粤方言的活力显然远不如东南亚华人社区的汉语方言。

本节将特别分析探讨美国华人常用的表达词语的方式，分析研究美国华人颇有特色的时间词表达方法，分析研究美国华人有关牲畜性别的表述方法。希望这些有限的研究能使大家进一步感知美国华人社区的汉语方言词汇，感知华人社区的粤方言台山话、广府话。

3.2.1.2.1 美国华人常用的两种词语表达方式研究

表达语义、解释词义的方式多种多样，人们通常可根据文字交际或口头交际的需要，采用对释式、定义式、描写式、说明式、图表式、综合式、义素分析式、原型释义式等解释词语的方法，也可以采用直观释词、举例释词、造句释词、语素释词、语境释词、新旧联系释词、比较释词、引申释词、比喻释词、溯源释词、同义释词、反义释词等各种方法。

但是本节我们所要阐释的美国华人常用的两种词语表达方式，不同于以上所列的解释词语的常规方法，而是美国华人社区粤籍华人所使用的广府话和台山话在日常交际中表达词语的两种方式：趋繁的解释式表达，以及趋简的合并式表达。

美国是位于北美洲的大国，华人移民这个国家的历史几达200年，美国的主流语言是英语，华人社区主要通行的汉语方言是粤方言台山话和广府话，且华人社区的通用汉语方言经历了一个从以粤方言"台山话为主"，到粤方言"广府话超前"的变化。

调查显示，美国三藩市、洛杉矶、纽约、芝加哥、俄勒冈州波特兰、得州的圣安东尼奥和休斯敦华人的粤方言台山话、广府话不但相互之间有很多相同点，与祖籍地的源方言也有很多相同点，但是，由于受到英语和华人社区内的华语，以及其他汉语方言等的影响，两国华人对汉语方言的掌握程度及使用的熟练程度均有所下降，华人在运用粤方言台山话和广府话交际时，如碰到要阐述的内容含有不知道该如何以方言诉说，或应该采用什么方言词等问题时，通常都会转而采用两种特殊的方式表达：一是代之以解释的方式（下称"解释式"），二是以义同、义近、同类合并的词代替的方式（下称"合并式"）表述。

这两种表达方式，一种趋繁，一种趋简，风格迥异，却是美国华人在说汉语方言时经常使用的表达方式，反映了粤方言台山话、广府话在北美这个国家生存状态的一个方面。

本节尝试归纳、分析美国华人社区粤方言的这两种词语表达方式。用以分析的方言材料均为笔者田野调查所得的第一手材料，用以比较的广东广州话、台山话材料也出自笔者的实地调查。

3.2.1.2.1.1 解释式表达

传统训诂学中有一种根据词语的上下文解释词义的注疏方式——"随文释义"。与此相通的，是今人解释词语时常用的"随例释义"，即随语境解释词义的方式。中国社会科学院语言研究所词典编辑室编撰的《现代汉语词典》的释义也是采用这种方式。不过，无论是"随文释义"还是"随例释义"，主要的目的都不是为了概括词的固定意义，而是为了对词语在特定语境中的含义做出解释，以求交际畅通。

从某种意义上看，美国土生华人在使用汉语方言口头交际时（土生华人大都不识汉字），经常采用带有概括意味的短语来解释词条，这种解释的表达方式与"随文释义""随例释义"也有相通之处，都是华人为了表情达意临时采用的方式，而不是词语意义的固定表达。因此，不同的发音人在同一语言环境中，和相同的发音人在不同的语言环境中、在不同的时间里，对同一意思的表达都可能并不完全一致，而是往往带有一定的随意性。

（1）各点特殊说法举例。

日常交际中，华人以解释的方式表达的例子非常多，综观我们收集到的材料，这类例子在释义清晰度方面可以分为3类：一是表述的含义大致明确的，二是表述的含义离开具

第3章 美国华人社区汉语粤方言词汇研究

体的语言环境会产生歧义的,三是表述的含义离开具体的语言环境就难以估摸的。

鉴于有的点没有采集到例子,且各点采集到的例子也不一致,以下的阐述,我们采用分点举例的方式,精选各点的一些例子,对比普通话、英语,以及华人祖籍地方言粤方言广东广州话、广东台山话的说法,其中,华人的方言说法标注国际音标,广东广州话和台山话的说法也会加注国际音标,以资对比,必要的注释则以下标的小字注明。

第一类,表述的含义是大致明确的。此类表达虽然没有单个的词简洁明了,但含义较明确,离开具体的语言环境也能表述相对清楚的含义。

台山话中此类表达如下:

普通话	英语	广东台山话	三藩市台山话
山体滑坡	landslide	山泻 san^{33}ɬia^{55}	个山冧咗 $_{直译:(那)座山崩塌了}$ kɔ^{31} san^{44}lam^{44}tsɔ^{55}
左撇子	left-handed person	左手□ tɔ^{55}siu^{55}kaŋ^{33}	用左手$_{左撇子}$ juŋ^{31}tɔ^{55}siu^{55}

普通话	英语	广东台山话	洛杉矶台山话
求援	seek help	喊救命 ham^{33}kiu^{33}miaŋ^{22}	喊帮手 $_{直译:叫人帮忙}$ ham^{44}pɔŋ^{55}siu^{55}
从小	from childhood	从细 tʰəŋ^{22}ɬai^{31}	出世至嗰时 $_{直译:(从)出生直到那个时候}$ tsʰut^{5}ɬai^{21}tsi^{21}kɔ^{55}si$^{22-35}$
分期付款	installment	分期付款 fun^{33}kʰi^{22}fu^{31}fun^{55}	个个月畀钱 $_{直译:每个月给钱}$ kɔ^{44}kɔ^{44}ŋut^{2}i^{55}tʰɛn$^{22-35}$
华人与外国人生的孩子	a child whose parents are a Chinese and aboriginal	杂种仔$_{贬}$ tap^{2}təŋ^{55}tɔi^{55}	一半唐人 ŋit^{5}pɔn$^{44-21}$hɔŋ^{22}ŋin^{22}

普通话	英语	广东台山话	纽约台山话
鹅卵石	cobblestone	鹅卵石 ŋɔ^{22}lun^{55}siak^{2}	圆圆个$_{的}$石仔 jɔn^{22}jɔn^{22}kɔ^{44}sɛk^{2}tɔi^{55}
稀客	occasional visitor	稀客 hei^{33}hak^{3}	好少见嗰人 $_{直译:很少见到的人}$ hou^{55}ɬɛu^{55}kin^{44}kɔ^{44}jan^{22}

普通话	英语	广东台山话	芝加哥台山话
约会	dating	约会 jak³vɔi³¹/搣草仔 意：(恋人约会时，坐在草地上）边聊天边拔草 maŋ³³ tʰou⁵⁵tɔi⁵⁵	勾仔勾女 直译：撩男孩撩妹子 kʰiu⁴⁴tɔi⁵⁵kʰiu⁴⁴nui⁵⁵
握手	shake hands	拉手 lai³³ɬiu⁵⁵	拉下手 lai⁴⁴ha⁵⁵siu⁵⁵
耍赖	ask people pay back the money	追数 tsui³³ɬu³³⁻³⁵	攞返啲银 直译：拿回(那)些钱 hɔ⁵⁵fan⁴⁴ti⁴⁴ŋan²²⁻³⁵

普通话	英语	广东台山话	波特兰台山话
平房	bungalow	平房 pʰen²²fɔŋ²²	一层屋 直译：(只有)一层的房子 jit⁵tʰaŋ²²uk⁵
左撇子	left-handed person	左手□ tɔ⁵⁵siu⁵⁵kaŋ³³	左手人 tɔ⁵⁵siu⁵⁵jan²²
网聊	online chat	网聊 mɔŋ³¹⁻⁵⁵liau²²	上网倾偈 直译：上网聊天 sɛŋ³¹mɔŋ⁵⁵kʰeŋ⁴⁴kai⁵⁵
透支	overdraw	透支 heu³³tsi³³	用过龙 直译：用过头 juŋ³¹kuɔ⁴⁴luŋ²²

普通话	英语	广东台山话	圣安东尼奥台山话
寡妇	widow	寡妇 ka⁵⁵fu³¹⁻³⁵	冇老公 直译：没有丈夫 mou⁵⁵lou⁵⁵kuŋ⁴⁴
稀客	occasional visitor	稀客 hei³³hak³	好少嚟 直译：很少来 hou⁵⁵siu⁵⁵lɔi²²

广府话中此类表达如下：

普通话	英语	广东广州话	三藩市广府话
火炭	burned charcoal	炭 tʰan³³	烧咗嘅炭 直译：烧过了的炭 siu⁵⁵tsɔ³⁵kɛ³³tʰan³³
蓝领	blue-collar	蓝领 lam²¹liaŋ¹³	用力做嘢嘅 直译：用力干活的 juŋ²²lek²tsou²²jɛ¹³kɛ³³

普通话	英语	广东广州话	三藩市广府话
磨 名词	mill	磨 mɔ²²	磨嘢嘅机器 直译：磨东西的机器 mɔ²²jɛ¹³kɛ³³kei⁵⁵hei³³
待命	await orders	待命 tɔi²²mɛŋ²²	等安排 taŋ³⁵ɔn⁵⁵pʰai²¹
平房	bungalow	平房 pʰeŋ²¹fɔŋ²¹	一层屋 直译：(只有)一层的房子 jɐt⁵tsʰɐn²¹ŋuk⁵

第3章 美国华人社区汉语粤方言词汇研究

普通话	英语	广东广州话	三藩市广府话
一向	has always been	不溜 pɐt⁵lɐu⁵⁵	时时都係咁 _{直译:常常都这样} si²¹si²¹tou⁵⁵hɐi²²kɐm³⁵
马厩	stable	马房 ma¹³fɔŋ²¹	围马地方 _{直译:关马的地方} wɐn³³ma¹³tei²²fɔŋ⁵⁵
羊圈	sheepfold	羊栏 jœŋ²¹lan²¹⁻⁵⁵	围羊地方 _{直译:关羊的地方} wɐn³³jœŋ²¹tei²²fɔŋ⁵⁵
猪圈	sty	猪栏 tsy⁵⁵lan²¹⁻⁵⁵	围猪地方 _{直译:关猪的地方} wɐn³³tsy⁵⁵tei²²fɔŋ⁵⁵
一种很辣的小辣椒	a spicy pepper	指天椒 tsi³⁵tʰin⁵⁵tsiu⁵⁵	一种好辣嘅小辣椒 jɐt⁵tsuŋ³⁵hou³⁵lat²kɛ³³siu³⁵lat²tsiu⁵⁵

普通话	英语	广东广州话	芝加哥广府话
气味	smell	味 mei²²	闻嘅味道 _{直译:闻的味道} mɐn²¹kɛ³³mei²²tou²²
夹生饭	half-cooked rice	生米 saŋ⁵⁵mɐi¹³	未熟嘅饭 _{直译:没熟的饭} mei²²suk²kɛ³³fan²²
勾结	collusion	勾结 ŋɐu⁵⁵kit³	偷偷哋合作 _{直译:偷偷地合作} tʰɐu⁵⁵tʰɐu⁵⁵tei³⁵hɐp²tsɔk²
一向	has always been	不溜 pɐt⁵lɐu⁵⁵	永远都係 _是 wɐŋ¹³jyn¹³tou⁵⁵hɐi²²
休闲装	casual wear	休闲装 jɐu⁵⁵han²¹tsɔŋ⁵⁵	轻松着嘅衫 _{直译:轻松穿的衣服} hɐŋ⁵⁵suŋ⁵⁵tsœk³kɛ³³sam⁵
平房	bungalow	平房 pʰeŋ²¹fɔŋ²¹	单层屋 _{直译:(只有)一层的房子} tan⁵⁵tsʰɐn⁵⁵ŋuk⁵
车库销售	garage sale		摆係门口卖嘢 _{直译:摆在门卖东西} pai³⁵hɐi³⁵mun²¹hɐu³⁵mai²²jɛ¹³
微博	microblogging	微博 mei²¹pɔk²	上网写嘢 _{直译:上网写东西} sœŋ¹³mɔŋ¹³sɛ³⁵jɛ¹³
启蒙	enlighten	启蒙 kʰɐi³⁵muŋ²¹	教精人 _{直译:教人精明} kau³³tsɛŋ⁵⁵jɐn²¹

普通话	英语	广东广州话	波特兰广府话
难产	dystocia	难产 nan²¹tsʰan³⁵	生唔出 直译:生不出来 saŋ⁵⁵m̩²¹tsʰœt⁵
生手	layman	生手 saŋ⁵⁵sɐu³⁵	唔熟行 直译:不熟行 m̩²¹suk²hɔŋ²¹
难产	dystocia	难产 nan²¹tsʰan³⁵	生唔出 直译:生不出来 saŋ⁵⁵m̩²¹tsʰœt⁵

第二类，表述的含义若离开具体的语言环境会产生歧义。此类表述通常含有两个或两个以上的义项，所表述的含义视语境而定。

台山话中此类表达如下：（条目中的下标小字表示华人说法的含义和可能产生的歧义义项，下同）

普通话	英语	广东台山话	三藩市台山话
光膀子	light arm	□剥□肋 hɔt³pak³tsi³³lak²	冇衫着 mou²²sam⁴⁴tsɛk³ ①没有衣服穿；②光膀子

普通话	英语	广东台山话	洛杉矶台山话
水涝	waterlogging	浸浪 tim³³lɔŋ³¹	浸水 tim⁴⁴sui⁵⁵ ①泡在水中；②淹水了
同学	classmate	同学 tʰəŋ²²hɔk²	学生朋友 hɔk²saŋ⁴⁴pʰaŋ²²jiu²¹ ①学生的朋友；②同学
信号	signal	信号 ɬin³³hau³¹	红火绿火 huŋ²²fɔ⁵⁵luk²fɔ⁵⁵ ①红绿灯；②信号；③红光绿光
光屁股	naked	䐥光光 lin³³kaŋ³³kaŋ³³	冇衫 mou⁵⁵⁻³⁵sam⁴⁴ ①没有衣服；②没穿衣服
近视	myopia	近视 kai³³kai³³／四眼 ɬei³¹⁻²¹ŋan⁵⁵	唔不好眼 m̩²²hɔ⁴⁴ŋan⁵⁵ ①眼睛不好；②近视
老花	presbyopia	老花 lou⁵⁵fa³³	唔不好眼 m̩²²hɔ⁴⁴ŋan⁵⁵ ①眼睛不好；②老花

普通话	英语	广东台山话	纽约台山话
休闲装	casual wear	休闲装 hiu³³han²²tsɔŋ³³⁻³⁵	平常衫 pʰeŋ²²sɛŋ²²ɬam⁴⁴ ①平时穿的衣服；②休闲装
蝌蚪	tadpole	蛤筊鲶 kep⁵kuai³³niam²²	田鸡仔 hɛn²²kai⁴⁴tɔi⁵⁵ ①小青蛙；②蝌蚪

第3章　美国华人社区汉语粤方言词汇研究

普通话	英语	广东台山话	芝加哥台山话
淋雨	be exposed to the rain	昇水洗 ɛi⁵⁵sui⁵⁵sai⁵⁵	洗湿哂ɬai⁵⁵siap⁵sai⁴⁴ ①（东西）洗湿了；②被雨淋湿了
购物	shopping	买嘢 mai³³je⁵⁵	行公司 haŋ²²kuŋ⁴⁴łu⁴⁴ ①逛百货公司；②去买东西

普通话	英语	广东台山话	波特兰台山话
戒口	avoid certain food	禁口 kʰim³³heu⁵⁵	唔不好喫 m̩²²hou⁵⁵hɛt³ ①不好吃；②别吃；③戒口

普通话	英语	广东台山话	圣安东尼奥台山话
天旱	drought	天旱 hen³³hɔn⁵⁵	冇没有水落 mou³¹sui⁵⁵lɔk² ①没有雨下；②天旱

广府话中此类表达如下：

普通话	英语	广东广州话	三藩市广府话
斋戒	fasts	斋戒 tsai⁵⁵kai³³	唔不食嘢 m̩²¹sek²jɛ¹³ ①不吃东西；②斋戒
盘点	inventory	盘点 pʰun²¹tim³⁵	数嘢 sou³⁵jɛ¹³ ①数东西；②盘点

普通话	英语	广东广州话	洛杉矶广府话
年初一	the first day of Chinese New Year	年初一 nin²¹tsʰɔ⁵⁵jɐt⁵	新年第一日 sɐn⁵⁵nin²¹tai²²jɐt⁵jɐt² ①元旦；②农历年第一天
月初	beginning of the month	月初 jyt²tsʰɔ⁵⁵	呢个月第一个星期 ni⁵⁵kɔ³³jyt²tɐi²²jɐt⁵kɔ³³sɐŋ⁵⁵kʰei²¹ ①这个月第一个星期；②月初

普通话	英语	广东广州话	纽约广府话
饭厅	dining room	饭厅 fan²²tʰɛŋ⁵⁵	食饭地方 sek²fan²²tei²²fɔŋ⁵⁵ ①饭厅；②食堂；③饭店
瘫痪	stroke	瘫痪 tʰan⁵⁵wun²²	唔郁得避 m̩²²uk³ak⁵ ①不能动；②瘫痪

普通话	英语	广东广州话	芝加哥广府话
孵小鸡	hatching chicks	菢鸡仔 pou²² kɐi⁵⁵ tsɐi³⁵	生鸡仔 saŋ⁵⁵ kɐi⁵⁵ tsɐi³⁵ ①小公鸡，广州话"生鸡"指公鸡；②孵小鸡
蝌蚪	tadpole	蝌蚪 fɔ⁵⁵ tɐu³⁵	BB青蛙 pi²¹ pi⁵⁵ tsʰeŋ⁵⁵ wa⁵⁵ ①小青蛙；②蝌蚪
侧身睡	sleep sideways	侧身瞓 tsɐk⁵ sɐn⁵⁵ fɐn³³	瞓係侧边 直译：睡在旁边 fɐn³³ hɐi³⁵ tsɐk⁵ pin⁵⁵ ①睡在旁边；②侧身睡
绕道	detour	兜路 tɐu⁵⁵ lou²²	行第条路 haŋ²¹ tɐi²² tʰiu²¹ lou²² ①走另一条路；②绕道
信号	signal	信号 sœn³³ hou²²	打灯 ta³⁵ tɐŋ⁵⁵ ①打着灯；②信号。

普通话	英语	广东广州话	休斯敦广府话
天旱	drought	天旱 tʰin⁵⁵ hɔn¹³	冇没有水落 mou¹³ sœy³⁵ lɔk² ①没有雨下；②天旱
二手货	secondhand	二手货 ji²² sɐu³⁵ fɔ³³	旧料 kɐu²² liu²²⁻³⁵ ①用过的原料；②二手货

第三类，表述的含义若离开具体的语言环境则难以估摸。此类表述若离开具体的语言环境，则可能表意不完整或指义不明确。

台山话中此类表达如下：（例子必要的释义以下标小字的方式表示，下同）

普通话	英语	广东台山话	三藩市台山话
去城里	go to town	去城 hui³¹ siaŋ²²⁻³⁵	出去 tsʰut⁵ hui⁴⁴ "出去"不一定是去城里

普通话	英语	广东台山话	洛杉矶台山话
预先	advance	隔早 kak³ tou⁵⁵	第一做 ai²¹ ɲit⁵ tu²¹ 直译：第一时间做
怀孕	pregnancy	大肚 ai³¹ u⁵⁵	有BB来 避，英语：baby jiu⁵⁵ pi²¹ pi⁴⁴ lɔi²² 直译：有婴儿来
哮喘	asthma	扯气 tsʰia⁵⁵ hei³³	唔不够气 m̩²² kau⁴⁴ hi⁴⁴ 直译：不够气
瘫痪	paralysis	瘫痪 hɔŋ³³ hun³¹⁻³⁵	手痹脚痹 siu⁵⁵ pi⁴⁴ kiak³ pi⁴⁴ 直译：手麻脚麻
同学	classmate	同学 tʰəŋ²² hɔk²	学生朋友 hɔk² saŋ⁴⁴ pʰaŋ²² jiu²¹ 直译：学生的朋友

第3章 美国华人社区汉语粤方言词汇研究

普通话	英语	广东台山话	纽约台山话
华氏温度	Fahrenheit	华氏 wa²² si³¹	美国度数 mei³¹ kɔk⁵ u³¹ su⁴⁴ 没有说明是什么度数
摄氏温度	Celsius	摄氏 siap² si³¹	世界度数 sai⁴⁴ kai⁴⁴ u³¹ su⁴⁴ 没有说明是什么度数
鱼鳞	fish scale	鱼鳞 ŋui²² lan²²	刮嗰啲 kuat³ kɔ⁵⁵ ti⁴⁴ 直译：刮（掉）的那些（东西）
哮喘	asthma	扯气 tsʰia⁵⁵ hei³³	敨气唔不顺 hɐu⁵⁵ hi⁴⁴ m̩²² sun³¹ 直译：呼吸不顺畅

普通话	英语	广东台山话	芝加哥台山话
待命	await orders	等 aŋ⁵⁵	等渠话事 aŋ⁵⁵ kʰui⁵⁵ wa³¹ ɬu³¹ 直译：等他（拿主意）决定
网聊	online chat	网聊 mɔŋ³¹⁻⁵⁵ liau²²	倾偈房 kʰeŋ⁴⁴ kai⁴⁴ fɔŋ²² 直译：聊天房

普通话	英语	广东台山话	圣安东尼奥台山话
赶集	go to the market	当墟 aŋ³³ hui³³⁻²¹	去铺头 hui⁴⁴ pʰu⁴⁴ hai²² 直译：去商店
叫卖	sell	叫卖 kiu³³ mai³¹	喊人 ham⁴⁴ ŋin²² 直译：叫人

广府话中此类表达如下：

普通话	英语	广东台山话	三藩市广府话
夹生饭	half-cooked rice	生米 saŋ⁵⁵ mei¹³	仲生 tsuŋ²² saŋ⁵⁵ 直译：还生
露水	dew	露水 lou²² sœy³⁵	窗口湿咗 tsʰœŋ⁵⁵ hɐu³⁵ sɐp⁵ tsɔ³⁵ 直译：窗口湿了

普通话	英语	广东台山话	洛杉矶广府话
宅男	indoors man	宅男 tsak² nam²¹	隐居 jɐn¹³ kœy⁵⁵
宅女	indoors woman	宅女 tsak² nœy³⁵	隐居 jɐn¹³ kœy⁵⁵

普通话	英语	广东台山话	纽约广府话
偷渡者	stowaway	偷渡 tʰɐu⁵⁵ tou²²	冇没有身份证 mou¹³ sɐn⁵⁵ fɐn²²⁻³⁵ tseŋ³³ 没有身份证
瘫痪	paralysis	瘫痪 tʰan⁵⁵ wun²²	草人 避 tsʰou³⁵ jɐn²¹ 直译：稻草人

普通话	英语	广东台山话	芝加哥广府话
师傅	qualified worker	师傅 si^{55} fu^{35}	有料伙计 jeu^{13} liu$^{22-35}$ fɔ^{35} kei^{33} 直译：有本事的伙计
贵宾	VIP	贵宾 kwei^{33} pɐn^{55}	特别客 tɐt^2 pit^2 hak^3 直译：特别的客人
抑郁症	depression	抑郁症 jek^5 wɐt^5 tsɐŋ^{22}	唔开心 wu^{21} hɔi^{55} sɐm^{55} 直译：不开心
安乐死	euthanasia	安乐死 ɔn^{55} lɔk^2 sei^{35}	帮人自杀 pɔŋ^{55} jɐn^{21} tsi^{22} sat^3 直译：帮助人自杀

普通话	英语	广东台山话	休斯敦广府话
暖和	warm	暖和 nyn^{13} wɔ^{21}	唔会太热 m̩^{21} wui^{13} tʰai^{33} jit^2 直译：不会太热
安乐死	euthanasia	安乐死 ɔn^{55} lɔk^2 sei^{35}	去安乐 hui^{44} ɔn^{44} lɔk^2 直译：去（寻找）安乐舒适

（2）特殊说法分析。

以上各点的例子最多的达到 8 个音节 "一种好辣嘅小辣椒_{纽约广府话}"，最少的两个音节 "浸水_{洛杉矶台山话}"，例子大多数的表述采用的都是汉语的因素，个别含英语的因素 "BB 青蛙_{芝加哥广府话，蝌蚪}（此说法汉语的正确语素顺序应是 "青蛙 BB"，BB 来自英语的 baby，婴儿）。其中有的表意清楚，如 "烧咗嘅炭_{三藩市广府话}""囝马地方_{纽约广府话}""个石仔_{纽约台山话}""一层屋_{洛杉矶广府话}""单层屋_{波特兰台山话、芝加哥广府话}"；有的在不同的场合可能会有不同的含义，如 "生鸡仔_{芝加哥广府话}""田鸡仔_{纽约台山话}""学生朋友_{洛杉矶台山话}""唔好喫_{波特兰广府话}"；有的若离开具体的语言环境，就非常难以估摸其确切的意义，如 "有料伙计_{芝加哥广府话}""第一做_{洛杉矶台山话}""刮嗰哟_{纽约台山话}"。

这种方式的表述通常采用的是白描的方式，如 "窗口湿咗_{三藩市广府话}""磨嘢嘅机器_{洛杉矶广府话}""一层屋_{洛杉矶广府话}""轻松着嘅衫_{芝加哥广府话}""未熟嘅饭_{芝加哥广府话}""个山冧咗_{三藩市台山话}""平常衫_{纽约台山话}""冇没有水落_{圣安东尼奥台山话}"，用以组合的成分都是简单、常用的词语。而且，喜用熟知的事物、通俗的词语解释较生疏的概念，如 "用力做嘢嘅_{三藩市广府话}""冇身份证_{纽约广府话}""有料伙计_{芝加哥广府话}""食饭地方_{纽约台山话}"。

解释式表述主要有两个特点。一是随意性。分析例子可知，上述 3 种采用解释性的方法表达的类型，无论是双音节或多音节的，大都是短语而不是词，对同一对象的描述也不固定，这说明表述并没有对所欲描述的外在世界信息进行过词语结构化的加工，而仅是一种临时的 "急就"。如条目 "一向" 芝加哥广府话和纽约广府话的表述 "永远都係、时时都係咁"，条目 "平房" 洛杉矶广府话的 "一层屋"，波特兰台山话和芝加哥广府话的 "单层屋"。二是解释性。从上文所举的例子可以看出，解释性释义的表达方式所采用的最基本的方法便是通过解释来阐述词条的意思，如条目 "蝌蚪" 在芝加哥广府话中叫作 "BB 青蛙"，将 "蝌蚪" 这一词用更为常见的 "BB""青蛙" 两个词组合成词组解释表述。

3.2.1.2.1.2 合并式表达

合并式表达主要有义同、义近、同义合并几种情况。

（1）各点特殊说法举例。

本节的例子将分各点大都有的（可能会有少数例外）、部分点有的两类列举，各点的例子均以国际音标注音，广东广州话和台山话的说法也加注国际音标。

第一类，各点大都有的。对这一类的例子，各点都有把义同、义近、同义的说法合并起来说的做法，不过各点合并的意思有多有少，数量不一致。表3-58中各点说法后面的数字符号，表示该说法拥有与普通话条目后面相同的数字符号所表示的相应意义。

表3-58 各方言点大都有的特殊说法

条目	英语	广府话	各方言点说法					
			三藩市	洛杉矶	纽约	芝加哥	波特兰	休斯敦
胡子① 山羊胡② 络腮胡③ 八字胡④	beard① goatee② whisker③ mustache④	胡须① wu²¹ sou⁵⁵ 羊咩须② jœŋ²¹ mɛ⁵⁵ sou⁵⁵ 胡鬏须③ wu²¹ lim²¹ sou⁵⁵ 八字胡④ pat³ sou⁵⁵ wu²¹	胡须 wu²¹ sou⁵⁵ ①②	胡须 wu²¹ sou⁵⁵ ①	胡须 wu²¹ sou⁵⁵ ③④	胡须 wu²¹ sou⁵⁵ ③④	胡须 wu²¹ sou⁵⁵ ③④	胡须 wu²¹ sou⁵⁵ ①②③④
		台山话	各方言点说法					
			三藩市	洛杉矶	纽约	芝加哥	波特兰	圣安东尼奥
		胡须 vu²² ɬu³³ ① 八字须④ pat³ ti³¹ ɬu³³	胡须 wu²² ɬu⁴⁴⁻³⁵ ①②③④	须 ɬu⁴⁴ ①	胡须 wu²² ɬu⁴⁴ ①②	须 ɬu⁴⁴ ③④	须 ɬou⁴⁴ ①②③④	胡须 wu²² ɬou⁴⁴ ①②③④

条目	英语	广府话	各方言点说法					
			三藩市	洛杉矶	纽约	芝加哥	波特兰	休斯敦
指纹① 胴② 簸箕③	whorl (finger-print)① loop (finger-print)②	指纹 tsi³⁵ mɐn²¹① 胴 lɔ²¹② 簺 tsʰam³⁵③	指纹①②③ tsi³⁵ mɐn²¹	手指纹 sɐu³⁵ tsi³⁵ mɐn²¹ ②③	手指纹 sɐu³⁵ tsi³⁵ mɐn²¹ ②③	指纹 tsi³⁵ mɐn²¹①③、圆指纹 jyn²¹ tsi³⁵ mɐn²¹ ②③	指纹 tsi³⁵ mɐn²¹ ②③	指纹 tsi³⁵ mɐn²¹ ①②③
		台山话	各方言点说法					
			三藩市	洛杉矶	纽约	芝加哥	波特兰	圣安东尼奥
		指纹 tsi⁵⁵ mun²²① 胴 lɔ²²② 簺 tsʰam⁵⁵③	指纹 tsi⁵⁵ mun²² ①②③	手印 ɬiu⁵⁵ jin⁴⁴ ①②③	手指模 siu⁵⁵ tsi⁵⁵ mu²²①②③	手指印 siu⁵⁵ tsi⁵⁵ jin⁴⁴ ①②③	指模 tsi⁵⁵ mou²² ①②③	指纹 tsi⁵⁵ mun²²①、胴 lɔ²²②、簺 tsʰam⁵⁵③

续表 3-58

条目	英语	广府话	各方言点说法					
			三藩市	洛杉矶	纽约	芝加哥	波特兰	休斯敦
猪①公猪②种猪③母猪④阉割过的猪⑤	pig① boar② breeding-pig③ female pig④ barrows⑤	猪 tsy⁵⁵ ① 猪公 tsy⁵⁵ kuŋ⁵⁵ ② 猪郎 tsy⁵⁵ lɔŋ²¹ ③ 猪乸 tsy⁵⁵ na³⁵ ④ 猪 tsy⁵⁵ ⑤	猪 tsy⁵⁵ ①②③④⑤	猪 tsy⁵⁵ ①②③④⑤	猪 tsy⁵⁵ ①②③④⑤	猪 tsy⁵⁵ ①⑤、公猪 kuŋ⁵⁵ tsy⁵⁵ ②③、猪乸 tsy⁵⁵ na³⁵ ④	猪 tsy⁵⁵ ①②③④⑤	猪 tsy⁵⁵ ①②③④⑤
		台山话	各方言点说法					
			三藩市	洛杉矶	纽约	芝加哥	波特兰	圣安东尼奥
		猪 tsiꞏ⁴⁴ ① 猪公 tsiꞏ⁴⁴ kəŋ³³ ② 猪公 tsiꞏ⁴⁴ kəŋ³³ ③ 猪乸 tsiꞏ⁴⁴ na⁵⁵ ④ 猪□tsi⁴⁴ tsi²² ⑤	猪 tsiꞏ⁴⁴ ①⑤、猪公 tsiꞏ⁴⁴ kuŋ⁴⁴ ②、猪乸 tsiꞏ⁴⁴ na⁵⁵ ④	猪 tsiꞏ⁴⁴ ①②③④⑤	猪 tsi⁴⁴ ①⑤、公猪 kuŋ⁴⁴ tsiꞏ⁴⁴ ②、猪公 tsiꞏ⁴⁴ kuŋ⁴⁴ ③、猪乸 tsiꞏ⁴⁴ na⁵⁵ ④	猪 tsiꞏ⁴⁴ ①⑤、公猪 kuŋ⁴⁴ tsiꞏ⁴⁴ ②③、猪乸 tsiꞏ⁴⁴ na⁵⁵ ④	猪 tsiꞏ⁴⁴ ①⑤、公猪 kuŋ⁴⁴ tsiꞏ⁴⁴ ②	猪 tsiꞏ⁴⁴ ①②③④⑤

第二类，部分点有的。此类例子的说法不是每个点都相同，从下面的例子中（并非各点所有的例子），我们可知采用义同、义近、同义合并的方式解释的词语，虽然仍是名词较多，但并不局限于名词，动词、形容词、量词等其他词也有以此方式释义的。（例子后的小字表示出处及所含的意义）

名词，例如：

蛇蛇、鳝鱼 sɛ²²（洛杉矶台山话）、手爪子、手（禽类的） ɬiu⁵⁵（洛杉矶台山话）、铺头市场、商店、超市 pʰu⁴⁴hau²²（洛杉矶台山话）、牌执照、驾照、徽章 pʰai²²（洛杉矶台山话）、手手腕、手肘、胳膊、手 siu⁵⁵（芝加哥台山话）、神神仙、菩萨、上帝、真主 sin²²（芝加哥台山话）、裙超短裙、裙子、连衣裙 kuan²²（芝加哥台山话）、墨笔毛笔、钢笔、圆珠笔 mak²pit⁵（芝加哥台山话）、□□蜗牛、螺蛳、田螺 siꞏ²² nei⁴⁴（英语：snail，波特兰台山话）、船轮船、小艇、橡皮艇 sɔn²²（波特兰台山话）、和尚出家人、和尚、道士 wɔ²² siɔŋ⁵⁵（波特兰台山话）、贼骗子、小偷、强盗 tʰak²（波特兰台山话）、褛上衣、大衣、外套、夹袄、棉袄 lau⁴⁴⁻³⁵（圣安东尼奥台山话）、羊羊、绵羊、山羊、公羊、母羊 jœŋ²¹（三藩市广府话）、乌龟乌龟、海龟、鳖 wu⁵⁵ kwei⁵⁵（三藩市广府话）、枕头枕头、坐垫 tsɐm³⁵ tʰɐu²¹（芝加哥广府话）、褛上衣、外套、夹袄 lɐu⁵⁵（芝加哥广府话）、柜柜子、橱柜、保险箱 kwɐi²²（芝加哥广府话）、牛水牛、黄牛、母牛、公牛、牛（纽约广府话）、街街道、公路、人行道 kai⁵⁵（纽约广府话）、油煤油、汽油、石油、油漆 jɐu²¹⁻³⁵（波特兰广府话）、痂痂、疤 ka⁴⁴⁻³¹（波特兰广府话）、鸡母鸡、公鸡、阉鸡 kɐi⁵⁵（波特兰广府话）

第3章 美国华人社区汉语粤方言词汇研究

动词，例如：

咬嘴、咬、啃 ŋau$^{31-35}$（纽约台山话）、咬咬、啃、衔（在嘴上）ŋau^{55}（波特兰台山话）、饮喝（水）、吸（奶）jim^{55}（圣安东尼台山话）、闹呵斥、非粗话骂人、用粗话骂人；与三藩市广府话"闹"表现一致的，还有三藩市台山话的"闹 nau^{31}" nau^{22}（三藩市广府话、芝加哥台山话）、插嘴搭腔、插嘴 ts^{h}ap^3 tsœy^{35}（三藩市广府话）、比赛比赛、较量 pei^{35} ts^{h}ɔi^{33}（洛杉矶广府话）、煲汤煲汤、余汤 pou^{55} t^{h}ɔŋ^{55}（洛杉矶广府话）、滑雪溜冰、滑雪 wat^2 syt^3（休斯敦广府话）、开铺开铺子、摆摊 hɔi^{55} p^{h}ou^{33}（芝加哥广府话）、漏水漏水、溢汤 lɐu^{22} sœy^{35}（芝加哥广府话）、执捡、打捞 tsɐp^5（芝加哥广府话）、落山下山、下坡 lɔk^2 san^{55}（芝加哥广府话）、俾埋躲藏、藏起来、埋起来 pɐŋ^{44} iɐm^{22}（芝加哥台山话）、戒口斋戒、戒口 kai^{33} hɐu^{35}（波特兰广府话）

形容词，例如：

厚厚、稠、粗 hau$^{55-21}$（洛杉矶台山话）、短短、矮 ɔn^{55}（洛杉矶台山话）、薄薄、稀 pɔk^2（洛杉矶台山话）、靓漂亮、可爱 liaŋ^{44}（洛杉矶台山话）、好好、乖 hɔ^{44}（洛杉矶台山话）、好力强壮、坚强 hɔ^{55} lek^2（芝加哥台山话）、呖聪明、精 lɛk^5（芝加哥台山话）、毒蛮横、残忍 tuk^2（纽约台山话）、腍（肉煮得）烂、（菜很）嫩 nam^{22}（波特兰台山话）、舒服轻松、惬意 ɬi^{44} fuk^2（波特兰台山话）、烂烂、崎岖 lan^{22}（芝加哥广府话）、唔知丑耍赖、无耻 wu^{21} tsi^{55} ts^{h}ɐu^{35}（芝加哥广府话）、残忍奸诈、残忍 ts^{h}an^{21} jɐn^{13}（纽约广府话）

量词（关于量词的使用，我们在第四章语法部分还会进一步讨论），下面的例子中，方言点后面的名词，表示在方言点中能够与所列的量词搭配：

个人、鸡、牛、马、狗、文章、井、箱、碗、镬、秤、（一）元（钱）kɔ^{44}（洛杉矶台山话）、条鱼、蛇、烟、痕迹、菜地、草 hiau^{22}（洛杉矶台山话）、只鸡、猪、鱼、牛、马、蛇、草丛、刀 tsɛk^3（纽约台山话）、只鸡、猪、牛、马、狗、船、碗、锅 tsiak^3（芝加哥台山话）、个人、猪、牛、马、狗、蚊帐、井、箱子、碗、锅、（一）毛（钱）、（一）分（钱）kɔ^{44}（特兰台山话）、个人、猪、牛、狗、井、箱、锅 kɔi^{44}（圣安东尼奥台山话）、个人、鸡、猪、花、马、狗、树、一丛草、箱子、船、事情、树叶、一截木头、一片橘子、一块砖、锅、碗、秤、门 kɔ^{33}（纽约广府话）、个人、猪、牛、马、井、箱子、碗 kɔ^{33}（波特兰广府话）

（2）特殊说法分析。

这种类型的说法不少是各点、各人，甚至同一个人在不同的时间、不同的场合都不一致的，这再次从一个角度显示了表达的随意性。

根据我们的调查，合并型有以下4类。

第一类，义域扩大。分析以上例子可以看出，合并有的是同一种事物大类中小类的合并。这种合并一般表现为词义的扩大，词所能概括、反映和指向的内容范围比过去要大很多，即由义域变化引起的词义的变化。① 如三藩市广府话仅用"羊"一个通用类名就包含

---

① 参见周国光《论词义发展演变的类型》，载《韶关学院学报》（社会科学版）2004年第11期，第89~94页。

了"绵羊""山羊""公羊""母羊",还有"羊"的统称。这说明"羊"一词在华人的方言中义域已经扩大,词语的使用者并不细分事物大类中的小类。还有,上文也提到过的,圣安东尼奥台山话用一个"雀 tiɔk³",就包括"麻雀""喜鹊""乌鸦""老鹰""燕子""大雁""八哥""鸽子""鹦鹉"这些在我们的《方言调查词表》中列出的鸟。再如,各点发音人对不同类型的胡子、不同的类型的指纹、性别等不同的猪等的表述,等等。

第二类,词义转项,类态异体。有些合并看起来令人难以接受,例如,洛杉矶台山话的发音人,从动物器官的作用出发,把鸟兽的"爪子"与人的"手"归成一类,都叫"手 ɬiu⁵⁵"。类似的表达还有波特兰台山话的"手 siu⁵⁵",圣安东尼奥台山话的"手 sau⁵⁵"。波特兰广府话还把八爪鱼叫"八手鱼 sɐu³⁵ sɐu³⁵ jy²¹⁻³⁵"。其实,这些都是属于词义发展演变中词义转向的类态异体,即词义变化前后所指的事物在形态和性质上相似,但所属主体却不同,将属于鸟兽动物的爪子、触须和属于人体的手混为一谈,使得"手"同时兼具"鸟兽动物的爪子、触须"和"人的手"的意思。这种用法在汉语方言中并不鲜见,如广州话将"猪蹄"称为"猪手"便是一例。

第三类,词义转项,类态异质。很多时候,华人会将比较少见、比较繁难的现象归并到比较常见的现象中,如芝加哥广府话的发音人把"溢汤"这种食物煮沸之后汤水溢出来的现象,与"漏水"合并起来。将"溢汤"混同"漏水"的这种表述方式也反映了词义变化的种类型,即词义转向中的类态异质,将溢汤和漏水这两种形态相似但性质不同的状貌合并都称为"漏水",描述"水流出容器"这一种状貌。

第四类,词义转项,类形类质异用。如芝加哥广府话把"坐垫"归入"枕头"类。坐垫和枕头都是材质相似的家具纺织品,形状也相似,区别在于作用,前者是坐具,后者是卧具。

至于量词的合并,则不难从华人在美国日常使用得最多、掌握得最好的英语的影响中去查找原因。量词丰富、分工细、与名词的搭配固定,是汉语和汉语方言的特点,属于印欧语的英语则很缺欠,量词的掌握对美国的土生华人来说,自然也是难点。

3.2.1.2.1.3 余论

词汇是语言的建筑材料。张伟、杜健在《编纂汉语学习词典的几点理论思考》中提出,"词有两种存在状态:静态和动态"①。现实生活中,静态的词是在各种语言、方言的词汇库中贮存静待语言、方言的使用者随时取用的。词汇库中处于一个个分离、孤立状态的词,如各类词典里所收集的词目都拥有固定的意义。动态的词则出现在语言交际的各种实际语境中,既有固定的含义,也有受语境牵扯而产生的临时意义,同时还要接受各种语言、方言语法规则的约束,接受各种语言、方言的语义组合规律的支配。在华人使用的"解释"和"义同、义近、同类合并"方式中出现的词语,是在动态中出现的词语,具备的并不仅是词典中的固定意义。

从目前来看,美国使用台山话和广府话华人采用的这两种表达方言词语的方法均未造成严重的交际障碍,而类似的被华人广泛采用的"不周全""不规范"的交际方式,不单在词语层面有,在语法层面也有。即使在词语使用方面,其实也不止这两种表现(关于其

---

① 张伟、杜健:《编纂汉语学习词典的几点理论思考》,载《辞书研究》1999 年第 5 期。

第3章 美国华人社区汉语粤方言词汇研究

他表现，我们将另文分析），因为主要的交际语言不是汉语方言，在使用汉语方言，而又感觉表述不易时，华人也可以转而以英语补足，例如（例句均是调查时所记录的）：

①你识□tu^{35}㗎喇！（你知道该怎么做的啦！□tu^{35}英语：do）

②□□jou^{55}nou^{33}，□lai^{55}潮州音乐，各玩各。（你知道的，就像潮州音乐，各人玩各人的。□□jou^{55}nou^{33}：英语，you know；□lai^{55}：英语，like）

③有个□□miu^{55}tsek^{2}曲叫《草蜢》。（有首乐曲叫《蚂蚱》。□□miu^{55}tsek^{2}：英语，music。此句中英语的"music"与汉语的"曲"叠用）

④□□□□□□ji^{21}si^{21}k^{h}an^{55}fɔ^{33}t^{h}ə^{21}pou^{21}，係唔係？（这很舒服，是不是？□□□□□□ji^{21}si^{21}k^{h}an^{55}fɔ^{33}t^{h}ə^{21}pou^{21}：英语，it's comfortable）

造成这两种表达方式的原因有以下3点。

（1）当地华人语言（方言）能力下降，方言词汇量减少。用解释的方法，用大概念指称多种事物，将有相同特征的事、态混同，借用英语的表达方式，将简单的常用的语素结合成为复杂罕见的事物来讲，如"青蛙 BB"。这种解释性的表达也限制了单个词的采用。

（2）强势语言——英语的影响。用短语和解释代替简练的词（英语思维的影响），用汉语方言里原有，但英语中不区分小类别的大概念涵括不同类型的小概念，如"指纹"和量词。当英语与条目同义的说法是短语而非词时，对说话者的影响则更大。在上面"各点特殊说法举例"中的89个例子（包括出现不止一次的）中，英语表达形式是短语不是词的就有35个。远离祖籍地母体的粤方言台山话、广府话长期与美国英语接触，必然产生另一种结果——语码转换/语码混用。

（3）美国粤方言的演变与国内母体粤方言的不同——固守与脱节。没有像国内祖籍地的方言一样，随着新事物的产生而创造新的词汇，而是用原有的词汇指称新生事物，因此造成上述的各种词义变化。词义变化过程中，有些原有词汇已经无法满足对新生事物的称呼，加之式微的汉语方言造词能力不强，只能借用当地强势语言的说法，或者吸收英语的表达方式，用解释的方法对事物进行说明。例如，洛杉矶台山话用"铺头 p^{h}u^{44}hau^{22}"一词指称市场、商店、超市。"铺头"是在大型商店、超级市场等出现之前，汉语方言对小型店铺的称呼，使用方言的祖辈将其传给下辈，当新的有关联的事物——大商场、超级市场等出现时，华人就又以其指称与之有差异的相关事物。芝加哥广府话以"柜 kwɐi^{22}"指称柜子、橱子，还有当方言被带离故土时华人不一定接触过的"保险箱"，也说明了这一点。

上文的阐述让我们窥见美国华人运用汉语方言实际能力的减退，汉语方言词汇量的大幅度减少。毕竟，在以英语为主流语言的美国，华人的英语均流利熟练，尤其是中青年华人更是绝大多数以使用英语为主，不少人只懂一点或者不懂汉语方言，且不断接受主流语言碰撞、影响，不断被改造的汉语方言则处于亟待挽救的濒危状态。

3.2.1.2.2　美国华人常用时间名词使用特点研究

美国是一个移民国家，也是一个华人众多的国家，华人移民美国的历史几乎可以媲美美国的建国史。据记载，华人移民美国最早约在 19 世纪 20 年代，大量移民则始于 19 世纪 50 年代。1848 年，加利福尼亚州发现黄金的消息传到了中国，加上之后美国联邦政府开启了连接国土东西部铁路的修筑，吸引了大批中国的移民。其时，众多前去淘金、筑路、垦殖的华人主要来自广东台山、开平、新会、恩平四邑地区，粤方言台山话因而成为华人聚居区的交际用语，被华人称为"唐话"。

从 19 世纪下半期到今天，华人移民美国的情况一直都存在，美国商务部人口普查局 2009 年 1 月报告：截至 2007 年，在中国出生、居住在美国的华人有 190 万；包括在美国出生的华裔在内，2007 年美国华裔的人口总数为 3016823 人。但近日，人数则已达 500 多万（参见第 1 章）。

在这之前，粤方言台山话在美国华人社区的强势地位一直稳固地延续到 20 世纪 70 年代。直到 20 世纪 70 年代以后，随着中国穗港澳移民的逐渐增加，以及粤方言广州话传媒在世界华人圈中的风靡，广府话慢慢超越台山话，不经意间就取得了美国华人社区第一交际用语的地位，台山话则主要在四邑籍老华人及四邑籍华人的家庭中流通。

长期脱离祖籍国，美式英语无时无处不在，华人，尤其是中青年华人使用英语的时间和场合比使用汉语方言多得多，无论华人社区粤方言台山话还是广府话，都发生了变化，打上了异国的烙印。其中，变化在语言因素中最活跃的词汇里表现得尤为突出，仅在占词汇总数一小部分的一些时间名词中，也可以看到这一点。

本节选取美国较多华人聚居的城市——三藩市、洛杉矶、芝加哥、纽约、俄勒冈州的波特兰、得州的圣安东尼奥和休斯敦，在这些华人社区里通行的粤方言广府话和台山话，选用词汇中指示有关节日、年、月、星期、日等的一些时间名词（严格来说，下文广府话和台山话中的一些说法已经超出了词的范畴，本节暂且统归在一起分析），希望通过对这些常用词语的分析，将其与中国祖籍地方言广东广州话、台山话的表达比较，找出美国华人在多语多方言的环境下，受到不同语言和方言的影响，使用汉语方言词语的一些特点。本节的条目不含时间副词和时间代词。材料来自美国和中国的实地调查，美国这几个城市的台山话、广府话主要发音人均为在美国出生长大、二代以上的华人。

3.2.1.2.2.1　美国华人常用时间名词举例

（1）指示"年"的词。

表 3-59 中的 7 个条目指示的全是有关"年"的常用时间概念，以"今年"（现在）为基准，扩展出"去年""前年""大前年"（过去）和"明年""后年""大后年"（未来）等。（表 3-59 中的方言点，按广府话、台山话的顺序排列。为便于比较，在美国华人的说法之前，先列出英语和中国广东广州话、广东台山话的说法，"—"处表示发音人没有提供相应的说法，下同）

表 3–59 指示"年"的词

语言/方言		条目						
	汉语	大前年	前年	去年	今年	明年	后年	大后年
	英语	3 years ago	2 years ago	last year	this year	next year	after 1 year	after 2 years
方言	广东广州话	大前年 tai²² tsʰin²¹ nin²¹⁻³⁵	前年 tsʰin²¹ nin²¹⁻³⁵	旧年 kɐu²² nin²¹⁻³⁵	今年 kɐm⁵⁵ nin²¹⁻³⁵	出年 tsœt⁵ nin²¹⁻³⁵ / 明年 tsœt⁵ nin²¹⁻³⁵	后年 hɐu²² nin²¹⁻³⁵	大后年 tai²² hɐu²² nin²¹⁻³⁵
	三藩市广府话	再前年 tsɔi³³ tsʰin²¹ nin²¹	前年 tsʰin²¹ nin²¹	前年 tsʰin²¹ nin²¹	今年 kɐm⁵⁵ nin²¹	下年 ha²² nin²¹	—	—
	洛杉矶广府话	□□□ □tʰu⁵⁵ jɛ²¹ si²¹ pit² fɔ⁵	以前 ji¹³ tsʰin²¹	旧年 kɐu²² nin²¹	今年 kɐm⁵⁵ nin²¹	明年 mɛŋ²¹ nin²¹ / □□ □nɛt⁵ si²¹ jɛ²¹	以后 ji¹³ hɐu²²	以后 ji¹³ hɐu²²
	芝加哥广府话	再前年 tsɔi³³ tsʰin²¹ nin²¹	前年 tsʰin²¹ nin²¹	后年 hɐu²² nin²¹	今年 kɐm⁵⁵ nin²¹	明年 mɛŋ²¹ min²¹ / 第二年 tɐi²² ji²² nin²¹	再明年 tsɔi³³ mɛŋ²¹ nin²¹	再再明年 tsɔi³³ tsɔi³³ nɛŋ²¹ nin²¹
	纽约广府话	—	—	上年 sœŋ²² nin²¹⁻³⁵	今年 kɐm⁵⁵ nin²¹⁻³⁵	下年 ha²² nin²¹⁻³⁵ / 明年 mɛŋ²¹ nin²¹⁻³⁵	—	—
	波特兰广府话	上前年 sœŋ²² tsʰin²¹ nin²¹	前年 tsʰin²¹ nin²¹	上年 sœŋ²² nin²¹ / 旧年 kɐu²² nin²¹	今年 kɐm⁵⁵ nin²¹	下年 ha²² nin²¹ / 明年 mɛŋ²¹ nin²¹	后年 hɐu²² nin²¹	大后年 tai²² hɐu²² nin²¹
	休斯敦广府话	—	前年 tsʰin²¹ nin²¹	上年 sœŋ²² nin²¹	今年 kɐm⁵⁵ nin²¹	下年 ha²² nin²¹	后年 hɐu²² nin²¹	—
	广东台山话	大前 ai³¹ tʰen²² nen²²	前年 tʰen²² nen²²	旧年 kiu²¹ nen²²	今年 kim³³ nen²²	过年 kɔ³³ nen²²	后年 hen³¹ nen²²	大后年 ai³¹ heu³¹ nen²²
	三藩市台山话	大前年 ai³¹ tsʰen²² nen²²	前年 tsʰen²² nen²²	上年 siaŋ³¹ nen²²	今年 kim⁴⁴ nen²²	下年 ha²² nen²²	后年 hau³¹ nen²²	大后年 ai³¹ hau³¹ nen²²
	洛杉矶台山话	迟⁼年 tʰi²² nɛŋ²²	更早年 aŋ⁴⁴ tɔ⁵⁵ nɛŋ²²	上年 sɛŋ²¹ nɛŋ²²	今年 kim⁴⁴ nɛŋ²²	第二年 ai²¹ ŋi²¹ nɛŋ²²	更第二年 aŋ⁴⁴ ai²¹ ŋi²¹ nɛŋ²²	—
	芝加哥台山话	大前年 ai³¹ hɛŋ²² nɛŋ²²	前年 hɛŋ²² nɛŋ²²	旧年 kiu³¹ nɛŋ²²	今年 kam⁴⁴ nɛŋ²²	出年 tsʰut⁵ nɛŋ²²	后年 hɐu⁴⁴ nɛŋ²²	大后年 ai³¹ hɐu⁴⁴ nɛŋ²²

续表 3-59

语言/方言		条目						
汉语		大前年	前年	去年	今年	明年	后年	大后年
英语		3 years ago	2 years ago	last year	this year	next year	after 1 year	after 2 years
方言	纽约台山话	大前年 ai^{31} ts^{h}ɛn^{22} nɛn^{22}/三年前 sam^{44} nɛn^{22} ts^{h}ɛn^{22}	前年 ts^{h}ɛn^{22} nɛn^{22}/两年前 lɛŋ^{55} nɛn^{22} ts^{h}ɛn^{22}	旧年 kiu^{31} nɛn$^{22-35}$	今年 kam^{44} nɛn$^{22-35}$	下年 ha^{31} nɛn$^{22-35}$	下两年 ha^{31} lɛŋ^{55} nɛn$^{22-35}$	下三年 ha^{31} sam^{44} nɛn$^{22-35}$
	波特兰台山话	大前年 ai^{31} ts^{h}ɛn^{22} nɛn^{22}	前年 ts^{h}ɛn^{22} nɛn^{22}	上年 sɛŋ^{31} nɛn^{22}	□嘅年 k^{h}ɔi^{22} kɛ^{44} nɛn^{22}	下年 ha^{31} nɛn^{22}	后年 hɐu^{31} nɛn^{22}	大后年 ai^{31} hɐu^{31} nɛn^{31}
	圣安东尼奥台山话	大前年 ai^{31} ts^{h}in^{22} nin^{22}	前年 ts^{h}in^{22} nin^{22}	旧年 kau^{31} nin^{22}	今年 kam^{44} nin^{22}	出年 ts^{h}ut^{5} nin^{22}	后年 hau^{31} nin^{22}	—

（2）指示"日"的词。

表 3-60 中的 56 条与"日"（天）有关的时间概念，都是汉语、英语共有的。其中，前 7 条关于"日"（天）的概念也是以"今天"（现在）为基准，往前扩展到"昨天""前天""大前天"（过去），往后扩展到"明天""后天""大后天"（未来）。

第3章 美国华人社区汉语粤方言词汇研究

表3-60 指示"日"的词

语言/方言		条目									
汉语		大前天	前天	昨天	今天	明天	后天	大后天	次日	每天	整天	半天
英语		three days ago	the day before yester day	yesterday	today	tomorrow	the day after tomorrow	after three days	next day	everyday	the whole day	half day
方言	广东广州话	大前日 tai^{22} tsʰin^2 jɐt^2	前日 tsʰin^2 jɐt^2	琴日 kʰɐm^{21} jɐt^2	今日 kɐm^{55} jɐt^2	听日 tʰeŋ^{55} jɐt^2	后日 hɐu^{22} jɐt^2	大后日 tai^{22} hɐu^{22} jɐt^2	第日 tɐi^{22} jɐt^2	日日 jɐt^2 jɐt^2	成日 sɛŋ^{22} jɐt^2	半日 pun^{33} jɐt^2
	三藩市广府话	—	前日 tsʰin^2 jɐt^2	琴日 kʰɐm^{21} jɐt^2	今日 kɐm^{55} jɐt^2	听日 tʰeŋ^{55} jɐt^2	—	—	第日 tɐi^{22} jɐt^2	日日 jɐt^2 jɐt^2	成日 sɛŋ^{21} jɐt^2	半日 pun^{33} jɐt^2
	洛杉矶广府话	星期儿 seŋ^{55} kʰei^{35}	前日 tsʰin$^{2-35}$ jɐt^2	琴日 kʰɐm^{21} mɐt^2	今日 kɐm^{55} mɐt^2	听日 tʰeŋ^{55} jɐt^2	后日 hɐu^{22} jɐt^2	大后日 tai^{22} hɐu^{22} jɐt^2	第日 tɐi^{22} jɐt^2	日日 jɐt^2 jɐt^2	成日 sɛŋ^2 jɐt^2	半日 jɐt^2
	芝加哥广府话	三日之前 sam^{55} jɐt^2 tsi^{55} tsʰin^{21}	前日 tsʰin^2 jɐt^2	琴日 kʰɐm^{21} jɐt^2 / 寻日 tsʰɐm^{21} jɐt^2	今日 kɐm^{55} jɐt^2	听日 tʰeŋ^{55} jɐt^2	后日 hɐu^{22} jɐt^2	再后日 tsɔi^{33} hɐu^{22} jɐt^2	第日 tɐi^{22} jɐt^2	日日 jɐt^2 jɐt^2	成日 sɛŋ^{21} jɐt^2	半日 pun^{33} jɐt^2
	纽约广府话	—	前日 tsʰin^2 jɐt^2	琴日 kʰɐm^{21} jɐt^2	今日 kɐm^{55} jɐt^2	听日 tʰeŋ^{55} jɐt^2	后日 hɐu^{22} jɐt^2	—	第日 tɐi^{22} jɐt^2	—	全日 tsʰyn^{21} jɐt^2	半日 pun^{33} jɐt^2
	波特兰广府话	大前日 tai^{22} tsʰin^{21} jɐt^2	前日 tsʰin^2 jɐt^2	琴日 kʰɐm^{21} jɐt^2	今日 kɐm^{55} jɐt^2	听日 tʰeŋ^{55} jɐt^2	后日 hɐu^{22} jɐt^2	大后日 tai^{22} hɐu^{22} jɐt^2	第日 tɐi^{22} jɐt^2	每日 mui^{13} jɐt^2	成日 sɛŋ^{21} jɐt^2	半日 pun^{33} jɐt^2
	休斯敦广府话	—	上日 sœŋ^{22} jɐt^2	琴日 kʰɐm^{21} jɐt^2	今日 kɐm^{55} jɐt^2	听日 tʰeŋ^{55} jɐt^2	后日 hɐu^{22} jɐt^2	—	听日 tʰeŋ^{55} jɐt^2	每日 mui^{13} jɐt^2	成日 sɛŋ^{21} jɐt^2	半日 pun^{33} jɐt^2

续表 3-60

语言/方言		条目										
汉语	英语	大前天 three days ago	前天 the day before yester day	昨天 yesterday	今天 today	明天 tomorrow	后天 the day after tomorrow	大后天 after three days	次日 next day	每天 everyday	整天 the whole day	半天 half day
方言	广东台山话	大前日 ai³¹ tʰɛn²² ɲit²	前日 tʰɛn²² ɲit²	琴=晚 tam³¹ man⁵⁵	今日 kim³³ ɲit²	□早 hen³¹ tau⁵⁵	□日 hen³¹ ɲit²	过儿日 kɔ³³ ki⁵⁵ ɲit²	第二日 ai³¹ ɲi³¹ ɲit²	日日 ɲit²	成日 siaŋ²² ɲit²	半日 puɔn⁵⁵ ɲit²
	三藩市台山话	大前日 ai³¹ tsʰɛn²² ɲit²	前日 tsʰɛn²² ɲit²	昨晚 tɔ³¹ man⁵⁵	今日 kim⁴⁴ ɲit²	听早 heŋ⁴⁴ tau⁴⁴	后日 hau³¹ ɲit²	大后日 ai³¹ hau³¹ ɲit²	第二日 ai³¹ ɲi³¹ ɲit²	每日 mɔi³¹ ɲit²	成日 sɛŋ²² ɲit²	半日 pɔn⁴⁴ ɲit²
	洛杉矶台山话	早三日 tou⁵⁵ sam⁴⁴ ɲit²	早二日 tɔ⁵⁵ ɲi²¹ ɲit²	昨晚 tɔ²¹ man⁵⁵	今日 kim⁴⁴ ɲit²	听早 heŋ⁴⁴ tɔ⁵⁵	更迟日 aŋ⁴⁴ tʰi²² ɲit²	迟日 ɬam⁴⁴ ɲit²	第二日 ɲi²¹ ɲit²	日日 ɲit²	成日 sɛŋ²² ɲit²	半日 pɔn⁴⁴ ɲit²
	芝加哥台山话	大前日 ai³¹ heŋ²² ɲiak²	前日 heŋ²² ɲiak²	琴=晚 tam³¹ man⁵⁵	今日 kam⁴⁴ mak²	□□ han⁴⁴ tou⁴⁴	后日 heu⁴⁴ ɲiak²	大后日 ai³¹ heu³¹ ɲiak²	□早 han⁴⁴ tou⁴⁴	日日 ɲiak²	成日 sɛŋ²² ɲiak²	半日 pɔn⁴⁴ ɲiak²
	纽约台山话	早三日 tou⁵⁵ sam⁴⁴ jat²	早两日 tou⁵⁵ lɛŋ⁵⁵ jat²	昨晚 tsɔ³¹ man⁵⁵	今日 kam⁴⁴ jat²	听日 tʰi²² jat²	迟两日 tʰi²² lɛŋ⁵⁵ jat²	大后日 ai³¹ heu³¹ jat²	第日 jat²	每天 hen⁴⁴	全日 tʰun²² jat²	半日 pɔn⁴⁴ jat²
	波特兰台山话	大前晚 ai³¹ tsʰɛn²² man³¹	前晚 tsʰɛn²² man³¹	昨晚 man³¹	今晚 man³¹	□早 tʰɛn²² tou⁵⁵	后日 heu³¹ jit²	大后日 ai³¹ heu³¹ jit²	第二日 ɲi³¹ jit²	每日 miu³¹	全日 tʰun²² jit²	半日 pɔn⁴⁴ jit²
	圣安东尼奥台山话	多三日 ɬam⁴⁴ ɲit²	—	□晚 tam³¹ man⁵⁵	今日 kam⁴⁴ ɲit²	听日 heŋ⁴⁴ ɲit²	听早 heŋ⁴⁴ ɲit²	过两日 kuɔ⁴⁴ lɛŋ⁵⁵ ɲit²	听早 heŋ⁴⁴ tsou⁵⁵	日日 ɲit²	成日 sɛŋ²² ɲit²	半日 pun⁴⁴ ɲit²

(3) 指示"月""旬""星期"的词。

表 3-61 中的 9 个条目，关于"月"的有两条，关于"月"的有 3 条，关于"旬"的有 3 条，关于"星期"的有 4 条。"月"和"星期"为汉语和英语均有的时间概念，"旬"为汉语方言独具的时间概念。

第3章 美国华人社区汉语粤方言词汇研究

表 3-61 指示"月""旬""星期"的词

语言/方言		条目								
汉语		月初	月底	上旬	中旬	下旬	星期	周末	星期一	星期天
英语		the beginning of a month	the end of a month	the prior sector of a month	the middle sector of a month	the last sector of a month	week	weekend	Monday	Sunday
方言	广东 广州话	月初 jyt² tsʰɔ⁵⁵	月底 jyt² tei³⁵	上旬 sœŋ²² sœn²¹	中旬 tsuŋ⁵⁵ sœn²¹	下旬 ha²² sœn²¹	礼拜 lɐi¹³ pai³³	周末 tsɐu⁵⁵ mut²	拜一 pai³³ jɐt⁵	礼拜（日）lɐi¹³ pai³³（jɐt²）
	三藩市 广府话	—	月尾 jyt² mei¹³	头十日 tʰɐu²¹ sɐp² jɐt²			礼拜 lɐi¹³ pai³³	拜尾 pai¹³ mei¹³	拜一 pai³³ jɐi⁵	礼拜 lɐi¹³ pai³³
	洛杉矶 广府话	呢个月第一个星期 ni⁵⁵ kɔ³³ jyt² tɐi²² jɐt⁵ kɔ³³ sɐŋ⁵⁵ kʰei²¹	呢个月最后几日 ni⁵⁵ kɔ³³ jyt² tsœy³³ hɐu²² kei³⁵ jɐt²	—	—	—	礼拜 lɐi¹³ pai³³	拜尾 pai³³ mei¹³	拜一 lɐi¹³ jɐt²	礼拜 lɐi¹³ pai³³
	芝加哥 广府话	月初 jyt² tsʰɔ⁵⁵	月尾 jyt² mei¹³	月初 jyt² tsʰɔ⁵⁵	月中 jyt² tsuŋ⁵⁵	月尾 jyt² mei¹³	礼拜 ɐi¹³ pai³³	礼拜 lɐi¹³ pai³³	礼拜一 lɐi¹³ pai³³ jɐt²	礼拜 lɐi¹³ pai³³
	纽约 广府话	月头 jyt² tʰɐu²¹	月尾 jyt² mei¹³	—	—	—	礼拜 lɐi¹³ pai³³	礼拜 lɐi¹³ pai³³	拜一 pai³³ jɐt²	礼拜 lɐi¹³ pai³³
	波特兰 广府话	月头 jyt² tʰɐu²¹	月尾 jyt² mei¹³ / 月底 jyt² tɐi³⁵	—	—	—	礼拜 lɐi¹³ pai³³	拜尾 pai³³ mei¹³	拜一 pai³³ jɐt⁵	礼拜 lɐi¹³ pai³³
	休斯敦 广府话	开头 hɔi⁵⁵ tʰɐu²¹	月尾 ŋut² mei⁵⁵	—	—	—	礼拜 lai¹³ pai³³	拜尾 lai¹³ mei¹³	拜一 pai³³ jit⁵	礼拜 lai¹³ pai³³
	广东 台山话	月头 ŋut² hɐu²²	月尾 ŋut² mei⁵⁵	上旬 siaŋ³¹ tʰun²²	中旬 tɕɵŋ³³ tʰun²²	下旬 ha³³ tʰun²²	礼拜 lai³¹⁻⁵⁵ pai³³	周末 tsɐu³³ mɔt²	拜一 pai³³ jit⁵	礼拜（日）lai³¹⁻⁵⁵ pai³³（ŋit²）

续表 3-61

语言/方言		条目								
汉语		月初	月底	上旬	中旬	下旬	星期	周末	星期一	星期天
英语		the beginning of a month	the end of a month	the prior sector of a month	the middle sector of a month	the last sector of a month	week	weekend	Monday	Sunday
方言	三藩市台山话	月初 ŋut² tsʰɔ⁴⁴⁻³⁵	月尾 ŋut² mei⁵⁵	—	—	—	礼拜 lai⁵⁵ pai⁴⁴	拜尾 pai⁴⁴ mei⁵⁵	拜一 pai⁴⁴ jit⁵	礼拜 lai⁵⁵ pai⁴⁴
	洛杉矶台山话	月头 ŋut² hau²²	月尾 ŋut² mi⁵⁵	—	—	第尾十日 ai²¹ mi⁵⁵ sip² ŋit²	礼拜 lai²¹⁻⁵⁵ pai³³	拜尾 pai²¹⁻⁵⁵ mi⁵⁵	拜一 pai²¹⁻⁵⁵ jit⁵	礼拜 lai²¹⁻⁵⁵ pai³³
	芝加哥台山话	月头 ŋut² hau²²	月尾 ŋut² mi⁵⁵	—	—	—	礼拜 lai⁵⁵ pai⁴⁴	拜尾 pai⁴⁴ mi⁵⁵	拜一 pai⁵⁵ jit⁵	礼拜 lai⁵⁵ pai⁴⁴
	纽约台山话	月头 ŋut² hɛu²²	月尾 ŋut² mi³¹⁻⁵⁵	—	—	—	礼拜 lai³¹⁻⁵⁵ pai⁴⁴	拜尾 pai⁴⁴ mi⁵⁵	拜一 pai⁵⁵ jat⁵	礼拜 lai³¹⁻⁵⁵ pai⁴⁴
	波特兰台山话	月头 jyt² hau²²	月尾 jyt² mi⁵⁵	—	—	—	礼拜 lai⁵⁵ pai⁴⁴	拜尾 pai⁴⁴ mi⁵⁵	拜一 pai⁴⁴ jit⁵	礼拜 lai⁵⁵ pai⁴⁴
	圣安东尼奥台山话	开始个月 hɔi⁴⁴ tsʰi⁵⁵ kɔi⁴⁴ jit²	月尾 jit² mui⁵⁵	—	—	—	礼拜 lai⁵⁵ pai⁴⁴	拜尾 pai⁴⁴ miu⁵⁵	拜一 pai⁴⁴ jit⁵	礼拜 lai⁵⁵ pai⁴⁴

(4) 指示其他时间的词。

表3-62中前9个条目，指示的时间从一天的天亮开始，一直到天黑以后的晚上，还有两个是关于钟点的，这些时间概念也是汉语、英语都共有的。

表3-62 指示其他时间的词

语言/方言		条目										
		黎明	早晨泛指	上午	中午	下午	白天	傍晚	夜里入睡后	晚上掌灯至入睡前	小时几个~	点几点
汉语	英语	dawn	morning	a.m.	noon	afternoon	day time	evening	at night	in the evening	hour	what time
方言	广东广州话	天光 tʰin⁵⁵ kwɔŋ⁵⁵	朝头早 tsiu⁵⁵ tʰɐu²¹ tsou³⁵	上昼 sœŋ²² tsɐu³³	晏昼 ŋan³³ tsɐu³³	下昼 ha²² tsɐu³³	日头 jɐt² tʰɐu²¹⁻³⁵	挨晚 ŋai⁵⁵ man¹³⁻⁵⁵	晚黑 man¹³ hak⁵	晚黑 man¹³ hak⁵	钟头 tsuŋ⁵⁵ tʰɐu²¹	点 tim³⁵
	三藩市广府话	□tɔŋ⁵³	朝早 tsiu⁵⁵ tʰɐu²¹ tsou³⁵	□□ ei⁵⁵ ɛm⁵³	晏昼 an³³ tsɐu³³	□□pʰi⁵⁵ ɛm⁵³	日头 jɐt² tʰɐu²¹⁻³⁵	晚 man¹³	晚黑 man¹³ hak⁵	晚黑 man¹³ hak⁵	钟 tsuŋ⁵⁵	点 tim³⁵
	洛杉矶广府话	早上 tsou³⁵ sœŋ²²	早上 tsou³⁵ sœŋ²²	上昼 sœŋ²² tsɐu³³	中午 tsuŋ⁵⁵ m¹³	晏昼 ŋan³³ tsɐu³³	日头 jɐt² tʰɐu²¹⁻³⁵	下昼 ha²² tsɐu³³	晚黑 man¹³ hak⁵	晚黑 man¹³ hak⁵	点 tim³⁵	点 tim³⁵
	芝加哥广府话	天光 tʰin⁵⁵ kwɔŋ⁵⁵	朝头早 tsiu⁵⁵ tʰɐu²¹ tsou³⁵	上昼 sœŋ²² tsɐu³³	中午 tsuŋ⁵⁵ m¹³	下昼 ha²² tsɐu³³	日头 jɐt² tʰɐu²¹⁻³⁵	下昼/天黑 ha²² tsɐu³³/tʰin⁵⁵ hak⁵	晚黑 man¹³ hak⁵	晚黑 man¹³ hak⁵	钟头 tsuŋ⁵⁵ tʰɐu²¹	点 tim³⁵
	纽约广府话	—	早晨 tsou³⁵ sɐn²¹	朝早 tsiu⁵⁵ tsou³⁵	中午 tsuŋ⁵⁵ m¹³	晏昼 ŋan³³ tsɐu³³	日头 jɐt² tʰɐu²¹⁻³⁵	—	晚黑 man¹³ hak⁵	—	钟 tsuŋ⁵⁵	点 tim³⁵
	波特兰广府话	天光 tʰin⁵⁵ kwɔŋ⁵⁵	早晨 tsou³⁵ sɐn²¹/朝早 tsiu⁵⁵ tsou³⁵	上午 sœŋ²² m¹³/朝早 tsiu⁵⁵ tsou³⁵	中午 tsuŋ⁵⁵ m¹³	下昼 ha²² tsɐu³³	日头 jɐt² tʰɐu²¹⁻³⁵/白天 pak² tʰin⁵⁵	旁晚 pʰɔŋ²¹ man¹³/夜晚 jɛ²² man¹³	夜晚 jɛ²² man¹³/晚上 man¹³ sœŋ²²	夜晚 jɛ²² man¹³/晚上 man¹³ sœŋ²²	小时 siu³⁵ si²¹/钟头 tsuŋ⁵⁵ tʰɐu²¹	几点 kei³⁵ tim³⁵

续表 3-62

语言/方言		条目									
汉语		黎明	早晨 泛指	上午	中午	下午	白天	傍晚	夜里 入睡后	晚上 掌灯至 入睡前	小时 儿~	点 儿点
英语		dawn	morning	a.m.	noon	afternoon	day time	evening	at night	in the evening	hour	what time
方言	休斯敦 广府话	天光 tʰin⁵⁵ kɔŋ⁵⁵	早上 tsou³⁵ sœŋ²²	早上 tsou³⁵ sœŋ²²	中午 tsuŋ⁵⁵ m¹³	下午 ha²² m¹³	早上 tsou³⁵ sœŋ²²	下午 ha²² m¹³	晚黑 man¹³ hak⁵	晚黑 man¹³ hak⁵	钟头 tsuŋ⁵⁵ tʰɐu²¹	点 tim³⁵
	广东 台山话	皓啰 hau³¹ lɔ³¹	朝早 tsiau⁵⁵ tau⁵⁵	早昼 tau⁵⁵ tsiu³³	中昼 tsœŋ³³ tsiu³³	下昼 ha³³ tsiu³³	日头 ŋit² hɐu²²	睇紧黑 hai²² kin⁵⁵ hak⁵⁻³⁵	晚黑 man⁵⁵ hak⁵	晚黑 man⁵⁵ hak⁵	钟头 tsəŋ³³ hɐu²²	点 tiam⁵⁵
	三藩市 台山话	□□□ san⁴⁴ wai⁴⁴ si²¹	早朝 tau⁴⁴ tsiu⁴⁴	上昼 sɛŋ³¹ tsiu⁴⁴	中昼 tsuŋ⁴⁴ tsiu⁴⁴	下昼/晏昼 ha⁵⁵ tsiu⁴⁴/an³¹ tsiu⁴⁴	日头 ŋit² hɐu²²⁻³⁵	夜晚 je³¹ man⁵⁵	夜晚 je³¹ man⁵⁵	夜晚 je³¹ man⁵⁵	钟头 tsəŋ⁴⁴ hɐu²²/小时 siau⁵⁵ si²¹	钟头 tsuŋ⁴⁴ hɐu²²/小时 siau⁵⁵ si²²
	洛杉矶 台山话	天皓 hɛŋ⁴⁴ hau²¹	早晨 tɔ⁵⁵ sin²²	上天 sɛŋ²¹ hɛŋ⁴⁴	—	下天 ha²¹ hɛŋ⁴⁴	日头 ŋit² hɐu²²	晚头 man⁵⁵ hɐu²²	晚头 man⁵⁵ hɐu²²	晚头 man²² hɐu²²	钟头 tsuŋ⁴⁴ hɐu²²	点钟 ɛm⁴⁴ tsuŋ⁴⁴
	芝加哥 台山话	天皓 hɛn⁴⁴ hɐu³¹	早晨 tou⁵⁵ san²²	上昼 sɛŋ³¹ tiu⁴⁴	晏昼 an⁴⁴ tiu⁴⁴	晏昼 an³¹ tiu⁴⁴	日头 ŋiak² hɐu²²	夜晚黑 je³¹ man⁵⁵ hak⁵	三更半夜 łam⁴⁴ kaŋ⁴⁴ pɔn⁴⁴ je³¹	夜晚 je³¹ man⁵⁵	钟头 tsuŋ⁴⁴ hɐu²²	点钟 ɛm⁴⁴ tsuŋ⁴⁴
	纽约 台山话	天光 hɛn⁴⁴ kɔŋ⁴⁴	早晨 tou⁵⁵ san²²	上午 sɛŋ³¹ m³¹⁻⁵⁵	中午 tsuŋ⁴⁴ m³¹⁻⁵⁵	下午 ha³¹ m³¹⁻⁵⁵	日头 jat² hɐu²²	晚黑 man³¹⁻⁵⁵ hak⁵	黑晚 hak⁵ man³¹	晚上 man³¹⁻⁵⁵ sɐŋ³¹	钟头 tsuŋ⁴⁴ hɐu²²	点 ɛm⁵⁵
	波特兰 台山话	天皓 hɛn⁴⁴ hau³¹	早晨 tou⁵⁵ sin²²	上午 sɛŋ³¹ ŋu³¹	中午 tsuŋ⁴⁴ ŋu³¹	下午 ha³¹ ŋu³¹	日 jit²	晚昼 tsiu⁴⁴⁻³⁵	黑黑 hak⁵ man³¹	晚昼 tsiu⁴⁴⁻³⁵	钟头 tsuŋ⁴⁴ hɐu²²	点 ɛm⁵⁵
	圣安东尼 奥台山话	天光 hɛn⁴⁴ kɔŋ⁴⁴	早晨 tsou⁵⁵ san²²	上昼 sɛŋ³¹ łiu⁴⁴	十二点 łap² ŋei³¹ tim⁵⁵	下昼 ha³¹ łiu⁴⁴	日头 hai²²	晚黑 man⁴⁴ hak⁵	晚黑 man⁴⁴ hak⁵	晚黑 man⁴⁴ hak⁵	钟 tsuŋ⁴⁴	点钟 tim⁵⁵ tsuŋ⁴⁴

(5) 指示节假日的词。

表3-63中关于节日的条目11条，前7条指称华人的祖籍国中国固有的节日，后4条指称美国当地的节日。

表3-63 指示节假日的词

语言/方言		条目										
		春节	除夕	大年初一	清明节	端午节	中秋节	重阳节	圣诞节	感恩节	万圣节	复活节
汉语		Spring Festival	New Year's Eve	the first day of Spring Festival	Tomb-sweeping Festival	Dragon Boat Festival	Mid-Autumn Festival	Double Ninth Festival	Christmas	Thanks-giving	Halloween	Easter
方言	广东广州话	过年 kwɔ³⁵ nin²¹	年三十晚 nin²¹ sa³³ a man¹³	年初一 nin²¹ tsʰɔ⁵⁵ jat⁵	清明 tsʰeŋ⁵⁵ meŋ²¹	端午节 tyn⁵⁵ m¹³ tsit³	中秋节 tsuŋ⁵⁵ tsʰɐu⁵⁵ tsit³	重阳 tsʰuŋ²¹ jœŋ²¹	圣诞节 seŋ³³ tan²² tsit³	感恩节 kɐm³⁵ jɐn⁵⁵ tsit³	鬼节 kwei³⁵ tsit³	复活节 fuk² wut² tsit³
	三藩市广府话	过年 kwɔ³⁵ nin²¹	年三十晚 nin²¹ sam⁵⁵ sap² man¹³	年初一 nin²¹ tsʰɔ⁵⁵ jat⁵	清明节 tsʰeŋ⁵⁵ meŋ²¹ tsit³		中秋节 tsuŋ⁵⁵ tsʰɐu⁵⁵ tsit³	重阳 tsʰuŋ²¹ jœŋ²¹⁻³⁵	圣诞节 seŋ³³ tam³³ tsit³	火鸡节 fɔ³⁵ kɐi⁵⁵ tsit³ / 感恩节 kɐm³⁵ jɐn⁵⁵ tsit³	鬼仔节 kwei³⁵ tsɐi³⁵ tsit³ / □□□hɔ⁵⁵ lɔ⁵⁵ win⁵⁵	□□□ji⁵⁵ si²¹ tʰe²¹
	洛杉矶广府话	红包攞嚟嗰个节 huŋ⁵⁵ pau⁵⁵ lɔ³⁵ lei²¹ kɔ³⁵ tsit³ / 新年 sɐn⁵⁵ nin²¹	红包攞嚟嗰个节 huŋ⁵⁵ pau⁵⁵ lɔ³⁵ lei²¹ kɔ³³ tsit³	新年第一日 sɐn⁵⁵ nin²¹ tɐi²² jat⁵ jat⁵	清明 tsʰeŋ⁵⁵ meŋ²¹	食粽 sek² tsuŋ³⁵	食月饼 sek² jyt² peŋ³⁵	—	圣诞 seŋ³³ tan³³	火鸡节 fɔ³⁵ kɐi⁵⁵ tsit³	鬼节 kwei³⁵ tsit³	执蛋节 tsɐp⁵⁵ tan²²⁻³⁵ tsit³

英语

· 499 ·

续表 3-63

语言/方言		春节	除夕	大年初一	清明节	端午节	中秋节	重阳节	圣诞节	感恩节	万圣节	复活节
汉语		Spring Festival	New Year's Eve	the first day of Spring Festival	Tomb-sweeping Festival	Dragon Boat Festival	Mid-Autumn Festival	Double Ninth Festival	Christmas	Thanks-giving	Halloween	Easter
英语												
方言	芝加哥广府话	过年 kwɔ^{33} nin^{21}	年卅阿晚 nin^{21} sa^{55} a^{55} man^{13}	年初一 nin^{21} tsʰɔ^{55} jɐt^5	清明 tsʰeŋ^{55} neŋ^{21}	龙舡节 luŋ^{21} syn^{21} tsit^3	八月十五 pat^3 jyt^2 sɐp^{55} m^{13}	—	圣诞节 seŋ^{33} tan^{33} tsit^3	感恩节 kɐm^{35} jɐn^{55} tsit^3	□□ ha^{55} lou^{55} win^{55}	复活节 fuk^5 wut^2 tsit^3
	纽约广府话	过年 kwɔ^{33} nin^{21}	过年 kwɔ^{33} nin^{21}	年初一 nin^{21} tsʰɔ^{55} jɐt^5	拜生 pai^{33} saŋ^{55}	食粽 sek^2 tsuŋ^{35}	食月饼 sek^2 jyt^2 pɛŋ^{35}	—	圣诞节 seŋ^{33} tan^{33} tsit^3	火鸡节 fɔ^{35} kɐi^{55} tsit^3	鬼节 kwɐi^{35} tsit^3	蛋节 tan$^{22-35}$ tsit^3
	波特兰广府话	过年 kwɔ^{33} nin^{21}	年三十晚 nin^{13} sam^{55} sɐp^2 man^{13}	大年初一 tai^{22} nin^{21} tsʰɔ^{55} jɐt^5	清明节 tsʰeŋ^{55} meŋ^{21} tsit^3	端午节 tyn^{55} m^{13} tsit^3	中秋节 tsuŋ^{55} tsʰɐu^{55} tsit^3	—	圣诞节 seŋ^{33} tan^{33} tsit^3	火鸡节 fɔ^{35} kɐi^{55} tsit^3 / □□□ fɛn^{55} si^{21} kip^5 win^{21}	鬼仔节 kwɐi^{35} tsɐi^{35} tsit^3 / □□ hɔ^{55} lɔ^{55} wen^{55}	执蛋节 tsɐp^5 tan$^{22-35}$ tsit^3 / 复活节 fuk^2 wut^2 tsit^3 / □□□ si^{21} tʰə^{21}
	休斯敦广府话	过年 kwɔ^{33} nin^{21}	年三十晚 nin^{13} sam^{55} sɐp^2 man^{13}	过年 kwɔ^{33} nin^{21}	—	食粽 sek^2 tsuŋ^{35}	食月饼 sek^2 jyt^2 pɛŋ^{35}	—	圣诞节 seŋ^{33} tan^{33} tsit^3	火鸡节 fɔ^{35} kɐi^{55} tsit^3	□□□ hɔ^{33} lou^{55} win^{55}	□□ ji^{55} si^{21} tʰə^{21}
	广东台山话	过年 kɔ^{33} nen^{22}	卅十晚 sa^{33} sap^2 man^{31}	年初一 nen^{22} tsʰɔ^{33} jii^5	清明 tsʰen^{33} men$^{22-35}$	五月节 m$_{55}$ ŋut^2 tet$^{3-35}$	八月十五 pat^3 ŋut^2 sip^2 m^{55}	九月九 kiu^{55} ŋut^2 kiu^{55}	圣诞 sen^{33} han^{33}	—	—	—

续表 3-63

语言/方言		条目										
汉语		春节	除夕	大年初一	清明节	端午节	中秋节	重阳节	圣诞节	感恩节	万圣节	复活节
英语		Spring Festival	New Year's Eve	the first day of Spring Festival	Tomb-sweeping Festival	Dragon Boat Festival	Mid-Autumn Festival	Double Ninth Festival	Christmas	Thanks-giving	Halloween	Easter
方言	三藩市台山话	过年 kuɔ⁴⁴ nɛn²²	年晚 nɛn²² man⁵⁵	年初一 nɛn²² tɕʰɔ⁴⁴ jit⁵	行山 haŋ²² san⁴⁴	喫粽 hɛt³ tsuŋ⁵⁵	中秋节 tsuŋ⁴⁴ tsʰiu⁴⁴ tsit⁵	—	圣诞节 seŋ⁴⁴ an⁴⁴ tsit⁵	感恩节 kim⁵⁵ ɔn⁴⁴ tsit⁵	□□ lɔ⁴⁴ win³¹	□□ji⁴⁴ si²¹ tʰɔ²¹
	洛杉矶台山话	唐人新年 hɔŋ²² ŋin²² ɬin⁴⁴ neŋ²²	唐人新年 hɔŋ²² ŋin²² ɬin⁴⁴ neŋ²²	年初一 neŋ⁴⁴ tsʰɔ⁴⁴ ŋit⁵	清明 tʰeŋ⁴⁴ meŋ²²	扒船 pʰa²² luŋ²² sɔn²²	中秋节 tsuŋ⁴⁴ tʰiu⁴⁴ tek⁵	—	圣诞节 seŋ⁴⁴ an⁴⁴ tek⁵	火鸡节 fɔ⁵⁵ kai⁴⁴ tek⁵	□□ lɔ⁴⁴ weŋ⁴⁴	—
	芝加哥台山话	过年 kuɔ⁴⁴ nɛn²²	年三十晚 nɛn²² sap² man⁵⁵	初一 tsʰɔ⁴⁴ jat⁵	清明 tsʰeŋ⁴⁴ meŋ²²	扒龙船 pʰa²² luŋ²² sɔn²²	喫月饼 hɛt⁵ ŋut² peŋ⁵⁵	九月九 ŋut² kiu⁵⁵	圣诞 seŋ⁴⁴ an⁴⁴	火鸡节 fɔ⁵⁵ kai⁴⁴ tet³	鬼节 kuai⁵⁵ tet³	复活节 fuk² ŋut² tet³
	纽约台山话	新年 ɬin⁴⁴ nɛn²²	新年 ɬin⁴⁴ nɛn²²	新年 san⁴⁴ nɛn²²	清明 tʰeŋ⁴⁴ meŋ²²⁻³⁵	扒龙船 pʰa²² luŋ²² sɔn²²	八月十五 pat³ ŋut² sap² m⁵⁵	九月九 kau⁵⁵ ŋut² kau⁵⁵	圣诞 seŋ⁴⁴ an⁴⁴	火鸡 fɔ⁵⁵ kɔi⁴⁴	鬼王节 kui⁵⁵ wɔŋ²² tet⁵	—
	波特兰台山话	过年 kuɔ⁴⁴ nɛn²²	新年 ɬin⁴⁴ nɛn²²	大年初一 ai³¹ nɛn²² tsʰɔ⁴⁴ jit⁵	清明节 tʰeŋ⁴⁴ meŋ²² tet⁵	扒龙船 pʰa²² luŋ²² sɔn²²	中秋 tsuŋ⁴⁴ tsʰiu⁴⁴ tet⁵	—	圣诞节 seŋ⁴⁴ an⁴⁴ tet⁵	火鸡节 fɔ⁵⁵ kai⁴⁴ tet⁵	鬼仔节 kui⁵⁵ tɔi⁵⁵ tet⁵	执蛋节 tsap⁵ tan⁴⁴⁻³⁵ tet⁵
	圣安东尼奥台山话	过年 kwɔ³³ nin²¹	年三十晚 nin¹³ sam¹³ sap² man¹³	过年 kwɔ³³ nin²¹	—	食粽 sek² tsuŋ³⁵	食月饼 sek² jyt² peŋ³⁵	—	圣诞 seŋ³³ tan³³ tsit³	火鸡节 fɔ³⁵ kɐi⁵⁵ tsit⁵	□□ hɔ³³ lou⁵⁵ win⁵⁵	□□ji⁵⁵ si²¹ tʰɔ²¹

· 501 ·

3.2.1.2.2.2　美国华人常用时间名词分析

我们把时间词分为"有指向"和"无指向"两类，表格里表示年、日的时间词是有指向的（表 3-59、表 3-60），表示月、日、星期、一天中各种时间、节假日等的时间词是无指向的（表 3-61、表 3-62、表 3-63）。有指向的时间词以现在为基准，分别向过去和未来扩展，中指现在，后指过去，前指未来，指代的时间点相对明确；无指向的时间词指代的时间点相对模糊，只有带上相应的修饰成分后才能指代确切的时间点。

本书所举的有指向时间词 14 条：

大前年、前年、去年（过去），今年（现在），明年、后年、大后年（未来）；大前天、前天、昨天（过去），今天（现在），明天、后天、大后天（未来）

无指向时间词 35 条：

月初、月底、上旬、中旬、下旬、星期、周末、星期一、星期天、次日、每天、整天、半天、黎明、早晨、上午、中午、下午、白天、傍晚、夜里、晚上、小时、点、春节、除夕、大年初一、清明节、端午节、中秋节、重阳节、圣诞节、感恩节、万圣节、复活节

这两类时间概念，美国华人社区两种粤方言的表达，表现为 4 种不同的方式：①没有提供说法的（"—"处）；②直接借用英语表达的（包括有方言的说法，也有英语说法的）；③使用自创的说法的（说法与祖籍地方言不同，或说法相同，但词义或构词语素与祖籍地方言对比发生了变化的）；④保留中国祖籍地方言的原有说法的。

（1）有指向时间名词。

上文 14 条有指向时间名词指示"年"和"天"相关的时间概念清晰明确，汉语和粤方言广州话、台山话表示这些意思的词都非常固定；而英语除了"yesterday"（昨天）、"today"（今天）、"tomorrow"（明天）是以词的形式表达的外，其余相关的条目都以短语的形式表述（参见上文表 3-59、表 3-60）。在这种大语言环境下，华人汉语方言的表述不可避免地受到了影响。

1）没有提供说法。

广府话中共有 16 条，即：

三藩市（5 条）：后年、大后年、大前天、后天、大后天
纽约（7 条）：前年、大前年、后年、大后年、大前天、大后天、每天
休斯敦（4 条）：大前年、大后年、大前天、大后天

台山话中共有 3 条，即：

洛杉矶（1 条）：大后年
圣安东尼奥（2 条）：大后年、前天

2）借用英语说法。

第一类，直接借用。

广府话例子如：

洛杉矶：□□□□□_{大前年} tʰu⁵⁵ jɛ²¹ si²¹ pit²fɔ²¹（英语：two years before）、明年/□□□nɛt⁵si²¹jɛ²¹（英语：next year，与方言说法并用）

第二类，间接借用。

形式上说的是汉语方言，但实质上表达的方式却是借用英语的。对比英语的说法，不难发现这种短语式的表达，不乏意译英语词语的痕迹。

广府话例子如：

芝加哥：三日之前_{大前天}（英语：three days before）

台山话例子如：

三藩市：早三日_{大前天}（英语：three days before）
洛杉矶：早二日_{前天}（英语：the day before yesterday）、早三日_{大前天}（英语：three days before）、迟三日_{大后天}（英语：after three days）
纽约：下两年_{后年}（英语：after one year）、下三年_{大后年}（英语：after two years）、早两日_{前天}（英语：the day before yesterday）、早三日_{大前天}（英语：three days before）、前年/两年前（英语：one years before，方言原有的说法"前年"与间接借用说法并存）、大前年/三年前（英语：two years before，方言原有的说法"大前年"与间接借用说法并存）
圣安东尼奥：多三日_{大前天}（英语：three days before）、过两日_{后天}（英语：after two days）

3）使用自创的说法。

第一类，说法与祖籍地方言不同，类似英语的表述，这些条目不少以短语的形式表现。在时间名词前添加副词"更"，叠加副词"再"，甚至叠加两个副词"再再"修饰名词等用法，均不见于本土的粤方言广州话、台山话，倒是英语中有类似的表达，例如：ex-wife（前妻）、ex-ex-boyfriend（前前男友）。

广府话例子如：

三藩市：再再前年_{大前年}、下年_{明年}
芝加哥：再前年_{大前年}、再明年_{后年}、再再明年_{大后年}、再后日_{大后日}
波特兰：上前年_{大前年}、上年/旧年_{去年}（自创的说法"上年"与带自祖籍地的说法"旧年"并存）、下年/明年（自创的说法"下年"与带自祖籍地的说法"明年"并存）
休斯敦：上年_{去年}、下年_{明年}、全日_{整天}、上日_{昨天}

台山话例子如：

三藩市：上年 去年

洛杉矶：迟⁼年 大前年、更早年 前年（英语：the year before last year）、上年 去年、第二年 后年、更第二年 大后年（英语：after three years）

芝加哥：□早 han⁴⁴tou⁴⁴ 明天、第二天

第二类，说法祖籍地方言也有，词义范围与祖籍地方言相比发生了转移或扩大的变化，或构词语素发生了变化。

广府话例子如：

三藩市：前年（包括"前年""去年"，词义扩大）

洛杉矶：以前（包括"以前""前年"，词义扩大）、以后（包括"以后""后年""大后年"，词义扩大）、星期几（包括"星期几""大前日"，词义扩大）

芝加哥：后年 去年（词义转移）

休斯敦：上日 前日（词义转移）

台山话例子如：

三藩市：昨晚（包括"昨晚""昨天"，词义扩大）

洛杉矶：昨晚（包括"昨晚""昨天"，词义扩大）

纽约：全日 整天（构词语素与广东台山话不同）

波特兰：□kʰɔi²² 嘅年 今年（构词语素与广东台山话不同）、下年 明年（构词语素与广东台山话不同）、今晚 今日（构词语素与广东台山话不同）、昨晚 昨天（构词语素与广东台山话不同）、第二日（构词语素与广东台山话不同）、全日 整天（构词语素与广东台山话不同）

圣安东尼奥：出年 明年（构词语素与广东台山话不同）、听日（包括"明天""后天"，词义扩大）、□tam³¹ 晚 昨天（构词语素与广东台山话不同）、听早 次日（构词语素与广东台山话不同）

4）保留中国祖籍地方言的原有说法。（词条后的地名指有该说法的方言点，下同）

广府话例子如：

今年（三藩市、洛杉矶、纽约、芝加哥、波特兰、休斯敦）、前年（三藩市、芝加哥、波特兰、休斯敦）、旧年 去年（洛杉矶）、后年（波特兰、休斯敦）、大后年（波特兰）、今日（三藩市、洛杉矶、纽约、芝加哥、波特兰、休斯敦）、琴日 昨天（三藩市、洛杉矶、芝加哥、纽约、波特兰、休斯敦）、前日（三藩市、洛杉矶、纽约、芝加哥、波特兰）、听日 明天（三藩市、洛杉矶、纽约、芝加哥、波特兰、休斯敦）、后日（三藩市、洛杉矶、纽约、芝加哥、波特兰、休斯敦）、大后日（洛杉矶、波特兰）、第日 次日（三藩市、

洛杉矶、芝加哥、纽约）

台山话例子如：

今年（三藩市、洛杉矶、纽约、芝加哥、圣安东尼奥）、旧年_{去年}（芝加哥、纽约、圣安东尼奥）、前年（波特兰、圣安东尼奥）、大前年（波特兰、圣安东尼奥）、后年（波特兰、圣安东尼奥）、大后年（波特兰）、今日（三藩市、洛杉矶、纽约、芝加哥、圣安东尼奥）、前日（三藩市、芝加哥）、成日_{整天}（三藩市、洛杉矶，芝加哥）、日日_{每天}（洛杉矶、芝加哥）、第二日_{次日}（波特兰）

表3–59和表3–60含有指向时间名词14条，12个方言点共168条，除去上文第1）、第2）、第3）点的72条，12个方言点还剩96条保留祖籍地方言说法，有变化的说法接近半数。

（2）无指向时间名词。

本书所列的35条无指向时间名词，英语以词的形式表达的有"week"（星期）、"weekend"（周末）、"Monday"（星期一）、"Sunday"（星期天）、"everyday"（每天）、"dawn"（黎明）、"morning"（早晨）、"noon"（中午）、"afternoon"（下午）、"daytime"（白天）、"evening"（傍晚）、"hour"（小时）、"Christmas"（圣诞节）、"Easter"（复活节），其余均以短语的形式表达（参见表3–59至表3–62）。而汉语和汉语方言词的说法固定，词义也明确。

1）没有提供说法。

广府话中共有25条，即：

三藩市（4条）：月初、中旬、下旬、端午节
洛杉矶（4条）：上旬、中旬、下旬、重阳节
芝加哥（1条）：重阳节
纽约（7条）：上旬、中旬、下旬、黎明、傍晚、晚上_{掌灯至入睡前}、重阳节
波特兰（4条）：上旬、中旬、下旬、重阳节
休斯敦（5条）：上旬、中旬、下旬、清明节、重阳节

台山话中共有24条，即：

三藩市（4条）：上旬、中旬、下旬、重阳节
洛杉矶（4条）：上旬、中旬、中午、重阳节
芝加哥（3条）：上旬、中旬、下旬
纽约（4条）：上旬、中旬、下旬、复活节
波特兰（4条）：上旬、中旬、下旬、重阳节
圣安东尼奥（5条）：上旬、中旬、下旬、清明节、重阳节

至此，我们已知发音人没有提供说法的时间概念既包含有指向的，也包含无指向的，这些条目不少表示的是汉语特有、英语中没有的时间概念，如"上旬""中旬""下旬"等；或英语没有词的说法，只以短语形式表达的，如"大前天""大后年"等。

2）直接借用英语。

这部分表达的主要是汉语中没有的时间概念，如"万圣节""复活节"等。除了指示祖籍国没有、美国特有的事物，也有指示无论什么国家、什么民族都有的时间概念，如"上午""下午"等。（下面的词条若除了英语说法，也有其他表达方式，则其他表达方式也一并列出）

广府话例子如：

三藩市：□黎明tɔŋ⁵³（英语：dawn）、□□上午ei⁵⁵ɛm⁵³（英语：a. m.）、□□下午pʰi⁵⁵ɛm⁵³（英语：p. m.）、□□□复活节ji⁵⁵si²¹tʰə²¹（英语：Easter）、鬼仔节 kwɐi³⁵ tsit⁵⁵ tsit³／□□□万圣节hɔ⁵⁵lɔ⁵⁵win⁵⁵（英语：Halloween，与方言说法并用）

芝加哥：□□□万圣节ha⁵⁵lou⁵⁵win⁵⁵（英语：Halloween）

波特兰：火鸡节感恩节fɔ³⁵kɐi⁵⁵tsit³／□□□□fɛn⁵⁵si²¹kip⁵win²¹（英语：Thanksgiving，与方言说法并用）、鬼仔节万圣节kwɐi³⁵tsɐi³⁵tsit³／□□□hɔ⁵⁵lɔ⁵⁵weŋ⁵⁵（英语：Halloween，与方言说法并用）、执蛋节复活节tsɐp⁵tan²²⁻³⁵tsit³／复活节 fuk²wut²tsit³／□□□ji⁵⁵si²¹tə²¹（英语：Easter，与方言说法并用）

休斯敦：□□□万圣节hɔ³³lou⁵⁵win⁵⁵（英语：Halloween）、□□□复活节ji⁵⁵si²¹tʰə²¹（英语：Easter）

台山话例子如：

三藩市：□□□黎明san⁴⁴wai⁴⁴si²¹（英语：sun rise）、□□□万圣节hɔ⁴⁴lɔ⁴⁴win³¹（英语：Halloween）、□□□复活节ji⁴⁴si²¹tʰə²¹（英语：Easter）

洛杉矶：□□□万圣节hɔ⁴⁴lɔ⁴⁴weŋ⁴⁴（英语：Halloween）

圣安东尼奥：□□□万圣节hɔ³³lou⁵⁵win⁵⁵（英语：Halloween）、□□□复活节ji⁵⁵si²¹tʰə²¹（英语：Easter）

3）使用自创的说法。

第一类，说法与祖籍地方言不一样，包括词的说法不同，或者以解释性的短语表达的。

广府话例子如：

三藩市：头十日上旬、拜尾周末、火鸡节感恩节、鬼仔节万圣节

洛杉矶：呢个月第一个星期月初、呢个月最后几日月底、拜尾周末、早上黎明、上午、红包攞嚟嗰个节春节、除夕、新年第一日年初一、食粽端午节、食月饼中秋节、火鸡节感恩节、鬼节万圣节、执

蛋节_复活节

芝加哥：龙船节_端午节

波特兰：拜尾_周末、火鸡节_感恩节、鬼仔节_万圣节、执蛋节_复活节

休斯敦：食粽_端午节、食月饼_中秋节、火鸡节_感恩节

台山话例子如：

三藩市：拜尾_周末、早朝_早晨、年晚_除夕、行山_清明节、喫粽_端午节

洛杉矶：第尾十日_下旬、拜尾_周末、上天_上午、下天_下午、唐人新年_春节、除夕、扒船_端午节、火鸡节_感恩节

芝加哥：拜尾_周末、三更半夜_夜里(入睡后)、扒龙船_端午节、喫月饼_中秋节、火鸡节_感恩节、鬼节_万圣节

纽约：拜尾_周末、扒龙船_端午节、火鸡节_感恩节、鬼王节_万圣节

波特兰：拜尾_周末、晚昼_傍晚、晚上、新年_春节、扒龙船_端午节、火鸡节_感恩节、鬼仔节_万圣节、执蛋节_复活节

圣安东尼奥：拜尾_周末、十二点_中午、食粽_端午节、食月饼_中秋节、火鸡节_感恩节

第二类，说法祖籍地方言也有，但与祖籍地方言比，词义范围发生了转移或扩大的变化，或构词语素发生了变化。

广府话例子如：

芝加哥：月初（包括"月初""上旬"，词义扩大）、月中（包括"中旬""一个月中间的日子"，词义扩大）、月尾（包括"月底""下旬"，词义扩大）、礼拜（包括"周末""星期""星期天"，词义扩大）

纽约：礼拜（包括"周末""星期""星期天"，词义扩大）、过年（包括"春节""除夕"，词义扩大）

休斯敦：过年（包括"春节""大年初一"，词义扩大）、早上（包括"早晨""白天"，词义扩大）

台山话例子如：

三藩市：早朝_早晨（构词语素颠倒）

纽约：黑晚_夜里(入睡后)（构词语素颠倒）

波特兰：日_白天（单音节语素成词）

也可以把无指向时间名词的创新分成另两类。

一类是对祖籍地没有的事物、没有的表述所做的创新，这是完完全全的创新，如"火鸡节""鬼（仔）节""执蛋节"。具有地道美国特色的"火鸡节"的得名是因为火鸡是感

恩节的特定食物，"鬼（仔）节"的得名是因为万圣节特有的装饰、化妆等活动，"执蛋节"的得名则是因为复活节特有的捡彩蛋活动。

另一类是对祖籍地也有的事物、也有的表述所做的创新，即说法与祖籍地方言不同，或与祖籍地方言相同，但词义范围与祖籍地方言的同一说法相比，发生了扩展或缩小变化的。这种类型的又可以再分成两类。①用直观的方式表达。改变了祖籍地方言说法的，很多都是那些具有中国特色，美国没有，只在华人圈中艰难地维系着的事物，如"春节""中秋节""端午节"等。① 因为中秋节有月饼，端午节有粽子、有划龙船活动，一些华人，尤其是中青年华人就只能直观地以自己的感觉去表述，如"食（喫）月饼""食（喫）粽""扒龙船""龙船节"。这些说法都是以特定的时间才会有的活动去指代特定的节日。其实，不止美国华人，我们调查过的很多国家的华人，如东南亚的华人也都有这方面类似的表达。②用解释的方式表达。"唐人新年""红包攞嚟嗰个节"，华人自称"唐人"，一年之中过两个新年，一个是美国所有族裔都会庆祝的新历年元旦，一个是华人才庆祝的春节"唐人新年"。春节常会有压岁红包派放，当然就是"红包拿来"的那个节了。这种表达方式，用以解释的往往是超出了词的范畴的短语。

值得注意的是，将单一的词置换成短语，华人不仅在表达时间概念时如此，在使用其他词语时也如此，关于这点，我们已经在 3.2.2.1 "美国华人常用的两种词语表达方式研究"部分阐述过。

4）保留中国祖籍地方言的原有说法。

广府话例子如：

礼拜_{周末}（休斯敦）、拜一_{星期一}（三藩市、洛杉矶、纽约、波特兰、休斯敦）、礼拜一_{星期一}（芝加哥）、点（钟）_{几点}（三藩市、洛杉矶、纽约、芝加哥、波特兰、休斯敦）、朝（头）早_{早晨}（三藩市、芝加哥、波特兰）、晏昼_{中午}（三藩市）、下昼_{下午}（芝加哥、波特兰）、日头_{白天}（三藩市、洛杉矶、纽约、芝加哥、圣安东尼奥）、琴日_{昨天}（三藩市、洛杉矶、纽约、芝加哥、波特兰、休斯敦）、天光_{天亮}（芝加哥、波特兰、休斯敦）、晚黑_{夜晚}（三藩市、洛杉矶、纽约、芝加哥、休斯敦）、日日_{每天}（三藩市、洛杉矶、芝加哥）、月头（波特兰）、月尾（波特兰、休斯敦）、过年_{春节}（三藩市、芝加哥、纽约、波特兰、休斯敦）、清明（节）（三藩市、洛杉矶、芝加哥、波特兰、休斯敦）、中秋节（三藩市、波特兰）、八月十五（芝加哥）、重阳（三藩市）

台山话例子如：

月头（洛杉矶、芝加哥、纽约、波特兰）、月尾（三藩市、洛杉矶、纽约、芝加哥、波特兰、圣安东尼奥）、礼拜_{星期、星期天}（三藩市、洛杉矶、纽约、芝加哥、波特兰、圣安东

---

① 调查中，一些老华人说，即使是华人一年中最重要的节日——春节，在美国其实要维持亦非易事。由于不是法定节日，除夕之夜，哪怕做好了满桌丰盛的饭菜，也很难等到为生活奔波拼搏的年轻人回来。而对于老年人的执着，年轻人也很不理解：吃饭什么时候不行？没有放假，为什么非要回去吃饭？

尼奥）、拜一_星期一_（三藩市、洛杉矶、纽约、芝加哥、波特兰、圣安东尼奥）、中昼_中午_（三藩市）、日头_白天_（三藩市、洛杉矶、纽约、芝加哥、波特兰）、晚黑_夜晚_（纽约、波特兰、圣安东尼奥）、琴=晚_昨天_（纽约、芝加哥）、天皓_天亮_（洛杉矶、芝加哥、波特兰）、日日_每天_（洛杉矶、芝加哥、圣安东尼奥）、过年_春节_（三藩市、芝加哥、纽约、圣安东尼奥）、清明（洛杉矶、芝加哥、纽约、波特兰）、中秋节（三藩市、洛杉矶、波特兰）、八月十五（纽约）、九月九_重阳_（芝加哥、纽约）。

本书所举无指向时间名词35条，12个方言点共420条，除去第1）、第2）、第3）点的134条，12个方言点中还有286条保留祖籍地方言说法。看来，保留的占了多数。这从一个方面彰显了美国华人汉语方言与中国祖籍地汉语方言的同根同源。不过，虽然无指向时间名词与中国祖籍地方言表达的一致度比有指向时间名词高，但其变化也不可不引起注意。

3.2.1.2.2.3 余论

对时间的感知是人类共有的，人们从事物及其运动的变化中感知时间。人类对时间的表达受到不同文化、不同语言形式的影响，由此创造出的时间表述方式也各有差异。词汇中的时间词反映了语言、方言使用者对时间范畴的认知。美国华人社区粤方言广府话和台山话源自中国，但时空阻隔，在脱离祖籍国过百年后，受到现居国主流语言的影响，也有了自身的变化。在本书数量不多的时间词条目里，我们也能感受到美国华人粤方言广府话、台山话词汇与祖籍地方言词汇的异同。美国华人在时间认知方面的一些转变，反映了美国主流语言英语对美国华人汉语方言的侵蚀和改造；居住国文化的融入、时间词使用的变化也折射出了英语对美国华人汉语方言的侵蚀，以及中华文化在时间流逝中的磨损。

其实，仅上文提到的美国华人创造方言自创词的一种"解释的方式"，就不止在时间词的使用中出现，在其他词汇的使用中也常可见，在实地调查中，我们常听到华人类似的说法。

广府话例子如：

太多水_水涝、水灾_（三藩市）、用力做野嘅_蓝领_（三藩市）、有料伙计_师傅_（芝加哥）、BB青蛙_蝌蚪_（芝加哥）、好耐之前_从前_（纽约）、辣嘅辣椒_指一种很辣的小辣椒_（波特兰，这个表达可能会使人产生"辣椒也有不辣的"念头，广东广州话叫"指天椒"）、唔会太热_暖和_（休斯敦）

台山话例子如：

唔够气_哮喘_（洛杉矶）、勾仔勾女_约会_（芝加哥）、快过渠_超车_（芝加哥）、圆圆个石仔_鹅卵石_（纽约）、唔系专科_外行_（纽约）、墨水石_砚台_（纽约）、普通衣服_休闲装_（波特兰）、小小热_暖和_（圣安东尼奥）

美国华人粤方言词汇的其他特点，我们还会继续关注。

3.2.1.2.3 美国华人有关牲畜表述的研究

我们已经讨论了美国华人常用的两种以汉语方言表述词语的方式，也分析了美国华人常用时间名词的使用特点，从上文的阐述中，可知由于居住国的主流语言是英语，而在时空两方面都远离中国祖籍地，使用粤方言台山话和广府话的美国华人在汉语方言词汇的掌握使用方面，出现了一些问题。关于词汇的讨论还可以在很多方面展开，在这个小节里，我们想再谈谈美国华人关于一些常见牲畜的方言称呼，以及关于常见牲畜的诸如行为习性等的一些方言词语。

选择这个很小，但在日常生活中会接触到，并且非常能表现方言特点、体现方言归属的词汇小问题，是希望能从这个小问题入手，进一步揭示美国华人社区台山话和广府话的面貌。

我们先看看广东本土粤方言台山话和广府话常用的表示牲畜"性别"和"小"的方式。

汉语的不同方言都有自己表示牲畜性别、大小的方法和习惯性的称呼。广东境内的闽、粤、客方言也不例外。广东闽方言、客家方言、粤方言都采用与汉语普通话语素顺序相反的构词方法，将指示牲畜"性别"和"小"的语素放在整个合成词的后面，即指示牲畜的名词性语素后面表达。例如：广东闽方言潮州话通常用"公/翁""母""囝"，如"牛公"公牛"鸡翁"公鸡"猪母"母猪"鸭囝"小鸭子；广东客家方言通常用"牯/公""嫲""仔"，如"牛牯""鸡公""猪嫲"母猪"鸭仔"小鸭子；广东粤方言通常用"公""乸""仔"，如"牛公"公牛"鸡公"公鸡"猪乸"母猪"鸭仔"小鸭子。粤方言的这种使用方式，包括台山话和广州话都一样，台山话和广州话都是使用"公""乸""仔"表示牲畜的"性别"和"小"。

美国华人社区的粤方言台山话和广府话能否保留祖籍地方言这一类基本词的表达方式，就是本小节想要探讨的问题。

3.2.1.2.3.1 美国华人对小牲畜的称呼

首先是华人对小牲畜的称呼。

小牲畜专指未长大成年的家养牲畜，我们选取了"牛犊""羊羔""小猪""小狗""小猫""小鸡""小鸭"7个条目。华人的表述见表3-64、表3-65。

表3-64　6个台山话对小牲畜的称呼

普通话	方言						
	广东台山话	三藩市台山话	洛杉矶台山话	纽约台山话	芝加哥台山话	波特兰台山话	圣安东尼奥台山话
牛犊	牛仔 ŋiu²² tɔi⁵⁵	牛仔 ŋau²² tɔi⁵⁵	细牛 sai⁴⁴ ŋau²²	牛仔 ŋiu²² tɔi⁵⁵	牛仔 ŋiu²² tɔi⁵⁵	牛 BBŋiu²² pi²² pi⁴⁴ 英语：baby	牛仔 ŋau²² tɔi⁵⁵

续表 3-64

普通话	方言						
	广东台山话	三藩市台山话	洛杉矶台山话	纽约台山话	芝加哥台山话	波特兰台山话	圣安东尼奥台山话
羊羔	羊咩 jen²² me³³/羊仔 jen²² tɔi⁵⁵	羊仔 jɛŋ²² tɔi⁵⁵	羊仔 jaŋ²² tɔi⁵⁵	羊仔 jɛŋ²² tɔi⁵⁵	羊仔 jɛŋ²² tɔi⁵⁵	羊 BBjɛŋ²² pi²² pi⁴⁴ 英语：baby	羊仔 jɛŋ²² tɔi⁵⁵
小猪	猪仔 tsi³³ tɔi⁵⁵	猪仔 tsi⁴⁴ tɔi⁵⁵	猪仔 tsi⁴⁴ tɔi⁵⁵	猪仔 tsi⁴⁴ tɔi⁵⁵	猪仔 tsi⁴⁴ tɔi⁵⁵	细猪 sai⁴⁴ tsi⁴⁴	猪仔 tsi⁴⁴ tɔi⁵⁵
小狗	狗仔 keu⁵⁵ tɔi⁵⁵	狗仔 kau⁵⁵ tɔi⁵⁵	狗仔 kau⁵⁵ tɔi⁵⁵	狗仔 kau⁵⁵ tɔi⁵⁵	狗仔 kiu⁵⁵ tɔi⁵⁵	细狗 sai⁴⁴ kau⁵⁵	狗仔 kau⁵⁵ tɔi⁵⁵
小猫	猫仔 miu⁵⁵ tɔi⁵⁵	猫仔 miau⁴⁴ tɔi⁵⁵	猫仔 mɛu⁴⁴ tɔi⁵⁵	猫仔 mei⁴⁴ tɔi⁵⁵	猫仔 mei⁴⁴ tɔi⁵⁵	细猫 sai⁴⁴ mau⁴⁴	猫仔 miu⁴⁴ tɔi⁵⁵
小鸡	鸡仔 kai³³ tɔi⁵⁵	鸡仔 kai⁴⁴ tɔi⁵⁵	鸡仔 kai⁴⁴ tɔi⁵⁵	鸡仔 kɔi⁴⁴ tɔi⁵⁵	鸡仔 kai⁴⁴ tɔi⁵⁵	细鸡 sai⁴⁴ kai⁴⁴	鸡仔 kai⁴⁴ tɔi⁵⁵
小鸭	鸭仔 ap³ tɔi⁵⁵	鸭仔 ŋap³ tɔi⁵⁵	鸭仔 ap³ tɔi⁵⁵	鸭仔 ap³ tɔi⁵⁵	鸭仔 ap³ tɔi⁵⁵	鸭仔 ap³ tɔi⁵⁵	鸭仔 ap³ tɔi⁵⁵

表 3-65 6个广府话对小牲畜的称呼

普通话	方言						
	广东广州话	三藩市广府话	洛杉矶广府话	纽约广府话	芝加哥广府话	波特兰广府话	休斯敦广府话
牛犊	牛仔 ŋeu²¹ tsɐi³⁵	牛仔 ŋeu²¹ tsɐi³⁵	牛仔 ŋeu²¹ tsɐi³⁵	牛仔 ŋeu²¹ tsɐi³⁵	牛仔 ŋeu²¹ tsɐi³⁵	牛仔 ŋeu²¹ tsɐi³⁵	牛仔 ŋeu²¹ tsɐi³⁵
羊羔	羊仔 jœŋ²¹ tsɐi³⁵	小羊华 siu³⁵ jœŋ²¹	羊仔 jœŋ²¹ tsɐi³⁵	羊 BBjœŋ²¹ pi²¹ pi 英语：baby	羊仔 jœŋ²¹ tsɐi³⁵	BB羊 pi⁵⁵ pi jœŋ²¹ 英语：baby	羊仔 jɛŋ²¹ tsɐi³⁵
小猪	猪仔 tsy⁵⁵ tsɐi³⁵	猪仔 tsy⁵⁵ tsɐi³⁵	猪仔 tsy⁵⁵ tsɐi³⁵	乳猪 jy¹³ tsy⁵⁵	猪仔 tsy⁵⁵ tsɐi³⁵	细猪 sei³³ tsy⁵⁵	猪仔 tsy⁵⁵ tsɐi³⁵
小狗	狗仔 kɐu³⁵ tsɐi³⁵	狗仔 kɐu³⁵ tsɐi³⁵	狗仔 kɐu³⁵ tsɐi³⁵	狗仔 kɐu³⁵ tsɐi³⁵	狗仔 kɐu³⁵ tsɐi³⁵	细狗 sei³³ kɐu³⁵	狗仔 kɐu³⁵ tsɐi³⁵
小猫	猫仔 mau⁵⁵ tsɐi³⁵	猫仔 mau⁵⁵ tsɐi³⁵	猫仔 mau⁵⁵ tsɐi³⁵	猫仔 mau⁵⁵ tsɐi³⁵	猫仔 mau⁵⁵ tsɐi³⁵	细猫 sei³³ mau⁵⁵	猫仔 mau⁵⁵ tsɐi³⁵
小鸡	鸡仔 kɐi⁵⁵ tsɐi³⁵	鸡仔 kɐi⁵⁵ tsɐi³⁵	鸡仔 kɐi⁵⁵ tsɐi³⁵	鸡仔 kɐi⁵⁵ tsɐi³⁵	鸡仔 kɐi⁵⁵ tsɐi³⁵	细鸡 sei³³ kɐi⁵⁵	鸡仔 kɐi⁵⁵ tsɐi³⁵

续表 3-65

普通话	方言						
	广东广州话	三藩市广府话	洛杉矶广府话	纽约广府话	芝加哥广府话	波特兰广府话	休斯敦广府话
小鸭	鸭仔 ŋap³ tsɐi³⁵	鸭仔 ŋap³ tsɐi³⁵	鸭仔 ŋap³ tsɐi³⁵	鸭仔 ŋap³ tsɐi³⁵	鸭仔 ŋap³ tsɐi³⁵	鸭仔 ŋap³ tsɐi³⁵	鸭仔 ŋap³ tsɐi³⁵

难能可贵的是，与本书的很多其他表格不一样，我们可以看到，无论台山话还是广府话，这个表格都没有留白处，每个词条所有的发音人都提供了说法。与祖籍地方言相同，粤方言台山话和广府话表示小称的"仔"，在两种方言的大多数点大多数条目里，都被摆放在合成词的后面。不过，我们也发现了一些不一样的表达。

（1）合成词后面不用表小称的"仔"，而是在前面使用了两种方言都有的，另一个表示"小"的形容性语素"细"。

台山话例子如：

洛杉矶：细牛

波特兰：细猪、细狗、细猫、细鸡

广府话例子如：

波特兰：细猪、细狗、细猫、细鸡

（2）三藩市广府话甚至出现了与共同语言普通话表示小称说法相同的例子，用语素"小"放在合成词的前面——"小羊华"。不过，这种例外只有一例。

（3）直接采用英语的说法表达。例如：

波特兰台山话：牛 BB ŋiu²² pi²² pi⁴⁴、羊 BB jɛŋ²² pi²² pi⁴⁴

波特兰广府话：BB 羊 pi²¹ pi⁵⁵ jœŋ²¹

波特兰台山话和广府话的这 3 个例子都是以汉语固有的语素"牛""羊"加上英语表示婴儿的"baby"合成的。波特兰台山话汉语的语素"牛""羊"在合成词的前面，英语的"baby"在后，语素的排列顺序与汉语方言相同。波特兰广府话"BB 羊"的说法，语素的排列则是英语的"baby"在前，汉语的"羊"在后，语素的排列顺序与汉语方言相反。

梳理以上 3 点，可以发现，除了三藩市广府话特别地有一个"小羊"之说，洛杉矶台山话例外地有一个"细牛"之说以外，出现与祖籍地方言不一致说法的主要都发生在俄勒冈州的波特兰。波特兰台山话、广府话两种方言的这个变化值得进一步跟踪。

3.2.1.2.3.2 美国华人对各种牲畜的称呼（见表3-66、表3-67）

表3-66　6个台山话对各种牲畜的称呼

普通话	方言						
	广东 台山话	三藩市 台山话	洛杉矶 台山话	纽约 台山话	芝加哥 台山话	波特兰 台山话	圣安东尼奥 台山话
牛统称	牛 ŋiu²²	牛 ŋau²²	牛 ŋau²²	牛 ŋiu²²	牛 ŋiu²²	牛 ŋiu²²	牛 ŋau²²
水牛	水牛 sui⁵⁵ ŋiu²²	水牛 sui⁵⁵ ŋau²²	牛 ŋau²²	—	水牛 sui⁵⁵ ŋiu²²	水牛 sui⁵⁵ ŋiu²²	牛 ŋau²²
黄牛	黄牛 vɔŋ²² ŋiu²²	—	牛 ŋau²²	—	黄牛 wɔŋ²² ŋiu²²	黄牛 wɔŋ²² ŋiu²²	牛 ŋau²²
奶牛	奶牛 nai⁵⁵ ŋiu²²	奶牛 nai⁵⁵ ŋau²²	奶牛 nai²¹ ŋau²²	奶牛 nai⁵⁵ ŋiu²²	奶牛 nai⁵⁵⁻³¹ ŋiu²²	奶牛 nai⁵⁵ ŋiu²²	牛 ŋau²²
公牛	牛公 ŋiu²² kəŋ³³	牛公 ŋau²² kuŋ⁴⁴	—	公牛华 kuŋ⁴⁴ ŋiu²²	牛公 ŋiu²² kuŋ⁴⁴	男牛 nam²² ŋiu²²/牛公 ŋiu²² kuŋ⁴⁴	牛 ŋau²²
母牛	牛㜷 ŋiu²² na⁵⁵	牛㜷 ŋau²² na⁵⁵	—	牛 ŋiu²²	牛㜷 ŋiu²² na⁵⁵	牛㜷 ŋiu²² na⁵⁵	牛 ŋau²²
羊统称	羊 jen²²	羊 jɛŋ²²	羊 jaŋ²²	羊 jɛŋ²²	羊 jɛŋ²²	羊 jɛŋ²²	羊 jɛŋ²²
山羊	山羊 san³³ jen²²	羊 jɛŋ²²	羊 jaŋ²²	山羊 san⁴⁴ jɛŋ²²	山羊 san⁴⁴ jɛŋ²²	羊 jɛŋ²²	羊 jɛŋ²²
绵羊	绵羊 men²² jen²²	羊 jɛŋ²²	羊 jaŋ²²	绵羊 mɛn²² jɛŋ²²	绵羊 mɛn²² jɛŋ²²	羊 jɛŋ²²	羊 jɛŋ²²
公羊	羊公 jen²² kəŋ³³	羊公 jɛŋ²² kuŋ⁴⁴	羊 jaŋ²²	公羊华 kuŋ⁴⁴ jɛŋ²²	羊公 jɛŋ²² kuŋ⁴⁴	公羊华 kuŋ⁴⁴ jɛŋ²²/男羊 nam²² jɛŋ²²	羊 jɛŋ²²
母羊	羊㜷 jen²² na⁵⁵	羊㜷 jɛŋ²² na⁵⁵	羊 jaŋ²²	羊 jɛŋ²²	羊㜷 jɛŋ²² na⁵⁵	母羊 mei²² jɛŋ²²	羊 jɛŋ²²
猪统称	猪 tsi³³	猪 tsi⁴⁴	猪 tsi⁴⁴	猪 tsi⁴⁴	猪 tsi⁴⁴	猪 tsi⁴⁴	猪 tsi⁴⁴
种猪	猪公 tsi³³ kəŋ³³	猪公 tsi⁴⁴ kuŋ⁴⁴	猪 tsi⁴⁴	猪公 tsi⁴⁴ kuŋ⁴⁴	猪公 tsi⁴⁴ kuŋ⁴⁴	—	猪 tsi⁴⁴
公猪	猪公 tsi³³ kəŋ³³	猪公 tsi⁴⁴ kuŋ⁴⁴	猪 tsi⁴⁴	公猪华 kuŋ⁴⁴ tsi⁴⁴	猪公 tsi⁴⁴ kuŋ⁴⁴	公猪华 kuŋ⁴⁴ tsi⁴⁴	猪 tsi⁴⁴
母猪	猪㜷 tsi³³ na⁵⁵	猪㜷 tsi⁴⁴ na⁵⁵	猪 tsi⁴⁴	猪㜷 tsi⁴⁴ na⁵⁵	猪㜷 tsi⁴⁴ na⁵⁵	猪 tsi⁴⁴	猪 tsi⁴⁴

续表 3-66

普通话	方言						
	广东台山话	三藩市台山话	洛杉矶台山话	纽约台山话	芝加哥台山话	波特兰台山话	圣安东尼奥台山话
（阉过的）猪	猪□tsi³³ hun²²	猪 tsi⁴⁴	猪 tsi⁴⁴	猪 tsi⁴⁴	猪 tsi⁴⁴	猪 tsi⁴⁴	猪 tsi⁴⁴
狗 统称	狗 keu⁵⁵	狗 kau⁵⁵	狗 kau⁵⁵	狗 kau⁵⁵	狗 kiu⁵⁵	狗 kau⁵⁵	狗 kau⁵⁵
公狗	狗公 keu⁵⁵ kəŋ³³	狗公 kau⁵⁵ kuŋ⁴⁴	男狗 nam²² kau⁵⁵	狗公 kau⁵⁵ kuŋ⁴⁴	狗公 kiu⁵⁵ kuŋ⁴⁴	男狗 nam²² kau⁵⁵	狗公 kau⁵⁵
母狗	狗𡘲 keu⁵⁵ na⁵⁵	狗𡘲 kau⁵⁵ na⁵⁵	女狗 nui⁵⁵ kau⁵⁵	狗𡘲 kau⁵⁵ na⁵⁵	狗𡘲 kiu⁵⁵ na⁵⁵	女狗 nui⁵⁵ kau⁵⁵	狗 kau⁵⁵
牧羊犬	牧羊狗 mək² jen²² keu⁵⁵	狗 kau⁵⁵	狗 kau⁵⁵	—	—	□□sɛp⁵ pʰə²² 英语：shepherd	狗 kau⁵⁵
宠物狗	宠物狗 tsəŋ³³ mak² keu⁵⁵	狗 kau⁵⁵	狗 kau⁵⁵	狗 kau⁵⁵	狗 kiu⁵⁵	养狗 jeŋ⁵⁵ kau⁵⁵	狗 kau⁵⁵
猫 统称	猫 miu⁵⁵	猫 miau⁴⁴	猫 mɛu⁴⁴	猫 mei⁴⁴	猫 mei⁴⁴	猫 mau⁴⁴	猫 miu⁴⁴
公猫	猫公 miu⁵⁵ kəŋ³³	猫公 miau⁴⁴ kuŋ⁴⁴	男猫 nam²² mɛu⁴⁴	男猫 nam²² mei⁴⁴	猫公 mei⁴⁴ kuŋ⁴⁴	男猫 nam²² mau⁴⁴	猫 miu⁴⁴
母猫	猫𡘲 miu⁵⁵ na⁵⁵	猫𡘲 miau⁴⁴ na⁵⁵	女猫 nui⁵⁵ mɛu⁴⁴	女猫 nui³¹⁻⁵⁵ mei⁴⁴	猫𡘲 mei⁴⁴ na⁵⁵	女猫 nui⁵⁵ mau⁴⁴	猫 miu⁴⁴
鸡 统称	鸡 kai³³	鸡 kai⁴⁴	鸡 kai⁴⁴	鸡 kɔi⁴⁴	鸡 kai⁴⁴	鸡 kai⁴⁴	鸡 kai⁴⁴
公鸡	鸡公 kai³³ kəŋ³³	鸡公 kai⁴⁴ kuŋ⁴⁴	鸡公 kai⁴⁴ kuŋ⁴⁴	鸡公 kɔi⁴⁴ kuŋ⁴⁴	生鸡 łaŋ⁴⁴ kai⁴⁴/鸡公 kai⁴⁴ kuŋ⁴⁴	男鸡 nam²² kai⁴⁴	鸡 kai⁴⁴
母鸡	鸡𡘲 kai³³ na⁵⁵/鸡兰 未下过蛋 kai³³ laŋ²²⁻³⁵	鸡𡘲 kai⁴⁴ na⁵⁵	鸡𡘲 kai⁴⁴ na⁵⁵	鸡𡘲 kɔi⁴⁴ na⁵⁵	鸡𡘲 kai⁴⁴ na⁵⁵	女鸡 nui⁵⁵ kai⁴⁴	鸡 kai⁴⁴
（阉过的）鸡	阉鸡 jam³³ kai³³	鸡 kai⁴⁴	—	阉鸡 jim⁴⁴ kɔi⁴⁴	阉鸡 jim⁴⁴ kai⁴⁴	—	鸡 kai⁴⁴
抱窝母鸡	菢窦鸡 pou³¹ eu³¹ kai³³	—	—	—	菢窦鸡𡘲 pu³¹ ɛu³¹ kai⁴⁴ na⁵⁵	—	鸡 kai⁴⁴

续表3-66

普通话	方言						
	广东台山话	三藩市台山话	洛杉矶台山话	纽约台山话	芝加哥台山话	波特兰台山话	圣安东尼奥台山话
鹅	鹅 ŋɔ²²	鹅 ŋu²²⁻⁵⁵	鹅 ŋu²²⁻³⁵	鹅 ŋɔ²²	鹅 ŋɔ²²⁻³⁵	鹅 ŋɔ²²	鹅 ŋɔ²²
鸭子	鸭 ap³	鸭 ap³⁻³⁵	鸭 ap³	鸭 ap³	鸭 ap³	鸭 ap³	鸭 ap³

表3-67 6个广府话对各种牲畜的称呼

普通话	方言						
	广东广州话	三藩市广府话	洛杉矶广府话	纽约广府话	芝加哥广州话	波特兰广府话	休斯敦广府话
牛_统称_	牛 ŋɐu²¹	牛 ŋɐu²¹	牛 ŋɐu²¹	牛 ŋɐu²¹	牛 ŋɐu²	牛 ŋɐu²¹	牛 ŋɐu²¹
水牛	水牛 sœy³⁵ ŋɐu²¹	水牛 sœy³⁵ ŋɐu²¹	牛 ŋɐu²¹	牛 ŋɐu²¹	水牛 sœy³⁵ ŋɐu²	水牛 sœy³⁵ ŋɐu²¹	牛 ŋɐu²¹
黄牛	黄牛 wɔŋ²¹ ŋɐu²¹	—	牛 ŋɐu²¹	牛 ŋɐu²¹	黄牛 wɔŋ²¹ ŋɐu²¹	黄牛 wɔŋ²¹ ŋɐu²¹	牛 ŋɐu²¹
奶牛	奶牛 nai¹³ ŋɐu²¹	奶牛 nai¹³ ŋɐu²¹	奶牛 nai¹³ ŋɐu²¹	牛 ŋɐu²¹	奶牛 nai¹³ ŋɐu²¹	牛 ŋɐu²¹	奶牛 nai¹³ ŋɐu²¹
公牛	牛公 ŋɐu²¹ kuŋ⁵⁵	牛公 ŋɐu²¹ kuŋ⁵⁵	公牛_华_ ku⁵⁵ ŋɐu²¹/牛公 ŋɐu²¹ kuŋ⁵⁵	牛 ŋɐu²¹	牛公 ŋɐu²¹ kuŋ⁵⁵	牛 ŋɐu²¹	牛 ŋɐu²¹
母牛	牛嫲 ŋɐu²¹ na³⁵	—	牛嫲 ŋɐu²¹ na³⁵	牛 ŋɐu²¹	牛嫲 ŋɐu²¹ na³⁵	牛 ŋɐu²¹	牛 ŋɐu²¹
羊_统称_	羊 jœŋ²¹/羊咩 jœŋ²¹ mɛ⁵⁵	羊 jœŋ²¹	羊 jœŋ²¹	羊 jœŋ²¹/羊咩 jœŋ²¹ mɛ⁵⁵	羊 jœŋ²¹	羊 jœŋ²¹	羊 jɛŋ²¹
山羊	山羊 san⁵⁵ jœŋ²¹	□□kou³⁵ tʰə²¹ 英语:goat	羊 jœŋ²¹	羊 jœŋ²¹/羊咩 jœŋ²¹ mɛ⁵⁵	山羊 san⁵⁵ jœŋ²¹	山羊 san⁵⁵ jœŋ²¹	羊 jɛŋ²¹
绵羊	绵羊 min²¹ jœŋ²¹	绵羊 min²¹ jœŋ²¹	羊 jœŋ²¹	羊 jœŋ²¹/羊咩 jœŋ²¹ mɛ⁵⁵	羊 jœŋ²¹	羊 jœŋ²¹	羊 jɛŋ²¹
公羊	羊公 jœŋ²¹ kuŋ⁵⁵	—	羊 jœŋ²¹	羊 jœŋ²¹	公羊_华_ kuŋ⁵⁵ jœŋ²¹	□lɛm²¹ 英语:ram	羊 jɛŋ²¹

续表 3-67

普通话	方言						
	广东广州话	三藩市广府话	洛杉矶广府话	纽约广府话	芝加哥广州话	波特兰广府话	休斯敦广府话
母羊	羊𡆀 jœŋ²¹ na³⁵	—	羊 jœŋ²¹	羊 jœŋ²¹	羊𡆀 jœŋ²¹ na³⁵	羊 jœŋ²¹	羊 jɛŋ²¹
猪 统称	猪 tsy⁵⁵	猪 tsy⁵⁵	猪 tsy⁵⁵	猪 tsy⁵⁵	猪 tsy⁵⁵	猪 tsy⁵⁵	猪 tsy⁵⁵
种猪	猪公 tsy⁵⁵ kuŋ⁵⁵	猪 tsy⁵⁵	猪 tsy⁵⁵	猪 tsy⁵⁵	公猪华 kuŋ⁵⁵ tsy⁵⁵	猪 tsy⁵⁵	猪 tsy⁵⁵
公猪	猪公 tsy⁵⁵ kuŋ⁵⁵	猪 tsy⁵⁵	猪 tsy⁵⁵	猪 tsy⁵⁵	公猪华 kuŋ⁵⁵ tsy⁵⁵	猪 tsy⁵⁵	猪 tsy⁵⁵
母猪	猪𡆀 tsy⁵⁵ na³⁵	猪 tsy⁵⁵	猪 tsy⁵⁵	猪 tsy⁵⁵	猪𡆀 tsy⁵⁵ na³⁵	猪 tsy⁵⁵	猪 tsy⁵⁵
（阉过的）猪	猪 tsy⁵⁵	猪 tsy⁵⁵	猪 tsy⁵⁵	猪 tsy⁵⁵	—	猪 tsy⁵⁵	猪 tsy⁵⁵
狗 统称	狗 kɐu³⁵	狗 kɐu³⁵	狗 kɐu³⁵	狗 kɐu³⁵	狗 kɐu³⁵	狗 kɐu³⁵	狗 kɐu³⁵
公狗	狗公 kɐu³⁵ kuŋ⁵⁵	狗 kɐu³⁵	狗 kɐu³⁵	狗公 kɐu³⁵ kuŋ⁵⁵	狗公 kɐu³⁵ kuŋ⁵⁵	男狗 nam²¹ kɐu³⁵	狗 kɐu³⁵
母狗	狗𡆀 kɐu³⁵ na³⁵	狗 kɐu³⁵	狗 kɐu³⁵	狗𡆀 kɐu³⁵ na³⁵	狗𡆀 kɐu³⁵ na³⁵	女狗 nœy¹³ kɐu³⁵	狗 kɐu³⁵
牧羊犬	牧羊犬 muk² jœŋ²¹ hyn³⁵	—	—	—	—	狗 kɐu³⁵	—
宠物狗	宠物狗 tsʰuŋ¹³ mɐt² kɐu³⁵/狗 kɐu³⁵	狗 kɐu³⁵	—	狗 kɐu³⁵	□pʰɛt⁵ 英语：pet	狗 kɐu³⁵	狗 kɐu³⁵
猫 统称	猫 mau⁵⁵	猫 mau⁵⁵	猫 mau⁵⁵	猫 mau⁵⁵	猫 mau⁵⁵	猫 mau⁵⁵	猫 mau⁵⁵
公猫	猫公 mau⁵⁵ kuŋ⁵⁵	猫 mau⁵⁵	猫 mau⁵⁵	—	猫公 mau⁵⁵ kuŋ⁵⁵	男猫 nam²¹ mau⁵⁵	猫 mau⁵⁵
母猫	猫𡆀 mau⁵⁵ na³⁵	猫 mau⁵⁵	猫 mau⁵⁵	—	猫𡆀 mau⁵⁵ na³⁵	女猫 nœy¹³ mau⁵⁵	猫 mau⁵⁵
鸡 统称	鸡 kɐi⁵⁵	鸡 kɐi⁵⁵	鸡 kɐi⁵⁵	鸡 kɐi⁵⁵	鸡 kɐi⁵⁵	鸡 kɐi⁵⁵	鸡 kɐi⁵⁵
公鸡	鸡公 kɐi⁵⁵ kuŋ⁵⁵	鸡 kɐi⁵⁵	雄鸡华 huŋ²¹ kɐi⁵⁵/鸡公 kɐi⁵⁵ kuŋ⁵⁵	鸡 kɐi⁵⁵	公鸡华 kuŋ⁵⁵ kɐi⁵⁵	公鸡华 kuŋ⁵⁵ kɐi⁵⁵	鸡 kɐi⁵⁵

续表 3-67

普通话	方言						
	广东广州话	三藩市广府话	洛杉矶广府话	纽约广府话	芝加哥广州话	波特兰广府话	休斯敦广府话
母鸡	鸡乸 kɐi^{55} na^{35}	鸡 kɐi^{55}	母鸡华 mou^{13} kɐi^{55}/鸡乸 kɐi^{55} na^{35}	鸡 kɐi^{55}	鸡乸 kɐi^{55} na^{35}	母鸡华 mou^{13} kɐi^{55}	鸡 kɐi^{55}
（阉过的）鸡	鐥鸡 sin^{33} kɐi^{55}	鸡 kɐi^{55}	鸡 kɐi^{55}	鸡 kɐi^{55}	—	鸡 kɐi^{55}	鸡 kɐi^{55}
抱窝母鸡	赖菢鸡 lai^{22} pou^{22} kɐi^{55}	—	—	—	—	—	—
鹅	鹅 ŋɔ$^{21-35}$	鹅 ŋɔ$^{21-35}$	鹅 ŋɔ$^{21-35}$	鹅 ɔ^{21}	鹅 ŋɔ$^{21-35}$	鹅 ɔ^{21}	—
鸭子	鸭 ŋap^{3}	鸭 ŋap^{3}	鸭 ŋap^{3}	鸭 ap^{3}	鸭 ŋap$^{3-35}$	鸭 ŋap^{3}	鸭 ŋap^{3}

比起对小牲畜的称呼，美国华人对各种牲畜称呼的方式方法相对繁复。

（1）表 3-66、表 3-67 中有一些没有提供说法的空白点，其中"牧羊犬"一条，广府话只有一个点提供了说法，"抱窝母鸡"一条，广府话甚至连一个能提供说法的点也没有。休斯敦广府话则连"鹅"的说法都没有，这可能与美国饲养的鹅不多，政府也不允许将鹅作为食用肉类有关。

（2）出现了几个直接以英语表达的借词。

台山话例子如：

□□牧羊犬 sɛp^{5} pʰə^{22}（波特兰，英语：shepherd）

广府话例子如：

□□山羊 kou^{35} tʰə^{21}（三藩市，英语：goat）、□公羊 lɛm^{21}（波特兰，英语：ram）、□宠物狗 pʰɛt^{5}（芝加哥，英语：pet）

（3）有一些说法摒弃了方言原有的表达，尽管是以方言的语音说的，但说法明显受到了汉语共同语普通话（华语）的影响，受汉语共同语影响的说法也有的是与方言原有的表达方式，或自创的表达方式共同出现的，这从一个角度说明了汉语普通话在美国影响力的增大。

台山话例子如：

纽约：公牛华、公羊华、公猪华（包括种猪、公猪）

波特兰：公羊华/男羊（受华语影响的说法与自创的说法一起出现）、母羊华、公猪华

广府话例子如：

洛杉矶：公牛华/牛公、雄鸡华/鸡公（受华语影响的说法与方言原有的说法一起出现）、母鸡华/鸡乸（受华语影响的说法与方言原有的说法一起出现）

芝加哥：公羊华、公猪华（包括种猪、公猪）、公鸡华

波特兰：公鸡华、母鸡华

（4）只有某类牲畜的通名说法，在表3-66、表3-67中同属一类的牲畜完全没有小种类，以及雄雌等不同的区分，只有一个说法；或同属一大类的牲畜部分区分，部分不分的。排除没有提供说法的，6个台山话和6个广府话都有这一类的表现。

台山话例子如：

三藩市：羊（包括统称、绵羊、山羊）、猪（包括统称、阉过的猪）、狗（包括统称、牧羊犬、宠物狗）、鸡（包括统称、阉鸡）

洛杉矶：牛（包括水牛、黄牛，公牛、母牛没有说法）、羊（包括统称、山羊、绵羊、母羊、公羊）、猪（包括统称、公猪、母猪、阉过的猪、种猪）、狗（包括统称、宠物狗、牧羊犬）

纽约：牛（包括统称、母牛）、羊（包括统称、母羊）、狗（包括统称、宠物狗）

芝加哥：狗（包括统称、宠物狗）

波特兰：羊（包括统称、绵羊、山羊）、猪（包括统称、母猪、阉过的猪）

圣安东尼奥：牛（包括统称、黄牛、水牛、公牛、母牛、奶牛）、羊（包括统称、绵羊、山羊、公羊、母羊）、猪（包括统称、公猪、母猪、种猪、阉过的猪）、狗（包括统称、公狗、母狗、牧羊犬、宠物狗）、鸡（包括统称、公鸡、母鸡、阉鸡、抱窝母鸡）

广府话例子如：

三藩市：猪（包括统称、公猪、母猪、种猪、阉过的猪）、狗（包括统称、公狗、母狗、宠物狗）、猫（包括统称、公猫、母猫）、鸡（包括统称、母鸡、公鸡、阉鸡）

洛杉矶：牛（包括统称、水牛、黄牛）、羊（包括统称、山羊、绵羊、母羊、公羊）、猪（包括统称、公猪、母猪、阉过的猪、种猪）、狗（包括公狗、母狗）、猫（包括公猫、母猫）、鸡（包括统称、阉鸡）

纽约：牛（包括统称、母牛、公牛、水牛、黄牛）、羊（包括统称、山羊、绵羊、公羊、母羊）、猪（包括统称、母猪、公猪、种猪、阉过的猪）、狗（包括统称、宠物狗）、鸡（包括统称、公鸡、母鸡、阉鸡）

芝加哥：羊（包括统称、绵羊）

波特兰：牛（包括统称、公牛、母牛、奶牛）、羊（包括统称、绵羊、母羊）、猪

第3章 美国华人社区汉语粤方言词汇研究

(包括统称、公猪、母猪、阉过的猪、种猪)、狗(包括统称、宠物狗、牧羊犬)、鸡(包括统称、阉鸡)

休斯敦：牛(包括统称、黄牛、水牛、公牛、母牛)、羊(包括统称、绵羊、山羊、公羊、母羊)、猪(包括统称、公猪、母猪、种猪、阉过的猪)、狗(包括统称、公狗、母狗、宠物狗)、猫(包括统称、公猫、母猫)、鸡(包括统称、公鸡、母鸡、阉鸡)

各种牲畜的称呼只剩通名，不再区别大类中的小类，这从一个小方面反映了美国华人台山话和广府话方言词汇的萎缩，以及华人方言使用能力的弱化和减退。在上面只采用通名表示的例子中，休斯敦广府话的表现最彻底，表3-67调查条目中出现的"牛""羊""猪""狗""猫""鸡"等无一幸免。

在以上"通说"的例子中，还有一个值得注意的现象，一些点，如纽约台山话通说的"牛""羊"包括雌性，却不包括雄性，雄性有独立的说法——"公牛""公羊"(采用普通话的说法表示，构词语素排列顺序与方言相反)。波特兰广府话通说的"羊"也包括雌性，雄性则有借词的独立说法。这种表现不知是否与粤方言台山话和广府话表示雌性的语素"乸"听起来比较粗俗，华人为了避讳选择回避有关。

(5) 牲畜的叫名只有通说，没有分说，这还不是美国华人社区台山话和广府话有关牲畜叫名问题的最明显的变化，对牲畜雌雄的表示，华人还有新的创造。我们知道，汉语的属性词"男""女"相对，专用于区分人的性别，以及与男性、女性有关的各种事物。而华人社区的一些方言点却创造性地将这两个专用于指人的属性词用在表示牲畜的性别上。其中，台山话有3个点——洛杉矶、纽约、波特兰有这类说法，广府话是波特兰一个点有。在这一类说法中，如波特兰台山话也有的例子是与方言的说法，或汉语普通话的说法一起出现的，说明这个点的此种变化正在进行之中，还没有完全完成。

台山话例子如：

洛杉矶：男狗、女狗、男猫、女猫
纽约：男猫、女猫
波特兰：男牛/牛公(与方言原有的说法一起出现)、男羊/公羊_华(与普通话的说法一起出现)、男狗、女狗、男猫、女猫、男鸡、女鸡

广府话例子如：

波特兰：男狗、女狗、男猫、女猫

目前，这种以指示人类的属性词指代牲畜的表达，虽然在美国华人社区记录到的只有4个点中的一些词，其中，波特兰台山话有的说法既有方言的原说法，也有自创的说法，如"男牛/牛公"；还有的说法，既有汉语普通话的说法，也有自创的说法，如"公羊/男羊"。这种表达的混乱显示其变化正在发展之中。但变化是否会进一步发展，甚或影响华人社区内的其他地点方言，却是一个非常值得我们关注的、亟须留意的问题。

（6）仍旧保留祖籍地方言的原有说法，如"牛公""牛嫲""羊公""羊嫲""猪公""猪嫲""猫公""猫嫲""鸡公""鸡嫲"（包括与共同语说法，或与自创说法一起出现）的，现在看来，数量还不算少。

3.2.1.2.3.3 美国华人关于牲畜表述的一些其他词语（见表3-68、表3-69）

表3-68　6个台山话关于牲畜表述的一些其他词语

普通话	方言						
	广东台山话	三藩市台山话	洛杉矶台山话	纽约台山话	芝加哥台山话	波特兰台山话	圣安东尼奥台山话
牲畜概称	畜牲 $t^hək^5$ $saŋ^{33}$	—	—	动物 $uŋ^{31}$ mak^2	畜牲 $tsʰuk^5$ $saŋ^{44}$	□□□□ $lai^{44} fu^{22} si^{22} tək^5$ 英语：livestock	—
牛角	牛角 $ŋiu^{22} kɔk^3$	牛角 $ŋau^{22} kɔk^3$	牛角 $ŋau^{22} kɔk^3$	牛角 $ŋiu^{22} kɔk^3$	牛角 $ŋiu^{22} kɔk^3$	牛角 $ŋiu^{22} kɔk^3$	牛角 $ŋau^{22} kɔk^3$
牛蹄	牛脚 $ŋiu^{22} kiak^3$	脚 $kiak^{3-35}$	牛脚 $ŋau^{22} kiak^3$	牛脚 $ŋiu^{22} kiak^3$	蹄 hai^{22}	蹄 hai^{22}	牛蹄 $ŋau^{22} hai^{22}$
（牛）斗角	斗牛 $eu^{33} ŋiu^{22}$	□□ $hɐt^5 pat^2$ 英语：head butt	—	□角 $ŋɐu^{31} kɔk^3$	斗牛 $ɛu^{55} ŋiu^{22}$	撞头 $tsɔŋ^{31} hau^{22}$	—
（猪、牛等）交配	打种 $a^{55} tsəŋ^{55}$	—	—	配种 $pʰui^{44} tsuŋ^{55}$	配种 $pʰɔi^{44} tsuŋ^{55}$	□□ $mei^{44} teŋ^{22}$ 英语：mating	—
猪生小猪	生猪仔 $saŋ^{33} tsi^{33} tɔi^{55}$	—	猪生仔 $tsi^{44} saŋ^{44} tɔi^{55}$	猪生仔 $tsi^{44} saŋ^{44} tɔi^{55}$	猪生仔 $tsi^{44} saŋ^{44} tɔi^{55}$	猪生仔 $tsi^{44} ɬaŋ^{44} tɔi^{55}$	生仔 $ɬaŋ^{44} tɔi^{55}$
（狗）叫	吠 fei^{31} / 吼 $həŋ^{31}$	吠 fei^{31}	叫 $kiau^{44}$	叫 kiu^{44}	吠 fi^{31}	狗叫 $kau^{55} kiu^{44}$	吠 fei^{44}
（猫寻偶）叫	猫□花 $miu^{55} va^{33} fa^{33-31}$	—	—	夜猫 $jɛ^{31} mei^{44}$	猫嫲叫 $mau^{55} na^{35} kiu^{33}$	猫叫 $mau^{44} kiu^{44}$	—
（公鸡）叫	啼 hai^{22}	—	鸡叫 $kai^{44} kiau^{44}$	叫 kiu^{44}	啼 hai^{22}	叫 kiu^{44}	—
鸡蛋	鸡蛋 $kai^{33} an^{31-35}$	鸡蛋 $kɐi^{55} tan^{22-35}$	蛋 an^{21-35}	鸡蛋 $kɔi^{44} an^{31-35}$	鸡蛋 $kai^{44} an^{31-35}$	蛋 tan^{44-35}	鸡蛋 $kai^{44} tan^{31-35}$

续表 3-68

普通话	方言						
	广东台山话	三藩市台山话	洛杉矶台山话	纽约台山话	芝加哥台山话	波特兰台山话	圣安东尼奥台山话
鸡胗	鸡胗 kai³³ kʰin²²	—	—	—	鸡肾 kai⁴⁴ kʰun²²	鸡肝 kai⁴⁴ kɔn⁴⁴	□□kɛ⁴⁴ tsə³¹ 英语:gizzard
鸡生蛋	鸡生蛋 kai³³saŋ³³ an³¹⁻³⁵	鸡落蛋 kai⁴⁴lɔk² an³¹⁻³⁵	生蛋 saŋ⁴⁴ an²¹⁻³⁵	生蛋 saŋ⁴⁴ an³¹⁻³⁵	生蛋 suŋ⁴⁴ an³¹⁻³⁵	生蛋 saŋ⁴⁴ tan⁴⁴⁻³⁵	鸡生蛋 kai⁴⁴ɬaŋ⁴⁴ tan³¹⁻³⁵
(鸡)翻找寻食	(鸡)□ (kai³³)va³³	—	(鸡)揾食 (kai⁴⁴)wun⁵⁵ sek²	挖 wat³	—	扒 pʰa²²	扒 pʰa²²	—
(鸡)啄食	啄 tiaŋ³³ / tɔk⁵	—	□□ pʰek⁵ kʰeŋ²² 英语:pecking	—	啄 tuŋ⁴⁴	啄 tɛk⁵	啄 tɛk⁵
(母鸡)孵小鸡	菢鸡仔 pou³¹kai³³ tɔi⁵⁵	—	—	—	菢鸡仔 pu³¹kai⁴⁴ tɔi⁵⁵	生鸡仔 saŋ⁴⁴kai⁴⁴ tɔi⁵⁵	菢鸡仔 pu³¹kai⁴⁴ tɔi⁵⁵
(鸡)交配	打种 a⁵⁵ tsəŋ⁵⁵	—	—	—	打种 a⁵⁵ tsuŋ⁵⁵	—	—

表 3-69　6 个广府话关于牲畜表述的一些其他词语

普通话	方言						
	广东广州话	三藩市广府话	洛杉矶广府话	纽约广府话	芝加哥广府话	波特兰广府话	休斯敦广府话
牲畜 概称	畜牲 tsʰuk⁵ saŋ⁵⁵	—	动物 tuŋ²² mɐt²	—	—	□□□□ lai⁵⁵fu²¹si²¹ tɔk⁵ 英语:livestock	—
牛角	牛角 ŋɐu²¹ kɔk³	—	牛角 ŋɐu²¹ kɔk³	—	牛角 ŋɐu²¹ kɔk³	牛角 ŋɐu²¹ kɔk³	—
牛蹄	牛蹄 ŋɐu²¹ tʰɐi²¹	—	蹄 tʰɐi²¹	—	牛脚 ŋɐu²¹ kœk³	牛脚 ŋɐu²¹ kœk³	—

续表 3-69

普通话	方言						
	广东广州话	三藩市广府话	洛杉矶广府话	纽约广府话	芝加哥广府话	波特兰广府话	休斯敦广府话
（牛）斗角	斗角 tɐu^{33} kɔk^3／顶角 tɛŋ^{35} kɔk^3	—	—	—	冚头 hɐm^{35} tʰɐu^{21}	打交 ta^{35} kau^{55}	—
（猪、牛等）交配	配种 pʰui^{33} tsuŋ^{35}	—	配种 pʰui^{33} tsuŋ^{35}	—	□嘢 pɔk^5 jɛ^{13}	—	—
猪生小猪	猪生仔 tsy^{55} saŋ^{55} tsɐi^{35}	—	猪生仔 tsy^{55} saŋ^{55} tsɐi^{35}／猪生BB tsy^{55} saŋ^{55} pi^{21} pi^{55} 英语：baby	—	生猪仔 saŋ^{55} tsy^{55} tsɐi^{35}	生猪仔 saŋ^{55} tsy^{55} tsɐi^{35}	—
（狗）叫	吠 fɐi^{22}	叫 kiu^{33}	叫 kiu^{33}	狗吠 kɐu^{35} fɐi^{33}	吠 fɐi^{22}	吠 fɐi^{22}	—
（猫寻偶）叫	起群 hei^{35} kwʰɐn^{21}	叫 kiu^{33}	—	—	猫叫 mau^{55} kiu^{33}	猫姆叫 mau^{55} na^{35} kiu^{33}	—
（公鸡）叫	啼 tʰɐi^{21}	—	叫 kiu^{33}	叫 kiu^{33}	叫 kiu^{33}	叫 kiu^{33}	—
鸡蛋	鸡蛋 kɐi^{55} tan$^{22-35}$	鸡蛋 kɐi^{55} tan$^{22-35}$	鸡蛋 kɐi^{55} tan$^{22-35}$	鸡蛋 kɐi^{55} tan$^{22-35}$	鸡蛋 kɐi^{55} tan$^{22-35}$	鸡蛋 kɐi^{55} tan$^{22-35}$	蛋 tan$^{22-35}$
鸡胗	鸡肾 kɐi^{55} sɐn^{13}	—	鸡肾 kɐi^{55} sɐn^{13}	—	鸡肾 kɐi^{55} sɐn$^{22-35}$	鸡肾 kɐi^{13}	—
鸡生蛋	鸡生蛋 kɐi^{55} saŋ^{55} tan$^{22-35}$	生蛋 saŋ^{55} tan$^{22-35}$	生蛋 saŋ^{55} tan$^{22-35}$	鸡生蛋 kɐi^{55} saŋ^{55} tan$^{22-35}$	生蛋 saŋ^{55} tan$^{22-35}$	生蛋 saŋ^{55} tan$^{22-35}$	生蛋 saŋ^{55} tan$^{22-35}$
（鸡）翻找寻食	抄 tsʰau^{33}	—	翻 fan^{55}	—	执食 tsɐp^5 sek^2	—	—
（鸡）啄食	啄 tœŋ^{55}／tœk^5	—	啄 tœk^5	—	啄 tœŋ^{55}	啄 tœk^3	—
（母鸡）孵小鸡	菢鸡仔 pou^{22} kɐi^{55} tsɐi^{35}	—	—	—	生鸡仔 saŋ^{55} kɐi^{55} tsɐi^{35}	—	—
（鸡）交配	打鸡 ta^{35} kɐi^{55}	—	配种 pʰui^{33} tsuŋ^{35}	—	—	—	—

除了仍旧保留了部分与祖籍地方言相类似的说法以外，归纳"美国华人一些关于牲畜表述的其他词语"这部分内容，可总结出以下3点。

（1）粤方言广东台山话和广府话对应表格第一条目普通话"牲畜"一词的，都是构词语素顺序相反的"畜牲"（这在普通话里可以是詈言、骂人的话），但在所有方言点中，只有芝加哥台山话保留了祖籍地的这个说法。

（2）发音人没有提供说法的空白很多，是3个表中最多的、最典型的休斯敦广府话，对表格中列出的16个条目，只有两条（"蛋""生蛋"）有回应。

（3）虽然不多，但也有提供的是英语借词的条目。

台山话例子如：

三藩市：□□(牛)斗角hɛt⁵pat²（英语：head butt）
洛杉矶：□□(鸡)啄(食)pʰek⁵kʰeŋ²²（英语：pecking）
波特兰：□□□□牲畜lai⁴⁴fu²²si²²tɔk⁵（英语：livestock）、□□(猪、牛等)交配mei⁴⁴teŋ²²（英语：mating）
圣安东尼奥：□□鸡胗kɛ⁴⁴tsə³¹（英语：gizzard）

广府话例子如：

洛杉矶：猪生仔/猪生BB tsy⁵⁵saŋ⁵⁵pi²¹pi⁵⁵（英语：baby，与方言原有的说法一齐出现）
波特兰：□□□□牲畜lai⁵⁵fu²¹si²¹tɔk⁵（英语：livestock）

以上归纳的两个方面，都从一个角度说明了华人对牲畜及其行为习性等很不了解，更遑论保留这些方面的汉语方言说法了。

3.2.2 借词

3.2.2.1 美国华人社区台山话和广府话的外语借词

有大量非常丰富的、主要来自英语的外来词，是汉语粤方言有别于其他汉语方言的一大特征，且不说粤方言香港话、澳门话里常常夹杂着的许多英语单词的突出表现，就连广州话也常常被提到这方面的事例，粤方言一些借自英语的词，如"巴士pa⁵⁵si³⁵"（英语：bus）、"的士tek⁵si³⁵"（英语：taxi）等，还进入了汉语共同语普通话，并进而在普通话中发展出"大巴""中巴""小巴""面的""摩的""的哥""的姐""打的"等词语。

美国华人社区台山话的祖籍地广东台山虽然并非大城市，可是因为早在200年前就引领移民海外之风。在海外的华侨华人众多，近200年来，在出入美国等众多海外国家的台山籍华人的影响下，他们在生活方式的方方面面都有了一些"洋"习惯。

例如，排球运动是晚至1895年才由美国马萨诸塞州（Massachusetts）霍利约克市（Holyoke）青年会体育干事威廉·摩根发明的，而早在20世纪的1914年，在其发明后不到20年，就被台山籍的美国华人带回了台山。作为中国的排球之乡，台山浮石的青年早在中国的其他地方还没有排球运动，甚至不知排球为何物之前，就在1919年的农历正月初二，成立了中国第一支农民排球队——"华利磨学会"①。并从1923年起，该排球队就代表国家参加了第六届至第十世界远东运动会，共获得3届冠军、两届亚军，周恩来总理就曾经说过，"全国排球半台山"。于是，少见于汉语共同语及其他汉语方言的，英语中关于排球运动的一些术语，也顺势进入了台山话，如"口波_{好球}kut^{5}pɔ^{44}"（英语：good ball）、"打口_{主攻手}ta^{55}weŋ^{44}"（英语：wing）、"迁晒_{交换场地}tsʰin^{44}sai^{44}"（英语：change side）、"斩波_{跳球}tsam^{55}pɔ^{44}"（英语：jump ball）等。

国内广东祖籍地的汉语方言尚且如此，更遑论海外华人社区的汉语方言了。海外汉语方言词汇的另一个典型的特点，就是拥有大量的外来语借词，美国华人社区粤方言台山话和广府话也不例外。

本节讨论美国华人社区台山话和广府话的借词，希望从华人社区台山话、广府话词汇的旧借词与新借词、旧借词的几个特点、其他来源的借词、借词的借用方式和转换方式、借词原有意义的改变这5个方面，展示华人社区粤方言台山话、广府话外来词的面貌，以及外来词对华人社区汉语粤方言的影响。

由记录收集到的资料可见，在我们汇编了3002个词条（实际调查时，各点会因方言地点、发音人等的不同，有所扩充或缩减）的《海外汉语方言词汇调查表》里，美国华人社区的6个台山话点和6个广府话点的词汇中，借词的数量都很多，每个点的数量都过百。其中，借词数量最多的是三藩市广府话，共计381条，借词以接近400条的总量占了《海外汉语方言词汇调查表》条目总数的十分之一强。三藩市广府话在这方面的表现，正好与我们在第2章语音部分谈到的，在其韵母系统里，只出现在外来借词中的韵母共有9个之多，也是我们所记录的美国华人社区所有方言点中最多的成正比。借词的这种表现，远超我们以往调查过的其他国家华人社区的汉语方言，这亦是在华人社区周边的语言、方言情况都比美国复杂得多的东南亚华人社区所没有的。

美国华人社区外来词的另一个突出之处是，借词的来源单一，几乎全部来自美国英语。这当然与英语是美国的主流语言又是世界的流行语不无关系。在美国，外语学习的氛围难见类似中国英语学习的那种热烈，即使是最流行的外语西班牙语，学习的人也不会太多，我们的调查也没有记录到来自西班牙语的借词。虽然据说这种外语学习的不温不热状况，在2001年的"9·11事件"之后有了一些改进（参见5.2"华文教育在美国"），但也可能与移民美国的华人最专注的是英语的学习有关，我们记录到的借词几乎都是来自英语的，只有极少几个例外。

3.2.2.2 华人社区台山话和广府话的旧借词和新借词

我们可以把记录到的借词分成旧借词和新借词两部分。

所谓"旧借词"，是指早先大都在中国广东粤方言里，甚至在汉语共同语普通话中存在的英语借词，在广东祖籍地的台山话、广府话里原本也普遍流行的，如"菲林_{胶卷}"（英语：film）、"咖喱"（英语：curry）、"三文鱼"（英语：salmon）。其中，也有个别新近才

---

① "华利磨"是英语"volleyball"的音译。

第3章 美国华人社区汉语粤方言词汇研究

流行的，因为汉语共同语或广东的台山话和广府话也用，也就暂时归到这部分。这一类为数不多的例子，我们以"#"号置于表格条目的右上角以示区别，如"GPS#导航"（英语：GPS）、"酷#"（英语：cool）。

旧借词的数量不算多，指代的事物也有限，不过，传播的时间较久，流行、使用的范围也较稳固、较广。华人传承了这些借词，这些借词在美国华人社区的台山话、广府话里也都普遍流通。

也有美国华人早年就已使用，但目前已少有人用，现在知道的人也越来越少的旧借词，如用以指代银行的"宾房"就是一个。"宾房"并非"贵宾房"的简称。这个词中的语素"宾"来自英语的"bank"，粤方言台山话音 pan⁴⁴，广府话音 pen⁵⁵，音译的语素"宾"加上汉语表示义类的语素"房"，合成了表示银行的"宾房"。这是华人到美国后才使用的，但正在消亡的借词的一个例子。

而新借词则是华人移民美国后，在新的语言环境中有新的习得，华人用这些新习得的词语取代了方言中的一些固有说法，或者指示方言中原来没有的说法产生的。如指代新移民，意为"刚登陆的新下船者，新侨民"的"fresh off the boat"。这个说法也可简称为"FOB"，此词在华人社区的粤方言里还有个引申义——"大乡里"，用于指代"土包子"。再如，在饮食行业流通的"包 T & T"，"T & T"是英语的"Tax & Tips"的简称，"包 T & T"即"包税及小费"。

从目前收集到的情况来看，这种新习得确实不少，且广泛存在于各个领域，远多于旧借词指代的事物。这从一个角度反映了华人对美国主流语言——英语学习的用心和专注。虽然在汉语方言中，国内广东粤方言中外来词的数量算是比较多的，有不少普通话和其他汉语方言都没有的借词，但是比起美国华人社区汉语方言中的外来词，那就是小巫见大巫了。

下面先分析华人社区中的旧借词。我们还是以台山话、广府话表格分列的办法分列旧借词。表格除了方言和英语的说法，还附有普通话的条目，以及祖籍地方言的说法，祖籍地的说法也同样加注国际音标。词条如有借词说法，同时也保留祖籍地说法或方言的其他说法的，两种说法会一并列出，以资对比。

下面表格中"—"处表示发音人没有提供借词的说法。需要说明的是，旧借词中有一些关于美国地名的条目，会因为各个调查点提供者的不同而异，这是造成一些词条说法缺失的一个原因。

3.2.2.2.1 华人社区台山话和广府话的旧借词（见表3-70、表3-71）

表3-70 6个台山话的旧借词（109条）

条目	英语	方言						
		广东 台山话	三藩市 台山话	洛杉矶 台山话	纽约 台山话	芝加哥 台山话	波特兰 台山话	圣安东尼奥 台山话
美国	America	美国 mei⁵⁵ kɔk⁵	美国 mei⁵⁵ kɔk⁵	美国 mi²¹ kɔk³⁻³⁵	美国 mei³¹ kɔk⁵	美国 mi³¹ kɔk³⁻³⁵	美国 mi³¹ kɔk³⁻³⁵	美国 mei³¹ kɔk³⁻³⁵

续表 3-70

条目	英语	方言						
		广东台山话	三藩市台山话	洛杉矶台山话	纽约台山话	芝加哥台山话	波特兰台山话	圣安东尼奥台山话
白宫	White House	白宫 pek² kəŋ³³	白宫 pak² kuŋ⁴⁴	□□□wai⁵⁵ hau⁵⁵si⁻²¹	白宫 pak² kuŋ⁴⁴	白宫 pak² kuŋ⁴⁴	白屋 pak² uk⁵	□□□wai⁴⁴ hau⁴⁴si⁻²²
三藩市	San Francisco	三藩市 sam³³fan²² si⁻⁵⁵	三藩市 sam⁴⁴fan²² si⁻⁵⁵	—	—	—	—	—
加州	California	加州 ka³³tsiu³³	加州 ka⁴⁴tsiu⁴⁴	加州 ka⁴⁴tsau⁴⁴	—	—	—	—
洛杉矶	Los Angeles	洛杉矶 lɔk²tsʰam³³kei⁻⁵⁵	—	罗省 lu²²saŋ⁵⁵	—	—	—	—
纽约曼哈顿	New York Manhattan	纽约曼哈吾 niu³³jɔk⁵mai⁻²¹hak⁵m̩³¹	—	—	纽约曼哈吾 niu⁴⁴jɔk⁵mai⁻³¹hak⁵m̩³¹	—	—	—
芝加哥	Chicago	芝加哥 tsi³³ka³³kɔ³³	—	—	—	芝加哥 tsi⁴⁴ka⁴⁴kɔ⁴⁴	—	—
俄勒冈州	Oregon	俄勒冈 ɔ⁴⁴lak²kɔŋ³³	—	—	—	—	俄勒冈 ɔ⁴⁴lit³kən³¹	—
波特兰	Portland	波特兰 pɔ³³ak²len²²	—	—	—	—	砵仑 pɔt³lɛn²²	—
得州	Texas	得州 ak⁵tsiu³³	—	—	—	—	—	□□□tʰɛk⁵sek³si⁻²²
休斯敦	Houston	侯斯顿 hau²²si⁻³³tan³³	—	—	—	—	—	侯斯顿 hau²²si⁻⁴⁴tan⁴⁴
圣安东尼奥	San Antonio	圣安东尼奥 seŋ³³ɔn³³tuŋ³³nei⁻²²ou⁻³³	—	—	—	—	—	圣安尼奥 seŋ⁴⁴ɔn⁴⁴tuŋ⁴⁴nei⁻²²ou⁻⁴⁴
咖喱	curry	咖喱 kʰa³³lei⁻⁵⁵	咖喱 ka⁴⁴lei⁻⁴⁴	咖喱 ka⁴⁴li⁻⁵⁵	咖喱 ka³¹li⁻⁴⁴	咖喱 ka⁴⁴lɛ⁻⁴⁴	咖喱 ka⁴⁴lei⁻⁴⁴	咖喱 ka⁴⁴lei⁻⁵⁵

续表 3-70

条目	英语	方言						
		广东台山话	三藩市台山话	洛杉矶台山话	纽约台山话	芝加哥台山话	波特兰台山话	圣安东尼奥台山话
榴莲	durian	榴莲 liu²² lɛn²²	榴莲 liu²² lɛn²²	—	榴莲 liu²² lɛn²²	榴莲 lɛu²² lɛn²²	榴莲 liu²² lɛn²²	—
柠檬	lemon	柠檬 nɛŋ²² mɘŋ⁵⁵	柠檬 nɛŋ²² muŋ²²⁻³⁵	柠檬 nɛŋ²² muŋ²²⁻⁵⁵	柠檬 nɛŋ²² muŋ²²⁻⁵⁵	柠檬 nɛŋ²² muŋ⁴⁴	柠檬 nɛŋ²² muŋ⁴⁴	柠檬 lɛŋ²² muŋ⁴⁴
草莓	strawberry	草莓 tʰou⁵⁵ mui²²/啤梨 pe³³ lei²²⁻³⁵	士多啤梨 si²² tɔ⁴⁴ pɛ⁴⁴ lei²²⁻³⁵	士多啤梨 si²¹ tɔ⁴⁴ pɛ⁴⁴ li²	士多啤梨 si³¹ tɔ⁴⁴ pɛ⁵⁵ li²²	士多啤梨 si²² tɔ⁴⁴ pɛ⁴⁴ li²²	士多啤梨 si³¹ tɔ⁴⁴ pɛ⁴⁴ li²²	士多啤梨 si²² tɔ⁴⁴ pɛ⁴⁴ li²²
樱桃	cherry	车厘子 tsʰɛ³³ lei²² tu⁵⁵	车厘 tsʰɛ⁴⁴ lei²²⁻⁵⁵	车厘 tsʰɛ⁵⁵ li²²⁻³⁵	车厘子 tsʰɛ⁴⁴ li²² tu⁵⁵	车厘 tsʰɛ⁴⁴ li²²⁻⁵⁵	车厘 tsʰɛ⁴⁴ li²²⁻³⁵	车厘 tsʰɛ⁴⁴ li⁵⁵
鲨鱼	shark	鲨鱼 sa³³ ŋui²²	鲨鱼 sa⁴⁴ ŋui²²	□sak⁵	鲨鱼 sa⁴⁴ ŋui²²	鲨鱼 sa⁴⁴ ŋui²²⁻⁵⁵	鲨鱼 sa⁴⁴ ŋui²²	鲨鱼 sa⁴⁴ ȷy²²⁻³⁵
三文鱼	salmon	三文鱼 sam³³ mum²² ŋui²²	三文鱼 ɬam⁴⁴ mun²² ŋui²²	三文鱼包括三文鱼、沙丁鱼、金枪鱼 ɬam²² mun²² ŋui²²	三文鱼 sam⁴⁴ mɛn²² ŋui²²	三文鱼 ɬam⁴⁴ mun²² ŋui²²⁻³⁵	三文鱼 sam⁴⁴ mun²² ŋui²²	三文鱼 sam⁴⁴ man²² ȷy²²⁻³⁵
沙丁鱼	sardine	沙丁鱼 sa³³ ɛŋ³³ ŋui²²	沙甸 sa⁴⁴ tin⁴⁴	—	沙丁鱼 sa⁴⁴ tɛŋ⁴⁴ ŋui²²	沙甸 sa⁴⁴ tin⁴⁴	沙甸鱼 sa⁴⁴ tin⁴⁴ ŋui²²	沙丁 sa⁴⁴ tɛŋ⁴⁴
金枪鱼	tuna	金枪鱼 kim³³ tʰiaŋ³³ ŋui²²	□□tʰu⁴⁴ na²²	—	吞拿 tʰun⁴⁴ na²²	吞拿 tʰun⁴⁴ na²²	吞拿 tʰun⁴⁴ na²²⁻³⁵	吞拿 tʰun⁴⁴ na²²
公寓	apartment	—	□□ə²² pʰak⁵ mɘn²²	□□ə²¹ pʰak⁵ mɘn²²	□□pʰak⁵ mɘn²²⁻³⁵	□□ə²² pʰak⁵ man²	□□ə²² pʰak⁵ mɘn²²	□□pʰak⁵ mɘn²²⁻³⁵
保险丝	fuse	保险丝 pɔ⁵⁵ hiam⁵⁵ ɬu³³	—	□□fiu⁴⁴ si²²⁻³⁵	□□fiu⁴⁴ si²²	—	□□fiu⁴⁴ si²²⁻³⁵	□□fiu⁴⁴ si²²
打气筒	pump	打气筒 a⁵⁵ hei³¹ hɘŋ²²	—	—	泵 paŋ⁴⁴	—	泵 pʰam⁴⁴	泵 paŋ⁴⁴
沙发	sofa	梳发 sɔ³³ fat³⁻³⁵	梳发 sɔ⁴⁴ fat³	梳发 sɔ⁴⁴ fat³⁻³⁵	梳发 sɔ⁴⁴ fat³	梳发 su⁴⁴ fat³	梳发 sou⁴⁴ fat³	梳发 sou⁴⁴ fat³⁻³⁵

续表 3-70

条目	英语	方言						
		广东台山话	三藩市台山话	洛杉矶台山话	纽约台山话	芝加哥台山话	波特兰台山话	圣安东尼奥台山话
领带	tie	呔 t^hai^{33}	呔 t^hai^{44}	呔 t^hai^{44}	领呔 $lɛŋ^{31}$ t^hai^{44}	领呔 $liaŋ^{55-31}$ t^hai^{44}	领呔 $lɛŋ^{55}$ t^hai^{44}	呔 t^hai^{44}
领结	bow tie	煲呔 pou^{33} t^hai^{33}	煲呔 pou^{44} t^hai^{44}	煲呔 pou^{44} t^hai^{44}	煲呔 pou^{44} t^hai^{44}	煲呔 pou^{44} t^hai^{44}	领呔 $lɛŋ^{55}$ t^hai^{44}	煲呔 pou^{44} t^hai^{44}
T恤	T-shirt	T恤 t^hi^{33} sak^5	T恤 t^hi^{44} sut^5	T恤 t^hi^{44} sut^5	T恤 t^hi^{44} sut^5	T恤 t^hi^{44} sut^5	—	T恤 t^hi^{44} sut^5
衬衣	shirt	衬衫 ts^hin^{33} $ɬam^{33-21}$	—	恤衫 sut^5 $ɬam^{44-21}$	恤衫 sut^5 $ɬam^{44}$	—	恤衫 sut^5 $ɬam^{44}$	恤衫 sut^5 sam^{44}
比基尼	bikini	三点式 $ɬam^{33}$ $tiam^{55}$ set^5	比基尼 $pit^2 ki^{44} ni^{22}$	—	比基尼 pi^{31} $k^hi^{44} ni^{22}$	—	—	—
尺寸	size	尺寸 ts^hiak^2 t^hun^{31}	—	□□sai^{44} si^{21}	□□sai^{22-35}	□□sai^{44} si^{44}	—	□□sai^{55} si^{22-35}
蛋挞	egg tart	蛋挞 an^{31} t^hat^5	蛋挞 an^{44} t^hak^5	蛋挞 an^{21} t^hak^5	蛋挞 an^{31} t^hat^5	蛋挞 tan^{31} t^hak^5	蛋挞 an^{31} t^hak^5	蛋挞 tan^{31} t^hak^5
啤酒	beer	啤酒 pe^{33} tiu^{55}	啤酒 $pɛ^{44}$ tiu^{55}	啤酒 $pɛ^{44}$ tiu^{55}	啤酒 $pɛ^{44}$ tiu^{55}	啤酒 $pɛ^{44}$ tiu^{55}	啤酒 $pɛ^{44}$ tiu^{55}	啤酒 $pɛ^{44}$ tiu^{55}
咖啡	coffee	咖啡 k^ha^{33} fe^{33}	咖啡 ka^{44} $fɛ^{44}$	咖啡 ka^{44} $fɛ^{44}$	咖啡 ka^{44} $fɛ^{44}$	咖啡 ka^{44} $fɛ^{44}$	咖啡 ka^{44} $fɛ^{44}$	咖啡 ka^{44} $fɛ^{44}$
可可	cocoa	可可 $hɔ^{55}$ $hɔ^{55}$	可可 $hɔ^{44}$ $hɔ^{44}$	可可 $k^hɔ^{44-21}$ $k^hɔ^{44-21}$	可可 k^huk^5 ku^{31}	朱古力 tsi^{44} ku^{44} lek^5	可可 k^hou^{55} k^hou^{31}	可可 k^hou^{44} k^hou^{44}
可口可乐	Coca-Cola	可乐 $hɔ^{55}$ $lɔk^2$/可口可乐 $hen^{55} hɔ^{55}$ $lɔk^2$	可乐 $hɔ^{55}$ $lɔk^{2-35}$	□ k^hou^{21} $k^hə^{21}$	□k^hou^{44}	□ k^hou^{44} $k^hə^{31}$	可乐 $hɔ^{55}$ $lɔk^2$	可乐 $hɔ^{55}$ $lɔk^2$
雪碧	sprite	雪碧 $ɬut^3$ pet^5	雪碧 sut^3 pek^5	□□si^{21} pai^{44}	雪碧 sit^3 pek^5	—	—	—
七喜	7 up	七喜 t^hit^5 hi^{55}	—	—	—	□□$sə^{44}$ $wən^{44} ap^5$	七喜 t^hit^5 hi^{55}	□□$sɛ^{44}$ $wən^{44} ap^3$

续表 3-70

条目	英语	方言						
		广东台山话	三藩市台山话	洛杉矶台山话	纽约台山话	芝加哥台山话	波特兰台山话	圣安东尼奥台山话
苏打	soda	梳打 sɔ³³ a⁵⁵	—	苏打 sɔ⁴⁴ ta²¹	—	苏打 sou⁴⁴ tə³¹	—	—
雪茄	cigar	雪茄 ɬut⁵ kʰa³³	雪茄 sut⁵ ka⁴⁴	—	雪茄 sit³ ka⁴⁴	雪茄 si³¹ ka⁴⁴	雪茄 sit³ ka⁴⁴	雪茄 sit³ ka⁴⁴
巧克力	chocolate	朱古力 tsi³³ ku⁵⁵ lek⁵	朱古力 tsi⁴⁴ ku⁴⁴ lek⁵	□□□ tsʰiɔk⁵ kʰə²¹ lek²	朱古力 tsi⁴⁴ ku⁴⁴ lek⁵	朱古力 tsi⁴⁴ ku⁴⁴ lek⁵	朱古力 tsi⁴⁴ ku⁴⁴ lek⁵	朱古力 tsi⁴⁴ ku⁴⁴ lak⁵
汉堡包	hamburger	汉堡包 hɔn³³ pou⁵⁵ pau³³	汉堡包 hɔn⁴⁴ pɔ⁵⁵ pau⁴⁴	□□□ hɛn⁴⁴ pə²¹ kə²¹	汉堡包 hɔn⁴⁴ pou⁵⁵ pou⁴⁴	□□□ hɛm⁴⁴ pə⁴⁴ kə³¹	□□□ hɛn⁴⁴ puk⁵ ka³¹⁻³⁵	□□□ hɛm⁴⁴ pu⁴⁴ ka³¹⁻³⁵
三明治	sandwich	三文治 ɬam³³ mun²² tsi³¹	三文治 ɬam⁴⁴ mun²² tu³¹	三文治 sam⁴⁴ mɛn²¹ tsi²¹	三文治 sam⁴⁴ man²² tsi⁴⁴	三文治 sam⁴⁴ mɔn²² tsi⁴⁴	三文治 sam⁴⁴ mun²² tsi³¹	三文治 ɬam⁴⁴ mun²² tsi³¹
热狗	hot dog	肠仔包 tsʰiɔŋ²² tɔi⁵⁵ pau³³	—	□□hak⁵ tɔk⁵	□□hɔt⁵ tɔk⁵	□□hat⁵ tɔk⁵	□□hat⁵ tɔk⁵	□□hat⁵ kɔk⁵/肠仔包 tsʰɛŋ²² tɔi⁵⁵ pau⁴⁴
奶酪	cheese	奶酪 nai³¹ lɔk²	芝士 tsi⁴⁴ si³¹⁻³⁵	芝士 tsʰi⁴⁴ si²¹⁻³⁵	芝士 tsi⁴⁴ si³¹	芝士 tsi⁴⁴ si²²⁻³⁵	芝士 tsi⁴⁴ si²²⁻³⁵	芝士 tsi⁴⁴ si⁵⁵
奶油	cream	奶油 nai²² jiu²²	—	□kʰyn⁴⁴	—	—	—	—
比萨#	pizza	披萨 pʰi³³ sa³¹	—	—	—	披萨 pʰi⁴⁴ sak³	披萨 pʰi⁴⁴ sa³¹	—
曲奇	cookie	曲奇 kʰək⁵ kʰi²²	曲奇 kʰuk⁵ kʰi²²	曲奇 kʰuk⁵ kʰi²²	曲奇 kʰuk⁵ kʰi²²	—	—	—
印第安人	American Indian	印第安人 jin³³ ti³¹ ɔn³³ ŋin²²	□□□□ □□ə³¹ mɛ⁴⁴ li⁴⁴ kʰɛn⁴⁴ jin⁴⁴ tiə²² si⁴⁴	—	印第安人 jin⁴⁴ ti³¹ ɔn⁴⁴ jan²²	—	—	—

续表 3-70

条目	英语	方言						
		广东台山话	三藩市台山话	洛杉矶台山话	纽约台山话	芝加哥台山话	波特兰台山话	圣安东尼奥台山话
贵宾	very important person	客 hak^3/贵宾 kei^{31} pin^{33}	—	VIP wi^{44} ai^{44} p^{h}i^{44}	—	VIP wi^{44} ai^{44} p^{h}i^{44}	—	—
上司	boss	头 heu^{22}/上司 siaŋ^{31} ɬu^{33}	—	—	—	波士 pɔ^{44} si^{31}	—	—
苦力	coolie	咕哩 ku^{33} lei^{55}	咕哩 ku^{44} li^{44}	—	咕喱 ku^{44} li^{44}	咕哩 ku^{44} li^{44}	咕喱 ku^{44} lei^{44}	咕喱 ku^{44} lei^{55}
酷#	cool	型 jin^{22}	酷 k^{h}u^{44}	酷 k^{h}u^{44}	—	酷 k^{h}u^{44}	酷 k^{h}u^{44}	—
性感	sexy	性感 ɬen^{33} kam^{55}/精 tiaŋ^{33}	—	—	□□sɛk^5 si^{31}	—	□□sɛk^5 si^{31}	—
爸爸	daddy	阿爸面称 a^{33} pa^{33}/老窦指称 lou^{55} tau^{31}/□佬指称 ŋɔi^{31} lou^{55}	爹哋 tɛ^{44} ti^{31}/爸爸 pa^{31} pa^{44}	—	爹哋 tɛ^{44} ti^{31}/爸爸 pa$^{44-31}$ pa^{44}	—	—	—
妈妈	mommy	阿妈面称 a^{33} ma^{33}/□妈指称 ŋɔi^{31} ma^{33}	妈咪 ma^{44} mi^{22}/妈妈 ma^{31} ma^{44}	—	妈咪 ma^{44} mi^{22}/妈妈 ma$^{44-31}$ ma^{44}	妈咪 ma^{44} mi^{31}/阿妈 a^{44} ma^{44}	—	—
婴儿	baby	□□pi^{21} pi^{33}/毛虾仔 mou^{22} ha^{33} tɔi^{55}	□□pi^{31} pi^{44}	□□pi^{21} pi^{44}	□□pi^{22} pi^{44}	□□pi^{31} pi^{44}/毛仔 mou^{22} tɔi^{55}	□□pi^{31} pi^{44}	□□pi^{22} pi^{44}/毛虾 mou^{22} ha$^{44-35}$
癌症#	cancer	生癌 saŋ^{33} ŋan^{22}	□□k^{h}ɛn^{44} sə^{31}	□□k^{h}ɛn^{44} sə^{22}	□□k^{h}ɛn^{44} sa^{44}	生□□ saŋ^{44} k^{h}ɛn^{44} sa^{31}	□□k^{h}ɛn^{44} sə^{22}	—

续表 3-70

条目	英语	方言						
		广东台山话	三藩市台山话	洛杉矶台山话	纽约台山话	芝加哥台山话	波特兰台山话	圣安东尼奥台山话
艾滋病#	AIDS	艾滋 ɔi³³ tu³³	□□ei⁴⁴si²²	□□ai⁴⁴si²²	爱滋病 ɔi⁴⁴tsi⁵⁵ pɛŋ³¹	□□ ei⁴⁴ tsi³¹	□□ek⁵si³¹	爱滋 ɔi⁴⁴ tsi⁴⁴
SARS#	SARS	□□ sa³³ si²²⁻³⁵	□□ sa⁵⁵ si²²	□□ sa⁵⁵ si²²	□□ sa⁴⁴ si³¹⁻³⁵	□□ sa⁴⁴ si³¹	—	SARS sa⁴⁴ si³¹
海洛因#	heroin	白粉 pak² fun⁵⁵	—	海洛因 hɛ⁴⁴ lɔ²²jin²²	—	—	—	—
维生素	vitamin	维生素 vui²²saŋ³³ ɬu³³	维生素 wui²²saŋ⁴⁴ su³¹	维他命 wui²²ha⁴⁴ mɛŋ²¹	维他命 wui²²ha⁴⁴ mɛŋ³¹	维他命 wai²²tʰa⁴⁴ mɛŋ³¹	维他命 wui²²ha⁴⁴ mɛŋ³¹	维他命 wui²²ha⁴⁴ mɛŋ³¹
X 光	X-ray	X 光 ek⁵ si²²kɔŋ³³	X 光 ek⁵ si²¹kɔŋ³¹	—	X 光 ek⁵ si²²kɔŋ⁴⁴	X 光 ek⁵ si³¹kɔŋ⁴⁴	X 光 ek⁵ si²²kɔŋ⁴⁴	X 光 ek⁵ si²²kɔŋ⁴⁴
英语、英文	English	英文 jiŋ³³man²²⁻³⁵ / 番字 fan³³tu³¹ / 扭鸡肠 niu⁵⁵kai³³tsʰiaŋ²²⁻³⁵	英语 eŋ⁴⁴ji⁵⁵⁻³⁵	英语 jɛŋ⁴⁴ji⁵⁵	英语 jɛŋ⁴⁴ŋui²²	英语 eŋ⁴⁴ji³¹	英文 jeŋ⁴⁴man²²	英语 jeŋ⁴⁴ji⁵⁵
西班牙语	Spanish	西班牙语 sai³³pan³³ŋa²²ji⁵⁵⁻³⁵	西班牙语 sai⁴⁴pan⁴⁴ŋa²²ji⁵⁵⁻³⁵	—	西班牙语 ɬai⁴⁴pan⁴⁴ŋa²²ŋui²²	—	—	西班牙语 sai⁴⁴pan⁴⁴ŋa²²ji⁵⁵
兼职	part-time	兼职 kian³³ tsek⁵	—	□□pʰat⁵ tʰam²¹	—	—	□□pʰak⁵ tʰam⁴⁴/暂时 tsam³¹si²²	—
办公室	office	办公室 pan³¹kəŋ³³sit⁵	—	□□□ɔ⁴⁴ fi⁴⁴si²²	□□□ɔ⁴⁴ fi³¹si²²	—	□□□ɔ⁴⁴ fit⁵si²²	—
平板电脑	iPad	□□ai³³ pʰai³³	□□ai⁴⁴ pʰɛt⁵	□□ai⁴⁴ pʰai⁴⁴	□□ai⁴⁴ pʰai⁵⁵	□□ai⁴⁴ pʰai⁴⁴	□□ai⁴⁴ pʰai⁴⁴	□□ai⁴⁴ pʰɛt⁵
传真	fax	传真 tsʰun²²tsin³³	□□fɛt⁵si³¹	□□fɛt⁵si²¹	□□fɛk⁵si³¹	□□fɛk⁵si²²⁻³⁵	□□fɛk⁵si⁵⁵	□□fɛk⁵si²²⁻³⁵

续表 3-70

条目	英语	方言						
		广东台山话	三藩市台山话	洛杉矶台山话	纽约台山话	芝加哥台山话	波特兰台山话	圣安东尼奥台山话
护照	passport	护照 vu^{31} tiau^{33}	—	□□p^{h}a^{44} si^{21}pɔt^5	□□p^{h}a^{44} si^{31}pɔk^5/护照 wu^{31} tsiu^{44}	—	—	—
动画片	cartoon	动画 əŋ^{31}va$^{31-35}$/公仔戏 kəŋ^{33} tɔi^{55}hei^{31}	—	卡通 k^{h}a^{44} t^{h}uŋ^{44}	卡通 k^{h}a^{44} huŋ^{44}	卡通 k^{h}a^{44} t^{h}uŋ^{44}	卡通 k^{h}a^{44} t^{h}uŋ^{44}	卡通 k^{h}a^{44} t^{h}uŋ^{44}/米鼠仔 mai^{55} tɔi^{55}
胶卷	film	菲林老 fei^{33} lim$^{22-35}$	□fim^{44}	菲林老 fui^{44} lim^{22}	菲林老 fui^{44} lim^{22}	菲林老 fei^{44} lam$^{22-35}$/相底 siaŋ^{44} ai^{55}	菲林老 fui^{44} lim^{22}	菲林老 fei^{44} lim$^{22-35}$
邮票	stamp	邮票 jiu^{22} p^{h}iau^{33}/士担老 si^{31} tam^{33}	—	—	—	士担老 si^{31} tam^{44}/邮票 jiu^{22} p^{h}iau$^{44-35}$	—	士担老 si^{31} tɛm^{44}/邮票 jiu^{22} p^{h}iu^{44}
电视	television	电视 en^{31} si^{31}	—	TV t^{h}i^{44} wi^{44}	—	—	—	—
电邮/email	email	电邮 en^{31} jiu^{22}	□□ji^{55} mɛu^{31}	□□ji^{44} mɛu^{44}	□□i^{44}miu^{31}	□□i^{44}miau^{31}	□□ji^{44}miu^{44}	□□ji^{44}miu^{44}/电邮 ɛn^{31}jiu^{22}
晚会	party	晚会 man^{31} vui^{33}	□□p^{h}a^{44} t^{h}i^{31}	□□p^{h}a^{44} t^{h}i^{21}	□□p^{h}a^{44} t^{h}i^{31}	—	□□p^{h}a^{44} t^{h}i^{31}	□□p^{h}a^{44} t^{h}i^{31}
表演	show	表演 piau^{55}jan^{55}	—	—	做□tu^{31} su^{44}	—	—	—
拳击	boxing	□□pɔk^5 seŋ$^{22-35}$	□□pɔk^5 seŋ^{22}	—	□□pɔk^5 seŋ^{22}	打□□a^{55} pɔk^5 seŋ$^{22-35}$	□□pɔk^5 seŋ^{22}	—
保龄球	bowling	保龄球 pɔ^{33}leŋ^{22} k^{h}iu^{44}	□□pou^{44} leŋ^{22}	—	□□pɔ^{44} leŋ^{22}	保龄 pou^{55} leŋ$^{22-35}$	保龄 pou^{55} leŋ^{22}	保龄 pou^{55} leŋ^{22}
球	ball	波 pɔ^{33}	—	波 pɔ^{44}	波 pɔ^{44}	波 pu^{44}	波 pɔ^{44}	波 pɔ^{44}

续表 3-70

条目	英语	方言						
		广东台山话	三藩市台山话	洛杉矶台山话	纽约台山话	芝加哥台山话	波特兰台山话	圣安东尼奥台山话
高尔夫	golf	高尔夫球 kou³³ŋi²¹ fu³³kʰiu²²	高尔夫 kau⁴⁴ji¹³ fu⁴⁴	哥夫 kɔ⁴⁴fu²²	哥夫 kɔ⁴⁴fu⁴⁴	哥夫 kɔ⁴⁴fu²²	高夫 kɔ⁴⁴fu²²	高夫 kɔ⁴⁴ji⁵⁵fu⁴⁴
马拉松	marathon	马拉松 ma³¹la³³tʰuŋ²²	—	马拉松 mɛ⁴⁴lə²¹fan⁴⁴	马拉松 ma³¹⁻⁵⁵la⁴⁴tsʰuŋ²²	—	马拉松 ma⁵⁵lai⁴⁴suŋ⁴⁴	马拉松 ma⁵⁵lai⁴⁴tsʰuŋ⁴⁴
拥趸	fans	粉丝 fun⁵⁵ɬu³³	粉丝 fan⁵⁵si⁴⁴	□□fɛn⁴⁴si²²⁻³⁵	□□fɛn⁴⁴si²²	粉丝 fan⁵⁵si⁴⁴	□□fɛn⁴⁴si⁵⁵	□□fɛn⁴⁴si⁴⁴⁻³⁵
卡拉 OK	karaoke	卡拉 OK kʰa³³la³³o³³kʰei³³	卡拉 OK kʰa⁴⁴la⁴⁴ɔ⁴⁴kʰei⁴⁴	卡拉 OK kʰa²¹la⁴⁴ou⁴⁴kʰei⁴⁴	卡拉 OK kʰa⁴⁴la⁴⁴ɔ⁴⁴kʰei⁴⁴	卡拉 OK kʰa⁴⁴la⁴⁴ɔ⁴⁴kʰei⁴⁴	卡拉 OK kʰa⁴⁴la⁴⁴ou⁴⁴kʰei⁴⁴	卡拉 OK kʰa⁴⁴la⁴⁴ou⁴⁴kʰei⁴⁴
吉他	guitar	吉他 kit⁵tʰa³³	吉他 kɛt⁴tʰa⁴⁴	吉他 kit³tʰa⁴⁴	吉他 kit³tʰa⁴⁴	吉他 kit³tʰa⁴⁴	吉他 kit²tʰa⁴⁴	吉他 kit⁵tʰa⁴⁴
AA 制	AA	AA 制 ei³³ei³³tsai³³	AA ei⁴⁴ei⁴⁴	—	AA 制 ei⁴⁴ei⁴⁴tsai⁴⁴	—	AA ei⁴⁴ei⁴⁴	—
商标	trademark	商标 siaŋ³³piau³³	—	□唛 tsʰui⁴⁴mak⁵	唛头 mak⁵hɛu²²	—	—	—
道歉	sorry	对唔住 ui³¹m̩²²tsi³¹	—	讲句□□ kɔŋ⁴⁴kui⁴⁴sɔ⁴⁴li²¹	□□ sɔ⁴⁴li³¹	—	—	—
再见	byebye	□□pai³³pai³³/再见 tɔi³³ken³³	□□pai⁴⁴pai³¹	—	□□ pai⁴⁴pai³¹	—	—	—
分享	share	分享 fun³³hiaŋ⁵⁵	—	—	—	—	□sɛ⁴⁴	□sɛ⁴⁴/□老pʰaŋ⁴⁴
小费	tip	小费 ɬeu⁵⁵fei³³	贴士 tʰip⁵si³¹⁻³⁵	□tʰip⁵	贴士 tʰip⁵si³¹⁻³⁵	贴士 tʰip⁵si²²⁻³⁵/花利老fa⁴⁴li³¹	贴士 tʰip⁵si³¹/小费 siu⁵⁵fui⁴⁴	贴士 tʰip⁵si³¹⁻³⁵
酒吧	bar	酒吧 tiu⁵⁵pa³³	酒吧 tiu⁵⁵pa⁴⁴	酒吧 tiu⁵⁵pa⁴⁴	吧 pa⁴⁴	酒吧 tiu⁵⁵pa⁴⁴	酒吧 tiu⁵⁵pa⁴⁴	酒吧 tiu⁵⁵pa⁴⁴

续表 3-70

条目	英语	方言						
		广东台山话	三藩市台山话	洛杉矶台山话	纽约台山话	芝加哥台山话	波特兰台山话	圣安东尼奥台山话
信用卡/卡片	credit card/card	信用卡 $sun^{44}jəŋ^{31}k^ha^{33}$/卡片 $k^ha^{33}p^hen^{31-35}$	信用卡 $sun^{44}juŋ^{31}k^ha^{44}$	□□□ $k^hui^{44}tit^5k^ha^{44}$	信用卡 $san^{44}juŋ^{31}k^ha^{55}$	信用卡 $\text{łun}^{44}juŋ^{31}k^ha^{44}$	卡片 $k^ha^{44}p^hɛn^{31-35}$	卡片 $k^hak^5 p^hɛn^{44-35}$
入住	check in	住入去 $tsi^{31}jip^2hui^{33}$	□□$ts^hɛt^5jin^{44}$	□□$ts^hɛk^5jin^{44}$	□□$ts^hɛk^5in^{44}$	□□$ts^hɛk^5in^{44}$	□□$ts^hɛk^5jin^{44}$	□□$ts^hɛt^5jin^{44}$
退房	check out	退房 $hui^{33}fɔŋ^{22}$	—	□□$ts^hɛk^5au^{44}$	□□$ts^hɛk^5au^{44}$	□□$ts^hɛk^5au^{44}$	□□$ts^hɛk^5au^{44}$	□□$ts^hɛt^5au^{44}$
华尔街	Wall Street	华尔街 $va^{22}ŋi^{22}kai^{33}$	□□□$wɔ^{44}si^{31}t^hut^5$	□□$wɔ^{44}si^{21}t^hyt^5$	□街 $wɔ^{35}kai^{44}$	华尔街 $wa^{22}ji^{55}kai^{44}$	□□□$wɔ^{35}si^{22}t^hyt^5$	华尔街 $wa^{22}ji^{35}kai^{44}$
客车/大巴	bus	客车 $hak^3ts^hia^{33}$/大客 $ai^{31}hak^3$	巴士 $pa^{44}si^{31-35}$	巴士 $pa^{44}si^{21-35}$	巴士 $pa^{44}si^{31-35}$	巴士 $pa^{44}si^{31-3}$	巴士 $pa^{44}si^{31}$	—
出租车	taxi	的士 tek^5si^{31-35}	—	的士 $t^hek^5si^{21-35}$	的士 $t^hɛk^5si^{31-35}$	的士 $t^hɛk^5si^{31-35}$	的士 tek^5si^{31}	的士 $t^hɛk^5si^{22-35}$
摩托车	motorcycle	摩托 $mɔ^{33}hɔk^3$	摩托车 $mɔ^{44}hɔk^3ts^hɛ^{44}$	摩托□□ $mɔ^{44}t^hɔ^{44}sai^{44}k^hou^{21}$	摩托 $mɔ^{44}hɔk^3$	—	摩托车 $mɔ^{44}hɔk^3ts^hɛ^{44}$	
吉普车	jeep	吉普 $kit^5p^hu^{55}$	□$tsip^{55}$	□$tsip^5$	□$tsip^5$	□车 $tsip^5ts^hɛ^{44}$	—	
GPS#/导航	GPS	导航 $ou^{31}hɔŋ^{22}$	□□□□$tsi^{44}p^hi^{44}ɛ^{44}si^{31}$	□□□□$tsi^{44}p^hi^{44}ɛ^{44}si^{21}$	□□□□$tsi^{44}p^hi^{44}ɛ^{44}si^{31}$	□□□□$tsi^{44}p^hi^{44}ɛ^{44}si^{31}$	—	□□□□$tsi^{44}p^hi^{44}ɛ^{44}si^{22}$/导航 $ou^{31}hɔŋ^{22}$
车胎	tire	车胎 $ts^hia^{33}t^hai^{33}$	车胎 $ts^hɛ^{44}t^hai^{44}$	胎 t^hai^{44}	胎 t^hai^{44}	车胎 $ts^hɛ^{44}t^hai^{44}$	胎 t^hai^{44}	胎 t^hai^{44}

续表 3-70

条目	英语	方言						
		广东台山话	三藩市台山话	洛杉矶台山话	纽约台山话	芝加哥台山话	波特兰台山话	圣安东尼奥台山话
爆胎	flat tire	爆胎 pau^{33} t^{h}ai^{33}	爆胎 pau^{44} t^{h}ai^{44}	爆胎 pau^{21} t^{h}ai^{44}	爆胎 pau^{44} t^{h}ai^{44}	爆胎 pau^{44} t^{h}ai^{44}/爆轮 pau^{44} lun$^{22-35}$	爆胎 pau^{44} t^{h}ai^{44}	爆胎 pau^{44} t^{h}ai^{44}
停车	parking	放车 fɔŋ^{33} ts^{h}ia^{33}	泊车 p^{h}ak^3 ts^{h}ɛ^{44}	泊车 p^{h}ak^3 ts^{h}ɛ^{44}	泊车 p^{h}ak^3 ts^{h}ɛ^{44}	泊车 p^{h}ak^3 ts^{h}ɛ^{44}	泊车 p^{h}ak^3 ts^{h}ɛ^{44}	泊车 p^{h}ak^3 ts^{h}ɛ^{44}
票	fee	车飞 ts^{h}ia^{33} fei$^{33-35}$/票 p^{h}iau$^{33-31}$	—	—	—	飞 fi^{44}	—	—
分	cent/penny	分 fun^{33}	仙 sɛn^{44}	仙 ɬɛn^{44}	便尼 p^{h}ɛn^{44} ni$^{22-35}$	便尼 p^{h}ɛn^{44} ni^{44}		
磅	pound	磅 pɔŋ^{31}	磅 pɔŋ^{31}	磅 pɔŋ$^{21-35}$	磅 pɔŋ^{31}	磅 pɔŋ^{31}	磅 pɔŋ^{44}	磅 pɔŋ^{31}
瓦	watt	火 fɔ^{55}/支 tsi^{33}/瓦 ŋa^{55}	—	□wat^5	□wat^5	□wɔk^5/火 fɔ^{55}	—	—

表 3-71 6 个广府话的旧借词（113 条）

条目	英语	方言						
		广东台山话	三藩市广府话	洛杉矶广府话	纽约广府话	芝加哥广府话	波特兰广府话	休斯敦广府话
美国	America	美国 mei^{13} kɔk^3	□□□□ ə^{33} mɛ^{55} li^{21} k^{h}ə^{21}/美国地 mei^{13} kɔk^3 tei$^{22-35}$	美国 mei^{13} kɔk^3	美国 mei^{13} kɔk^3	美国 mei^{13} kɔk^3	美国 mei^{13} kɔk^3	美国 mei^{13} kɔk^3
白宫	White House	白宫 pak^2 kuŋ^{55}	□□□ wai^{55} hau^{33} si^{21}	□□□ wai^{55} hau^{33} si^{21}	白宫 pak^2 kuŋ^{55}	白宫 pak^2 kuŋ^{55}	□□□ wai^{55} hau^{33} si^{21}/白宫 pak^2 kuŋ^{55}	白屋 pak^2 uk^5
华盛顿	Washington	华盛顿 wa^{21} sɛŋ^{33} tœn^{22}	—	—	—	—	华盛顿 wa^{21} sɛŋ^{33} tœn^{22}	—

续表 3-71

条目	英语	方言						
		广东台山话	三藩市广府话	洛杉矶广府话	纽约广府话	芝加哥广府话	波特兰广府话	休斯敦广府话
三藩市	San Francisco	三藩市 sam^{55} fan^{21} si^{13}／旧金山 kɐu^{22} kɐm^{55} san^{55}	三藩市 sam^{55} fan^{21} si^{13}	—	—	—	—	—
洛杉矶	Los Angeles	洛杉矶 lɔk^2 tsʰam^{21} kei^{55}	—	罗省 lɔ^{21} saŋ^{35}／□□ɛu^{55} ei^{55}	—	—	—	—
纽约	New York	纽约 niu^{55} jœk$^{3-5}$	—	—	纽约 niu^{55} jœk$^{3-5}$	—	—	—
芝加哥	Chicago	芝加哥 tsi^{55} ka^{55} kɔ^{55}	—	—	—	芝加哥 tsi^{55} ka^{55} kɔ^{55}	—	—
俄勒冈	Oregon	俄勒冈 ŋɔ^{21} lak^2 kɔŋ^{55}	—	—	—	—	□□ɔ^{55} lek^2 kɐn^{21}	—
波特兰	Portland	波特兰 pɔ^{55} tɐt^2 lan^{21}	—	—	—	—	砵仑 pɔk^5 lɐn^{21}	—
休斯敦	Houston	休斯顿 jɐu^{55} si^{55} tœn^{35}	—	—	—	—	—	休斯顿 hiu^{55} si^{55} tœn^{22}
咖喱	curry	咖喱 ka^{33} lɛ^{55}	咖喱 ka^{33} lɛ^{55}	咖喱 ka^{33} lɛ^{55}	咖喱 ka^{33} lɛ^{55}	咖喱 ka^{33} lɛ^{55}	咖喱 ka^{33} lei^{55}	咖喱 ka^{33} lɛ^{55}
榴莲	durian	榴莲 lɐu^{21} lin^{21}	榴莲 lɐu^{21} lin^{21}	榴莲 lɐu^{21} lin^{21}	榴莲 lɐu^{21} lin^{21}	榴梿 lɐu^{21} lin^{21}	榴莲 lɐu^{21} lin^{21}	—
柠檬	lemon	柠檬 neŋ^{21} muŋ$^{21-55}$	柠檬 neŋ^{21} muŋ$^{21-55}$	柠檬 neŋ^{21} muŋ$^{21-55}$	柠檬 neŋ^{21} muŋ^{55}	柠檬 neŋ^{21} muŋ^{55}	柠檬 neŋ^{21} muŋ^{55}	柠檬 neŋ^{21} muŋ^{55}
草莓	strawberry	士多啤梨 si^{21} tɔ^{55} pɛ^{55} lei$^{13-35}$／草莓 tsʰou^{35} mui^{21}	士多啤梨 si^{21} tɔ^{55} pɛ^{55} lei$^{13-35}$	士多啤梨 si^{21} tɔ^{55} pɛ^{55} lei$^{21-35}$	士多啤梨 si^{22} tɔ^{55} pɛ^{55} lei$^{21-35}$	士多啤梨 si^{22} tɔ^{55} pɛ^{55} lei$^{21-35}$	士多啤梨 si^{21} tɔ^{55} pɛ^{55} lei$^{21-35}$	士多啤梨 si^{22} tɔ^{55} pɛ^{55} lei$^{21-35}$

续表 3-71

条目	英语	方言						
		广东台山话	三藩市广府话	洛杉矶广府话	纽约广府话	芝加哥广府话	波特兰广府话	休斯敦广府话
樱桃	cherry	车厘子 tsʰɛ⁵⁵lei²¹tsi³⁵	车厘子 tsʰɛ⁵⁵lei²¹tsi³⁵	车厘子 tsʰɛ⁵⁵lei²¹tsi³⁵	车厘子 tsʰɛ⁵⁵lei²¹tsi³⁵	车厘 tsʰɛ⁵⁵lei²¹	车厘子 tsʰɛ⁵⁵lei²¹tsi³⁵	车厘子 tsʰɛ⁵⁵lei²¹tsi³⁵
鲨鱼	shark	鲨鱼 sa⁵⁵jy²¹⁻³⁵	鲨鱼 sa⁵⁵jy²¹	鲨鱼 sa⁵⁵jy²¹⁻³⁵	鲨鱼 sa⁵⁵jy²¹	鲨鱼 sa⁵⁵jy²¹	鲨鱼 sa⁵⁵jy²¹	—
三文鱼	salmon	三文鱼 sam⁵⁵mɐn²¹jy²¹⁻³⁵	三文鱼 sam⁵⁵mɐn²¹jy²¹⁻³⁵	三文鱼 sam⁵⁵mɐn²¹jy²¹⁻³⁵	三文鱼 sam⁵⁵mɐn²¹jy²¹⁻³⁵	三文鱼 sam⁵⁵mɐn²¹jy²¹⁻³⁵	三文鱼 sam⁵⁵mɐn²¹jy²¹⁻³⁵	三文鱼 sam⁵⁵mɐn²¹jy²¹⁻³⁵
沙丁鱼	sardine	沙甸鱼 sa⁵⁵tin⁵⁵jy²¹⁻³⁵	沙甸鱼 sa⁵⁵tin⁵⁵jy²¹⁻³⁵	沙丁鱼 sa⁵⁵teŋ⁵⁵jy²¹⁻³⁵	沙丁鱼 sa⁴⁴teŋ⁴⁴ŋui²²	沙丁鱼 sa⁵⁵tin⁵⁵jy²¹⁻³⁵	沙丁 sa⁵⁵teŋ⁵⁵	沙甸 sa⁵⁵tin⁵⁵
金枪鱼	tuna	吞拿鱼 tʰɐn⁵⁵na²¹jy²¹⁻³⁵	吞拿 tʰɐn⁵⁵na²¹	吞拿 tʰɐn⁵⁵na²¹	吞拿 tʰɐn⁵⁵na²¹	吞拿 tʰɐn⁵⁵na²¹	吞拿 tʰɐn⁵⁵na²¹	吞拿 tʰɐn⁵⁵na²¹
公寓	apartment	□□□a²¹ pʰak⁵man²¹	□□□ə²¹ pʰak⁵mən²¹	□□□ə³³ pʰak⁵mən²¹	□□pʰak⁵mən²²⁻³⁵	□□ə²¹ pʰak⁵mən²¹	□□pʰak⁵mən²¹	□□ə pʰak⁵mən²¹
沙发	sofa	梳发(老) sɔ⁵⁵fat²⁻³⁵	梳发(老) sɔ⁵⁵fat²⁻³⁵	梳发(老) sɔ⁵⁵fa³⁵	梳发(老) sɔ⁴⁴fat³	梳发椅(老) sɔ⁵⁵fa³⁵ji³⁵	梳发(老) sɔ⁵⁵fat³	梳发(老) sɔ⁵⁵fa³⁵
保险丝	fuse	□□fiu⁵⁵si³⁵/保险丝 pou³⁵him³⁵si³⁵	□□fiu⁵⁵si³⁵	—	□□fiu⁵⁵si³⁵	□□fiu⁵⁵si³⁵	□□fiu⁵⁵si³⁵	□□fiu⁵⁵si³⁵
泵	pump	泵 pɐŋ⁵⁵	泵 pɐŋ⁵⁵	泵 pɐŋ⁵⁵	—	—	—	泵 pɐŋ⁵⁵
领带	tie	领呔 lɛŋ¹³tʰai⁵⁵	呔 tʰai⁵⁵	呔 tʰai⁵⁵	呔 tʰai⁵⁵	呔 tʰai⁵⁵	呔 tʰai⁵⁵	呔 tʰai⁵⁵
领结	bow tie	煲呔 pou⁵⁵tʰai⁵⁵	煲呔 pou⁵⁵tʰai⁵⁵	煲呔 pou⁵⁵tʰai⁵⁵	煲呔 pou⁵⁵tʰai⁵⁵	煲呔 pou⁵⁵tʰai⁵⁵	煲呔 pou⁵⁵tʰai⁵⁵	—
T恤	T-shirt	T恤 tʰi⁵⁵sœt⁵	T恤 tʰi⁵⁵sœt⁵	T恤 tʰi⁵⁵sœt⁵	T恤 tʰi⁵⁵sœt⁵	T恤 tʰi⁵⁵sœt⁵	T恤 tʰi⁵⁵sœt⁵	T恤 ti⁵⁵sœt⁵
衬衣	shirt	恤衫 sœt⁵⁵sam⁵⁵	恤衫 sœt⁵⁵sam⁵⁵	恤衫 sœt⁵sam⁵	—	—	恤衫 sœt⁵sam⁵⁵	恤衫 sœt⁵⁵sam⁵⁵

续表 3-71

条目	英语	方言						
		广东台山话	三藩市广府话	洛杉矶广府话	纽约广府话	芝加哥广府话	波特兰广府话	休斯敦广府话
比基尼	bikini	比基尼 pi^{33}ki^{55}ni^{21}／三点式 sam^{33} tim^{35}sek^5	比基尼 pi^{21}k^{h}i^{55}ni^{21}	比基尼 pi^{33}ki^{55}ni^{21}／三点式 sam^{33} tim^{35}sek^5	比基尼 pi^{21}ki^{55}ni^{21}	—	比基尼 pi^{21}ki^{55}ni^{21}	—
尺寸	size	□□sai^{55} si^{35}	□□sai^{55} si^{35}	□□sai^{55} si^{35}	□□sai^{55} si^{35}	□□sai^{55} si^{35}	□□sai^{55} si^{35}	□□sai^{55} si^{35}
蛋挞	egg tart	蛋挞 tan^{22}t^{h}at^5	蛋挞 tan^{22}t^{h}at^5	蛋挞 tan^{22}t^{h}at^5	蛋 an^{31}t^{h}at^5	蛋挞 tan^{22}t^{h}at^5	蛋挞 tan^{22}t^{h}at^5	蛋挞 tan^{22}t^{h}at^5
啤酒	beer	啤酒 pɛ^{55}tsɐu^{35}	啤酒 pɛ^{55}tsɐu^{35}	啤酒 pɛ^{55}tsɐu^{35}	啤酒 pɛ^{55}tsɐu^{35}	啤酒 pɛ^{55}jɐu^{35}	啤酒 pɛ^{55}tsɐu^{35}	啤酒 pɛ^{55}tsɐu^{33}
咖啡	coffee	咖啡 k^{h}ɔ^{55}fi^{21}	咖啡 k^{h}ɔ^{55}fi^{21}	咖啡 ka^{22}fɛ^{55}	咖啡 ka^{33}fɛ^{55}	咖啡 ka^{33}fɛ^{55}	咖啡 ka^{33}fɛ^{55}	咖啡 ka^{33}fɛ^5
可口可乐	Coca-Cola	可乐 hɔ^{35}lɔk^2	可乐 hɔ^{35}lɔk^2	□k^{h}ou^{55}	可乐 hɔ^{35}lɔk^2	可口可乐 hɔ^{35}hɐu^{35}hɔ^{35}lɔk^2	可乐 hɔ^{35}lɔk^2	可乐 hɔ^{35}lɔk^2
雪碧	sprite	雪碧 syt^{3}pek^5	□□□si^{21}pə^{21}lai^{53}	雪碧 syt^{3}pek^5	雪碧 sit^{3}pek^5	—	—	—
七喜	7 up	七喜 ts^{h}ɐt^{5}hei^{35}	—	—	—	—	七喜 ts^{h}ɐt^{5}hei^{35}	—
可可	cocoa/chocolate	可可 hɔ^{35}hɔ^{35}	可可 k^{h}ɔ^{35}k^{h}ɔ^{21}	□□k^{h}ou^{55}k^{h}ou^{53}	可可 k^{h}uk^{5}ku^{31}	朱古力 tsy^{55}ku^{55}lek^5	□□k^{h}ou^{55}k^{h}ou^{21}	—
苏打	soda	梳打 sɔ^{55}ta^{35}	梳打 sɔ^{55}ta^{35}	梳打 sɔ^{55}ta^{35}	苏打 sou^{55}ta^{35}	—	梳打 sɔ^{55}ta^{35}	—
雪茄	cigar	雪茄 syt^{3}ka^{55}	雪茄 syt^{3}ka^{55}	雪茄 syt^{3}ka^{55}	雪茄 syt^{3}ka^{55}	雪茄 syt^{3}ka^{55}	雪茄 syt^{3}ka^{55}	—
巧克力	chocolate	朱古力 tsy^{55}ku^{55}lek^5	朱古力 tsy^{55}ku^{55}lek^5	朱古力 tsy^{55}ku^{55}lek^5	朱古力 tsy^{55}ku^{55}lek^5	朱古力 tsy^{55}ku^{55}lek^5	朱古力 tsy^{55}ku^{55}lek^5	朱古力 tsy^{55}ku^{55}lek^5

续表 3–71

条目	英语	方言						
		广东台山话	三藩市广府话	洛杉矶广府话	纽约广府话	芝加哥广府话	波特兰广府话	休斯敦广府话
汉堡包	hamburger	汉堡包 hɔn³³ pou³⁵ pau⁵⁵	□□□ han⁵⁵ pu²¹ kə²¹	□□□ hɛn⁵⁵ pə²¹ kə²¹	汉堡包 hɔn³³ pou³⁵ pau⁵⁵	汉堡包 hɔn³³ pou³⁵ pau⁵⁵	汉堡包 hɔn³³ pou⁵⁵ pau⁵⁵	□□□ hɛn⁵⁵ pə²¹ kə²¹
三明治	sandwich	三文治 sam⁵⁵ mɐn²¹ tsi³³	三文治 sam⁵⁵ mɐn²¹ tsi³³	三文治 sam⁵⁵ mɐn²¹ tsi³³	三文治 sam⁵⁵ mɐn²¹ tsi³³	三文治 sam⁵⁵ mɐn²¹ tsi³³	三文治 sam⁵⁵ mɐn²¹ tsi³³	三文治 sam⁵⁵ mɐn²¹ tsi³³
热狗	hot dog	□□hɔt⁵ tɔk⁵/肠仔包 tsʰœn³⁵ tsɐi³⁵ pau⁵⁵	□□hak⁵ tɔk⁵	热狗 jit² kɐu³⁵	□□包 hɔt⁵ tɔk⁵ pau⁵⁵	□□hak⁵ tɔk⁵	□□hɔt⁵ tɔk⁵	□□hat⁵ tɔk⁵
奶酪	cheese	芝士 tsi⁵⁵ si³⁵	芝士 tsi⁵⁵ si³⁵	芝士 tsi⁵⁵ si³⁵	芝士 tsi⁵⁵ si³⁵	芝士 tsʰi⁵⁵ si³⁵	芝士 tsi⁵⁵ si³⁵	芝士 tsi⁵⁵ si³⁵
奶油	cream	忌廉 kei³³ lim⁵⁵	□kʰim⁵⁵	□□kʰə²¹ lim⁵⁵	忌廉 kei³³ lim⁵⁵	—	忌廉 kei³³ lim⁵⁵	□□kʰə²¹ lim⁵⁵
曲奇	cookie	曲奇 kʰuk⁵ kʰi²¹	曲奇 kʰuk⁵ kʰi²¹	曲奇 kʰuk⁵ kʰi²¹	曲奇 kʰuk⁵ kʰi²¹	曲奇 kʰuk⁵ kʰi²¹	—	—
印第安人	Indian	印第安人 jɐn³³ tɐi²² ɔn⁵⁵ jɐn²¹	印第安人 jɐn³³ tɐi²² ɔn⁵⁵ jɐn²¹	—	印第安人 jin⁴⁴ ti³¹ ɔn⁴⁴ jan²²	印第安人 jɐn³³ tɐi²² ɔn⁵⁵ jɐn²¹	—	—
婴儿	baby	□□pi²¹ pi⁵⁵/苏虾仔 sou⁵⁵ ha⁵⁵ tsɐi³⁵	□□pi²¹ pi⁵⁵	□□pi²¹ pi⁵⁵	□□仔 pi²¹ pi⁵⁵ tsɐi³⁵	□□pi²¹ pi⁵⁵	□□pi²¹ pi⁵⁵	□□pi²¹ pi⁵⁵
贵宾	very important person（VIP）	VIP wi⁵⁵ ai⁵⁵ pʰi⁵⁵/贵宾 kʷɐi³³ pɐn⁵⁵	VIP wi⁵⁵ ai⁵⁵ pʰi⁵⁵	—	—	—	—	—
上司	boss	老细 lou¹³ sɐi³³/波士 pɔ⁵⁵ si³⁵	波士 pɔ⁵⁵ si²²⁻³⁵/老细 lou¹³ sɐi³³	波士 pɔ⁵⁵ si³⁵/老细 lou¹³ sɐi³³	—	—	—	—

续表 3-71

条目	英语	方言						
		广东台山话	三藩市广府话	洛杉矶广府话	纽约广府话	芝加哥广府话	波特兰广府话	休斯敦广府话
朋友	friend	□□fu²¹ lɛŋ⁵⁵/朋友 pʰeŋ²¹ jɐu¹³	□□fu²¹ lɛŋ⁵⁵/朋友 pʰeŋ²¹ jɐu¹³	—	—	—	—	—
苦力	coolie	咕哩 ku⁵⁵ lei⁵⁵	咕哩 ku⁵⁵ lei⁵⁵	咕喱 ku⁵⁵ lei⁵⁵	咕喱 ku⁵⁵ lei⁵⁵	咕喱 ku⁵⁵ lei⁵⁵/猪仔 tsy⁵⁵ tsɐi³⁵	咕喱 ku⁵⁵ lei⁵⁵	咕喱 ku⁵⁵ lei⁵⁵
酷#	cool	酷 kʰu⁵⁵	好酷 hou³⁵ kʰu⁵⁵	酷 kʰu⁵⁵	—	—	酷 kʰu⁵⁵	酷 kʰu⁵⁵
性感	sexy	□□sɛk⁵ si³⁵/性感 sɛŋ²² kɐm³⁵	好□□ hou³⁵ sɛk⁵ si³⁵	—	□□sɛk⁵ si³¹	—	—	□□sɛk⁵ si³⁵
爸爸	daddy	爹哋 tɛ⁵⁵ ti²¹/爸爸 pa²¹ pa⁵⁵/老窦 lou¹³ tɐu²²	爹哋 tɛ⁵⁵ ti²¹/老窦 lou¹³ tɐu²²	—	爹哋 tɛ⁵⁵ ti²¹/老窦 lou¹³ tɐu²²	爹哋 tɛ⁵⁵ ti²¹/阿爸 a³³ pa⁵⁵	—	—
妈妈	mommy	妈咪 ma⁵⁵ mi²¹/妈妈 ma²¹ ma⁵⁵	妈咪 ma⁵⁵ mi²¹/妈妈 ma²¹ ma⁵⁵	—	妈咪 ma⁵⁵ mi²¹/老妈子 lou¹³ ma⁵⁵ tsi³⁵	妈咪 ma⁵⁵ mi²¹/阿妈 a³³ ma⁵⁵	妈咪 ma⁵⁵ mi²¹	—
约会	dating	拍拖 pʰak³ tʰɔ⁵⁵	—	—	□□tei⁵⁵ tʰeŋ²¹/拍拖 pʰak³ tʰɔ⁵⁵	—	—	—
癌症	cancer	□□kʰɛn⁵⁵ sa³⁵/癌症 ŋam²¹ tseŋ³³	□□kʰɛn⁵⁵ sa³⁵/癌 ŋam²¹	□□kʰɛn⁵⁵ sa³⁵	□□kʰɛn⁵⁵ sə²¹	□□kʰɛn⁴⁴ sə²²	□□kʰɛn⁵⁵ sa³⁵	—
艾滋病#	AIDS	艾滋病 ai³⁴ tsi⁵⁵ pɛŋ²²	□□ ek² si²¹	艾滋病 ai³⁴ tsi⁵⁵ pɛŋ²²	艾滋病 ai³³ tsi⁵⁵ pɛŋ²²	艾滋病 ai³³ tsi⁵⁵ pɛŋ²²	艾滋 ai³³ tsi⁵	艾滋病 ai³³ tsi⁵⁵ pɛŋ²²
SARS#	SARS	□□ sa⁵⁵ si²¹	□□ sa⁵⁵ si²¹	□□ sa⁵⁵ si³⁵	□□ sa⁵⁵ si³⁵	□□ sa⁵⁵ si³⁵	□□ sa⁵⁵ si³⁵	□□ sa⁵⁵ si³⁵

续表 3-71

条目	英语	方言						
		广东台山话	三藩市广府话	洛杉矶广府话	纽约广府话	芝加哥广府话	波特兰广府话	休斯敦广府话
海洛因#	heroin	海洛因 hɔi³⁵lɔk² jɐn⁵⁵/白粉 pak² fɐn³⁵	—	海洛因 hɔi³⁵lɔk² jɐn⁵⁵/白粉 pak² fɐn³⁵	—	海洛因 hɛ⁵⁵ lɔ²² jin²¹	—	—
维生素	vitamin	维生素 wei²¹sen³⁵ su²²	维他命 wei²¹tʰa⁵⁵ mɛŋ²²	维他命 wei²¹tʰa⁵⁵ mɐŋ²²	维他命 wei²¹tʰa⁵⁵ mɐŋ²²	维他命 wei²¹tʰa⁵⁵ mɛŋ²²	维他命 wei²¹tʰa⁵⁵ mɐŋ²²	维他命 wei²¹tʰa⁵⁵ mɐŋ²²
X 光	X-ray	X 光 ek⁵ si²¹kwɔŋ⁵⁵	X 光 ek⁵ si²¹kwɔŋ⁵⁵	X 光 ek⁵ si²¹kwɔŋ⁵⁵	X 光 ek⁵ si²¹kwɔŋ⁵⁵	X 光 ek⁵ si²¹kwɔŋ⁵⁵	X 光 jek⁵ si²¹kwɔŋ⁵⁵	X 光 ek⁵ si²¹kɔŋ⁵⁵
兼职	part time	□□pʰak⁵ tʰam³³/兼职 kim⁵⁵tsek⁵	—	—	□□pʰak⁵ tʰam³³	□□pʰak⁵ tʰam³³	—	□□pʰak⁵ tʰam²¹
英语	English	英语 jɐŋ⁵⁵jy¹³	英语 jɐŋ⁵⁵jy¹³	英语 jɐŋ⁵⁵jy¹³	英语 jɐŋ⁵⁵jy¹³	英语 jɐŋ⁵⁵jy¹³	英语 jɐŋ⁵⁵jy¹³	英语 jɐŋ⁵⁵jy¹³
西班牙语	Spanish	西班牙语 sei⁵⁵pan⁵⁵ ŋa²¹jy¹³	西班牙语 sɐi⁵⁵pan⁵⁵ ŋa²¹jy¹³	西班牙语 sɐi⁵⁵pan⁵⁵ ŋa²¹jy¹³	西班牙语 ɬai⁴⁴pan⁴⁴ ŋa²²ŋui²²	西班牙语 sɐi⁵⁵pan⁵⁵ ŋa²¹jy¹³	西班牙语 sɐi⁵⁵pan⁵⁵ ŋa²¹jy¹³	西班牙语 sɐi⁵⁵pan⁵⁵ ŋa²¹jy¹³
平板电脑	iPad	□□ai⁵⁵ pʰɛt⁵	□□ai⁵⁵ pʰɛt⁵	□□ai⁵⁵ pʰai⁵⁵	□□ai⁵⁵ pʰai⁵⁵	□□ai⁵⁵ pʰai⁵⁵	□□ai⁵⁵ pʰai⁵⁵	□□ai⁵⁵ pʰai⁵⁵
电脑	computer	□□□# kʰɔn³³ pʰiu⁵⁵tʰə²¹/电脑 tin²¹ nou¹³	□□□ kʰɔn³³pʰiu⁵⁵ tʰə²¹	—	—	—	—	□□ kʰɔn²²pʰiu⁵⁵ tʰə²¹
办公室	office	办公室 pan²²kuŋ⁵⁵ sɐt⁵/写字楼 sɛ³⁵ tsi²²lɐu²¹/□□□ ɔ⁵⁵fit⁵si²¹	□□□ ɔ⁵⁵fit⁵si²¹	□□□ ɔ⁵⁵fit⁵si²¹	□□□ ɔ⁵⁵fi²¹si²¹	—	—	—

续表 3-71

条目	英语	方言						
		广东台山话	三藩市广府话	洛杉矶广府话	纽约广府话	芝加哥广府话	波特兰广府话	休斯敦广府话
传真	fax	□□fɛt⁵si³⁵/传真 tsʰyn²¹ tsɐn⁵⁵	□□fɛt⁵si³⁵	□□fɛt⁵si³⁵	□□fɛk⁵si²¹	□□fɛt⁵si³⁵	□□fɛk⁵si³⁵	□□fɛk⁵si³⁵
护照	passport	□□□ pʰak⁵si²¹ pɔk⁵/护照 wu²² tsiu³³	□□□ pʰak⁵si²¹ pɔk⁵	—	□□□ pʰa⁴⁴si³¹ pɔk⁵/护照 wu³¹ tsiu⁴⁴	—	—	□□□ pʰa⁵⁵si²¹ pɔk⁵
邮票	stamp	士担₀si²² tam⁵⁵/邮票 jɐu²¹ pʰiu⁵³³	士担 si²² tɛm⁵⁵	—	—	—	—	—
电视	television	TV tʰi⁵⁵wi⁵⁵/电视 tin²²si²²	TV tʰi⁵⁵wi⁵⁵	—	—	—	—	—
动画	cartoon	卡通 kʰa⁵⁵tʰuŋ⁵⁵/动画 tuŋ²²wa³⁵	卡通 kʰa⁵⁵tʰuŋ⁵⁵	—	卡通片 kʰa⁵⁵tʰuŋ⁵⁵pʰin³³⁻³⁵	卡通片 kʰa⁵⁵tʰuŋ⁵⁵pʰin³³⁻³	卡通 kʰa⁵⁵tʰuŋ⁵⁵	卡通 kʰa⁵⁵tʰuŋ⁵⁵
胶卷	film	菲林₀fei⁵⁵lɛm²¹⁻³⁵	菲林₀fei⁵⁵lɛm²¹⁻³⁵	菲林₀fei⁵⁵lɛm⁵⁵	菲林₀fei⁵⁵lɛm²²⁻³⁵	菲林₀fei⁵⁵lɛm³⁵	菲林₀fei⁵⁵lɛm³⁵	菲林₀fei⁵⁵lɛm²¹⁻³⁵
电邮	email	□□ji⁵⁵miu⁵⁵/电邮 tin²²jɐu²¹	□□ji⁵⁵miu⁵⁵	—	□□ji⁵⁵mei⁵⁵	—	□□ji⁵⁵mɛu⁵⁵	□□ji⁵⁵mɛu⁵⁵
晚会	party	趴⁼pʰa⁵⁵/晚会 man¹³wui³⁵	□□pʰa⁵⁵tʰi²¹	□□pʰa⁵⁵tʰi²¹/晚会 man¹³wui³⁵	□□pʰa⁵⁵tʰi²¹	□□pʰa⁵⁵tʰi²¹	□□pʰa⁵⁵tʰi²¹	□□pʰa⁵⁵tʰi²¹
表演	show	做骚 tsou²²sou⁵⁵/表演 piu³⁵jin³⁵	—	做骚 tsou²²sou⁵⁵/表演 piu³⁵jin³⁵	—	—	—	—
拳击	boxing	□□pɔk⁵sɐŋ³⁵/拳击 kʰyn²¹kek⁵	□□pɔk⁵sɐŋ²¹	□□pɔk⁵sɐŋ²¹	—	—	—	□□pɔk⁵sɐŋ²¹

续表 3-71

条目	英语	方言						
		广东台山话	三藩市广府话	洛杉矶广府话	纽约广府话	芝加哥广府话	波特兰广府话	休斯敦广府话
保龄球	bowling	保龄球 pou³⁵ leŋ²¹ kʰɐu²¹	保龄 pɔ⁵⁵ leŋ⁵⁵	保龄球 pou³⁵ leŋ²¹ kʰɐu²¹	—	保龄 pou³⁵ leŋ²¹	保龄 pou³⁵ leŋ²¹	保龄 pou³⁵ leŋ²¹
球	ball	波 pɔ⁵⁵/球 kʰɐu²¹	波 pɔ⁵⁵	波 pɔ⁵⁵	波 pɔ⁵⁵	波 pɔ⁵⁵/球 kʰɐu²¹	波 pɔ⁵⁵/球 kʰɐu²¹	波 pɔ⁵⁵
高尔夫	golf	高尔夫 kou⁵⁵ ji¹³ fu⁵⁵	哥夫 kɔ³³ fu²¹	哥尔夫 kɔ⁵⁵ ji¹³ fu⁵⁵	高尔夫 kou⁵⁵ ji¹³ fu⁵⁵	哥尔夫 kɔ⁵⁵ ji¹³ fu⁵⁵	高尔夫 kou⁵⁵ ji¹³ fu²¹	高尔夫 kou⁵⁵ ji¹³ fu⁵⁵
拥趸	fans	粉丝 fan²¹ si²¹/拥趸 juŋ³⁵ tɐn³⁵	粉丝 fan²¹ si²¹	粉丝 fɐn³⁵ si⁵⁵	—			
俱乐部	club	□kʰap⁵	□kʰap⁵/社 sɛ¹³	□kʰap⁵	□kʰap⁵	□kʰap⁵	□kʰap⁵	□kʰap⁵
马拉松	marathon	马拉松 ma²¹ lai⁵⁵ tsʰuŋ²¹	□□□ mɛ⁵⁵ lə²¹ fuŋ⁵⁵	马拉松 ma¹³ lai⁵⁵ tsʰuŋ²¹	马拉松 ma¹³ lai⁵⁵ suŋ²¹	马拉松 ma¹³ lai⁵⁵ tsʰuŋ²¹	马拉松 ma¹³ lai⁵⁵ suŋ²¹	马拉松 ma¹³ lai⁵⁵ tsʰuŋ²¹
卡拉OK	karaoke	卡拉 OK kʰa⁵⁵ la⁵⁵ ou⁵⁵ kʰei⁵⁵	卡拉 OK kʰa⁵⁵ la⁵⁵ ou⁵⁵ kʰei⁵⁵	卡拉 OK kʰa⁵⁵ la⁵⁵ ou⁵⁵ kʰei⁵⁵	—	卡拉 OK kʰa²¹ la⁵⁵ ou⁵⁵ kʰei⁵⁵	卡拉 OK kʰa⁵⁵ la⁵⁵ ou⁵⁵ kʰei⁵⁵	K 拉 OK kʰa⁵⁵ la⁵⁵ ou⁵⁵ kʰei⁵⁵
吉他	guitar	吉他 kit³ tʰa⁵⁵	吉他 kit³ tʰa⁵⁵	吉他 kit⁵ tʰa⁵⁵	—	吉他 kit⁵ tʰa⁵⁵	吉他 kit⁵ tʰa⁵⁵	吉他 kit⁵ tʰa³³
再见	byebye	□□pai⁵⁵ pai²²/再见 tsɔi³³ kin³³	□□pai⁵⁵ pai²²/再见 tsɔi³³ kin³³	—	—	—	—	—
AA 制	AA/go dutch	AA 制 ei⁵⁵ ei⁵⁵ tsɐi³³	—	AA 制 ei⁵⁵ ei⁵⁵ tsɐi³³	AA 制 ei⁵⁵ ei⁵⁵ tsɐi³³	—	AA ei⁵⁵ ei⁵⁵	AA ei³⁵ ei⁵⁵
对不起	sorry	□□sɔ⁵⁵ li²¹/对唔住 tøy³³ m²¹ tsy²²	—	□□sɔ⁵⁵ li²¹/道歉 tou²² hip³³	—	—	—	—

续表 3-71

条目	英语	方言						
		广东台山话	三藩市广府话	洛杉矶广府话	纽约广府话	芝加哥广府话	波特兰广府话	休斯敦广府话
商标	trademark	唛头 mɐk⁵ tʰɐy²¹	□唛 tsʰœy⁵⁵ mɐk⁵	唛头 mɐk⁵ tʰɐy²¹	—	□唛 tsʰœy⁵⁵ mak⁵	—	唛 mak⁵
订位	book	□位 puk⁵ wɐi²²⁻³⁵/订位 tɛŋ²² wɐi²²⁻³⁵	□位 puk⁵ wɐi²²⁻³⁵	□位 puk⁵ wɐi²²⁻³⁵	—	—	□位 puk⁵ wɐi²²⁻³⁵	—
小费	tip	贴士 tʰip³⁻⁵ si²²⁻³⁵/小费 siu³⁵ fɐi³³	贴士 tʰip³⁻⁵ si²²⁻³⁵	贴士 tʰip⁵ si³⁵	—	□tʰip⁵/花利台 fa⁵⁵ lei²²⁻³⁵	贴士 tʰip⁵ si³⁵	—
订购	order	□打 ɔ⁵⁵ ta³⁵/订购 tɛŋ²² kʰɐu³³	—	□打 ɔ⁵⁵ ta³⁵	—	—	—	—
酒吧	bar	酒吧 tsɐu³⁵ pa⁵⁵	吧 pa⁵⁵	酒吧 tsɐu³⁵ pa⁵⁵	—	酒吧 tsɐu³⁵ pa⁵⁵	吧 pa⁵⁵	酒吧 tsɐu³⁵ pa⁵⁵
卡名片、信用卡等各种卡	business-card	卡各种卡 kʰa⁵⁵	卡 kʰa⁵⁵	卡 kʰa⁵⁵	□□□□ 咭 pi⁵⁵ si²¹ ni²² si²¹ kʰat³	卡片 kʰa⁵⁵ pʰin²²⁻³⁵	卡片 kʰa⁵⁵ pʰin³³⁻³⁵	卡片 kʰa⁵⁵ pʰin³³⁻³⁵
入住	check in	□□tsʰɛt⁵ jin²¹/入住 jɐp² tsy²²	□□tsʰɛt⁵ jin²¹	□□tsʰɛk⁵ jin⁵⁵	□□tsʰɛk⁵ jin²¹	—	□□tsʰɛk⁵ jin⁵⁵	□□tsʰɛk⁵ jin⁵⁵
退房	check out	□□tsʰɛt⁵ au³³/退房 tʰœy³³ fɔŋ²¹⁻³⁵	□□tsʰɛt⁵ au³³	□□tsʰɛk⁵ au⁵⁵	□□tsʰɛk⁵ au⁵⁵	—	□□tsʰɛk⁵ au⁵⁵	□□tsʰɛk⁵ au⁵⁵
上司	boss	波士 pɔ⁵⁵ si³⁵/老细 lou¹³ sɐi³³/事头 si²² sɐi²¹⁻³⁵	波士 pɔ⁵⁵ si³⁵/老细 lou¹³ sɐi³³	波士 pɔ⁵⁵ si³⁵	—	—	—	—

续表 3-71

条目	英语	方言						
		广东台山话	三藩市广府话	洛杉矶广府话	纽约广府话	芝加哥广府话	波特兰广府话	休斯敦广府话
华尔街	Wall Street	华尔街 wa²¹ ji¹³ kai⁵⁵	□□□ wɔ⁵⁵ si²¹ tʰyt⁵	□□□ wɔ⁵⁵ si²¹ tʰyt⁵	华尔街 wa²¹ ji¹³ kai⁵⁵	华尔街 wa²¹ ji¹³ kai⁵⁵	□□□ wɔ⁵⁵ si²¹ tʰyt⁵	□□□ wɔ⁵⁵ si²¹ tʰyt⁵
保险	insurance	燕梳老 jin³³ sɔ⁵⁵ / 保险 pou³⁵ him³⁵	燕梳老 jin³³ sɔ⁵⁵	—	—	—	—	—
客车	bus	巴士 pa⁵⁵ si·³⁵	巴士 pa⁵⁵ si·³⁵	巴士 pa⁵⁵ si·³⁵	巴士 pa⁵⁵ si·³⁵	巴士 pa⁵⁵ si·³⁵	巴士 pa⁵⁵ si·³	—
出租车	taxi	的士 tek⁵ si·³⁵	的士 tek⁵ si·³⁵	的士 tek⁵ si·³⁵	的士 tek⁵ si·³⁵	的士 tek⁵ si·³⁵	的士 tek⁵ si·³⁵	的士 tek⁵ si·³⁵
摩托车	motorcycle	摩托车 mɔ⁵⁵ tʰɔk³ tsʰɛ⁵⁵	□□□□ mɔ⁵⁵ tʰɔ⁵⁵ sai⁵⁵ kʰou²¹	□□□□ mɔ⁵⁵ tʰɔ⁵⁵ sai⁵⁵ kʰou²¹	摩托车 mɔ⁵⁵ tʰɔk³ tsʰɛ⁵⁵	—	摩托车 mɔ⁵⁵ tʰɔk³ tsʰɛ⁵⁵	摩托车 mɔ⁵⁵ tʰɔk³ tsʰɛ⁵⁵ / 电单车 tin²² tan⁵⁵ tsʰɛ⁵⁵
吉普车	jeep	吉普车 kɐt⁵ pʰou³⁵ tsʰɛ⁵⁵	□tsip⁵	□tsip⁵	吉普 kɐt⁵ pʰou³⁵	吉普车 kɐt⁵ pʰou³⁵ tsʰɛ⁵⁵	吉普 kɐt⁵ pʰou³⁵	□tsip⁵
GPS#	GPS	□□□□ tsi⁵⁵ pʰi·⁵⁵ ɛ⁵⁵ si·²¹	□□□□ tsi⁵⁵ pʰi·⁵⁵ si·²¹	□□□□ tsi⁵⁵ pʰi·⁵⁵ ɛ⁵⁵ si·²¹	□□□□ tsi⁵⁵ pʰi·⁵⁵ ɛ⁵⁵ si·²¹	□□□□ tsi⁵⁵ pʰi·⁵⁵ ɛ⁵⁵ si·²¹ / 猪= tsy⁵⁵	—	□□□□ tsi⁵⁵ pʰi·⁵⁵ ɛ⁵⁵ si·²¹
车胎	tire	车胎 tsʰɛ⁵⁵ tʰai·⁵⁵	胎 tʰai³³	车胎 tsʰɛ⁵⁵ tʰai·⁵⁵	胎 tʰai⁵⁵	车胎 tsʰɛ⁵⁵ tʰai·⁵⁵	胎 tʰai⁵⁵	胎 tʰai⁵⁵
爆胎	flat tire	爆胎 pau³³ tʰai·³³	爆胎 pau³³ tʰai·³³	爆胎 pau³³ tʰai·⁵⁵	爆胎 pau³³ tʰai·⁵⁵	爆车胎 pau³³ tsʰɛ⁵⁵ tʰai·⁵⁵	爆胎 pau³³ tʰai·⁵⁵	爆胎 pau³³ tʰai·⁵⁵
停车	parking	泊车 pʰak³ tsʰɛ⁵⁵ / 停车 tʰeŋ²¹ tsʰɛ⁵⁵	泊车 pʰak³ tsʰɛ⁵⁵	泊车 pʰak³ tsʰɛ⁵⁵	泊车 pʰak³ tsʰɛ⁵⁵	泊车 pʰak³ tsʰɛ⁵⁵	泊车 pʰak³ tsʰɛ⁵⁵	泊车 pʰak³ tsʰɛ⁵⁵

续表 3-71

条目	英语	方言						
		广东台山话	三藩市广府话	洛杉矶广府话	纽约广府话	芝加哥广府话	波特兰广府话	休斯敦广府话
电梯	lift	□lip⁵/电梯 tin²² tʰɐi⁵⁵	□lip⁵/电梯 tin²² tʰɐi⁵⁵	—	—	—	—	—
车票	fee	车飞 tsʰɛ⁵⁵ fei⁵⁵/车票 tsʰɛ⁵⁵ pʰiu³³	车飞 tsʰɛ⁵⁵ fei⁵⁵	车飞 tsʰɛ⁵⁵ fei⁵⁵/车票 tsʰɛ⁵⁵ pʰiu³³	—	车飞 tsʰɛ⁵⁵ fei⁵⁵/车票 tsʰɛ⁵⁵ pʰiu³³	—	—
磅	pound	磅 pɔŋ²²	磅 pɔŋ²²	磅 pɔŋ²²	磅 pɔŋ²²	磅 pɔŋ²²	磅 pɔŋ²²	磅 pɔŋ²²
分	cent	仙_老 sin⁵⁵/分 fɐn⁵⁵	仙 sin⁵⁵	个仙 kɔ³³ sin⁵⁵	仙 sin⁵⁵	个仙 kɔ³³ sin⁵⁵		
瓦	watt	□wɔt⁵/火 fɔ³⁵	瓦 ŋa¹³	—	□wat⁵	□wat⁵/火 fɔ³⁵	—	瓦 ŋa¹³

说明：

上面表 3-70、表 3-71 中有关美国地名的借词，因发音人所处的地点不同而异，"—"处并非发音人没有提供说法。

3.2.2.2.2　华人社区台山话和广府话旧借词的几个特点

上一小节的表 3-70、表 3-71 两个旧借词表中，台山话的表（表 3-70）收了 109 个条目，广府话的表（表 3-71）收了 113 个条目。从数量上来看，两个表差不多，所收的条目也基本一致，但深究其中，不难发现两个表反映出的老借词问题有同也有不同，与汉语普通话比，差别就更多了。

（1）汉语共同语普通话也有很多来自英语的外来词，例如，表中的"鲨鱼""蛋挞""吉他""咖喱""咖啡""啤酒""卡拉 OK""磅""华尔街"等借词，就是汉语普通话与台山话、广府话都使用的，具体的例子无须多举，上面表格的"条目"一栏已清楚地显示。但是，粤方言的外来词与普通话的借词还是有差别的，不少粤语借用了的外来词，而普通话没有借用。例如，华人社区的台山话和广府话与各自的祖籍地方言一样，都有表示"婴儿""传真""胶卷"等的老借词，普通话就没有。（具体的发音各点有差异，详见表 3-70、表 3-71，下同）

（2）上面的表格列出的例子，并未囊括我们记录到的所有旧借词。我们记录到的一些英语借词，有的还能够扩展，具有一定的能产性，如"咖啡"（coffee）、"球"（ball）、"卡"（card）等。

第3章 美国华人社区汉语粤方言词汇研究

△咖啡（coffee）

"咖啡壶"（coffee pot）台山话表述为：

咖啡壶 ka^{44}fɛ^{44}wu^{22}（纽约）、咖啡壶 ka^{44}fɛ^{44}wu$^{22-35}$（波特兰）、咖啡壶 ka^{44}fɛ^{44}wu^{2}（圣安东尼奥）

广府话表述为：

咖啡壶 ka^{33}fɛ^{55}wu^{21}（芝加哥）、咖啡壶 ka^{33}fɛ^{55}wu^{21}（波特兰）、咖啡壶 ka^{33}fɛ^{55}wu^{21}（休斯敦）

"黑咖啡_{无糖无奶的咖啡}"（black coffee）台山话表述为：

黑咖啡 hak^{5}ka^{44}fɛ^{44}（三藩市）、黑咖啡 hak^{5}ka^{44}fɛ^{44}（洛杉矶）、黑咖啡 hak^{5}ka^{44}fɛ^{44}（纽约）、黑咖啡 hak^{5}ka^{44}fɛ^{44}（芝加哥）、黑咖啡 hak^{5}ka^{44}fɛ^{44}（波特兰）、黑咖啡 hak^{5}ka^{44}fɛ^{44}（圣安东尼奥）

广府话表述为：

□□□□pə^{21}let^{5}k^{h}ɔ^{55}fi^{21}（三藩市）、斋啡 tsai^{55}fɛ^{55}（洛杉矶，"斋"意"素"。"斋啡"是粤语广府话的典型说法）、黑咖啡 hak^{5}ka^{33}fɛ^{55}（纽约）、黑咖啡 hak^{5}ka^{33}fɛ^{55}（芝加哥）、黑咖啡 hak^{5}ka^{33}fɛ^{55}（休斯敦）

"白咖啡_{加奶、加糖的咖啡}"（coffee）台山话表述为：

白咖啡 pak^{2}ka^{44}fɛ^{44}（三藩市）

"茶几"（coffee table）广府话表述为：

□□□□k^{h}ɔ^{55}fi^{21}t^{h}ei^{55}p^{h}ou^{21}（三藩市）

△ 球（ball）

"球"台山话表述为：

波 pɔ^{44}（三藩市、洛杉矶、纽约、芝加哥、波特兰、圣安东尼奥6个点）

广府话表述为：

波 pɔ⁵⁵（三藩市、洛杉矶、纽约、芝加哥、波特兰、休斯敦6个点）

"乒乓球"（ping-pong ball）台山话表述为：

乒乓波 pʰeŋ⁴⁴pʰaŋ⁴⁴pɔ⁴⁴⁻³⁵（洛杉矶）、乒乓波 peŋ⁴⁴paŋ⁴⁴pu⁴⁴（芝加哥）、乒乓波 peŋ⁵⁵paŋ⁵⁵pɔ⁵⁵（圣安东尼奥）

广府话表述为：

乒乓波 peŋ⁵⁵paŋ⁵⁵pɔ⁵⁵（三藩市）、乒乓波 peŋ⁵⁵pɐŋ⁵pɔ⁵⁵（洛杉矶）、乒乓波 peŋ⁵⁵pɐŋ⁵⁵pɔ⁵⁵（纽约）、乒乓波 peŋ⁵⁵pɐŋ⁵⁵pɔ⁵⁵（休斯敦）

"桌球"台山话表述为：

枱波 hɔi⁵⁵pu⁴⁴（芝加哥）、枱波 hɔi²²pɔ⁴⁴（波特兰）、枱波 hɔi²²pɔ⁴⁴（圣安东尼奥）

广府话表述为：

枱波 tʰɔi²¹⁻³⁵pɔ⁵⁵（芝加哥）、枱波 tʰɔi²¹⁻³⁵pɔ⁵⁵（休斯敦）

"桌球"台山话表述为：

打棍波 打桌球 a⁵⁵kun⁴⁴pɔ⁴⁴（纽约）

"橄榄球"台山话表述为：

□波 fut⁵pɔ⁴⁴（三藩市，英语：football）、□波 fut⁵pɔ⁴⁴（洛杉矶，英语：football）

"发球"台山话表述为：

开波 hɔi⁴⁴pɔ⁴⁴（波特兰）、开波 hɔi⁴⁴pɔ⁴⁴（圣安东尼奥）

广府话表述为：

发波 fat³pɔ⁵⁵（洛杉矶）、出波 发球 tsʰœt⁵pɔ⁵⁵（纽约）、开波 hɔi⁵⁵pɔ⁵⁵（芝加哥）、发波 fat³pɔ⁵⁵（波特兰）

"排球"广府话表述为：

□□波 wa⁵⁵li⁵⁵pɔ⁵³（三藩市，英语：volleyball）

"投篮"台山话表述为：

□波 sut⁵pɔ⁴⁴（圣安东尼奥，英语：shoot ball）

广府话表述为：

投波 tʰɐu²¹pɔ⁵⁵（纽约）

"踢球"广府话表述为：

踢波 tʰɛk³pɔ⁵⁵（三藩市）

"罚球"台山话表述为：

罚波 fat²pɔ⁴⁴（波特兰）

"三分球"广府话表述为：

三分波 sam⁵⁵fɐn⁵⁵pɔ⁵⁵（纽约）

"玻璃弹珠"广府话表述为：

波子 pɔ⁵⁵tsi³⁵（三藩市）

"弹玻璃弹珠"台山话表述为：

打波子 ta⁵⁵pɔ⁴⁴tsi⁵⁵（圣安东尼奥）

"球鞋"台山话表述为：

波鞋 pu⁴⁴hai²²（芝加哥）

广府话表述为：

波鞋 pɔ⁵⁵hai²¹（波特兰）

△卡（card）
"名片"台山话表述为：

名卡 meŋ²²kʰa⁴⁴（三藩市）、□卡 nɛm⁴⁴kʰa⁴⁴（洛杉矶，英语：name card）、□卡 nɛm⁴⁴kʰa⁴⁴（纽约，英语：name card）、卡片 kʰa⁴⁴pʰɛn³¹⁻³⁵（波特兰）、卡片 kʰak⁵pʰɛn⁴⁴⁻³⁵（圣安东尼奥）

广府话表述为：

名卡 meŋ²¹kʰa⁵⁵（三藩市）、□□□□卡 pi⁵⁵si²¹ni²²si²¹kʰat³（纽约，英语：business card）、卡片 kʰa⁵⁵pʰin²²⁻³⁵（芝加哥）、卡片 kʰa⁵⁵pʰin³³⁻³⁵（波特兰）、卡片 kʰa⁵⁵pʰin³³⁻³⁵（休斯敦）

"身份证"台山话表述为：

□□卡 ai⁴⁴ti⁴⁴kʰa⁴⁴（洛杉矶，英语：ID card）、□□卡 ai⁴⁴ti⁴⁴kʰa⁴⁴（纽约，英语：ID card）

"信用卡"台山话表述为：

信用卡 sun⁴⁴juŋ³¹kʰa⁴⁴（三藩市）

广府话表述为：

卡 kʰa⁵⁵（三藩市）

"红牌""黄牌"广府话表述为：

红卡 huŋ²¹kʰa⁵⁵（三藩市）、黄卡 wɔŋ²¹kʰa⁵⁵（三藩市）

（3）即使是普通话和台山话、广府话都有的借词，普通话和方言的借用方式、表达方式也是不尽相同的。例如：英语的"vitamin"，汉语普通话是音译加意译的"维生素"，华人社区的台山话和广府话各点则是全音译的"维他命"；英语的"sofa"，汉语普通话译作"沙发"，华人社区台山话和广府话各点都是"梳发"；英语的"chocolate"，汉语普通话译作"巧克力",华人社区台山话和广府话各点全是"朱古力";英语的"sandwich",汉语普通话译作"三明治",华人社区台山话和广府话各点无一例外都是"三文治"。在这方面,美国华人社区的台山话和广府话都保留了借词的"粤味",与广东祖籍地的源方言相同。

(4) 我们还发现,一些英语借词,汉语普通话说,广东广州话说,华人社区内的台山话和广府话各点也都说,国内广东台山话却不说。例如,一个出现不算久、发明和进入汉语的时间都比较短的高科技英语借词"GPS",普通话虽然还有"导航"一说,但是"GPS"也用得很多,华人社区的12个方言点也都用,可是广东台山话却不用。这恐怕就是广东台山市目前与大城市广州市等的区别,特别是在中国改革开放以后,广东台山对英语新借词的接收速度已经不及国内广州等一线城市了。

(5) 还有非常值得关注的一点,在汉语方言中,由于历史原因,由于毗邻海洋,粤方言香港话和广州话里的外语借词中英语借词最多,身处美国华人社区的广府话更是继承了这个特点。上面已经提到,在词汇调查表里,12个方言点借词最多的是三藩市广府话。而且,有一些借词,普通话不用,祖籍地广东台山话也不用,但华人社区内的台山话却如同广东广州话及社区内的广府话一样使用。例如,汉语普通话的"公寓",广东台山话发音人没有提供说法,广东广州话有借词的说法"□□□a^{21} p^{h}ak^5 man^{21}",华人社区内的广府话和台山话全部12个点也都使用类似的借词说法(具体发音各点有一些差异)。

这样的例子还有:英语的"parking",汉语普通话说"停车",广东台山话说"放车",但华人社区的6个台山话点都是"泊车",如同广东广州话和华人社区内的广府话;英语的"cheese",汉语普通话说"奶酪",广东台山话也说"奶酪",但华人社区的6个台山话点都说"芝士",如同广东广州话和华人社区内的广府话;英语的"tip",汉语普通话说"小费",广东台山话的说法同普通话,但华人社区的6个台山话点都是不同祖籍地方言的"贴士"(其中,洛杉矶台山话的说法是语音接近英语的"tip"的"□t^{h}ip^5"),都与广东广州话同,反倒是广府话有两个点(纽约和休斯敦)的发音人没有提供借词的说法。

至于台山话只有部分点与广府话的说法一致的,上面提供的例子就更多了。

这些事例说明美国强大的主流语言英语对华人社区台山话的"侵蚀"。此外,我们还应该考虑粤方言广府话在世界华人圈中的影响力,可以说,这也是美国华人社区内影响力逐渐衰退的台山话正在慢慢向广府话靠拢的一个表现。

(6) 我们曾在《东南亚华人社区汉语方言概要》(2014)里谈到,早期文化程度普遍不高的东南亚的华人,在借用外来词时,有时会由于理解等原因,改变借词的原意,而改变后的意思又会"约定俗成"地在社区中流通,并保存下来。但是这种现象在美国华人社区里基本没有,尤其是年轻的美国华人,他们的文化程度普遍较高,学习掌握英语的愿望和能力都很强。我们仅在记录"雪碧"和"七喜"的说法中发现了小问题。"雪碧"和"七喜"这两种饮料是两个不同公司的产品,前者产自可口可乐公司,后者产自百事可乐公司。我们设计的条目原来没有"七喜",只有"雪碧",不过在询问"雪碧"一词时,芝加哥、波特兰、圣安东尼奥台山话,以及波特兰广府话的发音人提供的却是"七喜"的说法(参见上文),这不知是否与两种饮料的性质类似有关。

3.2.2.2.3 华人社区台山话和广府话的新借词

以上列举了一些台山话和广府话的旧英语借词,这些旧英语借词不少是美国华人,也是美国华人的祖籍地方言,甚至是汉语的共同语普通话大都使用的,读来都有种似曾相识的感觉。但是,在华人社区的汉语方言中,还有很多借词是华人移居、扎根美国以后,在日常复杂的语言交际环境中的新习得。我们将这部分华人的祖籍地方言不用或者少用的借词归入"新借词"的范畴。

与东南亚地区的华人社区不同,第二代以上的美国华人文化程度普遍都比较高,这是华人社区汉语方言的英语新借词比旧借词多得多的一个重要原因。这些新借词,国内的汉语方言通常不用。且这些新借词的数量和内涵因地、因人而异,男性和女性、老年人和青年人、不同文化水平、不同阶层的华人拥有的都会不一样。当然,不同地点、不同发音人所提供的新借词数量和内容也很不相同。

考虑到这部分的借词数量比较多,不是个别偶尔出现,而经常在不同的华人的话语中成批出现,各点,甚至各人的表达都会不一致等问题,我们决定不以统一列表的方式,而是以单点列表举例的方式来展示记录到的新借词。以下列举的只是在调查表中记录到的内容各点各异的例子,表3-72至表3-82列举的例子并非每个点都有。为了能更全面地展示美国华人社区汉语方言借词的面貌,除了使用记录到的借词最多的三藩市广府话的例子以外,我们也会分别挑选其他点的例子。

我们选取的例子将尽可能涵盖地理气候、植物、动物、衣食、住行等方面。希望这些有限的例子,能够帮助大家更清晰地看到美国华人社区汉语方言借词的丰富性,了解美国华人社区汉语方言借词与国内汉语、汉语方言借词的区别,了解美国华人社区汉语方言借词与海外其他地方的华人社区,如东南亚华人社区汉语方言借词的不同之处。更重要的是,能从这个方面感知、认识到美国华人在英语水平提升的同时,汉语方言词汇掌握能力的弱化。

毋庸置疑,在使用汉语方言交际时,假如掺入的英语借词越多,英语借词的使用越频繁,就意味着丢失的汉语方言词语越多。

(1) 三藩市广府话中与天文、气候、地理有关的英语借词。

外来语借词大都是对某些国内没有的、新近在国外流行的某些新生事物词语,尤其是对高新科技词语的指称,借用通常只是单个的词。国内的汉语方言中一般都少有关于天文、气候、地理这些汉语方言原本就有固定说法的外来语借词,但美国华人社区的汉语方言不一样,三藩市使用广府话的发音人在这方面的借词,就不只是零零星星的三五个,而是大量地取代了汉语方言的原有说法。(见表3-72)

表3-72 三藩市广府话与天文、气候、地理有关的英语借词举例

条目	英语	三藩市广府话	条目	英语	三藩市广府话
流星	meteor	□□ mi^{33} tɛ^{21}	山体滑坡	landslide	□□ lɛn^{55} sai^{55}
彗星	comet	□□ k^{h}ɔŋ^{33} mɛt^2	雪崩	avalanche	□□□□ ɛt^3 wou^{55} lɛn^{55} ts^{h}yt^3

续表 3-72

条目	英语	三藩市广府话	条目	英语	三藩市广府话
卫星	satellite	□□□sɛt⁵tʰət³lai²	河堤	embankment	□□□□ in²¹ pak⁵ kʰə³³ mɐn²¹
银河	Milky Way galaxy	□□□□□□ mek⁵ kʰi⁵⁵ wei³³ kɛ³³ lə²¹ si²²	河坝	dam	□tɛm³³
日食	eclipse	□□ ek² kwʰek⁵	小溪	creek	□□□kʰə²¹ lek⁵ kʰə²¹
月食	moon eclipse	□□□mun³⁵ek² kwʰek⁵	池塘	pool	□pʰu⁵³
龙卷风	tornado	□□□□tʰɔ²² lɔ²² nei⁵⁵ tou²¹	烂泥	mud	□mat²
暴风雨	storm	□□ si³³ tʰɔŋ³³	石灰	lime	□lai³⁵ m̩²¹
露水	dew	□tu³⁵	沥青	top black	□tʰɔ²¹
彩虹	rainbow	□□ lɐŋ⁵⁵ pou²¹	漆	paint	□pʰɐn⁵³
春天	spring	□□□si²¹ pʰɐŋ³³ lɐŋ⁵⁵	宝石	gem	□tsɛm³⁵
天旱	drought	□□ tsau²¹ au⁵⁵	珍珠	pearl	□pʰɔ³⁵
华氏温度	Fahrenheit	□□□fɛ⁵⁵ lɐn²¹ hai²¹	银	silver	□□ sou²¹ wə²¹
摄氏温度	Celsius	□□□sɛn³³ si³³ si²¹	铜	copper	□□ kʰap⁵ pʰɔ²¹
闷热	muggy	□□ mak⁵ ki²¹	铁	iron	□□ ai⁵⁵ ən²²
州	state	□□ si²¹ tei⁵³	锡	tin	□tʰin⁵⁵
市	city	□□ sit⁵ tʰi²¹	铝	aluminum	□□□a³³ lu³³ mi⁵⁵ lɛm⁵⁵
山崖	cliff	□□ kʰə²² lip⁵	城镇	downtown	□□taŋ⁵⁵ tʰaŋ⁵⁵
山谷	valley	□□ wɛ⁵⁵ li²²	乡村	village	□□□wi⁵⁵ lit³ tsʰyt³
峡谷	canyon	□□ kʰɛn²¹ jɛn⁵⁵	捷径	shortcut	□□ sɔt⁵ kʰak⁵
岛	island	□ai⁵⁵ lɐn²¹	影子	shadow	□□ sɛt⁵ tou²¹
海啸	tsunami	□□□tsyn²² nə²¹ mi⁵⁵	黎明	dawn	□tɔŋ⁵³
火山爆发	volcanic eruption	□□□□wɔ⁵⁵ kʰɛn³⁵ kə²¹ lap⁵ sɐn²¹	上午	a.m.	□□ei⁵⁵ ɛm⁵³
山林大火	forest fires	□□□fɔk⁵ si²² fai³³	下午	p.m.	□□pʰi⁵⁵ ɛm⁵³

（2）圣安东尼奥台山话中与植物、动物有关的英语借词。

国内不同的汉语方言，都各自会有很多关于植物、动物，特别是小植物、小昆虫的很有特色的土语说法。在我们调查过的东南亚华人社区的汉语方言里，华人也保留了很多这类特色词语。但是这类词语在美国华人社区的汉语方言中却普遍被淡忘了。在我们的方言词汇调查里,关于这方面内容,不少发音人交的是"白卷",有的提交的是自创词,如上文谈到的,将"蝌蚪"叫"青蛙BB"或"BB青蛙",将"鳝鱼"叫"蛇",等等。也有的只能提供英语借词说法,圣安东尼奥台山话就是其中一个代表。(见表3-73)

表3-73 圣安东尼奥台山话与植物、动物有关的英语借词举例

条目	英语	圣安东尼奥台山话	条目	英语	圣安东尼奥台山话
麦	wheat	□wit³	豹子	leopard	□□lɛp⁵ pə⁴⁴
葡萄	grape	□□kə³¹ lei³¹	蜈蚣	centipede	□□□sɛn⁴⁴ tə⁴⁴ pʰi⁴⁴ tə³¹
板栗	chestnut	□□□tsʰɛt⁵ si²² nat²	蚯蚓	earthworm	□□□ə⁴⁴ fu²² wɔŋ³¹
咖喱	curry	ka⁴⁴ lei⁵⁵	松鼠	squirrel	□□□si²² kuɔ⁴⁴ lou²²
芹菜	Chinese celery	□□□sɛ⁴⁴ lə²² li³¹	蜘蛛	spider	□□□si³¹ pai⁴⁴ tə
芫荽	coriander	□□□kʰɔ⁴⁴ li⁴⁴ ɛn⁴⁴ tə³¹	蜻蜓	dragonfly	□□□□tsɛt⁵ kən³¹ fu²² lai²²
猕猴桃	kiwi	□□kʰi⁴⁴ wi⁴⁴	蝉	cicada	□□□sek² kʰa⁴⁴ tə³¹
番石榴	guava	□□kwa⁴⁴ wa⁵⁵	螳螂	mantis	□□□mɛn⁴⁴ tʰə²² si²²
牛油果	avocado	□□□□ɛ⁴⁴ wə²² kʰa⁴⁴ tou³¹	蚱蜢	grasshopper	□□□□kə⁴⁴ lɛp⁵ si³¹ sak⁵ pʰə³¹
波罗蜜	jack fruit	□□tsɛt⁵ fut⁵	蟋蟀	cricket	□□□kʰə³¹ lyt⁵ kɛt⁵
桃子	peach	□□pʰi⁴⁴ tsʰy²²	蝌蚪	tadpole	□□tʰɛp⁵ pʰou²²
草莓	strawberry	□□□si²² tɔ⁴⁴ pɛ⁴⁴ li²²	癞蛤蟆	toad	□□tʰou⁴⁴ tə³¹
柚子	pomelo	□□□pʰə²² mɛn⁴⁴ lou²²	蚕	silkworm	□□□siu⁴⁴ kʰə³¹ wɔm³¹
西柚	grapefruit	□□□kə²² lei⁴⁴ fut⁵	海豚	dolphin	□□tɔ⁴⁴ fən²²
梅子/西梅	plum	□pʰam⁴⁴	海豹	seal	□□si⁴⁴ jiu⁴⁴
樱桃	cherry	车厘 tsʰɛ⁴⁴ li⁵⁵	蚌	mussel	□□ma⁴⁴ sou²²
蓝楹花(得州州花)	bluebonnet	□□□□pu³¹ lu⁴⁴ pa⁴⁴ li⁴⁴	鳄鱼	crocodile	□□□kʰɔk⁵ kʰə²² tai³¹
康乃馨	carnation	□□□kʰə³¹ nei⁴⁴ sən³¹	鲨鱼	shark	鲨鱼 sa⁴⁴ jy²²⁻³⁵
薰衣草	lavender	□□□lɛ³¹ wɛn⁴⁴ tə³¹	三文鱼	salmon	三文鱼 sam⁴⁴ man²² jy²²⁻³⁵

第3章 美国华人社区汉语粤方言词汇研究

续表 3-73

条目	英语	圣安东尼奥台山话	条目	英语	圣安东尼奥台山话
兰花	orchid	□□ɔ⁴⁴kit³	沙丁鱼	sadine	沙丁 sa⁴⁴teŋ⁴⁴
向日葵	sunflower	□□□□san⁴⁴fu²²lau⁴⁴wə²²	金枪鱼	tuna	吞拿 tʰun⁴⁴na²²
动物	animal	□□□ɛn⁴⁴li⁴⁴mou³¹	章鱼	octopus	□□□□ɔp⁵tʰə³¹pʰə²²si²²
鸡胗	gizzard	□□kɛ⁴⁴tsə³¹	宠物	pet	□pʰɛt⁵

（3）洛杉矶台山话与节假日、时间等有关的借词。

在上文的自创词部分，我们曾经谈到美国华人对一些中国固有的节日、美国特有的节日，以及时间的创造性叫法。其实，这些创造性的词语有的也可能是受到英语说法的影响，如"拜尾"（weekend）。这类词语，华人也常常直接借用英语来表达，且每个点的借用不同，不止洛杉矶台山话有，在其他点，我们记录到的还有诸如"Demobilize Day"（老兵节）、"Memorial Day"（亡兵节）、"Columbus Day"（哥伦比亚日）等其他节日的借词。（见表 3-74）

表 3-74 洛杉矶台山话与节假日、时间等有关的借词举例

条目	英语	洛杉矶台山话	条目	英语	洛杉矶台山话
总统节	President's Day	□□□□□pʰə²¹lɛt⁵si²¹tən²¹si²¹tei²¹	五一节	May Day	□□ mei⁴⁴tei²¹
情人节	Valentine's Day	□□□□wə²¹tsʰɔi⁴⁴lən²¹si²¹tei²¹	（学校的）春假	spring break	□□ pə²¹lek⁵
双十节	ten ten	□□tʰɛn⁴⁴tʰɛn⁴⁴	超时 工作	overtime	□□□ ou⁴⁴wə⁴⁴tʰam²¹
万圣节	Halloween	□□□hɔ⁴⁴lɔ⁴⁴weŋ⁴⁴	全职	full-time	□□ fu⁴⁴tʰam²¹
独立日	Independence's Day	□□□□□ in⁴⁴ti²¹pʰɛn⁴⁴tən²¹si²¹tei²¹	兼职	part-time	□□pʰat⁵tʰam²¹
父亲节	Father's Day	□□□□ fa⁴⁴tə⁴⁴si²¹tei²¹	时间表	schedule	□□□si²¹kɛt⁵tsiu²¹
母亲节	Mother's Day	□□□□ ma⁴⁴tə⁴⁴si²¹tei²¹			

（4）三藩市广府话中与人体部位、疾病治疗等有关的借词。

汉语方言关于人体部位、疾病治疗，尤其是人体部位的说法都是老祖宗一代一代流传

下来的。国内的汉语方言有关这个问题，特别是人体部位部分，出现外语借词报道的不多。例如，我们知道广州话有一个借自英语"butt"（屁股）的"□□pʰɛt⁵⁵pʰɛt⁵⁵"，可是这种现象在美国华人社区中却不少见。（见表3–75）

表3–75 三藩市广府话与人体部位、疾病治疗等有关的借词举例

条目	英语	三藩市广府话	条目	英语	三藩市广府话
酒窝	dimple	□□ tim³³ pou⁵⁵	哮喘	asthma	□□□ɛ⁵⁵ si²¹ mə²¹
太阳穴	temple	□□ tʰɛm⁵⁵ pʰou²¹	中风	stroke	□□□si²¹ tsɔk⁵ kʰə²¹
眉毛	eyebrow	□□□ai³³ pu²¹ lau⁵⁵	瘫痪	paralysis	□□□□ pʰə²¹ wɛ⁵⁵ sit² si²¹
肋骨	ribs	□□ lip⁵ si²¹	自闭症	autism	□□□ a⁵⁵ tʰit² tsɐm²¹
手掌	palm	□pʰɔŋ⁵⁵	抑郁症	depression	□□□ti²¹ pʰə²¹ sɐn²¹
拳头	fist	□□□fit⁵ si²¹ tʰə²¹	肺结核	tuberculosis	□□□□□tʰə²¹ pə⁵⁵ kʰiu²¹ lə²¹ sek²¹ si²¹
指纹	fingerprint	□□□□ fɐŋ⁵⁵ kə²¹ pʰɔŋ⁵⁵ nɛn²¹	雀斑	freckles	□□□ fɛt⁵ kou²² si²¹
乳房	breast	□□□□pə²¹ lek⁵ si²¹	瘀血	bruise	□□□pu²¹ lu²¹ si²¹
乳头	nipple	□□ nɛt⁵ pou⁵⁵	癌症	cancer	□□ kʰɛn⁵⁵ sa³⁵
屁股	butt	□□ pʰɛt⁵⁵ pʰɛt⁵⁵	艾滋病	AIDS	□□ek² si²¹
光屁股	butt	光□□kwɔŋ⁵⁵ pʰɛt⁵⁵ pʰɛt⁵⁵	瘟疫	epidemic	□□□□ ɛp² pə²¹ tɛm⁵⁵ mek²
性交	sexual	□□ sɛk⁵ si²¹	禽流感	H1N1	□□□□□ek⁵ tsʰy²¹ wan⁵⁵ ɛn⁵⁵ wan²¹
脚心	soles	□□ ɛt⁵ tsʰy²¹	SARS	SARS	□□ sa⁵⁵ si²¹
害喜	morning sickness	□□□□mɔ⁵⁵ nɛŋ⁵⁵ sek⁵⁵ si²¹	吸毒者	drug users	□□□tsiɔ⁵⁵ ki⁵⁵ si²¹
剖腹产	caesarean	□□□si³³ sek² sən²¹	维生素	vitamin	维他命 wei²¹ tʰa⁵⁵ mɛŋ²²
安乐死	euthanasia	□□□ jiu⁵⁵ fun²¹ nei⁵⁵ siɔ²¹	X光	X-ray	X光 ek⁵ si²¹ kwɔŋ⁵⁵
疟疾	malaria	□□□mə²¹ lai⁵⁵ wit²¹ ja²¹	狐臭	odor	□□ pʰi⁵⁵ ou⁵⁵

第3章 美国华人社区汉语粤方言词汇研究

（5）纽约广府话与动作、行为、状态等有关的英语借词。

汉语普通话和国内汉语方言的外来词，通常以体词性的词语为多，谓词性的词语少，这与需要借用借词表达的、通常是表示高科技等新鲜事物的名词有关。而关于动作行为的词语，国内的汉语方言的老说法一般都会在各方言中被使用，保留得比较好。但是，在美国华人社区的台山话和广府话中，谓词性的外来词并不少见，纽约广府话关于动作、行为、状态等的一些借词就是例子。（见表3-76）

表3-76 纽约广府话与动作、行为、状态等有关的英语借词举例

条目	英语	纽约广府话	条目	英语	纽约广府话
抬头	look up	□□ luk⁵ap³	端	hold	□住 hou⁵⁵tsy²²
点头	nod	□nɔt³	招手	wave	□wei⁵⁵
低头	look down	□□ luk⁵tam²¹	掸灰	dusting	□□□ ta⁵⁵si²¹tʰeŋ²¹
摇头	shake one's head	□□□□sek⁵wan³³si²¹hɛt²	踮脚	tiptoe	□□ tʰip⁵tou²¹
眨眼	wink	□□ win⁵⁵kʰə²¹	蹲	squat	□□ si²¹kwat³
瞟一眼	glimpse	□□□□ kʰə³³lim⁵⁵pʰə²¹si²¹	踩	tread	□□ tʰə²¹lit²
噘嘴	pout	□pʰut³	拦	hinder	□□ hin⁵⁵tə²¹
啃	gnaw	□kan²¹	（车）轧	car rolling	□□□ kʰa⁵⁵lou⁵⁵jeŋ²¹
拧	wring	□weŋ²¹	上坡	uphill	□□ up⁵hiu⁵⁵
用虎口掐	clutch	□□□ kʰə²¹lu³³tsʰy²¹	下坡	downhill	□□ tam⁵⁵hiu⁵⁵
用指甲掐	pinch	□□ pʰin⁵⁵tsʰy²¹	摔东西	break	□□ pə²¹lek⁵
抱~树	surround	□□□sə²¹lan³³tə²¹	娇惯	coddle	□□ kʰou⁵⁵tə²¹
拎~起来	pluck	□□ pu²¹luk²	心疼	grudge	□□□kʰə²¹lu⁵⁵tsyɛ²¹
捏	pinch	□□ pʰin⁵⁵tsʰy²¹	愚蠢	stupid	□□□si²¹tʰiu⁵⁵pit³
伸手够	reach	□□ lyt³tsʰy²	崎岖	rugged	□□ lə²¹kit²
揉	knead	□□ kʰə²¹nit⁵	麻烦	troublesome	□□□□ tʰə²¹lap⁵pou²¹sam³³

（6）洛杉矶台山话与文体活动有关的英语借词。

洛杉矶台山话的文体活动借词不单有关于运动的名称的，还有关于运动的具体动作的，如"射门""投篮""盖帽"等。此外，有的借词，如"中国象棋""跳水"等表达则是由汉语的语素加英语合成的。（见表3-77）

表3-77　洛杉矶台山话与文体活动有关的英语借词举例

条目	英语	洛杉矶台山话	条目	英语	洛杉矶台山话
球	ball	波 pɔ⁴⁴	跳高	high jump	□□hai⁴⁴ tsam⁴⁴
乒乓球	ball	乒乓波 pʰeŋ⁴⁴ pʰaŋ⁴⁴ pɔ⁴⁴⁻³⁵	跳远	long jump	□□lɔŋ⁴⁴ tsam⁴⁴
橄榄球/足球	football	□波 fut⁵ pɔ⁴⁴	短跑	sprint	□□□si²¹ pʰə²¹ lut⁵
篮球	basketball	□□□ pa⁴⁴ si²¹ kʰit⁵ pɔ⁴⁴	马拉松	marathon	马拉松 mɛ⁴⁴ lə²¹ fan⁴⁴
射门	shooting	□□ sut⁵ tʰeŋ²²	跳水	diving	□泳 tai⁴⁴ weŋ⁴⁴
投篮	shoot	□sut⁵	象棋	chess	□□ tsʰɛt⁵ si²¹
盖帽	block shot	□□□ pə²¹ lak⁵ sat⁵	中国象棋	chess	唐人□□hɔŋ²² ŋin²² tsʰɛt⁵ si²¹
三分球	threes point set	□□□ tʰui⁴⁴ pʰɔn⁴⁴ sat⁵	卡拉OK	karaoke	卡拉OK kʰa²¹ la⁴⁴ ou⁴⁴ kʰei⁴⁴
曲棍球	hockey	□□ hak⁵ kʰi²²	吉他	guitar	吉他 kit³ tʰa⁴⁴
高尔夫	golf	□□kɔ⁴⁴ fu²²	游戏机/游戏	game	□kɛm⁴⁴
滑板	skateboard	□□□si²¹ kei⁴⁴ pɔ⁴⁴	随身听	walkman	□□ wɔk⁵ mɛn⁴⁴
拥趸	fans	□□ fɛn⁴⁴ si²²⁻³⁵	录音带	tape	□tʰɛp⁵
俱乐部	club	□kʰap⁵	录像带	video tape	□□□wui⁴⁴ tiu⁴⁴ tʰɛp⁵

（7）波特兰广府话与衣、食有关的英语借词。

吃与穿是基本的民生所需，波特兰广府话这一类的借词中，不少反映的是在美国常接触到的衣着、食物，如"比基尼""领结""汉堡包""甜甜圈""热狗"等。但也有的是国内汉语、汉语方言已有固定说法的，如"尺寸""腊肉""熏肉"等。（见表3-78）

表3-78　波特兰广府话与衣、食有关的英语借词举例

条目	英语	波特兰广府话	条目	英语	波特兰广府话
领带	tie	呔 tʰai⁵⁵	苏打	soda	苏打 sɔ⁵⁵ ta³⁵
领结	bow tie	煲呔 pou⁵⁵ tʰai⁵⁵	果酱	jam	□tsɛm⁵⁵
T恤	T-shirt	T恤 tʰi⁵⁵ sœt⁵	雪茄	cigar	雪茄 syt³ ka⁵⁵
衬衫	shirt	恤衫 sœt⁵ sam⁵⁵	腊肉/熏肉	bacon	□□pei⁵ kʰɐn²¹
比基尼	bikini	比基尼 pi²¹ ki⁵⁵ ni²¹	榛子	hazelnut	□□□ha⁵⁵ tsi⁵⁵ nat³
尺寸	size	□□sai⁵⁵ si³⁵	巧克力	chocolate	朱古力 tsy⁵⁵ ku⁵⁵ lek⁵

续表 3-78

条目	英语	波特兰广府话	条目	英语	波特兰广府话
球鞋	ball	波鞋 pɔ⁵⁵ hai²¹	汉堡包	hamburger	汉堡包 hɔn³³ pou⁵⁵ pau⁵⁵
鸡尾酒	cocktail	□□kʰɔk⁵tʰɐu⁵⁵	甜甜圈	donuts	□□tɔŋ⁵⁵ nat³
啤酒	beer	啤酒 pɛ⁵⁵ tsɐu³⁵	热狗	hot dog	□□hɔt⁵ tɔk⁵
咖啡	coffee	咖啡 ka³³ fɛ⁵⁵	三明治	sandwich	三文治 sam⁵⁵ mɐn²¹ tsi³³
可口可乐	Coca-Cola	可乐 hɔ³⁵ lɔk²	奶酪	cheese	芝士 tsi⁵⁵ si³⁵
可可	cocoa	□□kʰou⁵⁵ kʰou²¹	奶油	cream	忌廉 kei³³ lim⁵⁵
咖喱	curry	咖喱 ka³³ lei⁵⁵	烧烤	barbecue	□□□pa⁵⁵ pi²¹ kʰiu²¹

（8）三藩市台山话中与住、行有关的英语借词。

与住、行有关的英语借词，各个方言点都会有一些不同的表达，如有的点还会有关于建筑物的"别墅""梁"、关于各种款式的汽车（如"皮卡"）、关于交通的"信号"等英语的借词。（见表 3-79）

表 3-79 三藩市台山话与住、行有关的英语借词举例

条目	英语	三藩市台山话	条目	英语	三藩市台山话
城里的房子	town house	□□□tʰaŋ⁴⁴ hau⁴⁴ si³¹	推土机	bulldozer	□□□□ pu³¹ lu⁴⁴ ta⁴⁴ tsə³¹
公寓	apartment	□□□ə²² pʰak⁵ mən²²	挖掘机	excavator	□□□□□ ek² si³¹ kei⁴⁴ wə³¹ tʰə³¹
体育馆	gymnasium	□tsim⁴⁴	方向盘	steering wheel	□□□□si³¹ tɛ⁴⁴ lin²² wɛ³¹
院子	courtyard	□ja⁴⁴	导航	GPS	□□□tsi⁴⁴ pʰi⁴⁴ si³¹
前院	courtyard	前□tʰɛn²² ja⁴⁴	引擎	engine	□□ɛn⁴⁴ tsun³¹
后院	courtyard	后□hau³¹ ja⁴⁴	刹车器	brake	□□ pə³¹ lek⁵
国王尺寸 专指当地最大号的床	king size	□□□ kʰiŋ²² sai⁴⁴ si²²⁻³⁵	车胎	tire	车胎 tsʰɛ⁴⁴ tʰai⁴⁴
入住（酒店）	check in	□□tsʰɛt⁵ jin⁴⁴	爆胎	flat tire	爆胎 pau⁴⁴ tʰai⁴⁴
自行车道	bicycle path	□□□□pai⁴⁴ si³¹ kʰou⁴⁴ pʰɛt²	停车	parking	泊车 pʰak³ tsʰɛ⁴⁴
地铁	subway	□□ sap⁵ wei³¹	顺风车（免费）	free ride	fu³¹ li⁵⁵ wai³¹
高速公路	highway	□□ hai⁴⁴ wei³¹	信号	signal	□□ sit⁵ nou³¹

续表 3-79

条目	英语	三藩市台山话	条目	英语	三藩市台山话
高速公路收费站	highway toll station	□□□□□ hai⁴⁴ wei³¹ tʰou⁴⁴ si³¹ tʰei⁴⁴ sən³¹	（车）掉头	U-turn	□□ jiu⁴⁴ tʰən³¹
客车	bus	巴士 pa⁴⁴ si³¹⁻³⁵	婴儿车	baby	□□车 pi³¹ pi⁴⁴ tsʰɛ⁴⁴
摩托车	motorcycle	摩托车 mɔ⁴⁴ hɔk³ tsʰɛ⁴⁴	人行道	sidewalk	□□sai⁴⁴ wɔk⁵
吉普车	jeep	□tsip⁵⁵			

（9）三藩市广府话与劳作、经济活动等有关的英语借词。

在表 3-80 的例子中，包含了一些与劳动的工具机器、经济活动的方式方法等方面有关的借词。但其中与经济生活关联最大的，当是指称世界经济、金融中心的"华尔街 Wall Street"一条。这个借词在美国华人社区台山话和广府话的各个点里都有。（见表 3-80）

表 3-80　三藩市广府话与劳作、经济活动等有关的英语借词举例

条目	英语	三藩市广府话	条目	英语	三藩市广府话
农场	farm	□fɔn⁵⁵	网购	online shopping	□□□ɔn⁵⁵ lai⁵⁵ sɔk⁵ pʰeŋ²¹
牧场	pasture	□□ pʰɛt⁵ si²¹ tsɔ²¹	分期付款	installment	□□□□ jin⁵⁵ si²¹ tʰɔ⁵⁵ mən²¹
（锄头）把	handle	□□ hɛn⁵⁵ tou²¹	跳蚤市场	flea market	□□□□fi⁵⁵ li⁵⁵ ma⁵⁵ kʰɛt³
柴刀	machete	□□ ma² tsʰɛ⁵⁵ ti⁵⁵	凿子	chisel	□tsʰi⁵⁵ sou²¹
拖拉机	tractor	□□ tsʰɛ⁵⁵ tʰɔ²¹	车库销售	garage sale	□□□kɔ²¹ la³³ sɛu⁵⁵
收割机	harvester	□□□□ ha⁵⁵ wi²¹ si²¹ tə²¹	商场优惠券	coupon	□□ kʰiu⁵⁵ pɔn²²
播种机	planter	□□□ pʰɔ²¹ lɛn²¹ tʰə²¹	信用卡	card	卡 kʰa⁵⁵
打桩	piling	□□pʰai⁵⁵ lɛŋ²¹	备用	spare	□□ si²¹ pɛ⁵³
楔子	wedge	□□ wɛt⁵ tsʰyt³	样品	sample	□□ sɛm⁵⁵ pʰou²¹
进城	go downtown	去□hœy³³ taŋ⁵⁵ tʰən⁵⁵	磅 名词、量词	pound	磅 pɔŋ²²
捕鱼 用手、用网	fishing	□□ fit⁵ syn²¹	分	cent	仙 sin⁵⁵
果园	orchard	□□ ɔ⁵⁵ tsʰœt²	牛市	bull market	□□□pɔ⁵⁵ ma⁵⁵ kʰɛt²

续表 3-80

条目	英语	三藩市广府话	条目	英语	三藩市广府话
挤奶	milk the cow	□□□miu⁵⁵ tə²¹ kʰau⁵³	熊市	bear market	□□□pɛ⁵⁵ ma⁵⁵ kʰɛt²
做家务	do housework	做□□tsou²² hau³⁵ si²¹ wɔk³	赊账	tab	□tʰɛp⁵
煮	boil	□□ pɔi⁵⁵ jou²¹	透支	overdraw	□□□ou⁵⁵ wɔ⁵⁵ tsɔk⁵
斧头	axe	□□ ɛk⁵ si²¹	保险	insurance	燕梳 jin³³ sɔ⁵⁵
钳子	pliers	□□□ pʰai⁵⁵ ə⁵⁵ si²¹	华尔街	Wall Street	□□□wɔ⁵⁵ si²¹ tʰyt²
镊子	forceps	□□ fɔ⁵⁵ sɛt³			

（10）纽约广府话中与住处、用具、物品有关的英语借词。

关于住处、用具、物品的英语借词，各点所提供的都很不一致。其中，纽约广府话发音人提供的"缸"的说法最有意思，由英语表示"缸"的词"tank"和汉语的"缸"，这两个来自不同语言，而意义又完全相同的语素叠加而成："□□缸 tʰɛn⁵⁵ kʰə²¹ kɔŋ⁵⁵"。（见表 3-81）

表 3-81 纽约广府话与住处、用具、物品有关的英语借词举例

条目	英语	纽约广府话	条目	英语	纽约广府话
帐篷	tent	□tʰɛn⁵⁵	保险丝	fuse	□□ fiu⁵⁵ si³⁵
体育馆	gymnasium	□tsim⁵⁵	厕所/抽水马桶	toilet	□□ tʰɔi⁵⁵ lɛt²
柱子	pillar	□□pʰi⁵⁵ lə²¹	雨衣	raincoat	□□lɛn⁵⁵ kʰou³³
车库	garage	□□□ kɛ⁵⁵ lə²¹ tsi²¹	尿布	diaper	□□ tai²² a⁵⁵ pʰə²¹
缸	tank	□□缸 tʰɛn⁵⁵ kʰə²¹ kɔŋ⁵⁵	干衣机	dryer	□□□tu²¹ lai⁵⁵ wə²¹
咖啡壶	coffee pot	咖啡壶 ka³³ fɛ⁵⁵ wu²¹	图钉	note pad	□□□nou⁵⁵ tʰə²¹ pʰɛt⁵
微波炉	microwave	□□□ mai⁵⁵ kʰou⁵⁵ wei²¹	菲林	film	菲林 fei⁵⁵ lɐm²²⁻³⁵
黏胶	viscose	□□□ wi⁵⁵ si²¹ kʰə³³ si²¹			

（11）波特兰台山话中与人品、称谓等有关的英语借词。

这一类借词，各点数量多寡不一。不过关于"在美国出生长大的华人"一条，则各点都有一致的"ABC（英语'America-born Chines'的省译）"的说法；对"成年男性 uncle"和"成年女性 aunt"的英语称呼，各点也都有。（见表 3-82）

表 3-82 波特兰台山话与人品、称谓等有关的英语借词举例

条目	英语	波特兰台山话	条目	英语	波特兰台山话
在美国出生长大的华人	American-born Chinese	ABC ei⁴⁴ pi⁴⁴ si⁴⁴	白领	white-collar	□□□wai⁴⁴ kʰa⁴⁴ lə³¹
州元首	Governor	□□ka⁴⁴ wə²² nə³¹	蓝领	blue-collar	□□□□pu³¹ lu⁴⁴ kʰa⁴⁴ lə³¹
市长	mayor	□mɛu⁵⁵	家庭主妇	housewife	□□□hau⁴⁴ si⁴⁴ wai⁴⁴ fu²²
婴儿	baby	BB pi³¹ pi⁴	性感	sexy	□□sɛk⁵ si³¹
流浪汉	tramp	□pam⁴⁴	酷	cool	□kʰu⁴⁴
恐怖分子	terrorist	□□□tʰɛ⁴⁴ lə³¹ si³¹	奢侈	luxury	□□□lak⁵ tsʰɛ⁴⁴ li²²
情人	lover	□□la⁴⁴ wə³¹	称呼成年男性	uncle	□□an⁴⁴ kʰou²²
苦力	coolie	咕喱 ku⁴⁴ lei⁴⁴	称呼成年女性	aunt	□□an⁴⁴ tʰi⁴⁴

3.2.2.3 华人社区粤方言中其他来源的外语借词、方言互借词，以及方言与美国主流语言的互动

我们在调查东南亚华人社区的汉语方言时，发现尽管东南亚各国的主流语言不尽相同，有马来语、泰语、菲律宾语、越南语、高棉语、老挝语、缅甸语等不同的主流语言，但是在东南亚各国华人社区的闽、粤、客汉语方言中，基本都是除了来自本国主流语言的借词、本国少数民族语言的借词以外，还有来自世界流行语——英语的借词，此外还有一些来自周边国家主流语言的借词。其中，普遍会有来自在新加坡、马来西亚、印度尼西亚、文莱四国流行，使用人口比较多，在东南亚较强势的马来语的借词，马来语的借词在东南亚各国华人社区的汉语方言里都可见。东南亚各国华人社区汉语方言的借词，可谓丰富多彩。

此外，在东南亚华人社区的汉语方言中，还有一些方言与方言之间的互借词、来自汉语普通话的华语借词。而在东南亚各国的主流语言中，也分别会有一些与各华人社区汉语方言互动，即汉语方言词语进入主流语言的例子。

由上面的阐述可知，在美国华人社区的台山话和广府话里，来自美国主流语言英语的外来借词数量都很多。不过，在我们的记录中却鲜见来自其他外族语的借词，方言借自华语的词鲜见，台山话和广府话间的互借词也不多。也就是说，美国华人社区的汉语方言借词的来源相对单一，基本来自英语，来自非英语的借词很少。

（1）华人社区粤方言其他来源的外语借词。以下是我们记录到的，美国华人社区台山话和广府话来自非英语的外语借词。

1）对法语"laine"（毛线）的借用，台山话例子如：

冷_毛线 laŋ⁴⁴（三藩市）、冷衫_毛衣 laŋ⁴⁴sam⁴⁴⁻³¹（三藩市）、冷_毛线 laŋ⁴⁴（芝加哥）、冷_毛线 laŋ⁴⁴（波特兰）、冷_毛线 laŋ⁴⁴（圣安东尼奥）

广府话例子如：

冷衫_毛衣 laŋ⁵⁵sam⁵⁵（三藩市）、冷衫_毛衣 laŋ⁵⁵sam⁵⁵（洛杉矶）、冷_毛线 laŋ⁵⁵（芝加哥）、冷_毛线 laŋ⁵⁵（波特兰）

2）对马来语"kawin"（结婚）的借用，台山话例子如：

交寅_结婚 kau⁴⁴jan⁴⁴（芝加哥）、交寅_结婚 kau⁴⁴jin²²⁻³⁵（波特兰）

3）对马来语"duit"（钱）的借用，台山话例子如：

镭_钱 lui⁴⁴（圣安东尼奥）

来自法语的"毛线""毛衣"的表达"冷""冷衫"是汉语粤方言中固有的老外来词，应该是华人带自祖籍地方言的。而例子中出现的两个马来语借词"交寅"和"镭"，则可能由辗转从东南亚再移民到美国的华人带入。我们在美国调查时，也碰到过几个从东南亚二次移民去的华人。马来语在东南亚是强势语言，马来语的借词甚至流入了中国广东的闽、粤、客方言，经由华人带入美国华人社区也不奇怪。

（2）华人社区内汉语、汉语方言的互借词。我们记录到的华人社区内汉语方言的互借词，仅有几例是广府话借自台山话的，也有一些例子是台山话借自广府话的，还有台山话、广府话借自华语的一些例子。

首先，是华人社区内部两个汉语方言之间的互借。

广府话借台山话，例如，洛杉矶广府话有一称呼女长辈的"阿姆_台 a³³mu²¹"，"阿姆"是台山话对成年女性的称呼，广府话原无此用法。此台山话说法也出现在波特兰广府话的"阿姆_台 a³³mou²¹"里。看来，洛杉矶和波特兰使用广府话的华人都在社区中接受了台山话的这个称呼。

又如，芝加哥广府话"花利_台,小费 fa⁵⁵lei²²⁻³⁵"，"花利"是台山话表示"小费"的老方言词，被在同一社区内的广府话借用了。芝加哥广府话还有一个表示疑问的"阿谁_台,谁 a³³sœy²¹"也是来自台山话。不过，表示同样的意思，芝加哥广府话还有一个本身固有的说法"边个 pin⁵⁵kɔ³³"。

相比之下，台山话借用广府话的例子稍多些。这些例子是美国华人社区台山话向广府话靠拢的事例。例如，台山话借用广府话的最明显的例子出现在纽约台山话。纽约台山话的代词系统出现了一个非常值得关注的问题（参见4.1.4"代词"的相关论述），有几个指示代词和疑问代词是来自广府话的：指示代词"呢个_{广,这个} ni^{44} kɔ^{44}""嗰个_{广,那个} kɔ^{55} kɔ^{44}""呢度_{广,这里} ni^{44} tou^{31}""嗰度_{广,那里} kɔ^{55} tou^{31}""呢个时间_{这个时间} ni^{44} kɔ^{44} si^{22} kan^{44}""嗰个时间_{那个时间} kɔ^{55} kɔ^{44} si^{22} kan^{44}""噉样做_{广,这样做,那样做} kam^{55} jɔŋ^{44} tu^{31}"、疑问代词"边个_{广,谁} pɛn^{44} kɔ^{44}""边啲_{哪些} pɛn^{44} ti^{44}""边度_{广,哪里} pɛn^{44} tou^{31}"。

说这个问题值得关注，还有一个非常重要的原因，即代词本应是封闭性的。

还有，圣安东尼奥台山话表示"吃饭"的说法，既可以是"喫饭 hɛt^3 fan^{31}"，也可以是"食饭_{广} sek^2 fan^{31}"，前一个说法是台山话固有的，后一个说法则是借自广府话。我们在上文也曾说过，"喫"与"食"是区分台山话和广府话的一对特征词。同类的表达，圣安东尼奥台山话还有"食烟_{广} sek^2 jin^{44}"（台山话应该说"喫烟"）和表示外面的"出便_{广,外面} tsʰut^5 pɛn^{21}"（台山话固有的说法应是"外底"）。

下面再看华人社区的汉语方言借用华语（汉语普通话）的例子。

汉语的共同语普通话，海外华人或称"华语"，或称"国语"。随着中国国际地位的提升，汉语热也在世界各国不断升温，美国也不例外，华人，尤其是年轻一代的华人学习华语的热情逐渐高涨，有不少年轻人放弃祖辈使用的方言，转而学习华语。因此，普通话的一些词语，甚至一些因素慢慢"入侵"华人社区的汉语方言将是不可避免的。

关于方言借自华语的说法，上文曾提到，芝加哥台山话"双_{~鞋}"的量词用了与普通话相同的"双_{华} sɔŋ^{44}"，而不是方言惯用的"对"。三藩市广府话有一个例子"小羊 siu^{35} jœŋ^{21}"，前缀明显来自华语。此外，其他带前缀"小"的例子，台山话例子如：

小货车 siau^{55} fɔ^{31} tsʰɛ^{44}（三藩市）、小船 siau^{55} sɔn^{22}（三藩市）、小船 ɬiau^{55} sɔn^{22}（洛杉矶）

广府话例子如：

小羊 siu^{35} jœŋ^{21}（三藩市）、小贩 siu^{35} fan^{35}（洛杉矶）、小摊档 siu^{35} tʰan^{55} tɔŋ^{33}（洛杉矶）、小雨 siu^{35} jy^{13}（纽约）、小髀_{小腿} siu^{35} pei^{35}（纽约）

这几个例子中"小"的表达方式也应是来自华语的，台山话和广府话原本都无名词的前缀"小"。如"小船"，洛杉矶台山话除了这个说法以外，就另有"船仔 sɔn^{22} tɔi^{55}"之方言固有的说法。

还有一些带"子"尾的词，其中，纽约广府话最多，恐怕也有受华语影响的因素，最明显的是三藩市台山话的"侄子"，方言的说法应是"侄仔"。台山话例子如：

侄子 tak^2 tsi^{44}（三藩市）、燕子 jin^{44} tu^{55}（纽约）、饺子 kau^{55} tu^{55}（纽约）、蒜子 ɬɔn^{31} tu^{55}（芝加哥）、狮子 si^{44} tu^{55}（芝加哥）、燕子 jin^{44} tu^{55}（芝加哥）、鱼子_{鱼卵} ŋui^{22} tu^{55}（芝加哥）

广府话例子如：

茄子 kʰɛ^{21-35} tsi^{35}（纽约）、梅子 mui^{21} tsi^{35}（纽约）、橘子 kɐt^5 tsi^{35}（纽约）、饺子 kau^{35} tsi³⁵（纽约）、骗子 pʰin³³tsi³⁵（纽约）、老妈子 lou¹³ma⁵⁵tsi³⁵（纽约）、锤子 tsʰœy²¹⁻³⁵tsi³⁵（纽约）、茄子 kʰε³⁵tsi³⁵（芝加哥）、狮子 si⁵⁵tsi³⁵（芝加哥）、燕子 jin³³tsi³⁵（芝加哥）

上文曾提到，一些方言点关于牲畜的表述，受到了普通话的影响，我们不妨再重温一下：纽约台山话的"公牛""公羊""公猪（包括种猪、公猪）"、波特兰台山话的"公羊""母羊""公猪"；洛杉矶广府话的"公牛""雄鸡""母鸡"、芝加哥广府话的"公羊""公猪（包括种猪、公猪）""公鸡"，还有波特兰广府话的"公鸡""母鸡"。在这些例子中，表示牲畜性别的语素都在词的前面，而粤方言的表达方式则是把这些语素放在词的后面。

另外，三藩市广府话的指示代词"那个华 na¹³kɔ³³""那次华 na¹³tsʰi³³"，明显来自普通话。

休斯敦广府话的"姥爷华,外祖父 lau¹³jε³⁵""姥姥华,外祖母 lau¹³lau¹³⁻⁵⁵"这两个对外祖父、外祖母的北方方言称呼之所以会出现，则是因为休斯敦广府话一位发音人的外祖父母是来自中国北方的。

（3）汉语方言与美国主流语言的互动。关于美国华人社区汉语方言进入美国英语的事例，主要是英语对广府话一些饮食方面用语的借用，有关这方面的报道不少。例如，由于美国唐人街的主要用语之一是粤方言，也由于中国菜美名天下扬，粤菜又是中国菜中的翘翘者，美国的中餐馆大多数都是以经营粤菜或改良过的粤菜为主的，因此，粤方言进入英语的词语不少就是指称食品的，英语的"bukchoi"（白菜,小白菜）、"chow mein"（炒面）、"dim sim"（点心）、"ketchup"（茄汁）、"litchi"（荔枝），甚至个别表示其他方面的事物，如"feng shui"（风水）、"typhoon"（台风）等，就是直接借自粤方言，以粤方言广府话的音称说的。

3.2.2.4 借词的借用方式和转换方式

3.2.2.4.1 音译

以音译的方式借用英语的词语，是华人社区粤方言台山话和广府话在借用英语的说法时最常用的方式，这一类借词的数量在华人社区的台山话和广府话里最多。而音译的方式又可以再细分为全音译和省译两种。

（1）全音译。（见表 3-83、表 3-84）

表 3-83 6个台山话以全音译方式借用英语词语举例

普通话	英语	方言					
		三藩市台山话	洛杉矶台山话	纽约台山话	芝加哥台山话	波特兰台山话	圣安东尼奥台山话
猕猴桃	kiwi	—	□□kʰi⁵⁵wi²¹	□□kʰi⁴⁴wi³¹	□□kʰi⁴⁴wi²²	□□kʰi⁴⁴wi³¹	□□kʰi⁴⁴wi⁴⁴

续表 3-83

普通话	英语	方言					
		三藩市台山话	洛杉矶台山话	纽约台山话	芝加哥台山话	波特兰台山话	圣安东尼奥台山话
微波炉	micro-wave	□□mai:44 k^{h}ou:44 wei:31	□□mai:44 k^{h}ou:44 wei:44	□□mai:44 k^{h}ou:44 wei:31	□□mai:44 k^{h}ou:44 wei:44	□□mai:44 k^{h}ou:44 wei:44	□□mai:44 k^{h}ou:44 wei:44
领结	bow tie	煲呔 pou:44 t^{h}ai:4	煲呔 pou:44 t^{h}ai:44	煲呔 pou:44 t^{h}ai:44	煲呔 pou:44 t^{h}ai:44	领呔 lεŋ:55 t^{h}ai:44	煲呔 pou:44 t^{h}ai:44
T恤	T-shirt	T恤 t^{h}i:44 sut⁵	T恤 t^{h}i:44 sut⁵	T恤 t^{h}i:44 sut⁵	T恤 t^{h}i:44 sut⁵	—	T恤 t^{h}i:44 sut⁵
自助餐	buffet	布菲 pu:31 fi:44	布菲 pə:21 fei:44	布菲 pu:44 fei:44	布菲 pu:31 fei:44	布菲 pou:44 fei:44	布菲 pu:44 fei:44
咖啡	coffee	咖啡 ka:44 fɛ:44	咖啡 ka:44 fɛ:44	咖啡 ka:44 fɛ:44	咖啡 ka:44 fɛ:44	咖啡 ka:44 fɛ:44	咖啡 ka:44 fɛ:44
咖喱	curry	咖喱 ka:44 li:44	咖喱 ka:44 li:55	咖喱 ka:31 li:44	咖喱 ka:44 lε:44	咖喱 ka:44 lei:44	咖喱 ka:44 lei:55
苦力	coolie	咕哩 ku:44 li:44	—	咕哩 ku:44 lei:44	咕哩 ku:44 lei:44	咕哩 ku:44 lei:44	咕哩 ku:44 lei:55
婴儿	baby	□□pi:31 pi:44	□□pi:21 pi:44	□□pi:22 pi:44	□□pi:31 pi:55	□□pi:21 pi:55	□□pi:22 pi:44
吉他	guitar	吉他 kεt³ t^{h}a:44	吉他 kit³ t^{h}a:44	吉他 kit³ t^{h}a:44	吉他 kit³ t^{h}a:44	吉他 kit² t^{h}a:44	吉他 kit⁵ t^{h}a:44
拥趸	fans	粉丝 fan:55 si:44	□□fεn:44 si:22-35	□□fεn:44 si:22	粉丝 fan:55 si:44	□□fεn:44 si:44	粉丝 fεn:44 si:44-35
俱乐部	club	□□k^{h}ap³	□k^{h}ap⁵	—	□k^{h}ap⁵	□k^{h}ap⁵	□k^{h}ap⁵
平板电脑	iPad	□□ai:44 p^{h}εt⁵	□□ai:44 p^{h}ai:44	□□ai:44 p^{h}ai:44	□□ai:44 p^{h}ai:55	□□ai:44 p^{h}ai:44	□□ai:44 p^{h}εt⁵
酷	cool	酷 k^{h}u:44	酷 k^{h}u:44	—	酷 k^{h}u:44	酷 k^{h}u:44	—
磅	pound	磅 pɔŋ:31	磅 pɔŋ:21	磅 pɔŋ:31	磅 pɔŋ:31	磅 pɔŋ:44	磅 pɔŋ:31

表 3-84　6 个广府话以全音译方式借用英语词语举例

普通话	英语	方言					
		三藩市广府话	洛杉矶广府话	纽约广府话	芝加哥广府话	波特兰广府话	休斯敦广府话
猕猴桃	kiwi	□□k^{h}i:55 wi:21	□□k^{h}i:55 wi:21	□□k^{h}i:55 wi:55	□□k^{h}i:55 wi:55	—	□□k^{h}i:55 wi:55

续表 3-84

普通话	英语	方言					
		三藩市广府话	洛杉矶广府话	纽约广府话	芝加哥广府话	波特兰广府话	休斯敦广府话
微波炉	microwave	□□□mai^{55} k^{h}ou^{21}wei^{33}	□□□mai^{55} k^{h}ou^{55}wei^{55}	□□□mai^{55} k^{h}ou^{55}wei^{21}	□□□mai^{55} k^{h}ou^{55}wei^{55}	—	□□□mai^{55} k^{h}ou^{55}wei^{21}
领结	bow tie	煲呔 pou^{55}t^{h}ai^{55}	煲呔 pou^{55}t^{h}ai^{55}	煲呔 pou^{55}t^{h}ai^{55}	煲呔 pou^{55}t^{h}ai^{55}	—	煲呔 pou^{55}t^{h}ai^{55}
T恤	T-shirt	T恤 t^{h}i^{55}sœt^5	T恤 t^{h}i^{55}sœt^5	T恤 t^{h}i^{55}sœt^5	T恤 t^{h}i^{55}sœt^5	T恤 t^{h}i^{55}sœt^5	T恤 ti^{55}sœt^5
自助餐	buffet	布菲 pə^{21}fei^{55}	布菲 pu^{33}fei^{55}	布菲 pou^{33}fei^{55}	—	—	布菲 pou^{33}fei^{55}
咖啡	coffee	咖啡 k^{h}ɔ^{55}fi^{21}	咖啡 ka^{22}fɛ^{55}	咖啡 ka^{33}fɛ^{55}	咖啡 ka^{33}fɛ^{55}	咖啡 ka^{33}fɛ^{55}	咖啡 ka^{33}fɛ^5
咖喱	curry	咖喱 ka^{33}lei^{55}	咖喱 ka^{33}lɛ^{55}	咖喱 ka^{33}lɛ^{55}	咖喱 ka^{33}lɛ^{55}	咖喱 ka^{33}lɛ^{55}	咖喱 ka^{33}lɛ^{55}
苦力	coolie	咕喱 ku^{55}lei^{55}	咕喱 ku^{55}lei^{55}	咕喱 ku^{55}lei^{55}	咕喱 ku^{55}lei^{55}	咕喱 ku^{55}lei^{55}	咕喱 ku^{55}lei^{55}
婴儿	baby	□□pi^{21}pi^{55}	□□pi^{21}pi^{55}	□□pi^{21}pi^{55}	□□pi^{21}pi^{55}	□□pi^{21}pi^{55}	□□pi^{21}pi^{55}
吉他	guitar	吉他 kit^{3}t^{h}a^{55}	吉他 kit^{5}t^{h}a^{55}	吉他 kit^{5}t^{h}a^{55}	吉他 kit^{5}t^{h}a^{55}	吉他 kit^{5}t^{h}a^{55}	吉他 kit^{5}t^{h}a^{33}
拥趸	fans	粉丝 fan^{21}si^{21}	粉丝 fɐn^{35}si^{55}	粉丝 fɐn^{35}si^{55}	—	—	—
俱乐部	club	□k^{h}ap^5	□k^{h}ap^5	□k^{h}ap^5	□k^{h}ap^5	□k^{h}ap^5	□k^{h}ap^5
平板电脑	iPad	□□ai^{55}p^{h}ɛt^5	□□ai^{55}p^{h}ai^{55}	□□ai^{55}p^{h}ai^{55}	□□ai^{55}p^{h}ai^{55}	□□ai^{55}p^{h}ai^{55}	□□ai^{55}p^{h}ai^{55}
酷	cool	酷 k^{h}u^{55}	酷 k^{h}u^{55}	—	—	酷 k^{h}u^{55}	酷 k^{h}u^{55}
磅	pound	磅 pɔŋ^{22}	磅 pɔŋ^{22}	磅 pɔŋ^{22}	磅 pɔŋ^{22}	磅 pɔŋ^{22}	磅 pɔŋ^{22}

（2）省译。华人在用音译的方法借用英语时，除了上文的全音译方式，即把英语的词较完整地接收过来以外，也采用相对简省的省译办法，即只音译英语词的一部分。例如：

1）apartment（公寓）。华人社区的台山话有 4 个点采用全音译的办法借用：

□□□ ə^{22}p^{h}ak^{5}mən^{22}（三藩市）、□□□ ə^{21}p^{h}ak^{5}mən^{22}（洛杉矶）、□□□ə^{22}

pʰak⁵man²² （芝加哥）、□□□ə²²pʰak⁵mən²² （波特兰）

华人社区的广府话也有4个点采用全音译的办法借用：

□□□ə²¹pʰak⁵mən²¹ （三藩市）、□□□ə³³pʰak⁵mən²¹ （洛杉矶）、□□□ə²¹pʰak⁵mən²¹ （芝加哥）、□□□ə²¹pʰak⁵mən²¹ （休斯敦）

但是纽约台山话和圣安东尼奥台山话，还有波特兰广府话却采用了省译的方式，这3个点分别说"□□pʰak⁵mən²²⁻³⁵" "□□pʰak⁵mən²²⁻³⁵" "□□pʰak⁵mən²¹"。"apartment"开头的"a"被省略了，方言常以双音节的词"柏文"表示这个省译。

2）aluminum（铝）。有这个借词的华人社区台山话有两个点采用了全音译的办法借用：

□□□□a⁴⁴lɔ⁴⁴mi⁵⁵liam⁴⁴ （波特兰）、□□□□a⁴⁴lɔ⁴⁴mi⁴⁴niam⁴⁴ （圣安东尼奥）

华人社区广府话有4个点采用全音译的办法借用：

□□□□a³³lu³³mi⁵⁵lɛm⁵⁵ （三藩市）、□□□□a⁵⁵lɔ⁵⁵mi⁵⁵liam⁵⁵ （洛杉矶）、□□□□a⁵⁵lou⁵⁵mi⁵⁵lɛm⁵⁵ （芝加哥）、□□□□a³³lɔ³³mi⁵⁵liam³³ （波特兰）

只有三藩市一个点采用了省译的办法，说成"□□□lu⁵⁵mi⁵⁵lɛm⁵⁵"，"aluminum"开头的"a"被省略了。

3）golf（高尔夫）。这个借词有全音译的，也有省译的。其中，全音译的在英语词的两个双辅音lf之后按汉语的习惯，各添加了元音i和u。台山话例子如：

高尔夫 kau⁴⁴ji¹³fu⁴⁴ （三藩市）、哥尔夫 kɔ⁴⁴ji⁵⁵fu⁴⁴ （圣安东尼奥）

广府话例子如：

哥尔夫 kɔ⁵⁵ji¹³fu⁵⁵ （洛杉矶）、高尔夫 kou⁵⁵ji¹³fu⁵⁵ （纽约）、哥尔夫 kɔ⁵⁵ji¹³fu⁵⁵ （芝加哥）、高尔夫 kou⁵⁵ji¹³fu²¹ （波特兰）、高尔夫 kou⁵⁵ji¹³fu⁵⁵ （休斯敦）

省译的情况忽略了英语两个双辅音lf中的一个辅音l，并在f后添加了元音。台山话例子如：

哥夫 kɔ⁴⁴fu²² （洛杉矶）、哥夫 kɔ⁴⁴fu⁴⁴ （纽约）、哥夫 kɔ⁴⁴fu²² （芝加哥）、哥夫 kɔ⁴⁴fu²² （波特兰）

广府话例子如：

哥夫 kɔ³³fu²¹（三藩市）

4）Coca-Cola（可口可乐）。如同这款饮料在世界的流行，"Coca-Cola"是个风靡世界的英语词，"可口可乐"这个4个音节的词在汉语里常被称赞为借用外来词时音译与意译完美结合的例子，而在美国华人社区的汉语方言里对这个英语词的借用方法却经常是省译。台山话为：

可乐 hɔ⁵⁵lɔk²⁻³⁵（三藩市）、□□ kʰou²¹kʰə²¹（洛杉矶）、□kʰou⁴⁴（纽约）、□□ kʰou⁴⁴kʰə³¹（芝加哥）、可乐 hɔ⁵⁵lɔk²（波特兰）、可乐 hɔ⁵⁵lɔk²（圣安东尼奥）

广府话为：

可乐 hɔ³⁵lɔk²（三藩市）、□kʰou⁵⁵（洛杉矶）、可乐 hɔ³⁵lɔk²（纽约）、可口可乐 hɔ³⁵hɐu³⁵hɔ³⁵lɔk²（芝加哥）、可乐 hɔ³⁵lɔk²（波特兰）、可乐 hɔ³⁵lɔk²（休斯敦）

在以上12个点的方言里，只有芝加哥广府话使用的是如同汉语普通话的全音译加意译"可口可乐 hɔ³⁵hɐu³⁵hɔ³⁵lɔk²"，其余的全是使用起来更加方便的省译。不过，即使是省译，也有3种不同的译法：只省译这个英语组合词的前半部分"coca"的是洛杉矶和芝加哥台山话；只省译这个英语词后本部分"cola"的是三藩市、波特兰、圣安东尼奥台山话，以及三藩市、纽约、波特兰、休斯敦广府话，这可以对应"可口可乐"英语的另一说法"cola"；而最简省的则是纽约台山话和洛杉矶广府话，这两个点均只是省译了这个英语词前半部分"coca"的前半部分，只有一个音节：纽约台山话的"□kʰou⁴⁴"、洛杉矶广府话的"□kʰou⁵⁵"。

5）L. A.（洛杉矶）。采用英语词的首字母表述，是另一种借词省译的方法，这样的例子最典型的就是洛杉矶的华人将加州的名称——英语"Los Angeles"简称"L. A."。另外，"洛杉矶"台山话叫"罗省 lu²²saŋ⁵⁵"，广府话的说法是"罗省 lɔ²¹saŋ³⁵"，则均只是采用了名称"Los Angeles"的第一部分，然后再加上汉语的语素"省"来表达。

6）ABC（在美国出生长大的华人）。"ABC"即"American-born Chinese"的简称，华人取了这3个单词的首字母，指称在美国出生，对中华文化和美国文化两方面都不甚了解的华人。华人社区的台山话和广府话大部分都有这一说法，其中，三藩市广府话采用了全音译的"□□□□□□□ə²¹mɛ³⁵li²¹kʰɐn⁵⁵pɔn³⁵tsʰai⁵⁵li²¹si²¹"，圣安东尼奥台山话表示这个意思不用借词的说法。而有借词的省译说法的点，台山话为：

ABC ei⁴⁴pi⁴⁴si⁴⁴（三藩市）、ABC ei⁴⁴pi⁴⁴si⁴⁴（洛杉矶）、ABC ei⁴⁴pi⁴⁴si⁴⁴（纽约）、ABC ei⁴⁴pi⁴⁴si⁴⁴（芝加哥）、ABC ei⁴⁴pi⁴⁴si⁴⁴（波特兰）

广府话为：

ABC ei^{55}pi^{55}si^{55}（洛杉矶）、ABC ei^{55}pi^{55}si^{55}（纽约）、ABC ei^{55}pi^{55}si^{55}（芝加哥）、ABC ei^{55}pi^{55}si^{55}（波特兰）、ABC ei^{55}pi^{55}si^{55}（休斯敦）

表示同样的意思，华人社区的台山话和广府话不少点另有一个汉语方言的说法"竹升"，意即如大竹子的竹节，两头不通，如圣东尼奥台山话"竹升 tsuk^{5}seŋ^{44}"；还有意思相对明确的"土著""土著仔"，如芝加哥台山话"土著仔 t^{h}ou^{55}tsi^{44}tɔi^{55}"、波特兰台山话的"土著 hou^{55}tsi^{55}"。

7）VIP（贵宾）。"VIP"的全称是"very important person"。采用这3个词首字母简称说法的华人社区方言，台山话为：

VIP wi^{44}ai^{44}p^{h}i^{44}（洛杉矶）、VIP wi^{44}ai^{44}p^{h}i^{44}（芝加哥）

广府话为：

VIP wi^{55}ai^{55}p^{h}i^{55}（三藩市）

8）ID（身份证）。"ID"是"identification card"的简称。华人社区广府话的3个点取了英语第一个词"identification"的前两个字母表示，而洛杉矶和纽约的台山话在取了第一个词"identification"的前两个字母后，又再音译了第二个词"card"。台山话为：

□□卡 ai^{44}ti^{44}k^{h}a^{44}（洛杉矶，英语：ID card）、□□卡 ai^{44}ti^{44}k^{h}a^{44}（纽约，英语：ID card）

广府话为：

□□ai^{55}ti^{55}（三藩市）、□□ ai^{55}ti^{55}（洛杉矶）、□□ai^{55}ti^{55}（休斯敦）

9）GPS（导航）。"global positioning system"是"GPS"的全称。这个表示，华人社区的汉语方言不少采用了英语3个词首字母简称的方式。台山话为：

□□□tsi^{44}p^{h}i^{44}si^{31}（三藩市）、□□□□tsi^{44}p^{h}i^{44}ɛ^{44}si^{31}（芝加哥）、□□□□ tsi^{44}p^{h}i^{44}ɛ^{44}si^{22}（圣安东尼奥）

广府话为：

□□□ tsi^{55}p^{h}i^{55}si^{21}（三藩市）、□□□□ tsi^{55}p^{h}i^{55}ɛ^{55}si^{21}（洛杉矶）、□□□□ tsi^{55}

pʰi⁵⁵ɛ⁵⁵si²¹（芝加哥）、□□□□tsi⁵⁵pʰi⁵⁵ɛ⁵⁵si²¹（休斯敦）

3.2.2.4.2 意译

在对外来借词的翻译中，汉语来自英语的"可口可乐 Coca-Cola"常被作为在意译、音译外来词方面结合得最好的典范。其实除了这个广为人知的词，美国华人对美国部分地名的翻译也可以媲美"乐口可乐"的翻译。

例如，加利福尼亚州洛杉矶的一个成立于1959年的柔似蜜市（Rosemead）是大洛杉矶圣盖博谷（San Gabriel Valley）内众多以亚洲人口为主的城市之一。柔似蜜市本身的人口约有57000人，其中亚裔就占了几乎一半（48%）。华人将英语"Rosemead"译为"柔似蜜"，就是音义结合俱佳的翻译。

也有的地名的翻译是与华人的方言有关的。例如，得克萨斯州最大的城市 Houston，汉语普通话将其翻译为"休斯敦"，使用粤方言广府话的华人叫它"休斯顿"，但是祖籍地广东台山的华人却将其叫作"hau²²si⁴⁴tan⁴⁴"，并随音将地名的第一个汉字写作更加契合台山话发音的"侯"，即"侯斯顿"。

不过，总的来看，我们记录到的以意译的方式借用英语的例子，在华人社区的汉语方言中还是比较少，且部分例子表达得比较隐蔽。例如，普通话的"倒立"，芝加哥广府话的说法是"手徛 sɐu³⁵kʰei¹³"。其实，这个说法与英语表示同一意思的"hand stand"相关，"手徛"可以说就是"hand stand"这个英语组合的意译，芝加哥广府话的"手徛"直译成普通话是"手站"，也就是英语的"hand stand"。芝加哥广府话还有一个很特别的说法——"跳长_{跳远}tʰiu³³tsʰœn²¹"，应该也是从英语的"long jump"意译过来的。英语的"high jump"是"跳高 tʰiu³³kou⁵⁵"，那么，"long jump"就是"跳长"了。

意译这种方式也可以再分成"全意译"和"音译加意译"两种类型。

(1) 全意译。

1) 白宫（White House）。华人社区的方言有译作"白宫"，也有译作"白屋"的，"白宫"彰显了其地位，"白屋"则更贴近原词的意义。台山话为：

白宫 pak²kuŋ⁴⁴（三藩市）、白宫 pak²kuŋ⁴⁴（纽约）、白宫 pak²kuŋ⁴⁴（芝加哥）、白屋 pak²uk⁵（波特兰）

广府话为：

白宫 pak²kuŋ⁵⁵（纽约）、白宫 pak²kuŋ⁵⁵（芝加哥）、白宫 pak²kuŋ⁵⁵（波特兰）、白屋 pak²uk⁵（休斯敦）

2) 蜜月（honeymoon）。台山话为：

蜜月 mɐt²jyt²（三藩市）、蜜月 mat²ŋut²（纽约）、蜜月 mit²ŋut²（芝加哥）、蜜月 mat²ŋut²（波特兰）、蜜月 mit²ŋut²（圣安东尼奥）

广府话为：

蜜月 mɐt² jyt²（洛杉矶）、蜜月 mɐt² jyt²（芝加哥）、蜜月 mɐt² jyt²（波特兰）、蜜月 mɐt² jyt²（休斯敦）

3）热狗（hot dog）。汉语普通话此词的翻译就是"热狗"，不过，采用"热狗"这个按英语的字面意思意译说法的华人社区汉语方言，只有洛杉矶广府话的"热狗 jit² kɐu³⁵"。

三藩市台山话有另一"香肠包 hiaŋ⁴⁴ tsʰiaŋ⁵⁵ pau⁴⁴"的说法，圣安东尼奥台山话也有"肠仔包 tsʰɛŋ²² tɔi⁵⁵ pau⁴⁴"的说法。这两种说法则是依"hot dog"的内涵创造的，这种食物就是面包夹香肠。这个英语词除了多数点采用音译的方式借用以外，也有的点采用的是我们下面要谈到的音译加意译的方式。

（2）音译加意译。

1）egg tart（蛋挞）。这是意译加音译一个最好的例子，华人社区各点都是在意译了前一个词"egg"以后，再音译后一个词"tart"。台山话为：

蛋挞 an³¹ tʰak⁵（三藩市）、蛋挞 an²¹ tʰak⁵（洛杉矶）、蛋挞 an³¹ tʰat⁵（纽约）、蛋挞 tan³¹ tʰak⁵（芝加哥）、蛋挞 an³¹ tʰak⁵（波特兰）、蛋挞 tan³¹ tʰak⁵（圣安东尼奥）

广府话为：

蛋挞 tan²² tʰat⁵（三藩市）、蛋挞 tan²² tʰat⁵（洛杉矶）、蛋挞 tan²² tʰat⁵（纽约）、蛋挞 tan²² tʰat⁵（芝加哥）、蛋挞 tan²² tʰat⁵（波特兰）、蛋挞 tan²² tʰat⁵（休斯敦）

音译加意译的借词比全意译的要多，且不少是在音译英语词后，再加一个汉语类名的形式出现的。例如，上面提到的"hot dog"（热狗）一词，纽约广府话的说法就是"□□包 hɔt⁵ tɔk⁵ pau⁵⁵"，方言在音译了英语词后，再加上个汉语表示义类的"包子"的"包"。

2）cherry（樱桃）。纯音译的，台山话例子为：

车厘 tsʰɛ⁴⁴ lei²²⁻⁵⁵（三藩市）、车厘 tsʰɛ⁵⁵ li²²⁻³⁵（洛杉矶）、车厘 tsʰɛ⁴⁴ li²²⁻⁵⁵（芝加哥）、车厘 tsʰɛ⁴⁴ li²²⁻³⁵（波特兰）、车厘 tsʰɛ⁴⁴ li⁵⁵（圣安东尼奥）

广府话为：

车厘 tsʰɛ⁵⁵ lei²¹（芝加哥）

音译后再加汉语表示子实的类名"子"的，台山话为：

第3章 美国华人社区汉语粤方言词汇研究

车厘子 tsʰɛ⁴⁴li²²tu⁵⁵（纽约）

广府话为：

车厘子 tsʰɛ⁵⁵lei²¹tsi³⁵（三藩市）、车厘子 tsʰɛ⁵⁵lei²¹tsi³⁵（洛杉矶）、车厘子 tsʰɛ⁵⁵lei²¹tsi³⁵（纽约）、车厘子 tsʰɛ⁵⁵lei²¹tsi³⁵（波特兰）、车厘子 tsʰɛ⁵⁵lei²¹tsi³⁵（休斯敦）

3) bar（酒吧）。纯音译的，台山话为：

吧 pa⁴⁴（纽约）

广府话为：

吧 pa⁵⁵（三藩市）、吧 pa⁵⁵（波特兰）

音译时前加汉语区别性的语素"酒"，指明是喝酒的地方的，台山话为：

酒吧 tiu⁵⁵pa⁴⁴（三藩市）、酒吧 tiu⁵⁵pa⁴⁴（洛杉矶）、酒吧 tiu⁵⁵pa⁴⁴（芝加哥）、酒吧 tiu⁵⁵pa⁴⁴（波特兰）、酒吧 tiu⁵⁵pa⁴⁴（圣安东尼奥）

广府话为：

酒吧 tsɐu³⁵pa⁵⁵（洛杉矶）、酒吧 tsɐu³⁵pa⁵⁵（纽约）、酒吧 tsɐu³⁵pa⁵⁵（芝加哥）、酒吧 tsɐu³⁵pa⁵⁵（休斯敦）

4) jeep（吉普车）。纯音译的，台山话为：

□tsip⁵⁵（三藩市）、□tsip⁵（洛杉矶）、□tsip⁵（纽约）

广府话为：

□tsip⁵（三藩市）、□tsip⁵（洛杉矶）、吉普 kɐt⁵pʰou³⁵（纽约）、吉普 kɐt⁵pʰou³⁵（波特兰）、□tsip⁵（休斯敦）

音译时后加汉语表示义类的语素"车"的，台山话为：

□车 tsip⁵tsʰɛ⁴⁴（芝加哥）

广府话为：

吉普车 kɐt⁵pʰou³⁵tsʰɛ⁵⁵（芝加哥）

5) motorcycle（摩托车）。纯音译的，台山话为：

□□□ mɔ⁴⁴tʰɔ⁴⁴sai⁴⁴kʰou²¹（洛杉矶）、摩托 mɔ⁴⁴hɔk³（纽约，省译）

广府话为：

□□□ mɔ⁵⁵tʰɔ⁵⁵sai⁵⁵kʰou²¹（三藩市）、□□□ mɔ⁵⁵tʰɔ⁵⁵sai⁵⁵kʰou²¹（洛杉矶）

音译时后加汉语表示义类的语素"车"的，台山话为：

摩托车 mɔ⁴⁴hɔk³tsʰɛ⁴⁴（三藩市）、摩托车 mɔ⁴⁴hɔk³tsʰɛ⁴⁴（波特兰）

广府话为：

摩托车 mɔ⁵⁵tʰɔk³tsʰɛ⁵⁵（纽约）、摩托车 mɔ⁵⁵tʰɔk⁵tsʰɛ⁵⁵（波特兰）、摩托车 mɔ⁵⁵tʰɔk³tsʰɛ⁵⁵（休斯敦）

3.2.2.4.3 各点借用外来词的方式有所不同

以上所谈到的外来词借用方式，各点也会有不一的表达。例如，上文提到的"White House"（白宫）一词，除了意译方式，也有的点采用的是音译的方式。台山话为：

□□□ wai⁵⁵hau⁵⁵si²¹（洛杉矶）、□□□wai⁴⁴hau⁴⁴si²²（圣安东尼奥）

广府话为：

□□□ wai⁵⁵hau³³si²¹（三藩市）、□□□wai⁵⁵hau³³si²¹（洛杉矶）、□□□wai⁵⁵hau³³si²¹（波特兰，也同时采用意译的"白宫"说法）

另一个上面谈到的例子"hot dog"（热狗），也有不少点用的是音译的方式。台山话为：

□□hak⁵tɔk⁵（洛杉矶）、□□hɔt⁵tɔk⁵（纽约）、□□hat⁵tɔk⁵（芝加哥）、□□hat⁵tɔk⁵（波特兰）、□□hat⁵kɔk⁵（圣安东尼奥，也有意译的"肠仔包"）

广府话为：

□□ hak⁵tɔk⁵（三藩市）、□□ hak⁵tɔk⁵（芝加哥）、□□hɔt⁵tɔk⁵（波特兰）、□□ hat⁵tɔk⁵（休斯敦）

在列举音译借词时，我们谈到一个例子"微波炉"，此条在12个点中，只有波特兰广府话一栏空白。其实波特兰广府话并非无说法，只是采用的是如同汉语的意译词"微波炉 mei²¹pɔ⁵⁵lou²¹"。

还可以再看看另一个词"hamburger"（汉堡包）在12个方言点的借用情况。台山话为：

汉堡包 hɔn⁴⁴pɔ⁵⁵pau⁴⁴（三藩市）、□□hɛŋ⁴⁴pə²¹kə²¹（洛杉矶）、汉堡包 hɔn⁴⁴pou⁵⁵pou⁴⁴（纽约）、□□hɛm⁴⁴pə³¹kə³¹（芝加哥）、□□hɛn⁴⁴puk⁵ka³¹⁻³⁵（波特兰）、□□hɛm⁴⁴pu⁴⁴ka³¹⁻³⁵（圣安东尼奥）

广府话为：

□□□han⁵⁵pu⁵⁵kə²¹（三藩市）、□□□hɛn⁵⁵pə²¹kə²¹（洛杉矶）、汉堡包 hɔn³³pou³⁵pau⁵⁵（纽约）、汉堡包 hɔn³³pou³⁵pau⁵⁵（芝加哥）、汉堡包 hɔn³³pou⁵⁵pau⁵⁵（波特兰）、□□hɛn⁵⁵pə²¹kə²¹（休斯敦）

分析以上的例子，可知属于全音译的是洛杉矶、芝加哥、波特兰和圣安东尼奥台山话，以及三藩市、洛杉矶、休斯敦广府话。属于省译加汉语表示义类的语素"包子"的"包"的有三藩市、纽约台山话，以及纽约、芝加哥、波特兰广府话。这几个点都是省译了"hamburger"的后一音节"ger"，并给词加上了汉语的义素"包"。

3.2.2.4.4 音译借词语音转换方式举例

（1）关于复辅音的转换。汉语和汉语方言音节与英语最大的一个不同点，是元音和辅音相间没有复辅音，而英语的音节是可以复辅音相连的。因此，方言在借用英语词时，就有一个复辅音的处置问题。我们在上文谈到美国华人在借用"golf"（高尔夫）这个词时，是在英语词的两个双辅音 lf 之后按照汉语的习惯，各添加了元音 i 和 u。在英语的复辅音之间添加元音，就是复辅音转换的一个办法。

（2）关于浊音的转换。美国华人社区的粤方言台山话和广府话普遍有 m-、n-、l-、ŋ- 4个摩擦成分非常轻、并非来自古全浊声母的辅音声母，但是没有浊音声母。英语有浊音辅音 b、d、g、r、v、dʒ。华人社区的台山话和广府话在以音译的方式借用英语的词时，必须将这些浊辅音清化，这样才能使其为方言所自然接受。通常，这6个浊辅音的转换方式为 b—p、d—l/t、g—k、r—l、v—w、dʒ—ts。

1）b—p，如"bowling"（保龄球）、"bikini"（比基尼）。"保龄球"台山话为：

保龄 pou⁴⁴leŋ²²（三藩市）、保龄 pɔ⁴⁴leŋ²²（纽约）、保龄 pou⁵⁵leŋ²²⁻³⁵（芝加哥）、保

龄 pou^{55}leŋ$^{22-35}$（波特兰）、保龄 pou^{55}leŋ^{22}（圣安东尼奥）

广府话为：

保龄 pɔ^{55}leŋ^{55}（三藩市）、保龄球 pou^{35}leŋ^{21}k^{h}ɐu^{21}（洛杉矶）、保龄 pou^{35}leŋ^{21}（纽约）、保龄 pou^{35}leŋ^{21}（芝加哥）、保龄 pou^{55}leŋ^{22}（波特兰）、保龄 pou^{35}leŋ^{21}（休斯敦）

"比基尼"台山话为：

比基尼 pit^{2}ki^{44}ni^{22}（三藩市）、比基尼 pi^{31}k^{h}i^{44}ni^{22}（纽约）

广府话为：

比基尼 pi^{21}k^{h}i^{55}ni^{21}（三藩市）、比基尼 pi^{33}ki^{55}ni^{21}（洛杉矶）、比基尼 pi^{21}ki^{55}ni^{21}（纽约）、比基尼 pi^{21}ki^{55}ni^{21}（波特兰）

2）d—l/t，如"durian"（榴莲）、"daddy"（爹哋）。
"榴莲"台山话为：

榴莲 liu^{22}lɛŋ^{22}（三藩市）、榴莲 liu^{22}lɛn^{22}（纽约）、榴莲 lɐu^{22}lɛn^{22}（芝加哥）、榴莲 liu^{22}lɛn^{22}（波特兰）

广府话为：

榴莲 lɐu^{21}lin^{21}（三藩市）、榴莲 lɐu^{21}lin^{21}（洛杉矶）、榴莲 lɐu^{21}lin^{21}（纽约）、榴梿 lɐu^{21}lin^{21}（芝加哥）、榴莲 liu^{22}lin^{21}（波特兰）

"爹哋"台山话为：

爹哋 tɛ^{44}ti^{31}（三藩市）、爹哋 tɛ^{44}ti^{31}（纽约）

广府话为：

爹哋 tɛ^{55}ti^{21}（三藩市）、爹哋 tɛ^{55}ti^{21}（纽约）、爹哋 tɛ^{55}ti^{21}（芝加哥）

3）g—k，如"cigar"（雪茄）、"guitar"（吉他）。
"雪茄"台山话为：

雪茄 sut^{5}ka^{44}（三藩市）、雪茄 sit^{3}ka^{44}（纽约）、雪茄 sit^{3}ka^{44}（芝加哥）、雪茄 sit^{3}ka^{44}（波特兰）、雪茄 sit^{3}ka^{44}（圣安东尼奥）

第3章 美国华人社区汉语粤方言词汇研究

广府话为：

雪茄 syt³ka⁵⁵（三藩市）、雪茄 syt³ka⁵⁵（洛杉矶）、雪茄 syt³ka⁵⁵（纽约）、雪茄 syt³ka⁵⁵（芝加哥）、雪茄 syt³ka⁵⁵（波特兰）

"吉他"台山话为：

吉他 kɛt³tʰa⁴⁴（三藩市）、吉他 kit³tʰa⁴⁴（洛杉矶）、吉他 kit³tʰa⁴⁴（纽约）、吉他 kit³tʰa⁴⁴（芝加哥）、吉他 kit²tʰa⁴⁴（波特兰）、吉他 kit⁵tʰa⁴⁴（圣安东尼奥）

广府话为：

吉他 kit³tʰa⁵⁵（三藩市）、吉他 kit⁵tʰa⁵⁵（洛杉矶）、吉他 kit⁵tʰa⁵⁵（芝加哥）、吉他 kit⁵tʰa⁵⁵（波特兰）、吉他 kit⁵tʰa³³（休斯敦）

"guitar"这个词在音译时，最后的 r 也被简省了。

4）r—l，如"strawberry"（草莓）。

"草莓"台山话为：

士多啤梨 si²²tɔ⁴⁴pɛ⁴⁴lei²²⁻³⁵（三藩市）、士多啤梨 si²¹tɔ⁴⁴pɛ⁴⁴li²²（洛杉矶）、士多啤梨 si³¹tɔ⁴⁴pɛ⁵⁵li²²⁻³⁵（纽约）、士多啤梨 si³¹tɔ⁴⁴pɛ⁴⁴li²²（芝加哥）、士多啤梨 si²²tɔ⁴⁴pɛ⁴⁴li²²（波特兰）、士多啤梨 si²²tɔ⁴⁴pɛ⁴⁴li²²（圣安东尼奥）

广府话为：

士多啤梨 si²¹tɔ⁵⁵pɛ⁵⁵lei²¹⁻³⁵（三藩市）、士多啤梨 si²¹tɔ⁵⁵pɛ⁵⁵lei²¹⁻³⁵（洛杉矶）、士多啤梨 si²²tɔ⁵⁵pɛ⁵⁵lei²¹⁻³⁵（纽约）、士多啤梨 si²²tɔ⁵⁵pɛ⁵⁵lei²¹⁻³⁵（芝加哥）、士多啤梨 si²²tɔ⁵⁵pɛ⁵⁵lei²¹⁻³⁵（波特兰）、士多啤梨 si²²tɔ⁵⁵pɛ⁵⁵lei²¹⁻³⁵（休斯敦）

5）v—w，如"vitamin"（维生素）、"Virgin Mary"（圣母玛利亚）、"volcanic"（火山的）、"vest"（背心）。

"维生素"台山话为：

维生素 wui²²saŋ⁴⁴su³¹（三藩市）、维他命 wui²²ha⁴⁴mɛŋ²¹（洛杉矶）、维他命 wui²²ha⁴⁴mɛŋ³¹（纽约）、维他命 wai²²tʰa⁴⁴meŋ³¹（芝加哥）、维他命 wui²²ha⁴⁴meŋ³¹（波特兰）、维他命 wui²²ha⁴⁴meŋ³¹（圣安东尼奥）

广府话为：

维他命 wɐi²¹tʰa⁵⁵mɛŋ²² （三藩市）、维他命 wɐi²¹tʰa⁵⁵men²² （洛杉矶）、维他命 wɐi²¹tʰa⁵⁵men²² （纽约）、维他命 wɐi²¹tʰa⁵⁵mɛŋ²² （芝加哥）、维他命 wɐi²¹tʰa⁵⁵men²² （波特兰）、维他命 wɐi²¹tʰa⁵⁵men²² （休斯敦）

"圣母玛利亚"广府话为：

□□□wə⁵⁵tsyn⁵⁵mɛ⁵⁵li²¹ （三藩市）

"火山的"台山话为：

□□□wɔ²²kʰɛn⁴⁴lit² （圣安东尼奥）

广府话为：

□□□wə²¹kʰei⁵⁵lou²¹ （洛杉矶）

"背心"台山话为：

□□wɛt⁵si²² （圣安东尼奥）

6）dʒ—ts，如"gem"（宝石）、"jacket"（夹克/外套）。

"宝石"台山话为：

□tsɛm³¹ （波特兰）、□tsɛm³¹ （圣安东尼奥）

广府话为：

□tsɛm³⁵ （三藩市）

"夹克/外套"台山话为：

□□夹克tsɛt⁵kʰit³ （三藩市）

广府话为：

□□外套tsɛt⁵kʰit³ （三藩市）

3.3　词汇小结

我们一直认为，在海外汉语方言的语言要素中，敏感、灵活、易变的词汇是到目前为止，最能反映海外汉语方言扎根在异国，在脱离祖籍地源方言过百年的时间里，一方面没有参与祖籍地方言的演变，另一方面深受现居国主流语言的影响，而最容易发生变化，产生与祖籍地源方言差异，显现海外汉语方言特色的部分。

美国华人社区粤方言台山话、广府话的词汇再次印证了这一点。

在本章里，我们披露了美国华人社区粤方言台山话和广府话词汇的大量原始材料，讨论了美国华人社区粤方言台山话和广府话词汇的几个大问题：词汇中与中国国内的粤方言及其他汉语方言共有的，诸如对古汉语词、对方言老词语的保留等一般特点；与祖籍地汉语方言粤方言词汇相同而与汉语普通话有别的构词方式；与国内粤方言及其他汉语方言不一样、与海外的其他汉语方言一样的自有典型特点；创新词的创造方式和借词的借用方式。

我们在讨论所有这些问题时，注重用事实说话，用翔实的调查材料说话，故在本章各节的论述中，我们都给出了大量鲜活的方言材料。这些方言事实除了佐证了我们的论证，也为方言工作者提供了进一步研究的材料，为海外华人了解自己的母语打开了一扇窗口。

非常庆幸，我们所掌握的语言事实，为我们提供了解美国华人社区汉语方言词汇面貌的实例。因此，我们才能通过比较研究，发现美国华人的创新词与东南亚华人的创新词"注重居住国所有、祖籍地所无事物的创新"等一些差别，美国华人的创新词主要体现在对方言固有说法的改造方面，这一类的创新较多。也正是这一类的创新，让我们直观地感受到美国华人社区汉语方言与祖籍地方言不同的变化。

此外，基于语言事实，我们也才能比较深入地探讨华人常用的两种方言词语的表达方式、华人常用的时间名词使用特点，以及华人有关牲畜的表述等问题。

归纳调查材料，不难发现，与语音部分相比，华人社区台山话和广府话的词汇虽然也保留了带自祖籍地的不少特点。例如：汉语方言也有的古代汉语词的保留；仍然在使用的众多粤方言颇有特色的方言老词语，就是在被我们归入典型特点的华人社区外来借词部分，也有不少的老借词是与祖籍地方言一致的。

丰富的材料也让我们发现词汇部分不同于祖籍地方言的变异比语音部分的更多。

华人的汉语方言词语在慢慢流失，华人使用各种创新说法去表达方言固有意思的现象很多，且这些创新相当一部分是超出了"词"的范畴、看起来不规范的说法。在方言驾驭能力逐渐衰退的情况下，使用解释性的词语，大量混杂使用外来词，用英语去填补方言词语的流失，汉语、英语词汇交融混杂，已经成为华人在使用汉语方言交际时的一种习惯。这种习惯有可能加速已经处于濒危状况的方言的衰退，部分汉语方言词语已经开始在华人的"不经意间"一点一点地被淡忘，并逐渐丢失就是明证。

由于居住国的主流语言单一，与东南亚华人社区汉语方言借词来源纷繁的表现不一样，美国华人社区汉语方言的借词基本上是来自英语。华人在日常使用汉语方言交际时，随时会转换语码，在句子中夹杂英语，英语借词的数量较多。但东南亚华人社区汉语方言常出现的兄弟汉语方言之间、方言和华语之间词语互借的现象，在美国华人社区的台山话和广府话中也有，不过不常见。

不同于语音，华人社区方言的词汇才真正展露了美国华人台山话和广府话的面貌。我们期待着下面关于美国华人社区台山话和广府话的语法讨论，期待着进一步了解美国华人社区的汉语方言。

第4章　美国华人社区粤方言语法研究

我们已经完成了美国华人社区粤方言台山话和广府话语音（第2章）、词汇（第3章）的论述，本章将讨论美国华人社区台山话、广府话的语法，阐述台山话和广府话的主要语法特点，包括主要的词法特点和主要的句法特点。

本章也将同样分别从台山话和广府话两个方面展开阐述，并将两个不同方言的语法特点分别与各自的祖籍地方言进行比较。

考虑到语法部分的问题比较复杂，这部分的例子有音无字的也比较多，故这一章广东台山话、广东广州话的例子都将按需列出我们的实地调查记录，列出国际音标注音。另外，为了便于讨论和相互间的比较，在论述每个问题时，也将会尽可能采用一些一致的例子。

4.1　词类特点

在"词类特点"部分，我们将依据从实地调查收集到的材料，讨论美国华人社区台山话和广府话的名词、动词、形容词、代词、数词、量词、副词、助词、介词、连词的主要特点。

4.1.1　名词

4.1.1.1　名词的构词特点

我们知道，广东粤方言的台山话和广府话都有一批在意义方面与汉语相仿，但构词的词序正好与汉语相反的名词。这些词一部分是一般名词，一部分专指动物。其中，一般名词的修饰性语素被放在中心语素之后；指示动物的名词中，表示动物性别的语素，以及表示动物小称的语素也被放到后面。搜检我们掌握到的调查材料，尽管这类名词的数量都不多，但是还是有一些名词，如普通话的"夜宵"，各个方言点的说法都是词序与普通话相反的"宵夜"，此说法普遍存在于广东的粤方言。这说明，源自祖籍地方言的这种名词构词方法在华人社区的汉语方言中还是同样存在的。

不过，用这样的造词方法造就的名词，我们在华人社区的台山话和广府话中没有记录到很多，且各点的例子各异。例如，我们在第3章词汇部分谈到的表示动物（牲畜）性别的词，华人社区台山话和广府话与祖籍地方言说法一致的就很少。在华人社区的各个方言点中，比较起来，芝加哥台山话构词语素顺序与普通话相反的名词相对较多，而波特兰台山话和广府话的最少。这也就是说，广东粤方言台山话、广府话的这个特点，在美国华人社区里已经有所流失。

考虑到各点这方面的表现不一，以下的举例分点列出。

台山话例子如下：

三藩市：宵夜_{夜宵} ɬiau⁴ jɛ³¹⁻³⁵、打千秋_{打千秋} a⁵⁵ tʰɛn⁴⁴ tsʰiu⁴⁴、牛公_{公牛} ŋau²² kuŋ⁴⁴、牛姆_{母牛} ŋau²² na⁵⁵、羊公_{公羊} jɛŋ²² kuŋ⁴⁴、羊姆_{母羊} jɛŋ²² na⁵⁵、猪公_{公猪} tsi⁴⁴ kuŋ⁴⁴、猪姆_{母猪} tsi⁴⁴ na⁵⁵、猫公_{公猫} miau⁴⁴ kuŋ⁴⁴、猫姆_{母猫} miau⁴⁴ na⁵⁵、鸡公_{公鸡} kai⁴⁴ kuŋ⁴⁴、鸡姆_{母鸡} kai⁴⁴ na⁵⁵、牛仔_{小牛} ŋau²² tɔi⁵⁵、猪仔_{小猪} tsi⁴⁴ tɔi⁵⁵、羊仔_{小羊} jɛŋ²² tɔi⁵⁵、猫仔_{小猫} miau⁴⁴ tɔi⁵⁵、鸡仔_{小鸡} kai⁴⁴ tɔi⁵、鸭仔_{小鸭} ŋap³ tɔi⁵⁵。

洛杉矶：宵夜_{夜宵} siau⁴⁴ jɛ²¹、木碎_{碎木、刨花儿} muk² ɬui²¹、鸡公_{公鸡} kai⁴⁴ kuŋ⁴⁴、鸡姆_{母鸡} kai⁴⁴ na⁵⁵、羊仔_{小羊} jaŋ²² tɔi⁵⁵、猪仔_{小猪} tsi⁴⁴ tɔi⁵⁵、狗仔_{小狗} kau⁵⁵ tɔi⁵⁵、猫仔_{小猫} mɐu⁴⁴ tɔi⁵⁵、鸡仔_{小鸡} kai⁴⁴ tɔi⁵⁵、鸭仔_{小鸭} ap³ tɔi⁵⁵。

纽约：宵夜_{夜宵} siu⁴⁴ jɛ³¹⁻⁵⁵、木刨碎_{碎木、刨花儿} muk² pʰau²² sui⁴⁴、猪公_{公猪} tsi⁴⁴ kuŋ⁴⁴、猪姆_{母猪} tsi⁴⁴ na⁵⁵、狗公_{公狗} kau⁵⁵ kuŋ⁴⁴、狗姆_{母狗} kau⁵⁵ na⁵⁵、鸡公_{公鸡} kɔi⁴⁴ kuŋ⁴⁴、鸡姆_{母鸡} kɔi⁴⁴ na⁵⁵、牛仔_{小牛} ŋiu²² tɔi⁵⁵、羊仔_{小羊} jɛŋ²² tɔi⁵⁵、猪仔_{小猪} tsi⁴⁴ tɔi⁵⁵、狗仔_{小狗} kau⁵⁵ tɔi⁵⁵、猫仔_{小猫} mei⁴⁴ tɔi⁵⁵、鸡仔_{小鸡} kɔi⁴⁴ tɔi⁵⁵、鸭仔_{小鸭} ap³ tɔi⁵⁵。

芝加哥：宵夜_{夜宵} siu⁴⁴ jɛ³¹⁻³⁵、打千秋_{打千秋} a⁵⁵ tsʰin⁴⁴ tsʰau⁴⁴、行人路_{人行路} haŋ²² jan²² lu³¹、人客_{客人} jan²² hak³、猪公_{公猪} tsi⁴⁴ kuŋ⁴⁴、猪姆_{母猪} tsi⁴⁴ na⁵⁵、羊公_{公羊} jɛŋ²² kuŋ⁴⁴、羊姆_{母羊} jɛŋ²² na⁵⁵、狗公_{公狗} kiu⁵⁵ kuŋ⁴⁴、狗姆_{母狗} kiu⁵⁵ na⁵、猫公_{公猫} mei⁴⁴ kuŋ⁴⁴、猫姆_{母猫} mei⁴⁴ na⁵⁵、鸡公_{公鸡} kai⁴⁴ kuŋ⁴⁴、鸡姆_{母鸡} kai⁴⁴ na⁵⁵、羊仔_{小羊} jɛŋ²² tɔi⁵⁵、猪仔_{小猪} tsi⁴⁴ tɔi⁵⁵、狗仔_{小狗} kiu⁵⁵ tɔi⁵⁵、猫仔_{小猫} mei⁴⁴ tɔi⁵⁵、鸡仔_{小鸡} kai⁴⁴ tɔi⁵⁵、鸭仔_{小鸭} ap³ tɔi⁵⁵。

波特兰：宵夜_{夜宵} ɬɛu⁴⁴ jɛ³¹⁻³⁵、牛公_{公牛} ŋiu²² kuŋ⁴⁴、牛姆_{母牛} ŋiu²² na⁵⁵、鸭仔_{小鸭} ap³ tɔi⁵⁵。

圣安东尼奥：宵夜_{夜宵} ɬɛu⁴⁴ jɛ³¹、牛仔_{小牛} ŋau²² tɔi⁵⁵、羊仔_{小羊} jɛŋ²² tɔi⁵⁵、猪仔_{小猪} tsi⁴⁴ tɔi⁵⁵、狗仔_{小狗} kau⁵⁵ tɔi⁵⁵、猫仔_{小猫} miu⁴⁴ tɔi⁵⁵、鸡仔_{小鸡} kai⁴⁴ tɔi⁵⁵、鸭仔_{小鸭} ap³ tɔi⁵⁵。

广府话例子如下：

三藩市：宵夜_{夜宵} siu⁵⁵ jɛ²²⁻³⁵、齐整_{整齐} tsʰei²¹ tseŋ³⁵、牛公_{公牛} ŋɐu²¹ ŋuŋ⁵⁵、牛仔_{小牛} ŋɐu²¹ tsɐi³⁵、猪仔_{小猪} tsy⁵⁵ tsɐi³⁵、猫仔_{小猫} mau⁵⁵ tsɐi³⁵、鸡仔_{小鸡} kɐi⁵⁵ tsɐi³⁵、鸭仔_{小鸭} ŋap³ tsɐi³⁵。

洛杉矶：宵夜_{夜宵} siu⁵⁵ jɛ²²⁻³⁵、牛公_{公牛} ŋɐu²¹ kuŋ⁵⁵、牛姆_{母牛} ŋɐu²¹ na³⁵、鸡公_{公鸡} kɐi⁵⁵ kuŋ⁵⁵、鸡姆_{母鸡} kɐi⁵⁵ na³⁵、羊仔_{小羊} jœŋ²¹ tsɐi³⁵、猪仔_{小猪} tsy⁵⁵ tsɐi³⁵、狗仔_{小狗} kɐu³⁵ tsɐi³⁵、猫仔_{小猫} mau⁵⁵ tsɐi³⁵、鸡仔_{小鸡} kɐi⁵⁵ tsɐi³⁵、鸭仔_{小鸭} ŋap³ tsɐi³⁵。

纽约：宵夜_{夜宵} siu⁵⁵ jɛ²²⁻³⁵、狗公_{公狗} kɐu³⁵ kuŋ⁵⁵、狗姆_{母狗} kɐu³⁵ na³⁵、牛仔_{小牛} ŋɐu²¹ tsɐi³⁵、狗仔_{小狗} kɐu³⁵ tsɐi³⁵、猫仔_{小猫} mau⁵⁵ tsɐi³⁵、鸡仔_{小鸡} kɐi⁵⁵ tsɐi³⁵、鸭仔_{小鸭} ŋap³ tsɐi³⁵。

芝加哥：宵夜_{夜宵} siu⁵⁵ jɛ²²⁻³⁵、打千秋_{打千秋} ta³⁵ tsʰin⁵⁵ tsʰɐu⁵⁵、人客_{客人} jɐn²¹ hak³、羊姆_{母羊} jœŋ²¹ na³⁵、狗姆_{母狗} kɐu³⁵ na³⁵、猫公_{公猫} mau⁵⁵ kuŋ⁵⁵、猫姆_{母猫} mau⁵⁵ na³⁵、鸡姆_{母鸡} kɐi⁵⁵ na³⁵、羊

仔_{小羊}jœŋ²¹ tsɐi³⁵、猪仔_{小猪}tsy⁵⁵ tsɐi³⁵、狗仔_{小狗}kɐu³⁵ tsɐi³⁵、狗公_{公狗}kɐu³⁵ kuŋ⁵⁵、猫仔_{小猫}mau⁵⁵ tsɐi³⁵

波特兰：宵夜_{夜宵}siu⁵⁵ jɛ²²⁻³⁵、牛仔_{小牛}ŋɐu²¹ tsɐi³⁵、鸭仔_{小鸭}ŋap³ tsɐi³⁵

休斯敦：宵夜_{夜宵}siu⁵⁵ jɛ²²⁻³⁵、牛仔_{小牛}ŋɐu²¹ tsɐi³⁵、羊仔_{小羊}jɛŋ²¹ tsɐi³⁵、猪仔_{小猪}tsy⁵⁵ tsɐi³⁵、狗仔_{小狗}kɐu³⁵ tsɐi³⁵、猫仔_{小猫}mau⁵⁵ tsɐi³⁵、鸡仔_{小鸡}kɐi⁵⁵ tsɐi³⁵、鸭仔_{小鸭}ŋap³ tsɐi³⁵

此外，如同中国祖籍地的源方言，美国华人社区的台山话和广府话单音节名词比较多，而部分名词缺少汉语普通话名词常有的"子"尾，是造成台山话和广府话单音节名词数量众多的一个原因。例如，表4-1、表4-2的例子中，只有洛杉矶台山话有"白沙_{沙子}""棉被_{被子}"两个例外，是没有"子"尾的双音节合成词；另外，芝加哥台山话的"桔果_{橘子}kak⁵kuɔ⁵⁵"也是双音节合成词，没有"子"尾。

表4-1 6个台山话单音节名词举例

方言	条目									
	沙子	凳子	柜子	瓶子	梳子	裤子	被子	袜子	橘子	鸭子
广东台山话	沙 sa³³	凳 aŋ³¹	柜 kei³¹	樽 tun³¹⁻³⁵	梳 sɔ³³⁻³⁵	裤 fu³¹	被 pʰei³¹	袜 mat²	桔 kit⁵	鸭 ap³
三藩市台山话	沙 sa⁴⁴	凳 aŋ⁴⁴	柜 ki³¹	樽 tun⁴⁴⁻³¹	梳 ɬu⁴⁴	裤 fu⁴⁴	被 pʰi³¹	袜 mat²	桔 kit⁵	鸭 ap³⁻³⁵
洛杉矶台山话	白沙 pak² sa⁴⁴⁻²¹	凳 aŋ²¹	柜 kui²¹	樽 tun⁴⁴⁻³⁵	梳 ɬɔ⁴⁴	裤 fu²¹	棉被 mɛn²² pʰei²¹⁻³⁵	袜 mat²	桔 kit⁵	鸭 ap³
纽约台山话	沙 sa⁴⁴	凳 aŋ⁴⁴	柜 kui³¹	樽 tun⁴⁴	梳 sɔ⁴⁴	裤 fu⁴⁴	被 pʰi³¹	袜 mat²	桔 kat⁵	鸭 ap³
芝加哥台山话	沙 sa⁴⁴⁻³⁵	凳 aŋ³¹	柜 kuai³¹	樽 tun⁴⁴	梳 su⁴⁴	裤 fu³¹	被 pʰi⁵⁵	袜 mat²	桔果 kak⁵ kuɔ⁵⁵	鸭 ap³
波特兰台山话	沙 sa⁴⁴⁻³¹	凳 aŋ³¹	柜 kei³¹	樽 tun⁴⁴	梳 sou⁴⁴	裤 fu³¹	被 pʰei³¹	袜 mat²	桔 kit⁵	鸭 ap³
圣安东尼奥台山话	沙 sa⁴⁴	凳 taŋ³¹	柜 kuai³¹	樽 tun⁴⁴⁻³⁵	梳 sɔ⁴⁴	裤 fu⁴⁴	被 pʰei⁵⁵	袜 mat²	桔 kak⁵	鸭 ap³

表4-2　6个广府话单音节名词举例

方言	条目									
	沙子	凳子	柜子	瓶子	梳子	裤子	被子	袜子	橘子	鸭子
广东广州话	沙 sa^{55}	凳 tɐŋ^{33}	柜 kwɐi^{22}	樽 tsœn^{55}	梳 sɔ^{55}	裤 fu^{33}	被 p^{h}ei^{13}	袜 mɐt^{2}	桔 kɐt^{5}	鸭 ŋap^{3}
三藩市广府话	沙 sa^{55}	凳 tɐŋ^{33}	柜 kwɐi^{22}	樽 tsœn^{55}	梳 sɔ^{55}	裤 fu^{33}	被 p^{h}ei^{13}	袜 mɐt^{2}	桔 kɐt^{5}	鸭 ŋap^{3}
洛杉矶广府话	沙 sa^{55}	凳 tɐŋ^{33}	柜 kwɐi^{22}	樽 tsœn^{55}	梳 sɔ^{55}	裤 fu^{33}	被 p^{h}ei^{13}	袜 mɐt^{2}	桔 kɐt^{5}	鸭 ŋap^{3}
纽约广府话	沙 sa^{55}	—	柜 kwɐi^{22}	樽 tsœn^{55}	梳 sɔ^{55}	裤 fu^{33}	被 p^{h}ei^{13}	袜 mɐt^{2}	桔 kɐt^{5}	鸭 ŋap^{3}
芝加哥广府话	沙 sa^{55}	凳 tɐŋ^{33}	柜 kwɐi^{22}	樽 tsœn^{55}	梳 sɔ^{55}	裤 fu^{33}	被 p^{h}ei^{13}	袜 mɐt^{2}	桔 kɐt^{5}	鸭 ŋap^{3}
波特兰广府话	沙 sa^{55}	凳 tɐŋ^{33}	柜 kwɐi^{22}	樽 tsœn^{55}	梳 sɔ^{55}	裤 fu^{33}	被 p^{h}ei^{13}	袜 mɐt^{2}	桔 kɐt^{5}	鸭 ŋap^{3}
休斯敦广府话	沙 sa^{55}	凳 tɐŋ^{33}	柜 kwɐi^{22}	樽 tsœn^{55}	梳 sɔ^{55}	裤 fu^{33}	被 p^{h}ei^{13}	袜 mɐt^{2}	桔 kɐt^{5}	鸭 ŋap^{3}

4.1.1.2　名词的前缀和后缀

汉语普通话和汉语方言的名词都有前缀和后缀,广东粤方言台山话和广府话名词的前缀和后缀也非常丰富。

粤方言名词的这个特点,华人社区的台山话和广府话也都继承了,且总的看来,如同祖籍地方言,名词的后缀要比前缀多得多,表现也丰富得多。前缀一般有"阿""老""小"3个,后缀一般有"仔""头""公""佬""婆""乸""哥""包""子""儿"10个。但具体各点拥有的前、后缀数量不一,且每个点前缀、后缀的造词能力也不一。例如,我们就没有记录到三藩市广府话的前缀"小"。再如,能与后缀"婆""哥""包""儿"组合的字,每个点也都很少。而每个点都有的后缀"仔"的构词能力却非常强大,"仔"这个粤方言的特色词缀,在美国华人社区的粤方言台山话、广府话里的表现与广东祖籍地方言一样突出。

在这些前缀和后缀里,一些带前缀"小"和后缀"子"的名词有共同语普通话影响的痕迹,在华人社区的方言点里,用它们组成的词也不多。我们在上文曾提到,普通话很多含"子"尾的词,台山话、广府话都不带"子"尾,但这并不是说,华人社区的台山话和广府话就完全没有"子"尾词,只是带"子"尾的附加式合成词不多。后缀"儿"也一样,用它组成的词也不多,不过台山话和广府话的这个"儿"尾与汉语普通话的儿化韵的"儿"不一样,是一个有固定声母、韵母、声调的后缀。

而且,我们知道,很多汉语方言名词表示牲畜性别后缀的使用,都有"配套对应"的

第4章 美国华人社区粤方言语法研究

现象。例如，广东粤方言广州话，表示牲畜性别的后缀"公""乸母"，在与每一类牲畜对应时都是一样的，如"牛公公牛""牛乸母牛"、"猪公公猪"、"猪乸母猪"、"狗公公狗"、"狗乸母狗"、"猫公公猫"、"猫乸母猫"、"鸡公公鸡"、"鸡乸母鸡"、"鸭公公鸭"、"鸭乸母鸭"。此外，还有广东闽方言的"翁""公""母"，广东客家方言的"公""牯""嫲""婆"，等等。

这种和谐的名词后缀配搭，在东南亚华人社区的闽、粤、客方言中也基本如是。但是，在美国华人社区的台山话和广府话中，类似的和谐构建却被打破了，不少方言点名词后缀的使用都显得有些凌乱。原因之一，是我们在第3章词汇部分谈到过的，牲畜性别的表示出现了问题（参见3.2.1.2.3 "美国华人有关牲畜表述的研究"）。另一个导致华人社区的方言词汇（不仅是名词）减少的原因则是英语借词的使用，有部分名词，华人在表述时只使用借词。因此，由这种对应的缺失造成的附加式合成名词的缩减就无法弥补了。

以下是华人社区台山话、广府话各点名词前缀和后缀的具体表现。

（1）前缀。

1）台山话中，三藩市台山话有前缀"阿""老""小"。例如：

阿：阿婶 $a^{44}sim^{55}$、阿妗舅母 $a^{44}k^{h}\varepsilon n^{31}$、阿伯 $a^{44}pak^{3}$、阿姆伯母 $a^{44}mu^{22}$

老：老千骗子 $lou^{55}t^{h}\varepsilon n^{44}$、老公 $lou^{55}ku\eta^{44}$、老婆 $lou^{55}p^{h}\mathfrak{o}^{22}$、老师 $lou^{55}\textit{ł}u^{44}$、老爷公公 $lou^{55}j\varepsilon^{22}$、老板 $lau^{55}pan^{55}$

小：小档仔小摊档 $siau^{55}t\mathfrak{o}\eta^{44}t\mathfrak{o}i^{55}$、小货车 $siau^{55}f\mathfrak{o}^{31}ts^{h}\varepsilon^{44}$

洛杉矶台山话有前缀"阿""老""小"。例如：

阿：阿爸 $a^{44}pa^{44}$、阿爷祖父 $a^{44}j\varepsilon^{22}$、阿人祖母 $a^{44}\eta in^{22}$、阿舅 $a^{44}k^{h}iu^{21}$、阿妗舅母 $a^{44}k^{h}im^{21}$、阿婶 $a^{44}sim^{55}$、阿姑 $a^{44}ku^{44}$

老：老墨墨西哥人 $l\mathfrak{o}^{55}mak^{2}$、老公 $l\mathfrak{o}^{55}ku\eta^{44}$、老婆 $l\mathfrak{o}^{55}p^{h}u^{22}$

小：小船 $\textit{ł}iau^{55}s\mathfrak{o}n^{22}$、小摊档 $siu^{35}t^{h}an^{55}t\mathfrak{o}\eta^{33}$、小贩 $siu^{35}fan^{35}$、小煲平底锅 $\textit{ł}iau^{55}p\mathfrak{o}^{44}$

纽约台山话有前缀"阿""老""小"。例如：

阿：阿爷祖父 $a^{44}j\varepsilon^{22}$、阿人祖母 $a^{44}jan^{22}$、阿姆伯母 $a^{44}mu^{22}$、阿妗舅母 $a^{44}k^{h}am^{31}$、阿姨 $a^{44}ji^{44}$、阿婶 $a^{44}sim^{55}$

老：老泥皮肤上的泥垢 $lou^{55}nai^{22}$、老鹰 $lou^{31-55}je\eta^{44}$、老虎 $lau^{55}fu^{55}$、老襟连襟 $lau^{55}k^{h}im^{44}$、老公 $l\mathfrak{o}^{55}ku\eta^{44}$、老婆 $l\mathfrak{o}^{55}p^{h}\mathfrak{o}^{22}$

小：小肠气疝气 $\textit{ł}iu^{55}ts^{h}\varepsilon\eta^{22}hi^{44}$

芝加哥台山话有前缀"阿""老""小"。例如：

阿：阿爷祖父 $a^{44}j\varepsilon^{22}$、阿人祖母 $a^{44}jan^{22}$、阿妗舅母 $a^{44}k^{h}am^{31}$、阿弟 $a^{44}ai^{31}$、阿妹 $a^{44}m\mathfrak{o}i^{31}$、阿叔 $a^{44}suk^{5}$、阿舅 $a^{44}k^{h}iu^{55-31}$

老：老墨墨西哥人 lou⁵⁵ mak²、老番老外 lou⁵⁵ fan⁴⁴、老窦父亲 lou⁵⁵ au³¹、老板 lɔ⁵⁵ pan⁵⁵、老师 lɔ⁵⁵ su⁴⁴、老虎 lou⁵⁵ fu⁵⁵

小：小档口小摊档 ɬiu⁵⁵ tɔŋ⁴⁴ hau⁵⁵、小肠气疝气 siu⁵⁵ tsʰiaŋ²² hi⁴⁴、小喫零食 siu⁵⁵ hɛt⁵

波特兰台山话有前缀"阿""老""小"。例如：

阿：阿爷祖父 a⁴⁴ jɛ²²、阿人祖母 a⁴⁴ jan²²、阿婶 a⁴⁴ ɬim⁵⁵、阿嫂 a⁴⁴ ɬau⁵⁵
老：老番老外 lau⁵⁵ fan⁴⁴、老板 lau⁵⁵ pan⁵⁵、老鹰 lau⁴⁴ jeŋ⁴⁴、老鼠 lau⁵⁵ si⁵⁵、老虎 lau⁵⁵ fu⁵⁵
小：小费 siu⁵⁵ fui⁴⁴

圣安东尼奥台山话有前缀"阿""老""小"。例如：

阿：阿爷父亲、祖父 a⁴⁴ jɛ²²、阿人祖母 a⁴⁴ ŋin²²、阿婶 a⁴⁴ sim⁵⁵、阿姆伯母 a⁴⁴ mou²²、阿舅 a⁴⁴ kʰiu³¹、阿妗舅母 a⁴⁴ kʰim³¹、阿姊 a⁴⁴ tei⁵⁵
老：老契情妇、情夫 lou⁵⁵ kʰei⁴⁴、老千骗子 lou⁵⁵ tʰan⁴⁴、老襟连襟 lou⁵⁵ kʰim⁴⁴、老公 lou⁵⁵ kuŋ⁴⁴、老婆 lou⁵⁵ pʰɔ²²、老泥皮肤上的泥垢 lou⁵⁵ nɔi²²、老虎 lou⁵⁵ fu⁵⁵
小：小肠气疝气 siu⁵ tsʰiaŋ²² hei⁴⁴、小费 siu⁵⁵ fai⁴⁴、小档仔小摊档 siu⁵⁵ ɔŋ⁴⁴ tɔi⁵⁵、小贩 siu⁵⁵ fan⁵⁵

2）广府话中，三藩市广府话有前缀"阿""老"。例如：

阿：阿姨 a³³ ji²¹⁻⁵⁵、阿嫂 a³³ sou³⁵
老：老番老外 lou¹³ fan⁵⁵、老墨墨西哥人 lou¹³ mɐt²、老千骗子 lou¹³ tsʰin⁵⁵、老细老板 lou¹³ sɐi³³、老窦父亲 lou¹³ tɐu²²、老公 lou¹³ kuŋ⁵⁵、老婆 lou¹³ pʰɔ²¹、老鼠 lou¹³ sy³⁵

洛杉矶广府话有前缀"阿""老""小"。例如：

阿：阿爷祖父 a³³ jɛ²¹、阿嫲祖母 a³³ ma²¹、阿爸 a³³ pa⁵⁵、阿妗舅母 a³³ kʰɐm¹³、阿嫂 a³³ sou³⁵、阿姨 a³³ ji⁵⁵
老：老墨墨西哥人 lou¹³ mɐt²、老千骗子 lou¹³ tsʰin⁵⁵、老细老板 lou¹³ sɐi³³、老母母亲 lou¹³ mou¹³⁻³⁵、老公 lou¹³ kuŋ⁵⁵、老婆 lou¹³ pʰɔ²¹
小：小船 ɬiau⁵⁵ sɔn²²、小贩 siu³⁵ fan³⁵、小名 siu³⁵ mɛŋ²¹⁻³⁵

纽约广府话有前缀"阿""老""小"。例如：

阿：阿婶 a³³ sɐm³⁵、阿婆 a³³ pʰɔ²¹、阿爷祖父 a³³ jɛ²¹、阿嫲祖母 a³³ ma²¹、阿嫂 a³³ sou³⁵
老：老公 lou¹³ kuŋ⁵⁵、老婆 lou¹³ pʰɔ²¹、老妈子母亲 lou¹³ ma⁵⁵ tsi³⁵（此词还有后缀"子"）、老爷公公 lou¹³ jɛ²¹、老虎 lou¹³ fu³⁵

第4章 美国华人社区粤方言语法研究

小：小髀_{小腿}siu³⁵pei³⁵、小费 siu³⁵fɐi³³

芝加哥广府话有前缀"阿""老""小"。例如：

阿：阿婆 a³³pʰɔ²¹、阿婶 a³³sɐm³⁵、阿嫲_{祖母}a³³ma²¹、阿爷_{祖父}a³³jɛ²¹
老：老千_{骗子}lou¹³tsʰin⁵⁵、老窦_{父亲}lou¹³tɐu³³、老妈子_{母亲}lou¹³ma⁵⁵tsi³⁵（此词还有后缀"子"）、老婆 lou¹³pʰɔ²¹、老公 lou¹³kuŋ⁵⁵、老番_{老外}lou¹³fan⁵⁵、老墨_{墨西哥人}lou¹³mɐk²、老师 lou¹³si⁵⁵、老板娘 lou¹³pan³⁵nœŋ²¹
小：小肠气_{疝气}siu³⁵tsʰœŋ²¹hei³³

波特兰广府话有前缀"阿""老""小"。例如：

阿：阿姆_{台,伯母}a³³mou²¹、阿婶 a³³sɐm³⁵、阿嫲_{祖母}a³³ma²¹、阿爷_{祖父}a³³jɛ²¹
老：老泥_{皮肤上的泥垢}lou¹³nɐi²¹、老窦_{父亲}lou¹³tɐu²²、老板 lou¹³pan³⁵、老虎 lou¹³fu³⁵、老鹰 lau⁴⁴jeŋ⁴⁴、老移民 lou¹³ji²¹mɐn²¹、老板 lou¹³pan³⁵
小：小腿_华siu³⁵tʰœy³⁵、小偷 siu³⁵tʰɐu⁵⁵

休斯敦广府话有前缀"阿""老""小"。例如：

阿：阿嫲_{祖母}a³³ma²¹、阿爷_{祖父}a³³jɛ²¹、阿婶 a³³sɐm³⁵、阿嫂 a³³sou³⁵、阿姨 a³³ji⁵⁵
老：老墨_{墨西哥人}lou¹³mɐt²、老窦_{父亲}lou¹³tɐu²²、老公 lou¹³kuŋ⁵⁵、老婆 lou¹³pʰɔ²¹、老爷_{公公}lou⁵⁵jɛ²²、老板 lou¹³pan³⁵
小：小费 siu³⁵fɐi³³

(2) 后缀。
1) 台山话中，三藩市台山话有后缀"仔""头""公""嫲""子""哥"。例如：
(各点后缀出现的顺序，以记录到的例子多寡排列，例子多的排前面，下同)

仔：舅仔_{小舅子}kʰiu³¹⁻⁵⁵tɔi⁵⁵、客仔_{顾客}hak³tɔi⁵⁵、□蚊仔_{小孩子}ɬam⁴⁴min⁵⁵tɔi⁵⁵、公仔_{洋娃娃}kuŋ⁴⁴tɔi⁵⁵、煮饭仔_{小孩过家家}tsi⁵⁵fan³¹tɔi⁵⁵、骑膊仔_{骑肩膀}kʰɛ²²pɔk³tɔi⁵⁵、秤仔_{小秤}tsʰeŋ⁴⁴tɔi⁵⁵、银仔_{硬币}ŋan²²tɔi⁵⁵、小档仔_{小摊档}siau⁵⁵tɔŋ⁴⁴tɔi⁵⁵（此词有后缀"仔"，也有前缀"小"）、茄仔_{茄子}kʰɛ²²tɔi⁵⁵、辣椒仔_{一种很辣的小辣椒}lat²tiu⁴⁴tɔi⁵⁵、牛仔_{小牛}ŋau²²tɔi⁵⁵、猪仔_{小猪}tsi⁴⁴tɔi⁵⁵、羊仔_{小羊}jeŋ²²tɔi⁵⁵、猫仔_{小猫}miau⁴⁴tɔi⁵⁵、鸡仔_{小鸡}kai⁴⁴tɔi⁵、鸭仔_{小鸭子}ŋap³tɔi⁵⁵
头：码头 ma⁵⁵⁻³¹hɐu²²、石头 sek²hɐu²²、枕头 tsim⁵⁵hɐu²²、额头 ŋak²hɐu²²、膝头_{膝盖}ɬit⁵hɐu²²、菜头 tʰɔi⁴⁴hɐu²²、蒜头 ɬɔn²¹⁻³⁵hau²²、馒头 man³¹hɐu²²
公：牛公_{公牛}ŋau²²kuŋ⁴⁴、羊公_{公羊}jeŋ²²kuŋ⁴⁴、猪公_{公猪}tsi⁴⁴kuŋ⁴⁴、猫公_{公猫}miau⁴⁴kuŋ⁴⁴、鸡公_{公鸡}kai⁴⁴kuŋ⁴⁴

姆：牛姆母牛 ŋau²² na⁵⁵、羊姆母羊 jɛŋ²² na⁵⁵、猪姆母猪 tsi⁴⁴ na⁵⁵、猫姆母猫 miau⁴⁴ na⁵⁵、鸡姆母鸡 kai⁴⁴ na⁵⁵

子：筷子 fai⁴⁴ tu⁵⁵、饺子 kau⁵⁵ tu⁵⁵

哥：鼻哥鼻子 pi³¹ ku⁴⁴

洛杉矶台山话有后缀"仔""头""佬""公""姆""子""哥"。例如：

仔：脚仔脚趾 kiak³ tɔi⁵⁵、手仔手指 ɬiu⁵⁵ tɔi⁵⁵、指仔小指头 tsi⁵⁵ tɔi⁵⁵、鞋仔凉鞋 hai²² tɔi⁵⁵、船仔小船 sɔn²² tɔi⁵⁵、古仔故事 ku⁵⁵ tɔi⁵⁵、公仔洋娃娃 kuŋ⁴⁴ tɔi⁵⁵、阁仔阁楼 kɔk³ tɔi⁵⁵、刀仔小刀 ɔ⁴⁴ tɔi⁵⁵、扫把仔小扫把 sɔ⁴⁴ pa⁵⁵ tɔi⁵⁵、丸仔药丸 jɔn²² tɔi⁵⁵、兔仔兔子 tʰu⁴⁴ tɔi⁵⁵、羊仔小羊 jaŋ²² tɔi⁵⁵、猪仔小猪 tsi⁴⁴ tɔi⁵⁵、狗仔小狗 kau⁵⁵ tɔi⁵⁵、猫仔小猫 mɛu⁴⁴ tɔi⁵⁵、鸡仔小鸡 kai⁴⁴ tɔi⁵⁵、鸭仔小鸭子 ap³ tɔi⁵⁵

头：钟头小时 tsuŋ⁴⁴ hau²²、日头太阳 ŋit² hau²²、晚头晚上 man⁵⁵ hau²²、芋头 wu²¹ hau²²、木头 muk² hau²²、炉头炉子 lu²² hau²²、膝头膝盖 ɬit⁵ hau²²、脚头脚跟 kiak³ hau²²、肩头 kan⁴⁴ hau²²、铺头商店 pʰu⁴⁴ hau²²、角头角落 kɔk³ hau²²、斧头 pu⁵⁵ hau²²、事头老板 ɬu⁴⁴ hau²²、女事头女老板 nui⁵⁵ ɬu⁴⁴ hau²²、大铺头超市 ai³¹ pʰu⁴⁴ hau²²

佬：肥佬胖子 fei⁴⁴ lɔ⁵⁵、高佬高个子 kɔ⁴⁴ lɔ⁵⁵、飞发佬理发师 fi⁴⁴ fat³ lɔ⁵⁵、打砖佬泥瓦匠 a⁵⁵ tsɔn⁴⁴ lɔ⁵⁵、财主佬商人 tsʰɔi²² tsi⁵⁵ lɔ⁵⁵

公：鸡公公鸡 kai⁴⁴ kuŋ⁴⁴

姆：鸡姆母鸡 kai⁴⁴ na⁵⁵

子：筷子 fai⁴⁴ tu⁵⁵

哥：鼻哥鼻子 pi²¹ ku⁴⁴

纽约台山话有后缀"仔""头""佬""公""姆""子""婆""哥""包""儿"。例如：

仔：古仔故事 ku⁵⁵ tɔi⁵⁵、银仔硬币 ŋan²² tɔi⁵⁵、巷仔小巷子 hɔŋ³¹ tɔi⁵⁵、船仔小船 sun²² tɔi⁵⁵、碟仔碟子 ɛp² tɔi⁵⁵、档仔小摊档 tɔŋ⁴⁴ tɔi⁵⁵、耳仔耳朵 ji⁵⁵ tɔi⁵⁵、刀仔小刀 tou⁴⁴ tɔi⁵⁵、白粉仔吸毒者 pak² fun⁵⁵ tɔi⁵⁵、贼仔小偷 tʰak³ tɔi⁵⁵、叔仔小叔子 ɬuk⁵ tɔi⁵⁵、姨仔小姨子 ji²² tɔi⁵⁵、舅仔小舅子 kʰau⁵⁵ tɔi⁵⁵、侄仔侄子 tsat² tɔi⁵⁵、客仔顾客 hak³ tɔi⁵⁵、锥仔锥子 tsui⁴⁴ tɔi⁵⁵、阁仔小阁楼 kɔk³ tɔi⁵⁵、薯仔马铃薯 si²² tɔi⁵⁵、蚊仔蚊子 man⁴⁴⁻³¹ tɔi⁵⁵、麻雀仔小麻雀 ma²² tiak³ tɔi⁵⁵、牛仔小牛 ŋiu²² tɔi⁵⁵、羊仔小羊 jɛŋ²² tɔi⁵⁵、猪仔小猪 tsi⁴⁴ tɔi⁵⁵、狗仔小狗 kau⁵⁵ tɔi⁵⁵、猫仔小猫 mei⁴⁴ tɔi⁵⁵、鸡仔小鸡 kɔi⁴⁴ tɔi⁵⁵、鸭仔小鸭 ap³ tɔi⁵⁵

头：日头太阳/白天 jat² hɛu²²、菜头 tʰɔi⁴⁴ hɛu²²、肩头 kan⁴⁴ hɛu²²、脚头脚跟 kiak³ hɛu²²、额头 ŋɛk² hɛu²²、眉头 mi²² hɛu²²、唛头商标 mak⁵ hɛu²²、石头 sɛk² hɛu²²、木头 muk² hɛu²²、砖头 tsun⁴⁴ hɛu²²、枕头 tsam⁵⁵ hɛu²²、斧头 pu⁵⁵ hɛu²²、铺头商店 pʰu⁴⁴ hɛu²²、码头 ma⁵⁵⁻³¹ hɛu²²

佬：鬼佬老外 kui⁵⁵ lou⁵⁵、癫佬疯子 ɛn⁴⁴ lou⁵⁵、傻佬傻子 sɔ²² lou⁵⁵、贼佬强盗 tʰak² lou⁵⁵、耕田佬农民 kaŋ⁴⁴ hɛn²² lou⁵⁵、飞发佬理发师 fi⁴⁴ fat³ lou⁵⁵

公：雷公雷 lui²² kuŋ⁴⁴、猪公公猪 tsi⁴⁴ kuŋ⁴⁴、狗公公狗 kau⁵⁵ kuŋ⁴⁴、鸡公公鸡 kɔi⁴⁴ kuŋ⁴⁴

第4章 美国华人社区粤方言语法研究

姆：猪姆₁母猪tsi⁴⁴na⁵⁵、狗姆₁母狗kau⁵⁵na⁵⁵、鸡姆₁母鸡kɔi⁴⁴na⁵⁵

子：狮子ɬu⁴⁴tu⁵⁵、燕子jin⁴⁴tu⁵⁵、饺子kau⁵⁵tu⁵⁵

婆：煮饭婆₁家庭主妇tsi⁵⁵fan³¹pʰɔ²²

哥：鼻哥₁鼻子pi³¹kɔ⁴⁴

包：喊包₁爱哭的人ham⁴⁴pau⁴⁴

儿：乞儿₁乞丐hat⁵ŋi²²⁻⁵⁵

芝加哥台山话有后缀"仔""佬""头""公""姆""子""哥""婆""儿"。例如：

仔：烟仔₁香烟jin⁴⁴tɔi⁵⁵、丸仔₁药丸jun²²tɔi⁵⁵、阁仔₁阁楼kɔk³tɔi⁵⁵、银仔₁硬币ŋan²²tɔi⁵⁵、古仔₁故事ku⁵⁵tɔi⁵⁵、公仔₁洋娃娃kuŋ⁴⁴tɔi⁵⁵、扫把仔₁小扫把ɬou⁴⁴pa⁵⁵tɔi⁵⁵、刀仔₁小刀ɔ⁵⁵tɔi⁵⁵、贼仔₁小偷tʰak²tɔi⁵⁵、薯仔₁马铃薯si²²tɔi⁵⁵、菜仔₁菜秧tʰɔi⁴⁴tɔi⁵⁵、番茄仔₁圣女果fan⁴⁴kʰɛ²²tɔi⁵⁵、饼仔₁饼干piaŋ⁵⁵tɔi⁵⁵、蚁仔₁蚂蚁ŋai⁵⁵tɔi⁵⁵、雀仔₁小鸟tiɔk⁵tɔi⁵⁵、禾雀仔₁小麻雀wɔ²²tiɔk⁵tɔi⁵⁵、兔仔₁兔子hu⁴⁴tɔi⁵⁵、牛仔₁小牛ŋiu²²tɔi⁵⁵、猪仔₁小猪tsi⁴⁴tɔi⁵⁵、羊仔₁小羊jɛŋ²²tɔi⁵⁵、狗仔₁小狗kiu⁵⁵tɔi⁵⁵、猫仔₁小猫mei⁴⁴tɔi⁵⁵、鸡仔₁小鸡kai⁴⁴tɔi⁵⁵、鸭仔₁小鸭子ap³tɔi⁵⁵

佬：鬼佬₁老外kuai⁵⁵lou⁵⁵、差佬₁警察tsʰai⁴⁴lɔu⁵⁵、乡下佬₁乡下人hiaŋ⁴⁴ha³¹lɔ⁵⁵、肥佬₁胖子fi²²lɔ⁵⁵、高佬₁高个子kɔ⁴⁴lɔ⁵⁵、傻佬₁傻瓜sɔ²²lɔ⁵⁵、贼佬₁强盗tʰak²lɔ⁵⁵、阔佬₁有钱人fut³lɔ⁵⁵、耕田佬₁农民kaŋ⁴⁴tʰin²²lɔ⁵⁵、泥水佬₁泥瓦匠nai²²sui³¹lɔ⁵⁵、鬼佬₁老外kuai⁵⁵lou⁵⁵、派信佬₁邮递员pʰai⁴⁴ɬin⁴⁴lɔ⁵⁵、揸车佬₁司机tsa⁴⁴tsʰɛ⁴⁴lou⁵⁵

头：钟头₁小时tsuŋ⁴⁴hau²²、日头₁白天ŋiak²hau²²、月头₁月初ŋut²hau²²、芋头wu³¹hɛu²²⁻³⁵、禾头₁稻茬儿wɔ²²hɛu²²、荞头kʰei³¹hɛu²²、码头ma⁵⁵hau²²、榫头₁楔子sun⁵⁵hɛu²²、木头muk²hɛu²²、石头sɛk²hau²²、砖头tsun⁴⁴hau²²、锄头tsʰu²²hɛu²²、斧头fu⁵⁵hɛu²²、枕头tsam⁵⁵hɛu²²、拳头kʰun²²hau²²、膝头₁膝盖ɬit⁵hau²²、骑膊头₁骑肩膀kʰɛ²²pɔk³hau²²、铺头₁商店pʰu⁴⁴hau²²⁻³⁵、码头ma⁵⁵hau²²、事头₁老板si³¹hau²²

公：雷公₁雷lui²²kuŋ⁴⁴、手公₁大拇指siu⁵⁵kuŋ⁴⁴、牛公₁公牛ŋiu²²kuŋ⁴⁴、猪公₁公猪tsi⁴⁴kuŋ⁴⁴、羊公₁公羊jɛŋ²²kuŋ⁴⁴、狗公₁公狗kiu⁵⁵kuŋ⁴⁴、猫公₁公猫mei⁴⁴kuŋ⁴⁴、鸡公₁公鸡kai⁴⁴kuŋ⁴⁴

姆：牛姆₁母牛ŋiu²²na⁵⁵、羊姆₁母羊jɛŋ²²na⁵⁵、猪姆₁母猪tsi⁴⁴na⁵⁵、狗姆₁母狗kiu⁵⁵na⁵⁵、猫姆₁母猫mei⁴⁴na⁵⁵、鸡姆₁母鸡kai⁴⁴na⁵⁵、菢窦鸡姆₁抱窝母鸡pu³¹ɛu³¹kai⁴⁴na⁵⁵

子：饺子kau⁵⁵tu⁵⁵、狮子si⁴⁴tu⁵⁵、燕子jin⁴⁴tu⁵⁵、蒜子₁蒜头ɬɔn³¹tu⁵⁵、波子₁玻璃弹珠pɔ⁵⁵tu⁵⁵

哥：鼻哥₁鼻子pi³¹kɔ⁴⁴、鹆哥₁八哥liu⁴⁴kɔ⁴⁴

婆：事头婆₁女老板、老板娘si³¹hau²²pʰɔ²²

儿：乞儿₁乞丐hak⁵ji²²⁻⁵⁵

波特兰台山话有后缀"仔""佬""头""子""儿""公""姆"。例如：

仔：墨仔₁墨西哥人mak²tɔi⁵⁵、客仔₁顾客hak³tɔi⁵⁵、公仔₁洋娃娃kuŋ⁴⁴tɔi⁵⁵、夹仔₁背心kap³tɔi⁵⁵、烟

仔：香烟仔 jan⁴⁴tɔi⁵⁵、阁仔 阁楼 kɔk³tɔi⁵⁵、隔仔 筛子 kak³tɔi⁵⁵、牛筋仔 橡皮筋 ŋiu²²kin⁴⁴tɔi⁵⁵、古仔 故事 ku⁵⁵tɔi⁵⁵、刀仔 小刀 ɔ⁴⁴tɔi⁵⁵、丸仔 药丸 jin²²tɔi⁵⁵、银仔 硬币 ŋan²²tɔi⁵⁵、船仔 小船 sɔn²²tɔi⁵⁵、档仔 小摊档 tɔŋ⁴⁴tɔi⁵⁵、番茄仔 圣女果 fan⁴⁴kʰɛ²²⁻³⁵tɔi⁵⁵、煎堆仔 煎堆 tɛn⁴⁴tui⁴⁴tɔi⁵⁵、雀仔 小鸟 tiɔk³tɔi⁵⁵、兔仔 兔子 hou⁴⁴tɔi⁵⁵、鸭仔 小鸭子 ap³tɔi⁵⁵

佬：肥佬 胖子 fi²²lau⁵⁵、高佬 高个子 kau⁴⁴lau⁵⁵、傻佬 傻瓜 sɔ²²lau⁵⁵、耕田佬 农民 kaŋ⁴⁴hɛn²²lau⁵⁵、生意佬 商人 saŋ⁴⁴ji⁴⁴lau⁵⁵、泥水佬 泥瓦匠 nai²²sui⁵⁵lau⁵⁵、送信佬 邮递员 ɬuŋ⁴⁴sin⁴⁴lau⁵⁵

头：钟头 小时 tsuŋ⁴⁴hau²²、月头 月初 jyt²hau²²、日头 太阳，白天 ŋit²hai²²、膝头 膝盖 ɬip⁵hau²²、额头 ŋak²hau²²、膊头 肩头 pɔk³hau²²、奶头 nai³¹hau²²、拳头 kʰun²²hau²²、石头 sɛk²hau²²、码头 ma⁵⁵hau²²、铺头 商店 pʰu⁴⁴hau²²⁻³⁵、锄头 tsʰɔ²²hau²²、斧头 pou⁵⁵hau²²、枕头 tsim⁵⁵hau²²、芋头 wu³¹hau²²、菜头 tʰɔi⁴⁴hau²²、荠头 kʰɛu²²hau²²、馒头 man³¹hau²²、木头 muk²hau²²

子：日子 jit²tu⁵⁵、筷子 fai⁴⁴tu⁵⁵、波子 玻璃弹珠 pɔ⁴⁴tu⁵⁵、饺子 kau⁵⁵tu⁵⁵、栗子 板栗 lut²tu⁴⁴、蒜子 蒜头 ɬɔn³¹tu⁵⁵、狮子 ɬi⁴⁴tu⁵⁵、燕子 jin⁴⁴tu⁵⁵

儿：孤儿 ku⁴⁴ji²²、乞儿 乞丐 hak⁵ji²²⁻⁵⁵、混血儿 wan³¹hut³ji²²

公：手公 大拇指 siu⁵⁵kuŋ⁴⁴、牛公 公牛 ŋiu²²kuŋ⁴⁴

姆：牛姆 母牛 ŋiu²²na⁵⁵

圣安东尼奥台山话有后缀"仔""佬""头""子""公""婆""哥"。例如：

仔：三蚊仔 小孩子 ɬam⁴⁴min⁴⁴tɔi⁵⁵、野仔 孤儿 jɛ³¹tɔi⁵⁵、手仔 手指 sau⁵⁵tɔi⁵⁵、脚仔 脚趾 kɛk³tɔi⁵⁵、贼仔 小偷 tʰak²tɔi⁵⁵、土著仔 土生华人 hou⁵⁵tsi⁴⁴tɔi⁵⁵、打工仔 ta⁵⁵kuŋ⁴⁴tɔi⁵⁵、白粉仔 吸毒者 pak²fun⁵⁵tɔi⁵⁵、叔仔 小叔子 suk⁵tɔi⁵⁵、姨仔 小姨子 ji²²tɔi⁵⁵、舅仔 小舅子 kʰiu³¹tɔi⁵⁵、客仔 顾客 hak³tɔi⁵⁵、土著仔 土著 hou⁵⁵tsi⁴⁴tɔi⁵⁵、烂仔 流氓 lan³¹tɔi⁵⁵、丸仔 药丸 jɔn²²tɔi⁵⁵、烟仔 香烟 jin⁴⁴tɔi⁵⁵、刀仔 小刀 ou⁴⁴tɔi⁵⁵、米鼠仔 米老鼠，也特指动画片 mai⁵⁵si⁵⁵tɔi⁵⁵、古仔 故事 ku⁵⁵tɔi⁵⁵、煮饭仔 小孩过家家 tsi⁵⁵fan³¹tɔi⁵⁵、公仔 洋娃娃 kuŋ⁴⁴tɔi⁵⁵、小档仔 小摊档 siu⁵⁵ɔŋ⁴⁴tɔi⁵⁵、货车仔 小货车 fɔ⁵⁵tsʰɛ⁴⁴tɔi⁵⁵、艇仔 小艇 hɛŋ⁵⁵⁻³¹tɔi⁵⁵、船仔 小船 sun²²tɔi⁵⁵、薯仔 马铃薯 si²²tɔi⁵、辣椒仔 很辣的小辣椒 lat²tiu⁴⁴tɔi⁵⁵、牛仔 小牛 ŋau²²tɔi⁵⁵、羊仔 小羊 jɛŋ²²tɔi⁵⁵、猪仔 小猪 tsi⁴⁴tɔi⁵⁵、狗仔 小狗 kau⁵⁵tɔi⁵⁵、猫仔 小猫 miu⁴⁴tɔi⁵⁵、鸡仔 小鸡 kai⁴⁴tɔi⁵⁵、鸭仔 小鸭子 ap³tɔi⁵⁵、雀仔 小鸟 tiɔk³tɔi⁵⁵、兔仔 兔子 tʰou⁴⁴tɔi⁵⁵

佬：番鬼佬 老外 fan⁴⁴kei⁵⁵lou⁵⁵、肥佬 胖子 fei²²lou⁵⁵、高佬 高个子 kau⁴⁴lou⁵⁵、贼佬 强盗 tʰak²lou⁵⁵、乞米佬 乞丐 hak⁵mai⁵⁵lou⁵⁵、耕田佬 农民 kaŋ⁴⁴hɛn²²lou⁵⁵、斗木佬 木匠 ai⁴⁴muk²lou⁵⁵、打铁佬 铁匠 ta⁵⁵hɛt³lou⁵⁵、剪毛佬 理发师 tɛn⁵⁵mou⁴⁴lou⁵⁵、泥水佬 泥瓦匠 nai²²sui⁵⁵lou⁵⁵、生意佬 商人 saŋ⁴⁴ji⁴⁴lou⁵⁵、派信佬 邮递员 pʰai⁴⁴ɬin⁴⁴lou⁵⁵、阔佬 有钱人 fɔt³lou⁵⁵、牛佬 疯子 ŋai²²lou⁵⁵、大力佬 抬棺人 ai³¹lɛk²lou⁵⁵

头：日头 太阳，白天 ŋit²hai²²、厨头 厨师 tsʰui²²hai²²、膊头 肩头 pɔk³hai²²、拳头 kʰun²²hai²²、枕头 tsam⁴⁴tʰau²²①、铺头 商店 pʰu⁴⁴hai²²、码头 ma³¹⁻⁵⁵tʰau²²、芋头 wu³¹hai²²、菜头 tsʰui⁴⁴hai²²、

---

① "头"在圣安东尼奥台山话里有两读：hai²² 和 tʰau²²。前一读法应是台山话本来的读音，后一读法则明显是受到粤方言广府话的影响。

第4章 美国华人社区粤方言语法研究

蒜头 sun⁴⁴hai²²、木头 muk²hai²²、□头_奶头_ nan⁵⁵hai²²

子：脚眼子_踝骨_ kɛk³ŋan⁵⁵ti⁵⁵、哨子 sau⁴⁴tsi⁵⁵、波子_玻璃弹球_ pɔ⁴⁴tsi⁵⁵、狮子 si⁴⁴tsi⁵⁵

公：手公_大拇指_ siu⁵⁵kuŋ⁴⁴

婆：煮饭婆_家庭主妇_ tsi⁵⁵fan³¹pʰɔ²²

哥：膝头哥_膝盖_ ɬit⁵hai²²kɔ⁴⁴

2）广府话中，三藩市广府话有后缀"仔""头""子""哥""公""儿"。例如：

仔：客仔_顾客_ hak³tsɐi³⁵、细蚊仔_小孩子_ sɐi³³mɐn⁵⁵tsɐi³⁵、姨仔_小姨子_ ji²¹tsɐi³⁵、侄仔_侄子_ tsɐt²tsɐi³⁵、公仔_洋娃娃_ kuŋ⁵⁵tsɐi³⁵、牛仔_小牛_ ŋɐu²¹tsɐi³⁵、羊仔_小羊_ jœŋ²¹tsɐi³⁵、猪仔_小猪_ tsy⁵⁵tsɐi³⁵、猫仔_小猫_ mau⁵⁵tsɐi³⁵、鸡仔_小鸡_ kɐi⁵⁵tsɐi³⁵、鸭仔_小鸭子_ ŋap³tsɐi³⁵、档仔_小摊档_ tɔŋ³³tsɐi³⁵、车仔_小车_ tsʰɛ⁵⁵tsɐi³⁵、船仔_小船_ syn²¹tsɐi³⁵、艇仔_小艇_ tʰɛŋ¹³tsɐi³⁵

头：热头_太阳_ jit²tʰɐu²¹⁻³⁵、铺头_商店_ pʰou³³tʰɐu²¹⁻³⁵、码头 ma¹³tʰɐu²¹、额头 ŋak²tʰɐu²¹、蒜头 syn³³tʰɐu²¹、枕头 tsɐm³⁵tʰɐu²¹、馒头 man²²tʰɐu²¹

子：波子_玻璃弹球_ pɔ⁵⁵tsi³⁵、筷子 fai³³tsi³⁵、茄子 kʰɛ²¹⁻³⁵tsi³⁵、饺子 kau³⁵tsi³⁵

哥：鼻哥_鼻子_ pei²²kɔ⁵⁵、膝头哥_膝盖_ sɐt⁵tʰɐu²¹kɔ⁵⁵

公：牛公_公牛_ ŋɐu²¹ŋuŋ⁵⁵

儿：乞儿_乞丐_ hɐt⁵ji²¹⁻⁵⁵

洛杉矶广府话有后缀"仔""佬""头""公""哥""儿""子""嫲""婆""包"。例如：

仔：丸仔_药丸_ jyn²¹tsɐi³⁵、古仔_故事_ ku³⁵tsɐi³⁵、公仔_洋娃娃_ kuŋ⁵⁵tsɐi³⁵、客仔_顾客_ hak³tsɐi³⁵、贼仔_小偷_ tsʰak³³tsɐi³⁵、傻仔_傻瓜_ sɔ²¹tsɐi³⁵、艇仔_小艇_ tʰɛŋ¹³tsɐi³⁵、扫把仔_小扫把_ sou³³pa³⁵tsɐi³⁵、刀仔_小刀_ tou⁵⁵tsɐi³⁵、薯仔_马铃薯_ sy²¹tsɐi³⁵、辣椒仔_一种很辣的小辣椒_ lat²tsiu⁵⁵tsɐi³⁵、兔仔_兔子_ tʰou²¹tsɐi³⁵、雀仔_小鸟_ tsœk³tsɐi³⁵、牛仔_小牛_ ŋɐu²¹tsɐi³⁵、羊仔_小羊_ jœŋ²¹tsɐi³⁵、猪仔_小猪_ tsy⁵⁵tsɐi³⁵、狗仔_小狗_ kɐu³⁵tsɐi³⁵、猫仔_小猫_ mau⁵⁵tsɐi³⁵、鸡仔_小鸡_ kɐi⁵⁵tsɐi³⁵、鸭仔_小鸭子_ ŋap³tsɐi³⁵、煮饭仔_小孩过家家_ tsy³⁵fan²²tsɐi³⁵

佬：聋佬_聋人_ luŋ²¹lou³⁵、肥佬_胖子_ fei²¹lou³⁵、高佬_高个子_ kou⁵⁵lou³⁵、豆皮佬_麻子_ tɐu²²pʰei²¹lou³⁵、六指佬_六指人_ luk²tsi³⁵lou³⁵、傻佬_傻瓜_ sɔ²¹lou³⁵、贼佬_强盗_ tsʰak³³lou³⁵、耕田佬_农民_ kaŋ⁵⁵tʰin²¹lou³⁵、斗木佬_木匠_ tɐu³³muk²lou³⁵、打铁佬_铁匠_ ta³⁵tʰit³lou³⁵、泥水佬_泥瓦匠_ nɐi²¹sœy³⁵lou³⁵、生意佬_商人_ sɐŋ⁵⁵ji³³lou³⁵、大粒佬_大人物_ tai²²lɐp⁵lou³⁵、邮差佬_邮递员_ jɐu²¹tsʰai³³lou³⁵、送信佬_邮递员_ suŋ³³sɵn³³lou³⁵、鬼佬_老外_ kwɐi³⁵lou³⁵

头：蛇头_偷渡集团的头目_ sɛ²¹tʰɐu²¹、伙头_厨师_ fɔ³⁵tʰɐu²¹、铺头_商店_ pʰou³³tʰɐu²¹⁻³⁵、码头 ma¹³tʰɐu²¹、石头 sɛk²tʰɐu²¹、角落头 kɔk³lɔk²tʰɐu²¹⁻³⁵、芋头 wu²²tʰɐu²¹⁻³⁵、蒜头 syn³³tʰɐu²¹、木头 muk²tʰɐu²¹、斧头 fu³⁵tʰɐu²¹、枕头 tsɐm³⁵tʰɐu²¹、额头 ŋak²tʰɐu²¹、膊头_肩头_ pɔk³tʰɐu²¹、拳头 kʰyn²¹tʰɐu²¹、挛头_奶头_ nin⁵⁵tʰɐu²¹

公：手指公 大拇指 sɐu³⁵tsi³⁵kuŋ⁵⁵、牛公 公牛 ŋɐu²¹kuŋ⁵⁵、鸡公 公鸡 kɐi⁵⁵kuŋ⁵⁵

哥：鼻哥 鼻子 pei²²kɔ⁵⁵、膝头哥 膝盖 sɐt⁵tʰɐu²¹kɔ⁵⁵、鹩哥 八哥 liu⁵⁵kɔ⁵⁵

儿：混血儿 wɐn²²hyt³ji²¹、孤儿 ku⁵⁵ji²¹、乞儿 乞丐 hɐk⁵ji²¹⁻⁵⁵

子：狮子 si⁵⁵tsi³⁵、燕子 jin³³tsi³⁵、筷子 fai³³tsi³⁵

乸：牛乸 母牛 ŋɐu²¹na³⁵、鸡乸 母鸡 kɐi⁵⁵na³⁵⁻³⁵

婆：煮饭婆 家庭主妇 tsy³⁵fan²²pʰɔ²¹

包：喊包 爱哭的人 ham³³pau⁵⁵

纽约广府话有后缀"仔""佬""头""子""哥""公""乸""包""儿"。例如：

仔：耳仔 耳朵 ji¹³tsɐi³⁵、后生仔 年轻人 hɐu²²saŋ⁵⁵tsɐi³⁵、细路仔 小孩子 sɐi³³lou²²tsɐi³⁵、艇仔 小艇 tʰɛŋ¹³tsɐi³⁵、手巾仔 手绢 sɐu³⁵kɐn⁵⁵tsɐi³⁵、薯仔 马铃薯 sy²¹tsɐi³⁵、番茄仔 圣女果 fan⁵⁵kʰɛ²¹⁻³⁵tsɐi³⁵、牛仔 小牛 ŋɐu²¹tsɐi³⁵、狗仔 小狗 kɐu³⁵tsɐi³⁵、猫仔 小猫 mau⁵⁵tsɐi³⁵、鸡仔 小鸡 kɐi⁵⁵tsɐi³⁵、鸭仔 小鸭子 ŋap³tsɐi³⁵、兔仔 兔子 tʰou³³tsɐi³⁵、雀仔 小鸟 tsœk³tsɐi³⁵

佬：厨房佬 厨师 tsʰy²¹fɔŋ²¹lou³⁵、耕田佬 农民 kaŋ⁵⁵tʰin²¹lou³⁵、理发佬 理发师 lei¹³fat³lou³⁵、盲佬 盲人 maŋ²¹lou³⁵、聋佬 聋人 luŋ²¹lou³⁵、独眼佬 独眼儿 tuk²an¹³lou³⁵、肥佬 胖子 fei²¹lou³⁵、高佬 高个子 kou⁵⁵lou³⁵、癫佬 疯子 tin⁵⁵lou³⁵、跛佬 瘸子 pɐi⁵⁵lou³⁵、傻佬 傻瓜 sɔ²¹lou³⁵

头：角落头 角落 kɔk³lɔk⁵tʰɐu²¹⁻³⁵、石头 sɛk²tʰɐu²¹、日头 白天，太阳 jɐt²tʰɐu²¹⁻³⁵、额头 ak²tʰɐu²¹、码头 ma¹³tʰɐu²¹、斧头 fu³⁵tʰɐu²¹、菜头 tsʰɔi³³tʰɐu²¹、芋头 wu³¹hɐu²²、荞头 kʰiu³⁵tʰɐu²¹、砖头 tsyn⁵⁵tʰɐu²¹、拳头 kʰyn²¹tʰɐu²¹、膊头 肩头 pɔk³tʰɐu²¹

子：茄子 kʰɛ²¹⁻³⁵tsi³⁵、栗子 板栗 lœt²tsi³⁵、梅子 mui²¹tsi³⁵、橘子 kɐt⁵tsi³⁵、狮子 si⁵⁵tsi³⁵、老妈子 母亲 lou¹³ma⁵⁵tsi³⁵（此词有前缀"老"和后缀"子"）、骗子 pʰin³³tsi³⁵、锤子 tsʰœy²¹⁻³⁵tsi³⁵、笛子 tɛk²tsi³⁵、饺子 kau³⁵tsi³⁵

哥：鼻哥 鼻子 pei²²kɔ⁵⁵、膝头哥 膝盖 sɐt⁵tʰɐu²¹kɔ⁵⁵

公：手指公 大拇指 sɐu³⁵tsi³⁵kuŋ⁵⁵、狗公 公狗 kɐu³⁵kuŋ⁵⁵

乸：狗乸 母狗 kɐu³⁵na³⁵

包：喊包 爱哭的人 ham³³pau⁵⁵

儿：乞儿 乞丐 hɐk⁵ji²¹⁻⁵⁵

芝加哥广府话有后缀"仔""佬""头""子""乸""公""婆""包""哥""儿"。例如：

仔：阁仔 阁楼 kɔk³tsɐi³⁵、烟仔 香烟 jin⁵⁵tsɐi³⁵、古仔 故事 ku³⁵tsɐi³⁵、煮饭仔 小孩子过家家 tsy³⁵fan²²tsɐi³⁵、公仔 洋娃娃 kuŋ⁵⁵tsɐi³⁵、艇仔 小艇 tʰɛŋ¹³tsɐi³⁵、船仔 小船 syn²¹tsɐi³⁵、扫把仔 小扫把 sou³³pa³⁵tsɐi³⁵、刀仔 小刀 tou⁵⁵tsɐi³⁵、铺头仔 小摊档 pʰou³³tʰɐu²¹⁻³⁵tsɐi³⁵、薯仔 马铃薯 sy²¹tsɐi³⁵、番茄仔 圣女果 fan⁵⁵kʰɛ²¹⁻³⁵tsɐi³⁵、牛仔 小牛 ŋɐu²¹tsɐi³⁵、羊仔 小羊 jœŋ²¹tsɐi³⁵、猪仔 小猪 tsy⁵⁵tsɐi³⁵、狗仔 小狗 kɐu³⁵tsɐi³⁵、猫仔 小猫 mau⁵⁵tsɐi³⁵、蚊仔 蠓虫 mɐŋ⁵⁵tsɐi³⁵、烧猪仔 烤乳猪 siu⁵⁵tsy⁵⁵tsɐi³⁵

第4章　美国华人社区粤方言语法研究

佬：鬼佬_{老外}kwɐi³⁵ lou³⁵、肥佬_{胖子}fei²¹ lou³⁵、高佬_{高个子}kou⁵⁵ lou³⁵、癫佬_{疯子}tin⁵⁵ lou³⁵、懵佬_{傻瓜}muŋ³⁵ lou³⁵、耕田佬_{农民}kaŋ⁵⁵ tʰin²¹ lou³⁵、斗木佬_{木匠}tɐu³³ muk² lou³⁵、打铁佬_{铁匠}ta³⁵ tʰit³ lou³⁵、飞发佬_{理发师}fei⁵⁵ fat³ lou³⁵、泥水佬_{泥瓦匠}nɐi²¹ sœy³⁵ lou³⁵、起屋佬_{泥瓦匠}hei³⁵ ŋuk⁵ lou³⁵、生意佬_{商人}saŋ⁵⁵ ji³³ lou³⁵、差佬_{警察}tsʰai⁵⁵ lou³⁵、棺材佬_{抬棺人}kun⁵⁵ tsʰɔi²¹ lou³⁵、演阔佬_{充阔佬}jin¹³ fut³ lou³⁵

头：佛头_{佛祖}fɐt² tʰɐu²¹、钟头_{小时}tsuŋ⁵⁵ tʰɐu²¹、日头_{白天}jɐt² tʰɐu²¹⁻³⁵、石头 sɛk² tʰɐu²¹、枕头 tsɐm³⁵ tʰɐu²¹、斧头 fu³⁵ tʰɐu²¹、芋头 wu²² tʰɐu²¹⁻³⁵、蒜头 syn³³ tʰɐu²¹、额头 ŋak² tʰɐu²¹、拳头 kʰyn²¹ tʰɐu²¹、骑膊头_{骑肩膀}kʰɛ²¹ pɔk³ tʰɐu²¹、铺头_{商店}pʰou³³ tʰɐu²¹⁻³⁵、事头_{老板}si²² tʰɐu²¹⁻³⁵、码头 ma¹³ tʰɐu²¹

子：日子 jɐt² tsi³⁵、波子_{玻璃弹珠}pɔ⁵⁵ tsi³⁵、饺子 kau³⁵ tsi³⁵、茄子 kʰɛ³⁵ tsi³⁵、燕子 jin³³ tsi³⁵、狮子 si⁵⁵ tsi³⁵、君子 kwɐn⁵⁵ tsi³⁵

乸：牛乸_{母牛}ŋɐu²¹ na³⁵、羊乸_{母羊}jœŋ²¹ na³⁵、狗乸_{母狗}kɐu³⁵ na³⁵、猫乸_{母猫}mau⁵⁵ na³⁵、鸡乸_{母鸡}kɐi⁵⁵ na³⁵

公：手指公_{大拇指}sɐu³⁵ tsi³⁵ kuŋ⁵⁵、牛公_{公牛}ŋɐu²¹ kuŋ⁵⁵、狗公_{公狗}kɐu³⁵ kuŋ⁵⁵、猫公_{公猫}mau⁵⁵ kuŋ⁵⁵

婆：事头婆_{女老板}si²² tʰɐu²¹ pʰɔ²¹

包：喊包_{爱哭的人}ham³³ pau⁵⁵

哥：鼻哥_{鼻子}pei²² kɔ⁵⁵、膝头哥_{膝盖}sɐt⁵ tʰɐu²¹ kɔ⁵⁵

儿：乞儿_{乞丐}hɐk⁵ ji:⁵⁵

波特兰广府话有后缀"仔""头""子""佬""公""哥""儿"。例如：

仔：跳格仔_{跳格子}tʰiu³³ kak³ tsɐi³⁵、古仔_{故事}ku³⁵ tsɐi³⁵、煮饭仔_{小孩子过家家}tsy³⁵ fan²² tsɐi³⁵、公仔_{洋娃娃}kuŋ⁵⁵ tsɐi³⁵、客仔_{顾客}hak³ tsɐi³⁵、枱仔_{茶几}tʰɔi²¹⁻³⁵ tsɐi³⁵、刀仔_{小刀}tou⁵⁵ tsɐi³⁵、细档仔_{小摊档}sɐi³³ tɔŋ³³ tsɐi³⁵、银仔_{硬币}ŋɐn²¹⁻³⁵ tsɐi³⁵、船仔_{小船}syn²¹ tsɐi³⁵、薯仔_{马铃薯}sy²¹ tsɐi³⁵、牛仔_{小牛}ŋɐu²¹ tsɐi³⁵、鸭仔_{小鸭子}ŋap³ tsɐi³⁵、雀仔_{小鸟}tsœk³ tsɐi³⁵

头：钟头_{小时}tsuŋ⁵⁵ tʰɐu²¹、日头_{白天,太阳}jɐt² tʰɐu²¹⁻³⁵、月头_{月初}jyt² tʰɐu²¹、额头 ŋak² tʰɐu²¹、骑膊头_{骑肩膀}kʰɛ²¹ pɔk³ tʰɐu²¹、拳头 kʰyn²¹ tʰɐu²¹、石头 sɛk² tʰɐu²¹、锄头 tsʰɔ²¹ tʰɐu²¹、斧头 fu³⁵ tʰɐu²¹、芋头 wu²² tʰɐu²¹⁻³⁵、菜头 tsʰɔi²¹ tʰɐu²¹、蒜头 syn³³ tʰɐu²¹、馒头 man²² tʰɐu²¹、枕头 tsɐm³⁵ tʰɐu²¹、码头 ma¹³ tʰɐu²¹

子：日子 jɐt² tsi³⁵、筷子 fai³³ tsi³⁵、波子_{玻璃弹珠}pɔ⁵⁵ tsi³⁵、骗子 pʰin³³ tsi³⁵、栗子_{板栗}lœt² tsi³⁵、茄子 kʰɛ²¹⁻³⁵ tsi³⁵、饺子 pau⁵⁵ tsi³⁵、狮子 si⁵⁵ tsi³⁵

佬：肥佬_{胖子}fei²¹ lou³⁵、高佬_{高个子}kou⁵⁵ lou³⁵、傻佬_{傻瓜}sɔ²¹ lou³⁵

公：手指公_{大拇指}sɐu³⁵ tsi³⁵ kuŋ⁵⁵

哥：膝头哥_{膝盖}sɐt⁵ tʰɐu² kɔ⁵⁵

儿：乞儿_{乞丐}hɐt⁵ ji:²¹⁻⁵⁵、混血儿 wɐn²² hyt³ ji²¹

休斯敦广府话有后缀"仔""头""佬""哥""儿""公""子"。例如：

仔：细河仔_{小溪}sɐi³³hɔ²¹tsɐi³⁵（此词前还有表示"小"的形容词"细"）、细路仔_{小孩子}sɐi³³lou²²tsɐi³⁵（此词前还有表示"小"的形容词"细"）、胺仔_{赤子阴}tsœy⁵⁵tsɐi³⁵、古仔_{故事}ku³⁵tsɐi³⁵、公仔_{洋娃娃}kuŋ⁵⁵tsɐi³⁵、薯仔_{马铃薯}sy²¹tsɐi³⁵、档仔_{小摊档}tɔŋ³³tsɐi³⁵、客仔_{顾客}hak³tsɐi³⁵、银仔_{硬币}ŋɐn²¹⁻³⁵tsɐi³⁵、刀仔_{小刀}tou⁵⁵tsɐi³⁵、货车仔_{小货车}fɔ³³tsʰɛ⁵⁵tsɐi³⁵、船仔_{小船}syn²¹tsɐi³⁵、牛仔_{小牛}ŋɐu²¹tsɐi³⁵、羊仔_{小羊}jɛŋ²¹tsɐi³⁵、猪仔_{小猪}tsy⁵⁵tsɐi³⁵、狗仔_{小狗}kɐu³⁵tsɐi³⁵、猫仔_{小猫}mau⁵⁵tsɐi³⁵、鸡仔_{小鸡}kɐi⁵⁵tsɐi³⁵、鸭仔_{小鸭子}ŋap³tsɐi³⁵

头：埠头_{码头}pou³³tʰɐu²¹、角落头_{角落}kɔk³lɔk⁵tʰɐu²¹⁻³⁵、石头 sɛk²tʰɐu²¹、木头 muk²tʰɐu²¹、芋头 wu²²tʰɐu²¹⁻³⁵、蒜头 syn³³tʰɐu²¹、枕头 tsɐm³⁵tʰɐu²¹、膊头_{肩膀}pɔk³tʰɐu²¹、拳头 kʰyn²¹tʰɐu²¹

佬：肥佬_{胖子}fei²¹lou³⁵、傻佬_{傻瓜}sɔ²¹lou³⁵、飞发佬_{理发师}fei⁵⁵fat³lou³⁵、生意佬_{商人}saŋ⁵⁵ji³³lou³⁵、送信佬_{邮递员}suŋ³³sœn³³lou³⁵

哥：鼻哥_{鼻子}pei²²kɔ⁵⁵、膝头哥_{膝盖}sɐt⁵tʰɐu²¹kɔ⁵⁵

儿：乞儿_{乞丐}hɐt⁵ji²¹⁻⁵⁵、孤儿 ku⁵⁵ji²¹

公：手指公_{大拇指}sɐu³⁵tsi³⁵kuŋ⁵⁵

子：饺子 kau³⁵tsi³⁵

4.1.1.3 名词的重叠和量名结构

（1）名词的重叠。汉语和汉语方言的名词通常都有可以重叠的功能，不过，这个功能在美国华人社区的台山话和广府话的名词中，却远不如名词的前缀、后缀表现得那么丰富多彩，甚至可以说是少有表现。我们记录到的例子主要是一些亲属称谓，其中，芝加哥台山话更是只有一个例子。而在这方面的表现，华人社区台山话和广府话虽然与祖籍地的广东台山话和广州话相似，但是广东台山话和广州话名词重叠的例子相对还是要多一些。

台山话例子如下：

三藩市：星星 sɐŋ⁴⁴sɐŋ⁴⁴、人人 ŋin²²ŋin²²、爸爸 pa³¹pa⁴⁴、妈妈 ma³¹ma⁴⁴、爷爷 jɛ²²jɛ²²⁻⁵⁵、公公_{外祖父}kuŋ⁴⁴kuŋ⁴⁴、婆婆_{外祖母}pʰɔ²²pʰɔ²²⁻³⁵、伯伯 pak³pak³、叔叔 ɬuk⁵ɬuk⁵、舅舅 kʰiu³¹kʰiu³¹⁻³⁵、哥哥 ku⁴⁴ku⁴⁴、姊姊 ti⁵⁵⁻³¹ti⁵⁵、弟弟 ai³¹ai³¹、妹妹 mɔi³¹mɔi³¹⁻⁵⁵、奶奶_{婆婆}nai⁴⁴nai⁴⁴

洛杉矶：日日_{天天、每天}ŋit²ŋit²、爸爸 pa⁴⁴⁻²¹pa⁴⁴、妈妈 ma⁴⁴⁻²¹ma⁴⁴

纽约：爸爸 pa⁴⁴⁻³¹pa⁴⁴、妈妈 ma⁴⁴⁻³¹ma⁴⁴、弟弟 tai³¹tai³¹⁻³⁵、公公_{外祖父}kuŋ⁴⁴kuŋ⁴⁴、奶奶_{婆婆}nai²²nai²²⁻³⁵

芝加哥：日日_{天天、每天}ŋiak²ŋiak²

波特兰：星星 ɬɐŋ⁴⁴ɬɐŋ⁴⁴、婆婆_{外祖母}pʰɔ²²pʰɔ²²⁻³⁵

圣安东尼奥：星星 ɬɐŋ⁴⁴ɬɐŋ⁴⁴、日日_{天天、每天}ŋit²ŋit²、爸爸 pa²²pa⁴⁴、妈妈 ma²²ma⁴⁴

第4章　美国华人社区粤方言语法研究

广府话例子如下：

三藩市：日日 天天、每天 jɛt² jɛt²、太太 曾祖母、妻子 tʰai³³ tʰai³³⁻³⁵、公公 外祖父 kuŋ⁵⁵ kuŋ⁵⁵、婆婆 外祖母 pʰɔ²¹ pʰɔ²¹⁻³⁵、爸爸 pa²¹ pa⁵⁵、妈妈 ma²¹ ma⁵⁵、爷爷 jɛ²¹ jɛ²¹、嫲嫲 奶奶 ma²¹ ma²¹、伯伯 pak³ pak³、叔叔 suk⁵ suk⁵、婶婶 sɐm³⁵ sɐm³⁵、哥哥 kɔ²¹ kɔ⁵⁵、姐姐 tsɛ²¹ tsɛ⁵⁵、奶奶 婆婆 nai²¹ nai³⁵

洛杉矶：星星 sɛŋ⁵⁵ sɛŋ⁵⁵、日日 天天、每天 jɛt² jɛt²、公公 外祖父 kuŋ²¹ kuŋ⁵⁵、婆婆 外祖母 pʰɔ²¹ pʰɔ²¹⁻³⁵、奶奶 婆婆 nai²¹ nai¹³⁻³⁵

纽约：公公 外祖父 kuŋ⁵⁵ kuŋ⁵⁵、婆婆 外祖母 pʰɔ²¹ pʰɔ²¹⁻³⁵、伯伯 pak³ pak³、奶奶 婆婆 nai²¹ nai³⁵

芝加哥：日日 天天、每天 jɛt² jɛt²、伯伯 pak³ pak³、叔叔 suk⁵ suk⁵、弟弟 tɐi²² tɐi²²⁻³⁵、妹妹 mui²² mui²²⁻³⁵、奶奶 婆婆 nai¹³ nai¹³⁻³⁵

波特兰：星星 sɛŋ⁵⁵ sɛŋ⁵⁵、奶奶 婆婆 nai²¹ nai³⁵

休斯敦：爸爸 pa²¹ pa⁵⁵、妈妈 ma²¹ ma⁵⁵、爷爷 jɛ²¹ jɛ²¹⁻³⁵、嫲嫲 奶奶 ma²¹ ma²¹、婆婆 外祖母 pʰɔ²¹ pʰɔ²¹⁻³⁵、叔叔 suk⁵ suk⁵、哥哥 kɔ²¹ kɔ⁵⁵、姐姐 tsɛ²¹ tsɛ⁵⁵、弟弟 tɐi²² tɐi²²⁻³⁵、妹妹 mui²² mui²²⁻³⁵

（2）量名结构。美国华人社区粤方言台山话、广府话的名词与广东的闽、粤、客方言一样，传承了古代汉语量名结构中，名词不需要数词或指示代词的帮助就能够直接和量词结合的特点。

以下是各点的量名结构，汉语普通话"给他一本书"和"拿着一本书"两句说法的例子，例子中量词"本"或能直接与名词"书"结合，或既能与名词直接结合，也可带上数词"一"。（例子有两种说法的，以"/"号隔开，下同）

1）台山话中，广东台山话为：

畀 给 渠 他 本书。ei⁵⁵ kʰui²¹ pun⁵⁵ si³³. /畀 给 本书 渠 他。ei⁵⁵ pun⁵⁵ si³³ kʰui²¹.
揸 拿 □本书。tsa³³ a³³ pun⁵⁵ si³³.

三藩市台山话为：

畀 给 渠 他 本书。ji⁵⁵ kʰui⁵⁵ pun⁵⁵ si⁴⁴. /畀 给 本书 渠 他。ji⁵⁵ pun⁵⁵ si⁴⁴ kʰui⁵⁵.
□拿 住 着 本书。hɔ⁵⁵ tsi³¹ pun⁵⁵ si⁴⁴.

洛杉矶台山话为：

畀 给 渠 他 本书。ei⁵⁵ kʰui²¹ pɔn⁵⁵ si⁴⁴. /畀 给 本书 渠 他。ei⁵⁵ pɔn⁵⁵ si⁴⁴ kʰui²¹.
揸 拿 紧本书。tsa⁴⁴ kin⁵⁵ pɔn⁵⁵ si⁴⁴.

纽约台山话为：

畀给本书渠他。i⁵⁵ pɔn⁵⁵ si⁴⁴ kʰui⁵⁵. /畀给渠他本书。i⁵⁵ kʰui⁵⁵ pɔn⁵⁵ si⁴⁴.
揸拿紧本书。tsa⁴⁴ kan⁵⁵ pɔn⁵⁵ si⁴⁴.

芝加哥台山话为：

畀给本书渠他。ji⁵⁵ pun⁴⁴ si⁴⁴ kʰui⁵⁵. /畀给渠他本书。ji⁵⁵ kʰui⁵⁵ pun⁴⁴ si⁴⁴.
揸拿住着本书。tsa⁴⁴ tsi³¹ pun⁴⁴ si⁴⁴.

波特兰台山话为：

畀给部书渠他。ji⁵⁵ pou³¹ si⁴⁴ kʰi⁵⁵.
揸拿紧部书。tsa⁴⁴ kin⁵⁵ pou³¹ si⁴⁴.

圣安东尼奥台山话为：

畀给本书渠他。ei⁵⁵ pun⁵⁵ si⁴⁴ kʰui⁵⁵. /个书畀给渠他。kɔi⁴⁴ si⁴⁴ ei⁵⁵ kʰui⁵⁵.
□拿住着本书。kʰai⁴⁴ tsi³¹ pun⁵⁵ si⁴⁴.

2）广府话中，广东广州话为：

畀给渠他本书。pei³⁵ kʰœy¹³ pun³⁵ sy⁵⁵. /畀给本书渠他。pei³⁵ pun³⁵ sy⁵⁵ kʰœy¹³.
揸拿住着本书。tsa⁵⁵ tsy² pun³⁵ sy⁵⁵.

三藩市广府话为：

畀给渠他本书。pei³⁵ kʰœy¹³ pun³⁵ sy⁵⁵. /畀给本书渠他。pei³⁵ pun³⁵ sy⁵⁵ kʰœy¹³.
攞拿住着（一）本书。lɔ³⁵ tsy²² (jɐt⁵) pun³⁵ sy⁵⁵. （括号内的数词"一"表示可有可无）

洛杉矶广府话为：

畀给渠本书。pei³⁵ kʰœy¹³ pun³⁵ sy⁵⁵. /畀给本书渠他。pei³⁵ pun³⁵ sy⁵⁵ kʰœy¹³.
攞拿住着（一）本书。lɔ³⁵ tsy²² (jɐt⁵) pun³⁵ sy⁵⁵. （括号内的数词"一"表示可有可无）

纽约广府话为：

畀_给本书渠_他。pei³⁵ pun³⁵ sy⁵⁵ kʰœy¹³. /揸_拿紧本书。tsa⁴⁴ kan⁵⁵ pɔn⁵⁵ si⁴⁴.
搦_拿咗_了本书。nek⁵ tsɔ³⁵ pun³⁵ sy⁵⁵.

芝加哥广府话为：

畀_给本书渠_他。pei³⁵ pun³⁵ sy⁵⁵ kʰœy¹³.
揸_拿住_着本书。tsa⁵⁵ tsy² pun³⁵ sy⁵⁵.

波特兰广府话为：

畀_给本书渠_他。pei³⁵ pun³⁵ sy⁵⁵ kʰœy¹³. /畀_给渠_他本书。pei³⁵ kʰœy¹³ pun³⁵ sy⁵⁵.
搦_拿住_着（一）本书。nek⁵ tsy²² (jɐt⁵) pun³⁵ sy⁵⁵.（括号内的数词"一"表示可有可无）

休斯敦广府话为：

畀_给渠_他本书。pei³⁵ kʰœy¹³ pun³⁵ sy³⁵. /畀_给本书渠_他。pei³⁵ pun³⁵ sy³⁵ kʰœy¹³.
攞_拿住_着（一）本书。lɔ³⁵ tsy²² (jɐt⁵) pun³⁵ sy⁵⁵.（括号内的数词"一"表示可有可无）

4.1.2 动词

讨论汉语及汉语方言的动词，动词的体貌和重叠是两个绕不过去的话题。本节主要讨论美国华人社区粤方言台山话和广府话动词的体貌和重叠。

4.1.2.1 华人社区台山话和广府话动词的体貌

台山话和广府话都属于粤方言，广东粤方言的动词都有进行体貌、保持体貌、完成体貌、开始体貌、继续体貌、始续体貌、经历体貌、轻量体貌 8 种丰富的动词体貌，且每一种都可以采取在动词后面添加不同形尾的方式表示。

本节 8 种动词体貌的阐述，我们都会将华人社区台山话和广府话的祖籍地方言——广东台山话、广东广州话的表达方式列出，以方便与各点的说法进行比较。广东台山话和广州话的表达，来自实地调查。各点华人的说法，若有需要解释，或者偏离了例句意义的（鉴于部分华人方言使用能力的减退，这种表现恐怕不只是个别现象），我们会在例句右下方以小字做必要的说明。

（1）动词的进行体貌。表示动作或变化正在进行之中，广东粤方言台山话和广州话分别采用在动词后面添加形尾 "紧 kin⁵⁵" 和 "紧 kɐn³⁵" 表示。台山话用 "紧 kin⁵⁵"，广府话用 "紧 kɐn³⁵" 做形尾，"紧" 相当于汉语普通话的 "着"。

广东粤方言台山话和广州话的这一动词进行体貌的表达方式，美国华人社区的台山话和广府话也一如各自的祖籍地方言，都传承了，且表示方式较一致，都是在动词后面添加"紧"（台山话和广府话的语音有差异）。这也与我们调查过的东南亚华人社区粤方言的广府话、台山话，还有广西白话的动词进行体貌的表达方式一致。

以下是汉语普通话"外面正在下雨"和"他正在吃饭"两句各点的说法。各点无一例外，两个句子动词后面的形尾都是"紧"。

1) 台山话中，广东台山话为：

外底_外面_落_下_紧水_雨_。ŋɔi³¹ tai⁵⁵ lɔk² kin⁵⁵ sui⁵⁵.
渠_他_喫紧饭。kʰui²¹ hɛt³ kin⁵⁵ fan³¹.

三藩市台山话为：

出便_外面_落_下_紧水_雨_。tsʰut⁵ pɛn³¹ lɔk² kin⁵⁵ sui⁵⁵.
渠_他_喫紧饭。kʰui⁵⁵ hiak³ kin⁵⁵ fan³¹.

洛杉矶台山话为：

外出_外面_落_下_紧水_雨_。ŋai²¹ tsʰut⁵ lɔk² kin⁵⁵ sui⁵⁵.
渠_他_喫紧饭。kʰui²¹ hɛt³ kin⁵⁵ fan²¹.

纽约台山话为：

出便_外面_落_下_紧水_雨_。tsʰut⁵ pɛn³¹ lɔk² kan⁵⁵ sui⁵⁵.
渠_他_喫紧饭。kʰui⁵⁵ hɛt⁵ kan⁵⁵ fan³¹.

芝加哥台山话为：

外出_外面_落_下_紧水_雨_。ŋɔi³¹ tsʰut⁵ lɔk² kin⁵⁵ sui⁵⁵.
渠_他_喫紧饭。kʰui⁵⁵ hɛt⁵ kin⁵⁵ fan³¹.

波特兰台山话为：

出便_外面_落_下_紧水_雨_。tsʰut⁵ pɛn³¹ lɔk² kin⁵⁵ sui⁴⁴.
渠_他_喫紧饭。kʰi⁵⁵ hɛt³ kin⁵⁵ fan³¹.

圣安东尼奥台山话为：

出便_外面_落_下_紧水_雨_。tsʰut⁵ pan³¹ lɔk² kin⁵⁵ sui⁵⁵.

渠_他喫紧饭。kʰui⁵⁵hɛt³kin⁵⁵fan⁴⁴.

2）广府话中，广东广州话为：

出便_{外面}落_下紧雨。tsʰœt⁵pin²²lɔk²kɐn³⁵jy¹³.
渠_他食紧饭。kʰœy¹³sek²kɐn³⁵fan²².

三藩市广府话为：

出便_{外面}落_下紧雨。tsʰœt⁵pin²²lɔk²kɐn³⁵jy¹³.
渠_他食紧饭。kʰœy¹³sek²kɐn³⁵fan²².

洛杉矶广府话为：

出便_{外面}落_下紧雨。tsʰœt⁵pin²²lɔk²kɐn³⁵jy¹³.
渠_他食紧饭。kʰœy¹³sek²kɐn³⁵fan²².

纽约广府话为：

出便_{外面}落_下紧雨。tsʰœt⁵pin²²lɔk²kɐn³⁵jy¹³.
渠_他食紧饭。kʰœy¹³sek²kɐn³⁵fan²².

芝加哥广府话为：

出便_{外面}落_下紧雨。tsʰœt⁵pin²²lɔk²kɐn³⁵jy¹³.
渠_他食紧饭。kʰœy¹³sek²kɐn³⁵fan²².

波特兰广府话为：

出便_{外面}落_下紧雨。tsʰœt⁵pin²²lɔk²kɐn³⁵jy¹³.
渠_他食紧饭。kʰœy¹³sek²kɐn³⁵fan²².

休斯敦广府话为：

出便_{外面}落_下紧雨。tsʰœt⁵pin²²lɔk²kɐn³⁵jy¹³.
渠_他食紧饭。kʰœy¹³sek²kɐn³⁵fan²².

（2）动词的保持体貌。表示动作所形成或留下的状态保持着，广东的粤方言台山话可以在动词后面添加形尾"住 tsi³¹""恒 hen²²""□lin⁵⁵""□a³³""□ia³³"等。

广东广州话可以在动词后面加形尾"住 tsy²²"和"实 sɐt²",不过,因为"实 sɐt²"含"结实、严实"之意,使用范围比较窄,故与"住 tsy²²"不能随时替换。广州话也还另有几个表示处所结构的介词——"响度 hœŋ³⁵tou²²""係度 hɐi³⁵tou²²""响处 hœŋ³⁵sy³³""係处 hɐi³⁵sy³³"等,也可以放在动词后面表示保持体貌,这是介词结构的虚化。

以上所列的,方言表示动词保持体貌的形尾都相当于汉语普通话的"着"。检视华人社区各点这个问题的表达,则都与祖籍地不同,表达方式各异。以下是汉语普通话"坐着吃""门开着""看着"3句各点的表达。

1) 台山话中,广东台山话为:

坐□_着喫。tʰɔ³³lin⁵⁵het³.
门开□_着。mun²²hɔi³³ia³³.
睇_看恒_着。hai⁵⁵hen²².

三藩市台山话为:

坐紧喫。tʰu⁵⁵kin⁵⁵hiak³. (此句使用了与进行体貌相同的形尾"紧")
门开咗_了。mun²²hɔi⁴⁴tsɔ⁵⁵. (此句使用了与完成体貌相同的形尾"咗")
睇_看住_着。hai⁵⁵tsi³¹.

洛杉矶台山话为:

坐落_下喫_{意:坐下来吃}。tsʰu⁵⁵lɔk²hɛt³.
只门开紧。tsiak³mɔn²²hɔi⁴⁴kin⁵⁵. (此句使用了与进行体貌相同的形尾"紧")
睇_看住_着。hai⁵⁵tsi²¹.

纽约台山话为:

坐□_着喫。tʰɔ⁵⁵huŋ³¹hɛt⁵. (此句动词的形尾为"□huŋ³¹")
门开紧。mɔn²²hɔi⁴⁴kan⁵⁵. (此句使用了与进行体貌相同的形尾"紧")
睇_看住_着。hai⁵⁵tsi³¹.

芝加哥台山话为:

坐低喫_{意:坐下来吃}。tsʰu⁵⁵ai⁴⁴hɛt⁵.
门开紧。mɔn²²hɔi⁴⁴kin⁵⁵. (此句使用了与进行体貌相同的形尾"紧")
看。hɔn⁴⁴. (单音节动词独立成句,动词后面不带形尾)

第4章　美国华人社区粤方言语法研究

波特兰台山话为：

坐□着喫。tʰu⁵⁵a³¹hɛt³.（此句动词的形尾为"□a³¹"）
门开紧。mun²²hɔi⁴⁴kin⁵⁵.（此句使用了与进行体貌相同的形尾"紧"）
看住着。hɔn⁴⁴tsi³¹.

圣安东尼奥台山话为：

坐□着喫。tʰɔ⁵⁵kʰeŋ⁵⁵hɛt³.（此句动词的形尾为"□kʰeŋ⁵⁵"）
门开□着。mun²²hɔi⁴⁴lɔ⁴⁴.（此句动词的形尾为"□lɔ⁴⁴"）
睇看住着。hai⁵⁵tsi³¹.

2）广府话中，广东广州话为：

坐住/响度/係度食。tsʰɔ¹³tsy²²/hœŋ³⁵tou²²/hɐi³⁵tou²²sek².
门开住着。mun²¹hɔi⁵⁵tsy²².
睇看住着。tʰɐi³⁵tsy²².

三藩市广府话为：

坐响度食。tsʰɔ¹³hœŋ³⁵tou²²sek².
门开咗了。mun²¹hɔi⁵⁵tsɔ³⁵.（此句使用了与完成体貌相同的形尾"咗"）
睇看住着。tʰɐi³⁵tsy²².

洛杉矶广府话为：

坐住食。tsʰɔ¹³tsy²²sek².
门开住着。mun²¹hɔi⁵⁵tsy²².
看住着。hɔn³³⁻⁵⁵tsy²².

纽约广府话为：

坐低食意:坐下来吃。tsʰɔ¹³tɐi⁵⁵sek².
个门开咗了。kɔ³³mun²¹hɔi⁵⁵tsɔ³⁵.（此句使用了与完成体貌相同的形尾"咗"）
守住着。sɐu³⁵tsy²².

芝加哥广府话为：

坐低食 意:坐下来吃。 ts^{h}ɔ^{13}tɐi^{55}sek^2.
开紧门。hɔi^{55}kɐn^{35}mun^{21}. （此句使用了与进行体貌相同的形尾"紧"）
看住着。hɔn^{55}tsy^2.

波特兰广府话为：

坐住着食。ts^{h}ɔ^{13}tsy^{22}sek^2.
门开咗了。mun^{21}hɔi^{55}tsɔ^{35}. （此句使用了与完成体貌相同的形尾"咗"）
看住着。hɔn^{55}tsy^{22}.

休斯敦广府话为：

坐住着食。ts^{h}ɔ^{13}tsy^{22}sek^2.
门开住。mun^{21}hɔi^{55}tsy^{22}.
看住着。hɔn^{55}tsy^{22}. ／睇看住着。t^{h}ɐi^{35}tsy^{22}.

（3）动词的完成体貌。动作完成的表示，广东台山话可以在动词后面加形尾"阿 a^{33}""□le^{33}"等表示，也可以加"咗tsɔ^{55}"，或者动词不加形尾，仅凭句子的意思表达动作的完成（但是这种情况，句子指示的动作所处的完成状态只是一种假设的状况，与动作发生的时间没有关系）。

广东广州话一般是在动词后面添加形尾"咗tsɔ^{35}"表示。形尾"咗tsɔ^{35}"与动词动作发生的时间没有关联，作用只是指示动作所处的完成状况。也就是说，添加了"咗tsɔ^{35}"的动词所表示的动作，既可以是已经发生的，也可以是仍未发生的，还可以只是一种假设的状况。形尾"咗tsɔ^{35}"也可以添加在形容词之后，表示所形容的性质状态的变化完成，不过，后附了"咗"的形容词，其功能发生了转化，类似动词。以下是相对应的普通话的3个句子："花开了两朵了"（此句动词"开"的动作已经发生）、"吃了饭再说"（此句动词"吃"的动作还未发生）、"（雨伞）坏了"（此句的谓语为形容词"坏"）。

华人社区各点的表达，总的来看，动词完成体貌的表达比较复杂，而美国华人社区广府话各点采用的表达方式的一致度比台山话各点的高，与祖籍地方言的表达一致的广府话的点也比台山话的点多。

1）台山话中，广东台山话为：

开阿了两朵花。hɔi^{33}a^{33}liaŋ^{55}ɔ^{55}fa^{33}.
喫饭先讲。het^{3}fan^{31}ɬen^{33}kɔŋ^{55}.
烂□了。lan^{31}le^{33}.

第4章 美国华人社区粤方言语法研究

三藩市台山话为：

开□_了两朵花。hɔi⁴⁴ɔ⁴⁴liaŋ⁵⁵ɔ⁵⁵fa⁴⁴.（此句动词形尾为"□ɔ⁴⁴"）
喫咗_了饭至_再讲。hɛt⁵tsɔ⁵⁵fan³¹tsi⁴⁴kɔŋ⁵⁵.
烂咗_了。lan³¹tsɔ⁵⁵.

洛杉矶台山话为：

两朵花出。liaŋ⁵⁵wu⁵⁵fa⁴⁴tsʰut⁵.（此句动词未加形尾）/花出两朵。fa⁴⁴tsʰut⁵liaŋ⁵⁵wu⁵⁵.（此句动词未加形尾）
喫完饭讲□。hɛt³jɔn²²fan²¹kɔŋ⁴⁴tu²¹.（此句动词"喫"后加"完jɔn²²"，动词"讲"形尾为"□tu²¹"）
烂□_了。lan²¹ɛ²¹.（此句谓词形尾为"□ɛ²¹"）

纽约台山话为：

开咗_了两个花。hɔi⁴⁴tsɔ⁵⁵lɛŋ⁵⁵kɔ⁴⁴fa⁴⁴.（此句与"花"搭配的量词是"个"）
喫咗_了饭再讲。hɛt⁵tsɔ⁵⁵fan³¹tsai⁴⁴kɔŋ⁵⁵.
烂咗_了。lan³¹tsɔ⁵⁵.

芝加哥台山话为：

两朵花开了。liaŋ⁵⁵ɔ⁵⁵fa⁴⁴hɔi⁴⁴la⁴⁴.（此句动词形尾为"了la⁴⁴"）
喫完先做。hɛt⁵jyn²²sin⁴⁴tu⁴⁴.（此句动词后加"完jyn²²"）
烂了。lan³¹la³¹.（此句谓词形尾为"了la³¹"）

波特兰台山话为：

开□_了两朵花。hɔi⁴⁴a³¹liɔŋ⁵⁵tu⁴⁴fa⁴⁴.（此句动词形尾为"□a³¹"）
喫□_了讲□_了。hɛt³a⁴⁴kɔŋ⁵⁵tu⁴⁴.（此句动词"喫"形尾为"□a⁴⁴"，动词"讲"形尾为"□tu⁴⁴"）
烂。lan³¹.（此句谓词"烂"单独成句）

圣安东尼奥台山话为：

开咗_了两朵花。hɔi⁴⁴tsɔ⁵⁵lɛŋ⁵⁵ou⁵⁵fa⁴⁴.
喫□_了饭至讲。hɛt³ɔ⁵⁵fan³¹ti⁴⁴kɔŋ⁵⁵.（此句动词形尾为"□ɔ⁵⁵"）
烂咗_了。lan³¹tsɔ⁵⁵.

2）广府话中，广东广州话为：

开咗了两朵花。hɔi⁵⁵tsɔ³⁵lœŋ¹³tɔ³⁵fa⁵⁵. ／花开咗了两朵。fa⁵⁵hɔi⁵⁵tsɔ³⁵lœŋ¹³tɔ³⁵.
食咗了饭先讲。sek²tsɔ³⁵fan²²sin⁵⁵kɔŋ³⁵.
烂咗了。lan²²tsɔ³⁵.

三藩市广府话为：（"花开了两朵"这一句发音人没有提供说法）

食咗了饭再讲。sek²tsɔ³⁵fan²²tsɔi³³kɔŋ³⁵.
烂咗了。lan²²tsɔ³⁵.

洛杉矶广府话为：

开咗了两朵花。hɔi⁵⁵tsɔ³⁵lœŋ¹³tœ³⁴fa⁵⁵.
食咗了饭再讲。sek²tsɔ³⁵fan²²tsɔi³³kɔŋ³⁵.
烂咗了。lan²²tsɔ³⁵.

纽约广府话为：

净係只是两朵开咗了。tseŋ²²hei²²lœŋ¹³tɔ³⁵hɔi⁵⁵tsɔ³⁵.
食咗了饭先啦先吃了饭。sek²tsɔ³⁵fan²²sin⁵⁵la³³.
烂。lan²². （此句谓词"烂"单独成句）

芝加哥广府话为：

开咗了两朵花。hɔi⁵⁵tsɔ³⁵lœŋ¹³tɔ³⁵fa⁵⁵. ／花开咗了两朵。fa⁵⁵hɔi⁵⁵tsɔ³⁵lœŋ¹³tɔ³⁵.
食完先讲吃完再说。sek²jyn²¹sin⁵⁵kɔŋ³⁵.
烂咗了。lan²²tsɔ³⁵.

波特兰广府话为：

开咗了两朵花。hɔi⁵⁵tsɔ³⁵lœŋ¹³tɔ³⁵fa⁵⁵.
食咗了饭先先吃了饭讲。sek²tsɔ³⁵fan²²sin⁵⁵kɔŋ³⁵.
烂咗了。lan²²tsɔ³⁵.

休斯敦广府话为：

开咗了两朵花。hɔi⁵⁵tsɔ³⁵lœŋ¹³tɔ³⁵fa⁵⁵.
食咗了饭再讲。sek²tsɔ³⁵fan²²tsɔi³³kɔŋ³⁵.
烂咗了。lan²²tsɔ³⁵.

（4）动词的开始体貌。动词的开始体貌，表示的是动作或变化的开始，广东台山话在动词后面添加"喇 la³³""起来 hei⁵⁵lɔi²²"等表示，华人社区的台山话也用，但各点的音有差异。

广东广州话采用在动词后添加形尾"起嚟 hei³⁵lei²¹""起身 hei³⁵sɐn⁵⁵""起上嚟 hei³⁵sœŋ¹³lei²¹"表示。这3个形尾相当于汉语普通话的"起来"。

汉语普通话"说着说着就哭起来了"一句，华人社区的台山话和广府话表述如下。不难发现，相较而言，仍旧是广府话各点的表达与祖籍地的表达一致度高。

1）台山话中，广东台山话为：

讲下讲下就哭喇。kɔŋ⁵⁵ha³³kɔŋ⁵⁵ha³³tu²¹hək⁵la³³.

三藩市台山话为：

讲下讲下就喊哭起来。kɔŋ⁵⁵ha⁵⁵kɔŋ⁵⁵ha⁵⁵tsiu³¹ham⁴⁴hi⁵⁵lɔi²².

洛杉矶台山话为：

讲紧讲紧哭起来。kɔŋ⁴⁴kin⁵⁵kɔŋ⁴⁴kin⁵⁵huk⁵hi⁵⁵lɔi²².

纽约台山话为：

讲紧就喊哭起来。kɔŋ⁵⁵kan⁵⁵tau³¹ham⁴⁴hi⁵⁵lɔi²².

芝加哥台山话为：

讲同喊哭一齐。kɔŋ⁵⁵huŋ²²ham⁴⁴jat⁵tsʰai²².（此句动词"喊"后的"一齐"是补语）

波特兰台山话为：

讲下讲下开始哭。kɔŋ⁵⁵ha³¹kɔŋ⁵⁵ha³¹hɔi⁴⁴tsʰi⁵⁵huk⁵.（此句表示"开始"之意的是动词"哭"前面的状语"开始"）

圣安东尼奥台山话为：

讲讲下哭起来说着说着(就)哭起来。kɔŋ⁵⁵kɔŋ⁵⁵ha³¹huk⁵hei⁵⁵lɔi²².

2）广府话中，广东广州话为：

讲下讲下就喊哭起嚟/起身/起上嚟。kɔŋ³⁵ha¹³kɔŋ³⁵ha¹³tsɐu²²ham³³hei³⁵lei²¹／hei³⁵sɐn⁵⁵／hei³⁵sɐŋ¹³lei²¹.

三藩市广府话为：

讲下讲下喊哭起身。kɔŋ³⁵ha¹³kɔŋ³⁵ha¹³ham³³hei³⁵sɐn³⁵.

洛杉矶广府话为：

讲下讲下就喊哭起嚟。kɔŋ³⁵ha¹³kɔŋ³⁵ha¹³tsɐu²²ham³³hei³⁵lei²¹.

纽约广府话为：

一边讲一边喊哭。jɐt⁵pin⁵⁵kɔŋ³⁵jɐt⁵pin⁵⁵ham³³．（此句动词"讲"和"喊"后面都无体貌形尾）

芝加哥广府话为：

讲下讲下就喊哭起嚟。kɔŋ³⁵ha³⁵kɔŋ³⁵ha³⁵tsɐu²²ham³³hei³⁵lei²¹.

波特兰广府话为：

讲下讲下就喊哭起身。kɔŋ³⁵ha¹³kɔŋ³⁵ha¹³tsɐu²²ham³³hei³⁵sɐn⁵⁵.

休斯敦广府话为：

讲下讲下就喊哭喇了。kɔŋ³⁵ha¹³kɔŋ³⁵ha¹³tsɐu²²ham³³la³³.

（5）动词的继续体貌。动词的继续体貌表示动作过程的继续。广东广州话采用在动词后添加形尾"落去 lɔk² hœy³³"表示。形尾"落去 lɔk² hœy³³"与趋向动词"落去 lɔk² hœy³³"同音同形，但趋向动词"落去 lɔk² hœy³³"含实在的趋向意义，而"落去 lɔk² hœy³³"做形尾时则意义虚化，相当于汉语普通话不含趋向意义的"下去"，只表示动作过程的继续。美国华人社区广府话的动词继续体貌大都如此表达。

华人社区的台山话也可以采用在动词后添加形尾表示动作过程的继续，三藩市台山话的"落去 lɔk²hui⁴⁴"就是一例。但是，更多的情况是动词不添加任何形尾，只凭说话者的语气语调表示意愿。广东本土的台山话和美国华人社区的一些台山话点，以及华人社区的广府话，如三藩市、休斯敦广府话等也都是采用这个方式。

以下是华人社区台山话、广府话，汉语普通话"别打岔，让他说下去"一句各点的表达。

1）台山话中，广东台山话为：

唔₌不₌好插嘴，畀₌让₌渠₌他₌讲！m̩²²hou⁵⁵tsʰap³tui⁵⁵，ei⁵⁵kʰui²¹kɔŋ⁵⁵！（此句动词后没有添加形尾）

三藩市台山话为：

唔₌不₌好插嘴，畀₌让₌渠₌他₌讲落去！m̩²²hau⁵⁵tsʰap³tsui⁵⁵，ji⁵⁵kʰui⁵⁵kɔŋ⁵⁵lɔk²hui⁴⁴！

洛杉矶台山话为：

唔₌不₌好嘈₌吵₌，等₌让₌渠₌他₌讲！m̩²²hɔ⁴⁴tsʰɔ²²，aŋ⁵⁵kʰui²¹kɔŋ⁴⁴！（此句动词后没有添加形尾）

纽约台山话为：

唔₌不₌好嘈₌吵₌，畀₌让₌渠₌他₌讲！m̩²²hou⁵⁵tsʰou²²，i⁵⁵kʰui⁵⁵kɔŋ⁵⁵！（此句动词后没有添加形尾）

芝加哥台山话为：

畀₌让₌渠讲！ji⁵⁵kʰui⁵⁵kɔŋ⁵⁵！（此句是省略句，发音人将前一分句的全部，以及后一分句的后半部分都省略了，动词后没有添加形尾）

波特兰台山话为：

唔₌不₌好插嘴，畀₌让₌渠₌他₌讲！m̩²²hou⁵⁵tsʰap³tui⁵⁵，ji⁵⁵kʰi⁵⁵kɔŋ⁵⁵！（此句动词后没有添加形尾）

圣安东尼奥台山话为：

唔₌不₌好插嘴，畀₌让₌渠₌他₌讲埋₌完₌！m̩²²hou⁵⁵tʰap³tui⁵⁵，ei⁵⁵kʰui⁵⁵kɔŋ⁵⁵mɔi²²！（此句动词后添加了助词"埋"，"埋"在句中的意思相当于普通话的"完"）

2) 广府话中，广东广州话为：

唔不好插嘴，等让渠他讲落去！m̩²¹hou³⁵tsʰap³tsœy³⁵，tɐŋ³⁵kʰœy¹³kɔŋ³⁵lɔk²hœy³³！

三藩市广府话为：

唔不好插嘴，畀让渠他讲！m̩²¹hou³⁵tsʰap³tsœy³⁵，pei³⁵kʰœy¹³kɔŋ³⁵！（此句动词后没有添加形尾）

洛杉矶广府话为：

唔不好插嘴，等让渠他讲落去！m̩²¹hou³⁵tsʰap³tsœy³⁵，tɐŋ³⁵kʰœy¹³kɔŋ³⁵lɔk²hœy³³！

纽约广府话为：

等让渠他讲住先啦！tɐŋ³⁵kʰœy¹³kɔŋ³⁵tsy²²sin⁵⁵la³³！（此句动词后添加的是动词保持体貌的形尾"住"，表示让"讲"的动作保持下去）

芝加哥广府话为：

咪别嘈吵，等让渠他讲落去！mei¹³tsʰou²¹，tɐŋ³⁵kʰœy¹³kɔŋ³⁵lɔk²hœy³³！

波特兰广府话为：

唔不好插嘴，等让渠他讲落去！m̩²¹hou³⁵tsʰap³tsœy³⁵，tɐŋ³⁵kʰœy¹³kɔŋ³⁵lɔk²hœy³³！

休斯敦广府话为：

唔不好插嘴，畀让渠他讲！m̩²¹hou³⁵tsʰap³tsœy³⁵，pei³⁵kʰœy¹³kɔŋ³⁵！（此句动词后没有添加形尾）

（6）动词的始续体貌。动词的始续体与动词的开始体，以及动词的进行体不一样。

在汉语和汉语方言中，国内的粤方言有这种表示始续体貌的独特方式，它表示某一动作已经开始，并且还有继续下去的趋势。广东粤方言台山话、广州话采用在动词后面添加形尾"开 hɔi³³/开 hɔi⁵⁵"表示。虽然动词始续体貌的表达在方言里的使用不是很多，但是我们调查过的东南亚华人社区的粤方言有，美国华人社区的粤方言也有。

以下是汉语普通话"（这件事）他一向做"（言下之意，还会再继续做下去）一句各点的表达。

1) 台山话中，广东台山话为：

渠_他做开。$k^hui^{31}tu^{31}h\mathfrak{o}i^{33}$.

三藩市台山话为：

渠_他做开。$k^hui^{55}tu^{31}h\mathfrak{o}i^{44}$.

洛杉矶台山话为：

渠_他做开。$k^hui^{21}tu^{21}h\mathfrak{o}i^{44}$.

纽约台山话为：

渠_他做开。$k^hui^{55}tu^{31}h\mathfrak{o}i^{44}$.

芝加哥台山话为：

渠_他做开。$k^hui^{55}tu^{31}h\mathfrak{o}i^{44}$.

波特兰台山话为：

渠_他做开。$k^hui^{31}tu^{31}h\mathfrak{o}i^{44}$.

圣安东尼奥台山话为：

渠_他做开。$k^hui^{55}tu^{31}h\mathfrak{o}i^{44}$.

2) 广府话中，广东广州话为：

渠_他做开。$k^h œy^{13}tsou^{22}h\mathfrak{o}i^{55}$.

三藩市广府话为：

渠_他做开。$k^h œy^{13}tsou^{22}h\mathfrak{o}i^{55}$.

洛杉矶广府话为：

渠_他做开。$k^h œy^{13}tsou^{22}h\mathfrak{o}i^{55}$.

纽约广府话为：

渠(他)做开。kʰœy¹³tsou²²hɔi⁵⁵.

芝加哥广府话为：

渠(他)做开。kʰœy¹³tsou²²hɔi⁵⁵.

波特兰广府话为：

渠(他)做开。kʰœy¹³tsou²²hɔi⁵⁵.

休斯敦广府话为：

渠(他)做开。kʰœy¹³tsou²²hɔi⁵⁵.

（7）动词的经历体貌。汉语普通话用在动词后面添加形尾"过"的方式表示曾经发生过或者经历过的事情。这种动词表示经历体貌的方式，广东粤方言也使用。不仅国内的粤方言，我们调查过的东南亚华人社区粤方言也是如此。同样，美国华人社区的台山话、广府话这方面的表达也是在动词后面添加形尾"过"。"过"，广东台山话音为 kɔ³³（华人社区台山话各点的音有一些差异），广东广州话音为 kwɔ³³（华人社区广府话各点的音如同广东广州话，没有差异），表示动词的经历体貌。

以下是汉语普通话"我去过广州，也去过上海"一句各点的表达。

1）台山话中，广东台山话为：

我去过广州，亦去过上海。ŋɔi³³hui³¹kɔ³³kɔŋ⁵⁵tsiu³³，iak²hui³¹kɔ³³siaŋ³¹hɔi⁵⁵.

三藩市台山话为：

我去过广州，亦去过上海。ŋɔi⁵⁵hui⁴⁴kuɔ⁴⁴kɔŋ⁵⁵tsiu⁴⁴，jak²hui⁴⁴kuɔ⁴⁴siaŋ³¹hɔi⁵⁵.

洛杉矶台山话为：

我去过广州□(和)上海。ŋui²¹hui⁴⁴kuɔ⁴⁴kɔŋ⁵⁵tsiu⁴⁴aŋ⁴⁴siaŋ²¹hɔi⁵⁵.

纽约台山话为：

我去过广州同上海。ŋɔi⁵⁵hui⁴⁴kɔ⁴⁴kɔŋ⁵⁵tsiu⁴⁴huŋ²²sɛŋ³¹hɔi⁵⁵.

芝加哥台山话为：

我去过广州同上海。ŋɔ⁵⁵hui⁴⁴kuɔ⁴⁴kɔŋ⁵⁵tsiu⁴⁴huŋ²²siaŋ³¹hɔi⁵⁵.

波特兰台山话为：

我去过广州同埋和上海。ŋɔi⁵⁵hi⁴⁴kuɔ⁴⁴kɔŋ⁵⁵tsiu⁵⁵huŋ²²mai²²sɛŋ³¹hɔi⁵⁵.

圣安东尼奥台山话为：

我去过广州，亦去过上海。ŋɔi³¹hui⁴⁴kuɔ⁴⁴kɔŋ⁵⁵tsiu⁴⁴, jɛk²hui⁴⁴kuɔ⁴⁴sɛŋ³¹hɔi⁵⁵.

2）广府话中，广东广州话为：

我去过广州，又去过上海。ŋɔ¹³hœy³³kwɔ³³kɔŋ³⁵tsɐu⁵⁵, jɐu²²hœy³³kwɔ³³sœŋ²²hɔi³⁵.

三藩市广府话为：

我去过广州，又去过上海。ŋɔ¹³hœy³³kwɔ³³kɔŋ³⁵tsɐu⁵⁵, jɐu²²hœy³³kwɔ³³sœŋ²²hɔi³⁵.

洛杉矶广府话为：

我去过广州，也去过上海。ŋɔ¹³hœy³³kwɔ³³kɔŋ³⁵tsɐu⁵⁵, ja¹³hœy³³kwɔ³³sœŋ²²hɔi³⁵.

纽约广府话为：

我去过广州同上海。ɔ¹³hœy³³kwɔ³³kwɔŋ³⁵tsɐu⁵⁵tʰuŋ²¹sœŋ²²hɔi³⁵.

芝加哥广府话为：

我去过广州同上海。ŋɔ¹³hœy³³kwɔ³³kwɔŋ³⁵tsɐu⁵⁵tʰuŋ²¹sœŋ²²hɔi³⁵.

波特兰广府话为：

我去过广州，又去过上海。ŋɔ¹³hœy³³kwɔ³³kwɔŋ³⁵tsɐu⁵⁵, jɐu²²hœy³³kwɔ³³sœŋ²²hɔi³⁵.

休斯敦广府话为：

我去过广州同埋_和_上海。ŋɔ¹³ hœy³³ kwɔ³⁵ kɔŋ³⁵ tsɐu⁵⁵ tʰuŋ²¹ mai²¹ sœŋ²² hɔi³⁵.

（8）动词的轻量体貌。表示动作的次数少、动量小，或时间短、时量小，或者两者兼而表示，可以使用动词的轻量体貌。

动词轻量体貌的表示方式，广东粤方言通常采用动词的重叠。如广州话单音节动词重叠的格式为"A下""AA下""AA""A一A""A一下""AAB_B为词缀"，双音节动词的重叠的格式为"ABAB"。其中，最简单的"A下"式，也应该是粤方言表达轻量体貌的最原始、最基本的方式。这些方式在海外华人社区的粤方言，如东南亚华人社区的粤方言中有，美国华人社区的粤方言里也有。

鉴于我们已经在第（4）点"动词的开始体貌"部分展示过"说着说着就哭起来了"一句，体验过动词这方面的其中一种表达，而且，我们又将在下文专门讨论动词的重叠，故这里就先看看汉语普通话的"让我看看"一句，从以下美国华人社区各点的表达里，可见华人既保留了动词重叠最简单、最基本的"A下"式，也有"AA""A一下"等方式。下一节的讨论将会让大家看到这方面更加丰富多彩的表现。

1）台山话中，广东台山话为：

冎_让_我睇_看_下。ei⁵⁵ ŋɔi³³ hai⁵⁵ ha³³.

三藩市台山话为：

冎_让_我睇_看_下。ji⁵⁵ ŋɔi⁵⁵ hai⁵⁵ ha⁵⁵.

洛杉矶台山话为：

冎_让_我睇睇_看看_。ji⁵⁵ ŋui²¹ hai⁴⁴ hai⁴⁴.

纽约台山话为：

冎_让_我睇睇_看看_。i⁵⁵ ŋɔi⁵⁵ hai⁵⁵ hai⁵⁵.

芝加哥台山话为：

冎_让_我睇_看_下。ji⁵⁵ ŋɔ⁵⁵ hɔi⁴⁴ ha⁴⁴.

第4章 美国华人社区粤方言语法研究

波特兰台山话为：

畀_让我睇_看下。ji^{55} ŋɔi^{55} hai^{55} ha^{31}.

圣安东尼奥台山话为：

畀_让我睇_看一下。ei^{55} ŋɔi^{55} hai^{55} jit^{5} ha^{31}.

2) 广府话中，广东广州话为：

畀_让我睇睇_{看看}。pei^{35} ŋɔ^{13} tʰɐi^{35} tʰɐi^{35}. / 畀_让我睇_看下。pei^{35} ŋɔ^{13} tʰɐi^{35} ha^{13}.

三藩市广府话为：

畀_让我睇睇_{看看}。pei^{35} ŋɔ^{13} tʰɐi^{35} tʰɐi^{35}. / 畀_让我睇_看下。pei^{35} ŋɔ^{13} tʰɐi^{35} ha^{13}.

洛杉矶广府话为：

畀_让我睇睇_{看看}。pei^{35} ŋɔ^{13} tʰɐi^{35} tʰɐi^{35}.

纽约广府话为：

等_让我睇_看下。tɐŋ^{35} ɔ^{13} tʰɐi^{35} ha^{13}.

芝加哥广府话为：

畀_让我睇_看下。pei^{35} ŋɔ^{13} tʰɐi^{35} ha^{13}.

波特兰广府话为：

畀_让我睇_看下。pei^{35} ŋɔ^{13} tʰɐi^{35} ha^{13}.

休斯敦广府话为：

畀_让我睇_看下。pei^{35} ŋɔ^{13} tʰɐi^{35} ha^{13}.

4.1.2.2 华人社区台山话和广府话动词的重叠

动词的重叠表现了动作进行过程中的各种短暂的情状。

我们在上文交代过，广东粤方言单音节动词重叠的格式为 A 下、AA 下、AA、A 一 A、A 一下、AAB$_{B为词级}$，另外，还有极少量的 ABAC 重叠；双音节动词的重叠格式为 ABAB。其中，最简单的 A 下式应该是粤方言表达轻量体貌的最原始、最基本的方式。

美国华人社区台山话和广府话的动词，记录到的重叠的例子不算多，且只有单音节动词的重叠，没有记录到双音节动词的重叠。单音节的重叠计有 A 下式、A 一下式、A 一 A 式、AA 式、ABAC 式 5 种。其中，单音节的 A 下式还可以再重叠为 A 下 A 下式。

台山话例子如下：

三藩市：睇下$_{看一下}$hai^{55}ha^{55}、瞌一下$_{打个盹}$hap^{5}jit^{5}ha^{55}、抱一下 p^{h}au^{44}jit^{5}ha^{55}、讲下讲下$_{说着说着}$kɔŋ^{55}ha^{55}kɔŋ^{55}ha^{55}（A 下式"讲下"的再重叠）

洛杉矶：睇睇$_{看看}$hai^{44}hai^{44}、瞌一下$_{打个盹}$ŋap^{5}ŋit^{5}ha^{21}、拜拜$_{作揖}$pai^{44}pai^{21}、做下$_{做一下}$tu^{21}ha^{21}

纽约：睇睇$_{看看}$hai^{55}hai^{55}、瞌下$_{打个盹}$hap^{5}ha^{44}、行下$_{散散步}$haŋ^{22}ha^{31}、吟吟$_{数落}$ŋam^{22}ŋam^{22}、望一下$_{看一下}$mɔŋ^{31}jat^{5}ha^{31}、坐一下 t^{h}ɔ$^{31-55}$jat^{5}ha^{31}

芝加哥：睇下 hɔi^{44}ha^{44}、敲下$_{敲一下}$hau^{55}ha^{55}、瞌下$_{打个盹}$hap^{5}ha^{55}、请请$_{作揖}$ts^{h}eŋ^{55}ts^{h}eŋ^{55}、拉下 lai^{44}ha^{55}、勾仔勾女$_{撩弟撩妹}$k^{h}iu^{44}tɔi^{55}k^{h}iu^{44}nui^{55}（ABAC 式重叠）

波特兰：睇下$_{看一下}$hai^{55}ha^{31}、讲下讲下$_{说着说着}$kɔŋ^{55}ha^{31}kɔŋ^{55}ha^{31}（A 下式"讲下"的再重叠）

圣安东尼奥：睇一下$_{看一下}$hai^{55}jit^{5}ha^{31}、瞌一瞌$_{打个盹}$hap^{5}jit^{5}hap^5、坐一下 t^{h}ɔ^{55}jit^{5}ha^{31}

广府话例子如下：

三藩市：睇睇$_{看看}$t^{h}ɐi^{35}t^{h}ɐi^{35}、睇下$_{看一下}$t^{h}ɐi^{35} ha^{13}、瞌一下$_{睡一下}$hɐp^{5}jɐt^{5}ha^{13}、讲下讲下$_{说着说着}$kɔŋ^{35}ha^{13}kɔŋ^{35}ha^{13}（A 下式"讲下"的再重叠）

洛杉矶：睇睇$_{看看}$t^{h}ɐi^{35}t^{h}ɐi^{35}、讲下讲下 kɔŋ^{35}ha^{13}kɔŋ^{35}ha^{13}（A 下式"讲下"的再重叠）

纽约：睇下$_{看一下}$t^{h}ɐi^{35}ha^{13}、瞌一下$_{打个盹}$hɐp^{5}jɐt^{5}ha^{13}、拜拜$_{作揖}$pai^{33}pai^{33}

芝加哥：睇下$_{看一下}$t^{h}ɐi^{35}ha^{13}、瞌一下$_{打个盹}$hɐp^{5}jɐt^{5}ha$^{22-35}$

波特兰：睇下$_{看一下}$t^{h}ɐi^{35}ha^{13}、睇一眼$_{看一眼}$t^{h}ɐi^{35}jɐt^{5}ŋan^{13}、讲下讲下$_{说着说着}$kɔŋ^{35}ha^{13}kɔŋ^{35}ha^{13}（A 下式"讲下"的再重叠）

休斯敦：睇下$_{看一下}$t^{h}ɐi^{35}ha^{13}

4.1.3 形容词

汉语和汉语方言的形容词都有生动化的形式，李新魁、黄家教、麦耘、陈定方在《广州方言研究》（广东人民出版社 1995 年版）中指出，汉语方言形容词生动化的形式，可以通过形容词的重叠、加词缀、变调等方式，"使形容词在意义上带上某些附加色彩"，从而起到增强形容词的灵动性和描写性的目的。

形容词生动化形式的句法作用也与形容词的一般形式相似，可以充当句子的谓语、状语、定语。

广东粤方言的形容词，都有重叠、加词缀、变调3种生动化形式。粤方言单音节形容词的重叠一般有 AA 式、ABB 式、BBA 式、ABC 式、AAB 式。我们也曾在《东南亚华人社区汉语方言概要》（世界图书出版公司广东有限公司 2014 年版）中谈到，粤方言形容词 AA 式由两个单音节形容词重叠组成，重叠后第二个音节有时会变调；ABB 式由一个单音节形容词加两个叠音词缀组成；BBA 式由两个叠音词缀加一个单音节形容词组成，其构成方式正好与 ABB 式相反；ABC 式由一个单音节形容词加一个双音节词缀组成，双音节词缀或者双声，或者叠韵，或者声调相同（例子中会注明）；AAB 式由单双音节形容词重叠后，再加一个形容词组成。在这些形式中，以 ABB 式的重叠最多，每个点的例子都不少。

双音节形容词的重叠有 AABB 式和 ABAB 式。

其实，无论是单音节形容词还是双音节形容词的重叠，都传递了形容程度加强的意味。但单音节 AA 式的重叠若第二个音节变调，变调后再加词尾"哋"，则表示形容程度的消减，即表示"略微、稍微"的程度。ABB 式的重叠也有少量传达的是程度消减的意味。

梳理美国华人社区的台山话、广府话可知，虽然我们记录到的形容词的这 3 种生动化的形式并非每个点都很齐全，如三藩市台山话和三藩市广府话的例子就很少，不过，所幸上文所提的多种形式都可以在华人社区的不同方言点里找到。

以下是华人社区方言形容词各种类型重叠的具体例子。

4.1.3.1　单音节形容词 AA 式重叠

单音节形容词 AA 式重叠，重叠后形容程度加深。（例子右下角的小字是必要的释义，下同）

（1）重叠后不变调，形容程度有所增加。这种形式的例子虽然不多，但除了三藩市台山话、三藩市和芝加哥广府话以外，其他的点都有。

台山话例子如下：

洛杉矶：绿绿 luk^{2}luk^2、白白 pak^{2}pak^2、黑黑 hak^{5}hak^5、酸酸 ɬɔn^{44}ɬɔn^{44}、重重 tsʰuŋ^{55}tsʰuŋ^{55}、轻轻 hiaŋ^{44}hiaŋ^{44}、弯弯 wan^{44}wan^{44}

纽约：慢慢 man^{31}man^{31}

芝加哥：黑黑 hak^{5}hak^5、酸酸 ɬuɔn^{44}ɬuɔn^{44}、苦苦 fu^{55}fu^{55}、短短 ɔn^{44}ɔn^{44}、弯弯 wan^{44}wan^{44}

波特兰：小小 sui^{55}siu^{55}、慢慢 man^{31}man^{31}、短短 ɔn^{55}ɔn^{55}

圣安东尼奥：小小 siu^{55}siu^{55}、慢慢 man^{31}man^{31}

广府话例子如下：

洛杉矶：弯弯 wan^{55}wan^{55}

纽约：圆圆 jɔn²² jɔn²²

波特兰：慢慢 man²² man²²、弯弯 wan⁵⁵ wan⁵⁵、短短 tyn³⁵ tyn³⁵、小小 siu³⁵ siu³⁵

休斯敦：弯弯 wan⁵⁵ wan⁵⁵、小小 siu³⁵ siu³⁵

（2）重叠后变调，形容程度有所削弱。其中，纽约台山话、芝加哥广府话没有这种形式的重叠。

台山话例子如下：

三藩市：慢慢$_{慢慢地}$ man³¹ man³¹⁻⁵⁵

洛杉矶：红红$_{红红的}$ huŋ²² huŋ²²⁻³⁵、黄黄$_{黄黄的}$ wɔŋ²² wɔŋ²²⁻³⁵、甜甜$_{甜甜的}$ him²² him²²⁻³⁵

芝加哥：热热$_{有点热}$ jɛt² jɛt²⁻³⁵、凉凉$_{有点凉}$ liaŋ²² liaŋ²²⁻³⁵、红红$_{红红的}$ huŋ²² huŋ²²⁻³⁵、黄黄$_{有点黄}$ wɔŋ²² wɔŋ²²⁻³⁵、绿绿$_{有点绿}$ luk² luk²⁻³⁵、白白$_{有点白}$ pak² pak²⁻³⁵、甜甜$_{甜甜的}$ hɛm²² hɛm²²⁻³⁵、香香$_{香香的}$ hiaŋ⁴⁴ hiaŋ⁴⁴⁻³⁵、臭臭$_{臭臭的}$ tsʰiu⁴⁴ tsʰiu⁴⁴⁻³⁵、餲餲$_{餲餲的}$ ŋat³ ŋat³⁻³⁵、重重$_{重重的}$ tsʰuŋ⁵⁵ tsʰuŋ⁵⁵⁻³⁵、轻轻$_{轻轻地}$ hiaŋ⁴⁴ hiaŋ⁴⁴⁻³⁵、干干$_{干干的}$ kuɔn⁴⁴ kuɔn⁴⁴⁻³⁵、湿湿$_{湿湿的}$ siap³ siap³⁻³⁵、硬硬$_{硬硬的}$ ŋaŋ³¹ ŋaŋ³¹⁻³⁵、软软$_{软软的}$ ŋun⁵⁵ ŋun⁵⁵⁻³⁵、慢慢$_{慢慢地}$ man²² man²²⁻⁵⁵

波特兰：暖暖$_{暖暖的}$ nɔn⁵⁵ nɔn⁵⁵⁻³¹

圣安东尼奥：慢慢$_{慢慢地}$ man³¹ man³¹⁻³⁵

广府话例子如下：

三藩市：慢慢$_{慢慢地}$ man²² man²²⁻³⁵

洛杉矶：慢慢$_{慢慢地}$ man²² man²²⁻³⁵

纽约：慢慢$_{慢慢地}$ man²² man²²⁻³⁵

波特兰：慢慢$_{慢慢地}$ man²² man²²⁻³⁵

休斯敦：慢慢$_{慢慢地}$ man²² man²²⁻³⁵

4.1.3.2 单音节形容词 ABB 式重叠

单音节形容词 ABB 式重叠，由一个单音节形容词加两个叠音词缀组成，重叠后表示程度的加深。我们记录到这种例子的点不多，台山话有三藩市、芝加哥、圣安东尼奥 3 个点，广府话也有三藩市、芝加哥、波特兰 3 个点，且这几个点的例子也都不多。

台山话例子如下：

三藩市：热炳炳$_{热乎乎}$ ŋɛt² nat² nat²、红□□$_{红红的}$ huŋ²² tuŋ⁴⁴ tuŋ⁴⁴、白雪雪$_{白白的}$ pak² sut⁵ sut⁵、黑猛猛$_{黑乎乎}$ hak⁵ maŋ⁴⁴ maŋ⁴⁴、孤单单 ku⁴⁴ an⁴⁴ an⁴⁴

芝加哥：高小小$_{有点高}$ kou⁴⁴ siu⁵⁵ siu⁵⁵

圣安东尼奥：肥□□$_{胖胖的}$ fei²² tut⁵ tut⁵、矮□□$_{矮矮的}$ ai⁵⁵ tut⁵ tut⁵、瘦蜢蜢$_{瘦瘦的}$ ɬai⁴⁴ maŋ⁴⁴ maŋ⁴⁴

广府话例子如下：

三藩市：白雪雪_{白白的}pak²syt⁵syt⁵、黑掹掹_{黑乎乎}hak⁵mɐŋ⁵⁵mɐŋ⁵⁵、孤单单 ku⁵⁵tan⁵⁵tan⁵⁵
芝加哥：臭崩崩_{臭烘烘}tsʰɐu³³pɐŋ⁵⁵pɐŋ⁵⁵、滑捋捋_{滑溜溜}wat²lyt⁵lyt⁵、高小小_{有点高}kou⁵⁵siu³⁵siu³⁵
波特兰：肥□□_{有点胖、有点肥}fei²¹tyt⁵tyt⁵

4.1.3.3　单音节形容词 AAB 式重叠

单音节形容词 AAB 式的重叠，由单音节形容词重叠后，再加一个形容词组成。我们只记录到洛杉矶台山话的一个例子和纽约广府话的两个例子。

台山话例子如下：

洛杉矶：小小□_{形容稀客}siu⁵⁵siu⁵⁵lau²²

广府话例子如下：

纽约：小小慢_{有点慢}siu³⁵siu³⁵man²²、小小香_{有点香}siu³⁵siu³⁵hœŋ⁵⁵

4.1.3.4　单音节形容词 AA 哋式重叠

单音节形容词 AA 哋式的重叠，由一个单音节形容词重叠后加一个单音节词缀"哋"组成。这种例子不少，在不同的形容词重叠中，这种形式的重叠表示的形容程度的增加最浅，只是稍微有一点增加。

华人社区三藩市、芝加哥的台山话没有这种重叠形式。洛杉矶台山话也没有这种重叠形式，但有一个类似的"热热□ŋet²ŋet²tu⁴⁴"，单音节形容词重叠后，不是加缀"哋"，而是加"□tu⁴⁴"。广府话 6 个点全都有这种重叠形式，三藩市广府话只记录到一个例子。

值得关注的是，我们在国内广东台山的实地调查，并未记录到形容词的这种重叠方式。芝加哥台山话的发音人也认为，台山话原本没有这种形式的形容词重叠，但是华人社区有的台山话受到广府话的影响，接受了这种重叠方式。这或许可以说是台山话接受了广府话影响的又一个例子。

台山话例子如下：

纽约：矮矮哋_{有点矮}ai⁵⁵ai⁵⁵tei⁵⁵、肥肥哋_{有点胖、有点肥}fi²²fi²²tei⁵⁵、瘦瘦哋_{有点瘦}sɐu⁴⁴sɐu⁴⁴tei⁵⁵、老老哋_{有点老}lou⁵⁵lou⁵⁵tei⁵⁵、慢慢哋_{有点慢}man³¹man³¹tei⁵⁵、热热哋_{有点热}ŋet²ŋet²tei⁵⁵、冻冻哋_{有点冷}uŋ⁴⁴uŋ⁴⁴tei⁵⁵、红红哋_{有点红}huŋ²²huŋ²²tei⁵⁵、黄黄哋_{有点黄}wɔŋ²²wɔŋ²²tei⁵⁵、绿绿哋_{有点绿}luk²luk²tei⁵⁵、白白哋_{有点白}pak²pak²tei⁵⁵、黑黑哋_{有点黑}hak⁵hak⁵tei⁵⁵、酸酸哋_{有点酸}ɬɔn⁴⁴ɬɔn⁴⁴tei⁵⁵、甜甜哋_{有点甜}hɛm²²hɛm²²tei⁵⁵、苦苦哋_{有点苦}fu⁵⁵fu⁵⁵tei⁵⁵、香香哋_{有点香}hiaŋ⁴⁴hiaŋ⁴⁴tei⁵⁵、臭臭哋_{有点臭}tsʰiu⁴⁴tsʰiu⁴⁴tei⁵⁵、滑滑哋_{有点滑}wat²wat²tei⁵⁵、重重哋_{有点重}tsʰuŋ⁵⁵tsʰuŋ⁵⁵tei⁵⁵、轻轻哋_{有点轻}hiaŋ⁴⁴hiaŋ⁴⁴ tei⁵⁵、干干哋_有点干_kɔn⁴⁴kɔn⁴⁴tei⁵⁵、湿湿哋_有点湿_sap⁵sap⁵tei⁵⁵、硬硬哋_有点硬_ŋaŋ³¹ŋaŋ³¹tei⁵⁵、软软哋_有点软_ŋun⁵⁵ŋun⁵⁵tei⁵⁵。

波特兰：矮矮哋_有点矮_ai⁵⁵ai⁵⁵ti⁵⁵、肥□□_有点胖、有点肥_fi²²tut⁵tut⁵、慢慢哋_有点慢_man³¹man³¹ti⁵⁵、热热哋_有点热_ŋɛt²ŋɛt²ti⁵⁵、冻冻哋_有点冷_uŋ⁴⁴uŋ⁴⁴ti⁵⁵、红红哋_有点红_huŋ²²huŋ⁵⁵ti⁵⁵、黄黄哋_有点黄_wɔŋ²²wɔŋ²²ti⁵⁵、绿绿哋_有点绿_luk²luk²ti⁵⁵、白白哋_有点白_pak²pak²ti⁵⁵、黑黑哋_有点黑_hak⁵hak⁵ti⁵⁵、酸酸哋_有点酸_ɬɔn⁴⁴ɬɔn⁴⁴ti⁵⁵、甜甜哋_有点甜_hiam²²hiam²²ti⁵⁵、苦苦哋_有点苦_fu⁵⁵fu⁵⁵ti⁵⁵、香香哋_有点香_hiaŋ⁴⁴hiaŋ⁴⁴ti⁵⁵、臭臭哋_有点臭_tsʰiu⁴⁴tsʰiu⁴⁴ti⁵⁵、餲餲哋_有点饐_ŋat³ŋat³ti⁵⁵、滑滑哋_有点滑_wat²wat²ti⁵⁵、重重哋_有点重_tsʰuŋ⁵⁵tsʰuŋ⁵⁵ti⁵⁵、轻轻哋_有点轻_hɛŋ⁴⁴hɛŋ⁴⁴ti⁵⁵、干干哋_有点干_kɔn⁴⁴kɔn⁴⁴ti⁵⁵、湿湿哋_有点湿_siap⁵siap⁵ti⁵⁵、硬硬哋_有点硬_ŋaŋ³¹ŋaŋ³¹ti⁵⁵、软软哋_有点软_ŋun⁵⁵⁻³⁵ŋun⁵⁵⁻³⁵ti⁵⁵、弯弯哋_有点弯_wan⁴⁴wan⁴⁴ti⁵⁵。

圣安东尼奥：老老哋_有点老_lou⁵⁵lou⁵⁵tei⁵⁵⁻³⁵、乱乱哋_有点乱_lɔn³¹lɔn³¹tei⁵⁵⁻³⁵、慢慢哋_有点慢_man³¹man³¹tei⁵⁵⁻³⁵、冻冻哋_有点冷_tuŋ⁴⁴tuŋ⁴⁴tei⁵⁵⁻³⁵、红红哋_有点红_huŋ²²huŋ²²tei⁵⁵⁻³⁵、黄黄哋_有点黄_wɔŋ²²wɔŋ²²tei⁵⁵⁻³⁵、绿绿哋_有点绿_luk²luk²tei⁵⁵⁻³⁵、青青哋_有点绿_tʰɛŋ⁴⁴tʰɛŋ⁴⁴tei⁵⁵⁻³⁵、白白哋_有点白_pak²pak²tei⁵⁵⁻³⁵、黑黑哋_有点黑_hak⁵hak⁵tei⁵⁵⁻³⁵、酸酸哋_有点酸_ɬɔn⁴⁴ɬɔn⁴⁴tei⁵⁵⁻³⁵、甜甜哋_有点甜_tʰim²²tʰim²²tei⁵⁵⁻³⁵、苦苦哋_有点苦_fu⁵⁵fu⁵⁵tei⁵⁵⁻³⁵、香香哋_有点香_hɛŋ⁴⁴hɛŋ⁴⁴tei⁵⁵⁻³⁵、臭臭哋_有点臭_tsʰiu⁴⁴tsʰiu⁴⁴⁻³⁵tei⁵⁵⁻³⁵、餲餲哋_有点饐_ŋat³ŋat³tei⁵⁵⁻³⁵、滑滑哋_有点滑_wat²wat²tei⁵⁵⁻³⁵、重重哋_有点重_tsʰuŋ⁵⁵tsʰuŋ⁵⁵tei⁵⁵⁻³⁵、轻轻哋_有点轻_hɛŋ⁴⁴hɛŋ⁴⁴tei⁵⁵⁻³⁵、湿湿哋_有点湿_ɬip⁵ɬip⁵tei⁵⁵⁻³⁵、硬硬哋_有点硬_ŋaŋ³¹ŋaŋ³¹tei⁵⁵⁻³⁵、软软哋_有点软_ŋun⁵⁵ŋun⁵⁵tei⁵⁵⁻³⁵。

广府话例子如下：

三藩市：慢慢哋_有点慢_man²²man²²⁻³⁵tei³⁵。

洛杉矶：矮矮哋_有点矮_ŋɐi³⁵ŋɐi³⁵tei³⁵、肥肥哋_有点胖、有点肥_fei²¹fei²¹⁻³⁵tei³⁵、瘦瘦哋_有点瘦_sɐu³³sɐu³³⁻³⁵tei³⁵、乱乱哋_有点乱_lyn²²lyn²²⁻³⁵tei³⁵、慢慢哋_有点慢_man²²man²²⁻³⁵tei³⁵、热热哋_有点热_jit²jit²⁻³⁵tei³⁵、冻冻哋_有点冷_tuŋ³³tuŋ³³⁻³⁵tei³⁵、红红哋_有点红_huŋ²¹huŋ²¹⁻³⁵tei³⁵、黄黄哋_有点黄_wɔŋ²¹wɔŋ²¹⁻³⁵tei³⁵、绿绿哋_有点绿_luk²luk²⁻³⁵tei³⁵、白白哋_有点白_pak²pak²⁻³⁵tei³⁵、黑黑哋_有点黑_hak⁵hak⁵tei³⁵、酸酸哋_有点酸_syn⁵⁵syn⁵⁵tei³⁵、甜甜哋_有点甜_tʰim²¹tʰim²¹⁻³⁵tei³⁵、苦苦哋_有点苦_fu³⁵fu³⁵tei³⁵、香香哋_有点香_hœŋ⁵⁵hœŋ⁵⁵tei³⁵、臭臭哋_有点臭_tsʰɐu²²tsʰɐu²²⁻³⁵tei³⁵、餲餲哋_有点饐_ŋat³ŋat³⁻³⁵tei³⁵、滑滑哋_有点滑_wat²wat²⁻³⁵tei³⁵、重重哋_有点重_tsʰuŋ¹³tsʰuŋ¹³⁻³⁵tei³⁵、轻轻哋_有点轻_hɛŋ⁵⁵hɛŋ⁵⁵tei³⁵、干干哋_有点干_kɔn⁵⁵kɔn⁵⁵tei³⁵、湿湿哋_有点湿_sɐp⁵sɐp⁵tei³⁵、硬硬哋_有点硬_ŋaŋ²²ŋaŋ²²⁻³⁵tei³⁵、软软哋_有点软_jyn¹³jyn¹³⁻³⁵tei³⁵。

纽约：矮矮哋_有点矮_ɐi³⁵ɐi³⁵tei³⁵、肥肥哋_有点胖、有点肥_fei²¹fei²¹⁻³⁵tei³⁵、瘦瘦哋_有点瘦_sɐu³³sɐu³³⁻³⁵tei³⁵、乱乱哋_有点乱_lyn²²lyn²²⁻³⁵tei³⁵、热热哋_有点热_jit²jit²⁻³⁵tei³⁵、冻冻哋_有点冷_tuŋ³³tuŋ³³⁻³⁵tei³⁵、红红哋_有点红_huŋ²¹huŋ²¹⁻³⁵tei³⁵、黄黄哋_有点黄_wɔŋ²¹wɔŋ²¹⁻³⁵tei³⁵、绿绿哋_有点绿_luk²luk²⁻³⁵tei³⁵、白白哋_有点白_pak²pak²⁻³⁵tei³⁵、黑黑哋_有点黑_hak⁵hak⁵tei³⁵、酸酸哋_有点酸_syn⁵⁵syn⁵⁵tei³⁵、甜甜哋_有点甜_tʰim²¹tʰim²¹⁻³⁵tei³⁵、苦苦哋_有点苦_fu³⁵fu³⁵tei³⁵、臭臭哋_有点臭_tsʰɐu³³tsʰɐu³³⁻³⁵tei³⁵、餲餲

哋_有点朦_ ŋat³ ŋat³ tei⁵⁵、□□哋_有点滑_ sin³³ sin³³⁻³⁵ tei³⁵、重重哋_有点重_ tsʰuŋ¹³ tsʰuŋ¹³⁻³⁵ tei³⁵、轻轻哋_有点轻_ hɛŋ⁵⁵ hɛŋ⁵⁵ tei³⁵、干干哋_有点干_ kɔn⁵⁵ kɔn⁵⁵ tei³⁵、湿湿哋_有点湿_ sɐp⁵ sɐp⁵ tei³⁵、硬硬哋_有点硬_ aŋ²² aŋ²²⁻³⁵ tei³⁵、软软哋_有点软_ jyn¹³ jyn¹³⁻³⁵ tei³⁵。

芝加哥：暖暖哋_有点暖_ nyn¹³ nyn¹³ tei³⁵、冻冻哋_有点冷_ tuŋ³³ tuŋ³³ tei³⁵、红红哋_有点红_ huŋ²¹ huŋ²¹ tei³⁵、黄黄哋_有点黄_ wɔŋ²¹ wɔŋ²¹⁻³⁵ tei³⁵、绿绿哋_有点绿_ luk² luk²⁻³⁵ tei³⁵、青青哋_有点青_ tsʰɛŋ⁵⁵ tsʰɛŋ⁵⁵ tei³⁵、白白哋_有点白_ pak² pak² tei³⁵、黑黑哋_有点黑_ hak⁵ hak⁵ tei³⁵、酸酸哋_有点酸_ syn⁵⁵ syn⁵⁵ tei³⁵、甜甜哋_有点甜_ tʰim²¹ tʰim²¹⁻³⁵ tei³⁵、苦苦哋_有点苦_ fu³⁵ fu³⁵ tei³⁵、香香哋_有点香_ hœŋ⁵⁵ hœŋ⁵⁵ tei³⁵、餲餲哋_有点朦_ ŋat³ ŋat³⁻³⁵ tei³⁵、重重哋_有点重_ tsʰuŋ¹³ tsʰuŋ¹³⁻³⁵ tei³⁵、轻轻哋_有点轻_ hɛŋ⁵⁵ hɛŋ⁵⁵ tei³⁵、干干哋_有点干_ kɔn⁵⁵ kɔn⁵⁵ tei³⁵、湿湿哋_有点湿_ sɐp⁵ sɐp⁵ tei³⁵、硬硬哋_有点硬_ ŋaŋ²² ŋaŋ²²⁻³⁵ tei³⁵、软软哋_有点软_ jyn¹³ jyn¹³⁻³⁵ tei³⁵。

波特兰：矮矮哋_有点矮_ ŋɐi³⁵ ŋɐi³⁵ tei³⁵、肥肥哋_有点胖、有点肥_ fei²¹ fei²¹⁻³⁵ tei³⁵、瘦瘦哋_有点瘦_ sɐu³³ sɐu³³⁻³⁵ tei³⁵、慢慢哋_有点慢_ man²² man²²⁻³⁵ tei³⁵、热热哋_有点热_ jit² jit²⁻³⁵ tei³⁵、冻冻哋_有点冷_ tuŋ³³ tuŋ³³⁻³⁵ tei³⁵、红红哋_有点红_ huŋ²¹ huŋ²¹⁻³⁵ tei³⁵、黄黄哋_有点黄_ wɔŋ²¹ wɔŋ²¹⁻³⁵ tei³⁵、绿绿哋_有点绿_ luk² luk²⁻³⁵ tei³⁵、白白哋_有点白_ pak² pak²⁻³⁵ tei³⁵、黑黑哋_有点黑_ hak⁵ hak⁵ tei³⁵、酸酸哋_有点酸_ syn⁵⁵ syn⁵⁵ tei³⁵、甜甜哋_有点甜_ tʰim²¹ tʰim²¹⁻³⁵ tei³⁵、苦苦哋 fu³⁵ fu³⁵ tei³⁵、香香哋_有点香_ hœŋ⁵⁵ hœŋ⁵⁵ tei³⁵、臭臭哋_有点臭_ tsʰɐu³³ tsʰɐu³³⁻³⁵ tei³⁵、餲餲哋_有点朦_ ŋat³ ŋat³⁻³⁵ tei³⁵、滑滑哋_有点滑_ wat² wat²⁻³⁵ tei³⁵、重重哋_有点重_ tsʰuŋ¹³ tsʰuŋ¹³⁻³⁵ tei³⁵、轻轻哋_有点轻_ hɛŋ⁵⁵ hɛŋ⁵⁵ tei³⁵、干干哋_有点干_ kɔn⁵⁵ kɔn⁵⁵ tei³⁵、湿湿哋_有点湿_ sɐp⁵ sɐp⁵ tei³⁵、硬硬哋_有点硬_ ŋaŋ²² ŋaŋ²²⁻³⁵ tei³⁵、软软哋_有点软_ jyn¹³ jyn¹³⁻³⁵ tei³⁵。

休斯敦：矮矮哋_有点矮_ ŋɐi³⁵ ŋɐi³⁵ tɐi³⁵、肥肥哋_有点胖、有点肥_ fei²¹ fei²¹⁻³⁵ tɐi³⁵、瘦瘦哋_有点瘦_ sɐu³³ sɐu³³⁻³⁵ tɐi³⁵、老老哋_有点老_ lou¹³ lou¹³ tɐi³⁵、乱乱哋_有点乱_ lyn²² lyn²²⁻³⁵ tɐi³⁵、慢慢哋_有点慢_ man²² man²²⁻³⁵ tɐi³⁵、热热哋_有点热_ jit² jit²⁻³⁵ tɐi³⁵、冻冻哋_有点冷_ tuŋ³³ tuŋ³³⁻³⁵ tɐi³⁵、红红哋_有点红_ huŋ²¹ huŋ²¹⁻³⁵ tɐi³⁵、黄黄哋_有点黄_ wɔŋ²¹ wɔŋ²¹⁻³⁵ tɐi³⁵、绿绿哋_有点绿_ luk² luk²⁻³⁵ tɐi³⁵、青青哋_有点青_ tsʰɛŋ⁵⁵ tsʰɛŋ⁵⁵ tɐi³⁵、白白哋_有点白_ pak² pak²⁻³⁵ tɐi³⁵、黑黑哋_有点黑_ hak⁵ hak⁵ tɐi³⁵、酸酸哋_有点酸_ syn⁵⁵ syn⁵⁵ tɐi³⁵、甜甜哋_有点甜_ tʰim²¹ tʰim²¹⁻³⁵ tɐi³⁵、苦苦哋_有点苦_ fu³⁵ fu³⁵ tɐi³⁵、香香哋_有点香_ hœŋ⁵⁵ hœŋ⁵⁵ tɐi³⁵、臭臭哋_有点臭_ tsʰɐu³³ tsʰɐu³³⁻³⁵ tɐi³⁵、餲餲哋_有点朦_ ŋat³ ŋat³⁻³⁵ tɐi³⁵、滑滑哋_有点滑_ wat² wat²⁻³⁵ tɐi³⁵、重重哋_有点重_ tsʰuŋ¹³ tsʰuŋ¹³⁻³⁵ tɐi³⁵、轻轻哋_有点轻_ hɛŋ⁵⁵ hɛŋ⁵⁵ tɐi³⁵、湿湿哋_有点湿_ sɐp⁵ sɐp⁵ tɐi³⁵、硬硬哋_有点硬_ ŋaŋ²² ŋaŋ²²⁻³⁵ tɐi³⁵、软软哋_有点软_ jyn¹³ jyn¹³⁻³⁵ tɐi³⁵。

4.1.3.5 单音节形容词 AB 多式重叠

洛杉矶台山话有一种比较特别的单音节形容词重叠，由一个单音节形容词 A 加上 B，再加"多"合成。B 是固定的"□nit⁵"，"□多 nit⁵ tu⁴⁴"意为"很少的一点"。洛杉矶台山话的这类例子不少。例如：

短□多_有点矮_ ɔn⁵⁵ nit⁵ tu⁴⁴、肥□多_有点胖_ fei²² nit⁵ tu⁴⁴、瘦□多_有点瘦_ sau⁴⁴ nit⁵ tu⁴⁴、韧□多_形容菜等有点老_ ŋin²¹ nit⁵ tu⁴⁴、慢□多_有点慢_ man²¹ nit⁵ tu⁴⁴、冻□多_有点冷_ uŋ⁴⁴ nit⁵ tu⁴⁴、苦□多_有点苦_ fu⁵⁵ nit⁵tu⁴⁴、香□多_有点香_hiaŋ⁴⁴nit⁵tu⁴⁴、臭□多_有点臭_tsʰiu⁵⁵nit⁵tu⁴⁴、餲□多_有点餲_ŋat³nit⁵tu⁴⁴、滑□多_有点滑_wat²nit⁵tu⁴⁴、重□多_有点重_tsʰuŋ⁵⁵nit⁵tu⁴⁴、轻□多_有点轻_hiaŋ⁴⁴nit⁵tu⁴⁴、干□多_有点干_kɔn⁴⁴nit⁵tu⁴⁴、湿□多_有点湿_sip⁵nit⁵tu⁴⁴、硬□多_有点硬_ŋaŋ²¹nit⁵tu⁴⁴、软□多_有点软_ŋun⁵⁵nit⁵tu⁴⁴。

4.1.3.6 双音节形容词 AABB 式重叠

粤方言双音节形容词的重叠通常有 AABB 式和 ABAB 式，重叠后表示程度加深，与汉语普通话一致。但是我们只记录到华人社区台山话和广府话形容词的 AABB 式的重叠，而且只有 3 个点的 3 个例子。

台山话例子如下：

波特兰：蓝蓝黑黑_形容淤血乌青_lam²²lam²²hak⁵hak⁵

广府话例子如下：

三藩市：慢慢摸摸_形容很慢_man²²man²²mɔ³⁵mɔ³⁵

洛杉矶：乜乜七七_等等等等_mɛt⁵mɛt⁵tsʰɐt⁵tsʰɐt⁵［这是个较粗俗的说法。"乜"是广府话"乜嘢"，即"什么"的简略，"七"其实是广府话"□tsʰɐt²"（男性生殖器）的转音，并非数词"七"。"乜乜七七"重叠表示多］

4.1.4 代词

代词是封闭性的词类，内部又可以再细分为人称代词、指示代词、疑问代词 3 个小类。讨论华人社区的代词，我们依然分别从台山话和广府话两个方面进行，并将其与广东祖籍地的方言一一进行对比。

4.1.4.1 人称代词

4.1.4.1.1 人称代词的表示形式（见表 4-3、表 4-4）

表 4-3 6 个台山话人称代词的表示形式

条目	方言						
	广东 台山话	三藩市 台山话	洛杉矶 台山话	纽约 台山话	芝加哥 台山话	波特兰 台山话	圣安东尼奥 台山话
第一人称 单数	我 ŋɔi³¹	我 ŋɔi⁵⁵	我 ŋɔi⁵⁵⁻³⁵/ ŋɔi²¹	我 ŋɔi⁵⁵	我 ŋɔ⁵⁵	我 ŋɔi⁵⁵	我 ŋɔi⁵⁵

续表4-3

条目	方言						
	广东台山话	三藩市台山话	洛杉矶台山话	纽约台山话	芝加哥台山话	波特兰台山话	圣安东尼奥台山话
第二人称单数	你 nei^{31}	你 ni^{55}	你 ni^{55}	你 nei^{55}	你 nei^{55}	你 ni^{55}	你 nei^{55}
第三人称单数	渠 k^{h}ui^{31}	渠 k^{h}ui^{55}	渠 k^{h}ui^{55}	渠 k^{h}ui^{55}	渠 k^{h}ui^{55}	渠 k^{h}i^{55}	渠 k^{h}ui^{55}
自称	自己 tu^{31} kei^{55}	自己 tu^{31} ki$^{55-35}$	自己 tsi^{21} ki^{55}	自己 tu^{31} kei^{55}	自己 tsi^{31} ki^{55}	自己 tu^{31} ki^{55}	自己 ti^{31} kei^{55}
第一人称复数包括式/排除式	□ŋɔi^{31}	□ŋui^{31}	我们 ŋɔi^{21} mun$^{22-35}$	□ŋui^{31}	□ŋui^{22}	□ŋɔi^{22}	□ŋɔi^{22}
第二人称复数	□niak^2	□niak^2	□niak^2	□niak^2	□niak^2	□niak^2	□niak^2
第三人称复数	□k^{h}iak^2	□k^{h}ɛt^2	□k^{h}iak^2	□k^{h}iak^2	□k^{h}iak^2	□k^{h}iak^2	□k^{h}iak^2
他称别人,复数	人□ŋin^{22} liak^5	□k^{h}ɛt^2	第二人 ai^{21} ŋin^{21} ŋin^{22}	第二个 ai^{31} ŋei^{31} kɔ^{44}	人□ŋin^{22} liak^5	第个 ai^{31} kɔ^{44}	第二个 ai^{31} ŋei^{31} kɔi^{44}
统称复数	大家 ai^{31} ka^{33} kɔ^{31}	个个 kɔ^{31} kɔi^{44}	个个 kɔi^{44}	大家 ai^{31} ka^{44}	□家 t^{h}ui^{22} ka^{44}	个个 kɔ^{44} kɔ^{44}	大家 tai^{31} ka^{44}/□ŋɔi^{22}

华人社区台山话的第一、第二、第三人称单数代词,各点的说法与祖籍地方言的差异主要表现在声调上。广东台山话第一人称单数声调调值31,是个中降调,第二、第三人称单数声调调值也都是中降的31,都读去声。华人社区的6个台山话点,除了洛杉矶台山话一个点的"我"有两说,一读上声55,一读去声21之外,其余的点第一、第二、第三人称单数的声调调值均是高平55,读上声。

我们知道,广东台山话第一、第二、第三人称代词复数的表达,与广府话相对简单的、仅在单数人称代词后加词尾"哋"的表示不一样,是非常有特色的利用音节内部的语音屈折变化,利用音节韵母、声调的不同来表示的。这是台山话和广府话人称代词最主要的区别,复数人称代词的表示,韵母和声调都与相应的单数人称代词不同。

检视美国华人社区的台山话点,可以发现,除了洛杉矶台山话出现了第一人称代词复数说法较大的改变,采用了明显受到汉语普通话影响的"我们 ŋɔi^{21} mun$^{22-35}$"之说以外,其余各点都保持了台山话的这个特殊特点:声母保持不变,复数代词的韵母都从单数代词的舒声韵变成入声韵,声调调值也从单数时的高平调变成短促的半低调。而洛杉矶台山话虽然第一人称复数的表示发生了变化,但是第二、第三人称复数的表示方式也与别的点相同,仍然是"非常台山"的,利用音节内部的语音屈折变化,来区别单数的说法。这也更加充分说明了其第一人称复数之说"我们 ŋɔi²¹mun²²⁻³⁵"是受影响而产生。

代词的"他称"一栏，台山话各点无一与祖籍地方言同。其中，三藩市台山话最有特点，表达方式是与其第三人称代词复数一样的"□kʰɛt²"。

"统称"一栏，只有纽约和圣安东尼奥台山话两个点与祖籍地方言一致，其余4个点也发生了变化。

看来，封闭性词类代词的变化也必须引起关注了。我们的调查点不算很多，不知道美国华人社区是否还有其他地点代词的表示发生了"封闭性不封闭"的变化。这是个值得继续追踪的问题。

表4-4 6个广府话人称代词的表达形式

条目	方言						
	广东广州话	三藩市广府话	洛杉矶广府话	纽约广府话	芝加哥广府话	波特兰广府话	休斯敦广府话
第一人称单数	我 ŋɔ¹³	我 ŋɔ¹³	我 ŋɔ¹³	我 ɔ¹³	我 ŋɔ¹³	我 ŋɔ¹³	我 ŋɔ¹³
第二人称单数	你 nei¹³	你 nei¹³	你 nei¹³	你 nei¹³	你 nei¹³	你 nei¹³	你 nei¹³
第三人称单数	渠 kʰœy¹³	渠 kʰœy¹³	渠 kʰœy¹³	渠 kʰœy¹³	渠 kʰœy¹³	渠 kʰœy¹³	渠 kʰœy¹³
自称	自己 tsi²² kei³⁵	自己 tsi²² kei³⁵	自己 tsi²² kei³⁵	我自己 ɔ¹³ tsi²² kei³⁵	自己 tsi²² kei³⁵	自己 tsi²² kei³⁵	自己 tsi²² kei³⁵
第一人称复数 包括式/排除式	我哋 ŋɔ¹³ tei²²	我哋 ŋɔ¹³ tei²²	我哋 ŋɔ¹³ tei²²	我哋 ɔ¹³ tei²²	我哋 ŋɔ¹³ tei²²	我哋 ŋɔ¹³ tei²²	我哋 ŋɔ¹³ tei²²
第二人称复数	你哋 nei¹³ tei²²	你哋 nei¹³ tei²²	你哋 nei¹³ tei²²	你哋 nei¹³ tei²²	你哋 lei¹³ tei²²	你哋 nei¹³ tei²²	你哋 nei¹³ tei²²
第三人称复数	渠哋 kʰœy¹³ tei²²	渠哋 kʰœy¹³ tei²²	渠哋 kʰœy¹³ tei²²	渠哋 kʰœy¹³ tei²²	渠哋 kʰœy¹³ tei²²	渠哋 kʰœy¹³ tei²²	渠哋 kʰœy¹³ tei²²
他称 别人,复数	人哋 jɐn²¹ tei²²	其他人 kʰei²¹ tʰa⁵⁵ jɐn²¹	第个 tei²² kɔ³³	人哋 jɐn²¹ tei²²	其他人 kʰei²¹ tʰa⁵⁵ jɐn²¹	第个 tei²² kɔ³³	别人 pit² jɐn²¹
统称 复数	大家 tai²² ka⁵⁵	大家 tai²² ka⁵⁵	大家 tai²² ka⁵⁵	大家 tai²² ka⁵⁵	全部人 tsʰyn²¹ pou²² jɐn²¹/人人 jɐn²¹ jɐn²¹	大家 tai²² ka⁵⁵	大家 tai²² ka⁵⁵

美国华人社区广府话第一、第二、第三人称代词,无论单数还是复数,6 个点均与祖籍地方言保持一致,只是语音形式有的点有些差异,纽约广府话第一人称的"我"读零声母,丢失了舌根鼻音声母 ŋ-。

华人社区广府话代词与祖籍地方言的不同,主要表现在"他称"和"统称"的表达上。"他称"指示的色彩比较含糊,与广东广州话的"人哋"相同的只有纽约广府话一个点。"统称"一栏,芝加哥广府话的"全部人、人人"之说,与别的点都不一样。但是总的来看,广府话代词这方面的状况保留得比台山话要好得多。

4.1.4.1.2 人称代词的领属形式(见表 4-5、表 4-6)

表 4-5 6 个台山话人称代词的领属形式

条目	方言						
	广东台山话	三藩市台山话	洛杉矶台山话	纽约台山话	芝加哥台山话	波特兰台山话	圣安东尼奥台山话
我的	我个 ŋɔi^{31} kɔi^{33}	我个 ŋɔi^{55} kɔi^{44}	我个 ŋɔi^{21} kɔi^{44}	我嘅 ŋɔi^{55} kɛ^{44}	我嘅 ŋui^{55} kɛ^{31}	我嗰 ŋɔi^{55} kɔ^{44}	我嘅 ŋɔi^{55} ka^{44}
你的	你个 nei^{31} kɔi^{33}	你个 ni^{44} kɔi^{44}	你个 ni^{55} kɔi^{44}	你嘅 nei^{55} kɛ^{44}	你嘅 nei^{55} kɛ^{31}	你嗰 ni^{55} kɔ^{44}	你嘅 nei^{55} ka^{44}
他的	渠个 kʰui^{31} kɔi^{33}	渠个 kʰui^{55} kɔi^{44}	渠个 kʰui^{21} kɔi^{44}	渠嘅 kʰui^{55} kɛ^{44}	渠嘅 kʰui^{55} kɛ^{31}	渠嗰 kʰi^{55} kɔ^{44}	渠嘅 kʰui^{55} ka^{44}
我们的	□个 ŋɔi^{31} kɔi^{33}	□个 ŋui^{31} kɔi^{44}	我个 ŋɔi^{21} kɔi^{44}	□嘅 ŋui$^{22-55}$ kɛ^{44}	□嘅 ŋui^{22} kɛ^{31}	□嗰 ŋɔi^{22} kɔ^{44}	□嘅 ŋɔi^{22} ka^{44}
咱们的	□个 ŋɔi^{31} kɔi^{33}	□个 ŋui^{31} kɔi^{44}	我个 ŋɔi^{21} kɔi^{44}	□嘅 ŋui$^{22-55}$ kɛ^{44}	□嘅 ŋui^{22} kɛ^{31}	□嗰 ŋɔi^{22} kɔ^{44}	□嘅 ŋɔi^{22} ka^{44}
你们的	□个 niak^{2} kɔi^{33}	□个 niak^{2} kɔi^{44}	□个 niak^{2} kɔi^{44}	□嘅 niak^{2} kɛ^{44}	□嘅 niak^{2} kɛ^{31}	□嗰 niak^{2} kɔ^{44}	□嘅 niak^{2} ka^{44}
他们的	□个 kʰiak^{2} kɔi^{33}	□个 kʰɛt^{3} kɔ^{44}	□个 kʰiak^{2} kɔi^{44}	□嘅 kʰiak^{2} kɛ^{44}	□嘅 kʰiak^{2} kɛ^{31}	□嗰 kʰiak^{2} kɔ^{44}	□嘅 kʰiak^{2} ka^{44}
谁的	阿谁个 a^{33} sui^{55} kɔi^{33}	阿谁个 a^{44} sui$^{22-55}$ kɔi$^{44-31}$	谁个 sui$^{22-55}$ kɔi^{44}	边个嘅 pin^{44} kɔ^{44} kɛ^{44}	阿谁嘅 a^{33} sui^{55} kɛ^{31}	阿谁嗰 a^{44} sui^{22} kɔ^{44}	阿谁嘅 a^{44} sui^{55} ka^{44}

表 4-6 6个广府话人称代词的领属形式

条目	方言						
	广东广州话	三藩市广府话	洛杉矶广府话	纽约广府话	芝加哥广府话	波特兰广府话	休斯敦广府话
我的	我嘅 ŋɔ¹³ kɛ³³	我嗰 ŋɔ¹³ kɔ³³	我嘅 ŋɔ¹³ kɛ³³	我嘅 ɔ¹³ kɛ³³	我嘅 ŋɔ¹³ kɛ³³	我嘅 ŋɔ¹³ kɛ³³	我嘅 ŋɔ¹³ kɛ³³
你的	你嘅 nei¹³ kɛ³³	你嗰 nei¹³ kɔ³³	你嘅 nei¹³ kɛ³³	你嘅 nei¹³ kɛ³³	你嘅 lei¹³ kɛ³³	你嘅 nei¹³ kɛ³³	你嘅 nei¹³ kɛ³³
他的	渠嘅 kʰœy¹³ kɛ³³	渠嗰 kʰœy¹³ kɔ³³	渠嘅 kʰœy¹³ kɛ³³	渠嘅 kʰœy¹³ kɛ³³	渠嘅 kʰœy¹³ kɛ³³	渠嘅 kʰœy¹³ kɛ³³	渠嘅 kʰœy¹³ kɛ³³
我们的	我哋嘅 ŋɔ¹³ tei²² kɛ³³	我哋嗰 ŋɔ¹³ tei²² kɔ³³	我哋嘅 ŋɔ¹³ tei²² kɛ³³	我哋嘅 ɔ¹³ tei²² kɛ³³	我哋嘅 ŋɔ¹³ tei²² kɛ³³	我哋嘅 ŋɔ¹³ tei²² kɛ³³	我哋嘅 ŋɔ¹³ tei²² kɛ³³
咱们的	我哋嘅 ŋɔ¹³ tei²² kɛ³³	我哋嗰 ŋɔ¹³ tei²² kɔ³³	我哋嘅 ŋɔ¹³ tei²² kɛ³³	我哋嘅 ŋɔ¹³ tei²² kɛ³³	我哋嘅 ŋɔ¹³ tei²² kɛ³³	我哋嘅 ŋɔ¹³ tei²² kɛ³³	我哋嘅 ŋɔ¹³ tei²² kɛ³³
你们的	你哋嘅 nei¹³ tei²² kɛ³³	你哋嗰 nei¹³ tei²² kɔ³³	你哋嘅 nei¹³ tei²² kɛ³³	你哋嘅 nei¹³ tei²² kɛ³³	你哋嘅 lei¹³ tei²² kɛ³³	你哋嘅 nei¹³ tei²² kɛ³³	你哋嘅 nei¹³ tei²² kɛ³³
他们的	渠哋嘅 kʰœy¹³ tei²² kɛ³³	渠哋嗰 kʰœy¹³ tei²² kɔ³³	渠哋嘅 kʰœy¹³ tei²² kɛ³³	渠哋嘅 kʰœy¹³ tei²² kɛ³³	渠哋嘅 kʰœy¹³ tei²² kɛ³³	渠哋嘅 kʰœy¹³ tei²² kɛ³³	渠哋嘅 kʰœy¹³ tei²² kɛ³³
谁的	边个嘅 pin⁵⁵ kɔ³³ kɛ³³	边个嗰 pi⁵⁵ kɔ³³ kɔ³³	边个嘅 pin⁵⁵ kɔ³³ kɛ³³	边个嘅 pin⁵⁵ kɔ³³ kɛ³³	边个嘅 pin⁵⁵ kɔ³³ kɛ³³	边个嘅 pin³³ kɔ³³ kɛ³³	边个嘅 pin⁵⁵ kɔ³³ kɛ³³

人称代词领属的表示方式,粤方言通常是在人称代词的后面添加"嘅""个/嗰"或"㗎"等表示。一般来说,广府话常用"嘅",台山话用"个"比用"嘅"多,三藩市广府话的"嗰"原也可写成"个",但因为普通话的"谁的",三藩市广府话的说法是"边个嗰",用"嗰"就避免了重叠。

4.1.4.2 指示代词

指示代词不单有指示人和事物的,也有指示处所、时间的,还有指示性质、状态,甚至指示动作方式和程度的。

美国华人社区台山话和广府话的指示代词见表4-7、表4-8。

表4-7 6个台山话的指示代词

条目			方言						
			广东台山话	三藩市台山话	洛杉矶台山话	纽约台山话	芝加哥台山话	波特兰台山话	圣安东尼奥台山话
①人或事物_{单数}	近指	这个	□个 kɔi³¹ kɔi³³	□个 kʰui²² kɔi⁴⁴	□个 kʰɔi²² kɔi⁴⁴	呢个 ni⁴⁴ kɔ⁴⁴	□个 kʰɔi²² kɔ⁴⁴	□个 kʰɔi²² kɔ⁴⁴	□个 kʰɔi²² kɔi⁴⁴
	远指	那个	□个 niŋ³¹ kɔi³³	□个 neŋ²² kɔi⁴⁴	□个 nin²² kɔi⁴⁴	嗰个 kɔ⁵⁵ kɔ⁴⁴	□个 neŋ²² kɔ⁴⁴	□个 nek² kɔ⁴⁴	□个 nan³¹ kɔi⁴⁴
②人或事物_{复数}	近指	这些	□□kʰɔi³¹ nai⁵⁵	□哟 kʰɔi³¹ nit⁵	□□kʰɔi²² nai⁴⁴	□□kʰɔi⁵⁵ nai⁵⁵	□呢 kʰɔi²² nei⁴⁴	□呢 kʰɔi²² nai⁴⁴	□□kʰɔi²² nai⁴⁴
	远指	那些	□□niŋ³¹ nai⁵⁵	□哟 neŋ²² nit⁵	□□nin²² nai⁴⁴	□□nin²² nai⁵⁵	□呢 neŋ²² nei⁴⁴	□呢 nek² nai⁴⁴	□□kʰeŋ²² nai⁴⁴
③处所	近指	这里	□kʰɔi³¹⁻³⁵	□kʰɔi³¹⁻³⁵	□kʰɔi²¹	呢度 ni⁴⁴ tou³¹	□kʰɔi²²⁻³⁵	□kʰɔi²²⁻³⁵	□ou⁴⁴ kʰɔi⁵⁵⁻³⁵
	远指	那里	□niŋ³¹⁻³⁵	□neŋ²²⁻³⁵	□nin²¹⁻³⁵	嗰度 kɔ⁵⁵ tou³¹	□neŋ²²⁻³⁵	□nɛŋ³¹⁻³⁵	□kʰeŋ²²⁻³⁵
④处所	近指	这边	□kʰɔi³¹⁻³⁵	□边 kʰɔi³¹ pɛn⁴⁴	□便 kʰɔi²¹ pɛŋ²¹	□边 kʰɔi²² pɛn⁴⁴	□□kʰɔi²² sak⁵	□边 kʰɔi²² pɛn⁴⁴	□□kʰɔi²² pan⁴⁴
	远指	那边	□niŋ³¹⁻³⁵	□边 neŋ²² pɛn⁴⁴	□便 nin²¹ pɛŋ²¹	□边 kʰui²² pɛn⁴⁴	□□nɛŋ²² sak⁵	□边 nek² pɛn⁴⁴	□□kʰeŋ²² pan⁴⁴
⑤时间	近指	这会儿	□阵久 kʰɔi³¹ tsin³¹ kiu⁵⁵	□□kʰɔi³¹ tsi⁵⁵	□会 kʰɔi²² wɔi⁴⁴	呢个时间 ni⁴⁴ kɔ⁴⁴ si²² kan⁴⁴	□时 ki⁵⁵ si²²	□时 kʰɔi²²⁻³⁵ si²²	□时 kʰɔi²² si²²
	远指	那会儿	□阵久 niŋ³¹ tsin³¹ kiu⁵⁵	□neŋ²² tsi⁵⁵	□会 nin²² wɔi⁴⁴	嗰个时间 kɔ⁵⁵ kɔ⁴⁴ si²² kan⁴⁴	□时 ki⁵⁵ si²²	□时 neŋ³¹ si²²⁻³⁵	□时 kʰɔi²² si²²
⑥性质、状态、方式	近指	这样（做）	□（做） kʰau³¹⁻³⁵（tu³¹）	□样 kʰɔi²² jɔŋ³¹	（做）□样（tu²¹） kʰɔi²¹ jɔŋ²¹⁻³⁵	嗷样（做） kam⁵⁵ jɔŋ⁴⁴（tu³¹）	□样 kʰɔi³¹⁻³⁵ jaŋ³¹⁻³⁵	□（做） kʰɔ⁵⁵（tu³¹）	□样 kʰɔi³¹⁻⁵⁵ jɛŋ³¹⁻⁵⁵
	远指	那样（做）	□（做） kʰau³¹⁻³⁵（tu³¹）	□样 neŋ²² jɔŋ³¹	（做）□样（tu²¹） nin²² jɔŋ²¹⁻³⁵	嗷样（做） kam⁵⁵ jɔŋ⁴⁴（tu³¹）	□样 kʰɔi³¹⁻³⁵ jaŋ³¹⁻³⁵	□（做） kʰɔ⁵⁵（tu³¹）	□样 kɔi²² jɛŋ³¹⁻⁵⁵
⑦程度	近指	这么（甜）	□kʰɔi³¹	□（甜）hɔ⁵⁵（hɛn²²）	好（甜）hɔ⁵⁵（hiam²²）	好（甜）hou⁵⁵（hiam²²）	□kʰɔi³¹	好（甜）hou⁵⁵（hiam²²）	好（甜）hou⁵⁵（hɛm²²）
	远指	那么（甜）	□kʰɔi³¹	□（甜）hɔ⁵⁵（hɛn²²）	好（甜）hɔ⁵⁵（hiam²²）	好（甜）hou⁵⁵（hiam²²）	□kʰɔi³¹	好（甜）hou⁵⁵（hiam²²）	咁（甜） kam⁴⁴ hɛm²²

美国华人社区的大多数台山话点，对本方言固有的指示代词远指、近指的保留都尚好，台山话表近指的指示词声母 k- 或 k^h-、表远指的指示词声母 n-，各点都采纳、保留了。不过也有问题，问题最大的是纽约台山话。

纽约台山话的表达显然深受在世界华人圈中风靡的粤方言广府话的影响，近指、远指的表示，表4-7中除了例②、例④保留了一些带自祖籍地方言表近指的指示词，声母带 k^h-，表远指的指示词，声母带 n- 的说法显示了台山话指示代词的固有特点以外，更多地使用了广府话近、远指所用的"呢""嗰"表示，例①、例③、例⑤ 3组的表达都是如此。例⑥表示性质状态远、近指的方式，也是来自广府话的"噉样做"。例⑦使用的则是与祖籍地方言不一样的表达——使用副词"好"。

而例⑦中使用副词"好"表示程度，与祖籍地方言有别的，除了纽约台山话，还有洛杉矶台山话。其中，圣安东尼奥台山话的表达有点特殊，近指用副词"好"，远指则用广府话的"咁"。

看来，广府话对美国华人社区台山话代词的影响确实不只是一点，而是在各方面都慢慢地"入侵"了。

表4-8　6个广府话的指示代词

条目			方言						
			广东广州话	三藩市广府话	洛杉矶广府话	纽约广府话	芝加哥广府话	波特兰广府话	休斯敦广府话
①人或事物 单数	近指	这个	呢个 $ni^{55} kɔ^{33}$	呢个 $ni^{55} kɔ^{33}$	呢个 $ni^{55} kɔ^{33}$	呢个 $ni^{55} kɔ^{33}$	呢个 $nei^{55} kɔ^{33}$	呢个 $nei^{55} kɔ^{33}$	呢个 $ni^{55} kɔ^{33}$
	远指	那个	嗰个 $kɔ^{35} kɔ^{33}$	那个华 $na^{13} kɔ^{33}$	嗰个 $kɔ^{35} kɔ^{33}$	嗰个 $kɔ^{35} kɔ^{33}$	嗰个 $kɔ^{35} kɔ^{33}$	嗰个 $kɔ^{35} kɔ^{33}$	嗰个 $kɔ^{35} kɔ^{33}$
②人或事物 复数	近指	这些	呢啲 $ni^{55} ti^{55}$	呢啲 $ni^{55} ti^{55}$	呢啲 $ni^{55} ti^{55}$	呢啲 $ni^{55} ti^{55}$	呢啲 $nei^{55} ti^{55}$	呢啲 $nei^{55} ti^{55}$	呢啲 $ni^{55} ti^{55}$
	远指	那些	嗰啲 $kɔ^{35} ti^{55}$	嗰啲 $kɔ^{35} ti^{55}$	嗰啲 $kɔ^{35} ti^{55}$	嗰啲 $kɔ^{35} ti^{55}$	嗰啲 $kɔ^{35} ti^{55}$	嗰啲 $kɔ^{35} ti^{55}$	嗰啲 $kɔ^{35} ti^{55}$
③处所	近指	这里	呢度 $ni^{55} tou^{22}$	呢度 $ni^{55} tou^{22}$	呢度 $ni^{55} tou^{22}$	呢度 $ni^{55} tou^{22}$	呢度 $nei^{55} tou^{22}$	呢度 $nei^{55} tou^{22}$	呢度 $ni^{55} tou^{22}$
	远指	那里	嗰度 $kɔ^{35} tou^{22}$	嗰度 $kɔ^{35} tou^{22}$	嗰度 $kɔ^{35} tou^{22}$	嗰度 $kɔ^{35} tou^{22}$	嗰度 $kɔ^{35} tou^{22}$	嗰度 $kɔ^{35} tou^{22}$	嗰度 $kɔ^{35} tou^{22}$
④处所	近指	这边	呢边 $ni^{55} pin^{55}$	呢边 $ni^{55} pin^{55}$	呢边 $ni^{55} pin^{55}$	呢边 $nei^{55} pin^{55}$	呢便 $nei^{55} pin^{22}$	呢边 $nei^{55} pin^{55}$	呢便 $ni^{55} pin^{22}$
	远指	那边	嗰边 $kɔ^{35} pin^{55}$	嗰边 $kɔ^{35} pin^{55}$	嗰边 $kɔ^{35} pin^{55}$	嗰边 $kɔ^{35} pin^{55}$	嗰便 $kɔ^{35} pin^{22}$	嗰边 $kɔ^{35} pin^{55}$	嗰便 $kɔ^{35} pin^{22}$

续表 4-8

条目			方言						
			广东广州话	三藩市广府话	洛杉矶广府话	纽约广府话	芝加哥广府话	波特兰广府话	休斯敦广府话
⑤时间	近指	这会儿	呢阵 ni^{55}tsɐn^{22}	今次_华 kɐm^{55}tsʰi^{33}	呢阵 ni^{55}tsɐn^{22}	而家呢个时间 ji^{21}ka^{55}ni^{55}kɔ^{33}si^{21}kan^{22}	今次 kɐm^{55}tsʰi^{33}	而家 ji^{21}ka^{55}	而家 ji^{21}ka^{55}
	远指	那会儿	嗰阵 kɔ^{35}tsɐn^{22}	那次_华 na^{13}tsʰi^{33}	嗰阵 kɔ^{35}tsɐn^{22}	嗰个时间 kɔ^{35}kɔ^{33}si^{21}kan^{22}	嗰次 kɔ^{35}tsʰi^{33}	嗰阵时 kɔ^{35}tsɐn^{22}si^{21}	嗰阵时 kɔ^{35}tsɐn^{22}si^{21}
⑥性质状态方式	近指	这样（做）	噉样 kɐn^{35}jœŋ$^{22-35}$	噉样 kɐn^{35}jœŋ$^{22-35}$	噉样 kɐn^{35}jœŋ$^{22-35}$	噉样 kɐn^{35}jœŋ$^{22-35}$	噉样 kɐn^{35}jœŋ$^{22-35}$	噉样（做）kɐn^{35}jœŋ$^{22-35}$（tsou^{22}）	噉样 kɐn^{35}jœŋ$^{22-35}$
	远指	那样（做）	噉样 kɐn^{35}jœŋ$^{22-35}$	噉样 kɐn^{35}jœŋ$^{22-35}$	噉样 kɐn^{35}jœŋ$^{22-35}$	噉样 kɐn^{35}jœŋ$^{22-35}$	噉样 kɐn^{35}jœŋ$^{22-35}$	噉样（做）kɐn^{35}jœŋ$^{22-35}$（tsou^{22}）	噉样 kɐn^{35}jœŋ$^{22-35}$
⑦程度	近指	这么（甜）	咁 kɐn^{33}	咁 kɐn^{33}	咁 kɐn^{33}	好 hou^{35}	咁 kɐn^{33}	好（甜）hou^{35}（tʰim^{21}）/咁（甜）kɐn^{33}（tʰim^{21}）	咁 kɐn^{33}
	远指	那么（甜）	咁 kɐn^{33}	咁 kɐn^{33}	咁 kɐn^{33}	好 hou^{35}	咁 kɐn^{33}	好（甜）hou^{35}（tʰim^{21}）/咁（甜）kɐn^{33}（tʰim^{21}）	咁 kɐn^{33}

相对社区内的台山话来说，华人社区广府话的指示代词近指、远指的区分要好些。我们可以看到除了个别指示时间和程度的代词，有的点与祖籍地方言产生了差异，有表述不清的问题以外，其余的点大都保留良好，远指"嗰_远指"、近指"呢_近指"区分清楚，并且两两对应。出现问题的有以下几种。

指示时间，普通话的"这会儿""那会儿"，纽约广府话使用的是例⑤解释性的两个短语，"而家呢个时间"和"嗰个时间"，而非词。芝加哥广府话用例⑤的"今次_这次""嗰次_那次"对应。

三藩市广府话指示人或事物，远指也用了与普通话相同的例①的"那个_华"，例⑤"那次"，表示远指的"那个_华 na^{13}kɔ^{33}""那次_华 na^{13}tsʰi^{33}"明显丢掉了方言的说法，指示时间近指的"今次_华 kɐm^{55}tsʰi^{33}"，也受到了汉语普通话的影响。但幸好其保留广府话说话的其他表达，目前相比较要多些。这说明其指示代词的变化，还在开始发展变化的阶段。

指示程度，尽管芝加哥广府话远指、近指也像祖籍地方言一样不区分，但丢掉了广府话例⑦传统的说法"咁"，转而使用副词"好"。波特兰广府话的例⑦则是既用"好"，也用"咁"。这说明变化也已经开始了。

4.1.4.3 疑问代词（见表4－9、表4－10）

表4－9　6个台山话的疑问代词

条目	方言						
	广东台山话	三藩市台山话	洛杉矶台山话	纽约台山话	芝加哥台山话	波特兰台山话	圣安东尼奥台山话
谁	阿谁 a³³sui⁵⁵	阿谁 a⁴⁴sui⁴⁴	谁 sui²²⁻⁵⁵	边个 pɛn⁴⁴kɔ⁴⁴	阿谁 a⁴⁴sui⁵⁵	阿谁 a⁴⁴sui²²	阿谁 a⁴⁴sui²²⁻³⁵
哪个	□个 nai³¹kɔi³³	□个 nai⁴⁴kɔi⁴⁴	□个 nai²²kɔi⁴⁴	边个 pɛn⁴⁴kɔ⁴⁴	□个 nai²²kɔ⁴⁴	□个 nai³¹kɔ⁴⁴	□个 nai⁴⁴kɔi⁴⁴
哪些	□□niŋ³¹nai⁵⁵	□啲 nai⁴⁴nit⁵	□个 nai²²kɔi⁴⁴	边啲 pɛn⁴⁴ti⁴⁴	□呢 nai²²nei⁴⁴	□呢 nai³¹nai⁴⁴	□nai³¹nai⁵⁵
什么	乜 mɔt⁵	乜 mɔt⁵	乜 mɔt⁵	乜 mɔt⁵	乜 mɔt⁵	乜 mɔt⁵⁻³⁵	乜 mɔt⁵
为什么	几□ ki⁵⁵kai³¹⁻³⁵	几解 ki⁵⁵kai⁵⁵	几解 ki⁵⁵kai⁵⁵	几解 ki⁵⁵kai⁵⁵	几解 ki⁵⁵kai⁵⁵	几解 ki⁵⁵kai⁵⁵	几解 kei⁵⁵kai⁵⁵
哪里	□nai³¹⁻³⁵	□nai⁴⁴⁻³⁵	□nai²¹⁻³⁵	边度 pɛn⁴⁴tou³¹	□□ou⁴⁴nai²²⁻³⁵	□□ɔ⁴⁴nai³¹⁻³⁵	□□ou⁴⁴nai²²⁻³⁵
怎样~做	几□做 ki⁵⁵hau³³⁻³⁵tu³¹	几ki⁵⁵hɔ⁴⁴	几□做 ki⁵⁵hɔ²²tu²¹	几□做 ki⁵⁵ou³¹tu³¹	几□做 ki⁵⁵hɔ²²tu³¹	几□做 ki⁵⁵hɔ²²tu³¹	几□kei⁵⁵hau²²
怎么办	几□□ki⁵⁵hau³³⁻³⁵hau³³	几ki⁵⁵hɔ⁴⁴	爱做乜 ɔi⁴⁴tu²¹mat⁵	几□做 ki⁵⁵hau⁵⁵tu³¹	几□办 ki⁵⁵hɔ²²pan³¹	几□办 ki⁵⁵hɔ²²pan³¹	几□kei⁵⁵hau²²
多少斤	几斤 ki⁵⁵kin³³	几多磅 kei⁵⁵ɔ⁴⁴pɔŋ³¹ 英语：pound	几磅 ki⁵⁵pɔŋ²¹ 英语：pound	几多磅 ki⁵⁵ɔ⁴⁴pɔŋ³¹ 英语：pound	几多斤 ki⁵⁵ɔ⁴⁴kan⁴⁴	几多磅 ki⁵⁵ɔ⁴⁴pɔŋ³¹ 英语：pound	几斤 kei⁵⁵kin⁴⁴
多久	几时 ki⁵⁵si²²	几耐 kei⁵⁵nɔi³¹	几久 ki⁵⁵kiu⁵⁵	几久 ki⁵⁵kiu⁵⁵	好久 hɔ⁵⁵kiu⁵⁵	几久 ki⁵⁵kiu⁵⁵	几耐 kei⁵⁵nɔi³¹

吕叔湘、江蓝生曾经指出："在古代汉语里，谁跟孰是最重要的指人的疑问代词；中古以后谁字独占优势。这个代词的最简单同时也是一直最通用的形式就是谁，但是从汉代到唐代曾经有过阿谁这种形式。"（《近代汉语指代词》，学林出版社1985年版）

汉语普通话"谁"华人社区台山话洛杉矶一个点说"谁"，三藩市、芝加哥、波特兰、圣安东尼奥4个点说"阿谁"，均保留了古汉语的说法。其中，洛杉矶一个点保留了汉语更早期的说法。

但是纽约台山话的说法却是与其他点都不一样的"边个"。以"边个"表示疑问代词"谁"，无疑是来自广府话，广东广州话，以及华人社区的其他广府话点都这么说，纽约台山话明显受到了影响。不仅"谁"的表示,其他几个疑问代词——普通话的"哪个""哪些""哪里",纽约台山话的说法也是来自广府话的"边个""边啲""边度"。

上文讨论指示代词时,我们也看到了纽约台山话受到广府话影响的事实。看来,广府话的影响对纽约台山话来说,不仅是简单的一两点,连封闭式的词类代词都出现这些例子。可以说,纽约台山话对广府话的接收是敞开式的,只是这些例子的语音都还保留了台山音。

表4-10　6个广府话的疑问代词

条目	方言						
	广东广州话	三藩市广府话	洛杉矶广府话	纽约广府话	芝加哥广府话	波特兰广府话	休斯敦广府话
谁	边个 pin^{55} $kɔ^{33}$	边个 pin^{55} $kɔ^{33}$	边个 pin^{55} $kɔ^{33}$	边个 pin^{55} $kɔ^{33}$	边个 pin^{55} $kɔ^{33}$/阿谁台 a^{33} $sœy^{21}$	边个 pin^{55} $kɔ^{33}$	边个 pin^{55} $kɔ^{33}$
哪个	边个 pin^{55} $kɔ^{33}$	哪个华 na^{13} $kɔ^{33}$	边个 pin^{55} $kɔ^{33}$	边个 pin^{55} $kɔ^{33}$	边个 pin^{55} $kɔ^{33}$	边个 pin^{55} $kɔ^{33}$	边个 pin^{55} $kɔ^{33}$
哪些	边啲 pin^{55} ti^{55}	边啲 pin^{55} ti^{55}	边啲 pin^{55} ti^{55}	边啲 pin^{55} ti^{55}	边啲 pin^{55} ti^{55}	边啲 pin^{55} ti^{55}	边啲 pin^{55} ti^{55}
什么	乜嘢 $mɐt^{5}$ $jɛ^{13}$	乜嘢 $mɐt^{5}$ $jɛ^{13}$	乜嘢 $mɐt^{5}$ $jɛ^{13}$	乜 $mɐt^{5}$	乜嘢 $mɐt^{5}$ $jɛ^{13}$	乜嘢 $mɐt^{5}$ $jɛ^{13}$	乜嘢 $mɐt^{5}$ $jɛ^{13}$
为什么	点解 tim^{35} kai^{35}/为乜 $wɐi^{22}$ $mɐt^{5}$	点解 tim^{35} kai^{35}	为乜嘢 $wɐi^{22}$ $mɐt^{5}$ $jɛ^{13}$	点解 tim^{35} kai^{35}	为乜 $wɐi^{22}$ $mɐt^{5}$/点解 tim^{35} kai^{35}	点解 tim^{35} kai^{35}	点解 tim^{35} kai^{35}
哪里	边度 pin^{55} tou^{22}	哪度华 na^{13} tou^{22}	边度 pin^{55} tou^{22}	边度 pin^{55} tou^{22}	边度 pin^{55} tou^{22}	边度 pin^{55} tou^{22}	边度 pin^{55} tou^{22}
怎样~做	点样做 tim^{35} $jœŋ^{22-35}$ $tsou^{22}$	点样 tim^{35} $jœŋ^{22-35}$	点样 tim^{35} $jœŋ^{22-35}$	点样做 tim^{35} $jœŋ^{22-35}$ $tsou^{22}$	点样 tim^{35} $jœŋ^{22-35}$	点样做 tim^{35} $jœŋ^{22-35}$	点样 tim^{35} $jœŋ^{22-35}$
怎么办	点办 tim^{35} pan^{22}	点做 tim^{35} $tsou^{22}$	点办 tim^{35} pan^{22}	点算 tim^{35} syn^{33}	点办 tim^{35} pan^{22}	点办 tim^{35} pan^{22}	点办 tim^{35} pan^{22}
多少斤	几多斤 kei^{35} $tɔ^{55}$ $kɐn^{55}$	几重 kei^{35} $tsʰuŋ^{13}$	几斤 kei^{35} $kɐn^{55}$	几多磅 kei^{35} $tɔ^{55}$ $pɔŋ^{22}$ 英语:pound	几多磅 kei^{35} $tɔ^{55}$ $pɔŋ^{22}$ 英语:pound	几多斤 kei^{35} $tɔ^{55}$ $kɐn^{55}$	几多磅 kei^{35} $tɔ^{55}$ $pɔŋ^{22}$ 英语:pound
多久	几耐 kei^{35} $nɔi^{22}$	几耐 kei^{35} $nɔi^{22}$	几耐 kei^{35} $nɔi^{22}$	几耐 kei^{35} $nɔi^{22}$	几耐 kei^{35} $nɔi^{22}$	几耐 kei^{35} $nɔi^{22}$	几长 kei^{35} $tsʰœŋ^{21}$

由上述例子可见，台山话有的点的代词明显受到广府话影响，已是不争的事实。那么，在华人社区内相对强势的广府话是否接受了台山话的影响？

关于这方面，我们在上文也有所提及，广府话是有个别点接受了台山话的个别词语的说法。在疑问代词这部分，我们又发现了一个，芝加哥广府话"谁"的表示，除了广府话自身所有的"边个"以外，也用台山话的"阿谁"。也就是说，华人社区内方言的影响是双边互为的，不过比较起来，台山话接收广府话的例子更多。这是由目前广府话在美国华人社区内较强势的地位决定的。

相比接受台山话的影响，华人社区广府话受到汉语共同语普通话影响的问题更值得引起关注。三藩市广府话表示"哪个""哪里"的说法"哪个""哪度"，就很明显有来自普通话的痕迹。粤方言通常不用"哪"表疑问，"哪个"无疑是以广府话的音说普通话的词；"哪度"前一语素来自普通话，后一语素则是方言自己的，这是个普通话、方言的合璧词。

表4-10中的最后一个疑问代词"多久"，休斯敦广府话的说法是"几长"。"几长"本是询问长度的疑问词，休斯敦广府话的发音人恐是将普通话表示"时间多长"的广府话说法"几长时间"的缩略用于表示询问了。

此外，除了三藩市一个点，其他广府话点"谁"和"哪个"的疑问表达，用的是同一个疑问代词"边个"，与广东广州话一样。

4.1.5 数词

先看一组数词在华人社区台山话和广府话中的表示。（见表4-11、表4-12。"—"处表示发音人没有提供说法；发音人提供借词说法的，会说明。下同）

表4-11　6个台山话的数词

条目	方言						
	广东台山话	三藩市台山话	洛杉矶台山话	纽约台山话	芝加哥台山话	波特兰台山话	圣安东尼奥台山话
十五	十五 sip² m̩⁵⁵	十五 sip² m̩⁵⁵	十五 sip² m̩⁵⁵	十五 sap² m̩⁵⁵	十五 sap² m̩⁵⁵	十五 ɬip² m̩⁵⁵	十五 ɬip² m̩⁵⁵
二十二	二十二 ŋi³¹ sip² ŋi³¹ /廿二 ja³¹ ŋi³¹	二十二 ŋi³¹ sip² ŋi³¹	二十二 sip² ŋi²¹	二十二 sap² ŋei³¹	廿二 ŋiap² ŋi³¹	二十二 ɬip² ŋi³¹	二十二 ɬip² ŋei³¹
三十三	三十三 ɬam³³ sip² ɬam³³	三十三 ɬam⁴⁴ sip² ɬam⁴⁴	三十三 ɬam⁴⁴ sip² ɬam⁴⁴	三十三 sam⁴⁴ sap² sam⁴⁴	三十三 ɬam⁴⁴ sap² ɬam⁴⁴	三十三 ɬam⁴⁴ sap² ɬam⁴⁴	三十三 ɬam⁴⁴ ɬip² ɬam⁴⁴
一百一十	百一 pak³ jit⁵	一百一十 jit⁵ pak³ jit⁵ sip²	一百一十 ŋit⁵ pak³ ŋit⁵ sip²	一百一十 jat⁵ pak³ jat⁵ sap²	百一 pak³ jat⁵	百一 pak³ jit⁵	一百一十 jat⁵ pak³ jit⁵ ɬip²

续表 4-11

条目	方言						
	广东台山话	三藩市台山话	洛杉矶台山话	纽约台山话	芝加哥台山话	波特兰台山话	圣安东尼奥台山话
一百一十一	一百一十一 jit⁵ pak³ jit⁵ sip² jit⁵	一百一十一 jit⁵ pak³ jit⁵ sip² jit⁵	一百一十一 ŋit⁵ pak³ ŋit⁵ sip² ŋit⁵	一百一十一 jat⁵ pak³ jat⁵ sap² jat⁵	一百一十一 jat⁵ pak³ jat⁵ sap² jat⁵	一百一十一 jit⁵ pak³ jit⁵ ɬip² jit⁵	一百一十一 jit⁵ pak³ jit⁵ ɬip² jit⁵
一万	万 man³¹	万 man³¹	万 man³¹ / 十千 sip² tʰɛn⁴⁴ 英语: ten thousand	万 man³¹⁻⁵⁵ / 十千 sap² tʰɛn⁴⁴ 英语: ten thousand	万 man³¹	万 man³¹	万 man³¹
二十二万	二十二万 ŋi³¹ sip² ŋi³¹ man³¹	二十二万 ŋi³¹ sip² ŋi³¹ man³¹	二十二万 ŋi²¹ sip² ŋi²¹ man²¹	二百二十千 ŋei³¹ pak³ ŋei³¹ sap² tʰɛn⁴⁴ 英语: two hundred and twenty thousand	二十二万 ŋi³¹ sap² ŋi³¹ man³¹	二十二万 ŋi³¹ ɬip² ŋi³¹ man³¹	二十二万 ŋei³¹ ɬip² ŋei³¹ man³¹
十来个	十几个 sip² ki⁵⁵ kɔi³³ / 十□个 sip² a³³ kɔi³³	十几个 sip² ki⁵⁵ kɔ³¹	十几个 sip² ki⁵⁵ kɔi⁴⁴	十几个 sap² ki⁵⁵ kɔ⁴⁴	十零个 sap² liaŋ²² kɔ⁴⁴	十几个 ɬip² ki⁵⁵ kɔi⁴⁴	十几个 ɬap² kei⁵⁵ kɔi⁴⁴
一斤半	斤半 kin³³ pɔn³³	斤半 kin⁴⁴ pɔŋ⁴⁴	斤半 kin⁴⁴ pɔŋ⁴⁴	一磅半 jat⁵ pɔŋ³¹ pɔn⁴⁴ 英语: pound	斤半 kɔn⁴⁴ pɔŋ⁴⁴	斤半 kin⁴⁴ pɔŋ⁴⁴	斤半 kin⁴⁴ pɔŋ⁴⁴
两斤二两	两斤二 liaŋ⁵⁵ kin³³ ŋi³¹	—	两斤二两 liaŋ⁵⁵ kin⁴⁴ ŋi²¹ liaŋ⁵⁵	两磅二安 lɛŋ⁵⁵ pɔŋ³¹ ŋei⁴⁴ ɔn⁴⁴ 英语: pound/ounce	两斤二两 liaŋ⁵⁵ kən⁴⁴ ŋi³¹ liaŋ⁵⁵	两斤二两 liɔŋ⁵⁵ kin⁴⁴ ŋi³¹ liɔŋ⁵⁵	两斤二两 lɛŋ⁵⁵ kin⁴⁴ ŋei³¹ lɛŋ⁵⁵
百分比	百分比 pak³ fun³¹ pei³³	分 fun³¹	百分之 pak³ fun²¹ tsi⁴⁴	分□ fun⁴⁴ su⁴⁴	巴仙 pa⁴⁴ sɛn⁴⁴ 英语: percentage	□tsɛt⁵⁻³⁵	几成 kei⁵⁵ sɛŋ²²

表 4-12 6 个广府话的数词

条目	方言						
	广东广州话	三藩市广府话	洛杉矶广府话	纽约广府话	芝加哥广府话	波特兰广府话	休斯敦广府话
十五	十五 sɐp² m̩¹³	十五 sɐp² m̩¹³	十五 sɐp² m̩¹³	十五 sɐp² m̩¹³	十五 sɐp² m̩¹³	十五 sɐp² m̩¹³	十五 sɐp² m̩¹³
二十二	二十二 ji²² sɐp² ji²² / 廿二 ja²² ji²²	二十二 ji²² sɐp² ji²² / 廿二 ja²² ji²²	二十二 ji²² sɐp² ji²²	廿二 ja²² ji²²	廿二 ja²² ji²²	二十二 ji²² sɐp² ji²² / 廿二 ja²² ji²²	二十二 ji²² sɐp² ji²² / 廿二 ja²² ji²²

续表 4-12

条目	方言						
	广东广州话	三藩市广府话	洛杉矶广府话	纽约广府话	芝加哥广府话	波特兰广府话	休斯敦广府话
三十三	三十三 sam^{33} sɐp^2 sam^{33}／卅阿三 sa^{55} a^{22} sam^{55}	三十三 sam^{55} sɐp^2 sam^{55}	三十三 sam^{55} sɐp^2 sam^{33}	三十三 sam^{55} sɐp^2 sam^{55}	卅阿三 sa^{55} a^{22} sam^{55}	三十三 sam^{55} sɐp^2 sam^{55}／卅 sa^{55} a^{33} sa^{55}	三十三 sam^{55} sɐp^2 sam^{55}
一百一十	百一 pak^3 jɐt^5	一百一十 jɐt^5 pak^3 jɐt^5 sɐp^2	百一 pak^3 jɐt^5	一百一十 jɐt^5 pak^3 jɐt^5 sɐp^2	百一 pak^3 jɐt^5	百一 pak^3 jɐt^5／一百一十 jɐt^5 pak^3 jɐt^5 sɐp^2	百一 pak^3 jɐt^5
一百一十一	一百一十一 jɐt^5 pak^3 jɐt^5 sɐp^2 jɐt^5	一百一十一 jɐt^5 pak^3 jɐt^5 sɐp^2 jɐt^5	一百一十一 jɐt^5 pak^3 jɐt^5 sɐp^2 jɐt^5	一百一十一 jɐt^5 pak^3 jɐt^5 sɐp^2 jɐt^5	一百一十一 jɐt^5 pat^3 jɐt^5 sɐp^2 jɐt^5	一百一十一 jɐt^5 pak^3 jɐt^5 sɐp^2 jɐt^5	一百一十一 jɐt^5 pak^3 jɐt^5 sɐp^2 jɐt^5
一万	万 man^{22}	万 man^{22}／十千 sɐp^2 tsʰin^{55} 英语：ten thousand	万 man^{22}	万 man^{22}	万 man^{22}	十千 sɐp^2 tsʰin^{55} 英语：ten thousand	万 man^{22}
二十二万	二十二万 ji^{22} sɐp^2 ji^{22} man^{22}	二十二万 ji^{22} sɐp^2 ji^{22} man^{22}	二十二万 ji^{22} sɐp^2 ji^{22} man^{22}	二十二万 ji^{22} sɐp^2 ji^{22} man^{22}	廿二万 ja^{22} ji^{22} man^{22}	二百二十千 ji^{22} pak^3 ji^{22} sɐp^2 tsʰin^{55}	二十二万 ji^{22} sɐp^2 ji^{22} man^{22}
十来个	十几个 sɐp^2 kei^{35} kɔ^{33}	十几个 sɐp^2 kei^{35} kɔ^{33}	十几个 sɐp^2 kei^{35} kɔ^{33}	差唔多一打 tsʰa^{55} m^{21} tɔ^{55} jɐt^5 ta^{55}	十几个 sɐp^2 kei^{35} kɔ^{33}	十几个 sɐp^2 kei^{35} kɔ^{33}	十零个 sɐp^2 leŋ^{21} kɔ^{33}／十几个 sɐp^2 kei^{35} kɔ^{33}
一斤半	斤半 kɐn^{55} pun^{33}	斤半 kɐn^{55} pun^{33}	斤半 kɐn^{55} pun^{33}	—	斤半 kɐn^{55} pun^{33}	斤半 kɐn^{55} pun^{33}	斤半 kɐn^{55} pun^{33}
两斤二两	两斤二两 lœŋ^{13} kɐn^{55} ji^{22} lœŋ^{35}	—	两斤二两 lœŋ^{13} kɐn^{55} ji^{22} lœŋ^{35}	—	一公斤两安士 jɐt^5 kuŋ^{55} kɐn^{55} lœŋ^{13} ɔn^{55} si^{35} 英语：ounce	两斤二两 lœŋ^{13} kɐn^{55} ji^{22} lœŋ^{35}／二斤二两 ji^{22} kɐn^{55} ji^{22} lœŋ^{13}	两斤二两 lœŋ^{13} kɐn^{55} ji^{22} lœŋ^{35}
百分比	百分比 pak^3 fɐn^{22} pei^{35}	—	百分比 pak^3 fɐn^{22} pei^{35}	百分之几 pak^3 fɐn^{22} tsi^{55} kei^{35}	百分比 pak^3 fɐn^{22} pei^{35}／巴仙 pa^{55} sin^{55} 英语：percentage	百分比 pak^3 fɐn^{22} pei^{35}	百分比 pak^3 fɐn^{22} pei^{35}

称数、概数、分数等的表示法是讨论数词需要关注的。

上述不多的例子告诉我们，中国本土粤方言数词所有的特点，华人社区台山话和广府话都有一些点保留了。例如十位数以上的数词前面的"一"通常省略，"二十二""三十三"等数字在语流中有特别的说法"廿二""卅阿卅"，在整数后加"零""几"等表示概数。

但是，无论台山话还是广府话，即使在数词这个说来并不复杂的词类里，也都出现了一些值得注意的问题。比如，我们看到了表格的一些空白，尽管这些词并不复杂，有的华人还是无法提供说法。

这其中有一个很大的原因就是，华人对数字的表述平时多用英语，以致忘记了方言的说法。比如，生活中接触的商品的数量均以"磅""安士"等计算，华人就很难一下子将其转换成"斤""两"。还有，因为英语中没有"万"的说法，故"一万""二十二万"这些数字，有的华人也就只能转而以英语的"十千""二百二十千"来表示。如洛杉矶台山话的"十千$_{万}$ sip²tʰɛn⁴⁴"，纽约台山话的"十千$_{万}$ sap²tʰɛn⁴⁴""二百二十千$_{二十二万}$ ŋei³¹pak³ŋei³¹sap²tʰɛn⁴⁴"，三藩市广府话的"十千$_{万}$ sɐp²tsʰin⁵⁵"，波特兰广府话的"十千$_{万}$ sɐp²tsʰin⁵⁵""二百二十千$_{二十二万}$ ji²²pak³ji²²sɐp²tsʰin⁵⁵"。

数词的这种表达方式，我们在东南亚华人社区的闽、粤、客方言中也发现过。

4.1.6 量词

与英语等印欧语系的语言相比，汉语普通话的量词非常丰富，汉语各方言的量词也非常丰富多彩，且各有自己的特点。不同的汉语方言，甚至同一大方言内不同地点的方言，都会有与不同的名词、动词等配搭的特色量词。

我们在调查东南亚华人社区的汉语方言时，发现东南亚闽、粤、客方言的量词，除了有个别借用外来词，还有个别自创的以外，基本都沿袭、保留了中国祖籍地方言量词的特点。那么，美国华人社区台山话和广府话量词的状况又如何？

本节中，我们将从"量词的保留"与"量词的变化"两个方面展开论述。

4.1.6.1 量词的保留

我们可以先通过一些常见量词使用的例子，来感受华人社区台山话和广府话对各自祖籍地方言固有的常用量词的保留。（见表4-13、表4-14）

表4-13 6个台山话保留的常用量词

条目	方言						
	广东台山话	三藩市台山话	洛杉矶台山话	纽约台山话	芝加哥台山话	波特兰台山话	圣安东尼奥台山话
个$_{一\sim人}$	个 kɔi³³	个 kɔ³¹	个 kɔi⁴⁴	个 kɔ⁴⁴	个 kɔ⁴⁴	个 kɔ⁴⁴	个 kɔi⁴⁴
棵$_{一\sim树}$	兜 eu³³	翕 pʰɔ⁴⁴	兜 au⁴⁴	翕 pʰɔ⁴⁴	翕 pʰɔ⁴⁴	兜 tau⁴⁴	兜 ɛu⁴⁴／翕 pʰɔ⁴⁴

续表 4-13

条目	方言						
	广东 台山话	三藩市 台山话	洛杉矶 台山话	纽约 台山话	芝加哥 台山话	波特兰 台山话	圣安东尼奥 台山话
顿 一~饭	餐 tʰuɔn³³	餐 tʰan⁴⁴	餐 tsʰan⁴⁴	餐 tʰan⁴⁴	餐 tʰan⁴⁴	餐 tʰan⁴⁴	餐 tʰan⁴⁴
泡 一~尿	督 uk⁵	督 uk⁵	督 uk⁵	督 uk⁵	督 uk⁵	督 tuk⁵	督 uk²
瓶 一~酒	樽 tun³³⁻³¹	樽 tun⁴⁴	樽 tun⁴⁴⁻²¹	樽 tun⁴⁴	樽 tun⁴⁴	樽 tun⁴⁴	樽 tun⁴⁴⁻³¹
口 一~水	唅 am³¹	唅 am³¹	唅 am²¹	唅 am³¹	唅 am³¹	唅 am³¹	唅 am³¹
幢 一~房子	间 kan³³	间 kan⁴⁴	间 kan⁴⁴	间 kan⁴⁴	间 kan⁴⁴	间 kan⁴⁴	栋 uŋ⁴⁴ / 沓 ap²
双 一~鞋子	对 ui³³	对 wui⁴⁴	对 wui⁴⁴	对 ui⁴⁴	双华 sɔŋ⁴⁴	对 ui⁴⁴	对 ui⁴⁴
团 一~泥	咖 kau³¹	咖 kau³¹	□ui⁴⁴	咖 kau³¹	□kʰuŋ²²	咖 kau³¹	咖 kau³¹
把 一~大蒜	揸 tsa³³	揸 tsa³¹	揸 tsa⁴⁴	把 pa⁵⁵	揸 tsa⁴⁴	揸 tsa³¹	揸 tsa⁴⁴⁻³¹

表 4-14 6 个广府话保留的常用量词

条目	方言						
	广东 广州话	三藩市 广府话	洛杉矶 广府话	纽约 广府话	芝加哥 广府话	波特兰 广府话	休斯敦 广府话
个 一~人	个 kɔ³³	个 kɔ³³	个 kɔ³³	个 kɔ³³	个 kɔ³³	个 kɔ³³	个 kɔ³³
棵 一~树	翕 pʰɔ⁵⁵	翕 pʰɔ⁵⁵	翕 pʰɔ⁵⁵	个 kɔ³³	翕 pʰɔ⁵⁵	翕 pʰɔ⁵⁵	翕 pʰɔ⁵⁵
顿 一~饭	餐 tsʰan⁵⁵	餐 tsʰan⁵⁵	餐 tsʰan⁵⁵	—	餐 tsʰan⁵⁵	餐 tsʰan⁵⁵	餐 tsʰan⁵⁵
泡 一~尿	督 tuk⁵	督 tuk⁵	督 tuk⁵	督 tuk⁵	督 tuk⁵	督 tuk⁵	督 tuk⁵
瓶 一~酒	樽 tsœn⁵⁵	樽 tsœn⁵⁵	樽 tsœn⁵⁵	支 tsi⁵⁵	樽 tsœn⁵⁵	樽 tsœn⁵⁵	瓶华 pʰeŋ²¹
口 一~水	唅 tam²²	唅 tam²²	唅 tam²²	唅 tam²²	唅 tam²²	唅 tam²²	唅 tam²²
幢 一~房子	间 kan⁵⁵ / 座 tsɔ²²	间 kan⁵⁵	栋大 tuŋ²² / 座小 tsɔ²²	间 kan⁵⁵	间 kan⁵⁵ / 座 tsɔ²²	座 tsɔ²²	间 kan⁵⁵
双 一~鞋子	对 tœy³³	对 tœy³³	对 tʰœy³³	对 tœy³³	对 tœy³³	对 tœy³³	对 tœy³³
团 一~泥	咖 keu²²	咖 keu²²	咖 keu²²	—	咖 keu²²	咖 keu²²	咖 keu²²
把 一~大蒜	揸 tsa²²	揸 tsa²²	揸 tsa²²	揸 tsa²²	揸 tsa²²	揸 tsa²²	揸 tsa⁵⁵

表 4-13、表 4-14 反馈的信息说明，美国的台山话和广府话还是保留了祖籍地方言相当部分惯用量词的。台山话和广府话的量词表出现了空白的仅有纽约广府话。事实上，在美国华人社区的所有方言点中，也是纽约广府话量词出现的问题最多，表 4-14 中用以指代"树"的量词是"个"，就是一个突出的例子。这个问题，我们留待下文继续讨论。

表 4-13、表 4-14 也反映了一些其他问题。例如，受全球汉语热的影响，纽约台山话的说法"一把大蒜"的"把"使用了普通话的表达，丢失了方言的固有说法"揸"。芝

加哥台山话"一双鞋子"的"双"来自普通话,丢失了方言的固有说法"对"。纽约广府话"一棵树"所使用的量词"个",丢失了方言固有的说法"翕"。纽约广府话"一瓶酒"的"支","一支酒"之说,虽然在广府话里也行得通,但是广府话有更好的、更有方言味的表示——"樽"。而休斯敦广府话则更是直接地用普通话的量词"瓶",说"一瓶酒"。

此外,还有一个也必须引起注意的问题,我们曾在第2、第3章里,谈到过华人社区台山话的语音、词汇受到广府话影响,逐渐向广府话靠拢的例子,这个问题也在量词部分显露。汉语普通话"一棵树"的量词,台山话有几个点——三藩市、纽约、芝加哥用广府话惯用的"翕",而不是台山话惯用的"兜",圣安东尼奥台山话既用"兜"也用"翕",说明变化正在进行中。

4.1.6.2 量词的变化

我们没有发现华人社区台山话和广府话自创的量词。不过,生活在主流语言为英语的美国,借自英语的量词则每个点都有,且基本是表示钱币、公斤、公里、电功率等度量衡单位的量词。

台山话例子如下:

三藩市:仙$_{(一)分(钱)}$ sɛn^{44}(英语:cent)、磅 pɔŋ^{31}(英语:pound)

洛杉矶:一仙$_{(一)分(钱)}$ ŋit^{5}ɬɛn^{44}(英语:cent)、十仙$_{(一)角(钱)}$ sip^{2}ɬɛn^{44}(英语:cent)、□□$_{公斤}$ k^{h}i^{44} lou^{44}(英语:kilo)、□□□□$_{公里}$ k^{h}i^{44} lou^{44} mit^3 t^{h}ə^{21}(英语:kilometer)、磅 pɔŋ^{21}(英语:pound)、□$_{电功率,瓦}$ wat^5(英语:watt)

纽约:□□$_{(一)分(钱)}$ p^{h}ɛn^{44} ni$^{22-35}$(英语:penny)、□□$_{公斤}$ k^{h}i^{44} lou^{22}(英语:kilo)、□□□□$_{公里}$ k^{h}i^{44} lou^2 mit^3 t^{h}ə^{31}(英语:kilometer)、磅 pɔŋ^{31}(英语:pound)、□$_{电功率,瓦}$ wat^5(英语:watt)

芝加哥:□□$_{(一)分(钱)}$ p^{h}ɛn^{44} ni^{44}(英语:penny)、磅 pɔŋ^{31}(英语:pound)

波特兰:□□$_{公斤}$ k^{h}i^{55} lou$^{22-35}$(英语:kilo)、磅 pɔŋ^{31}(英语:pound)

圣安东尼奥:磅 pɔŋ^{31}(英语:pound)

广府话例子如下:

三藩市:□□$_{公斤}$ k^{h}i^{55} lou^{21}(英语:kilo)、□□□□$_{公里}$ k^{h}i^{55} lou^{21} mit^2 t^{h}ə^{21}(英语:kilometer)、磅 pɔŋ^{22}(英语:pound)

洛杉矶:□□$_{公斤}$ k^{h}i^{55} lou^{35}(英语:kilo)、□□□□$_{公里}$ k^{h}i^{55} lou^{35} mit^3 t^{h}ə^{21}(英语:kilometer)、磅 pɔŋ^{22}(英语:pound)、□$_{电功率,瓦}$ ŋa^{13}(英语:watt)

纽约:仙$_{(一)分(钱)}$ sin^{55}(英语:cent)、磅 pɔŋ^{22}(英语:pound)、□$_{电功率,瓦}$ wat^5(英语:watt)

芝加哥:个仙$_{(一)分(钱)}$ kɔ^{33} sin^{55}(英语:cent)、磅 pɔŋ^{22}(英语:pound)、□$_{电功率,瓦}$ wat^5

（英语：watt）

波特兰：□□公斤 $k^hi^{55}lou^{21}$（英语：kilo）、磅 $pɔŋ^{22}$（英语：pound）

休斯敦：磅 $pɔŋ^{22}$（英语：pound）、□电功率,瓦 $ŋa^{13}$（英语：watt）

另外，上文谈到了华人社区台山话和广府话方言固有量词的留存，以及出现的一些问题。但那其实不是华人社区台山话、广府话量词的主要问题。量词出现的最主要、最大的问题是"乱"。由于美国主流语言英语的量词不发达，汉语和汉语方言量词的使用又非常讲究搭配的固定，什么量词与什么名词、动词配搭，都有约定俗成的习惯，加之平日里方言的使用越来越少，华人对方言量词数量的掌握渐渐减少，对量词与名词、动词的固定搭配更是渐渐忘却，什么量词与什么名词、动词配搭，就无法再一一遵守方言原有的约束了。

说华人社区台山话和广府话的量词使用混乱，还因为目前这一类与祖籍地有差异的量词并非社区内的约定俗成，不同的地点、不同的发音人都可能会有不同的说法，实地调查令我们对美国华人社区量词使用的现状有了深刻的体会。

下面将通过展示华人社区台山话和广府话量词与名词搭配的具体例子，披露台山话、广府话量词发生的变化。

我们选取汉语中最简单，也是最流行的3个量词"个""只"和"条"为例，看它们在华人社区的汉语方言里的使用状况。在交代华人社区台山话和广府话的"个""只"和"条"的状况前，我们先看看《现代汉语词典》给这3个量词下的定义。

"个"，《现代汉语词典》释义中列出的第一个义项是量词的义项：

a）用于没有专用量词的名词（有些名词除了用专用量词之外也能用"个"）：三～苹果｜一～理想｜五～学校。

"只"，《现代汉语词典》释义中第二个义项是量词的义项：

a）用于某些成对的东西中的一个：两～耳朵｜两～手｜一～袜子｜一～鞋。b）用于动物（多指飞禽、走兽）：一～鸡｜两～兔子。c）用于某些器具：一～箱子。d）用于船只：一～小船。

"条"，《现代汉语词典》释义中第六个义项是量词的义项：

a）用于细长的东西：一～线｜两～腿｜三～鱼｜五～黄瓜｜一～大街。b）用于以固定数量合成的某些长条形的东西：一～儿肥皂（连在一起的两块肥皂）｜一～儿烟（香烟一般十包包装在一起叫一条）。c）用于分项的：三～新闻｜五～办法。

下文在条目"个""只"和"条"后面出现的名词是在我们的《海外汉语方言词汇调查表》里列出的，表示在该点方言中，它们可以与条目中的量词配对。而这些出现的名词在广东台山话和广府话里,也都有固定配搭的量词。

在下文例子后面括号内的文字为必要的解释,各点"量名"配搭与祖籍地方言不一致之处,凡无附加解释的,表示量词与名词的配搭符合该方言的使用习惯。我们先列出《海外汉语方言词汇调查表》里与量词"个""只""条"相关的普通话名词,再看各方言点的表达。华人社区的方言点量词使用与祖籍地方言不同的,会在例子后面注明,无说明则表示量词和名词的配搭与祖籍地方言相同。

在我们的《海外汉语方言词汇调查表》里列出的,与量词"个""只""条"相关的普通话名词:

个:个$_{一\sim人}$、个$_{一\sim箱子}$
只:只$_{一\sim鸡}$、只$_{一\sim船}$、只$_{一\sim碗}$
条:条$_{一\sim鱼}$、条$_{一\sim狗}$、条$_{一\sim蛇}$、条$_{一\sim被子}$

各方言点的表达如下。
(1) 台山话中,三藩市台山话为:

个 kɔ^{31}:人、井、箱子
只 tsiak^3:鸡、猪、牛、马、狗、碗、锅(广东台山话与"牛""马""狗"配搭的量词分别是"个""匹""个")
条 hiau^{22}:鱼、蛇

洛杉矶台山话为:

个 kɔi^{44}:人、鸡、猪、牛、马、狗、井、箱子、碗、锅、秤、元$_{一\sim钱}$〔广东台山话与"鸡""猪""马"配搭的量词都不是"个",而分别是"只""只""匹","秤"广东台山话的量词是"把"。表示"元$_{一\sim钱}$"使用量词"个",不知是否与华人常说"一个美金"(one dollar) 有关〕
只 tsɛk^3:船
条 hɛu^{22}:鱼、蛇、草$_{一丛\sim}$、道$_{一\sim痕迹}$、畦$_{一\sim菜地}$、株$_{一\sim草}$(广东台山话与"草$_{一丛\sim}$""道$_{一\sim痕迹}$""畦$_{一\sim菜地}$"配搭的量词分别是"兜""□at^{33}""陇")

纽约台山话为:

个 kɔ^{44}:人、蛇、狗、蚊帐、井、箱子、船、碗、锅(广东台山话与"蛇""船"配搭的量词分别是"条""只")
只 tsɛk^3:鸡、猪、牛、马、鱼、蛇、草$_{一丛\sim}$、刀(广东台山话与"鱼""蛇""草$_{一丛\sim}$""刀"配搭的量词分别是"条""条""兜""张")
条 hɛu^{22}:蛇、支$_{一\sim烟}$("支$_{一\sim烟}$"台山话的量词是"口")

芝加哥台山话为：

个 kɔ⁴⁴：人、箱子

只 tsiak³：鸡、猪、牛、马、狗、船（广东台山话与"牛""马""狗"配搭的量词是"个""匹""个"）

条 hei²²：鱼、蛇

波特兰台山话为：

个 kɔ⁴⁴：人、猪、牛、马、狗、蚊帐、井、箱子、碗、锅、角_一~钱_、分_一~钱_（广东台山话与"猪""牛""马""狗""角_一~钱_""分_一~钱_"配搭的量词分别是"只""个""匹""个""毫""分"）

只 tsɛk³：鸡、船

条 hiau²²：鱼、蛇、条_一~被子_、株_一~草_（广东台山话与"条_一~被子_""株_一~草_"配搭的量词分别是"张""兜"）

圣安东尼奥山话为：

个 kɔi⁴⁴：人、猪、牛、狗、井、箱子、锅、书（广东台山话与"猪""书"配搭的量词分别是"只"和"本"。另外，圣安东尼奥台山话指示"牛""狗"的量词也可以是"只"）

只 tsɛk³：鸡、牛、马、狗、船、碗（广东台山话与"牛""马""狗"配搭的量词是"个""匹""个"）

条 hɛu²²：鱼、蛇、道_一~痕迹_（"道_一~痕迹_"广东台山话的量词是"□at³³"）

（2）广府话中，三藩市广府话为：

个 kɔ³³：人、牛、个_一~箱子_（广东广州话与"牛"配搭的量词是"只"）

只 tsɛk³：鸡、猪、马、狗、船、碗、锅

条 tʰiu²¹：鱼、蛇

洛杉矶广府话为：

个 kɔ³³：人、顶_一~蚊帐_、口_一~井_、个_一~箱子_

只 tsɛk³：鸡、猪、牛、马、狗、船、碗、锅

条 tʰiu²¹：鱼、蛇

纽约广府话为：

个 kɔ³³：人、鸡、猪、花、马、狗、树、丛_~草、箱子、船、事情、树叶、截_~木头、片_~橘子、块_~砖、锅、碗、秤、门（广东广州话与"鸡""猪""花""马""狗""树""丛_~草""事情""树叶""截_~木头""片_~橘子""块_~砖""秤""门"配搭的量词分别是"只""只""朵""只/匹""只""翕""丛""件""块""辘""廉""咀""把""度"）

只 tsɛk³：鱼（广东广州话与"鱼"配搭的量词是"条"）

条 tʰiu²¹：蛇、支_~烟（广东广州话与"支_~烟"配搭的量词是"口"或"支"）

芝加哥广府话为：

个 kɔ³³：人、井、箱子、碗、锅

只 tsɛk³：鸡、猪、牛、马、狗、船

条 tʰiu²¹：鱼、蛇

波特兰广府话为：

个 kɔ³³：人、猪、牛、马、井、箱子、碗（广东广州话与"猪""牛""马"配搭的量词分别是"只""只""只/匹"）

只 tsɛk³：鸡、狗、船、锅

条 tʰiu²¹：鱼、蛇

休斯敦广府话为：

个 kɔ³³：人、箱子、锅、分_~钱（广东广州话与"钱"配搭的量词是"分"）

只 tsɛk³：鸡、猪、牛、狗、碗

条 tʰiu²¹：鱼、蛇、支_~烟、只_~船（广东广州话与"烟"配搭的量词是"口"或"支"）

以上展示的仅是3个量词使用的例子。而这些非常有限的例子就已经告知我们，无论台山话还是广府话，量词"个""只"和"条"的使用，都有与祖籍地方言固有的习惯用法不合拍的现象。其中，纽约广府话的表现最为突出，量词"个"与名词几乎可以无所不能地搭配。

这些信息提醒我们，即使是发展演变非常缓慢的语法部分，其在华人社区的台山话和广府话的变化也必须留意了。

4.1.7　副词

依照副词各自不同的功能，从其可以对句子的谓词性成分起到的修饰性和限制性的作用出发，副词大致上能够分成几种不同的小类，如时间、频率副词，范围副词，程度副词，体貌副词，情状副词，估量副词，否定副词，还有语气副词，等等。

本节按此分类，举例分析调查所得的美国华人社区台山话、广府话的副词。为了便于比较，各点将采用相同的例句表示同一意思，以下每个地点名称之后所附的副词，都会用小字标明其所对应的汉语普通话，各点若出现与中国祖籍地方言不相同的副词（如来自外族语的副词）和其他词语，也会加以说明（下文讨论助词、介词、连词等的有关章节，也将采用这个办法）。各点的副词，根据方言的具体情况，有的出现时，可能会连带出现相应的谓词。而在各地点方言中出现的副词，有的则不一定会出现在例句中，假如发音人提供的说法与条目不完全一致，我们也会将其列出。因为，这其实也从一个角度，真实地反映了华人对汉语方言的理解能力和表达能力。

但总的来看，除了个别借自外族语的说法，美国华人社区粤方言台山话和广府话的常用副词也是中国国内祖籍地的粤方言所常用的。

4.1.7.1　时间、频率副词

以下是7个普通话的句子：

①我刚/刚刚到。
②这件衣服刚好。
③那本书突然不见了。
④马上去。
⑤赶快叫他来。
⑥别老是说。
⑦吃了饭再说。

华人社区各点对应在上述例句中出现，汉语普通话分别使用的"刚""刚刚""刚好""突然""马上""赶快""老是""再"等意思的时间、频率副词及例子如下。

（1）台山话。

三藩市台山话时间、频率副词有"来□$_{刚到}$ lɔi^{22} ɔ^{44}""啱啱$_{刚刚}$ ŋam^{44} ŋam^{44}""突然 ak^2 jin^{22}""好快$_{马上}$ hau^{55} fai^{31}""快啲$_{快点儿}$ fai^{31} nit^5""常日$_{常常}$ sɛŋ^{22} ŋit^2""成日$_{成天、老是}$ sɛŋ^{22} ŋit$^{2-5}$""至$_{再}$ tsi^{44}""再 tui^{44}"。例如：

我来□$_{刚到}$。ŋɔi^{55} lɔi^{22} ɔ^{44}.
件衫啱啱好。kɛn^{31} sam$^{44-31}$ ŋam^{44} ŋam^{44} hau^{55}.
本书突然唔$_{不}$见。pun^{55} si^{44} ak^2 jin^{22} m^{22} kɛn^{44}.
好快去。hau^{55} fai^{31} hui^{44}.

第4章 美国华人社区粤方言语法研究

快啲叫渠_他来。fai³¹nit⁵jiu⁵⁵kʰui⁵⁵lɔi²².

唔_不好成日讲。m̩²²hau⁵⁵sɛŋ²²ŋit²⁻⁵kɔŋ⁵⁵.

喫咗_了饭至/再讲。hɛt⁵tsɔ⁵⁵fan³¹tsi⁴⁴/tui⁴⁴kɔŋ⁵⁵.

洛杉矶台山话时间、频率副词有"啱啱_{刚刚}ŋam⁴⁴ŋam⁴⁴""啱好_{刚好}ŋam⁴⁴hɔ⁵⁵""快趣_{赶快}fai⁴⁴tsʰui⁴⁴""即刻_{马上}tek⁵hak⁵""常时_{老是}tsʰɛŋ²²si²²""□□_{常常}u⁴⁴nai⁴⁴""讲□_{再说}kɔŋ⁴⁴tu²¹"。例如：

我啱啱到。ŋui²¹ŋam⁴⁴ŋam⁴⁴ɔ⁴⁴.

件衫啱好。kɛŋ²¹ɬam⁴⁴ŋam⁴⁴hɔ⁵⁵.

本书失□。pɔn⁵⁵si⁴⁴sit⁵ɛ²¹. ［发音人没有提供与普通话"突然"相应的副词，意为"（那）本书不见了"］

即刻去。tek⁵hak⁵hui⁴⁴.

快趣喊渠_他来。fai⁴⁴tsʰui⁴⁴ham⁴⁴kʰui²¹lɔi²².

唔_不好常时/□□_{常常}讲。m̩²²hɔ⁴⁴tsʰɛŋ²²si²²/u⁴⁴nai⁴⁴kɔŋ⁴⁴.

喫完饭讲□_{再说}。hɛt³jɔn²²fan²¹kɔŋ⁴⁴tu²¹.

纽约台山话时间、频率副词有"啱啱_{刚刚}ŋam⁴⁴ŋam⁴⁴""啱_刚ŋam⁴⁴""突然间 ak²jin²²kan⁴⁴""成日_{常常、老是}sɛŋ²²ŋit²""好快_{很快}hou⁵⁵fai⁴⁴""快啲_{快点}fai⁴⁴ti⁴⁴""再 ui⁴⁴"。例如：

我啱/啱啱到。ŋɔi⁵⁵ŋam⁴⁴/ŋam⁴⁴ŋam⁴⁴ou⁴⁴.

件衫啱/啱啱好。kɛn³¹ɬam⁴⁴ŋam⁴⁴/ŋam⁴⁴ŋam⁴⁴hou⁵⁵.

本书唔_不见咗。pɔn⁵⁵si⁴⁴m̩²²kɛn⁴⁴tsɔ⁵⁵. ［发音人没有提供与普通话"突然"相应的副词，意为"（那）本书不见了"］

好快去。hou⁵⁵fai⁴⁴hui⁴⁴.

快啲喊渠_他嚟来。fai⁴⁴ti⁴⁴ham⁴⁴kʰui⁵⁵lei²².

唔_不好成日讲。m̩²²hou⁵⁵sɛŋ²²ŋit²kɔŋ⁵⁵.

喫咗_了饭再讲。hɛt⁵tsɔ⁵⁵fan³¹tsai⁴⁴kɔŋ⁵⁵.

芝加哥台山话时间、频率副词有"啱_刚ŋam⁴⁴""啱啱_{刚刚}ŋam⁴⁴ŋam⁴⁴""突然间 tak²jin²²kan⁴⁴""快趣_{赶快}fai⁴⁴tʰui⁴⁴""成日_{整天}siaŋ²²ŋut²""好快_{很快}hɔ⁵⁵fai⁴⁴""再 tsɔi⁴⁴"。例如：

我啱/啱啱到。ŋɔ⁵⁵ŋam⁴⁴/ŋam⁴⁴ŋam⁴⁴ɔ⁴⁴.

件衫啱啱好。kɛn³¹sam⁴⁴ŋam⁴⁴ŋam⁴⁴hɔ⁵⁵.

本书突然间唔_不见了。pun⁴⁴si⁴⁴tak²jin²²kan⁴⁴m̩²²kin⁴⁴la⁴⁴.

好快去。hɔ⁵⁵fai⁴⁴hui⁴⁴.

快趣叫渠_他来。fai⁴⁴tʰui⁴⁴kiu⁴⁴kʰui⁵⁵lɔi²².

唔₋好成日讲。m̩²² hɔ⁵⁵ siaŋ²² ŋut² kɔŋ⁵⁵.
喫完先做。hɛt⁵ jyn²² sin⁴⁴ tu⁴⁴.

波特兰台山话时间、频率副词有"头先_刚才 hau²² ɬɛn⁴⁴⁻³⁵""啱啱_刚刚 ŋam⁴⁴ ŋam⁴⁴""忽然间_一下子 wut² jin²² kan⁴⁴""快□_赶快 fai⁴⁴ nai⁵⁵""常时_老是 tsʰɛŋ²² si²²""即刻_马上 tek⁵ hak⁵""至_再 ti⁴⁴""再 tɔi⁴⁴"。例如：

我啱啱到。ŋɔi⁵⁵ ŋam⁴⁴ ŋam⁴⁴ tou⁴⁴.
件衫啱啱好。kan³¹ sam⁴⁴ ŋam⁴⁴ ŋam⁴⁴ hou⁵⁵.
本书忽然间唔₋见咗_了。pun⁵⁵ si⁴⁴ wut² jin²² kan⁴⁴ m̩²² kɛn⁴⁴ tsɔ⁵⁵.
快□去。fai⁴⁴ nai⁵⁵ hui⁴⁴.
即刻喊渠_他来。tek⁵ hak⁵ ham⁴⁴ kʰui⁵⁵ ɔi²².
唔₋好常时讲。m̩²² hou⁵⁵ tsʰɛŋ²² si²² kɔŋ⁵⁵.
喫□饭至讲。hɛt³ ɔ⁵⁵ fan³¹ ti⁴⁴ kɔŋ⁵⁵.

圣安东尼奥台山话时间、频率副词有"啱_刚 ŋam⁴⁴""啱啱_刚刚、临时 ŋam⁴⁴ ŋam⁴⁴""即刻_马上 tak⁵ hak⁵""周时_常常、老是 tsiu⁴⁴ si²²""赶快 kɔn⁵⁵ fai⁴⁴""忽然间 fut⁵ ŋan²² kan⁴⁴""忽然 fut⁵ jan²²""至_再 ti⁴⁴"。例如：

我啱/啱啱到。ŋɔi³¹ ŋam⁴⁴/ŋam⁴⁴ ŋam⁴⁴ tou⁴⁴.
件衫啱啱好。kan³¹ sam⁴⁴ ŋam⁴⁴ ŋam⁴⁴ hou⁵⁵.
本/个书忽然间/忽然唔₋见咗_了。pun⁵⁵/kɔi⁴⁴ si⁴⁴ fut⁵ ŋan²² kan⁴⁴/fut⁵ jan²² m̩²² kɛn⁴⁴ tsɔ⁵⁵.
即刻去。tak⁵ hak⁵ hui⁴⁴.
赶快喊渠_他来。kɔn⁵⁵ fai⁴⁴ ham⁴⁴ kʰui⁵⁵ lɔi²².
唔₋好周时讲。m̩²² hou⁵⁵ tsiu⁴⁴ si²² kɔŋ⁵⁵.
喫□_了饭至讲。hɛt³ ɔ⁵⁵ fan³¹ ti⁴⁴ kɔŋ⁵⁵.

（2）广府话。

三藩市广府话时间、频率副词有"啱啱_刚刚 ŋam⁵⁵ ŋam⁵⁵""啱好_刚好 ŋam⁵⁵ hou³⁵""突然 tɐt² jin²¹""即刻_马上 tsek⁵ hak⁵""快啲_快点 fai³³ ti⁵⁵""成日_成天、老是 sɛŋ²¹ jɐt²""再 tsɔi³³"。例如：

我啱啱到。ŋɔ¹³ ŋam⁵⁵ ŋam⁵⁵ tou³³.
件衫啱好。kin²² sam⁵⁵ ŋam⁵⁵ hou³⁵.
本书突然唔₋见咗_了。pun³⁵ sy⁵⁵ tɐt² jin²¹ m̩²¹ kin³³ tsɔ³⁵.
即刻去。tsek⁵ hak⁵ hœy³³.
快啲叫渠_他嚟_来。fai³³ ti⁵⁵ kiu³³ kʰœy¹³ lei²¹.
唔₋好成日讲。m̩²¹ hou³⁵ sɛŋ²¹ jɐt² kɔŋ³⁵.

食咗了饭再讲。sek² tsɔ³⁵ fan²² tsɔi³³ kɔŋ³⁵.

洛杉矶广府话时间、频率副词有"啱啱_{刚刚}ŋam⁵⁵ ŋam⁵⁵""啱_刚ŋam⁵⁵""突然 tɐt² jin²¹""快啲_{快点}fai³³ ti⁵⁵""即刻_{马上}tsek⁵ hak⁵""时时_{老是}si²¹ si²¹""成日_{成天、老是}sɛŋ²¹ jɐt²""再 tsɔi³³"。例如：

我啱/啱啱到。ŋɔ¹³ ŋam⁵⁵ / ŋam⁵⁵ ŋam⁵⁵ tou³³.
件衫啱啱好。kin²² sam⁵⁵ ŋam⁵⁵ ŋam⁵⁵ hou³⁵.
本书突然唔_不见咗_了。pun³⁵ sy⁵⁵ tɐt² jin²¹ m̩²¹ kin³³ tsɔ³⁵.
即刻去。tsek⁵ hak⁵ hœy³³.
快啲叫渠_他嚟_来。fai³³ ti⁵⁵ kiu³³ kʰœy¹³ lei²¹.
唔_不好成日/时时讲。m̩²¹ hou³⁵ sɛŋ²¹ jɐt² / si²¹ si²¹ kɔŋ³⁵.
食咗_了饭再讲。sek² tsɔ³⁵ fan²² tsɔi³³ kɔŋ³⁵.

纽约广府话时间、频率副词有"啱啱_{刚刚}am⁵⁵ am⁵⁵""啱_刚am⁵⁵""突然间 tɐt² jin²¹ kan⁵⁵""快啲_{快点}fai³³ ti⁵⁵""即刻_{马上}tsek⁵ hak⁵""时时_{常常、老是}si²¹ si²¹""先讲_{再说}sin⁵⁵ kɔŋ³⁵"。例如：

我啱/啱啱到。ŋɔ¹³ am⁵⁵ / am⁵⁵ am⁵⁵ tou³³.
件衫啱啱好。kin²² sam⁵⁵ am⁵⁵ am⁵⁵ hou³⁵.
本书突然间唔_不见咗_了。pun³⁵ sy⁵⁵ tɐt² jin²¹ kan⁵⁵ m̩²¹ kin³³ tsɔ³⁵.
即刻去。tsek⁵ hak⁵ hœy³³.
快啲叫渠_他嚟_来。fai³³ ti⁵⁵ kiu³³ kʰœy¹³ lei²¹.
唔_不好时时讲。m̩²¹ hou³⁵ si²¹ si²¹ kɔŋ³⁵.
食咗_了饭先讲啦。sek² tsɔ³⁵ fan²² sin⁵⁵ kɔŋ³⁵ la³³.

芝加哥广府话时间、频率副词有"啱啱_{刚刚}ŋam⁵⁵ ŋam⁵⁵""啱_刚ŋam⁵⁵""突然间 tɐt² jiu²¹ kan⁵⁵""快啲_{快点}fai³³ ti⁵⁵""即刻_{马上}tsek⁵ hak⁵""次次_{老是}tsʰi³³ tsʰi³³""先_再sin⁵⁵""再 tsɔi³³"。例如：

我啱/啱啱到。ŋɔ¹³ ŋam⁵⁵ / ŋam⁵⁵ ŋam⁵⁵ tou³³.
件衫啱啱好。kin²² sam⁵⁵ ŋam⁵⁵ ŋam⁵⁵ hou³⁵.
本书突然间唔_不见咗_了。pun³⁵ sy⁵⁵ tɐt² jin²¹ kan⁵⁵ m̩²¹ kin³³ tsɔ³⁵.
即刻去。tsek⁵ hak⁵ hœy³³.
快啲叫渠_他嚟_来。fai³³ ti⁵⁵ kiu³³ kʰœy¹³ lei²¹.
唔_不好次次_{每次}讲。m̩²¹ hou³⁵ tsʰi³³ tsʰi³³ kɔŋ³⁵.
食完先/再讲。sek² jyn²¹ sin⁵⁵ / tsɔi³³ kɔŋ³⁵.

波特兰广府话时间、频率副词有"啱啱_{刚刚} ŋam⁵⁵ ŋam⁵⁵""啱_{刚} ŋam⁵⁵""突然 tɵt² jin²¹""经常 keŋ⁵⁵ sœŋ²¹""快啲_{快点} fai³³ ti⁵⁵""即刻_{马上} tsek⁵ hak⁵""成日_{成天、老是} sɛŋ²¹ jɐt²""再 tsɔi³³"。例如：

我啱/啱啱到。ŋɔ¹³ ŋam⁵⁵/ŋam⁵⁵ ŋam⁵⁵ tou³³.
件衫啱啱好。kin²² sam⁵⁵ ŋam⁵⁵ ŋam⁵⁵ hou³⁵.
本书突然唔_{不}见咗_{了}。pun³⁵ sy⁵⁵ tɵt² jin²¹ m̩²¹ kin³³ tsɔ³⁵.
即刻去。tsek⁵ hak⁵ hœy³³.
快啲叫渠_{他}嚟_{来}。fai³³ ti⁵⁵ kiu³³ kʰœy¹³ lei²¹.
唔_{不}好成日讲。m̩²¹ hou³⁵ sɛŋ²¹ jɐt² kɔŋ³⁵.
食咗_{了}饭再讲。sek² tsɔ³⁵ fan²² tsɔi³³ kɔŋ³⁵.

休斯敦广府话时间、频率副词有"啱_{刚} ŋam⁵⁵""啱啱_{刚刚} ŋam⁵⁵ ŋam⁵⁵""突然 tɵt² jin²¹""成日_{成天、老是} sɛŋ²¹ jɐt²""快啲_{快点} fai³³ ti⁵⁵""即刻_{马上} tsek⁵ hak⁵""再 tsɔi³³"。例如：

我啱/啱啱到。ŋɔ¹³ ŋam⁵⁵/ŋam⁵⁵ ŋam⁵⁵ tou³³.
件衫啱啱好。kin²² sam⁵⁵ ŋam⁵⁵ ŋam⁵⁵ hou³⁵.
本书突然唔_{不}见咗_{了}。pun³⁵ sy⁵⁵ tɵt² jin²¹ m̩²¹ kin³³ tsɔ³⁵.
即刻去。tsek⁵ hak⁵ hœy³³.
快啲叫渠_{他}嚟_{来}。fai³³ ti⁵⁵ kiu³³ kʰœy¹³ lei²¹.
唔_{不}好成日讲。m̩²¹ hou³⁵ sɛŋ²¹ jɐt² kɔŋ³⁵.
食咗_{了}饭再讲。sek² tsɔ³⁵ fan²² tsɔi³³ kɔŋ³⁵.

4.1.7.2 范围副词

以下是4个普通话的句子：

①光吃菜，不吃饭。
②大家都去。
③一共十斤。
④我去过广州，也去过上海。

华人社区各点对应在上述例句中，汉语普通话使用的"光""都""一共""也"等意思的范围副词及例子如下。

（1）台山话。
三藩市台山话范围副词有"净係_{光、只} tseŋ³¹ hai³¹""净_{光、只} tseŋ³¹""都 tou⁴⁴""一共 jit⁵ kuŋ³¹""亦 jak²"。例如：

净係/净喫餸菜，唔不喫饭。tseŋ³¹hai³¹/tseŋ³¹hɛt³suŋ³¹，m̩²²hɛt³fan³¹.
个个大家都去。kɔ³¹kɔ³¹tou⁴⁴hui⁴⁴.
一共十斤。jit⁵kuŋ³¹sip²kin⁴⁴.
我去过广州，亦去过上海。ŋɔi⁵⁵hui⁴⁴kuɔ⁴⁴kɔŋ⁵⁵tsiu⁴⁴，jak²hui⁴⁴kuɔ⁴⁴siaŋ³¹hɔi⁵⁵.

洛杉矶台山话范围副词有"净光、只tiaŋ²¹""净□只、光tiaŋ²¹tiu²¹""都tu⁴⁴""攞埋嗮全部拿光、一共lɔ⁵⁵mai²²ɬai⁴⁴"。例如：

净/净□喫餸菜，唔不喫饭。tiaŋ²¹/tiaŋ²¹tiu²¹hɛt³ɬuŋ²¹，m̩²²hɛt³fan²¹.
个个大家都去。kɔi⁴⁴kɔi⁴⁴tu⁴⁴hui⁴⁴.
攞埋嗮全部拿光十斤。lɔ⁵⁵mai²²ɬai⁴⁴sip²kin⁴⁴.
我去过广州□跟、同上海。ŋui²¹hui⁴⁴kuɔ⁴⁴kɔŋ⁵⁵tsiu⁴⁴aŋ⁴⁴siaŋ²¹hɔi⁵⁵.（此句发音人没有使用范围副词）

纽约台山话范围副词有"一共jat⁵kuŋ³¹"。例如：

喫餸菜，唔不喫饭。hɛt⁵suŋ⁴⁴，m̩²²hɛt⁵fan³¹.（此句发音人没有使用范围副词）
大家去。ai³¹ka⁴⁴hui⁴⁴.（此句发音人没有使用范围副词）
一共十磅英语：pound。jat⁵kuŋ³¹sap²pɔŋ³¹.
我去过广州同和上海。ŋɔi⁵⁵hui⁴⁴kɔ⁴⁴kɔŋ⁵⁵tsiu⁴⁴huŋ²²sɛŋ³¹hɔi⁵⁵.（此句发音人没有使用范围副词，而是使用了连词"同"）

芝加哥台山话范围副词有"净係光、只teŋ³¹hai³¹""一共jat⁵kuŋ³¹""都ɔ⁴⁴"。例如：

净係喫菜，唔喫饭。teŋ³¹hai³¹hɛt⁵tʰɔi⁴⁴，m̩²²hɛt⁵fan³¹.
□家都去。tʰui²²ka⁴⁴ɔ⁴⁴hui⁴⁴.
一共十斤。jat⁵kuŋ³¹sap²kən⁴⁴.
我去过广州同上海。ŋɔ⁵⁵hui⁴⁴kuɔ⁴⁴kɔŋ⁵⁵tsiu⁴⁴huŋ²²siaŋ³¹hɔi⁵⁵.（此句发音人没有使用范围副词，而是使用了连词"同"）

波特兰台山话范围副词有"净係tsiaŋ³¹hai³¹""都tou⁴⁴""一共jit⁵kuŋ³¹""共□一共kuŋ³¹sɛn⁴⁴"。例如：

净係喫餸菜，唔不喫饭。tsiaŋ³¹hai³¹hɛt³ɬuŋ⁴⁴⁻³¹，m̩²²hɛt³fan³¹.
个个大家都去。kɔ⁴⁴kɔ⁴⁴tou⁴⁴hui⁴⁴.
一共十斤。jit⁵kuŋ³¹ɬip²kin⁴⁴.
我去过广州同埋上海。ŋɔi⁵⁵hi⁴⁴kuɔ⁴⁴kɔŋ⁵⁵tsiu⁵⁵huŋ²²mai²²sɛŋ³¹hɔi⁵⁵.（此句发音人没有

使用范围副词，而是使用了连词"同埋"）

圣安东尼奥台山话范围副词有"净只tseŋ³¹""都ou⁴⁴""总共tuŋ⁵⁵keŋ³¹""亦jɛk²"。例如：

净喫餸菜，唔不喫饭。tseŋ³¹hɛt³suŋ⁴⁴，m̩²²hɛt³fan³¹.
大家都去。tai³¹ka⁴⁴/□大家ŋɔi²²ou⁴⁴hui⁴⁴.
总共十斤。tuŋ⁵⁵keŋ³¹ɬap²kin⁴⁴.
我去过广州，亦去过上海。ŋɔi³¹hui⁴⁴kuɔ⁴⁴kɔŋ⁵⁵tsiu⁴⁴，jɛk²hui⁴⁴kuɔ⁴⁴sɛŋ³¹hɔi⁵⁵.

（2）广府话。
三藩市广府话范围副词有"净光、只tseŋ²²""都tou⁵⁵""一共jɐt⁵kuŋ²²"。例如：

净食餸菜，唔不食饭。tseŋ²²sek²suŋ³³，m̩²²sek²fan²².
大家都去。tai²²ka⁵⁵tou⁵⁵hœy³³.
一共十斤。jɐt⁵kuŋ²²sɐp²kɐn⁵⁵.
我去过广州，又去过上海。ŋɔ¹³hœy³³kwɔ³³kɔŋ³⁵tsɐu⁵⁵，jɐu²²hœy³³kwɔ³³sœŋ²²hɔi³⁵.

洛杉矶广府话范围副词有"净tseŋ²²""都tou⁵⁵""一共jɐt⁵kuŋ²²""也ja¹³"。例如：

净食餸菜，唔不食饭。tseŋ²²sek²suŋ³³，m̩²¹sek²fan²².
大家都去。tai²²ka⁵⁵tou⁵⁵hœy³³.
一共十斤。jɐt⁵kuŋ²²sɐp²kɐn⁵⁵.
我去过广州，也去过上海。ŋɔ¹³hœy³³kwɔ³³kɔŋ³⁵tsɐu⁵⁵，ja¹³hœy³³kwɔ³³sœŋ²²hɔi³⁵.

纽约广府话范围副词有"净係光、只tseŋ²²hɐi²²""共kuŋ²²"。例如：

净係食餸菜，唔不食饭。tseŋ²²hɐi²²sek²suŋ³³，m̩²¹sek²fan²².
大家去。tai²²ka⁵⁵hœy³³.（此句发音人没有使用范围副词）
共十斤。kuŋ²²sɐp²kɐn⁵⁵.
我去过广州同上海。ɔ¹³hœy³³kwɔ³³kwɔŋ³⁵tsɐu⁵⁵tʰuŋ²¹sœŋ²²hɔi³⁵.（此句发音人没有使用范围副词，而是使用了连词"同"）

芝加哥广府话范围副词有"净光、只tseŋ²²""都tou⁵⁵""全部都tsʰyn²¹pou³³""一共jɐt⁵kuŋ³³"。例如：

净食餸菜，唔不食饭。tseŋ²²sek²suŋ³³，m̩²¹sek²fan²².
大家都/全部去。tai²²ka⁵⁵tou⁵⁵/tsʰyn²¹pou³³hœy³³.

一共十斤。jɐt⁵kuŋ³³ sɐp²kɐn⁵⁵.

我去过广州同上海。ŋɔ¹³ hœy³³ kwɔ³³ kwɔŋ³⁵ tsɐu⁵⁵ tʰuŋ²¹ sœŋ²² hɔi³⁵. （此句发音人没有使用范围副词，而是使用了连词"同"）

波特兰广府话范围副词有"净_{光、只}tseŋ²²""都 tou⁵⁵""一共 jɐt⁵kuŋ²²""总共 tsuŋ³⁵ kuŋ²²"。例如：

净食餸_菜，唔_不食饭。tseŋ²²sek²suŋ³³，m̩²¹sek²fan²².
大家都去。tai²²ka⁵⁵tou⁵⁵hœy³³.
一共/总共十斤。jɐt⁵kuŋ²²/tsuŋ³⁵kuŋ²²sɐp²kɐn⁵⁵.
我去过广州，又去过上海。ŋɔ¹³hœy³³kwɔ³³kwɔŋ³⁵tsɐu⁵⁵，jɐu²²hœy³³kwɔ³³sœŋ²²hɔi³⁵.

休斯敦广府话范围副词有"净係_{光、只}tseŋ²²hɐi²²""都 tou⁵⁵""一共 jɐt⁵kuŋ²²"。例如：

净係食餸_菜，唔_不食饭。tseŋ²²hɐi²²sek²suŋ³³，m̩²¹sek²fan²².
大家都去。tai²²ka⁵⁵tou⁵⁵hœy³³.
一共十斤。jɐt⁵kuŋ²²sɐp²kɐn⁵⁵.
我去过广州同埋上海。ŋɔ¹³hœy³³kwɔ³³kɔŋ³⁵tsɐu⁵⁵tʰuŋ²¹mai²¹sœŋ²²hɔi³⁵. （此句发音人没有使用范围副词，而是使用了连词"同埋"）

4.1.7.3　程度副词

以下是4个普通话的句子：
①他很能吃。
②（这样做）最讨人嫌。
③（这孩子）太讨人喜欢。
④头有点儿痛。

华人社区各点对应汉语普通话4句话中的"很""最""太""有点儿"等意思的程度副词及例子如下。

（1）台山话。

三藩市台山话程度副词有"好_{很、最、太}hau⁵⁵""最 tui⁴⁴""太 hai⁴⁴""有啲_{有一点儿}jiu⁵⁵nit⁵"。例如：

渠_他好喫得。kʰui⁵⁵hau⁵⁵hɛt³ak⁵.
好/最乞人憎。hau⁵⁵/tui⁴⁴hak⁵ŋin²²tsaŋ⁴⁴.
好/太得人锡_{疼爱}。hau⁵⁵/hai⁴⁴ak⁵ŋin²²siak³.
头有啲尺⁼_痛。hau²²jiu⁵⁵nit⁵tʰɛt³.

洛杉矶台山话程度副词有"好_{很、最、太}hɔ⁵⁵""有□多_{有点儿}jiu⁵⁵nit⁵tu⁴⁴"。例如：（第②、第③句发音人没有提供说法）

渠_他能够喫。kʰui²¹naŋ²²kau⁴⁴hɛt³。（此句发音人没有使用程度副词，而是用了助动词"能够"）

头有□多_{有点儿}尺⁼_痛。hau²²jiu⁵⁵nit⁵tu⁴⁴tsʰɛk³。

纽约台山话程度副词有"好_{很、最、太}hou³⁵""最 tui⁴⁴""太 hai³¹""有啲_{有一点儿}jiu⁵⁵ti⁴⁴"。例如：

渠_他好喫得。kʰui⁵⁵hou⁵⁵hɛt⁵ak⁵。
好憎渠_他。hou⁵⁵tsaŋ⁴⁴kʰui⁵⁵。（此句意为"很讨厌他"）
好锡_{疼爱}渠_他。hou⁵⁵siak³kʰui⁵⁵。（此句意为"很疼爱他"）
头有啲尺⁼_痛。hɛu²²jiu⁵⁵ti⁴⁴tʰɛk³。

芝加哥台山话程度副词有"好_{很、最、太}hɔ⁵⁵""最 tui⁴⁴""有啲□_{有一点儿}jiu⁵⁵ti⁴⁴ha³¹"。例如：

渠_他好喫得。kʰui⁵⁵hɔ⁵⁵hɛt⁵ak⁵。
好/最乞人憎。hɔ⁵⁵/tui⁴⁴hak⁵jan²²tsaŋ⁴⁴。
好/最得人锡_{疼爱}。hɔ⁵⁵/tui⁴⁴ak⁵jan²²siak³。
头有啲□_{有一点儿}尺⁼_痛。hau²²jiu⁵⁵ti⁴⁴ha³¹tʰiak³。

波特兰台山话程度副词有"好_{很、最、太}hou⁵⁵""最 tui⁴⁴""太 hai⁴⁴""有啲_{有一点儿}jiu⁵⁵ti⁴⁴"。例如：（第②、第③句发音人没有提供说法）

渠_他能喫。kʰi⁵⁵naŋ²²hɛt³。（此句发音人没有使用程度副词，而是用了助动词"能"）
头有啲尺⁼_痛。hau²²jiu⁵⁵ti⁴⁴tsʰɛk³。

圣安东尼奥台山话程度副词有"好_{很、最、太}hou⁵⁵""最 tui⁴⁴""太 hai⁴⁴""有□_{有点儿}jiu⁵⁵nit⁵"。例如：

渠_他好喫得。kʰui⁵⁵hou⁵⁵hɛt³ak⁵。
好憎渠_他。hou⁵⁵teŋ⁴⁴kʰui⁵⁵。（此句意为"很讨厌他"）/好烦渠_他。hou⁵⁵fan²²kʰui⁵⁵。（此句意为"很烦他"）
好/最得人恨_{避，"恨"意为"疼爱"}。hou⁵⁵/tui⁴⁴ak⁵ŋin²²han³¹。
头有□_{有点儿}尺⁼_痛。hei²²jiu⁵⁵nit⁵tʰiak³。

第4章 美国华人社区粤方言语法研究

（2）广府话。

三藩市广府话程度副词有"好_{很、最、太}hou³⁵""最 tsœy³³""有啲_{有一点儿}jɐu¹³ti⁵⁵"。例如：（第②句发音人没有提供说法）

渠_他好食得。kʰœy¹³hou³⁵sek²tɐt⁵.
好/最得人锡_{疼爱}。hou³⁵/tsœy³³tɐt⁵jɐn²¹sɛt³.
头有啲痛。tʰɐu²¹jɐu¹³ti⁵⁵tʰuŋ³³.

洛杉矶广府话程度副词有"好_{很、最、太}hou³⁵""最 tsœy³³""太 tʰai³³""有啲_{有一点儿}jɐu¹³ti⁵⁵"。例如：

渠_他好食得。kʰœy¹³hou³⁵sek²tɐt⁵.
好/最乞人憎。hou³⁵/tsœy³³hɐt⁵jɐn²¹tsɐŋ⁵⁵.
好/太得人锡_{疼爱}。hou³⁵/tʰai³³tɐt⁴jɐn²¹sɛt³.
头有啲痛。tʰɐu²¹jɐu¹³ti⁵⁵tʰuŋ³³.

纽约广府话程度副词有"好_{很、最、太}hou³⁵""最 tsœy³³""太 tʰai³³""小小_{一点儿}siu³⁵siu³⁵"。例如：

渠_他好食得。kʰœy¹³hou³⁵sek²tɐk⁵.
冇_{没有}人中意渠_他。mou¹³jɐn²¹tsuŋ⁵⁵ji³³kʰœy¹³.（此句意为"没有人喜欢他"）
好得意。hou³⁵tɐk⁵ji³³.（此句意为"很可爱"。发音人换了个与条目不同的表达方式）
头有小小痛。tʰɐu²¹jɐu¹³siu³⁵siu³⁵tʰuŋ³³.

芝加哥广府话程度副词有"好 hou³⁵""最 tsœy³³""太 tʰai²²""有啲_{有一点儿}jɐu¹³ti⁵⁵"。例如：

渠_他好食得。kʰœy¹³hou³⁵sek²tɐt⁵.
好/最乞人憎。hou³⁵/tsœy³³hɐt⁵jɐn²¹tsɐŋ⁵⁵.
好/最得人锡_{疼爱}。hou³⁵/tsœy³³tɐt⁵jɐn²¹sɛk³.
头有啲痛。tʰɐu²¹jɐu¹³ti⁵⁵tʰuŋ³³.

波特兰广府话程度副词有"好_{很、最、太}hou³⁵""最 tsœy³³""太 tʰai³³""有啲_{有一点儿}jɐu¹³ti⁵⁵"。例如：

渠_他好食得。kʰœy¹³hou³⁵sek²tɐk⁵.
好/最乞人憎。hou³⁵/tsœy³³hɐt⁵jɐn²¹tsɐŋ⁵⁵.

好/最得人锡_喜爱_。hou³⁵/tsœy³³ tɐk⁵ jɐn²¹ sɛk³.
头有啲痛。tʰɐu²¹ jɐu¹³ ti⁵⁵ tʰuŋ³³.

休斯敦广府话程度副词有"好_很、最、太_hou³⁵""最 tsœy³³""太 tʰai²²""有啲_有一点儿_jɐu¹³ ti⁵⁵"。例如：

渠_他_好食得。kʰœy¹³ hou³⁵ sek² tɐt⁵.
好/最乞人憎。hou³⁵/tsœy³³ hɐt⁵ jɐn²¹ tsɐŋ⁵⁵.
好/最得人中意_喜欢_。hou³⁵/tsœy³³ tɐt⁵ jɐn²¹ tsuŋ⁵⁵ ji³³. //好/最得人锡_喜爱_。hou³⁵/tsœy³³ tɐt⁵ jɐn²¹ sɛk³.
头有啲痛。tʰɐu²¹ jɐu¹³ ti⁵⁵ tʰuŋ³³.

4.1.7.4 体貌副词

下面是3个普通话的句子：

①坐着吃。
②已经说好了。
③已经去了。

华人社区各点对应汉语句中普通话"已经"的体貌副词，以及广府话出现在句子中的几个由介词结构转化而来，表示动作正在进行等意思的体貌副词"响度 hœŋ³⁵ tou²²""係度 hɐi³⁵ tou²²""响处 hœŋ³⁵ sy³³""係处 hɐi³⁵ sy³³"等介词结构（广府话这几个介词结构充当体貌副词时，可以互换使用），出现在句子的动词前面，表示动作正在进行中。但是，广府话并非每个点都会在例句中出现"响度 hœŋ³⁵ tou²²""係度 hɐi³⁵ tou²²""响处 hœŋ³⁵ sy³³""係处 hɐi³⁵ sy³³"这4个充当体貌副词的介词结构，台山话则无这几个介词结构。

(1) 台山话。
三藩市台山话体貌副词有"已经 ji³¹ kɐŋ⁴⁴"。例如：

坐紧喫。tʰu⁵⁵ kin⁵⁵ hiak³.（此句没有使用体貌副词，动词词尾"紧"表示动词的进行态）
已经讲好。ji³¹ kɐŋ⁴⁴ kɔŋ⁵⁵ hau⁵⁵.
已经去咗_了_。ji³¹ kɐŋ⁴⁴ hui⁴⁴ tsɔ⁵⁵.

洛杉矶台山话体貌副词有"已经 ji²¹ kɐŋ⁴⁴"。例如：

坐落喫。tsʰu⁵⁵ lɔk² hɐt³.（此句意为"坐下来吃"，没有使用体貌副词）
已经讲□。ji²¹ kɐŋ⁴⁴ kɔŋ⁴⁴ tsʰut⁵.
我去。ŋui²¹ hui⁴⁴.（此句没有使用体貌副词）

纽约台山话没有记录到体貌副词。例如：

坐□着喫。tʰɔ⁵⁵huŋ³¹hɛt⁵. （此句没有使用体貌副词）
讲好咗了。kɔŋ⁵⁵hou⁵⁵tsɔ⁵⁵. （此句没有使用体貌副词）
去咗了。hui⁴⁴tsɔ⁵⁵. （此句没有使用体貌副词）

芝加哥台山话没有记录到体貌副词。例如：

坐低喫。tsʰu⁵⁵ai⁴⁴hɛt⁵. （此句意为"坐下来吃"，没有使用体貌副词）
讲好。kɔŋ⁵⁵hɔ⁵⁵. （此句没有使用体貌副词）
有去。jiu⁵⁵hui⁴⁴. （"有"字句，意为"去了"。此句没有使用体貌副词）

波特兰台山话没有记录到体貌副词。例如：

坐□着喫。tʰu⁵⁵a³¹hɛt³. （此句没有使用体貌副词）
讲好嗮。kɔŋ⁵⁵hou⁵⁵ɬai⁴⁴. （此句没有使用体貌副词，但是句末有范围助词"嗮"，意为"全、全部"）
去□了。hi⁴⁴a³¹. （此句没有使用体貌副词）

圣安东尼奥台山话体貌副词有"已经 ji³¹keŋ⁴⁴"。例如：

坐□着喫。tʰɔ⁵⁵kʰeŋ⁵⁵hɛt³. （此句没有使用体貌副词）
已经讲好咗了。ji³¹keŋ⁴⁴kɔŋ⁵⁵hou⁵⁵tsɔ⁵⁵.
已经去□了。ji³¹keŋ⁴⁴hui⁴⁴ɛ⁴⁴.

（2）广府话。
三藩市广府话体貌副词有"已经 ji¹³keŋ⁵⁵""响度 hœŋ³⁵tou²²"。例如：

坐响度食。tsʰɔ¹³hœŋ³⁵tou²²sek².
已经讲好咗了。ji¹³keŋ⁵⁵kɔŋ³⁵hou³⁵tsɔ³⁵.
已经去咗了。ji¹³keŋ⁵⁵hœy³³tsɔ³⁵.

洛杉矶广府话体貌副词有"已经 ji¹³keŋ⁵⁵"。例如：

坐住食。tsʰɔ¹³tsy²²sek². （此句意为"坐着吃"，没有使用体貌副词）
已经讲好啦。ji¹³keŋ⁵⁵kɔŋ³⁵hou³⁵la³³.
已经去咗了。ji¹³keŋ⁵⁵hœy³³tsɔ³⁵.

纽约广府话体貌副词有"已经 ji¹³keŋ⁵⁵"。例如：

坐低食。tsʰɔ¹³tɐi⁵⁵sek²。（此句意为"坐下吃"，没有使用体貌副词）
已经讲惦喇讲妥了。ji¹³keŋ⁵⁵kɔŋ³⁵tim²²la³³。
已经去咗了。ji¹³keŋ⁵⁵hœy³³tsɔ³⁵。

芝加哥广府话体貌副词有"已经 ji¹³keŋ⁵⁵"。例如：

坐低食。tsʰɔ¹³tɐi⁵⁵sek²。（此句意为"坐下吃"，没有使用体貌副词）
已经讲好数。ji¹³keŋ⁵⁵kɔŋ³⁵hou³⁵sou³³。
去过。hœy³³kwɔ³³。（此句没有使用体貌副词）

波特兰广府话体貌副词有"已经 ji¹³keŋ⁵⁵"。例如：

坐住食。tsʰɔ¹³tsy²²sek²。（此句意为"坐着吃"，没有使用体貌副词）
已经讲好咗了。ji¹³keŋ⁵⁵kɔŋ³⁵hou³⁵tsɔ³⁵。
已经去咗了。ji¹³keŋ⁵⁵hœy³³tsɔ³⁵。

休斯敦广府话体貌副词有"已经 ji¹³keŋ⁵⁵"。例如：

坐住着食。tsʰɔ¹³tsy²²sek²。（此句没有使用体貌副词）
已经讲好咗了。ji¹³keŋ⁵⁵kɔŋ³⁵hou³⁵tsɔ³⁵。
已经去咗了。ji¹³keŋ⁵⁵hœy³³tsɔ³⁵。

4.1.7.5 情状副词

下面是9个普通话的句子：

①他拼命跑。
②（没空，）恐怕他不能久坐。
③幸亏拿得动。
④故意慢慢儿走。
⑤我特地告诉他。
⑥（我们自己做吧，）反正叫不动他。
⑦他一定要去。
⑧几乎累死。
⑨（咱们）一块儿去看电影吧。

华人社区各点对应句中汉语普通话的"拼命""恐怕""幸亏""故意""特地""反正""一定""几乎""一块儿"等意思的情状副词及例子如下。

（1）台山话。

三藩市台山话情状副词有"搏命(拼命)pɔk^{3}miaŋ^{31}""惊(恐怕)kiaŋ^{44}""好彩(幸亏)hau^{55}tsʰɔi^{55}""反正 fan^{55}tseŋ^{44}""特登(故意、特地)ak^{2}aŋ^{44}""一定 jit^{5}eŋ^{31}""係(一定)hai^{31}""争啲(差点儿、几乎)tsaŋ^{44}nit^5""一齐 jit^{5}tʰai^{22}"。例如：

渠(他)搏命跑。kʰui^{55}pɔk^{3}miaŋ^{31}pʰau^{55}.
惊渠(他)坐唔(不)耐久。kiaŋ^{44}kʰui^{55}tʰu^{55}m̩^{22}nɔi^{31}.
好彩□(拿)得郁(动)。hau^{55}tsʰɔi^{55}hu^{44}ak^{5}ŋɔk^5.
特登慢慢行。ak^{2}aŋ^{44}man^{31}man$^{31-55}$haŋ^{22}.
我特登讲畀渠(说给他)听。ŋɔi^{55}ak^{2}aŋ^{44}kɔŋ^{55}ji^{5}kʰui^{44}tʰaŋ^{44}.
反正叫渠(他)唔(不)郁(动)。fan^{55}tseŋ^{44}jiu^{55}kʰui^{55}m̩^{22}ŋɔk^5.
渠(他)一定/係要去。kʰui^{55}jit^{5}eŋ^{31}/hai^{31}jiu^{44}hui^{44}.
争啲瘝(累)死。tsaŋ^{44}nit^{5}kui^{31}si^{55}.
一齐去睇(看)电影。jit^{5}tʰai^{22}hui^{44}hai^{55}ɛn^{31}eŋ^{55}.

洛杉矶台山话情状副词有"猛(拼命)maŋ^{55}""怕 pʰa^{44}""好在(幸亏)hɔ^{55}tsɔi^{21}""不□(反正)put^{5}an$^{21-35}$""特别(特地、故意)ak^{2}pit^2""□□(偏、故意)haŋ^{22}tak^3""係(一定)hai^{21}""就(几乎)tiu^{21}""同齐(一块儿)huŋ^{22}tsʰai^{22}"。例如：

渠(他)猛走(跑)。kʰui^{21}maŋ^{55}tau^{55}.
怕渠(他)唔(不)能够坐。pʰa^{44}kʰui^{21}m̩^{22}naŋ^{22}kau^{44}tsʰɔ^{55}.
好在能够□(拿)。hɔ^{55}tsɔi^{21}naŋ^{22}kau^{44}hu^{44}.
□□(故意)慢慢行(走)。haŋ^{22}tak^{3}man^{21}man$^{21-35}$haŋ^{22}.
我特别讲渠(他)□(听)。ŋui^{21}ak^{2}pit^{2}kɔŋ^{44}kʰui^{21}jaŋ^{21}.
不□(反正)渠(他)唔(不)听我。put^{5}an$^{21-35}$kʰui^{21}m̩^{22}heŋ^{44}ŋui^{21}.（此句意为"反正他不听我的"）
渠(他)係想去。kʰui^{21}hai^{21}ɬiaŋ^{55}hui^{44}.
就够(累)死。tiu^{21}kau^{44}ɬi^{55}.
同齐(一齐)去睇(看)戏啦。huŋ^{22}tsʰai^{22}hui^{44}hai^{55}hi^{44}la^{44}.

纽约台山话情状副词有"搏命(拼命)pɔk^{3}miaŋ^{31}""好彩(幸亏)hou^{55}tʰɔi^{55}""惊(恐怕)kiaŋ^{44}""横惦(反正)waŋ^{22}ɛm^{31}""特别 ak^{2}pit^2""就係(偏)tsiu^{31}hai^{31}""差唔多(几乎)tsʰa^{44}m̩^{22}ɔ^{44}""特登(故意)ak^{2}aŋ^{44}""係 hai^{31}""一定 jat^{5}eŋ^{31}""一齐 jat^{5}tʰai^{22}"。例如：

渠(他)搏命走(跑)。kʰui^{55}pɔk^{3}miaŋ^{31}tiu^{55}.

惊渠他唔不坐得耐久。kiaŋ⁴⁴kʰui⁵⁵m̩²²tʰɔ⁵⁵ak⁵nɔi³¹.
好彩攞拿得。hou⁵⁵tʰɔi⁵⁵lɔ⁵⁵ak⁵.
特登慢慢行走。ak²aŋ⁴⁴man³¹man³¹haŋ²².
我特别讲渠他听。ŋɔi⁵⁵ak²pit²kɔŋ⁵⁵kʰui⁵⁵hɛŋ⁴⁴.
横掂喊唔不郁动渠他。waŋ²²ɛm³¹ham⁴⁴m̩²²ukʰui⁵⁵./横掂叫唔不倒渠他。waŋ²²ɛm³¹kiu⁴⁴m̩²²ou⁵⁵kʰui⁵⁵.
渠他係/一定要去。kʰui⁵⁵hai³¹/jat⁵eŋ³¹jiu⁴⁴hui⁴⁴.
差唔多瘨累死。tsʰa⁴⁴m̩²²ɔ⁴⁴kui³¹sei⁵⁵.
一齐去睇看电影。jat⁵tʰai²²hui⁴⁴hai⁵⁵ɛn³¹jaŋ⁵⁵.

芝加哥台山话情状副词有"搏命拼命pɔk³miaŋ³¹""好彩幸亏hɔ⁵⁵tʰɔi⁵⁵""特地ak²ji³¹""横掂反正waŋ²²ɛm³¹""惊怕kiaŋ⁴⁴""特意ak²ji⁴⁴""差唔多几乎tsʰa⁴⁴m̩²²ɔ⁴⁴""係偏hai³¹""一定jat⁵teŋ³¹""一齐jat⁵tʰɔi²²"。例如：

渠他搏命走跑。kʰui⁵⁵pɔk³miaŋ³¹tau⁵⁵.
惊渠他唔不坐得耐久。kiaŋ⁴⁴kʰui⁵⁵m̩²²tsʰu⁵⁵ak⁵nui³¹.
好彩□拿得。hɔ⁵⁵tʰɔi⁵⁵hu⁴⁴ak⁵.
特意慢慢行走。ak²ji⁴⁴man²²man²²⁻⁵⁵haŋ²².
我特地讲渠他听。ŋɔ⁵⁵ak²ji³¹kɔŋ⁵⁵kʰui⁵⁵hiaŋ⁴⁴.
横掂叫渠他唔不郁动。waŋ²²ɛm³¹kiu⁴⁴kʰui⁵⁵m̩²²juk⁵.
渠他一定/係要去。kʰui⁵⁵jat⁵teŋ³¹/hai³¹jiu⁴⁴hui⁴⁴.
差唔不多瘨累死。tsʰa⁴⁴m̩²²ɔ⁴⁴kuiɬi⁵⁵.
一齐去睇看戏。jat⁵tʰɔi²²hui⁴⁴hɔi⁴⁴hi⁴⁴.

波特兰台山话情状副词有"搏命拼命pɔk³miaŋ³¹""好彩幸亏hou⁵⁵tʰɔi⁵⁵""横掂反正waŋ²²ɛm³¹""特别ak²pɛt²""特登偏、故意ak²aŋ⁴⁴""惊怕kiaŋ⁴⁴""几乎ki⁵⁵fu²²""一定jit⁵eŋ³¹""係就是hai³¹""同埋一齐huŋ²²mai²²""一齐jit⁵tʰai²²"。例如：

渠他搏命走跑。kʰi⁵⁵pɔk³miaŋ³¹tau⁵⁵.
惊渠他唔不坐得。kiaŋ⁴⁴kʰi⁵⁵m̩²²tsʰɔ⁵⁵tak⁵.
好彩□拿得郁动。hou⁵⁵tʰɔi⁵⁵hu⁵⁵tak⁵juk⁵.
特登慢慢行走。ak²aŋ⁴⁴man³¹man³¹haŋ²².
我特意讲渠他听。ŋɔi⁵⁵ak²ji⁴⁴kɔŋ⁵⁵kʰi⁵⁵hɛŋ⁴⁴.
横掂话渠他唔不听。waŋ²²ɛm³¹wa³¹kʰi⁵⁵m̩²²hɛŋ⁴⁴.
渠他一定/係要去。kʰi⁵⁵jit⁵eŋ³¹/hai³¹jiu⁴⁴hui⁴⁴.
几乎够累死。ki⁵⁵fu²²kau⁴⁴ɬi⁵⁵.

同埋/一齐去睇_看_戏。huŋ²²mai²²/jit⁵tʰai²²hi⁴⁴hai⁵⁵hi⁴⁴.

圣安东尼奥台山话情状副词有"搏命_拼命_pɔk³mɛŋ³¹""好彩_幸亏_hou⁵⁵tʰɔi⁵⁵""特别_特地_ak²pat²""横掂_反正_waŋ²²ɛm³¹""就_偏_tiu³¹""惊_恐怕_kiaŋ⁴⁴""特登_故意_ak²aŋ⁴⁴""几乎 kei⁵⁵fu²²""一定 jit⁵aŋ³¹""梗_一定、肯定_kaŋ⁵⁵""一齐 jit⁵tʰai²²"。例如：

渠_他_搏命走_跑_。kʰui⁵⁵pɔk³mɛŋ³¹tai⁵⁵.
惊渠_他_唔_不_坐得久。kiaŋ⁴⁴kʰui⁵⁵m̩²²tʰɔ⁵ak⁵kiu⁵⁵.
好彩拧□得起。hou⁵⁵tʰɔi⁵⁵naŋ⁴⁴a³¹hei⁵⁵.
特登慢慢行_走_。ak²aŋ⁴⁴man³¹man³¹haŋ²².
我特别讲畀_给_渠_他_听。ŋɔi³¹ak²patˀkɔŋ⁵⁵ei⁵⁵kʰui⁵⁵hɛŋ⁴⁴.
横掂喊渠_他_唔_不_郁_动_。waŋ²²ɛm³¹ham⁴⁴kʰui⁵⁵m̩²²juk⁵.
渠_他_梗/一定要去。kʰui⁵⁵kaŋ⁵⁵/jit⁵aŋ³¹jiu⁴⁴hui⁴⁴.
几乎够_累_死。kei⁵⁵fu²²kai⁴⁴ɬei⁵⁵.
一齐去睇_看_戏啊。jit⁵tʰai²²hui⁴⁴hai⁵⁵hei⁴⁴a³¹.

（2）广府话。

三藩市广府话情状副词有"搏命_拼命_pɔk³mɛŋ²²""惊_恐怕_kɛŋ⁵⁵""好彩_幸亏_hou³⁵tsʰɔi³⁵""横掂_反正_waŋ²¹tim²²""一齐 jɐt⁵tsʰɐi²¹""专登_故意、特地_tsyn⁵⁵tɐŋ⁵⁵""一定 jɐt⁵tɐŋ²²""系_一定_hɐi²²""差唔多_几乎_tsʰa⁵⁵m̩²¹tɔ⁵⁵"。例如：

渠_他_搏命走_跑_。kʰœy¹³pɔk³mɛŋ²²tsɐu³⁵.
惊渠_他_坐唔_不_耐_久_。kɛŋ⁵⁵kʰœy¹³tsʰɔ¹³m̩²¹nɔi²².
好彩搦_拿_得郁_动_。hou³⁵tsʰɔi³⁵lek⁵tɐt⁵juk⁵.
专登慢慢行。tsyn⁵⁵tɐŋ⁵⁵man²²man²²⁻³⁵haŋ²¹.
我专登讲畀_给_渠_他_听。ŋɔ¹³tsyn⁵⁵tɐŋ⁵⁵kɔŋ³⁵pei³⁵kʰœy¹³tʰɛŋ⁵⁵.
横掂叫渠_他_唔_不_倒。waŋ²¹tim²²kiu³³kʰœy¹³m̩²¹tou³⁵./横掂叫渠_他_唔_不_郁_动_。waŋ²¹tim²²kiu³³kʰœy¹³m̩²¹juk⁵.
渠_他_系/一定要去。kʰœy¹³hɐi²²/jɐt⁵tɐŋ²²jiu³³hœy³³.
差唔多癐_累_死。tsʰa⁵⁵m̩²¹tɔ⁵⁵kui²²sei³⁵.
一齐去睇_看_电影啦。jɐt⁵tsʰɐi²¹hœy³³tɐi³⁵tin²²jɛŋ³⁵la⁵⁵.

洛杉矶广府话情状副词有"搏命_拼命_pɔk³mɛŋ²²""惊_恐怕_kɛŋ⁵⁵""好彩_幸亏_hou³⁵tsʰɔi³⁵""横掂_反正_waŋ²¹tim²²""一齐 jɐt⁵tsʰɐi²¹""特别 tek²pit²""专登_故意、特地_tsyn⁵⁵tɐŋ⁵⁵""系_一定_hɐi²²""一定 jɐt⁵tɐŋ²²""几乎 kei⁵⁵fu²¹"。例如：

渠他搏命走跑。kʰœy¹³ pɔk³ mɛŋ²² tsɐu³⁵.
惊渠他唔不坐得耐久。kɛŋ⁵⁵ kʰœy¹³ m̩²¹ tsʰɔ¹³ tɐt⁵ nɔi²².
好彩搦拿得郁动。hou³⁵ tsʰɔi³⁵ nek⁵ tɐt⁵ juk⁵.
专登慢慢行走。tsyn⁵⁵ tɐŋ⁵⁵ man²² man²²⁻³⁵ haŋ²¹.
我专登讲畀给渠他听。ŋɔ¹³ tsyn⁵⁵ tɐŋ⁵⁵ kɔŋ³⁵ pei³⁵ kʰœy¹³ tʰɛŋ⁵⁵.
横掂叫渠他唔不郁动。waŋ²¹ tim²² kiu³³ kʰœy¹³ m̩²¹ juk⁵.
渠他係/一定要去。kʰœy¹³ hɐi²²/jɐt⁵ tɐŋ²² jiu³³ hœy³³.
几乎瘀累死。kei⁵⁵ fu²¹ kui²² sei³⁵.
一齐去睇看电影啦。jɐt⁵ tsʰɐi²¹ hœy³³ tʰɐi³⁵ tin²² jeŋ³⁵ la⁵⁵.

纽约广府话情状副词有"好吃力拼命 hou³⁵ hɐt³ lek²""好彩幸亏 hou³⁵ tsʰɔi³⁵""特别特地 tɐt² pit²""特登故意 tɐt² tɐŋ⁵⁵""一定 jɐt⁵ tɐŋ²²""係一定 hie³³""差唔多几乎 tsʰa⁵⁵ m̩¹ tɔ⁵⁵""一齐 jɐt⁵ tsʰɐi²¹"。例如：

渠他好吃力拼命跑。kʰœy¹³ hou³⁵ hɐt³ lek² pʰau³⁵.
或者渠唔不坐得耐久。wak² tsɛ³⁵ kʰœy¹³ m̩²¹ tsʰɔ¹³ tek⁵ nɔi²². ［此句无情状副词，发音人用了选择连词"或者"（意为"或许"）］
好彩能够攞拿。hou³⁵ tsʰɔi³⁵ nɐŋ²¹ kɐu³³ lɔ³⁵.
特登慢慢行走。tɐt² tɐŋ⁵⁵ man²² man²²⁻³⁵ haŋ²¹.
我特别讲畀给渠听。ɔ¹³ tɐt² pit² kɔŋ³⁵ pei³⁵ kʰœy¹³ tʰɛŋ⁵⁵.
嗌喊唔不倒渠他。ai³³ m̩²¹ tou²² kʰœy¹³. （此句无情状副词）
渠他一定/係要去。kʰœy¹³ jɐt⁵ tɐŋ³³/hei³³ jiu³³ hœy³³.
差唔多瘀累死。tsʰa⁵⁵ m̩²¹ tɔ⁵⁵ kui²² sei³⁵.
一齐去睇看戏啦。jɐt⁵ tsʰɐi²¹ hœy³³ tɐi³⁵ hei³³ la³³.

芝加哥广府话情状副词有"搏命拼命 pɔk³ mɛŋ²²""好彩幸亏 hou³⁵ tsʰɔi³⁵""专登故意 tsyn⁵⁵ tɐŋ⁵⁵""特别 tɐt² pit²""反正 fan³⁵ tsɐŋ³³""怕 pʰa³³""几乎 kei³⁵ fu²¹""係偏 hɐi²²""一定 jɐt⁵ tɐŋ²²""一齐 jɐt⁵ tsʰɐi²¹"。例如：

渠他搏命走/跑。kʰœy¹³ pɔk³ mɛŋ²² tsɐu³⁵/pʰau³⁵.
怕渠他坐唔不定。pʰa³³ kʰœy¹³ tsʰɔ¹³ m̩²¹ tɐŋ²².
好彩搦拿得郁动。hou³⁵ tsʰɔi³⁵ nek⁵ tɐt⁵ juk⁵.
专登慢慢行走。tsyn⁵⁵ tɐŋ⁵⁵ man²² man²² haŋ²¹.
我特别话说畀给渠他知。ŋɔ¹³ tɐt² pit² wa²² pei³⁵ kʰœy¹³ tsi⁵⁵.
反正叫渠他唔不郁动。fan³⁵ tsɐŋ³³ kiu³³ kʰœy¹³ m̩²¹ juk⁵.
渠他一定/係要去。kʰœy¹³ jɐt⁵ tɐŋ²²/hɐi²² jiu³³ hœy³³.

几乎瘰累死。kei³⁵fu²¹kui²²sei³⁵.
一齐去睇看戏。jɐt⁵tsʰei²¹hœy³³tʰɐi³⁵hei³³.

波特兰广府话情状副词有"搏命拼命pɔk³mɛŋ²²""好彩幸亏hou³⁵tsʰɔi³⁵""特登故意tɐt²tɐŋ⁵⁵""专登特地tsyn⁵⁵tɐŋ⁵⁵""反正fan³⁵tsɐŋ³³""就係偏tsɐu²²hɐi²²""惊恐怕kɛŋ⁵⁵""怕pʰa³³""争啲几乎、差一点tsaŋ⁵⁵ti⁵⁵""一定jɐt⁵tɐŋ²²""係就是hɐi²²""一齐jɐt⁵tsʰei²¹"。例如：

渠他搏命跑。kʰœy¹³pɔk³mɛŋ²²pʰau³⁵.
惊/怕渠他唔不坐得耐久。kɛŋ⁵⁵/pʰa³³kʰœy¹³m̩²¹tsʰɔ¹³tɐk⁵nɔi²².
好彩搦拿得郁动。hou³⁵tsʰɔi³⁵nek⁵tɐk⁵juk⁵.
特登慢慢行走。tɐt²tɐŋ⁵⁵man²²man²²⁻³⁵haŋ²¹.
我专登讲畀给渠他听。ŋɔ¹³tsyn⁵⁵tɐŋ⁵⁵kɔŋ³⁵pei³⁵kʰœy¹³tʰɛŋ⁵⁵.
反正嗌喊渠他唔不郁动。fan³⁵tsɐŋ³³ŋai³³kʰœy¹³m̩²¹juk⁵.
渠他一定/係要去。kʰœy¹³jɐt⁵tɐŋ²²/hɐi²²jiu³³hœy³³.
争啲瘰累死。tsaŋ⁵⁵ti⁵⁵kui²²sei³⁵.
一齐去睇看电影啦。jɐt⁵tsʰei²¹hœy³³tʰɐi³⁵tin²²jeŋ³⁵la⁵⁵.

休斯敦广府话情状副词有"搏命拼命pɔk³mɛŋ²²""好彩幸亏hou³⁵tsʰɔi³⁵""特登特地tɐt²tɐŋ⁵⁵""反正fan³⁵tsɐŋ³³""就偏tsɐu²¹""係一定hɐi²²""惊怕kɛŋ⁵⁵""专登故意、特地tsyn⁵⁵tɐŋ⁵⁵""故意ku³³ji³³""一定jɐt⁵tɐŋ²²""一齐jɐt⁵tsʰei²¹"。例如：

渠他搏命跑。kʰœy¹³pɔk³mɛŋ²²pʰau³⁵.
惊渠他唔不坐得耐久。kɛŋ⁵⁵kʰœy¹³m̩²¹tsʰɔ¹³tɐt⁵nɔi²².
好彩拧得郁动。hou³⁵tsʰɔi³⁵neŋ³⁵tɐt⁵juk⁵.
专登慢慢行走。tsyn⁵⁵tɐŋ⁵⁵man²²man²²⁻³⁵haŋ²¹.
我特登讲畀给渠他听。ŋɔ¹³tɐt²tɐŋ⁵⁵kɔŋ³⁵pei³⁵kʰœy¹³tʰɛŋ⁵⁵.
反正叫唔不郁动渠他。fan³⁵tsɐŋ³³kiu³³m̩²¹juk⁵kʰœy¹³.
渠他係/一定要去。kʰœy¹³hɐi²²/jɐt⁵tɐŋ²²jiu³³hœy³³.
几乎瘰累死。kei⁵⁵fu²¹kui²²sei³⁵.
一齐去睇看电影啦。jɐt⁵tsʰei²¹hœy³³tʰɐi³⁵tin²²jeŋ³⁵la³³.

4.1.7.6 估量副词

表示估量的副词，美国华人社区台山话和广府话与广东祖籍地方言一样，都比较简单，通常是汉语普通话也有的"大约""大概"，不过，洛杉矶台山话发音人没有提供估量副词的说法。以下是华人社区各点表示估量意义的副词，以及对应普通话"大约二百五十个"一句的说法。

(1) 台山话。

三藩市台山话估量副词有"大概 ai³¹ kʰɔi⁴⁴"。例如：

大概二百五十个。ai³¹ kʰɔi⁴⁴ ŋi³¹ pak³ m̩⁵⁵ sip² kɔ³¹.

洛杉矶台山话估量副词有"上下 sɛŋ²¹ ha²¹"。例如：

二百五十个上下。ŋi²¹ pak³ m̩⁵⁵ sip² kɔi⁴⁴ sɛŋ²¹ ha²¹.

纽约台山话没有记录到估量副词。例如：

好似二百五十个。hou⁵⁵ tsʰi⁵⁵ ŋei³¹ pak³ m̩⁵⁵ sap² kɔ⁴⁴.（此句没用估量副词）

芝加哥台山话估量副词有"大约 ai³¹ jɔk³"。例如：

大约二百五十个。ai³¹ jɔk³ ŋi³¹ pak³ m̩⁵⁵ sap² kɔ⁴⁴.

波特兰台山话估量副词有"大约 ai³¹ jɛk³⁻³⁵"。例如：

大约二百五个。ai³¹ jɛk³⁻³⁵ ŋi³¹ pak³ m̩⁵⁵ kɔ⁴⁴.

圣安东尼奥台山话估量副词有"大约 ai³¹ jɛk³"。例如：

大约二百五个。ai³¹ jɛk³ ŋei³¹ pak³ m̩⁵⁵ kɔi⁴⁴.

(2) 广府话。

三藩市广府话估量副词有"大约 tai²² jœk³"。例如：

大约二百五十个。tai²² jœk³ ji²² pak³ m̩¹³ sɐp² kɔ³³.

洛杉矶广府话估量副词有"大约 tai²² jœk³"。例如：

大约二百五个。tai²² jœk³ ji²² pak³ m̩¹³ kɔ³³.

纽约广府话估量副词有"大概 tai²² kʰɔi³³"。例如：

大概两百五十个。tai²² kʰɔi³³ lœŋ¹³ pak³ m̩¹³ sɐp² kɔ³³.

芝加哥广府话估量副词有"大约 tai²²jœk³"。例如：

大约二百五个。tai²²jœk³ji²²pak³m̩¹³kɔ³³.

波特兰广府话估量副词有"大概 tai²²kʰɔi³³"。例如：

大概二百五个。tai²²kʰɔi³³ji²²pak³m̩¹³kɔ³³.

休斯敦广府话估量副词有"大约 tai²²jœk³"。例如：

大约二百五个。tai²²jœk³ji²²pak³m̩¹³kɔ³³.

4.1.7.7 否定副词

下面是6个普通话的句子：

①他不说。
②不是今天，是明天。
③我们没有钱。
④我没去他家。
⑤你不必害怕。
⑥别告诉他。

华人社区各点对应汉语普通话的"不""不是""没有""没""不必""别"意思的否定副词及例子如下。

（1）台山话。
三藩市台山话否定副词有"唔_不_错 m̩²²tsʰɔ⁴⁴""唔_不_准 m̩²²tsun⁵⁵""唔係_不是_ m̩²²hai³¹""唔_不_ m̩²²""□_没、没有_ maŋ²²""冇_没、没有_ mɔ⁵⁵""唔使_不必_ m̩²²sɔi⁵⁵""唔好_别_ m̩²²hau⁵⁵"。例如：

渠_他_唔讲。kʰui⁵⁵m̩²²kɔŋ⁵⁵.
唔係今日，係听早_明天_。m̩²²hai³¹kim⁴⁴ŋit²，hai³¹heŋ⁴⁴tau⁴⁴.
□_我们_冇钱。ŋui³¹mɔ⁵⁵tʰɛn²²⁻³⁵.
我冇去渠_他_屋企_家_。ŋɔi⁵⁵mau⁵⁵hui⁴⁴kʰui⁵⁵uk⁵kʰi⁵⁵.
你唔使惊_怕_。ni⁵⁵⁻³¹m̩²²sɔi⁵⁵kiaŋ⁴⁴.
唔好讲畀_给_渠_他_听。m̩²²hau⁵⁵kɔŋ⁵⁵ji⁵⁵kʰui⁴⁴tʰaŋ⁴⁴.

洛杉矶台山话否定副词有"唔_不_错 m̩²²tsʰɔ⁴⁴""唔_不_准 m̩²²tsun⁵⁵""唔_不_ m̩²²""唔係_不是_ m̩²²hai²¹""冇_没、没有_ mɔ⁴⁴""唔曾_未曾_ m̩²²hɛn²²""唔使_不必_ m̩²²sɔi⁵⁵""唔好_别_ m̩²²hɔ⁵⁵"。例如：

渠_他唔讲。kʰui²¹m̩²²kɔŋ⁴⁴.

唔係今日，係听早_{明天早上}。m̩²²hai²¹kim⁴⁴ŋit²，hai²¹heŋ⁴⁴tɔ⁵⁵.

我们冇银纸_钱。ŋɔi²¹mun²²⁻³⁵mɔ⁴⁴ŋan²²tsi⁵⁵.

我冇去渠_他间屋。ŋɔi⁵⁵⁻³⁵mɔ⁴⁴hui⁴⁴kʰui²¹kan⁴⁴uk⁵.

你唔使怕。ni⁵⁵m̩²²sɔi⁵⁵pʰa⁴⁴.

唔好讲渠_他□_听。m̩²²hɔ⁵⁵kɔŋ⁴⁴kʰui²¹jaŋ²¹.

纽约台山话否定副词有"唔_不错 m̩²²tʰɔ⁴⁴""唔_不准 m̩²²tsun⁵⁵""唔_不m̩²²""唔係_{不是}m̩²²hai³¹""冇_{没、没有}mou⁵⁵""唔使_{不必}m̩²²sai³¹""唔好_别m̩²²hou⁵⁵""未 mei³¹"。例如：

渠_他唔讲。kʰui⁵⁵m̩²²kɔŋ⁵⁵.

唔係今日，係听日_{明天}。m̩²²hai³¹kam⁴⁴jat²，hai³¹tʰɛŋ⁴⁴jat².

□_{我们}冇钱。ŋui³¹mou⁵⁵tʰɛn²².

我冇去渠_他屋_家。ŋɔi⁵⁵mou⁵⁵hui⁴⁴kʰui⁵⁵uk⁵.

你唔使惊_{害怕}。nei⁵⁵m̩²²sai³¹kiaŋ⁴⁴.

唔好讲渠_他听。m̩²²hou⁵⁵kɔŋ⁵⁵kʰui⁵⁵hɛŋ⁴⁴.

芝加哥台山话否定副词有"唔_不m̩²²""唔係_{不是}m̩²²hai³¹""冇_{没、没有}mou⁵⁵""未曾_{合音，还没}mɛn²²""唔使_{不必}m̩²²sɔi⁵⁵""唔好_别m̩²²hɔ⁵⁵"。例如：

渠_他唔讲。kʰui⁵⁵m̩²²kɔŋ⁵⁵.

唔係今日，係□早_{明天}。m̩²²hai³¹kam⁴⁴mak²，hai³¹han⁴⁴tou⁴⁴.

□_{我们}冇钱。ŋui²²mou⁵⁵tsʰin²²⁻³⁵.

□_我冇去渠_他屋企_家。ŋɔi³¹mou⁵⁵hui⁴⁴kʰui⁵⁵uk⁵kʰi⁵⁵.

你唔使惊_{害怕}。nei⁵⁵m̩²²sɔi⁵⁵kiaŋ⁴⁴.

唔好讲渠_他听。m̩²²hɔ⁵⁵kɔŋ⁵⁵kʰui⁵⁵hiaŋ⁴⁴.

波特兰台山话否定副词有"唔_不m̩²²""唔係_{不是}m̩²²hai³¹""冇_{没、没有}mou⁵⁵""唔使_{不必}m̩²²sɔi⁵⁵""唔好_别m̩²²hou⁵⁵""未 mi³¹"。例如：

渠_他唔讲。kʰi⁵⁵m̩²²kɔŋ⁵⁵.

唔係今晚，係□早_{明天}。m̩²²hai³¹kam⁴⁴man³¹，hai³¹tʰɛn²²tou⁵⁵.

□_{我们}冇钱。ŋɔi²²mou⁵⁵tʰɛn²².

我冇去渠_他屋企_家。ŋɔi⁵⁵mou⁵⁵hi⁴⁴kʰi⁵⁵uk⁵kʰei⁵⁵.

你唔使惊_{害怕}。ni⁵⁵m̩²²sɔi⁵⁵kɛŋ⁵⁵.

唔好讲渠_他听。m̩²²hou⁵⁵kɔŋ⁵⁵kʰi⁵⁵hɛŋ⁴⁴.

圣安东尼奥台山话否定副词有"唔不准 m̩²² tsun⁵⁵""唔不 m̩²²""唔係不是 m̩²² hai³¹""冇没、没有 mou⁵⁵""唔使不必 m̩²² ɬɔi⁵⁵""唔好别 m̩²² hou⁵⁵"。例如：

渠他唔讲。kʰui⁵⁵ m̩²² kɔŋ⁵⁵.
唔係今日，係听日明天。m̩²² hai³¹ kam⁴⁴ ŋit² , hai³¹ hɛŋ⁴⁴ ŋit².
□我们冇银/镭钱。ŋɔi²² mou⁵⁵ ŋan²²⁻³⁵/lui⁴⁴.
我冇去渠他屋企家。ŋɔi³¹ mou⁵⁵ hui⁴⁴ kʰui⁵⁵ uk⁵ kʰei⁵⁵.
你唔使惊害怕。nei⁵⁵⁻³¹ m̩²² ɬɔi⁵⁵ kiaŋ⁴⁴.
唔好讲畀给渠他听。m̩²² hou⁵⁵ kɔŋ⁵⁵ ei⁵ kʰui⁵⁵ hɛŋ⁴⁴.

(2) 广府话。

三藩市广府话否定副词有"唔不错 m̩²¹ tsɔ³³""唔畀不准 m̩²¹ pei³⁵""唔不 m̩²¹""唔係不是 m̩²¹ hɐi²²""冇没、没有 mou¹³""唔使不必 m̩²¹ sɐi¹³""唔好别 m̩²¹ hou³⁵"。例如：

渠他唔讲。kʰœy¹³ m̩²¹ kɔŋ³⁵.
唔係今日，係听日明天。m̩²¹ hɐi²² kɐm⁵⁵ jɐt² , hɐi²² tʰeŋ⁵⁵ jɐt².
我哋我们冇钱。ŋɔ¹³ tei²² mou¹³ tʰɛn²²⁻³⁵.
我冇去渠他屋企家。ŋɔ¹³ mou¹³ hœy³³ kʰœy¹³ uk⁵ kʰei³⁵.
你唔使惊害怕。nei¹³ m̩²¹ sɐi¹³ kɛŋ⁵⁵.
唔好讲畀给渠他听。m̩²¹ hou³⁵ kɔŋ³⁵ pei³⁵ kʰœy¹³ tʰɛŋ⁵⁵.

洛杉矶广府话否定副词有"唔不错 m̩²¹ tsʰɔ³³""唔不准 m̩²¹ tsœn³⁵""唔不 m̩²¹""唔係不是 m̩²¹ hɐi²²""冇没、没有 mou¹³""唔使不必 m̩²¹ sɐi³⁵""咪别 mɐi¹³"。例如：

渠他唔讲。kʰœy¹³ m̩²¹ kɔŋ³⁵.
唔係今日，係听日明天。m̩²¹ hɐi²² kɐm⁵⁵ mɐt² , hɐi²² tʰeŋ⁵⁵ jɐt².
我哋我们冇钱。ŋɔ¹³ tei²² mou¹³ tsʰin²¹⁻³⁵.
我冇去渠他屋家。ŋɔ¹³ mou¹³ hœy³³ kʰœy¹³ ŋuk⁵.
你唔使惊。nei¹³ m̩²¹ sɐi³⁵ kɛŋ⁵⁵.
咪讲畀给渠他听。mɐi¹³ kɔŋ³⁵ pei³⁵ kʰœy¹³ tʰɛŋ⁵⁵.

纽约广府话否定副词有"唔不错 m̩²¹ tsʰɔ³³""唔不准 m̩²¹ tsœn³⁵""唔不 m̩²¹""唔係不是 m̩²¹ hɐi²²""冇没、没有 mou¹³""冇係不必 mou¹³ hɐi²²""唔好别 m̩²¹ hou³⁵"。例如：

渠他唔讲。kʰœy¹³ m̩²¹ kɔŋ³⁵.
唔係今日，係听日明天。m̩²¹ hɐi²² kɐm⁵⁵ jɐt² , hai²² tʰeŋ⁵⁵ jɐt².
我哋我们冇钱。ɔ¹³ tei²² mou¹³ tsʰin²¹⁻³⁵.

我冇去渠他屋企家。ɔ¹³mou¹³hœy³³kʰœy¹³uk⁵kʰei¹³.
你唔好惊害怕。nei¹³m̩²¹hou³kɛŋ⁵⁵.
唔好讲畀给渠他听。m̩²¹hou³⁵kɔŋ³⁵pei³⁵kʰœy¹³tʰɛŋ⁵⁵.

芝加哥广府话否定副词有"唔不m̩²¹""唔系不是m̩²¹hɐi³⁵""冇没、没有mou¹³""唔使不必m̩²¹sɐi³⁵""唔不需要m̩²¹sœy⁵⁵jiu³³""唔好别m̩²¹hou³⁵"。例如：

渠他唔讲。kʰœy¹³m̩²¹kɔŋ³⁵.
唔系今日，系听日明天。m̩²¹hɐi³⁵kɐm⁵⁵jɐt²，hɐi³⁵tʰeŋ⁵⁵jɐt².
我哋我们冇钱。ŋɔ¹³tei²²mou¹³tsʰin²¹⁻³⁵.
我冇去渠他间屋。ŋɔ¹³mou¹³hœy³³kʰœy¹³kan⁵⁵ŋuk⁵.
你唔使/唔好怕。lei¹³m̩²¹sɐi³⁵/m̩²¹hou³⁵pʰa³³.
唔好话畀给渠他知。m̩²¹hou³⁵wa²²pei³⁵kʰœy¹³tsi⁵⁵.

波特兰广府话否定副词有"唔不m̩²¹""唔系不是m̩²¹hɐi²²""冇没、没有mɐu¹³""唔使不必m̩²¹sɐi³⁵""唔好别m̩²¹hou³⁵"。例如：

渠他唔讲。kʰœy¹³m̩²¹kɔŋ³⁵.
唔系今日，系听日明天。m̩²¹hɐi²²kɐm⁵⁵jɐt²，hɐi²²tʰeŋ⁵⁵jɐt².
我哋我们冇钱。ŋɔ¹³tei²²mɐu¹³tsʰin²¹⁻³⁵.
我冇去渠他屋企家。ŋɔ¹³mɐu¹³hœy³³kʰœy¹³ŋuk⁵kʰei³⁵.
你唔使惊害怕。nei¹³m̩²¹sɐi³⁵kɛŋ⁵⁵.
唔好讲畀给渠他听。m̩²¹hou³⁵kɔŋ³⁵pei³⁵kʰœy¹³tʰɛŋ⁵⁵.

休斯敦广府话否定副词有"唔不m̩²¹""唔系不是m̩²²hai³¹""冇没、没有mou⁵⁵""唔使不必m̩²²ɬi⁵⁵""唔好别m̩²²hou⁵⁵"。例如：

渠他唔讲。kʰœy¹³m̩²²kɔŋ³⁵.
唔系今日，系听日明天。m̩²²hai³¹kɐm⁵⁵jɐt²，hai³¹tʰeŋ⁵⁵jɐt².
我哋我们冇钱。ŋɔ¹³tei²²mou⁵⁵tsʰin²¹⁻³⁵.
我冇去渠他屋企家。ŋɔ¹³mou¹³hœy³³kʰœy¹³uk⁵kʰei³⁵.
你唔使惊害怕。nei¹³m̩²¹sɐi³⁵kɛŋ⁵⁵.
唔好讲畀给渠他听。m̩²¹hou³⁵kɔŋ³⁵pei³⁵kʰœy¹³tʰɛŋ⁵⁵.

4.1.7.8 语气副词

下面是4个普通话的句子：

①（我不怕,）反正他看不见。
②他一定要去。
③我偏不去。
④（茶太淡了,）索性/干脆重泡一壶。

华人社区台山话、广府话各点对应汉语普通话的"反正""一定""偏""索性""干脆"等意思的语气副词及例子如下。

（1）台山话。

三藩市台山话语气副词有"反正 fan⁵⁵tseŋ⁴⁴""偏偏 pʰɛn⁴⁴pʰɛn⁴⁴""係_就是hai³¹""一定 jit⁵eŋ³¹"。例如：

反正渠_他睇_看唔_不倒。fan⁵⁵tseŋ⁴⁴kʰui⁴⁴hai⁵⁵m̩²²au⁵⁵.
渠_他係/一定要去。kʰui⁵⁵hai³¹/jit⁵eŋ³¹jiu⁴⁴hui⁴⁴.
我係/偏偏唔_不去。ŋɔi⁵⁵hai³¹/pʰɛn⁴⁴pʰɛn⁴⁴m̩²²hui⁴⁴.
冲过壶。tsʰuŋ⁴⁴kuɔ⁴⁴wu²².（此句发音人没有用语气副词）

洛杉矶台山话语气副词有"□□_偏,故意haŋ²²tak³""係_就是hai²¹""不□_反正put⁵an²¹⁻³⁵"。例如：

不□渠_他唔_不睇_看得。put⁵an²¹⁻³⁵kʰui²¹m̩²²hai⁵⁵tak⁵.
渠_他係想去。kʰui²¹hai²¹ɬiaŋ⁵⁵hui⁴⁴.
我係唔_不去。ŋui²¹hai²¹m̩²²hui⁴⁴.
□_再冲过。aŋ⁴⁴tsʰuŋ⁴⁴kuɔ⁴⁴.（此句发音人没有用语气副词）

纽约台山话语气副词有"横掂_反正waŋ²²ɛm³¹""一定 jat⁵eŋ³¹""係_就是hai³¹"。例如：

横掂渠_他睇_看唔_不见。waŋ²²ɛm³¹kʰui⁵⁵hai⁵⁵m̩²²kɛn⁴⁴.
渠_他係/一定要去。kʰui⁵⁵hai³¹/jat⁵eŋ³¹jiu⁴⁴hui⁴⁴.
我係唔_不去。ŋɔi⁵⁵hai³¹m̩²²hui⁴⁴.
整过一壶。tseŋ⁵⁵kɔ⁴⁴jat⁵wu²².（此句发音人没有用语气副词）

芝加哥台山话语气副词有"横掂_反正waŋ²²ɛm³¹""係_就是hai³¹""一定 jat⁵teŋ³¹""索性 łɔk³ɬeŋ⁴⁴"。例如：

横惦渠他睇看唔不见。waŋ²²ɛm³¹ kʰui⁵⁵ hɔi⁴⁴ m̩²² kin⁴⁴.
渠他係／一定要去。kʰui⁵⁵ hai³¹／jat⁵teŋ³¹ jiu⁴⁴ hui⁴⁴.
我係唔不去。ŋɔ⁵⁵ hai³¹ m̩²² hui⁴⁴.
索性冲过。łɔk³ łeŋ⁴⁴ tsʰuŋ⁴⁴ kuɔ⁴⁴.

波特兰台山话语气副词有"横惦反正waŋ²²ɛm³¹""係就是hai³¹""一定jit⁵eŋ³¹""就□就是tiu³¹ɔ⁴⁴"。例如：

横惦渠他睇看唔不见。waŋ²²ɛm³¹ kʰi⁵⁵ hai⁵⁵ m̩²² kɛn⁴⁴.
渠他係／一定要去。kʰi⁵⁵ hai³¹／jit⁵eŋ³¹ jiu⁴⁴ hui⁴⁴.
我係／就□唔不去。ŋɔi⁵⁵ hai³¹／tiu³¹ɔ⁴⁴ m̩²² hui⁴⁴.
冲过一壶。tsʰuŋ⁴⁴ kuɔ⁴⁴ jit⁵wu²². （此句发音人没有用语气副词）

圣安东尼奥台山话语气副词有"横惦反正waŋ²²ɛm³¹""一定jit⁵aŋ³¹""梗一定kaŋ⁵⁵""索性sɔk³łaŋ⁴⁴"。例如：

横惦渠他睇看唔不见。waŋ²²ɛm³¹ kʰui⁵⁵ hai⁵⁵ m̩²² kan⁴⁴.
渠他梗／一定要去。kʰui⁵⁵ kaŋ⁵⁵／jit⁵aŋ³¹ jiu⁴⁴ hui⁴⁴.
我一定／梗唔不去。ŋɔi³¹ jit⁵aŋ³¹／kaŋ⁵⁵ m̩²² hui⁴⁴.
索性再冲过一壶。sɔk³łaŋ⁴⁴ tɔi⁵⁵ tsʰuŋ⁴⁴ kuɔ⁴⁴ jit⁵wu²².

（2）广府话。
三藩市广府话语气副词有"横惦反正waŋ²¹tim²²""偏偏pʰin⁵⁵pʰin⁵⁵""係就是、偏hɐi²²""一定jɐt⁵teŋ²²"。例如：

横惦渠他唔不睇看倒。waŋ²¹tim²² kʰœy¹³ m̩²¹ tʰɐi³⁵ tou³⁵.
渠他係／一定要去。kʰœy¹³ hɐi²²／jɐt⁵teŋ²² jiu³³ hœy³³.
我係／偏偏唔不去。ŋɔ¹³ hɐi²²／pʰin⁵⁵pʰin⁵⁵ m̩²¹ hœy³³.
冲过。tsʰuŋ⁵⁵kwɔ³³. （此句发音人没有用语气副词）

洛杉矶广府话语气副词有"横惦反正waŋ²¹tim²²""干脆kɔn⁵⁵tsʰœy³³""就就是tsɐu²²""偏偏pʰin⁵⁵pʰin⁵⁵""係就是hɐi²²""一定jɐt⁵teŋ²²"。例如：

横惦渠睇看唔不见。waŋ²¹tim²² kʰœy¹³ tʰɐi³⁵ m̩²¹ kin³³.
渠他係要去。kʰœy¹³ hɐi²² jiu³³ hœy³³.
我就／偏偏唔不去。ŋɔ¹³ tsɐu²²／pʰin⁵⁵pʰin⁵⁵ m̩²¹ hœy³³.
干脆冲过壶。kɔn⁵⁵tsʰœy³³ tsʰuŋ⁵⁵kwɔ³³ wu²¹.

纽约广府话语气副词有"就係偏偏、就是 tsɐu²² hɐi²²""係就是、偏偏 hɐi²²""一定 jɐt⁵ tɐŋ²²"。例如：

睇看唔不见。tɐi³⁵ m̩²¹ kin³³．（此句发音人没有用语气副词）
渠他係/就係/一定要去。kʰœy¹³ hai³¹/tsɐu²² hɐi²²/jɐt⁵ tɐŋ³³ jiu³³ hœy³³．
我係/就係唔不去。ɔ¹³ hai³¹/tsɐu²² hɐi²² m̩²¹ hœy³³．
再冲一壶茶啦。tsɔi³³ tsʰuŋ⁵⁵ jɐt⁵ wu²¹ tsʰa²¹ la³³．（此句发音人没有用语气副词）

芝加哥广府话语气副词有"反正 fan³⁵ tsɐŋ³³""係就是 hɐi²²""係要就是要 hɐi²² jiu³³""一定 jɐt⁵ tɐŋ²²"。例如：

反正渠他睇看唔不倒。fan³⁵ tsɐŋ³³ kʰœy¹³ tʰɐi³⁵ m̩²¹ tou³⁵．
渠他一定/係要去。kʰœy¹³ jɐt⁵ tɐŋ²²/hɐi²² jiu³³ hœy³³．
我係/一定唔不去。ŋɔ¹³ hɐi²²/jɐt⁵ tɐŋ²² m̩²¹ hœy³³．
重冲过。tsʰuŋ²¹ tsʰuŋ⁵⁵ kwɔ³³．（此句发音人没有用语气副词）

波特兰广府话语气副词有"横掂反正 waŋ²¹ tim²²""係就是 hɐi²²""一定 jɐt⁵ tɐŋ²²"。例如：

横掂渠他睇看唔不见/见唔不倒。waŋ²¹ tim²² kʰœy¹³ tʰɐi³⁵ m̩²¹ kin³³/kin³³ m̩²¹ tou³⁵．
渠他係/一定要去。kʰœy¹³ hɐi²²/jɐt⁵ tɐŋ²² jiu³³ hœy³³．
我係唔不去。ŋɔ¹³ hɐi²² m̩²¹ hœy³³．
冲过一壶。tsʰuŋ⁵⁵ kwɔ³³ jɐt⁵ wu²¹．（此句发音人没有用语气副词）

休斯敦广府话语气副词有"偏偏 pʰin⁵⁵ pʰin⁵⁵""反正反正 fan³⁵ tsɐŋ³³""係就是 hɐi²²""一定 jɐt⁵ tɐŋ²²"。例如：

反正渠他睇看唔不倒。fan³⁵ tsɐŋ³³ kʰœy¹³ tʰɐi³⁵ m̩²¹ tou³⁵．
渠他係/一定要去。kʰœy¹³ hɐi²²/jɐt⁵ tɐŋ²² jiu³³ hœy³³．
我偏偏唔不去。ŋɔ¹³ pʰin⁵⁵ pʰin⁵⁵ m̩²¹ hœy³³．
冲过一壶。tsʰuŋ⁵⁵ kwɔ³³ jɐt⁵ wu²¹．（此句发音人没有用语气副词）

4.1.8 助词

可以黏附在词、短语和句子之后，表示时间、结构、范围、体貌、语气、进层、估量等不同意思的助词，在中国广东的粤方言里表现丰富，在美国华人社区粤方言台山话和广府话里也有表现。本节仅就美国华人社区台山话和广府话常用的，也是我们调查记录到的助词做一些分析。

4.1.8.1 时间助词"先"

在我们的调查记录中，时间助词"先"在华人社区台山话和广府话的每个点里都出现了。

我们知道，"先"做助词时，若出现在句子的动词性词语后面，表示某一动作行为的时间在相关的行动之前，及暂时使一个情况实现，其他的再说时，有一个与之同形的时间副词"先"。以上这些情况下的时间助词"先"和时间副词"先"能够互换使用，或者出现在同一个句子中的动词性词语的前面和后面，互相呼应着使用。

不过，助词"先"能够表示"需要先搞清某一情况，其他的再说"的意思，这一点却是副词"先"所不具备的。在这种情况下，句子中助词"先"的作用就不是副词"先"所能取代的了。

例如，在以下汉语普通话两个例句中，广东粤方言台山话和广州话通常都会有 3 种表达方式，我们调查过的东南亚华人社区的粤方言也是如此。

①让他先吃。
②你先走。

我们先看看广东台山话和广州话的说法。
广东台山话中，例①说法为：

A. 昇$_{让}$渠$_{他}$先喫。ei^{55}kʰui^{31}ɬen^{33}het^{3}.
B. 昇$_{让}$渠$_{他}$喫先。ei^{55}kʰui^{31}het^{3}ɬen^{33}.
C. 昇$_{让}$渠$_{他}$先喫先。ei^{55}kʰui^{31}ɬen^{33}het^{3}ɬen^{33}.

例②说法为：

A. 你先行。nei^{31}ɬen^{33}haŋ^{22}.
B. 你行先。nei^{31}haŋ^{22}ɬen^{33}.
C. 你先行先。nei^{31}ɬen^{33}haŋ^{22}ɬen^{33}.

广东广州话中，例①说法为：

A. 昇$_{让}$渠$_{他}$先食。pei^{35}kʰœy^{13}sin^{55}sek^{2}.
B. 昇$_{让}$渠$_{他}$食先。pei^{35}kʰœy^{13}sek^{2}sin^{55}.
C. 昇$_{让}$渠$_{他}$先食先。pei^{35}kʰœy^{13}sin^{55}sek^{2}sin^{55}.

例②说法为：

A. 你先行。nei^{13}sin^{55}haŋ^{21}.

B. 你行先。nei¹³haŋ²¹sin⁵⁵.

C. 你先行先。nei¹³sin⁵⁵haŋ²¹sin⁵⁵.

我们将不同的表达方式归纳为 A、B、C 3 种。其中，句子里 A 说法里的"先"都是时间副词；B 说法里的"先"都是时间助词；C 说法里的第一个"先"是时间副词，第二个"先"则是时间助词，C 说法里的时间副词和时间助词在句子中前后呼应，起了进一步强调的作用。

不过，在美国华人社区的各点中，这两个例句，只有芝加哥台山话和休斯敦广府话是 A、B、C 3 种说法俱全的。其余的有的三缺一，有的三缺二。例如，洛杉矶台山话两个例子都没有 A、B、C 的说法，不过，另有 D、E 说法，在 D、E 的说法中均没有出现时间助词"先"；纽约台山话两个例子都没有 A、B、C 说法，另有 D 说法，在 D 说法中也没有出现时间助词"先"；圣安东尼奥台山话的例①只有 B 说法，例②除了 B 说法，另增添了没有出现时间助词"先"的 D 说法。

无论是台山话的点，还是广府话的点，大都缺乏 A、C 两种说法，只有 B 说法的点最多。这从一个方面提示我们，各点两个例句中的 A 说法，有可能是后来发展出来的，3 个说法中时间助词"先"置于动词后面的 B 说法，才可能是粤方言的固有表达形式。而 C 说法则是 A 说法和 B 说法的折中。

尽管有些不足，但在我们所要讨论的助词中，时间助词"先"是美国华人社区台山话和广府话各点都具备的助词。

以下是华人社区各点的相关表达。

（1）台山话。

三藩市台山话中，例①表达方式为：（发音人没有提供 A、C 两种说法）

B. 畀_让渠_他喫先。ji⁵⁵kʰui⁵⁵hiak³ɬɛn⁴⁴.

例②表达方式为：（发音人没有提供 C 说法）

A. 你先行。ni⁵⁵⁻³¹ɬɛn⁴⁴haŋ²².

B. 你行先。ni⁵⁵⁻³¹haŋ²²ɬɛn⁴⁴.

洛杉矶台山话中，例①表达方式为：（发言人没有提供 A、B、C 3 种说法，另有 D、E 两种说法）

D. 等_让渠_他第一喫。aŋ⁵⁵kʰui²¹ai²¹jit⁵hɛt³. （此句没有出现时间助词"先"，且按照粤方言台山话的习惯，此句数词"一"的后面应该有量词"个"，"第一"是动词"喫"的状语）

E. 等_让渠_他喫第一。aŋ⁵⁵kʰui²¹hɛt³ai²¹jit⁵. （此句没有出现时间助词"先"，"第一"是动词"喫"的补语）

例②表达方式为：（发音人没有提供 A、B、C 3 种说法，另有 D、E 两种说法）

D. 你第一去。ni⁵⁵ai²¹ŋit⁵hui⁴⁴。（此句没有出现时间助词"先"，且按照粤方言台山话的习惯，此句数词"一"的后面应有量词"个"，"第一"是动词"去"的状语）

E. 你去第一。ni⁵⁵hui⁴⁴ai²¹ŋit⁵。（此句没有出现时间助词"先"，"第一"是动词"去"的补语）

纽约台山话中，例①表达方式为：（发音人没有提供A、B、C 3种说法，另有D说法）

D. 昇_让渠_他喫第一。i⁵⁵kʰui⁵⁵hɛt⁵ai³¹jat⁵。（此句没有出现时间助词"先"，"第一"是动词"喫"的补语）

例②表达方式为：（发音人没有提供A、B、C 3种说法，另有D说法）

D. 你去第一。nei⁵⁵hui⁴⁴ai³¹jat⁵。（此句没有出现时间助词"先"，"第一"是动词"去"的补语）

芝加哥台山话中，例①表达方式为：

A. 昇_让渠_他先喫。ji⁵⁵kʰui⁵⁵sin⁴⁴hɛt⁵。
B. 昇_让渠_他喫先。ji⁵⁵kʰui⁵⁵hɛt⁵sin⁴⁴。
C. 昇_让渠_他先喫先。ji⁵⁵kʰui⁵⁵sin⁴⁴hɛt⁵sin⁴⁴。

例②表达方式为：

A. 你先行。nei⁵⁵sin⁴⁴haŋ²²。
B. 你行先。nei⁵⁵haŋ²²sin⁴⁴。
C. 你先行先。nei⁵⁵sin⁴⁴haŋ²²sin⁴⁴。

波特兰台山话中，例①表达方式为：（发音人没有提供A说法）

B. 昇_让渠_他喫第先。ji⁵⁵kʰi⁵⁵hɛt³ai³¹ɬɛn⁴⁴。（按照粤方言台山话的习惯，"第"后面应有数词"一"，"第先"是动词"喫"的补语）

例②表达方式为：（发音人没有提供C说法）

A. 你先去。ni⁵⁵ɬɛn⁴⁴hi⁴⁴。
B. 你去第先。ni⁵⁵hi⁴⁴ai³¹ɬɛn⁴⁴。（按照粤方言台山话的习惯，"第"后面应有数词"一"，"第先"是动词"去"的补语）

圣安东尼奥台山话中，例①表达方式为：（发音人没有提供A、C两种说法）

B. 昇_让渠_他喫先。ei⁵⁵kʰui⁵⁵hɛt³ɬɛn⁴⁴。

例②表达方式为：（发音人没有提供 A、C 两种说法，另有 D 说法）

B. 你行先。nei$^{55-31}$haŋ^{22}łɛn^{44}.
D. 你行第一。nei$^{55-31}$haŋ^{22}tɔi^{44}jit^{5}.（此句没有出现时间助词"先"，"第一"是动词"行"的补语）

（2）广府话。

三藩市广府话中，例①表达方式为：（发音人没有提供 A、C 两种说法）

B. 畀$_{让}$渠$_{他}$食先。pei^{35}kʰœy^{13}sek^{2}sin^{55}.

例②表达方式为：（发音人没有提供 A、C 两种说法）

B. 你行先。nei^{13}haŋ^{21}sin^{55}.

洛杉矶广府话中，例①表达方式为：（发音人没有提供 C 说法）

A. 畀$_{让}$渠$_{他}$先食。pei^{35}kʰœy^{13}sin^{55}sek^{2}.
B. 畀$_{让}$渠$_{他}$食先。pei^{35}kʰœy^{13}sek^{2}sin^{55}.

例②表达方式为：（发音人没有提供 C 说法）

A. 你先行。nei^{13}sin^{55}haŋ^{21}.
B. 你行先。nei^{13}haŋ^{21}sin^{55}.

纽约广府话中，例①表达方式为：（发音人没有提供 A、C 两种说法）

B. 畀$_{让}$渠$_{他}$食先啦。pei^{35}kʰœy^{13}sek^{2}sin^{55}la^{33}.

例②表达方式为：（发音人没有提供 A、C 两种说法）

B. 你行先。nei^{13}haŋ^{21}sin^{55}.

芝加哥广府话中，例①表达方式为：

A. 等$_{让}$渠$_{他}$先食。tɐŋ^{35}kʰœy^{13}sin^{55}sek^{2}.
B. 等$_{让}$渠$_{他}$食先。tɐŋ^{35}kʰœy^{13}sek^{2}sin^{55}.
C. 等$_{让}$渠$_{他}$先食先。tɐŋ^{35}kʰœy^{13}sin^{55}sek^{2}sin^{55}.

例②表达方式为：(发音人没有提供 A 说法)

B. 你行先。lei¹³haŋ²¹sin⁵⁵.
C. 你先行先。lei¹³sin⁵⁵haŋ²¹sin⁵⁵.

波特兰广府话中，例①表达方式为：(发音人没有提供 A 说法)

B. 畀_让渠_他食先。pei³⁵kʰœy¹³sek²sin⁵⁵.
C. 畀_让渠_他先食先。pei³⁵kʰœy¹³sin⁵⁵sek²sin⁵⁵.

例②表达方式为：(发音人没有提供 C 说法)

A. 你先行。nei¹³sin⁵⁵haŋ²¹.
B. 你行先。nei¹³haŋ²¹sin⁵⁵.

休斯敦广府话中，例①表达方式为：

A. 畀_让渠_他先食。pei³⁵kʰœy¹³sin⁵⁵sek².
B. 畀_让渠_他食先。pei³⁵kʰœy¹³sek²sin⁵⁵.
C. 畀_让渠_他先食先。pei³⁵kʰœy¹³sin⁵⁵sek²sin⁵⁵.

例②表达方式为：

A. 你先行。nei¹³sin⁵⁵haŋ²¹.
B. 你行先。nei¹³haŋ²¹sin⁵⁵.
C. 你先行先。nei¹³sin⁵⁵haŋ²¹sin⁵⁵.

4.1.8.2 结构助词"嘅/嗰/个/㗎""得""咁"

在结构助词中，华人社区台山话、广府话各点都有且使用得比较多的结构助词是"嘅/嗰/个/㗎"。"嘅/嗰/个/㗎"可黏附在各类词语和短语之后，相当于汉语普通话的结构助词"的"，与被黏附者组成可以代替名词，以及修饰名词、动词的"嘅/嗰/个/㗎"字结构，充当句子的各种成分。

台山话通常用"个/嘅"，圣安东尼奥台山话则用"㗎"；广府话通常用"嘅"，只有三藩市广府话用"嗰"。

表 4–15、表 4–16 是各点结构助词与广东祖籍地方言的对比，其中，洛杉矶台山话"我的""我们的""咱们的"同形。洛杉矶台山话"我们""咱们"的说法也很特别（参见 4.1.4.1"人称代词"）。

第4章 美国华人社区粤方言语法研究

表 4-15 6个台山话与广东台山话结构助词的对比

条目	方言						
	广东台山话	三藩市台山话	洛杉矶台山话	纽约台山话	芝加哥台山话	波特兰台山话	圣安东尼奥台山话
我的	我个 ŋɔi³¹ kɔi³³	我个 ŋɔi⁵⁵ kɔi⁴⁴	我个 ŋɔi²¹ kɔi⁴⁴	我嘅 ŋɔi⁵⁵ kɛ⁴⁴	我嘅 ŋui⁵⁵ kɛ³¹	我个 ŋɔi⁵⁵ kɔ⁴⁴	我㗎 ŋɔi⁵⁵ ka⁴⁴
你的	你个 nei³¹ kɔi³³	你个 ni⁴⁴ kɔi⁴⁴	你个 ni⁵⁵ kɔi⁴⁴	你嘅 nei⁵⁵ kɛ⁴⁴	你嘅 nei⁵⁵ kɛ³¹	你个 ni⁴⁴ kɔ⁴⁴	你㗎 nei⁵⁵ ka⁴⁴
他的	渠个 kʰui³¹ kɔi³³	渠个 kʰui⁵⁵ kɔi⁴⁴	渠个 kʰui²¹ kɔi⁴⁴	渠嘅 kʰui⁵⁵ kɛ⁴⁴	渠嘅 kʰui⁵⁵ kɛ³¹	渠个 kʰi⁵⁵ kɔ⁴⁴	渠㗎 kʰui⁵⁵ ka⁴⁴
我们的	□个 ŋɔi³¹ kɔi³³	□个 ŋui³¹ kɔi⁴⁴	□个 ŋɔi²¹ kɔi⁴⁴	□嘅 ŋui²²⁻⁵⁵ kɛ⁴⁴	□嘅 ŋui²² kɛ³¹	□个 ŋɔi²² kɔ⁴⁴	□㗎 ŋɔi²² ka⁴⁴
咱们的	□个 ŋɔi³¹ kɔi³³	□个 ŋui³¹ kɔi⁴⁴	□个 ŋɔi²¹ kɔi⁴⁴	□嘅 ŋui²²⁻⁵⁵ kɛ⁴⁴	□嘅 ŋui²² kɛ³¹	□个 ŋɔi²² kɔ⁴⁴	□㗎 ŋɔi²² ka⁴⁴
你们的	□个 niak² kɔi³³	□个 niak² kɔi⁴⁴	□个 niak² kɔi⁴⁴	□嘅 niak² kɛ⁴⁴	□嘅 niak² kɛ³¹	□个 niak² kɔ⁴⁴	□㗎 niak² ka⁴⁴
他们的	□个 kʰiak² kɔi³³	□个 kʰɛt³ kɔ⁴⁴	□个 kʰiak² kɔi⁴⁴	□嘅 kʰiak² kɛ⁴⁴	□嘅 kʰiak² kɛ³¹	□个 kʰiak² kɔ⁴⁴	□㗎 kʰiak² ka⁴⁴
谁的	阿谁个 a³³ sui⁵⁵ kɔi³³	阿谁个 a⁴⁴ sui²²⁻⁵⁵ kɔi⁴⁴⁻³¹	谁个 sui²²⁻⁵⁵ kɔi⁴⁴	边个嘅 pin⁴⁴ kɔ⁴⁴ kɛ⁴⁴	阿谁嘅 a⁴⁴ sui⁵⁵ kɛ³¹	阿谁个 a⁴⁴ sui²² kɔ⁴⁴	阿谁㗎 a⁴⁴ sui⁵⁵ ka⁴⁴

表 4-16 6个广府话与广东广州话结构助词的对比

条目	方言						
	广东广州话	三藩市广府话	洛杉矶广府话	纽约广府话	芝加哥广府话	波特兰广府话	休斯敦广府话
我的	我嘅 ŋɔ¹³ kɛ³³	我嗰 ŋɔ¹³ kɔ³³	我嘅 ŋɔ¹³ kɛ³³	我嘅 ɔ¹³ kɛ³³	我嘅 ŋɔ¹³ kɛ³³	我嘅 ŋɔ¹³ kɛ³³	我嘅 ŋɔ¹³ kɛ³³
你的	你嘅 nei¹³ kɛ³³	你嗰 nei¹³ kɔ³³	你嘅 nei¹³ kɛ³³	你嘅 nei¹³ kɛ³³	你嘅 lei¹³ kɛ³³	你嘅 nei¹³ kɛ³³	你嘅 nei¹³ kɛ³³
他的	渠嘅 kʰœy¹³ kɛ³³	渠嗰 kʰœy¹³ kɔ³³	渠嘅 kʰœy¹³ kɛ³³	渠嘅 kʰœy¹³ kɛ³³	渠嘅 kʰœy¹³ kɛ³³	渠嘅 kʰœy¹³ kɛ³³	渠嘅 kʰœy¹³ kɛ³³
我们的	我哋嘅 ŋɔ¹³ tei²² kɛ³³	我哋嗰 ŋɔ¹³ tei²² kɔ³³	我哋嘅 ŋɔ¹³ tei²² kɛ³³	我哋嘅 ɔ¹³ tei²² kɛ³³	我哋嘅 ŋɔ¹³ tei²² kɛ³³	我哋嘅 ŋɔ¹³ tei²² kɛ³³	我哋嘅 ŋɔ¹³ tei²² kɛ³³

续表 4-16

条目	方言						
	广东广州话	三藩市广府话	洛杉矶广府话	纽约广府话	芝加哥广府话	波特兰广府话	休斯敦广府话
咱们的	我哋嘅 ŋɔ¹³ tei²² kɛ³³	我哋嗰 ŋɔ¹³ tei²² kɔ³³	我哋嘅 ŋɔ¹³ tei²² kɛ³³	我哋嘅 ɔ¹³ tei²² kɛ³³	我哋嘅 ŋɔ¹³ tei²² kɛ³³	我哋嘅 ŋɔ¹³ tei²² kɛ³³	我哋嘅 ŋɔ¹³ tei²² kɛ³³
你们的	你哋嘅 nei¹³ tei²² kɛ³³	你哋嗰 nei¹³ tei²² kɔ³³	你哋嘅 nei¹³ tei²² kɛ³³	你哋嘅 nei¹³ tei²² kɛ³³	你哋嘅 lei¹³ tei²² kɛ³³	你哋嘅 nei¹³ tei²² kɛ³³	你哋嘅 nei¹³ tei²² kɛ³³
他们的	渠哋嘅 kʰœy¹³ tei²² kɛ³³	渠哋嗰 kʰœy¹³ tei²² kɔ³³	渠哋嘅 kʰœy¹³ tei²² kɛ³³	渠哋嘅 kʰœy¹³ tei²² kɛ³³	渠哋嘅 kʰœy¹³ tei²² kɛ³³	渠哋嘅 kʰœy¹³ tei²² kɛ³³	渠哋嘅 kʰœy¹³ tei²² kɛ³³
谁的	边个嘅 pin⁵⁵ kɔ³³ kɛ³³	边个嗰 pi⁵⁵ kɔ³³ kɔ³³	边个嘅 pin⁵⁵ kɔ³³ kɛ³³	边个嘅 pin⁵⁵ kɔ³³ kɛ³³	边个嘅 pin⁵⁵ kɔ³³ kɛ³³	边个嘅 pin⁵⁵ kɔ³³ kɛ³³	边个嘅 pin⁵⁵ kɔ³³ kɛ³³

上面的"嘅/嗰/个/喫"都可以出现在人称代词后面，还可以出现在名词、动词、形容词、指示代词等词类，或者短语的后面。

台山话例子如：

三藩市：一样长 形容词 个绳 jit⁵ jɔŋ³¹ tsɛŋ²² kɔ⁴⁴ seŋ²²⁻⁵⁵

洛杉矶：凉 形容词 嘅 lɛŋ²² kɛ⁴⁴、弯弯 形容词 嘅牛角 wan⁴⁴ wan⁴⁴ kɛ⁴⁴ ŋau²² kɔk³

纽约：圆圆 形容词 个石仔 jɔn²² jɔn²² kɔ⁴⁴ sɛk² tɔi⁵⁵、咁多脚 名词 个虫 蜈蚣 kam⁴⁴ ɔ⁴⁴ kiak³ kɔ⁴⁴ tsʰuŋ²²、好少见 短语 个人 稀客 hou⁵⁵ ɬeu⁵⁵ kin⁴⁴ kɔ⁴⁴ jan²²

芝加哥：短短 形容词 嘅绳 ɔn⁴⁴ ɔn⁴⁴ kɛ³¹ seŋ²²⁻³⁵、弯弯 形容词 嘅牛角 wan⁴⁴ wan⁴⁴ kɛ³¹ ŋiu²² kɔk³

波特兰：□ 这，指示代词 嘅年今年 kʰɔi²² kɛ⁴⁴ nɛn²²

圣安东尼奥：好短 短语 个绳 hou⁵⁵ ɔn⁵⁵ kɔi⁴⁴ seŋ²²

广府话例子如：

三藩市：哑 动词、形容词 嘅 ŋa³⁵ kɛ³³、偷嘢 偷东西，短语 嘅 tʰɐu⁵⁵ jɛ¹³ kɛ³³、烧咗 短语 嘅炭烧过的炭 siu⁵⁵ tsɔ³⁵ kɛ³³ tʰan³³、用力做嘢 短语 嘅 juŋ²² lek² tsou²² jɛ¹³ kɛ³³、好短 嘅绳 hou³⁵ tyn³⁵ kɛ³³ seŋ²¹⁻³⁵、一样长 短语 嘅绳 jɐt⁵ jœŋ²² tsʰœŋ²¹ kɛ³³ seŋ²¹⁻³⁵

洛杉矶：磨嘢 磨东西，短语 嘅机器 mɔ²² jɛ¹³ kɛ³³ kei⁵⁵ hei³³、揸车嘅□□ 驾驶证，英语：license tsa⁵⁵ tsʰɛ⁵⁵ kɛ³ lai⁵⁵ sen³⁵、短短 形容词 嘅绳 tyn³⁵ tyn³⁵ kɛ³³ seŋ²¹⁻³⁵、弯弯 形容词 嘅牛角 wan⁵⁵ wan⁵⁵ kɛ³³ ŋɐu²¹ kɔk³、同样长 短语 嘅绳 tʰuŋ²¹ jœŋ²²⁻³⁵ tsʰœŋ²¹ kɛ³³ seŋ²¹⁻³⁵

纽约：一种好辣 短语 嘅小辣椒 jɐt⁵ tsuŋ³⁵ hou³⁵ lat² kɛ³³ siu³⁵ lat² tsiu⁵⁵

芝加哥：闻 动词 嘅味道 气味 mɐn²¹ kɛ³³ mei²² tou²²、食 动词 嘅味道 sek² kɛ³³ mei²² tou²²、轻松着 短语 嘅衫 休闲装 hɐŋ⁵⁵ suŋ⁵⁵ tsœk³ kɛ³³ sam⁵⁵、未熟 短语 嘅饭 夹生饭 mei²² suk² kɛ³³ fan²²、一时嚟 来，短语 嘅

客稀客 jɐt⁵si²¹lei²¹kɛ³³hak³、过人哋短语嘅车超车 kwɔ³³jɐn²¹tei²²kɛ³³tsʰɛ⁵⁵、弯弯形容词嘅牛角 wan⁵⁵wan⁵⁵kɛ³³ŋɐu²¹kɔk³、同样长短语嘅绳 tʰuŋ²¹jœŋ²²⁻³⁵tsʰœŋ²²kɛ³³seŋ²¹⁻³⁵

波特兰：辣形容词嘅辣椒 lat²kɛ³³lat²tsiu⁵⁵、好短短语嘅绳 hou³⁵tyn³⁵kɛ³³seŋ²¹⁻³⁵、一样长短语嘅绳 jɐt⁵jœŋ²²tsʰœŋ²¹kɛ³³seŋ²¹⁻³⁵

休斯敦：好短短语嘅绳 hou³⁵tyn³⁵kɛ³³seŋ²¹⁻³⁵、弯弯形容词嘅牛角 wan⁵⁵wan⁵⁵kɛ³³ŋɐu²¹kɔk³、一样长短语嘅绳 jɐt⁵jœŋ²²tsʰœŋ²¹kɛ³³seŋ²¹⁻³⁵

除了表示领属的"嘅/嗰/个/嚟"，华人社区台山话和广府话的结构助词还有"得"。"得"与汉语普通话的结构助词"得"同形，华人社区各点都有，作用也与汉语普通话类似，是句子中补语的标志，能令被黏附的动词、形容词、述宾短语带上描述性的补语。

华人社区粤方言台山话和广府话各点的相关表达如下。

（1）台山话。

三藩市台山话为：

打得过渠他。a⁵⁵ak⁵kuɔ⁴⁴kʰui⁵⁵.
□拿唔不□拿得郁动。hu⁴⁴m̩²²hu⁴⁴ak⁵ŋɔk⁵.
□拿得郁动。hu⁴⁴ak⁵ŋɔk⁵.

洛杉矶台山话为：

渠□生果喫得□这种水果能吃。kʰui²¹kau⁴⁴saŋ⁴⁴kuɔ⁴⁴hɛt³tak⁵kui²¹.

纽约台山话为：

攞拿得。lɔ⁵⁵ak⁵.［此句结构助词"得"后面省略了"郁"（动）］
唔不坐得耐久。m̩²²tʰɔ⁵⁵ak⁵nɔi³¹.

芝加哥台山话为：

唔不饮得酒。m̩²²jim⁴⁴ak⁵tiu⁵⁵.
唔不坐得耐久。m̩²²tsʰu⁵⁵ak⁵nui³¹.

波特兰台山话为：

□拿唔不□拿得郁动。hu⁵⁵m̩²²hu⁵⁵tak⁵juk⁵.
□拿得郁动。hu⁵⁵tak⁵juk⁵.
唔不饮得。m̩²²ŋim⁵⁵tak⁵.（此句"得"后面省略了"酒"）

唔₋坐得。m̩²² tsʰɔ⁵⁵ tak⁵. ［此句"得"后面省略了"耐"（久）］

圣安东尼奥台山话为：

唔₋饮得酒。m̩²² jim⁵⁵ ak⁵ tiu⁵⁵.
唔₋坐得久。m̩²² tʰɔ⁵⁵ ak⁵ kiu⁵⁵.
得人恨 避，"恨"意为"疼爱"。ak⁵ ŋin²² han³¹.

（2）广府话。
三藩市广府话为：

搦₋拿唔₋不搦₋拿得郁₋动。lek⁵ m̩²¹ lek⁵ tɐt⁵ juk⁵.
搦₋拿得郁₋动。lek⁵ tɐt⁵ juk⁵.

洛杉矶广府话为：

打得过渠₋他。ta³⁵ tɐt⁵ kwɔ³³ kʰœy¹³.
得人锡₋疼爱。tɐt⁴ jɐn²¹ sɛt³.
搦₋拿唔₋不搦₋拿得郁₋动。nek⁵ m̩²¹ nek⁵ tɐt⁵ juk⁵.
搦₋拿得郁₋动。nek⁵ tɐt⁵ juk⁵.
唔₋不饮得酒。m̩²¹ jɐm³⁵ tɐt⁵ tsɐu³⁵.
唔₋不坐得耐₋久。m̩²¹ tsʰɔ¹³ tɐt⁵ nɔi²².

纽约广府话为：

你攞₋拿唔₋不攞₋拿得起。nei¹³ lɔ³⁵ m̩²¹ lɔ³⁵ tɐk⁵ hei³⁵.
唔₋不坐得耐₋久。m̩²¹ tsʰɔ¹³ tɐk⁵ nɔi²².

芝加哥广府话为：

打得赢。ta³⁵ tɐt⁵ jɛŋ²¹.
唔₋不饮得酒。m̩²¹ jɐm³⁵ tɐt⁵ tsɐu³⁵.

波特兰广府话为：

搦₋拿唔₋不搦₋拿得郁₋动。nek⁵ m̩²¹ nek⁵ tɐk⁵ juk⁵.
搦₋拿得郁₋动。nek⁵ tɐk⁵ juk⁵.

唔_不饮得酒。m̩²¹ jɐm³⁵ tɐk⁵ tsɐu³⁵.
唔_不坐得耐_久。m̩²¹ tsʰɔ¹³ tɐk⁵ nɔi²².

休斯敦广府话为：

打得过渠_他。ta³⁵ tɐt⁵ kwɔ³³ kʰœy¹³.
得人中意。tɐt⁵ jɐn²¹ tsuŋ⁵⁵ ji³³.
得人锡_{疼爱}。tɐt⁵ jɐn²¹ sɛk³.
拧得郁_动。neŋ³⁵ tɐt⁵ juk⁵.
拧唔_不拧得郁_动。neŋ³⁵ m̩²¹ neŋ³⁵ tɐt⁵ juk⁵.
唔_不饮得酒。m̩²¹ jɐm³⁵ tɐt⁵ tsɐu³⁵.
唔_不坐得耐_久。m̩²¹ tsʰɔ¹³ tɐt⁵ nɔi⁵⁵.

此外，国内的粤方言广州话等，还有一个结构助词"咁"。"咁"做结构助词，可以黏附在各类词语和短语之后，组成可以修饰形容词和动词，充当句子状语的"咁"字结构。这种结构的作用类似副词，可以对译成普通话的"那么"。

不过，我们记录到的"咁"字结构不多，只在广府话的 3 个点里有。广府话例子如下。

三藩市广府话如：

大家咁高_{大家(都)那么高}。tai²² ka⁵⁵ kɐm³³ kou⁵⁵.

纽约广府话如：

好似条绳咁长_{好像(那)条绳子那么长}。hou³⁵ tsʰi¹³ tʰiu²¹ sen²¹⁻³⁵ kɐm³³ tsʰœŋ²¹.
两个都係_{都是}咁高_{两个(人)都是那么高}。lœŋ¹³ kɔ³³ tou⁵⁵ hɐi²² kɐm³³ kou⁵⁵.

波特兰广府话如：

我冇_{没有}渠_他咁大_{我没有他那么大}。ŋ¹³ mou¹³ kʰœy¹³ kɐm³³ tai²².

在广东的台山话和广州话中，还有一个结构助词"到/倒"。"到/倒"是补语的标志，能令被黏附的动词、形容词带上程度补语和描述性的补语。在调查东南亚华人社区的粤方言时，我们也记录过它。但在美国华人社区的台山话和广府话里，我们只分别记录到纽约台山话、三藩市广府话和纽约广府话的一个例子。

纽约台山话如：

叫唔不倒渠他。叫不到他。kiu⁴⁴ m̩²² ou⁵⁵ kʰui⁵⁵.

三藩市广府话如：

渠他可以做，但係叫渠他唔倒他可以做,但是叫不到他。kʰœy¹³ hɔ³⁵ ji¹³ tsou²², tan²² hɐi²² kiu³³ kʰœy¹³ m̩²¹ tou³⁵.

纽约广府话如：

渠他可以做，但係嗌叫唔不倒渠他。他可以做,但是叫不到他。kʰœy¹³ hɔ³⁵ ji¹³ tsou²², tan²² hɐi²² ai³³ m̩²¹ tou³⁵ kʰœy¹³.

根据这几个例子中的发音，我们认为，在美国华人社区的粤方言中，这个结构助词记成"倒 tou³⁵"比记为"到 tou³³"更合适。

4.1.8.3 范围助词"嗮"

范围助词"嗮"是广东粤方言台山话和广府话特有的助词。

"嗮"对应于汉语普通话的副词"全""都"时，可附在动词性词语后面，表示动作所及的对象带有周遍性；或附在形容性词语后面，表示描述的状态遍及所有对象。假如对应汉语普通话的副词"净""只"，则表示其前面所述的动作只限于某一对象。

我们调查过的东南亚华人社区的粤方言，也有这个范围助词"嗮"。美国华人社区的粤方言除了三藩市台山话，其他点都有这个范围助词。

（1）台山话。

三藩市台山话发音人没有提供相关的说法。

洛杉矶台山话如：

攞埋嗮全部拿光了。lɔ⁵⁵ mai²² ɬai⁴⁴.
揾嗮找遍了。fun⁵⁵ ɬai⁴⁴.

纽约台山话如：

□过嗮找遍了。pi⁴⁴ kɔ⁴⁴ sai⁴⁴.
杀嗮全杀光。sat³ sai⁴⁴.
喫嗮啲饭吃光＜这些＞饭。hɛt⁵ sai⁴⁴ ti⁴⁴ fan³¹.
落水潡□担鸡卖，条条鸡毛点嗮泥—首儿歌：下雨下得迷迷蒙蒙的，挑着鸡出去卖，（鸡）每一根条鸡毛全都沾满了泥水。lɔk² sui⁵⁵ mi²² tsʰa⁴⁴ am⁴⁴ kai⁴⁴ mai³¹, hɐu²² hɐu²² kai⁴⁴ mau²² ɛm⁵⁵ sai⁴⁴ nai²².

芝加哥台山话如：

洗湿嗮全淋湿了。ɬai⁵⁵siap⁵sai⁴⁴.
过嗮时全过时了。kuɔ⁴⁴sai⁴⁴si²².
除嗮衫脱光衣服。tsʰui²²sai⁴⁴sam⁴⁴.
睇过嗮看/找遍了。hɔi⁴⁴kuɔ⁴⁴sai⁴⁴.
喫嗮啲饭吃光＜这些＞饭。hɛt⁵sai⁴⁴ti⁴⁴fan³¹.

波特兰台山话如：

搵嗮找遍了。wun⁵⁵ɬai⁴⁴.
讲好嗮全都讲好了。kɔŋ⁵⁵hou⁵⁵ɬai⁴⁴.
做完嗮全做完了。tu³¹jɔn²²ɬai⁴⁴.

圣安东尼奥台山话如：

搵匀嗮找遍了。wun⁵⁵wun²²sai⁴⁴.

（2）广府话。
三藩市广府话如：

做嗮全做完。tsou²²sai³³.
雪藏嗮全冻住了。syt³tsʰɔŋ²¹sai³³.
唔该嗮多谢（所有的事、所有的帮助）。m̩²¹kɔi⁵⁵sai³³.（广东使用粤方言人士的口头禅，用于表示感谢）

洛杉矶广府话如：

我湿嗮我全(淋)湿了。ŋɔ¹³sɐp⁵sai³³.

纽约广府话如：

食嗮渠吃完它。sek²sai³³kʰœy¹³.
做完嗮全做完了。tsou²²jyn²¹sai³³.

芝加哥广府话如：

到处搵嗮到处找遍了。tou³³tsʰy³³wɐn³⁵sai³³.

波特兰广府话如：

做嗮 全做完。tsou²² sai³³.
食嗮啲饭渠 把<这些/那些>饭全吃完。sek² sai³³ ti⁵⁵ fan²² kʰœy¹³.

休斯敦广府话如：

揾匀嗮 找遍了。wɐn³⁵ wɐn²¹ sai³³.

4.1.8.4 体貌助词"喇/咯"

体貌助词"喇/咯"通常出现在句子的谓词或谓词性短语后面，表示一个新情况的产生。不过，我们在美国华人社区记录到有体貌助词"喇/咯"的点和例子都不多，三藩市、洛杉矶、纽约台山话，三藩市、芝加哥广府话都无记录。也未记录到广东广州话中会出现的在有"喇"的句子中，动词后面常会再加上表示完成态的形尾"咗"（如"食咗喇"等），两者形成呼应的例子。

（1）台山话。
波特兰台山话如：

雪融喇 雪化了。ɬut³ juŋ²² la⁴⁴.

圣安东尼奥台山话如：

就 快 饿死咯。tiu³¹ ŋɔ³¹ ɬei⁵⁵ lɔ⁴⁴.
就 快 冷死咯。tiu³¹ laŋ⁵⁵ ɬei⁵⁵ lɔ⁴⁴.
够死咯 累死了。kai⁴⁴ ɬei⁵⁵ lɔ⁴⁴.
磧死咯 压死了。tsak³ ɬei⁵⁵ lɔ⁴⁴.
咬死咯。ŋau⁵⁵ ɬei⁵⁵ lɔ⁴⁴.
心喜死咯 高兴死了。ɬim⁴⁴ hei⁴⁴ ɬei⁵⁵ lɔ⁴⁴.

（2）广府话。
洛杉矶广府话如：

去睇 看 电影喇。hœy³³ tʰɐi³⁵ tin²² jeŋ³⁵ la³³.

纽约广府话如：

讲掂喇 讲妥了。kɔŋ³⁵ tim²² la³³.

波特兰广府话如：

饿死喇。ŋɔ²²sei³⁵la³³.
冻死喇。tuŋ³³sei³⁵la³³.
碛死喇_{压死了}。tsak³sei³⁵la³³.
咬死喇。ŋau³³sei³⁵la³³.

休斯敦广府话如：

饿死喇。ŋɔ²²sei³⁵la³.
冻死喇。tuŋ³³sei³⁵la³³.
癐死喇_{累死了}。kui²²sei³⁵la³³.
咬死喇。ŋau¹³sei³⁵la³³.
高兴死喇。kou⁵⁵heŋ³³sei³⁵la³³.
讲下讲下就喊喇_{说着说着就哭了}。kɔŋ³⁵ha¹³kɔŋ³⁵ha¹³tsɐu²²ham³³la³³.

4.1.8.5 语气助词"啦/啊"

国内的粤方言拥有丰富的语气助词，但我们仅就调查记录所得的材料，举例谈谈"啦/啊"在华人社区台山话、广府话中的表现。

"啦/啊"可用于加强肯定语气，做语气助词时，可用于表示请求、提议、命令、制止、认可、列举等意思，相当于汉语普通话句末的"吧"。

以下是华人社区的台山话和广府话各点对应普通话"（咱们）去看电影吧"一句的说法，以及纽约广府话的另外3个例子。

（1）台山话。
三藩市台山话为：

去睇_看电影啦。hui⁴⁴hai⁵⁵ɛn³¹eŋ⁵⁵la⁴⁴.

洛杉矶台山话为：

去睇_看戏啦。hui⁴⁴hai⁵⁵hi⁴⁴la⁴⁴.

纽约台山话为：

去睇_看电影啦。hui⁴⁴hai⁵⁵ɛn³¹jaŋ⁵⁵la⁴⁴.

芝加哥台山话为：

去睇_看戏啦。hui⁴⁴hɔi⁴⁴hi⁴⁴la⁴⁴.

波特兰台山话为：

去睇_看戏。hi⁴⁴hai⁵⁵hi⁴⁴.（此句没用语气助词）

圣安东尼奥台山话为：

去睇_看戏啊。hui⁴⁴hai⁵⁵hei⁴⁴a³¹.

（2）广府话。
三藩市广府话为：

去睇_看电影啦。hœy³³tɐi³⁵tin²²jeŋ³⁵la⁵⁵.

洛杉矶广府话为：

去睇_看电影啦。hœy³³tʰɐi³⁵tin²²jeŋ³⁵la⁵⁵.

纽约广府话为：

去睇_看戏啦。hœy³³tɐi³⁵hei³³la³³.
等渠_他讲住先啦_{先让他说着吧}。tɐŋ³⁵kʰœy¹³kɔŋ³⁵tsy²²sin⁵⁵la³³.
食咗_了饭先啦_{先吃了饭吧}。sek²tsɔ³⁵fan²²sin⁵⁵la³³.
畀渠_他食先啦_{让他先吃吧}。pei³⁵kʰœy¹³sek²sin⁵⁵la³³.

芝加哥广府话为：

不如去睇_看戏啦。pɐt⁵jy²¹hœy³³tʰɐi³⁵hei³³la⁵⁵.

波特兰广府话为：

去睇_看电影啦。hœy³³tʰɐi³⁵tin²²jeŋ³⁵la⁵⁵.

休斯敦广府话为：

我哋_{我们}去睇_看电影啦。ŋɔ¹³tei²²hœy³³tʰɐi³⁵tin²²jeŋ³⁵la³³.

4.1.8.6　关于粤方言的进层助词和估量助词

除了上述的时间助词、结构助词、范围助词、体貌助词、语气助词等，国内的粤方言还有其他一些颇有特色的助词，比如，广州话等所拥有的进层助词"添"。"添"能够出现在句子中的谓词性短语后面，表示它前面的成分所显示的情况比与其同类型的情况更进一步，在句子"添"前面的成分可以是表示数量、程度、范围更多、更强、更大的"多""埋""重"等词，与"添"呼应，增强强调的力度。

广东粤方言台山话没有这个"添"，美国华人社区的台山话也没有。但广州话等广府话通常都有这个"添"，我们在东南亚的调查也显示，东南亚华人社区的粤方言广府话也有"添"。只是在美国华人社区，我们仅记录到洛杉矶广府话的"（再）食多一碗添_{再多吃一碗}（tsɔi³³）sek²tɔ⁵⁵ jɐt⁵wun³⁵ tʰim⁵⁵"一句。这句话的动词"食"前面也可以加上副词"再"与"添"相呼应，以增强气势。

广东粤方言广州话等广府话还有一个表示估量的助词"度"。"度"做估量助词时，在广州话中要读 35 高升变调"度 tou²²⁻³⁵"，如"三斤度_{大约三斤} sam⁵⁵ kɐn⁵⁵ tou²²⁻³⁵"。但是，我们在美国华人社区的粤方言里，没有记录到这个表估量的"度 tou²²⁻³⁵"。

4.1.9　介词

介词能够与名词性成分组成介词结构，这种介词结构可以表示时间、处所、范围、对象、工具、条件等不同的意义。

以下逐一分析美国华人社区台山话和广府话与广东祖籍地方言都共有的一些介词。

4.1.9.1　介词"同""帮"

在粤方言中使用频率颇高的介词"同"，相当于汉语普通话的介词"和""替"，可以表示共同行动、协作、比较、事情关联、动作，以及动作服务的对象等。广东台山话用"同 həŋ²²"，也用"□aŋ³¹"；广东广州话用"同 tʰuŋ²¹"，也用"帮 pɔŋ⁵⁵"。美国华人社区的广府话点的表达与祖籍地方言相同，台山话点的表达则与祖籍地方言有同，也有不同。

下面是 4 个普通话的句子：

①我跟你去。
②烧猪肉和叉烧很好吃。
③弟弟和哥哥一样高。
④替他干活儿。

华人社区各点的表达，以及句子使用的介词"同"、与"同"作用类似的介词"跟""帮"如下。

（1）台山话。

三藩市台山话用"同_{和、替}huŋ^{22}""帮_{替}pɔŋ^{44}"。例如：

我同你去。ŋɔi^{55}huŋ^{22}ni^{22}hui^{44}.
烧猪同叉烧好好喫。siau^{44}tsi^{44}huŋ^{22}tsʰa^{44}siau^{44}hau^{55}hau^{55}hɛt^{3}.
弟弟同哥哥一样高。ai^{31}ai^{31}huŋ^{22}ku^{44}ku^{44}jit^{5}jɔŋ^{31}kɔ^{44}.
同/帮渠_{他}做工。huŋ^{22}/pɔŋ^{44}kʰui^{55}tu^{31}kuŋ^{44}.

洛杉矶台山话用"同_{和、替}huŋ^{22}""帮_{替}pɔŋ^{44}"。例如：

我同你去。ŋui^{21}huŋ^{22}ni^{55}hui^{44}.
烧猪同叉烧肉好好喫。siau^{44}tsi^{44}huŋ^{22}tsʰa^{44}siau^{44}ŋuk^{2}hɔ^{44}hɔ^{44}hɛt^{3}.
细佬_{弟弟}同阿哥同样高。sai^{44}lɔ^{55}huŋ^{22}a^{44}ku^{44}huŋ^{22}jɛŋ^{21}kɔ^{44}.
同/帮渠_{他}做工。huŋ^{22}/pɔŋ^{44}kʰui^{21}tsu^{21}kuŋ^{44}.

纽约台山话用"同_{和、替}huŋ^{22}""跟_{和、跟}kin^{44}"。例如：

我同/跟你去。ŋɔi^{55}huŋ^{22}/kin^{44}nei^{55}hui^{44}.
火肉_{烧肉}同叉烧好好喫。fɔ^{55}ŋuk^{2}huŋ^{22}tsʰa^{44}siu^{44}hou^{55}hou^{55}hɛt^{5}.
细佬_{弟弟}同阿哥一样高。ɬɔi^{44}lou^{55}huŋ^{22}a^{44}kɔ^{44}jat^{5}jɛŋ^{31}kou^{44}.
同渠_{他}做嘢_{干活儿}。huŋ^{22}kʰui^{55}tu^{31}jɛ^{55}.

芝加哥台山话用"同_{和、替}huŋ^{22}"。例如：

我同你去。ŋɔ^{55}huŋ^{22}nei^{55}hui^{44}.
火肉_{烧肉}/烧猪同叉烧好好喫。fɔ^{55}ŋuk^{2}/siu^{44}tsi^{44}huŋ^{22}tsʰa^{44}siu^{44}hɔ^{55}hɔ^{55}hɛt^{5}.
阿弟同阿哥□_{一样}高。a^{44}ai^{31}huŋ^{22}a^{44}kɔ^{44}kʰɔ^{31}kɔ^{44}.
同渠_{他}做工。huŋ^{22}kʰui^{55}tu^{44}kuŋ^{44}.

波特兰台山话用"同_{和、替}huŋ^{22}"。例如：

我同你去。ŋɔi^{55}huŋ^{22}ni^{55}hi^{44}.
烧猪同叉烧好好喫。sɛu^{44}tsi^{44}huŋ^{22}tsʰa^{44}sɛu^{44}hou^{55}hou^{55}hɛt^{3}.
细佬_{弟弟}同阿哥一样高。sai^{44}lau^{55}huŋ^{22}a^{44}kɔ^{44}jit^{5}jɔŋ^{31}kɔ^{44}.
同渠_{他}做工。huŋ^{22}kʰi^{55}tu^{31}kuŋ^{44}.

圣安东尼奥台山话用"同_{和、替}huŋ^{22}""跟_{和、跟}han^{44}"。例如：

我同/跟你去。ŋɔi^{55}huŋ^{22}/kan^{44}nei$^{55-31}$hui^{55}.
烧肉/烧猪同叉烧好好喫。siu^{44}juk^{2}/siu^{44}tsi^{44}huŋ^{22}tsʰa^{44}siu^{44}hou^{55}hou^{55}hɛt^{3}.

细佬_{弟弟}同阿哥一样高。ɬai⁴⁴lou⁵⁵ huŋ²² a⁴⁴kɔ⁴⁴ jit⁵ jɛŋ³¹ kou⁴⁴.
同渠_他做工。huŋ²²kʰui⁵⁵ tu³¹ kuŋ⁴⁴.
（2）广府话。
三藩市广府话用"同_{和、替}tʰuŋ²¹""帮_替pɔŋ⁵⁵"。例如：

我同你去。ŋɔ¹³tʰuŋ²¹nei¹³hœy³³.
烧肉同叉烧都好好食。siu⁵⁵juk²tʰuŋ²¹tsʰa⁵⁵siu⁵⁵tou⁵⁵hou³⁵hou³⁵sek².
细佬_{弟弟}同大佬_{哥哥}咁_{那样、那么}高。sɐi³³lou³⁵tʰuŋ²¹tai²²lou³⁵kɐm³³kou⁵⁵.
同/帮渠_他做工。tʰuŋ²¹/pɔŋ⁵⁵kʰœy¹³tsou²²kuŋ⁵⁵.

洛杉矶广府话用"同_{和、替}tʰuŋ²¹"。例如：

我同你去。ŋɔ¹³tʰuŋ²¹nei¹³hœy³³.
烧肉同烧猪好好食。siu⁵⁵juk²tʰuŋ²¹siu⁵⁵tsy⁵⁵hou³⁵hou³⁵sek².
细佬_{弟弟}同阿哥一样高。sɐi³³lou³⁵tʰuŋ²¹a³³kɔ⁵⁵jɐt⁵jœŋ²²kou⁵⁵.
同渠_他做工。tʰuŋ²¹kʰœy¹³tsou²²kuŋ⁵⁵.

纽约广府话用"同_{和、替}tʰuŋ²¹"。例如：

我同你去。ɔ¹³tʰuŋ²¹nei¹³hœy³³.
火肉同叉烧好好食。fɔ³⁵juk²tʰuŋ²¹tsʰa⁵⁵siu⁵⁵hou³⁵hou³⁵sek².
细佬_{弟弟}同大佬_{哥哥}都係_是咁_{那么}高。sɐi³³lou³⁵tʰuŋ²¹tai²²lou³⁵tou⁵⁵hɐi²²kɐm³³kou⁵⁵.
同渠_他做嘢_{干活儿}。tʰuŋ²¹kʰœy¹³tsou²²jɛ¹³.

芝加哥广府话用"同_{和、替}tʰuŋ²¹"。例如：

我同你去。ŋɔ¹³tʰuŋ²¹lei¹³hœy³³.
火肉同叉烧好好食。fɔ³⁵juk²tʰuŋ²¹tsʰa⁵⁵siu⁵⁵hou³⁵hou³⁵sek².
细佬_{弟弟}同大佬_{哥哥}一样高。sɐi³³lou³⁵tʰuŋ²¹tai²²lou³⁵jɐt⁵jœŋ²²kou⁵⁵.
同渠_他做工。tʰuŋ²¹kʰœy¹³tsou²²kuŋ⁵⁵.

波特兰广府话用"同_{和、替}tʰuŋ²²"。例如：

我同你去。ŋɔ¹³tʰuŋ²¹nei¹³hœy³³.
烧猪同叉烧好好食。siu⁵⁵tsy⁵⁵tʰuŋ²¹tsʰa⁵⁵siu⁵⁵hou³⁵hou³⁵sek².
细佬_{弟弟}同大佬_{哥哥}一样高。sɐi³³lou³⁵tʰuŋ²¹tai²²lou³⁵jɐt⁵jœŋ²²kou⁵⁵.
同渠_他做嘢_{干活儿}。tʰuŋ²¹kʰœy¹³tsou²²jɛ¹³.

休斯敦广府话用"同_{和、替}$t^huŋ^{21}$""替 $t^hɐi^{33}$"。例如：

我同你去。$ŋɔ^{13} t^huŋ^{21} nei^{13} hœy^{33}$.
烧肉同叉烧好好食。$siu^{55} juk^2 t^huŋ^{21} ts^ha^{55} siu^{55} hou^{35} hou^{35} sek^2$.
弟弟同哥哥一样高。$tɐi^{22} tɐi^{22-35} t^huŋ^{21} kɔ^{21} kɔ^{55} jɐt^5 jœŋ^{22} kou^{55}$.
同/替渠_{他}做工。$t^huŋ^{21}/t^hɐi^{33} k^hœy^{13} tsou^{22} kuŋ^{55}$.

4.1.9.2 介词"畀"

粤方言的另一个常用介词"畀"，相当于汉语普通话的"给""被""让"，能够在被动句中引进动作的施动者。"畀"广东台山话音 ei^{55}，广东广州话音 pei^{35}。

下面是4个普通话的句子：

①给他猜着了。
②让我看看。
③让他先吃。
④碗被他打烂了。

华人社区各点的表达，以及句子使用的介词"畀"和与"畀"作用类似的介词"等"的说法如下。
（1）台山话。
三藩市台山话用"畀_{给、被、让}ji^{55}"。例如：

畀渠_{他}估_{猜}倒。$ji^{55} k^hui^{44} ku^{55} au^{55}$.
畀我睇_{看}下。$ji^{55} ŋɔi^{55} hai^{55} ha^{55}$.
畀渠_{他}喫先。$ji^{55} k^hui^{55} hɛt^3 tɛn^{44}$.
碗畀渠_{他}打烂咗_{了}。$wɔn^{55} ji^{55} k^hui^{55} a^{55} lan^{31} tsɔ^{55}$.

洛杉矶台山话用"畀_{给、被、让}ei^{55}""等_{让}$aŋ^{55}$"。例如：

畀渠_{他}谂_{想}倒。$ei^{55} k^hui^{21} nam^{55} ɔ^{55}$.
畀我睇睇_{看看}。$ji^{55} ŋui^{21} hai^{44} hai^{44}$.
等渠_{他}第一喫。$aŋ^{55} k^hui^{21} ai^{21} jit^5 hɛt^3$. /等渠_{他}喫第一。$aŋ^{55} k^hui^{21} hɛt^3 ai^{21} jit^5$.
碗畀渠_{他}打烂。$wan^{55} ei^{55} k^hui^{55} a^{55} lan^{21}$.

纽约台山话用"畀_{给、被、让}i^{55}"。例如：

畀渠_{他}估_{猜}中。$i^{55} k^hui^{55} ku^{55} tsuŋ^{44}$.

畀我睇睇_(看看)。i⁵⁵ ŋɔi⁵⁵ hai⁵⁵ hai⁵⁵.
畀渠_(他)喫第一。i⁵⁵ kʰui⁵⁵ hɛt⁵ ai³¹ jat⁵.
碗畀渠_(他)打烂。wun⁵⁵ i⁵⁵ kʰui⁵⁵ a⁵⁵ lan³¹.

芝加哥台山话用"畀_(给、被、让)ji⁵⁵"。例如：

畀渠_(他)估_(猜)倒。ji⁵⁵ kʰui⁵⁵ ku⁵⁵ ɔ⁵⁵.
畀我睇_(看)下。ji⁵⁵ ŋɔ⁵⁵ hɔi⁴⁴ ha⁴⁴.
畀渠_(他)先喫。ji⁵⁵ kʰui⁵⁵ sin⁴⁴ hɛt⁵. /畀渠_(他)喫先。ji⁵⁵ kʰui⁵⁵ hɛt⁵ sin⁴⁴. /畀渠_(他)先喫先。ji⁵⁵ kʰui⁵⁵ sin⁴⁴ hɛt⁵ sin⁴⁴.
碗畀渠_(他)打烂。wun⁵⁵ ji⁵⁵ kʰui⁵⁵ a⁵⁵ lan³¹.

波特兰台山话用"畀_(给、被、让)ji⁵⁵"。例如：

畀渠_(他)估_(猜)中。ji⁵⁵ kʰi⁵⁵ ku⁵ tuŋ⁴⁴.
畀我睇_(看)下。ji⁵⁵ ŋɔi⁵⁵ hai⁵⁵ ha³¹.
畀渠_(他)喫第先。ji⁵⁵ kʰi⁵⁵ hɛt³ ai³¹ ɬɛn⁴⁴. （按方言习惯，此句"第"和"先"之间应有个"一"）
碗畀渠_(他)整烂。wɔn⁵⁵ ji⁵⁵ kʰi⁵⁵ tseŋ⁵⁵ lan³¹.

圣安东尼奥台山话用"畀_(给、被、让)ei⁵⁵"。例如：

畀渠_(他)估_(猜)中。ei⁵⁵ kʰui⁵⁵ ku⁵⁵ tsuŋ⁴⁴.
畀我睇_(看)一下。ei⁵⁵ ŋɔi⁵⁵ hai⁵⁵ jit⁵ ha³¹.
畀渠_(他)喫先。ei⁵⁵ kʰui⁵⁵ hɛt³ ɬɛn⁴⁴.
碗畀渠_(他)打烂。wun⁵⁵ ei⁵⁵ kʰui⁵⁵ ta⁵⁵ lan²¹.

(2) 广府话。
三藩市广府话用"畀 pei³⁵"。例如：

畀渠_(他)估_(猜)倒。pei³⁵ kʰœy¹³ ku³⁵ tou³⁵.
畀我睇睇_(看看)。pei³⁵ ŋɔ¹³ tʰɐi³⁵ tʰɐi³⁵. /畀我睇下_(看下)。pei³⁵ ŋɔ¹³ tʰɐi³⁵ ha¹³.
畀渠_(他)食先。pei³⁵ kʰœy¹³ sek² sin⁵⁵.
碗畀渠_(他)打烂咗_(了)。wun³⁵ pei³⁵ kʰœy¹³ ta³⁵ lan²² tsɔ³⁵.

洛杉矶广府话用"畀 pei³⁵"。例如：

畀渠_(他)估_(猜)中咗_(了)。pei³⁵ kʰœy¹³ ku³⁵ tsuŋ³³ tsɔ³⁵.

畀我睇睇_(看看)。pei³⁵ ŋɔ¹³ tʰɐi³⁵ tʰɐi³⁵.

畀渠_他先食。pei³⁵ kʰœy¹³ sin⁵⁵ sek²./畀渠_他食先。pei³⁵ kʰœy¹³ sek² sin⁵⁵.

碗畀渠_他打烂咗。wun³⁵ pei³⁵ kʰœy¹³ ta³⁵ lan²² tsɔ³⁵.

纽约广府话用"畀_(给、被、让)pei³⁵""等_(让)tɐŋ³⁵"。例如：

畀渠_他估_(猜)倒。pei³⁵ kʰœy¹³ ku³⁵ tou³⁵.
等我睇_(看)下。tɐŋ³⁵ ɔ¹³ tʰɐi³⁵ ha¹³.
畀渠_他食先啦。pei³⁵ kʰœy¹³ sek² sin⁵⁵ la³³.
碗畀渠_他打烂咗_了。wun³⁵ pei³⁵ kʰœy¹³ ta³⁵ lan²² tsɔ³⁵.

芝加哥广府话用"畀_(给、被、让)pei³⁵""等_(让)tɐŋ³⁵"。例如：

畀渠_他估_(猜)倒。pei³⁵ kʰœy¹³ ku³⁵ tou³⁵.
畀我睇_(看)下。pei³⁵ ŋɔ¹³ tʰɐi³⁵ ha²²⁻³⁵.
等渠_他食先。tɐŋ³⁵ kʰœy¹³ sek² sin⁵⁵./等渠_他先食。tɐŋ³⁵ kʰœy¹³ sin⁵⁵ sek²./等渠_他先食先。tɐŋ³⁵ kʰœy¹³ sin⁵⁵ sek² sin⁵⁵.
碗畀渠_他打烂咗_了。wun³⁵ pei³⁵ kʰœy¹³ ta³⁵ lan²² tsɔ³⁵.

波特兰广府话用"畀_(给、被、让)pei³⁵"。例如：

畀渠_他估_(猜)中。pei³⁵ kʰœy¹³ ku³⁵ tsuŋ³³.
畀我睇_(看)下。pei³⁵ ŋɔ¹³ tʰɐi³⁵ ha¹³.
畀渠_他食先。pei³⁵ kʰœy¹³ sek² sin⁵⁵./畀渠_他先食先。pei³⁵ kʰœy¹³ sin⁵⁵ sek² sin⁵⁵.
碗畀渠_他打烂咗_了。wun³⁵ pei³⁵ kʰœy¹³ ta³⁵ lan²² tsɔ³⁵.

休斯敦广府话用"畀_(给、被、让)pei³⁵"。例如：

畀渠_他估_(猜)倒。pei³⁵ kʰœy¹³ ku³⁵ tou³⁵.
畀我睇_(看)下。pei³⁵ ŋɔ¹³ tʰɐi³⁵ ha¹³.
畀渠_他先食。pei³⁵ kʰœy¹³ sin⁵⁵ sek²./畀渠_他食先。pei³⁵ kʰœy¹³ sek² sin⁵⁵./畀渠_他先食先。pei³⁵ kʰœy¹³ sin⁵⁵ sek² sin⁵⁵.
碗畀渠_他打烂咗_了。wun³⁵ pei³⁵ kʰœy¹³ ta³⁵ lan²² tsɔ³⁵.

4.1.9.3　介词"将"

粤方言的介词"将"用于表示对象，相当于汉语普通话的"把"。但是，在美国华人社区的粤方言台山话、广府话的所有点中，只有洛杉矶广府话有介词"将"的说法。不过,即使是洛杉矶广府话,我们也未发现其在例句中使用这个"将"。少用,甚至不用介词"将",这是粤方言台山话、广府话的一个特点,广东台山话、广州话如此,美国华人的粤方言也保留了这个特点。

下面是两个普通话的句子:

①把门关上!
②把盖子拧紧!

华人社区各点的表达,以及介词"将"的使用情况如下。
(1) 台山话。
三藩市台山话发音人没有提供与普通话"把"对应的介词,下面的例句都没有使用介词:

闩门! san^{44}mun^{22}!
拧实盖! neŋ^{55}sit^{2}kɔi^{44}!

洛杉矶台山话发音人没有提供与普通话"把"对应的介词,下面的例句都没有使用介词:

闩囗$_{道}$门$_{关(那)道门}$! san^{44}ui^{44}mɔn^{22}!
扭紧个盖! niu^{55}kin^{55}kɔi^{44}kɔi^{21}!

纽约台山话发音人没有提供与普通话"把"对应的介词,下面的例句都没有使用介词:

闩门! san^{44}mɔn^{22}!
囗$_{扭}$紧个盖! lun^{31}kan^{55}kɔ^{44}kɔi^{44}!

芝加哥台山话发音人没有提供与普通话"把"对应的介词,下面的例句都没有使用介词:

闩门! san^{44}mɔn^{22}!
扭紧个盖! niu^{55}kin^{55}kɔ^{44}kɔi^{44}!

波特兰台山话发音人没有提供与普通话"把"对应的介词,下面的例句都没有使用介词:

闩门! san^{44}mun^{22}!

闩紧个盖！san⁴⁴kin⁵⁵kɔ⁴⁴kɔi⁴⁴⁻³¹！

圣安东尼奥台山话发音人没有提供与普通话"把"对应的介词，下面的例句都没有使用介词：

闩门！san⁴⁴mun²²！
扭紧个盖！niu⁵⁵kin⁵⁵kɔi⁴⁴kɔi³¹！

（2）广府话。

三藩市广府话发音人没有提供与普通话"把"对应的介词，下面的例句都没有使用介词：

闩门！san⁵⁵mun²¹！
拧实渠_{扭紧它。"渠"指代"盖子"}！neŋ³⁵sɐt²kʰœy¹³！

洛杉矶广府话用"将_把"。发音人提供了与普通话"把"对应的介词"将"，但是下面的例句中都没有使用介词"将 tsœŋ⁵⁵"：

闩门！san⁵⁵mun²¹！
拧紧盖！neŋ³⁵kɐn³⁵kɔi³³！

纽约广府话发音人没有提供与普通话"把"对应的介词，下面的例句都没有使用介词：

闩咗_了度门_{关了(那)道门}！san⁵⁵tsɔ³⁵tou²²mun²¹！
扭实渠_{它。"渠"指代"盖子"}！nɐu³⁵sɐt²kʰœy¹³！

芝加哥广府话发音人没有提供与普通话"把"对应的介词，下面的例句都没有使用介词：

闩埋度_道门_{关了(那)道门}！san⁵⁵mai²¹tou²²mun²¹！
拧实个盖_{扭紧(那)个盖子}！neŋ³⁵sɐt²kɔ³³kɔi³³！

波特兰广府话发音人没有提供与普通话"把"对应的介词，下面的例句都没有使用介词：

关门！kwan⁵⁵mun²¹！
扭紧个盖_{扭紧(那)个盖子}！nɐu³⁵kɐn³⁵kɔ³³kɔi³³！

休斯敦广府话发音人没有提供与普通话"把"对应的介词，下面的例句都没有使用介词：

关门！kwan⁵⁵mun²¹！
拧紧个盖_{扭紧(那)个盖子}！neŋ³⁵kɐn³⁵kɔ³³kɔi³³！

4.1.9.4 介词"喺""响⁼""响度⁼ hœŋ³⁵tou²²""□au⁴⁴""□ɔ⁴⁴""□ak⁵"

广东台山话的介词"到 ou³³"、广东广州话的介词"喺 hei³⁵""响⁼ hœŋ³⁵""响度⁼ hœŋ³⁵tou²²"，相当于汉语普通话的介词"在"的意思，都可以用于表示时间、处所、范围、条件等。

而表示同样的意思，美国华人社区台山话各点分别用介词"□au⁴⁴""□ɔ⁴⁴""□ak⁵"，广府话各点用介词"喺 hei³⁵""响⁼ hœŋ³⁵""响度⁼ hœŋ³⁵tou²²"，均与祖籍地方言相似。

下面是 3 个普通话的句子：

① 超市在 9 点开门。
② 我们在家吃。
③ 他只在这里说。

华人社区各点的表达如下。
（1）台山话。
三藩市台山话用"□_在ɔ⁴⁴"。例如：

超市□_在9 点开门。tsʰiau⁴⁴si⁵⁵⁻³⁵ɔ⁴⁴kiu⁵⁵jam⁵⁵hɔi⁴⁴mun²²．
□_{我们}□_在屋企_家喫。ŋui³¹ɔ⁴⁴ukʰ⁵kʰei⁵⁵hɛt³．
渠_他净_只□_在□_{这里}讲。kʰui⁵⁵tseŋ³¹ɔ⁴⁴kʰɔi³¹⁻³⁵kɔŋ⁵⁵．

洛杉矶台山话用"□_在ɔ⁴⁴"。例如：

大铺头_{超市}□_在9 点钟开门。ai³¹pʰu⁴⁴hau²²ɔ⁴⁴kiu⁵⁵ɛm⁵⁵tsuŋ⁴⁴hɔi⁴⁴mɔn²²．
我们□_在企_家喫。ŋi²¹mun²²⁻³⁵ɔ⁴⁴kʰi⁵⁵hɛt³．
渠_他净□_只□_在□_{这里}讲。kʰui²¹tiaŋ²¹tiu²¹ɔ⁴⁴kʰɔi²¹kɔŋ⁵⁵．

纽约台山话用"喺_在hai³¹"。例如：

超市喺_在9 点开门。tsʰiu⁴⁴si³¹hai³¹kau⁵⁵ɛm⁵⁵hɔi⁴⁴mɔn²²．

□_{我们}喺在屋企_家喫。ŋui³¹hai³¹uk⁵kʰei⁵⁵⁻³⁵hɛt⁵.
渠_他净喺_在呢度_{这里}讲。kʰui⁵⁵tseŋ³¹hai³¹ni⁴⁴tou³¹kɔŋ⁵⁵.

芝加哥台山话用"□_在ak⁵"。例如：

货仓/大杂货铺_{超市}□_在9点钟开门。fɔ⁴⁴tsʰɔŋ⁴⁴/ai³¹tsap²fɔ⁴⁴pʰou⁵⁵ak⁵kiu⁵⁵ɛm⁴⁴tsuŋ⁴⁴hɔi⁴⁴mɔn²².
□_{我们}□_在屋企_家喫。ŋui²²ak⁵ukʰi⁵⁵hɛt⁵.
渠_他净係_只□_在□_{这里}讲。kʰui⁵⁵teŋ³¹hai³¹ak⁵kʰɔi²²⁻³⁵kɔŋ⁵⁵.

波特兰台山话用"响⁼_在hiaŋ⁵⁵"。例如：

超市响⁼_在9点开门。tʰiu⁴⁴si⁵⁵hiaŋ⁵⁵kiu⁵⁵ɛm⁵⁵hɔi⁴⁴mun²².
□_{我们}响⁼_在屋_家喫。ŋɔi²²hiaŋ⁵⁵uk⁵hɛt³.
渠_他净係_只响⁼_在□_{这里}讲。kʰi⁵⁵tsiaŋ³¹hai³¹hiaŋ⁵⁵kʰɔi²²⁻³⁵kɔŋ⁵⁵.

圣安东尼奥台山话用"□_在au⁴⁴"。例如：

超市□_在9点钟开门。tsʰɛu⁴⁴si³¹⁻³⁵au⁴⁴kiu⁵⁵tim⁵⁵tsuŋ⁴⁴hɔi⁴⁴mun²².
□_{我们}□_在家□_家喫。ŋɔi²²au⁴⁴ka⁴⁴nau⁵⁵hɛt³.
渠_他净_只□_在□□_{这里}讲。kʰui⁵⁵tseŋ³¹au⁴⁴ou⁴⁴kʰɔi⁵⁵⁻³⁵kɔŋ⁵⁵.

（2）广府话。
三藩市广府话用"响⁼_在hœŋ³⁵""响⁼度_在hœŋ³⁵tou²²"。例如：

超级市场响⁼_在9点开门。tsʰiu⁵⁵kʰɐp⁵si¹³tsʰœŋ²¹hœŋ³⁵kɐu³⁵tim³⁵hɔi⁵⁵mun²¹.
我哋_{我们}响⁼_在屋企_家食。ŋɔ¹³tei²²hœŋ³⁵uk⁵kʰei³⁵sek².
渠_他净_只响⁼_在呢度_{这里}/响⁼度_在讲。kʰœy¹³tseŋ²²hœŋ³⁵ni⁵⁵tou²²/hœŋ³⁵tou²²kɔŋ³⁵.

洛杉矶广府话用"响⁼_在hœŋ³⁵"。例如：

超市响⁼_在9点开门。tsʰiu⁵⁵si¹³hœŋ³⁵kɐu³⁵tim³⁵hɔi⁵⁵mun²¹.
我哋_{我们}响⁼_在屋企_家食。ŋɔ¹³tei²²hœŋ³⁵uk⁵kʰei³⁵sek².
渠_他只响⁼_在呢度_{这里}讲。kʰœy¹³tsi³⁵hœŋ³⁵ni⁵⁵tou²²kɔŋ³⁵.

纽约广府话用"响=在hœŋ³⁵"。例如：

超市响=在9点开门。tsʰiu⁵⁵si¹³hœŋ³⁵kɐu³⁵tim³⁵hɔi⁵⁵mun²¹.
我哋我们响=在屋企家食。ɔ¹³tei²²hœŋ³⁵uk⁵kʰei³⁵sek².
渠他净係只响=在呢度这里讲。kʰœy¹³tseŋ²²hɐŋ²²hœŋ³⁵ni⁵⁵tou²²kɔŋ³⁵.

芝加哥广府话用"响=hœŋ³⁵"。例如：

超市响=在9点开门。tsʰiu⁵⁵si¹³hœŋ³⁵kɐu³⁵tim³⁵hɔi⁵⁵mun²¹.
我哋我们响=屋企家食。ŋɔ¹³tei²²hœŋ³⁵ŋuk⁵kʰei³⁵sek².
渠他净只响=在呢度这里讲。kʰœy¹³tseŋ²²hœŋ³⁵nei⁵⁵tou²²kɔŋ³⁵.

波特兰广府话用"响=在hœŋ³⁵"。例如：

市场超市响=在9点开门。si¹³tsʰɐŋ²¹hœŋ³⁵kɐu³⁵tim³⁵hɔi⁵⁵mun²¹.
我哋我们响=在屋企家食。ŋɔ¹³tei²²hœŋ³⁵ŋuk⁵kʰei³⁵sek².
渠他只响=在呢度这里讲。kʰœy¹³tsi³⁵hœŋ³⁵nei⁵⁵tou²²kɔŋ³⁵.

休斯敦广府话用"喺在hei³⁵"。例如：

超市喺在9点开门。tsʰiu⁵⁵si¹³hɐi³⁵kɐu³⁵tim³⁵hɔi³⁵mun²¹.
我哋我们喺在屋企家食。ŋɔ¹³tei²²hɐi³⁵uk⁵kʰei³⁵sek².
渠他净係只喺在呢度在这里讲。kʰœy¹³tseŋ²²hɐi²²hɐi³⁵ni⁵⁵tou²²kɔŋ³⁵.

4.1.9.5　介词"从""喺""由""开首开头""□□ɔi⁴⁴nai⁵⁵""□tɔ⁵⁵⁻³⁵""□ɔi⁴⁴""□jiu⁴⁴""□au⁴⁴"

介词"从""喺""由""□□ɔi⁴⁴nai⁵⁵""□tɔ⁵⁵⁻³⁵""□ɔi⁴⁴""□jiu⁴⁴""□au⁴⁴"相当于汉语普通话的"从"，用于表示时间和地点的起点。广东台山话说"从tʰuŋ²²""□uŋ³³""到ou³³"，广东广州话说"从tsʰuŋ²¹""喺hei³⁵""由jɐu²¹"。美国华人社区台山话采用"从""喺""由""开首开头""□□ɔi⁴⁴nai⁵⁵""□tɔ⁵⁵⁻³⁵""□ɔi⁴⁴""□jiu⁴⁴""□au⁴⁴"等说法的都有；华人社区的广府话则比较单一，大都说"从tsʰuŋ²¹""喺hei³⁵"，与祖籍地方言相同。

下面是两个普通话的句子：

①他从小就很能干。
②他从学校回来。

美国华人社区各点的说法如下。
(1) 台山话。
三藩市台山话用"从 tsʰuŋ²²""□□ɔi⁴⁴nai⁵⁵"。例如：

渠_他从/□□细_小就好_很呖_{能干}。kʰui⁵⁵tsʰuŋ²²/ɔi⁴⁴nai⁵⁵ai⁴⁴tsiu³¹hau⁵⁵lɛk⁵.
渠_他从/□□学校返来_{回来}。kʰui⁵⁵tsʰuŋ²²/ɔi⁴⁴nai⁵⁵hɔk²hau³¹fan⁴⁴lɔi²².

洛杉矶台山话用"□□ɔi⁴⁴nai⁵⁵"。例如：

渠_他出世_{出生}就好_很呖_{能干}。kʰui²¹tsʰut⁵ɬai²¹tsiu²¹hɔ⁴⁴liak⁵.（此句没有使用介词）
渠_他□□_从学校返来_{回来}。kʰui²¹ɔi⁴⁴nai⁵⁵hɔk²hau²¹fan⁴⁴lɔi²².

纽约台山话用"开首_{开头}hɔi⁴⁴siu⁵⁵""喺hai³¹"。例如：

渠_他开首_{开头}就好_很呖_{能干}。kʰui⁵⁵hɔi⁴⁴siu⁵⁵tsiu³¹hou⁵⁵lɛk⁵.
渠_他喺学校返嚟_{回来}。kʰui⁵⁵hai³¹hɔk²hau³¹fan⁴⁴lei²².

芝加哥台山话用"由jiu²²"。例如：

渠_他由细_小就好_很呖_{能干}。kʰui⁵⁵jiu²²ɬai⁴⁴tiu³¹hou⁵⁵lɛk⁵.
渠_他由学校返来。kʰui⁵⁵jiu²²hɔk²hau³¹fan⁴⁴lɔi²².

波特兰台山话用"□tɔ⁵⁵⁻³⁵""□ɔi⁴⁴"。例如：

渠_他□_从细_小就好_很呖_{能干}。kʰi⁵⁵tɔ⁵⁵⁻³⁵sai⁴⁴tiu³¹hou⁵⁵lɛk⁵.
渠_他□_从学校返来_{回来}。kʰi⁵⁵ɔi⁴⁴hɔk²hau³¹fan⁴⁴lɔi²².

圣安东尼奥台山话用"从tʰuŋ²²""□jiu⁴⁴""□au⁴⁴"。例如：

渠_他从细_小就好_很呖_{能干}。kʰui⁵⁵tʰuŋ²²ɬai⁴⁴tiu³¹hou⁵⁵lɛk⁵.
渠_他□_从书馆_{学校}返来_{回来}。kʰui⁵⁵jiu⁴⁴/au⁴⁴si⁴⁴kun⁵⁵fan⁴⁴lɔi²².

(2) 广府话。
三藩市广府话用"从tsʰuŋ²¹""喺hei³⁵"。例如：

渠_他从细_小就好_很呖_{能干}。kʰœy¹³tsʰuŋ²¹sɐi³³tsɐu²²hou³⁵lɛk⁵.
渠_他从/喺学校返嚟_{回来}。kʰœy¹³tsʰuŋ²¹/hɐi³⁵hɔk²hau²²fan⁵⁵lei²¹.

洛杉矶广府话用"从tsʰuŋ²¹"。例如：

渠_他从细_小就好_很呖_{能干}。kʰœy¹³tsʰuŋ²¹sɐi³³tsɐu²²hou³⁵lɛk⁵.

渠_他从学校返嚟_回来。k^{h}œy^{13} ts^{h}uŋ^{21} hɔk^2 hau^{22} fan^{55} lei^{21}.

纽约广府话用"从 ts^{h}uŋ^{21}"。例如：

渠_他从细个_小就好_很呖_能干。k^{h}œy^{13} ts^{h}uŋ^{21} sɐi^{33} kɔ^{33} tsɐu^{22} hou^{35} lɛk^5.
渠_他从学校返嚟_回来。k^{h}œy^{13} ts^{h}uŋ^{21} hɔk^2 hau^{22} fan^{55} lei^{21}.

芝加哥广府话用"从 ts^{h}uŋ^{21}"。例如：

渠_他从细_小就好_很呖_能干。k^{h}œy^{13} ts^{h}uŋ^{21} sɐi^{33} tsɐu^{22} hou^{35} lɛk^5.
渠_他从学校返嚟_回来。k^{h}œy^{13} ts^{h}uŋ^{21} hɔk^2 hau^{22} fan^{55} lei^{21}.

波特兰广府话用"从 ts^{h}uŋ^{21}"。例如：

渠_他从细_小就好_很呖_能干。k^{h}œy^{13} ts^{h}uŋ^{21} sɐi^{33} tsɐu^{22} hou^{35} lɛk^5.
渠_他从学校返嚟_回来。k^{h}œy^{13} ts^{h}uŋ^{21} hɔk^2 hau^{22} fan^{55} lei^{21}.

休斯敦广府话用"从 ts^{h}uŋ^{21}"。例如：

渠_他从细_小就好_很呖_能干。k^{h}œy^{13} ts^{h}uŋ^{21} sɐi^{33} tsɐu^{22} hou^{35} lɛk^5.
渠_他从学校返嚟_回来。k^{h}œy^{13} ts^{h}uŋ^{21} hɔk^2 hau^{22} fan^{55} lei^{21}.

4.1.9.6 介词"用"

粤方言的介词"用"，同汉语普通话的"用"，用于表示工具和材料。
下面是两个普通话的句子：

①用笔写。
②用火烧。

华人社区各点的表达如下。其中，纽约广府话一点，发言人没有提供介词"用"，而是以有"拿"和"用"意义的动词"攞 lɔ^{35}"来表示"用"。
（1）台山话。
三藩市台山话用"用 juŋ^{31}"。例如：

用笔写。juŋ^{31} pɛt^5 sia^{55}.
用火烧。juŋ^{31} fɔ^{55} siau^{44}.

洛杉矶台山话用"用 juŋ²¹"。例如：

用笔写。juŋ²¹ pit⁵ ɬɛ⁵⁵.
用火烧。juŋ²¹ fɔ⁵⁵ ɬɛu⁵⁵.

纽约台山话用"用 juŋ³¹"。例如：

用笔写。juŋ³¹ pat⁵ sɛ⁵⁵.
用火烧。juŋ³¹ fɔ⁵⁵ siu⁴⁴.

芝加哥台山话用"用 juŋ³¹"。例如：

用笔写。juŋ³¹ pit⁵ sɛ⁵⁵.
用火烧。juŋ³¹ fɔ⁵⁵ siu⁴⁴.

波特兰台山话用"用 juŋ³¹"。例如：

用笔写。juŋ³¹ pit⁵ ɬɛ⁵⁵.
用火烧。juŋ³¹ fɔ⁵⁵ sɛu⁴⁴.

圣安东尼奥台山话用"用 juŋ³¹"。例如：

用笔写。juŋ³¹ pit⁵ ɬɛ⁵⁵.
用火烧。juŋ³¹ fɔ⁵⁵ siu⁴⁴.

(2) 广府话。
三藩市广府话用"用 juŋ²²"。例如：

用笔写。juŋ²² pɐt⁵ sɛ³⁵.
用火烧。juŋ²² fɔ³⁵ siu⁵⁵.

洛杉矶广府话用"用 juŋ²²"。例如：

用笔写。juŋ²² pɐt⁵ sɛ³⁵.
用火烧。juŋ²² fɔ³⁵ siu⁵⁵.

纽约广府话用"攞拿、用 lɔ³⁵"。例如：

攞笔写。lɔ³⁵ pɐt⁵ sɛ³⁵.

擤火烧。lɔ³⁵fɔ³⁵siu⁵⁵.

芝加哥广府话用"用juŋ²²"。例如：

用笔写。juŋ²²pɐt⁵sɛ³⁵.
用火烧。juŋ²²fɔ³⁵siu⁵⁵.

波特兰广府话用"用juŋ²²"。例如：

用笔写。juŋ²²pɐt⁵sɛ³⁵.
用火烧。juŋ²²fɔ³⁵siu⁵⁵.

休斯敦广府话用"用juŋ²²"。例如：

用笔写。juŋ²²pɐt⁵sɛ³⁵.
用火烧。juŋ²²fɔ³⁵siu⁵⁵.

4.1.10　连词

连词可以连接词、短语和句子。广东粤方言的很多很有特色的连词，美国华人社区粤方言台山话、广府话也继承、保留了。

本节将举例分析我们调查记录到的、美国华人的祖籍地方言广东台山话和广州话也用的几个常用的连词"同""唔係""但係""或者"。这几个连词，广东台山话读作"□同aŋ³¹""同həŋ²²""唔係m̩²²hai³¹""但係an²¹hai³¹""或者vak²tse⁵⁵"，广州话读作"同tʰuŋ²¹""唔係m̩²¹hɐi²²""但係tan²²hɐi²²""或者wak²tsɛ³⁵"。

4.1.10.1　后头粘着、前头粘着与否不限的连词"同"

"同"做连词后头粘着、前头粘着与否不限，相当于汉语普通话的"和""跟""同""与"，常用于连接名词性的词和短语，被连接的两者通常是并列关系。

下面是两个普通话的句子：

①和他去看电影。
②这条绳和那条绳一样长。

华人社区各点的表达如下。
（1）台山话。
三藩市台山话用"同huŋ²²"。例如：

同渠_他去睇_看电影。huŋ²²kʰui⁴⁴hui⁴⁴hai⁵⁵ɛn³¹eŋ⁵⁵.

□_这条绳同□_那条绳一样长。kʰui³¹ hiau²² seŋ²²⁻⁵⁵ huŋ²² neŋ²² hiau²² seŋ²²⁻⁵⁵ jit⁵ jɔŋ³¹ tsɛŋ²².

洛杉矶台山话用"同 huŋ²²""□_和aŋ⁴⁴"。例如：

□_和/同渠_他去睇_看戏_{电影}。aŋ⁴⁴/huŋ²² kʰui²¹ hui⁴⁴ hai⁵⁵ hi⁴⁴.
□_这条绳□_和/同□_那条绳□_{那么}长。kʰɔi²² hiau²² seŋ²² huŋ²²/aŋ⁴⁴ nin²² hiau²² seŋ²² kʰɔi²¹ tʰiaŋ²²⁻³⁵.

纽约台山话用"同 huŋ²²"。例如：

同渠_他去睇_看电影。huŋ²² kʰui⁵⁵ hui⁴⁴ hai⁵⁵ ɛn³¹ jaŋ⁵⁵.
呢_这条绳同嗰_那条绳同样长。ni⁴⁴ hiu²² seŋ²²⁻³⁵ huŋ²² kɔ⁵⁵ hiu²² seŋ²²⁻³⁵ huŋ²² jɔŋ³¹ tsʰɛŋ²².

芝加哥台山话用"同 huŋ²²"。例如：

同渠去睇_看戏_{电影}。huŋ²² kʰui⁵⁵ hui⁴⁴ hɔi⁴⁴ hi⁴⁴.
□_这条绳同□_那条绳□_{同样}长。kʰɔi²² tʰiu²² seŋ²²⁻³⁵ huŋ²² neŋ²² tʰiu²² seŋ²²⁻³⁵ kʰɔ³¹ tsʰiaŋ²².

波特兰台山话用"同 huŋ²²"。例如：

同渠_他去睇_看戏_{电影}。huŋ²² kʰi⁵⁵ hi⁴⁴ hai⁵⁵ hi⁴⁴.
□_这条绳同□_那条绳□_{同样}长。kʰɔi²² hiau²² seŋ²² huŋ²² nek² hiau²² seŋ²² kʰai²² tsʰiaŋ²².

圣安东尼奥台山话用"同 huŋ²²"。例如：

同渠_他去睇_看戏_{电影}。huŋ²² kʰui⁵⁵ hui⁴⁴ hai⁵⁵ hei⁴⁴.
□_这条绳同□_那条绳一□_样长。kʰɔi³¹ hɛu²² seŋ²² huŋ²² nan³¹ hɛu²² seŋ²² jit⁵ jɔŋ³¹ kʰɔi²² tsʰɛŋ²².

（2）广府话。
三藩市广府话用"同 tʰuŋ²¹"。例如：

同渠_他去睇_看电影。tʰuŋ²¹ kʰœy¹³ hœy³³ tɐi³⁵ tin²² jeŋ³⁵.
呢_这条绳同那条绳一样长。ni⁵⁵ tʰiu²¹ seŋ²¹⁻³⁵ tʰuŋ²¹ na¹³ tʰiu²¹ seŋ²¹⁻³⁵ jɐt⁵ jœŋ²² tsʰœŋ²¹.

洛杉矶广府话用"同 tʰuŋ²¹"。例如：

同渠_他去睇_看电影。tʰuŋ²¹ kʰœy¹³ hœy³³ tɐi³⁵ tin²² jeŋ³⁵.
呢_这条绳同嗰_那条绳同样长。ni⁵⁵ tʰiu²¹ seŋ²¹⁻³⁵ tʰuŋ²¹ kɔ³⁵ tʰiu²¹ seŋ²¹⁻³⁵ tʰuŋ²¹ jœŋ²²⁻³⁵

tsʰœŋ²¹.

纽约广府话用"同 tʰuŋ²¹"。例如：

同渠_他去睇_看戏_{电影}。tʰuŋ²¹ kʰœy¹³ hœy³³ tɐi³⁵ hei³³.
呢_这条绳同嗰_那条绳咁长。ni⁵⁵ tʰiu²¹ seŋ²¹⁻³⁵ tʰuŋ²¹ kɔ³⁵ tʰiu²¹ seŋ²¹⁻³⁵ kɐm³³ tsʰœŋ²¹.

芝加哥广府话用"同 tʰuŋ²¹"。例如：

同渠_他去睇_看戏_{电影}。tʰuŋ²¹ kʰœy¹³ hœy³³ tʰɐi³⁵ hei³³.
呢_这条绳同嗰_那条绳同样长。nei⁵⁵ tʰiu²¹ seŋ²¹⁻³⁵ tʰuŋ²¹ kɔ³⁵ tʰiu²¹ seŋ²¹⁻³⁵ tʰuŋ²¹ jœŋ²²⁻³⁵ tsʰœŋ²².

波特兰广府话用"同 tʰuŋ²¹"。例如：

同渠_他去睇_看电影。tʰuŋ²¹ kʰœy¹³ hœy³³ tʰɐi³⁵ tin²² jeŋ³⁵.
呢_这条绳同嗰_那条绳一样长。nei⁵⁵ tʰiu²¹ seŋ²¹⁻³⁵ tʰuŋ²¹ kɔ³⁵ tʰiu²¹ seŋ²¹⁻³⁵ jɐt⁵ jœŋ²² tsʰœŋ²¹.

休斯敦广府话用"同 tʰuŋ²¹"。例如：

同渠_他去睇_看电影。tʰuŋ²¹ kʰœy¹³ hœy³³ tʰɐi³⁵ tin²² jeŋ³⁵.
呢_这条绳同嗰_那条绳一样长。ni⁵⁵ tʰiu²¹ seŋ²¹⁻³⁵ tʰuŋ²¹ kɔ³⁵ tʰiu²¹ seŋ²¹⁻³⁵ jɐt⁵ jœŋ²² tsʰœŋ²¹.

4.1.10.2 后头粘着的连词"唔係"

"唔係"做连词时其后头粘着，前面自由，相当于汉语普通话的"不是""要不然""否则"，能够引出与上文所述情况相反的结论。

下面是两个普通话的句子：

①不是我，是他。
②不是站，是坐。

华人社区各点的表达如下。
（1）台山话。
三藩市台山话用"唔係_{不是}m̩²² hai³¹"。例如：

唔係我，係_是渠_他。m̩²² hai³¹ ŋɔi⁵⁵, hai³¹ kʰui⁵⁵.
唔係徛_站，係_是坐。m̩²² hai³¹ kʰi⁵⁵, hai³¹ tsʰu⁵⁵.

洛杉矶台山话用"唔係$_{不是}$m̩^{22}hai^{21}"。例如：

唔係我，係$_{是}$渠$_{他}$。m̩^{22}hai^{21}ŋui^{21}，hai^{21}k^{h}ui^{21}.
唔係徛$_{站}$，係$_{是}$坐。m̩^{22}hai^{21}k^{h}i^{55}，hai^{21}ts^{h}u^{55}.

纽约台山话用"唔係$_{不是}$m̩^{22}hai^{31}"。例如：

唔係我，係$_{是}$渠$_{他}$。m̩^{22}hai^{31}ŋɔi^{55}，hai^{31}k^{h}ui^{55}.
唔係徛$_{站}$，係$_{是}$坐。m̩^{22}hai^{31}k^{h}ei^{55}，hai^{31}t^{h}ɔ^{55}.

芝加哥台山话用"唔係$_{不是}$m̩^{22}hai^{31}"。例如：

唔係我，係$_{是}$渠$_{他}$。m̩^{22}hai^{31}ŋɔ^{55}，hai^{31}k^{h}ui^{55}.
唔係徛$_{站}$，係$_{是}$坐。m̩^{22}hai^{31}k^{h}i^{55}，hai^{31}ts^{h}u^{55}.

波特兰台山话用"唔係$_{不是}$m̩^{22}hai^{31}"。例如：

唔係我，係$_{是}$渠$_{他}$。m̩^{22}hai^{31}ŋɔi^{55}，hai^{31}k^{h}i^{55}.
唔係徛$_{站}$，係$_{是}$坐。m̩^{22}hai^{31}k^{h}i^{55}，hai^{31}t^{h}u^{55}.

圣安东尼奥台山话用"唔係$_{不是}$m̩^{22}hai^{31}"。例如：

唔係我，係$_{是}$渠$_{他}$。m̩^{22}hai^{31}ŋɔi^{31}，hai^{31}k^{h}ui^{55}.
唔係徛$_{站}$，係$_{是}$坐。m̩^{22}hai^{31}k^{h}ei^{55}，hai^{31}t^{h}ɔ^{55}.

（2）广府话。
三藩市广府话用"唔係$_{不是}$m̩^{21}hɐi^{22}"。例如：

唔係我，係$_{是}$渠$_{他}$。m̩^{21}hɐi^{22}ŋɔ^{13}，hɐi^{22}k^{h}œy^{13}.
唔係徛$_{站}$，係$_{是}$坐。m̩^{21}hɐi^{22}k^{h}ei^{13}，hɐi^{22}ts^{h}ɔ^{13}.

洛杉矶广府话用"唔係$_{不是}$m̩^{21}hɐi^{22}"。例如：

唔係我，係$_{是}$渠$_{他}$。m̩^{21}hɐi^{22}ŋɔ^{13}，hɐi^{22}k^{h}œy^{13}.
唔係徛$_{站}$，係$_{是}$坐。m̩^{21}hɐi^{22}k^{h}ei^{13}，hɐi^{22}ts^{h}ɔ^{13}.

纽约广府话用"唔係_{不是}m̩²¹hɐi²²"。例如：

唔係我，係_{是}渠_{他}。m̩²¹hɐi²²ɔ¹³，hɐi²²kʰœy¹³.
唔係徛_{站}，係_{是}坐。m̩²¹hɐi²²kʰei¹³，hɐi²²tsʰɔ¹³.

芝加哥广府话用"唔係_{不是}m̩²¹hɐi²²"。例如：

唔係我，係_{是}渠_{他}。m̩²¹hɐi²²ŋɔ¹³，hɐi²²kʰœy³⁵.
唔係徛_{站}，係_{是}坐。m̩²¹hɐi³⁵kʰei¹³，hɐi³⁵tsʰɔ¹³.

波特兰广府话用"唔係_{不是}m̩²¹hɐi²²"。例如：

唔係我，係_{是}渠_{他}。m̩²¹hɐi²²ŋɔ¹³，hɐi²²kʰœy¹³.
唔係徛_{站}，係_{是}坐。m̩²¹hɐi²²kʰei¹³，hɐi²²tsʰɔ¹³.

休斯敦广府话用"唔係_{不是}m̩²¹hɐi²²"。例如：

唔係我，係_{是}渠_{他}。m̩²¹hɐi²²ŋɔ¹³，hɐi²²kʰœy¹³.
唔係徛_{站}，係_{是}坐。m̩²¹hɐi²²kʰei¹³，hɐi²²tsʰɔ¹³.

4.1.10.3 表示转折的连词"但係""不过"

"但係"做连词表示转折，相当于汉语普通话的"但是"，可以引出与上文所述情况相对立的意思，引出要表达的重点。华人社区洛杉矶、纽约台山话用"不过"，其他的台山话和广府话点用"但係"。

下面是两个普通话的句子：

①我要去，但是外面在下雨。
②他可以做，但是叫不动他。

华人社区各点的表达如下。
（1）台山话。
三藩市台山话用"但係 tan³¹hai³¹"。例如：

我要去，但係出便_{外面}落紧水_{下着雨}。ŋɔi⁵⁵jiu⁴⁴hui⁴⁴，tan³¹hai³¹tsʰut⁵pɛn³¹lɔk²kin⁵⁵sui⁵⁵.
渠_{他}可以做，但係叫渠_{他}唔_{不}郁_{动}。kʰui⁵⁵hɔ⁵⁵ji³¹tu³¹，tan³¹hai³¹jiu⁵⁵kʰui⁵⁵m̩²²ŋɔk⁵.

洛杉矶台山话用"不过_但是_ put⁵kuɔ⁴⁴"。例如：

我要去，不过外出_外面_落紧水_下着雨_。ŋui²¹jau⁴⁴hui⁴⁴，put⁵kuɔ⁴⁴ŋai²¹tsʰut⁵lɔk²kin⁵⁵sui⁵⁵．渠_他_得可以、会做，不过渠_他_唔_不_听我。kʰui²¹tak⁵tu²¹，put⁵kuɔ⁴⁴kʰui²¹m̩²²heŋ⁴⁴ŋui²¹．

纽约台山话用"不过_但是_ pat⁵ku⁴⁴"。例如：

我要去，不过出便_外面_落紧水_下着雨_。ŋɔi⁵⁵jiu⁴⁴hui⁴⁴，pat⁵ku⁴⁴tsʰut⁵pɛn³¹lɔk²kan⁵⁵sui⁵⁵．渠_他_可以做，不过喊唔_不_郁动渠_他_／叫唔_不_倒渠_他_。kʰui⁵⁵hɔ⁵⁵ji³¹tu³¹，pat⁵ku⁴⁴ham⁴⁴m̩²²uk⁵kʰui⁵⁵／kiu⁴⁴m̩²²ou⁵⁵kʰui⁵⁵．

芝加哥台山话用"但係 an³¹hai³¹"。例如：

我要去，但係外出_外面_落紧水_下着雨_。ŋɔ⁵⁵jiu⁴⁴hui⁴⁴，tan³¹hai³¹ŋɔi³¹tsʰut⁵lɔk²kin⁵⁵sui⁵⁵．渠_他_可以做，但係叫渠_他_唔_不_郁动。kʰui⁵⁵hɔ⁵⁵ji⁵⁵tu³¹，an³¹hai³¹kiu⁴⁴kʰui⁵⁵m̩²²juk⁵．

波特兰台山话用"但係 an³¹hai³¹"。例如：

我要去，但係出便_外面_落紧水_下着雨_。ŋɔi⁵⁵jiu⁴⁴hi⁴⁴，an³¹hai³¹tsʰut⁵pɛn³¹lɔk²kin⁵⁵sui⁴⁴．渠_他_可以做，但係话_说_渠_他_唔_不_听。kʰi⁵⁵hɔ⁵⁵ji⁵⁵tu³¹，an³¹hai³¹wa³¹kʰi⁵⁵m̩²²hɛŋ⁴⁴．

圣安东尼奥台山话用"但係 tan³¹hai³¹"。例如：

我要去，但係出便_外面_落紧水_下着雨_。ŋɔi⁵⁵jiu⁴⁴hui⁴⁴，tan³¹hai³¹tsʰut⁵pan³¹lɔk²kin⁵⁵sui⁵⁵．渠_他_可以做，但係喊渠_他_唔_不_郁动。kʰui⁵⁵hɔ⁵⁵ji³¹tu³¹，tan³¹hai³¹ham⁴⁴kʰui⁵⁵m̩²²juk⁵．

（2）广府话。

三藩市广府话用"但係 tan²²hɐi²²"。例如：

我要去，但係出便_外面_落紧_下着_雨。ŋɔ¹³jiu³³hœy³³，tan²²hɐi²²tsʰœt⁵pin²²lɔk²kɐn³⁵jy¹³．渠_他_可以做，但係叫渠_他_唔倒／叫渠_他_唔_不_郁动。kʰœy¹³hɔ³⁵ji¹³tsou²²，tan²²hɐi²²kiu³³kʰœy¹³m̩²¹tou³⁵／kiu³³kʰœy¹³m̩²¹juk⁵．

洛杉矶广府话用"但係 tan²²hɐi²²"。例如：

我要去，但係出便_外面_落紧_下着_雨。ŋɔ¹³jiu³³hœy³³，tan²²hɐi²²tsʰœt⁵pin²²lɔk²kɐn³⁵jy¹³．渠_他_可以做，但係叫渠_他_唔_不_郁动。kʰœy¹³hɔ³⁵ji¹³tsou²²，tan²²hɐi²²kiu³³kʰœy¹³m̩²¹juk⁵．

纽约广府话用"但係 tan²²hɐi²²"。例如：

我要去，但係出便_外面_落紧_下着_雨。ɔ¹³jiu³³hœy³³，tan²²hɐi²²tsʰœt⁵pin²²lɔk²kɐn³⁵jy¹³.
渠_他_可以做，但係嗌_叫_唔_不_倒渠_他_。kʰœy¹³hɔ³⁵ji¹³tu³¹，tan²²hɐi²²ai³³m̩²¹tou³⁵kʰœy¹³.

芝加哥广府话用"但係 tan²²hɐi²²"。例如：

我要去，但係出便_外面_落紧_下着_雨。ŋɔ¹³jiu³³hœy³³，tan²²hɐi²²tsʰœt⁵pin²²lɔk²kɐn³⁵jy¹³.
渠_他_可以做，但係叫渠_他_唔_不_郁_动_。kʰœy¹³hɔ³⁵ji¹³tsou²²，tan²²hɐi²²kiu³³kʰœy¹³m̩²¹juk⁵.

波特兰广府话用"但係 tan²²hɐi²²"。例如：

我要去，但係出便_外面_落紧_下着_雨。ŋɔ¹³jiu³³hœy³³，tan²²hɐi²²tsʰœt⁵pin²²lɔk²kɐn³⁵jy¹³.
渠_他_可以做，但係嗌_喊、叫_渠_他_唔_不_郁_动_。kʰœy¹³hɔ³⁵ji¹³tsou²²，tan²²hɐi²²ŋai³³kʰœy¹³m̩²¹juk⁵.

休斯敦广府话用"但係 tan²²hɐi²²"。例如：

我要去，但係出便_外面_落紧_下着_雨。ŋɔ¹³jiu³³hœy³³，tan²²hɐi²²tsʰœt⁵pin²²lɔk²kɐn³⁵jy¹³.
渠_他_可以做，但係叫唔_不_郁_动_渠_他_。kʰœy¹³hɔ³⁵ji¹³tsou²²，tan²²hɐi²²kiu³³m̩²¹juk⁵kʰœy¹³.

4.1.10.4　能够成对使用的连词"或者"

"或者"能够连接词、短语和句子，表示选择，可以单用，也可以成对使用。美国华人社区台山话、广府话的各方言点，除了休斯敦广府话用"还是"，其他点都有"或者"，汉语普通话也有这个连词。

下面是两个普通话的句子：

①或者你自己去。
②或者吃米饭，或者吃面条。

华人社区各点的表达如下。
（1）台山话。
三藩市台山话用"或者 wak²tsɛ⁵⁵"。例如：

或者你自己去。wak²tsɛ⁵⁵ni⁵⁵tu³¹ki⁵⁵⁻³⁵hui⁴⁴.
或者喫饭，或者喫面_面条_。wak²tsɛ⁵hɐt³fan³¹，wak²tsɛ⁵⁵hɐt³mɛn³¹.

洛杉矶台山话用"或者 wak² tsɛ⁵⁵"。例如：

或者你自己去。wak² tsɛ⁵⁵ ni⁵⁵ tsi²¹ ki⁵⁵ hui⁴⁴.
或者喫饭，或者喫面_{面条}。wak² tsɛ⁵⁵ hɛt³ fan²¹，wak² tsɛ⁵⁵ hɛt³ mɛŋ²¹.

纽约台山话用"或者 wak² tsɛ⁵⁵"。例如：

或者你自己去。wak² tsɛ⁵⁵ nei⁵⁵ tu³¹ kei⁵⁵ hui⁴⁴.
或者喫饭，或者喫面_{面条}。wak² tsɛ⁵⁵ hɛt⁵ fan³¹，wak² tsɛ⁵⁵ hɛt⁵ mɛn³¹.

芝加哥台山话用"或者 wak² tsɛ⁵⁵"。例如：

或者你自己去。wak² tsɛ⁵⁵ nei⁵⁵ tsi³¹ ki⁵⁵ hui⁴⁴.
或者喫饭，或者喫面_{面条}。wak² tsɛ⁵⁵ hɛt⁵ fan³¹，wak² tsɛ⁵⁵ hɛt⁵ mɛn³¹.

波特兰台山话用"或者 wak² tɛ⁵⁵"。例如：

或者你自己去。wak² tɛ⁵⁵ ni⁵⁵ tu³¹ ki⁴⁵ hi⁴⁴.
或者喫饭，或者喫面_{面条}。wak² tɛ⁵⁵ hɛt³ fan³¹，wak² tɛ⁵⁵ hɛt³ mɛn³¹.

圣安东尼奥台山话用"或者 wak² tsɛ⁵⁵"。例如：

或者你自己去。wak² tsɛ⁵⁵ nei⁵⁵ ti³¹ kei⁵⁵ hui⁴⁴.
或者喫饭，或者喫面_{面条}。wak² tsɛ⁵⁵ hɛt³ fan³¹，wak² tsɛ⁵⁵ hɛt³ min³¹.

(2) 广府话。
三藩市广府话用"或者 wak² tsɛ³⁵"。例如：

或者你自己去。wak² tsɛ³⁵ nei¹³ tsi²² kei¹³ hœy³³.
或者食饭，或者食面_{面条}。wak² tsɛ³⁵ sek² fan²²，wak² tsɛ³⁵ sek² min²².

洛杉矶广府话用"或者 wak² tsɛ³⁵"。例如：

或者你自己去。wak² tsɛ³⁵ nei¹³ tsi²² kei³⁵ hœy³³.
或者食饭，或者食面_{面条}。wak² tsɛ³⁵ sek² fan²²，wak² tsɛ³⁵ sek² min²².

纽约广府话用"或者 wak² tsɛ³⁵"。例如：

或者你自己去。wak² tsɛ³⁵ nei¹³ tsi²² kei³⁵ hœy³³.
或者食饭，或者食面_{面条}。wak² tsɛ³⁵ sek² fan²²，wak² tsɛ³⁵ sek² min²².

芝加哥广府话用"或者 wak²tsɛ³⁵"。例如：

或者你自己去。wak²tsɛ³⁵ nei¹³ tsi²² kei³⁵ hœy³³.
或者食饭，或者食面_面条_。wak²tsɛ³⁵ sek²fan²², wak²tsɛ³⁵ sek²min²².

波特兰广府话用"或者 wak²tsɛ³⁵"。例如：

或者你自己去。wak²tsɛ³⁵ nei¹³ tsi²² kei³⁵ hœy³³.
或者食饭，或者食粉_面条_。wak²tsɛ³⁵ sek²fan²², wak²tsɛ³⁵ sek²fɐn³⁵.

休斯敦广府话用"还是_或者_wan²¹si²²"。例如：

还是你自己去。wan²¹si²² nei¹³ tsi²² kei³⁵ hœy³³.
还是食饭，还是食面_面条_。wan²¹si²² sek²fan²², wan²¹si²² sek²min²².

4.2 主要句法特点

在语言要素中，语法的演变最缓慢。

虽然与广东粤方言的句法特点相比，美国华人社区的台山话、广府话的句法特点改变不是很大，带自祖籍地的大量主要句法特点得到了保留，但是长时间的时空隔离、强势的美国英语的浸润，还是让华人社区粤方言在句法方面发生了一些不能忽视的变化。

本节主要依据实地调查所得，谈谈美国华人社区粤方言台山话、广府话句法的一些主要特点。例如，谓词性成分修饰语的位置、宾语和补语的位置、双宾语句、被动句、处置句、比较句、否定句、疑问句、"有""冇"句等。希望能从这些不多的材料里，进一步展示华人社区的粤方言台山话和广府话与祖籍地源方言语法的同与不同。

4.2.1 谓词性成分修饰语的位置

汉语普通话句子的谓词性成分的修饰语通常出现在被修饰成分之前，而粤方言的谓词性成分修饰语有不同于汉语普通话谓词性成分修饰语的表现，即修饰语不但能够出现在被修饰成分的前面，有时也能够出现在被修饰成分的后面，位置灵活。有时，句子中被修饰成分的前面和后面还能够同时出现修饰性的成分。

美国华人社区的台山话和广府话不但都继承、延续了祖籍地方言的这一特点，而且，受美国主流语言英语句子修饰性成分常可以置于被修饰成分后面的影响，还有进一步发展这一特点的可能。

与此同时，我们也发现有些汉语普通话，以及在广东粤方言中本该放在被修饰成分之后的修饰语，被调放到被修饰成分之前。例如：

汉语普通话：我比他大一岁。

广东台山话：我大渠一年。ŋɔi³³ ai³¹ kʰui²¹ jit⁵ nen²².

洛杉矶台山话：我一年老过渠。ŋui²¹ jit⁵ nɛn²² lɔ⁵⁵ kuɔ⁴⁴ kʰui²¹.

上面的3个例句，汉语普通话的"一岁"是句子谓语的补语，广东台山话的"一年"也是句子谓语的补语，但洛杉矶台山话的"一年"则是句子谓语的状语，与祖籍地方言不同。

再如，芝加哥台山话的"落水完 lɔk² sui⁵⁵ jyn²²"一句，汉语普通话表示同样意思的说法是"雨停了"，广东台山话的说法是"落完水"。广东台山话句中的"完"作为补语出现在动词"落"的后面，芝加哥台山话句中的"完"却出现在宾语"水"的后面。波特兰广府话表示普通话"小羊"的"BB羊 pi²¹ pi⁵⁵ jœŋ²¹"，祖籍地广东广州话的说法是"羊BB jœŋ²¹ pi²¹ pi⁵⁵"。

调查中，我们还发现了同一意思的表达，不同于汉语语序"主语在前，谓语在后"习惯的"主语在后，谓语在前"的排列。例如，洛杉矶台山话的"落日头_{天黑} lɔk² ŋit² hau²²"一说，就是"日头_{太阳}落"的倒置。

本节暂不展开这些问题的论述，我们先谈谈谓词性成分修饰语的位置。

下面是6个汉语普通话的句子：

①再吃一碗。
②再坐一会儿。
③多给一点儿，行不行？
④你先走。
⑤让他先吃。
⑥书不见了。

普通话在这些句子中的谓词性修饰成分例①和例②的"再"、例③的"多"、例④和例⑤的"先"、例⑥的"不"，都是置于动词之前的。

让我们看看华人社区台山话、广府话各点的表达。以下的所有例句，无论句子的谓词性修饰成分是否后置，句子后面都会做说明。

（1）台山话。

三藩市台山话表达为：

喫多一碗。hiak³⁻⁴⁴ ɔ⁵ jit⁵ wɔn⁵⁵.（修饰性成分"多"被放到了动词"喫"的后面）

坐多一阵久。tsʰu⁵⁵ ɔ⁴⁴ jit⁵ tsin³¹ kiu⁵⁵.（修饰性成分"多"被放到了动词"坐"的后面）

畀_给多啲_{点儿}，得唔_不得？ji⁵⁵ ɔ⁴⁴ nit⁵, ak⁵ m²² ak⁵?（修饰性成分"多"，被放到了动词"畀"的后面）

你先行。ni⁵⁵⁻³¹ ɬɛn⁴⁴ haŋ²².（修饰性成分"先"在动词"行"的前面）/你行先。ni⁵⁵⁻³¹ haŋ²² ɬɛn⁴⁴.（修饰性成分"先"在动词"行"的后面）

畀_让渠喫先。ji⁵⁵kʰui⁵⁵hiak³ɬɛn⁴⁴. （修饰性成分"先"在动词"喫"的后面）

书唔_不见。si⁴⁴m̩²²kɛn⁴⁴. （修饰性成分"唔"在动词"见"的前面）

洛杉矶台山话表达为：

喫多碗。hɛt³tɔ⁴⁴wɔn⁵⁵. （修饰性成分"多"被放到了动词"喫"的后面）/ □_再喫碗。aŋ⁴⁴hɛt³wɔn⁵⁵. （动词"喫"的前面有修饰性成分"□aŋ⁴⁴"）

□_再坐排。aŋ⁴⁴tsʰu⁵⁵pʰai²². （动词"坐"的前面有修饰性成分"□aŋ⁴⁴"）

畀_给□多_{一点点}，得唔_不得？ei⁵⁵nit⁵tɔ⁴⁴，tak⁵m̩²²tak⁵？（动词"畀"的后面有修饰性成分"□nit⁵多"）

你第一去。ni⁵⁵ai²¹ŋit⁵hui⁴⁴. （修饰性成分"第一"在动词"去"的前面）/你去第一。ni⁵⁵hui⁴⁴ai²¹ŋit⁵. （此句动词"去"无修饰性成分，"第一"为"去"的补语）

等_让渠_他第一喫。aŋ⁵⁵kʰui²¹ai²¹jit⁵hɛt³. （修饰性成分"第一"在动词"喫"的前面）/ 等_让渠_他喫第一。aŋ⁵⁵kʰui²¹hɛt³ai²¹jit⁵. （修饰性成分"第一"在动词"喫"的后面做补语）

书失_{书不见了}。si⁴⁴sit⁵. （此句动词"失"无修饰性成分）

纽约台山话表达为：

喫多一碗。hɛt⁵tɔ⁴⁴jat⁵wɔn⁵⁵. （动词"喫"的后面有修饰性成分"多"，"一碗"为"喫"的补语）

坐一下。tʰu³¹⁻⁵⁵jat⁵ha³¹. （此句动词"坐"无修饰性成分，"一下"为动词"坐"的补语）

畀_给多啲_{点儿}，得唔_不得？i⁵⁵ɔ⁴⁴ti⁴⁴，ak⁵m̩²²ak⁵？（动词"畀"的后面有修饰性成分"多"）

你去第一。nei⁵⁵hui⁴⁴ai³¹jat⁵. （此句动词"去"无修饰性成分，"第一"为动词"去"的补语）

畀_让渠_他喫第一。i⁵⁵kʰui⁵⁵hɛt⁵ai³¹jat⁵. （此句介词结构"畀渠"出现在动词"喫"前面，"第一"为动词"喫"的补语）

书唔_不见咗_了。si⁴⁴m̩²²kɛn⁴⁴tsɔ⁵⁵. （此句修饰性成分"唔"出现在动词"见"前面）

芝加哥台山话表达为：

喫多一碗。hɛt⁵u⁴⁴jat⁵wɔn⁵⁵. （动词"喫"的后面有修饰性成分"多"，"多一碗"为"喫"的补语）

坐多一阵。tsʰu⁵⁵u⁴⁴jat⁵tsin³¹. （动词"坐"的后面有修饰性成分"多"，"多一阵"为"坐"的补语）

畀_给多一多，得唔_不得？ji⁵⁵u⁴⁴jit⁵u⁴⁴，ak⁵m̩²²ak⁵？（动词"畀"的后面有修饰性成分"多一多"）

你先行。nei^{55} sin^{44} haŋ^{22}.（修饰性成分"先"在动词"行"的前面）/你行先。nei^{55} haŋ^{22} sin^{44}.（修饰性成分"先"在动词"行"的后面）/你先行先。nei^{55} sin^{44} haŋ^{22} sin^{44}.（动词"行"的前后分别有修饰成分副词"先"和助词"先"）

畀_让渠_他先喫。ji^{55} k^{h}ui^{55} sin^{44} hɛt^5.（修饰性成分"先"在动词"喫"的前面）/畀_让渠_他喫先。ji^{55} k^{h}ui^{55} hɛt^5 sin^{44}.（修饰性成分"先"在动词"喫"的后面）/畀渠先喫先。ji^{55} k^{h}ui^{55} sin^{44} hɛt^5 sin^{44}.（动词"喫"的前后分别有修饰性成分副词"先"和助词"先"）

书唔_不见了。si^{44} m̩^{22} kin^{44} la^{44}.（此句修饰性成分"唔"出现在动词"见"前面）

波特兰台山话表达为：

喫多碗。hɛt^3 ɔ^{44} wun^{55}.（动词"喫"的后面有修饰性成分"多"）

□_再坐下。aŋ^{44} tsʰɔ^{55} ha^{31}.（动词"坐"的前面有修饰性成分"□aŋ^{44}"）

畀_给多□_点多，得唔_不得？ji^{55} tɔ^{44} ni^5 tɔ^{44}, tak^5 m̩^{22} tak^5?（动词"畀"的后面有修饰性成分"多□ni^{55}_点多"）

你去第先。ni^{55} hi^{44} ai^{31} ɬɛn^{44}.（修饰性成分"第先"在动词"去"的后面，按方言的表达习惯，"第先"中间应有个"一"）/你先去。ni^{55} ɬɛn^{44} hi^{44}.（修饰性成分"先"在动词"去"的前面）

畀_让渠_他喫第先。ji^{55} k^{h}i^{55} hɛt^3 ai^{31} ɬɛn^{44}.（此句介词结构"畀渠"出现在动词"喫"前面；按方言的表达习惯，"第先"中间应有个"一"）

书唔_不见喇。si^{44} m̩^{44} kɛn^{44} la^{44}.（此句修饰性成分"唔"出现在动词"见"前面）

圣安东尼奥台山话表达为：

还喫多碗。wan^{22} hɛt^3 tɔ^{44} wɔn^{55}.（动词"喫"的前面有修饰性成分"还"，后面有修饰性成分"多碗"）

□_再坐一下。aŋ^{31} tʰɔ^{55} jit^5 ha^{31}.（动词"坐"的前面有修饰性成分"□aŋ^{31}"，后面有补语"一下"）

畀_给多□_点，得唔_不得？ei^{55} ɔ^{44} nit^5, ak^5 m̩^{22} ak^5?（动词"畀"的后面有修饰性成分"多□nit^5"）

你行第一。nei$^{55-31}$ haŋ^{22} tɔi^{44} jit^5.（此句动词"行"前面无修饰性成分，"第一"为"行"的补语）/你行先。nei$^{55-31}$ haŋ^{22} ɬɛn^{44}.（修饰性成分"先"在动词"行"的后面）

畀_让渠_他喫先。ei^{55} k^{h}ui^{55} hɛt^5 ɬɛn^{44}.（修饰性成分"先"在动词"喫"的后面）

书唔_不见咗_了。si^{44} m̩^{22} kɛn^{44} tsɔ^{55}.（此句修饰性成分"唔"出现在动词"见"前面）

（2）广府话。

三藩市广府话表达为：

食多一碗。sek^2 tɔ^{55} jɐt^5 wun^{35}.（修饰性成分"多"被放在动词"食"的后面）

第4章 美国华人社区粤方言语法研究

坐多一阵间。tsʰɔ¹³tɔ⁵⁵jɐt⁵tsɐn²²kan⁵⁵.（修饰性成分"多"被放在动词"坐"的后面）

畀给多啲点儿，得唔不得？pei³⁵tɔ⁵⁵ti⁵⁵，tɐt⁵m̩²¹tɐt⁵？（修饰性成分"多"放在动词"畀"的后面）

你行先。nei¹³haŋ²¹sin⁵⁵.（修饰性成分"先"放在动词"行"的后面）

畀渠他食先。pei³⁵kʰœy¹³sek²sin⁵⁵.（修饰性成分"先"放在动词"食"的后面）

书唔不见咗了。sy⁵⁵m̩²¹kin³³tsɔ³⁵.（修饰性成分"唔"在动词"见"的前面）

洛杉矶广府话表达为：

食多碗饭啦。sek²tɔ⁵⁵wun³⁵fan²²la³³.（动词"食"的后面有修饰性成分"多"）

坐耐啲久一点啦。tsʰɔ¹³nɔi²²ti⁵⁵la³³.（动词"坐"后面有修饰性成分"耐啲"）

畀给多啲点儿，得唔不得？pei³⁵tɔ⁵⁵ti⁵⁵，tɐt⁵m̩²¹tɐt⁵？（动词"畀"的后面有修饰性成分"多啲"）

你行先。nei¹³haŋ²¹sin⁵⁵.（修饰性成分"先"在动词"行"的后面）

畀渠他食先啦。pei³⁵kʰœy¹³sek²sin⁵⁵la³³.（修饰性成分"先"放在动词"食"的后面）

书唔不见咗了。sy⁵⁵m̩²¹kin³³tsɔ³⁵.（修饰性成分"唔"在动词"见"的前面）

纽约广府话表达为：

食多碗饭啦。sek²tɔ⁵⁵wun³⁵fan²²la³³.（修饰性成分"多"放在动词"食"的后面）

坐耐啲久点啦。tsʰɔ¹³nɔi²²ti⁵⁵la³³.（修饰性成分"耐啲"放在动词"坐"的后面）

畀给多啲点儿，得唔不得？pei³⁵tɔ⁵⁵ti⁵⁵，tɐt⁵m̩²¹tɐt⁵？（修饰性成分"多"放在动词"畀"的后面）

你行先。lei¹³sin⁵⁵haŋ²¹.（修饰性成分"先"在动词"行"的后面）/你先行先。lei¹³sin⁵⁵haŋ²¹sin⁵⁵.（动词"行"的前后分别有修饰成分副词"先"和助词"先"）

畀渠他食先啦。pei³⁵kʰœy¹³sek²sin⁵⁵la³³.（修饰性成分"先"在动词"食"的后面）

书唔不见咗了。sy⁵⁵m̩²¹kin³³tsɔ³⁵.（修饰性成分"唔"在动词"见"的前面）

芝加哥广府话表达为：

食多一碗。sek²tɔ⁵⁵jɐt⁵wun³⁵.（修饰性成分"多"被放在动词"食"的后面）

坐多一阵间。tsʰɔ¹³tɔ⁵⁵jɐt⁵tsɐn²²kan⁵⁵.（修饰性成分"多"被放在动词"坐"的后面）

畀给多啲点儿，得唔不得？pei³⁵tɔ⁵⁵ti⁵⁵，tɐt⁵m̩²¹tɐt⁵？（修饰性成分"多"被放在动词"畀"的后面）

你行先。lei¹³haŋ²¹sin⁵⁵.（修饰性成分"先"在动词"行"的后面）/你先行先。lei¹³sin⁵⁵haŋ²¹sin⁵⁵.（动词"行"的前后分别有修饰性成分副词"先"和助词"先"）

等渠他食先。tɐŋ³⁵kʰœy¹³sek²sin⁵⁵.（修饰性成分"先"在动词"食"的后面）/等渠他先食。tɐŋ³⁵kʰœy¹³sin⁵⁵sek².（修饰性成分"先"在动词"食"的前面）/等渠他先食先。tɐŋ³⁵ kʰœy¹³ sin⁵⁵ sek² sin⁵⁵. （动词"食"的前后分别有修饰性成分副词"先"和助词"先"）

书唔见咗了。sy⁵⁵ m̩²¹ kin³³ tsɔ³⁵. （修饰性成分"唔"在动词"见"的前面）

波特兰广府话表达为：

食多一碗。sek² tɔ⁵⁵ jɐt⁵ wun³⁵. （修饰性成分"多"被放在动词"食"的后面）
坐多一阵间。tsʰɔ¹³ tɔ⁵⁵ jɐt⁵ tsɐn²² kan⁵⁵. （修饰性成分"多"被放在动词"坐"的后面）
畀给多啲点儿，得唔不得？pei³⁵ tɔ⁵⁵ ti⁵⁵，tɐk⁵ m̩²¹ tɐk⁵？（修饰性成分"多"被放在动词"畀"的后面）
你先行。nei¹³ sin⁵⁵ haŋ²¹. （修饰性成分"先"在动词"行"的前面）/你行先。nei¹³ haŋ²¹ sin⁵⁵. （修饰性成分"先"在动词"行"的后面）
畀让渠他食先。pei³⁵ kʰœy¹³ sek² sin⁵⁵. （修饰性成分"先"在动词"食"的后面）/畀让渠他先食先。pei³⁵ kʰœy¹³ sin⁵⁵ sek² sin⁵⁵. （动词"食"的前后分别有修饰成分副词"先"和助词"先"）
书唔不见咗了。sy⁵⁵ m̩²¹ kin³³ tsɔ³⁵. （修饰性成分"唔"在动词"见"的前面）

休斯敦广府话表达为：

再食一碗。tsɔi³³ sek² jɐt⁵ wun³⁵. （动词"食"的前面有修饰性成分"再"）/食多一碗。sek² tɔ⁵⁵ jɐt⁵ wun³⁵. （动词"食"的后面有修饰性成分"多"）
再坐一阵。tsɔi³³ tsʰɔ¹³ jɐt⁵ tsɐn²². （动词"坐"的前面有修饰性成分"再"）
畀给多啲点儿，得唔不得？pei³⁵ tɔ⁵⁵ ti⁵⁵，tɐt⁵ m̩²¹ tɐt⁵？（修饰性成分"多"被放在动词"畀"的后面）
你先行。nei¹³ sin⁵⁵ haŋ²¹. （修饰性成分"先"在动词"行"的前面）/你行先。nei¹³ haŋ²¹ sin⁵⁵. （修饰性成分"先"在动词"行"的后面）/你先行先。nei¹³ sin⁵⁵ haŋ²¹ sin⁵⁵. （动词"行"的前后分别有修饰成分副词"先"和助词"先"）
畀让渠他先食。pei³⁵ kʰœy¹³ sin⁵⁵ sek². （修饰性成分"先"在动词"食"的前面）/畀让渠他食先。pei³⁵ kʰœy¹³ sek² sin⁵⁵. （修饰性成分"先"在动词"食"的后面）/畀让渠他先食先。pei³⁵ kʰœy¹³ sin⁵⁵ sek² sin⁵⁵. （动词"食"的前后分别有修饰成分副词"先"和助词"先"）
书唔不见咗了。sy³⁵ m̩²¹ kin³³ tsɔ³⁵. （修饰性成分"唔"在动词"见"的前面）

4.2.2 宾语和补语的位置

广东粤方言台山话、广州话等的句子若同时带宾语、补语，那么，句子的宾语和补语会有3种不同于汉语普通话的出现位置：①当数量补语表示动量，宾语表示特定的事物时，宾语可以出现在补语前面，也可以出现在补语后面，而普通话的宾语只能出现在补语前面；②可能补语和宾语的位置在一般情况下与汉语普通话相同，不过，当句子的补语以否定的形式出现，而且是指有定的人时，宾语则与普通话出现在补语的后面不同，而是出现在补语的前面；③当句子由复合趋向动词带处所宾语时，普通话把处所宾语放在复合趋向动词中间，粤方言则把处所宾语放在复合趋向动词后面。

国内粤方言台山话、广州话宾语和补语位置的这些表现，也能够在美国华人社区的粤方言台山话、广府话中看到，但并非所有的点都记录到了这些表现。这些，在下面的例句中，我们会做说明。

下面是3个普通话的句子：

①（别急,）等一下他就来。
②我打不赢他。
③叫他回家去。

其中，例①句子带数量补语和宾语，例②句子带可能补语和宾语，例③句子带宾语和复合趋向动词补语。华人社区粤方言各点的表达如下。

（1）台山话。
三藩市台山话表达为：

等一阵久渠_他就来。aŋ⁵⁵jit⁵tsin³¹kiu⁵⁵kʰui⁵⁵tu³¹lɔi²²．（句式同汉语普通话，宾语"渠"出现在补语"一阵久"之后，"渠"同时兼做"来"的主语）

我打唔_不过渠_他。ŋoi⁵⁵a⁵⁵m²²kuɔ⁴⁴kʰui⁵⁵．（句式同汉语普通话，宾语"渠"出现在补语"唔过"之后）

叫渠_他返去屋企_家。jiu⁵⁵kʰui⁵⁵fan⁴⁴hui⁴⁴uk⁵kʰei⁵⁵．（句式不同于汉语普通话，处所宾语"屋企"出现在复合趋向动词"返去"之后）

洛杉矶台山话表达为：

等阵间_{一会儿}渠_他就来。aŋ⁵⁵tsin²¹kan⁴⁴kʰui²¹tsiu²¹lɔi²²．（句式同汉语普通话，宾语"渠"出现在补语"阵间"之后，"渠"同时兼做"来"的主语）

我唔_不能赢渠_他。ŋui²¹m²²naŋ²²jaŋ²²kʰui²¹．（句式同汉语普通话，宾语"渠"出现在动词谓语"赢"之后）

畀_让渠_他返去屋企_家。ei⁵⁵kʰui²¹fan⁴⁴hui⁴⁴uk⁵kʰei⁵⁵．（句式不同于汉语普通话，处所宾语"屋企"出现在复合趋向动词"返去"之后）

纽约台山话表达为：

等一阵渠_他就来。aŋ⁵⁵jat⁵tsin³¹kʰui⁵⁵tsiu³¹lɔi²²．（句式同汉语普通话，宾语"渠"出现在补语"一阵"之后，"渠"同时兼做"来"的主语）

打唔_不_赢渠_他_。a⁵⁵ m̩²² jaŋ²² kʰui⁵⁵. （句式同汉语普通话，宾语"渠"出现在补语"唔赢"之后）

喊渠_他_返去屋企_家_。ham⁴⁴ kʰui⁵⁵ fan⁴⁴ hui⁴⁴ uk⁵ kʰei⁵⁵⁻³⁵. （句式不同于汉语普通话，处所宾语"屋企"出现在复合趋向动词"返去"之后）

芝加哥台山话表达为：

等一阵渠_他_会来。aŋ⁵⁵ jat⁵ tsin³¹ kʰui⁵⁵ wui⁴⁴ lɔi²². （句式同汉语普通话，宾语"渠"出现在补语"一阵"之后，"渠"同时兼做"来"的主语）

打唔_不_倒渠_他_。a⁵⁵ m̩²² ɔ⁵⁵ kʰui⁵⁵. （句式同汉语普通话，宾语"渠"出现在补语"唔倒"之后）

叫渠_他_返去屋企_家_。kiu⁴⁴ kʰui⁵⁵ fan⁴⁴ hui⁴⁴ uk⁵ kʰi⁵⁵. （句式不同于汉语普通话，处所宾语"屋企"出现在复合趋向动词"返去"之后）

波特兰台山话表达为：

等一阵渠_他_就来。aŋ⁵ jit⁵ tin³¹ kʰi⁵⁵ tiu³¹ lɔi²². （句式同汉语普通话，宾语"渠"出现在补语"一阵"之后，"渠"同时兼做"来"的主语）

打唔_不_赢渠_他_。a⁵⁵ m̩²² jɛŋ²² kʰi⁵⁵. （句式同汉语普通话，宾语"渠"出现在补语"唔赢"之后）

喊渠_他_返去屋_家_。ham⁴⁴ kʰi⁵⁵ fan⁴⁴ hui⁴⁴ uk⁵. （句式不同于汉语普通话，处所宾语"屋"出现在复合趋向动词"返去"之后）

圣安东尼奥台山话表达为：

等一阵间渠_他_来。aŋ⁵⁵ jit⁵ tsin³¹ kan⁴⁴ kʰui⁵⁵ lɔi²². （句式同汉语普通话，宾语"渠"出现在补语"一阵间"之后，"渠"同时兼做"来"的主语）

打唔_不_过渠_他_。ta⁵⁵ m̩²² kuɔ⁴⁴ kʰui⁵⁵. （句式同汉语普通话，宾语"渠"出现在补语"唔过"之后）

喊渠_他_返去家□_家里_。ham⁴⁴ kʰui⁵⁵ fan⁴⁴ hui⁴⁴ ka⁴⁴ nau⁵⁵. （句式不同于汉语普通话，处所宾语"家□nau⁵⁵"出现在复合趋向动词"返去"之后）

（2）广府话。

三藩市广府话表达为：

等阵_一会儿_渠_他_就嚟_来_。tɐŋ³⁵ tsɐn²² kʰœy¹³ tsɐu²² lei²¹. （句式同汉语普通话，宾语"渠"出现在补语"阵"之后，"阵"前省略了数词"一"，"渠"同时兼做"嚟"的主语）

我打唔_不_倒渠_他_。ŋ¹³ ta³⁵ m̩² tou³⁵ kʰœy¹³. （句式同汉语普通话，宾语"渠"出现在补语"唔倒"之后）/我打渠他唔不过。ŋɔ¹³ta³⁵kʰœy¹³m̩²¹kwɔ³³.（句式不同于汉语普通话，宾语"渠"出现在补语"唔过"之前）

叫渠他返去屋企家。kiu³³kʰœy¹³fan⁵⁵hœy³³uk⁵kʰei³⁵.（句式不同于汉语普通话，处所宾语"屋企"出现在复合趋向动词"返去"之后）

洛杉矶广府话表达为：

等一阵渠他就嚟来。kɐŋ³⁵jɐt⁵tsɐn²²kʰœy¹³tsɐu³³lei²¹.（句式同汉语普通话，宾语"渠"出现在补语"一阵"之后，"渠"同时兼做"嚟"的主语）

我唔不够渠他打。ŋɔ¹³m̩²¹kɐu³³kʰœy¹³ta³⁵.（句式不同于汉语普通话，"渠"与"唔够"组成状语修饰谓语"打"）

叫渠他返去屋企家。kiu³³kʰœy¹³fan⁵⁵hœy³³ŋuk⁵kʰei³⁵.（句式不同于汉语普通话，处所宾语"屋企"出现在复合趋向动词"返去"之后）

纽约广府话表达为：

等等渠他就嚟来。tɐŋ³⁵tɐŋ³⁵kʰœy¹³tsɐu²²lei²¹.（句式同汉语普通话，宾语"渠"出现在动词"等等"之后，"渠"同时兼做"嚟"的主语）/阵间一会儿渠他就嚟。tsɐn²²kan⁵⁵kʰœy¹³tsɐu²²lei²¹.（句式同汉语普通话，主语"渠"出现在状语"阵间"之后）

赢唔不倒渠他。jɛŋ²¹m̩²¹tou³⁵kʰœy¹³.（句式同汉语普通话，宾语"渠"出现在补语"唔倒"之后）/畀被渠他赢咗了。pei³⁵kʰœy¹³jɛŋ²¹tsɔ³⁵.（句式同汉语普通话，"畀"和"渠"组成介词结构做状语，出现在谓语动词"赢"之前）

嗌叫渠他返去屋企家。ai³³kʰœy¹³fan⁵⁵hœy³³uk⁵kʰei³⁵.（句式不同于汉语普通话，处所宾语"屋企"出现在复合趋向动词"返去"之后）

芝加哥广府话表达为：

等一阵渠他就嚟来。tɐŋ³⁵jɐt⁵tsɐn²²kʰœy¹³tsɐu²²lei²¹.（句式同汉语普通话，宾语"渠"出现在补语"一阵"之后，"渠"同时兼做"嚟"的主语）

打唔不赢渠他。ta³⁵m̩²¹jɛŋ²¹kʰœy¹³.（句式同汉语普通话，宾语"渠"出现在补语"唔赢"之后）

叫渠他返去屋企家。kiu³³kʰœy¹³fan⁵⁵hœy³³ŋuk⁵kʰei³⁵.（句式不同于汉语普通话，处所宾语"屋企"出现在复合趋向动词"返去"之后）

波特兰广府话表达为：

等一阵渠他就嚟来。tɐŋ³⁵jɐt⁵tsɐn²²kʰœy¹³tsɐu²²lei²¹.（句式同汉语普通话，宾语"渠"出现在补语"一阵"之后，"渠"同时兼做"嚟"的主语）

打唔_不赢渠_他。ta³⁵ m̩²¹ jɛŋ²¹ kʰœy¹³. （句式同汉语普通话，宾语"渠"出现在补语"唔赢"之后）

嗌_叫渠_他返去屋企_家。ŋai³³ kʰœy¹³ fan⁵⁵ hœy³³ ŋuk⁵ kʰei³⁵. （句式不同于汉语普通话，处所宾语"屋企"出现在复合趋向动词"返去"之后）

休斯敦广府话表达为：

等一阵渠_他就嚟_来。tɐŋ³⁵ jɐt⁵ tsɐn²² kʰœy¹³ tsɐu²² lei²¹. （句式同汉语普通话，宾语"渠"出现在补语"一阵"之后，"渠"同时兼做"嚟"的主语）

打唔_不过渠_他。ta³⁵ m̩²¹ kwɔ³³ kʰœy¹³. （句式同汉语普通话，宾语"渠"出现在补语"唔过"之后）

叫渠_他返去屋企_家。kiu³³ kʰœy¹³ fan⁵⁵ hœy³³ uk⁵ kʰei³⁵. （句式不同于汉语普通话，处所宾语"屋企"出现在复合趋向动词"返去"之后）

4.2.3 双宾语句

广东粤方言台山话、广州话等的双宾语句，既有汉语普通话的双宾语句指人的间接宾语在前面、指物的直接宾语在后面的形式，也有普通话没有的指人的间接宾语在后面、指物的直接宾语在前面的，与前一种句式的表现形式相反的形式。而在这种不同于普通话的表现形式中，句子的谓语动词通常都包含"给予、送予"的意思。

美国华人社区的台山话和广府话的双宾语句，大多数如同中国国内的粤方言，既有与汉语普通话相同的表达形式，也有与汉语普通话不同的表达形式。

我们也注意到，有的点只提供了双宾语句的一种说法，波特兰、圣安东尼奥台山话，以及纽约、芝加哥广府话都只提供了指物的直接宾语在前的，不同于普通话表达方式的说法。美国华人社区存在已近两百年，华人社区的汉语方言长期脱离祖籍地的汉语方言，这为我们有理由质疑粤方言等同于普通话的"指人的间接宾语在前"形式，很有可能是后来的，是接受了普通话等的影响而产生的，提供了一个思考的切入点。

下面是两个普通话的句子：

① 给他一本书。
② 给他一条绳子。

华人社区各粤方言点的表达如下。
（1）台山话。
三藩市台山话表达为：

畀_给渠_他一本书。ji⁵⁵ kʰui⁵⁵ jit⁵ pun⁵⁵ si⁴⁴. （指人的间接宾语在前面）/畀_给本书渠_他。ji⁵⁵ pun⁵⁵ si⁴⁴ kʰui⁵⁵. （指物的直接宾语在前面）

畀_给渠_他一条绳。ji⁵⁵ kʰui⁵⁵ jit⁵ hiau²² sen²²⁻⁵⁵. （指人的间接宾语在前面）/畀_给条绳渠_他。

ji^{55}hiau^{22}seŋ$^{22-55}$k^{h}ui^{55}.（指物的直接宾语在前面）

洛杉矶台山话表达为：

畀_给渠_他本书。ei^{55}k^{h}ui^{21}pɔn^{55}si^{44}.（指人的间接宾语在前面）/畀_给本书渠_他。ei^{55}pɔn^{55}si^{44}k^{h}ui^{21}.（指物的直接宾语在前面）

畀_给渠_他条绳。ei^{55}k^{h}ui^{21}hɛu^{22}seŋ^{22}.（指人的间接宾语在前面）/畀_给条绳渠_他。ei^{55}hɛu^{22}seŋ^{22}k^{h}ui^{21}.（指物的直接宾语在前面）

纽约台山话表达为：

畀_给渠_他本书。i^{55}k^{h}ui^{55}pɔn^{55}si^{44}.（指人的间接宾语在前面）/畀_给本书渠_他。i^{55}pɔn^{55}si^{44}k^{h}ui^{55}.（指物的直接宾语在前面）

畀_给渠_他条绳。i^{55}k^{h}ui^{55}hiu^{22}seŋ$^{22-35}$.（指人的间接宾语在前面）/畀_给条绳渠_他。i^{55}hiu^{22}seŋ$^{22-35}$k^{h}ui^{55}.（指物的直接宾语在前面）

芝加哥台山话表达为：

畀_给渠_他本书。ji^{55}k^{h}ui^{55}pun^{44}si^{44}.（指人的间接宾语在前面）/畀_给本书渠_他。ji^{55}pun^{44}si^{44}k^{h}ui^{55}.（指物的直接宾语在前面）

畀_给渠_他条绳。ji^{55}k^{h}ui^{55}t^{h}iu^{22}seŋ$^{22-35}$.（指人的间接宾语在前面）/畀_给条绳渠_他。ji^{55}t^{h}iu^{22}seŋ$^{22-35}$k^{h}ui^{55}.（指物的直接宾语在前面）

波特兰台山话表达为：

畀_给部书渠_他。ji^{55}pou^{31}si^{44}k^{h}i^{55}.（指物的直接宾语在前面）
畀_给条绳渠_他。ji^{55}hiau^{22}seŋ^{22}k^{h}i^{55}.（指物的直接宾语在前面）

圣安东尼奥台山话表达为：

畀_给本书渠_他。ei^{55}pun^{55}si^{44}k^{h}ui^{55}.（指物的直接宾语在前面）/个书畀_给渠_他。kɔi^{44}si^{44}ei^{55}k^{h}ui^{55}.（此句为非双宾语句，请注意名词"书"的量词也可以是"个"）

畀_给条绳渠_他。ei^{55}hɛu^{22}seŋ^{22}k^{h}ui^{55}.（指物的直接宾语在前面）/条绳畀_给渠_他。hɛu^{22}seŋ^{22}ei^{55}k^{h}ui^{55}.（此句为非双宾语句）

（2）广府话。

三藩市广府话表达为：

畀_给渠_他一本书。pei³⁵ kʰœy¹³ jɐt⁵ pun³⁵ sy⁵⁵．（指人的间接宾语在前面）/畀_给本书渠_他。pei³⁵ pun³⁵ sy⁵⁵ kʰœy¹³．（指物的直接宾语在前面）

畀_给渠_他一条绳。pei³⁵ kʰœy¹³ jɐt⁵ tʰiu²¹ seŋ²¹⁻³⁵．（指人的间接宾语在前面）/畀_给条绳渠_他。pei³⁵ tʰiu²¹ seŋ²¹⁻³⁵ kʰœy¹³．（指物的直接宾语在前面）

洛杉矶广府话表达为：

畀_给渠_他本书。pei³⁵ kʰœy¹³ pun³⁵ sy⁵⁵．（指人的间接宾语在前面）/畀_给本书渠_他。pei³⁵ pun³⁵ sy⁵⁵ kʰœy¹³．（指物的直接宾语在前面）

畀_给渠_他条绳。pei³⁵ kʰœy¹³ tʰiu²¹ seŋ²¹⁻³⁵．（指人的间接宾语在前面）/畀_给条绳渠_他。pei³⁵ tʰiu²¹ seŋ²¹⁻³⁵ kʰœy¹³．（指物的直接宾语在前面）

纽约广府话表达为：

畀_给本书渠_他。pei³⁵ pun³⁵ sy⁵⁵ kʰœy¹³．（指物的直接宾语在前面）

畀_给条绳渠_他。pei³⁵ tʰiu²¹ seŋ²¹⁻³⁵ kʰœy¹³．（指物的直接宾语在前面）

芝加哥广府话表达为：

畀_给本书渠_他。pei³⁵ pun³⁵ sy⁵⁵ kʰœy¹³．（指物的直接宾语在前面）

畀_给条绳渠_他。pei³⁵ tʰiu²¹ seŋ²¹⁻³⁵ kʰœy¹³．（指物的直接宾语在前面）

波特兰广府话表达为：

畀_给渠_他本书。pei³⁵ kʰœy¹³ pun³⁵ sy⁵⁵．（指人的间接宾语在前面）/畀_给本书渠_他。pei³⁵ pun³⁵ sy⁵⁵ kʰœy¹³．（指物的直接宾语在前面）

畀_给渠_他条绳。pei³⁵ kʰœy¹³ tʰiu²¹ seŋ²¹⁻³⁵．（指人的间接宾语在前面）/畀_给条绳渠_他。pei³⁵ tʰiu²¹ seŋ²¹⁻³⁵ kʰœy¹³．（指物的直接宾语在前面）

休斯敦广府话表达为：

畀_给渠_他本书。pei³⁵ kʰœy¹³ pun³⁵ sy³⁵．（指人的间接宾语在前面）/畀_给本书渠_他。pei³⁵ pun³⁵ sy³⁵ kʰœy¹³．（指物的直接宾语在前面）

畀_给渠_他条绳。pei³⁵ kʰœy¹³ tʰiu²¹ seŋ²¹⁻³⁵．（指人的间接宾语在前面）/畀_给条绳渠_他。pei³⁵ tʰiu²¹ seŋ²¹⁻³⁵ kʰœy¹³．（指物的直接宾语在前面）

4.2.4 被动句

广东粤方言台山话、广州话等的被动句，有两个特点与汉语普通话有差别：①被动句中引进施动者的介词不是"被"，而是"畀$_{被}$""等$_{让}$"等；②被动句的施动者必须得出现，假如施动者一时无法确定，则要以一些笼统的名词，如"人""乜嘢人$_{什么人}$""边个$_{谁}$""嘢$_{东西}$"等其他形式出现。

美国华人社区台山话、广府话被动句的表现也是如此。

下面是3个普通话的句子：

①被他猜着了。
②让我看看。
③别打岔，让他说下去。

华人社区粤方言各点的表达如下。各方言点使用的介词在各点名称后标明，例句没有使用介词的，也在句子中说明。

（1）台山话。

三藩市台山话用"畀$_{被、让}$ji^{55}"。例如：

畀渠$_{他}$估$_{猜}$倒。ji^{44}k^{h}ui^{44}ku^{55}au^{55}.
畀我睇$_{看}$下。ji^{55}ŋɔi^{55}hai^{55}ha^{55}.
唔$_{不}$好插嘴，畀渠$_{他}$讲落去$_{下去}$。m^{22}hau^{55}ts^{h}ap^{3}tsui^{55}, ji^{55}k^{h}ui^{55}kɔŋ^{55}lɔk^{2}hui^{44}.

洛杉矶台山话用"畀$_{被、让}$ei^{55}""等$_{让}$aŋ^{55}"。例如：

畀渠$_{他}$谂$_{想}$倒。ei^{55}k^{h}ui^{21}nam^{55}ɔ^{55}.
畀我睇睇$_{看看}$。ji^{55}ŋui^{21}hai^{44}hai^{44}.
唔好$_{别}$嘈$_{吵}$，等渠$_{他}$讲。m^{22}hɔ^{44}ts^{h}ɔ^{22}, aŋ^{55}k^{h}ui^{21}kɔŋ^{55}.

纽约台山话用"畀$_{被、让}$i^{55}"。例如：

渠$_{他}$估$_{猜}$中。k^{h}ui^{55}ku^{55}tsuŋ^{44}.（此句没有使用介词，为非被动句）
畀我睇睇$_{看看}$。i^{55}ŋɔi^{55}hai^{55}hai^{55}.
唔$_{不}$好嘈$_{吵}$，畀渠$_{他}$讲。m^{22}hou^{55}ts^{h}ou^{22}, i^{55}k^{h}ui^{55}kɔŋ^{55}.

芝加哥台山话用"畀$_{被、让}$ji^{55}"。例如：

畀渠$_{他}$估$_{猜}$倒。ji^{55}k^{h}ui^{55}ku^{55}ɔ^{55}.
畀我睇$_{看}$下。ji^{55}ŋɔ^{55}hɔi^{44}ha^{44}.

畀渠他讲。ji⁵⁵kʰui⁵⁵kɔŋ⁵⁵.（此句不同于普通话例句的复句形式，为单句）

波特兰台山话用"畀被、让ji⁵⁵"。例如：

畀渠他估猜中。ji⁵⁵kʰi⁵⁵ku⁵⁵tuŋ⁴⁴.
畀我睇看下。ji⁵⁵ŋɔi⁵⁵hai⁵⁵ha³¹.
唔不好插嘴，畀渠他讲。m̩²²hou⁵⁵tsʰap³tui⁵⁵, ji⁵⁵kʰi⁵⁵kɔŋ⁵⁵.

圣安东尼奥台山话用"畀被、让ei⁵⁵"。例如：

畀渠他估猜中。ei⁵⁵kʰui⁵⁵ku⁵⁵tsuŋ⁴⁴.
畀我睇看一下。ei⁵⁵ŋɔi⁵⁵hai⁵⁵jit⁵ha³¹.
唔不好插嘴，畀渠他讲埋说完。m̩²²hou⁵⁵tʰap³tui⁵⁵, ei⁵⁵kʰui⁵⁵kɔŋ⁵⁵mɔi²².

(2) 广府话。
三藩市广府话用"畀被、让pei³⁵"。例如：

畀渠他估猜倒。pei³⁵kʰœy¹³ku³⁵tou³⁵.
畀我睇睇看看。pei³⁵ŋɔ¹³tʰɐi³⁵tʰɐi³⁵. ／畀我睇看下。pei³⁵ŋɔ¹³tʰɐi³⁵ha¹³.
唔不好插嘴，畀渠他讲。m̩²¹hou³⁵tsʰap³tsœy³⁵, pei³⁵kʰœy¹³kɔŋ³⁵.

洛杉矶广府话用"畀被、让pei³⁵""等让tɐŋ³⁵"。例如：

畀渠他估猜中咗了。pei³⁵kʰœy¹³ku³⁵tsuŋ³³tsɔ³⁵.
畀我睇睇看看。pei³⁵ŋɔ¹³tʰɐi³⁵tʰɐi³⁵.
唔不好插嘴，等渠他讲落去下去。m̩²¹hou³⁵tsʰap³tsœy³⁵, tɐŋ³⁵kʰœy¹³kɔŋ³⁵lɔk²hœy³³.

纽约广府话用"畀被pei³⁵""等让tɐŋ³⁵"。例如：

畀渠他估猜倒。pei³⁵kʰœy¹³ku³⁵tou³⁵.
等我睇看下。tɐŋ³⁵ɔ¹³tʰɐi³⁵ha¹³.
等渠他讲住着先啦。tɐŋ³⁵kʰœy¹³kɔŋ³⁵tsy²²sin⁵⁵la³³.（此句不同于普通话例句的复句形式，为单句）

芝加哥广府话用"畀被、让pei³⁵""等让tɐŋ³⁵"。例如：

畀渠他估猜倒。pei³⁵kʰœy¹³ku³⁵tou³⁵.

畀我睇_看下。pei³⁵ ŋɔ¹³ tʰɐi³⁵ ha²²⁻³⁵.
咪嘈_{别吵}，等渠_他讲落去_{下去}。mɐi¹³ tsʰou²¹, tɐŋ³⁵ kʰœy¹³ kɔŋ³⁵ lɔk² hœy³³.

波特兰广府话用"畀_{被、让}pei³⁵""等_让tɐŋ³⁵"。例如：

畀渠_他估_猜中。pei³⁵ kʰœy¹³ ku³⁵ tsuŋ³³.
畀我睇_看下。pei³⁵ ŋɔ¹³ tʰɐi³⁵ ha¹³.
唔_不好插嘴，等渠_他讲落去_{下去}。m̩²¹ hou³⁵ tsʰap³ tsœy³⁵, tɐŋ³⁵ kʰœy¹³ kɔŋ³⁵ lɔk² hœy³³.

休斯敦广府话用"畀_{被、让}pei³⁵"。例如：

畀渠_他估_猜倒。pei³⁵ kʰœy¹³ ku³⁵ tou³⁵.
畀我睇_看下。pei³⁵ ŋɔ¹³ tʰɐi³⁵ ha¹³.
唔_不好插嘴，畀渠_他讲。m̩²¹ hou³⁵ tsʰap³ tsœy³⁵, pei³⁵ kʰœy¹³ kɔŋ³⁵.

4.2.5 处置句

处置句常会使用介词，汉语普通话的处置句也叫"'把'字句"，就是因为句子使用的介词是"把"。

粤方言广州话等的处置句使用的介词不是"把"，而是"将"。不过，在句子中使用"将"只是粤语处置句的一种方式，粤方言广州话还有另一种表达方式的处置句，即不使用介词，直接把要被处置的对象，也就是句子的宾语放到句子的谓语后面，然后在被处置的对象后面加上第三人称单数代词"渠"去复指被处置对象，以达到强调处置的目的。

但是我们注意到，美国华人社区有介词"将"的点不多（参见 4.1.9.3 "介词'将'"），而有的点虽然有介词"将"，华人在实际交流中却常常不用它。很多时候，句子的宾语后面也无表示复指的第三人称单数代词"渠"，而只是以加强的语气，通过强调的语气表示处置。事实上，无介词的处置句在粤方言中使用更加广泛，这点海内外粤方言也一样，这也使得带上"将"的句子显得有些书面语化。

下面是 3 个普通话的句子：

①把门关上！
②把盖子拧紧！
③把饭吃了！

华人社区台山话、广府话的表达如下。各点的例句都没有使用介词"将"。

（1）台山话。

三藩市台山话表达为：

闩门！san⁴⁴mun²²！（无介词，宾语"门"后面也无表示复指的第三人称单数代词"渠"，只是以加强语气的方式表达处置）

拧实盖！neŋ⁵⁵sit²kɔi⁴⁴！（无介词，宾语"盖"后面也无表示复指的第三人称单数代词"渠"，只是以加强语气的方式表达处置）

喫咗_{吃了}啲<这>些饭渠！hɛt³tsɔ⁵⁵nit⁵fan³¹kʰui⁵⁵！（无介词，宾语"饭"后的"渠"复指宾语"饭"以示强调处置）

洛杉矶台山话表达为：

闩□_道门！san⁴⁴ui⁴⁴mɔn²²！（无介词，宾语"门"后面也无表示复指的第三人称单数代词"渠"，只是以加强语气的方式表达处置）

扭紧个盖！niu⁵⁵kin⁵⁵kɔi⁴⁴kɔi²¹！（无介词，宾语"盖"后面也无表示复指的第三人称单数代词"渠，"只是以加强语气的方式表达处置）

喫□嗮_{全吃完}□_{<这>些}饭！hɛt³kɔi²¹ɬai⁴⁴nət⁵fan²¹！（无介词，宾语"饭"后面也无表示复指的第三人称单数代词"渠"，只是以加强语气的方式表达处置）

纽约台山话表达为：

闩门！san⁴⁴mɔn²²！（无介词，宾语"门"后面也无表示复指的第三人称单数代词"渠"，只是以加强语气的方式表达处置）/闩开门！san⁴⁴hɔi⁴⁴mɔn²²！（无介词，宾语"门"后面也无表示复指的第三人称单数代词"渠"，只是以加强语气的方式表达处置，动词"闩"后面的"开"表示要把"闩"的动作完成）

□_扭紧个盖！lun³¹kan⁵⁵kɔ⁴⁴kɔi⁴⁴！（无介词，宾语"盖"后面也无表示复指的第三人称单数代词"渠"，只是以加强语气的方式表达处置）

喫嗮_{吃完}啲<这>些饭！hɛt⁵sai⁴⁴ti⁴⁴fan³¹！（无介词，宾语"饭"后面也无表示复指的第三人称单数代词"渠"，只是以加强语气的方式表达处置）

芝加哥台山话表达为：

闩门！san⁴⁴mɔn²²！（无介词，宾语"门"后面也无表示复指的第三人称单数代词"渠"，只是以加强语气的方式表达处置）

扭紧个盖！niu⁵⁵kin⁵⁵kɔ⁴⁴kɔi⁴⁴！（无介词，宾语"盖"后面也无表示复指的第三人称单数代词"渠"，只是以加强语气的方式表达处置）

喫嗮_{吃完}啲<这>些饭！hɛt⁵sai⁴⁴ti⁴⁴fan³¹！（无介词，宾语"饭"后面也无表示复指的第三人称单数代词"渠"，只是以加强语气的方式表达处置）

第4章　美国华人社区粤方言语法研究

波特兰台山话表达为：

闩门！san⁴⁴mun²²！（无介词，宾语"门"后面也无表示复指的第三人称单数代词"渠"，只是以加强语气的方式表达处置）

闩紧个盖！san⁴⁴kin⁵⁵kɔ⁴⁴kɔi⁴⁴⁻³¹！（无介词，宾语"盖"后面也无表示复指的第三人称单数代词"渠"，只是以加强语气的方式表达处置）

喫嗮_吃完_呢_这〈些〉_饭！hɛt³ɬai⁴⁴ni⁵⁵fan³¹！（无介词，宾语"饭"后面也无表示复指的第三人称单数代词"渠"，只是以加强语气的方式表达处置）

圣安东尼奥台山话表达为：

闩门！san⁴⁴mun²²！（无介词，宾语"门"后面也无表示复指的第三人称单数代词"渠"，只是以加强语气的方式表达处置）

扭紧个盖！niu⁵⁵kin⁵⁵kɔ⁴⁴kɔi³¹！（无介词，宾语"盖"后面也无表示复指的第三人称单数代词"渠"，只是以加强语气的方式表达处置）

喫□□_这些_饭渠！hɛt³ɔ⁴⁴nai⁵⁵fan³¹kʰui⁵⁵！（无介词，宾语"饭"后的"渠"复指宾语"饭"，以示强调处置）

（2）广府话。

三藩市广府话表达为：

闩门！san⁵⁵mun²¹！（无介词，宾语"门"后面也无表示复指的第三人称单数代词"渠"，只是以加强语气的方式表达处置）

拧实渠！nɛŋ³⁵sɐt²kʰœy¹³！（无介词，宾语"渠"指代的是"盖子"，只是以加强语气的方式表达处置）

食饭！sek²fan²²！（无介词，宾语"饭"后面也无表示复指的第三人称单数代词"渠"，只是以加强语气的方式表达处置）

洛杉矶广府话表达为：

闩门！san⁵⁵mun²¹！（无介词，宾语"门"后面也无表示复指的第三人称单数代词"渠"，只是以加强语气的方式表达处置）

拧紧盖！nɛŋ³⁵kɐn³⁵kɔi³³！（无介词，宾语"盖"后面也无表示复指的第三人称单数代词"渠"，只是以加强语气的方式表达处置）

食咗_吃了_啲_〈这〉些_饭渠！sek²tsɔ³⁵ti⁵⁵fan²²kʰœy¹³！（无介词，宾语"饭"后面的"渠"复指宾语"饭"，以示强调处置）

纽约广府话表达为：

闩咗了度＜这＞道门！san⁵⁵tsɔ³⁵tou²²mun²¹！（无介词，宾语"门"后面也无表示复指的第三人称单数代词"渠"，只是以加强语气的方式表达处置）

扭实渠！nɐu³⁵sɐt²kʰœy¹³！（无介词，宾语"渠"指代的是"盖子"，只是以加强语气的方式表达处置）

食嗮吃完渠！sek²sai³³kʰœy¹³！（无介词，宾语"渠"指代的是"饭"，只是以加强语气的方式表达处置）

芝加哥广府话表达为：

闩埋闩好度＜这＞道门！san⁵⁵mai²¹tou²²mun²¹！（无介词，宾语"门"后面也无表示复指的第三人称单数代词"渠"，只是以加强语气的方式表达处置）

拧实个盖！nɐŋ³⁵sɐt²kɔ³³kɔi³³！（无介词，宾语"盖"后面也无表示复指的第三人称单数代词"渠"，只是以加强语气的方式表达处置）

食埋吃完＜这＞些饭！sek²mai²¹ti⁵⁵fan²²！（无介词，宾语"饭"后面也无表示复指的第三人称单数代词"渠"，句子只是以加强语气的方式表达处置）

波特兰广府话表达为：

关门！kwan⁵⁵mun²¹！（无介词，宾语"门"后面也无表示复指的第三人称单数代词"渠"，只是以加强语气的方式表达处置）

扭紧个盖！nɐu³⁵kɐn³⁵kɔ³³kɔi³³！（无介词，宾语"盖"后面也无表示复指的第三人称单数代词"渠"，只是以加强语气的方式表达处置）

食嗮吃完啲＜这＞些饭渠！sek²sai³³ti⁵⁵fan²²kʰœy¹³！（无介词，宾语"饭"后的"渠"复指宾语"饭"，以示强调处置）

休斯敦广府话表达为：

关门！kwan⁵⁵mun²¹！（无介词，宾语"门"后面也无表示复指的第三人称单数代词"渠"，只是以加强语气的方式表达处置）

拧紧个盖！nɐŋ³⁵kɐn³⁵kɔ³³kɔi³³！（无介词，宾语"盖"后面也无表示复指的第三人称单数代词"渠"，只是以加强语气的方式表达处置）

食埋吃完啲＜这＞些饭！sek²mai²¹ti⁵⁵fan²²！（无介词，宾语"饭"后面也无表示复指的第三人称单数代词"渠"，句子只是以加强语气的方式表达处置）

4.2.6 比较句

比较句有平比句和差比句两类。平比句通过在形容词谓语前加"一样"等副词表示。差比句,广东粤方言台山话、广州话等有与汉语普通话一致的"甲+畀/比+乙+形容词"式,还有一种特别的、与普通话不同的"甲+形容词+过+乙"式。

在比较句的差比句中,若要显示被比较事物的不同程度,可以通过添加程度副词来表示;比较句若有补语,则补语一般出现在句末。

比较句的这两种形式,美国华人社区的台山话、广府话也有,不过,差比句通常更多地使用不同于普通话的"甲+形容词+过+乙"式。

下面是4个普通话的句子:

①我比他大。
②我比他大一岁。
③我不比他大。
④两个一样高。

华人社区各粤方言点的表达如下。
(1) 台山话。
三藩市台山话的发音人只提供了差比句的"甲+畀(比)+乙+形容词"式,即:

我畀_比渠_他大。ŋɔi⁵⁵ ji⁵⁵ kʰui⁴⁴ ai³¹.
我畀_比渠_他大一岁。ŋɔi⁵⁵ ji⁵⁵ kʰui⁵⁵ ai³¹ jit⁵ sɔi⁴⁴.
我冇_{没有}渠_他大。ŋɔi⁵⁵ mɔ⁵⁵ kʰui⁵⁵ ai³¹.
两个一样高。liaŋ⁵⁵ kɔ³¹ jit⁵ jɔŋ³¹ kɔ⁴⁴.

洛杉矶台山话的发音人只提供了差比句的"甲+形容词+过+乙"式,即:

我老过渠_他。ŋui²¹ lɔ⁵⁵ kuɔ⁴⁴ kʰui²¹.
我一年老过渠_他。ŋui²¹ jit⁵ nɛn²² lɔ⁵⁵ kuɔ⁴⁴ kʰui²¹.(此句补语"一年"被提前了,粤方言通常的说法是"我老过渠一年")
我唔係_{不是}老过渠_他。ŋui²¹ m²² hai²¹ lɔ⁵⁵ kuɔ⁴⁴ kʰui²¹.
两个同样高。liaŋ⁵⁵ kɔ⁴⁴ huŋ²² jɛŋ²¹ kɔ⁴⁴.

纽约台山话的发音人只提供了差比句的"甲+形容词+过+乙"式,即:

我大过渠_他。ŋɔi⁵⁵ ai³¹ kɔ⁴⁴ kʰui⁵⁵.
我大渠_他一年。ŋɔi⁵⁵ ai³¹ kʰui⁵⁵ jat⁵ nɛn²².
我唔_不大过渠_他。ŋɔi⁵⁵ m²² ai³¹ kɔ⁴⁴ kʰui⁵⁵.

两个一样高。lɛŋ⁵⁵kɔ⁴⁴jat⁵jɛŋ³¹kou⁴⁴.

芝加哥台山话的发音人只提供了差比句的"甲+形容词+过+乙"式，即：

我大过渠他。ŋɔ⁵⁵ai³¹kuɔ⁴⁴kʰui⁵⁵.
我大渠他一岁。ŋɔ⁵⁵ai³¹kʰui⁵⁵jat⁵sui⁴⁴.
我唔不大过渠他。ŋɔ⁵⁵m̩²²ai³¹kuɔ⁴⁴kʰui⁵⁵.
两个□同样高。liaŋ⁵⁵kɔ⁴⁴kʰɔ³¹kɔ⁴⁴.

波特兰台山话的发音人只提供了差比句的"甲+形容词+过+乙"式，即：

我大过渠他。ŋɔi⁵⁵ai³¹kuɔ⁴⁴kʰi⁵⁵.
我大渠他一年。ŋɔi⁵⁵ai³¹kʰi⁵⁵jit⁵nɛn²².
我唔不老过渠他。ŋɔi⁵⁵m̩²²lɔ⁵⁵kuɔ⁴⁴kʰi⁵⁵.
两个一样高。liɔŋ⁵⁵kɔ⁴⁴jit⁵jɔŋ³¹kɔ⁴⁴.

圣安东尼奥台山话的发音人只提供了差比句的"甲+形容词+过+乙"式，即：

我大过渠他。ŋɔi⁵⁵ai³¹kuɔ⁴⁴kʰui⁵⁵.
我大过渠他一岁。ŋɔi⁵⁵ai³¹kuɔ⁴⁴kʰui⁵⁵jit⁵ɬui⁴⁴.
我冇没有渠他大。ŋɔi⁵⁵mou⁵⁵kʰui⁵⁵ai³¹.
两个一样高。lɛŋ⁵⁵kɔi⁴⁴jit⁵jɛŋ³¹kou⁴⁴.

（2）广府话。
三藩市广府话的发音人只提供了差比句的"甲+形容词+过+乙"式，即：

我大过渠他。ŋɔ¹³tai²²kwɔ³³kʰœy¹³.
我大渠他一年。ŋɔ¹³tai²²kʰœy¹³jɐt⁵nin²¹.
我唔不大过渠他。ŋɔ¹³m̩²¹tai²²kwɔ³³kʰœy¹³.
大家咁那么高。tai²²ka⁵⁵kɐm³³kou⁵⁵.

洛杉矶广府话的发音人既提供了差比句的"甲+畀（比）+乙+形容词"式，也提供了差比句的"甲+形容词+过+乙"式，即：

我大过渠他。ŋɔ¹³tai²²kwɔ³³kʰœy¹³. ／我畀比渠他大。ŋɔ¹³pei³⁵kʰœy¹³tai²².
我大渠他一岁。ŋɔ¹³tai²²kʰœy¹³jɐt⁵sœy³³.
我冇没有渠他大。ŋɔ¹³mou¹³kʰœy¹³tai²².
两个一样高。lœŋ¹³kɔ³jɐt⁵jœŋ²²kou⁵⁵.

纽约广府话的发音人只提供了差比句的"甲+形容词+过+乙"式，即：

我大过渠_他。ɔ¹³tai²²kwɔ³³kʰœy¹³.
我大过渠_他一年。ɔ¹³tai²²kwɔ³³kʰœy¹³jɐt⁵nin²¹.
渠_他大过我。kʰœy¹³tai²²kwɔ³³ɔ¹³.
两个都係_都是咁_这么高。lœŋ¹³kɔ³³tou⁵⁵hɐi²²kɐm³³kou⁵⁵.

芝加哥广府话的发音人只提供了差比句的"甲+形容词+过+乙"式，即：

我大过渠_他。ŋɔ¹³tai²²kwɔ³³kʰœy¹³.
我大渠_他一年。ŋɔ¹³tai²²kʰœy¹³jɐt⁵nin²¹.
我唔_不够渠_他大。ŋɔ¹³m̩²¹kɐu³³kʰœy¹³tai²².
两个一样高。lœŋ¹³kɔ³³jɐt⁵jœŋ²²kou⁵⁵.

波特兰广府话的发音人既提供了差比句的"甲+畀（比）+乙+形容词"式，也提供了差比句的"甲+形容词+过+乙"式，即：

我大过渠_他。ŋɔ¹³tai²²kwɔ³³kʰœy¹³.
我大渠_他一岁。ŋɔ¹³tai²²kʰœy¹³jɐt⁵sœy³³.（此句谓词"大"的后面省略了"过"）/我畀_比渠_他大一岁。ŋɔ¹³pei³⁵kʰœy¹³tai²²jɐt⁵sœy³³.
我冇_没有渠咁_那么大。ŋɔ¹³mou¹³kʰœy¹³kɐm³³tai²².
两个一样高。lœŋ¹³kɔ³³jɐt⁵jœŋ²²kou⁵⁵.

休斯敦广府话的发音人既提供了差比句的"甲+畀（比）+乙+形容词"式，也提供了差比句的"甲+形容词+过+乙"式，即：

我畀_比渠_他大。ŋɔ¹³pei³⁵kʰœy¹³tai²². /我大过渠_他。ŋɔ¹³tai²²kwɔ³³kʰœy¹³.
我大渠_他一岁。ŋɔ¹³tai²²kʰœy¹³jɐt⁵sœy³³.
我冇_没有渠_他大。ŋɔ¹³mou¹³kʰœy¹³tai²².
两个一样高。lœŋ¹³kɔ³³jɐt⁵jœŋ²kou⁵⁵.

4.2.7 含"得"的否定句

否定词的使用是否定句的重要标志。

关于否定句，广东粤方言台山话、广州话等与汉语普通话的主要区别在于否定词的使用，粤方言有与普通话完全不同的否定词，美国华人社区台山话、广府话也一样。这方面，上文已经讨论过（参见4.1.7.7"否定副词"），本节不再赘言，我们只准备讨论含"得"的否定句中否定词的位置问题。

与祖籍地粤方言广州话等一样，华人社区粤方言的否定句若含"得"，则句子否定词的位置与汉语普通话不同：汉语普通话把否定词放在动词和"得"中间，粤语把否定词放在动词之前。在华人社区的方言点中，假如这种否定式带补语，则补语会有3种不同的表现：①句子不带"得"，动词出现在否定词之前，补语如同汉语普通话，放在否定词后面；②句子带"得"，补语放在"得"的后面，但否定词放在动词之前；③句子不带"得"，动词出现在否定词之前，补语如同汉语普通话，放在否定词后面。

补语的这几种不同表现，华人社区每个点并非在例句里都有反映，但我们可以从各点不一的说法中看到这3种表现。

下面是4个普通话的句子：

①来得。（肯定句）
②拿得动。（带补语的肯定句）
③吃不得。（带"得"的否定式）
④坐不久。（带补语的否定式）

华人社区粤方言各点的表达如下。
（1）台山话。
三藩市台山话表达为：

来得。lɔi²² ak⁵.
□拿得郁动。hu⁴⁴ ak⁵ ŋɔk⁵.
唔不喫得。m²² hɛt³ ak⁵.（不同于普通话，否定词放在动词之前）
坐唔不耐久。tʰu⁵⁵ m²² nɔi³¹.（句子不带"得"，动词出现在否定词之前，补语如同汉语普通话，放在否定词后面）

洛杉矶台山话表达为：

能够来。naŋ²² kau⁴⁴ lɔi²².（此句不带"得"）
能够□拿。naŋ²² kau⁴⁴ hu⁴⁴.（此句不带"得"）
唔不喫得。m²² hɛt³ tak⁵.（不同于普通话，否定词放在动词之前，没有补语）
唔不能够坐。m²² naŋ²² kau⁴⁴ tsʰɔ⁵⁵.（句子不带"得"，没有补语，动词出现在否定词之后）

纽约台山话表达为：

来得。lɔi²² ak⁵.
攞拿得。lɔ⁵⁵ ak⁵.
唔不可以喫。m²² hɔ⁵⁵ ji³¹⁻⁵⁵ hɛt⁵.（此句不含"得"，但否定词也放在动词之前）
唔不坐得耐久。m²² tʰɔ⁵⁵ ak⁵ nɔi³¹.（句子带"得"，补语放在"得"的后面，但否定词放在动词之前）

第4章 美国华人社区粤方言语法研究

芝加哥台山话表达为：

来得。lɔi²²ak⁵.
□拿得。hu⁴⁴ak⁵.
唔不喫得。m̩²²hɛt⁵ak⁵.（此句没有补语，但不同于普通话，否定词放在动词之前）
唔不坐得耐久。m̩²²tsʰu⁵⁵ak⁵nui³¹.（句子带"得"，补语放在"得"的后面，但否定词放在动词之前）

波特兰台山话表达为：

来得。lɔi²²tak⁵.
□拿得郁动。hu⁵⁵tak⁵juk⁵.
唔不喫得。m̩²²hɛt³tak⁵.（此句没有补语，但不同于普通话，否定词放在动词之前）
唔不坐得。m̩²²tsʰɔ⁵⁵tak⁵.（句子带"得"，没有补语，但否定词放在动词之前）

圣安东尼奥台山话表达为：

来得。lɔi²²ak⁵.
拧□得起。naŋ⁴⁴a³¹hei⁵⁵.
唔不喫得。m̩²²hɛi³ak⁵.（此句没有补语，但不同于普通话，否定词放在动词之前）
唔不坐得久。m̩²²tʰɔ⁵⁵ak⁵kiu⁵⁵.（句子带"得"，补语放在"得"的后面，但否定词放在动词之前）

（2）广府话。
三藩市广府话表达为：

嚟来得。lei²¹tɐt⁵.
搦拿得郁动。lek⁵tɐt⁵juk⁵.
唔不食得。m̩²¹sek²tɐt⁵.（此句没有补语，但不同于普通话，否定词放在动词之前）
坐唔不耐久。tsʰɔ¹³m̩²¹nɔi²².（句子不带"得"，动词出现在否定词之前，补语如同汉语普通话，放在否定词后面）

洛杉矶广府话表达为：

嚟来得。lei²¹tɐt⁵.
搦拿得郁动。nek⁵tɐt⁵juk⁵.

唔_不食得。m̩²¹sek²tɐt⁵. （此句没有补语，但不同于普通话，否定词放在动词之前）

唔_不坐得耐_久。m̩²¹tsʰɔ¹³tɐt⁵nɔi²². （句子带"得"，补语放在"得"的后面，但否定词放在动词之前）

纽约广府话表达为：

嚟_来得。lei²¹tɐk⁵.

能够攞_拿。nɐŋ²¹kɐu³³lɔ³⁵. （此句不带"得"）

唔_不食得。m̩²¹sek²tɐt⁵. （此句没有补语，但不同于普通话，否定词放在动词之前）

唔_不坐得耐_久。m̩²¹tsʰɔ¹³tɐt⁵nɔi²². （句子带"得"，补语放在"得"的后面，但否定词放在动词之前）

芝加哥广府话表达为：

嚟_来得。lei²¹tɐt⁵.

搦_拿得郁_动。nek⁵tɐt⁵juk⁵.

唔_不食得。m̩²¹sek²tɐt⁵. （此句没有补语，但不同于普通话，否定词放在动词之前）

坐唔_不定。tsʰɔ¹³m̩²¹tɐŋ²². （句子不带"得"，动词出现在否定词之前，补语如同汉语普通话，放在否定词后面）

波特兰广府话表达为：

嚟_来得。lei²¹tɐk⁵.

搦_拿得郁_动。nek⁵tɐk⁵juk⁵.

唔_不食得。m̩²¹sek²tɐk⁵. （此句没有补语，但不同于普通话，否定词放在动词之前）

唔_不坐得耐_久。m̩²¹tsʰɔ¹³tɐk⁵nɔi²². （句子带"得"，补语放在"得"的后面，但否定词放在动词之前）

休斯敦广府话表达为：

嚟_来得。lei²¹tɐt⁵.

拧得郁_动。nɐŋ³⁵tɐt⁵juk⁵.

唔_不食得。m̩²¹sek²tɐt⁵. （此句没有补语，但不同于普通话，否定词放在动词之前）

唔_不坐得耐_久。m̩²¹tsʰɔ¹³tɐt⁵nɔi²². （句子带"得"，补语放在"得"的后面，但否定词放在动词之前）

4.2.8 以肯定否定方式提问的反复疑问句

疑问句有多种形式，而广东粤方言与汉语共同语普通话有差异的，主要就是以肯定否定方式提问的反复疑问句，美国华人社区的台山话、广府话也大都如此。本节主要讨论以肯定否定方式提问的反复疑问句。

美国华人社区台山话、广府话以肯定否定方式提问的反复疑问句有以下几种表现：①肯定否定提问没有出现"得"；②肯定否定提问的前半部省略"得"，假如有补语，它所带的补语也省略；③句子的谓语若带了表示可能的形尾"得"，反复疑问句的前半部要省略"得"和它所带的补语，否定词出现在句子后半部的前面；④句子保留两个"得"，否定词出现在两个"得"之间；⑤句子保留两个"得"，否定词出现在后一个"得"之前。

下面是3个普通话的句子：

① 多给一点儿，行不行？
② 你自己拿得动拿不动？
③ 他们能来不能来？

华人社区各点的表达各有特色，以下是具体分析。
（1）台山话。
三藩市台山话表达为：

昇_给多啲_{点儿}，得唔_不得？ji^{55}ɔ^{44}nit^5，ak^{5}m̩^{22}ak^5？（句子保留两个"得"，否定词出现在两个"得"之间）

你自己□_拿唔_不□_拿得郁_动？ni$^{55-31}$tu^{31}ki$^{55-35}$hu^{44}m̩^{22}hu^{44}ak^{5}ŋɔk^5？（肯定否定提问的前半部省略"得"，它所带的补语也省略，否定词出现在句子后半部的前面）

□_{他们}来唔_不来得？k^{h}ɛt^{2}lɔi^{22}m̩^{22}lɔi^{22}ak^5？（肯定否定提问的前半部省略"得"）

洛杉矶台山话表达为：

昇_给□_{点儿}多，得唔_不得？ei^{55}nit^{5}tɔ^{44}，tak^{5}m̩^{22}tak^5？（句子保留两个"得"，否定词出现在两个"得"之间）

你自己□_拿唔_不□_拿？ni^{55}tsi^{21}ki^{55}hu^{44}m̩^{22}hu^{44}？（此句没有出现"得"，也没有补语）

□_{他们}能够来吗？k^{h}iak^{2}naŋ^{22}kau^{44}lɔi^{22}ma^{44}？（此句非以肯定否定方式提问）

纽约台山话表达为：

昇_给多啲_{点儿}，得唔_不得？i^{55}ɔ^{44}ti^{44}，ak^{5}m̩^{22}ak^5？（句子保留两个"得"，否定词出现在两个"得"之间）

你自己擤拿得擤拿唔不得？nei⁵⁵ tu³¹ kei⁵⁵ lɔ⁵⁵ ak⁵ lɔ⁵⁵ m̩²² ak⁵？（句子保留两个"得"，否定词出现在后一个"得"之前）

□他们来唔不来得？kʰiak² lɔi²² m̩²² lɔi²² ak⁵？（肯定否定提问的前半部省略"得"）

芝加哥台山话表达为：

畀给多一多，得唔不得？ji⁵⁵ u⁴⁴ jit⁵ u⁴⁴，ak⁵ m̩²² ak⁵？（句子保留两个"得"，否定词出现在两个"得"之间）

你自己□拿唔不□拿得？nei⁵⁵ tsi³¹ ki⁵⁵ hu⁴⁴ m̩²² hu⁴⁴ ak⁵？（肯定否定提问的前半部省略"得"，否定词出现在句子后半部的前面）

□他们来唔不来得？kʰiak² lɔi²² m̩²² lɔi²² ak⁵？（肯定否定提问的前半部省略"得"，否定词出现在句子后半部的前面）

波特兰台山话表达为：

畀给多□点儿多，得唔不得？ji⁵⁵ tɔ⁴⁴ ni⁵⁵ tɔ⁴⁴，tak⁵ m̩²² tak⁵？（句子保留两个"得"，否定词出现在两个"得"之间）

你自己□拿唔不□拿得郁动？ni⁵⁵ tu³¹ ki⁵⁵ hu⁵⁵ m̩²² hu⁵⁵ tak⁵ juk⁵？（肯定否定提问的前半部省略"得"，它所带的补语也省掉了）

□他们来唔不来得？kʰiak² lɔi²² m̩²² lɔi²² tak⁵？（肯定否定提问的前半部省略"得"）

圣安东尼奥台山话表达为：

畀给多□点儿，得唔不得？ei⁵⁵ ɔ⁴⁴ nit⁵，ak⁵ m̩²² ak⁵？（句子保留两个"得"，否定词出现在两个"得"之间）

你自己拧唔不拧□得起？nei⁵⁵ ti³¹ kei⁵⁵ naŋ⁴⁴ m̩²² naŋ⁴⁴ a³¹ hei⁵⁵？（肯定否定提问的前半部省略"□a³¹"，它所带的补语也省略了）

□他们来唔不来得？kʰiak² lɔi²² m̩²² lɔi²² ak⁵？（肯定否定提问的前半部省略"得"，否定词出现在句子后半部的前面）

（2）广府话。

三藩市广府话表达为：

畀给多啲点儿，得唔不得？pei³⁵ tɔ⁵⁵ ti⁵⁵，tɐt⁵ m̩²¹ tɐt⁵？（句子保留两个"得"，否定词出现在两个"得"之间）

你自己搦拿唔不搦拿得郁动？nei¹³ tsi²² kei¹³ lek⁵ m̩²¹ lek⁵ tɐt⁵ juk⁵？（肯定否定提问的前半部省略"得"，它所带的补语也省略了）

渠佢他们嚟来唔不嚟来得？kʰœy¹³ tei²² lei²¹ m̩²¹ lei²¹ tɐt⁵？（肯定否定提问的前半部省略"得"）

第4章　美国华人社区粤方言语法研究

洛杉矶广府话表达为：

畀_给多啲_{点儿}，得唔_不得？pei³⁵ tɔ⁵⁵ ti⁵⁵，tɐt⁵ m̩²¹ tɐt⁵？（句子保留两个"得"，否定词出现在两个"得"之间）

你自己搹_拿唔_不搹_拿得郁_动？nei¹³ tsi²² kei³⁵ nek⁵ m̩²¹ nek⁵ tɐt⁵ juk⁵？（肯定否定提问的前半部省略"得"，它所带的补语也省略了）

渠哋_{他们}嚟_来唔_不嚟_来得？kʰœy¹³ tei²² lei²¹ m̩²¹ lei²¹ tɐt⁵？（肯定否定提问的前半部省略"得"）

纽约广府话表达为：

畀_给多啲_{点儿}渠啦？pei³⁵ tɔ⁵⁵ ti⁵⁵ kʰœy¹³ la³³？（此句非以肯定否定方式提问）

你自己攞_拿唔_不攞_拿得起？nei¹³ tsi²² kei³⁵ lɔ³⁵ m̩²¹ lɔ³⁵ tɐk⁵ hei³⁵？（肯定否定提问的前半部省略"得"，它所带的补语也省略了）

渠哋_{他们}嚟_来唔_不嚟_来得？kʰœy¹³ tei²² lei²¹ m̩²¹ lei²¹ tɐk⁵？（肯定否定提问的前半部省略"得"）

芝加哥广府话表达为：

畀_给多啲_{点儿}得唔得？pei³⁵ tɔ⁵⁵ ti⁵⁵，tɐt⁵ m̩²¹ tɐt⁵？（句子保留两个"得"，否定词出现在两个肯定式之间）

你自己搹_拿唔_不搹_拿得郁_动？nei¹³ tsi²² kei³⁵ nek⁵ m̩²¹ nek⁵ tɐt⁵ juk⁵？（肯定否定提问的前半部省略"得"，它所带的补语也省略了）

渠哋_{他们}嚟_来唔_不嚟_来得？kʰœy¹³ tei²² lei²¹ m̩²¹ lei²¹ tɐt⁵？（肯定否定提问的前半部省略"得"）

波特兰广府话表达为：

畀_给多啲_{点儿}得唔_不得？pei³⁵ tɔ⁵⁵ ti⁵⁵ tɐk⁵ m̩²¹ tɐk⁵？（句子保留两个"得"，否定词出现在两个"得"之间）

你自己搹_拿唔_不搹_拿得郁_动？nei¹³ tsi²² kei³⁵ nek⁵ m̩²¹ nek⁵ tɐk⁵ juk⁵？（肯定否定提问的前半部省略"得"，它所带的补语也省略了）

渠哋_{他们}嚟_来唔_不嚟_来得？kʰœy¹³ tei²² lei²¹ m̩²¹ lei²¹ tɐk⁵？（肯定否定提问的前半部省略"得"）

休斯敦广府话表达为：

畀_给多啲_{点儿}，得唔_不得？pei³⁵ tɔ⁵⁵ ti⁵⁵，tɐt⁵ m̩²¹ tɐt⁵？（句子保留两个"得"，否定词出现在两个"得"之间）

你自己拧_拿唔_不拧_拿得郁_动？nei¹³ tsi²² kei³⁵ neŋ³⁵ m̩²¹ neŋ³⁵ tɐt⁵ juk⁵？（肯定否定提问的前半部省略"得"，它所带的补语也省略了）

渠哋_{他们}嚟_来唔_不嚟_来得？kʰœy¹³ tei²² lei²¹ m̩²¹ lei²¹ tɐt⁵？（肯定否定提问的前半部省略"得"）

4.2.9 "有""冇"句

"有"字句在汉语普通话中没有，但广泛存在于中国南方的闽、粤、客方言中。这种句子在动词前面表示领有的"有"进一步肯定了句子后面所述的情况，使用频率很高。若将这种句子中的"有"换成否定词——在粤方言台山话和广府话里都是"冇"，句子就变成否定句。

"有""冇"句在美国华人社区的粤方言台山话、广府话里也非常活跃。

下面是4个普通话的句子：

①我告诉过他。
②我没告诉过他。
③我去过广州。
④我没去过上海。

华人社区各粤方言点的表达如下。
（1）台山话。
三藩市台山话用"有 jiu⁵⁵""冇 mau⁵⁵"。例如：

我有讲过畀_给渠_他听。ŋɔi⁵⁵ jiu⁵⁵ kɔŋ⁵⁵ kuɔ⁴⁴ ji⁵⁵ kʰui⁴⁴ tʰaŋ⁴⁴.
我冇_{没有}讲过畀_给渠_他听。ŋɔi⁵⁵ mau⁵⁵ kɔŋ⁵⁵ kuɔ⁴⁴ ji⁵⁵ kʰui⁴⁴ tʰaŋ⁴⁴.
我有去过广州。ŋɔi⁵⁵ jiu⁵⁵ hui⁴⁴ kuɔ⁴⁴ kɔŋ⁵⁵ tsiu⁴⁴.
我冇_{没有}去过上海。ŋɔi⁵⁵ mau⁵⁵ hui⁴⁴ kuɔ⁴⁴ siaŋ³¹ hɔi⁵⁵.

洛杉矶台山话用"有 jiu³⁵""冇 mɔ⁴⁴"。例如：

我有讲渠_他□听。ŋui²¹ jiu³⁵ kɔŋ⁴⁴ kʰui²¹ jaŋ²¹.
我冇_{没有}讲渠_他□听。ŋui²¹ mɔ⁴⁴ kɔŋ⁴⁴ kʰui²¹ jaŋ²¹.
我有去过广州。ŋui²¹ jiu³⁵ hui⁴⁴ kuɔ⁴⁴ kɔŋ⁵⁵ tsiu⁴⁴.
我冇_{没有}去过上海。ŋui²¹ mɔ⁴⁴ hui⁴⁴ kuɔ⁴⁴ siaŋ²¹ hɔi⁵⁵.

纽约台山话用"有 jiu³¹⁻⁵⁵""冇 mou⁵⁵"。例如：

我有讲过渠_他听。ŋɔi⁵⁵ jiu³¹⁻⁵⁵ kɔŋ⁵⁵ kɔ⁴⁴ kʰui⁵⁵ hɛŋ⁴⁴.

我冇_{没有}讲过渠_他听。ŋɔi⁵⁵ mou⁵⁵ kɔŋ⁵⁵ kɔ⁴⁴ kʰui⁵⁵ hɛŋ⁴⁴.
我有去过广州。ŋɔi⁵⁵ jiu³¹⁻⁵⁵ hui⁴⁴ kɔ⁴⁴ kɔŋ⁵⁵ tsiu⁴⁴.
我冇没有去过上海。ŋɔi⁵⁵ mou⁵⁵ hui⁴⁴ kɔ⁴⁴ sɛŋ³¹ hɔi⁵⁵.

芝加哥台山话用"有 jiu⁵⁵""冇 mou⁵⁵"。例如：

我有讲过渠_他听。ŋɔ⁵⁵ jiu⁵⁵ kɔŋ⁵⁵ kuɔ⁴⁴ kʰui⁵⁵ hiaŋ⁴⁴.
我冇_{没有}讲过渠_他听。ŋɔ⁵⁵ mou⁵⁵ kɔŋ⁵⁵ kuɔ⁴⁴ kʰui⁵⁵ hiaŋ⁴⁴.
我有去过广州。ŋɔ⁵⁵ jiu⁵⁵ hui⁴⁴ kuɔ⁴⁴ kɔŋ⁵⁵ tsiu⁴⁴.
我冇_{没有}去过上海。ŋɔ⁵⁵ mou⁵⁵ hui⁴⁴ kuɔ⁴⁴ siaŋ³¹ hɔi⁵⁵.

波特兰台山话用"有 jiu⁵⁵""冇 mou⁵⁵"。例如：

我有讲过渠_他听。ŋɔi⁵⁵ jiu⁵⁵ kɔŋ⁴⁴ kuɔ⁴⁴ kʰi⁵⁵ hɛŋ⁴⁴.
我冇_{没有}讲过渠_他听。ŋɔi⁵⁵ mou⁵⁵ lɔŋ⁵⁵ kuɔ⁴⁴ kʰi⁵⁵ hɛŋ⁴⁴.
我有去过广州。ŋɔ¹³ jiu⁵⁵ hœy³³ kwɔ³³ kwɔŋ³⁵ tsɐu⁵⁵.
我冇_{没有}去过上海。ŋɔ¹³ mou⁵⁵ hœy³³ kwɔ³³ sœŋ²² hɔi³⁵.

圣安东尼奥台山话用"有 jiu⁵⁵""冇 mou⁵⁵"。例如：

我有讲过畀_给渠_他听。ŋɔi³¹ jiu⁵⁵ kɔŋ⁵⁵ kuɔ⁴⁴ ei⁵⁵ kʰui⁵⁵ hɛŋ⁴⁴.
我冇_{没有}讲过畀_给渠_他听。ŋɔi³¹ mou⁵⁵ kɔŋ⁵⁵ kuɔ⁴⁴ ei⁵⁵ kʰui⁵⁵ hɛŋ⁴⁴.
我有去过广州。ŋɔi³¹ jiu⁵⁵ hui⁴⁴ kuɔ⁴⁴ kɔŋ⁵⁵ tsiu⁴⁴.
我冇_{没有}去过上海。ŋɔi³¹ mou⁵⁵ hui⁴⁴ kuɔ⁴⁴ sɛŋ³¹ hɔi⁵⁵.

(2) 广府话。
三藩市广府话用"有 jɐu¹³""冇 mou¹³"。例如：

我有讲过畀_给渠_他听。ŋɔ¹³ jɐu¹³ kɔŋ³⁵ kwɔ³³ pei³⁵ kʰœy¹³ tʰɛŋ⁵⁵.
我冇_{没有}讲过畀_给渠_他听。ŋɔ¹³ mou¹³ kɔŋ³⁵ kwɔ³³ pei³⁵ kʰœy¹³ tʰɛŋ⁵⁵.
我有去过广州。ŋɔ¹³ jɐu¹³ hœy³³ kwɔ³⁵ kɔŋ³⁵ tsɐu⁵⁵.
我冇_{没有}去过上海。ŋɔ¹³ mou¹³ hœy³³ kwɔ³³ sœŋ²² hɔi³⁵.

洛杉矶广府话用"有 jɐu¹³""冇 mou¹³"。例如：

我有讲过畀_给渠_他听。ŋɔ¹³ jɐu¹³ kɔŋ³⁵ kwɔ³³ pei³⁵ kʰœy¹³ tʰɛŋ⁵⁵.
我冇_{没有}讲过畀_给渠_他听。ŋɔ¹³ mou¹³ kɔŋ³⁵ kwɔ³³ pei³⁵ kʰœy¹³ tʰɛŋ⁵⁵.

我有去过广州。ŋɔ¹³ jɐu¹³ hœy³³ kwɔ³³ kɔŋ³⁵ tsɐu⁵⁵.
我冇~没有~去过上海。ŋɔ¹³ mou¹³ hœy³³ kwɔ³³ sœŋ²² hɔi³⁵.

纽约广府话用"有 jɐu¹³""冇 mou¹³"。例如：

我有讲过畀~给~渠~他~听。ɔ¹³ jɐu¹³ kɔŋ³⁵ kwɔ³³ pei³⁵ kʰœy¹³ tʰɛŋ⁵⁵.
我冇~没有~讲过畀~给~渠~他~听。ɔ¹³ mou¹³ kɔŋ³⁵ kwɔ³³ pei³⁵ kʰœy¹³ tʰɛŋ⁵⁵.
我有去过广州。ɔ¹³ jɐu¹³ hœy³³ kwɔ³³ kwɔŋ³⁵ tsɐu⁵⁵.
我冇~没有~去过上海。ɔ¹³ mou¹³ hœy³³ kwɔ³³ sœŋ²² hɔi³⁵.

芝加哥广府话用"有 jɐu¹³""冇 mou¹³"。例如：

我有话~说~畀~给~渠~他~知。ŋɔ¹³ jɐu¹³ wa²² pei³⁵ kʰœy¹³ tsi⁵⁵.
我冇~没有~话~说~畀~给~渠~他~知。ŋɔ¹³ mou¹³ wa²² pei³⁵ kʰœy¹³ tsi⁵⁵.
我有去过广州。ŋɔ¹³ jɐu¹³ hœy³³ kwɔ³³ kwɔŋ³⁵ tsɐu⁵⁵.
我冇~没有~去过上海。ŋɔ¹³ mou¹³ hœy³³ kwɔ³³ sœŋ²² hɔi³⁵.

波特兰广府话用"有 jɐu¹³""冇 mɐu¹³"。例如：

我有讲过畀~给~渠~他~听。ŋɔ¹³ jɐu¹³ kɔŋ³⁵ kwɔ³³ pei³⁵ kʰœy¹³ tʰɛŋ⁵⁵.
我冇~没有~讲过畀~给~渠~他~听。ŋɔ¹³ mɐu¹³ kɔŋ³⁵ kwɔ³³ pei³⁵ kʰœy¹³ tʰɛŋ⁵⁵.
我有去过广州。ŋɔ¹³ jɐu¹³ hœy³³ kwɔ³³ kwɔŋ³⁵ tsɐu⁵⁵.
我冇~没有~去过上海。ŋɔ¹³ mɐu¹³ hœy³³ kwɔ³³ sœŋ²² hɔi³⁵.

休斯敦广府话用"有 jɐu¹³""冇 mou¹³"。例如：

我有讲过畀~给~渠~他~听。ŋɔ¹³ jɐu¹³ kɔŋ³⁵ kwɔ³³ pei³⁵ kʰœy¹³ tʰɛŋ⁵⁵.
我冇~没有~讲过畀~给~渠~他~听。ŋɔ¹³ mou¹³ kɔŋ³⁵ kwɔ³³ pei³⁵ kʰœy¹³ tʰɛŋ⁵⁵.
我有去过广州。ŋɔ¹³ jɐu¹³ hœy³³ kwɔ³³ kɔŋ³⁵ tsɐu⁵⁵.
我冇~没有~去过上海。ŋɔ¹³ mou¹³ hœy³³ kwɔ³³ sœŋ²² hɔi³⁵.

4.3 语法小结

语法的变化非常缓慢，从有文字记载以来，汉语句子基本的主、谓、宾排列顺序就没有发生变化。通常讨论国内汉语方言的语法，不少时候也会以"与共同语普通话同多异少"作结。我们在海外东南亚华人社区的调查也表明，东南亚华人社区汉语方言的语法部分与祖籍地方言相同的地方多，有差异的地方少。

第4章 美国华人社区粤方言语法研究

不过，这种状况在美国华人社区的台山话、广府话里开始有了变化。

我们惊讶地发现，浸润在美国主流语言英语中近两百年，近年来又频频受到汉语普通话冲击的美国华人社区台山话和广府话，无论在语法的词法部分还是句法部分，都已经有了一些异于祖籍地方言的变化。变化虽然还不算太多，但已经悄悄地开始了。

从词法部分的名词开始，美国华人社区台山话和广府话，就与祖籍地方言有了一些不一致。例如，部分名词的构词方式、构词语素明显地与祖籍地方言不同。关于牲畜的说法就是一例。就连词类中最封闭的代词也发生了变化，仅洛杉矶台山话第一人称复数代词"我们 ŋɔi²¹mun²²⁻³⁵"的说法就令人震撼。汉语和汉语方言非常有特色的量词与名词的搭配，华人更是各自都有"自由发挥"，各个方言点的表达都有一些显得没有章法、不同于祖籍地方言固有表达方式的特点。

说华人社区台山话和广府话的量词使用混乱，还因为目前这一类与祖籍地有差异的量词并非社区内的约定俗成，不同的地点、不同的发音人在不同的时间都可能会有不同的说法。实地调查令我们对美国华人社区量词使用的现状有了深刻的体会。

而句法部分，也有一些表达是明显受到美国主流语言英语的影响的。诸如芝加哥广府话的"BB 青蛙_青蛙BB_pi²¹pi⁵⁵tsʰeŋ⁵⁵wa⁵⁵"、波特兰广府话的"BB 羊_羊BB_pi²¹pi⁵⁵jœŋ²¹"、洛杉矶台山话的"落日头_天黑_lɔk²ŋit²hau²²"和"我一年老过渠_我比他大一岁_ŋui²¹jit⁵nɛn²²lɔ⁵⁵kuɔ⁴⁴kʰui²¹"等语序颠倒的说法（参见上文。粤方言广州话和台山话的习惯说法应分别为"青蛙BB""羊BB""日头落""我老过渠一年"）都说明了这点。

在本书所披露的12个汉语方言点中，至少有一半的点是在美国华人最多的地方的，而在美国的其他地方，尤其是华人不多的地方，华人使用汉语方言交际的场合恐怕更少，可以想见，汉语方言的留存就更加困难，变化也更容易发生。

从本书的阐述来看，我们从语音、词汇到语法逐渐了解了美国华人社区粤方言台山话和广府话有异于祖籍地汉语源方言的变化。我们曾经说过，无论相对于祖籍地的源方言，还是相对于居住国的主流语言，海外汉语方言都是濒危的。如今，我们还要说，相对于海外如东南亚华人社区等地的汉语方言，美国华人社区的汉语方言濒危的程度更加严重，状况更是令人担忧。

对美国华人社区的汉语方言、对海外不同国家和地区华人社区的汉语方言，都应该尽快做一次普查。所有海外汉语方言，都是亟待语言资源保护的重点对象，做好普查和挽救性的记录，是当务之急。我们对美国华人社区的12个粤方言点做了一些挽救性的记录和研究，但是，对海外华人社区的汉语方言，我们什么时候才能够迎来一次挽救性的普查呢？

第 5 章　美国华人社区教育与文化点滴

本章将从文化教育与文化生活的角度，从我们调查了解到的情况入手，谈谈有关美国、美国华人社区教育和文化的一些问题。

讨论将涉及美国华人的语言方言取向；华文教育在美国、在美国华人社区的状况；美国华人社区的传媒，以及汉语、中华文化在美国华人社区的流传和在美国的传播；中华文化和汉语方言文化在美国华人社区的留存、发扬。讨论也将涉及美国华人社区流传的一些汉语方言俗语、中华饮食文化在美国的传播，特别是与饮食文化关系密切的美国中餐馆的命名、中国菜的命名、中国菜名的英译。此外，还有美国华人的姓氏英译探析等既与文化有关，又与美国华人的语言方言不无关系的问题。

本章的论述虽然是教育与文化，但其实所有的内容都与华人的语言、方言有关。华文教育离不开汉语，中华文化在美国和美国华人社区的传播自然也离不开汉语和汉语方言，特别是一直被视为美国华人社区通用语的粤方言。希望通过本章的阐述，我们能够从教育、文化方面了解华人语言方言的一些情况，从华人语言方言的实际运用中了解华人的文化状况；能够从本书第 2 章、第 3 章、第 4 章的相对纯语言、纯汉语方言研究之外的另一个角度，去展示美国、美国华人社区、美国华人面貌的一些其他方面，从而能够从另一个角度进一步了解美国，了解美国的华人社区、美国的华人，也更进一步了解他们所使用的汉语和汉语粤方言，以及汉语和汉语方言在美国的生存现状。

5.1　美国华人语言方言取向探讨

地处北美洲的美国是一个移民国家。在 3 亿多美国人中，除了土著及其后代，还有来自世界各地的移民及其后裔。作为一个种族多元、文化多元的国家，美国的综合国力强盛，在经济上和文化上对全球都有重要的影响。

我们知道，英语是美国的主流语言，全美有 80% 的人只说英语。除此之外，西班牙语、夏威夷语和法语等，也被美国的新墨西哥州、夏威夷州和路易斯安那州分别作为主要语言来使用。西班牙语在新墨西哥州、夏威夷语在夏威夷州、法语在路易斯安那州与英语一样，都是通用语言。其中，新墨西哥州还是美国唯一一个使用两种官方语言命名的州，其英语名为"New Mexico"，西班牙语名为"Nuevo México"。

其实，在美国，通行西班牙语的不仅有新墨西哥州，佛罗里达州也是如此。位于美国南部的佛罗里达州原本是印第安人的聚居地，1513 年，西班牙航海家胡安·庞塞·德莱昂为寻找"青春泉"去到那里，因为时值西班牙人称为"Pascua Florida"（花的复活节）的节日，于是用西班牙语"Florida"为其命名。佛罗里达州有不少使用西班牙语的居民，佛罗里达与古巴隔海相望的迈阿密（Miami）更是通行西班牙语。

西班牙语还是美国民众普遍学习、使用的外语。而就使用人数来说，英语与西班牙语位居前两位，第三位的则是汉语（包括汉语普通话，汉语粤方言台山话、广府话）。除了汉语普通话，美国华人主要使用的汉语方言是粤方言广府话和台山话，同时，也有影响力正在逐渐增强的闽东方言福州话，客家话和其他汉语方言也有一些华人在使用。①

华人要融入美国主流社会，就必须掌握英语。除了英语的影响，随着中国的改革开放、华语在世界范围内的推广，美国华人社区的汉语方言也受到了华语的巨大冲击。因此，美国华人的语言方言态度、语言方言取向在很大程度上决定了作为美国华人社区文化载体的汉语方言在美国华人社区的盛衰。作为方言文化载体的汉语方言若衰落消失了，方言文化也将不复存在。我们不能听任这种现象的发生。了解华人的语言方言取向，将有助于我们去维护、挽救华人社区的汉语方言。

本节通过随机问卷调查的形式，对收集到的 128 份关于美国华人语言方言取向的调查表进行整理分析，从而对美国华人社区的语言方言现状做出评判。我们的问卷调查主要涉及美国加利福尼亚州的三藩市、加利福尼亚州的洛杉矶、伊利诺伊州的芝加哥、纽约州的纽约市、俄勒冈州的波特兰市、得克萨斯州的圣安东尼奥和休斯敦这 7 个城市的华人。

5.1.1　关于调查问卷

以下是我们使用的包括 18 个大问题的调查问卷。考虑到美国土生华人大多没有受过中文教育，不识汉字，问卷采用了汉语、英语两种语言。

美国华人语言方言使用情况调查表

Questionnaire on Languages and Dialects Used by American Chinese

英文姓名（Name in English）：_____

中文姓名（Name in Chinese, if any）：_____

年龄（Age）：__ 小于（Under）20　__ 20-30　__ 31-40　__ 41-50
　　　　　　__ 51-60　__ 超过（Over）60

性别（Gender）：_____　　出生地（Birthplace）：_____

祖籍（Ancestral homeland）：_____

1. 是第几代美籍华人（Generation of Chinese immigrants）：_____
2. 受教育程度（Level of education）[请选择（Please circle ONE that applies）]：
   A. 小学（Elementary school）　　B. 初中（Junior high）
   C. 高中（High school）　　　　　D. 大专（College）
   E. 研究院（Graduate school）　　F. 其他（Others）：_____
3. 在学校里有没有修过中文课（Did you take Chinese course）？有（Yes）/没有（No）多

---

① 关于美国语言状况的资料和数据来自实地调查及维基百科。

久（How long）？_____

什么时候（When）？［可选择多项（Please circle ALL that apply）］

    A. 小学（Elementary school）   B. 初中（Junior high）

    C. 高中（High school）   D. 大专（College）

    E. 研究院（Graduate school）   F. 其他（Others）：_____

4. 有没有上过周末中文学校（Did you attend weekend Chinese school）？

    有（Yes）/没有（No）

    什么时候（When）？_____ 多久（How long）？_____

5. 汉语课本的名字（Name of the Chinese textbooks used）：_____

    教授的语言（Language taught）：

    A. 普通话（Mandarin）   B. 广州话（Cantonese）

    C. 其他（Others）：_____

    汉字使用（Characters used）：

    A. 只用简体（Simplified）   B. 只用繁体（Traditional）

    C. 简繁体并用（Both）

    拼音使用（Romanization）：

    A. 汉语拼音（Pinyin）   B. 注音符号（Phonetic symbols）

    C. 耶鲁拼音（Yale）

6. 母语 Mother tongue：

    A. 粤语（广州）［Yue（Guangzhou）］

    B. 粤语（四邑）［Yue（Taishan）］

    C. 粤语（石岐）［Yue（Shiqi）］

    D. 闽语（台湾）［Min（Taiwan）］

    E. 闽语（福建）［Min（Fujian）］

    F. 北方话（Northern dialect）

    G. 上海话（Shanghai dialect）

    H. 客家话（Hakka）

    I. 英语（English）

    J. 其他（Others）：_____

7. 对母语的掌握程度（Mastery of the mother tongue）：

    听（Listening）：

    A. 完全听不懂（Unable to understand at all）

    B. 能听懂一点（Can understand a little）

    C. 听懂日常会话（Can understand daily conversations）

    D. 听懂新闻（Can understand news）

    说（Speaking）：

    A. 完全不会说（Unable to speak at all）

    B. 会说几句（Can speak a little）

C. 能谈论日常生活（Can talk about daily life）

D. 能做演讲（Can give a presentation）

读（Reading）：

A. 完全看不懂汉字（Unable to read characters）

B. 看懂基本汉字（Can read basic characters）

C. 看懂日常文字（Can read daily writings）

D. 看懂中文报纸（Can read Chinese newspaper）

写（Writing）：

A. 完全不会写（Unable to write at all）

B. 只会写自己的名字（Can write own Chinese name）

C. 会写便条（Can write a simple note）

D. 会写中文文章（Can write Chinese essay）

8. 是否被父母要求讲母语（Did your parents require you to speak your mother tongue）？

   A. 是（Yes）   B. 不是（No）

   C. 看情况（It depends）

9. 在家庭中使用母语的情况（The use of mother tongue at home）：

   A. 全说母语（Use it all the time）

   B. 常常说（Use it frequently）

   C. 偶尔说（Use it occasionally）

   D. 不说（Never use it）

10. 工作（或在校学习）使用母语的情况（The use of mother tongue at work or in school）：

   A. 全说母语（Use it all the time）

   B. 常常说（Use it frequently）

   C. 偶尔说（Use it occasionally）

   D. 不说（Never use it）

11. 与亲戚朋友交往时使用母语的情况（The use of mother tongue when contacting relatives & friends）：

   A. 全说母语（Use it all the time）

   B. 常常说（Use it frequently）

   C. 偶尔说（Use it occasionally）

   D. 不说（Never use it）

12. 如果有孩子，是否要求他们讲母语（Do you require your children, if any, to speak your mother tongue）？

   A. 是（Yes）   B. 不是（No）

   C. 看情况（It depends）

13. 除母语外，你会说的语言或方言（Languages/dialects that you can speak besides your mother tongue）：

   A. 粤语（广州）［Yue（Guangzhou）］

B. 粤语（四邑）［Yue (Taishan)］

C. 粤语（石岐）［Yue (Shiqi)］

D. 闽语（台湾）［Min (Taiwan)］

E. 闽语（福建）［Min (Fujian)］

F. 北方话（Northern dialect）

G. 上海话（Shanghai dialect）

H. 客家话（Hakka）

I. 英语（English）

J. 其他（Others）：_____

14. 你日常使用得最多的语言或方言（Your most frequently-used language or dialect in daily life）：

A. 粤语（广州）［Yue (Guangzhou)］

B. 粤语（四邑）［Yue (Taishan)］

C. 粤语（石岐）［Yue (Shiqi)］

D. 闽语（台湾）［Min (Taiwan)］

E. 闽语（福建）［Min (Fujian)］

F. 北方话（Northern dialect）

G. 上海话（Shanghai dialect）

H. 客家话（Hakka）

I. 英语（English）

J. 其他（Others）：_____

15. 你说哪种语言或方言最流利（Which language or dialect that you speak the most fluently）？

A. 粤语（广州）［Yue (Guangzhou)］

B. 粤语（四邑）［Yue (Taishan)］

C. 粤语（石岐）［Yue (Shiqi)］

D. 闽语（台湾）［Min (Taiwan)］

E. 闽语（福建）［Min (Fujian)］

F. 北方话（Northern dialect）

G. 上海话（Shanghai dialect）

H. 客家话（Hakka）

I. 英语（English）

J. 其他（Others）：_____

16. 过华人节日（Chinese holidays that you celebrate）［可选择多项（Please circle ALL that apply）］：

A. 春节（Chinese New Year）

B. 中秋节（Mid-Autumn Festival）

C. 端午节（Dragon Boat Festival）

D. 元宵节（Lantern Festival）

D. 清明节（Qing Ming Festival）

D. 其他节日（Other festivals）

17. 常吃的中国食物（Chinese foods that you often eat）[可选择多项（Please circle ALL that apply）]：

    A. 米饭（Cooked rice）

    B. 饺子（Dumplings）

    C. 点心（Dim sum）

    D. 月饼（Moon cake）

    E. 粽子（Wrapped dumplings）

    F. 粥（Porridge）

    G. 中式汤（Chinese soups）

    H. 其他（Others）：_____

18. 你会说多种方言的原因（Reasons that you can speak dialects）[可选择多项（Please circle ALL that apply）]：

    A. 家里教的（Acquired at home）

    B. 学校教的（Learned at school）

    C. 跟朋友学的（Learned from friends）

    D. 工作时学的（Learned from work）

    E. 其他（Others）：_____

非常感谢您的帮助和支持！
Thank you very much for your help and support！
日期：_____年_____月_____日
Date（yyyy/mm/dd）：_____/_____/_____

我们的受访者主要是祖籍地在中国广东流行粤方言台山话和广府话的四邑一带、广州一带等珠江三角洲地区使用粤方言台山话、广府话的华人，也包括少量祖籍地为中国其他省份的华人。问卷内容除了被调查者的年龄、性别、出生地、祖籍地等基础信息以外，还包括华人的受教育程度、对母语方言掌握及使用的情况、对母语方言的态度，以及与文化层面等相关的18个问题。

5.1.2 问卷基本信息的统计分析

通过问卷,我们整理了如下图表。

受访者性别统计的 128 份问卷中,共有男性 75 人,女性 50 人,中性 1 人,未填写的 2 人。(如图 5-1 所示)

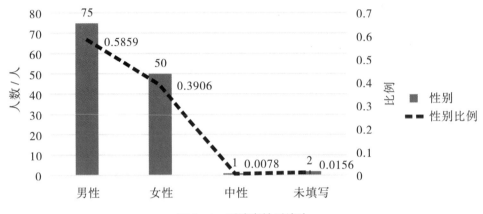

图 5-1 受访者性别统计

受访者中,第一代华人 57 人,占受访者的 44.53%;第二代华人 55 人,占受访者的 42.97%;第三代华人 3 人,占受访者的 2.34%;第四代华人 1 人,占受访者的 0.78%;未标出代别的 12 人,占受访者的 9.38%。其中,小于 20 岁的 36 人,占受访者的 28.13%;20~30 岁的 24 人,占受访者的 18.75%;31~40 岁的 9 人,占受访者的 7.03%;41~50 岁的 8 人,占受访者的 6.25%;51~60 岁的 19 人,占受访者的 14.84%;超过 60 岁的 31 人,占受访者的 24.22%;未标出年龄的 1 人,占受访者的 0.78%。(见表 5-1)

表 5-1 受访者的代别与年龄统计

代别[①]	年龄							合计	比例
	<20 岁	20~30 岁	31~40 岁	41~50 岁	51~60 岁	>60 岁	未标出		
第一代	3 人	7 人	2 人	6 人	14 人	24 人	1 人	57 人	44.53%
第二代	24 人	17 人	6 人	1 人	2 人	5 人	0 人	55 人	42.97%
第三代	3 人	0 人	0 人	0 人	0 人	0 人	0 人	3 人	2.34%
第四代	0 人	0 人	1 人	0 人	0 人	0 人	0 人	1 人	0.78%
未标出	6 人	0 人	0 人	1 人	3 人	2 人	0 人	12 人	9.38%
合计	36 人	24 人	9 人	8 人	19 人	31 人	1 人	128 人	100.00%
比例	28.13%	18.75%	7.03%	6.25%	14.84%	24.22%	0.78%	100.00%	

① 表 5-1 中的第一代华人指在中国出生,然后移民美国的华人,第二代以上的华人指在美国出生长大的华人。

受访者中，祖籍地填写为广东省的共有 62 人，占总人数的 48.44%；填中国的 32 人，占总人数的 25%；填福建省的 13 人，占总人数的 10.12%；填香港的 3 人，占总人数的 2.34%；填美国的 2 人，占总人数的 2.34%；填湖北省、江西省、台湾地区、上海市及瑞典的分别有 1 人，分别各占总人数的 0.78%；还有未填写的 7 人，占总人数的 5.47%；填写不清晰的 4 人，占总人数的 3.13%。（见表 5-2）

表 5-2 受访者填写的祖籍地（含广东省籍）

填写的祖籍地	人数	比例	填写的祖籍地	人数	比例
广东	62	48.44%	江西	1	0.78%
中国	32	25.00%	台湾地区	1	0.78%
福建	13	10.12%	上海	1	0.78%
香港	3	2.34%	瑞典	1	0.78%
美国	2	1.56%	填写不清	4	3.13%
湖北	1	0.78%	未填写	7	5.47%

在 128 位受访者中，祖籍地为广东省的共有 62 位。其中，填写中国台山地区的 23 人，占全部受访者的 17.97%；填写广东省的 9 人，占受访者的 7.03%；填写新会地区的 7 人，占受访者的 5.47%；填写广州地区的 6 人，占受访者的 4.69%；填写惠州地区的 4 人，占受访者的 3.13%；填写惠阳、深圳宝安、潮州地区的各有 3 人，各占受访者的 2.34%；填写东莞、龙川、深圳大鹏、佛山地区的分别有 1 人，各占受访者的 0.78%。（见表 5-3）

表 5-3 广东省籍祖籍地归属

祖籍地	人数	比例	祖籍地	人数	比例
惠州	4	3.13%	广州	6	4.69%
惠阳	3	2.34%	佛山	1	0.78%
东莞	1	0.78%	广东	9	7.03%
台山	23	17.97%	宝安	3	2.34%
龙川	1	0.78%	潮州	3	2.34%
大鹏	1	0.78%	新会	7	5.47%

通过对以上图表的整理，我们可以获得以下一些信息。

（1）受访者以男性居多，占比超过一半。

（2）从年龄和代别上看，各年龄段的受访者都有。其中，数量比较多的是小于 20 岁的人，他们基本上属于第二代华人，他们的父母不少是中国改革开放以后去美国的移民；年龄超过 60 岁的基本上属于第一代华人。

（3）从受访者的祖籍地看，有以下几个特点：①祖籍地主要还是以广东、福建两省为主，其中又以广东四邑地区为最多；②除广东、福建两省外，还有湖北、江西、四川等地的；③有3个人将祖籍地分别写为"美国"和"瑞典"，有1/4的人将祖籍地直接写为"中国"。

（4）美国华人的迁移史告诉我们，最初，在淘金年代赴美的华人基本都是广东珠江三角洲四邑一带的人（参见1.1.2"美国的华人社区"），他们大都以说粤方言为主。与早期赴美的华人移民相比，当代美国华人新移民的来源地更加多元化。他们不但来自中国内地，而且来自大中华经济圈，如中国的香港、澳门和台湾地区，以及越南、柬埔寨、马来西亚和拉丁美洲等地。因此，美国华人社区的汉语方言种类也会有继续增多的可能性，闽东方言福州话近二三十年在纽约唐人街的发展，就是一个非常好的例子。

将祖籍地填写为"美国"的是一位20～30岁的第二代华人和一位未标出代别的51～60岁的华人（在研究院工作），填写为"瑞典"的是一位未标出代别的年龄小于20岁的华人，她出生于美国。在一定程度上，这种出生认同也就是文化认同。

此外，绝大多数的受访者只能将祖籍地填写为中国省或市一级的行政单位，很少能将祖籍地准确无误地按国家、省、市、镇、村等一一详细写出来。至于直接将祖籍地填写为"中国"的，则说明在填写者的意识里，祖籍地只能用一个大的国家概念来概括。

5.1.2.1 关于母语认同的相关统计

受访华人中，认同粤语为母语的人数量最多，共有78个人，其次是客家话、闽语，分别有13个人、9个人，认同普通话和英语的也有一定的人数，尤其是英语，甚至成为仅次于粤语的第二选项。（见表5-4）需要说明的是，我们的受访者通常都会讲粤方言。

表5-4 母语认同

语言或方言	人数	语言或方言	人数
粤语	78	四川话	1
闽语	10	普通话	7
客家话	13	英语	20
北方话	3	未填写	9

受访华人中，有13位将自己的母语归属为不止一种语言或者方言。其中，将客家话和英语、普通话和英语、闽语和英语、粤语和北方话、粤语和闽语填写为母语的各有1人，将粤语和客家话填写为母语的有2人，将粤语和英语填写为母语的有6人。这恐怕与受访者是多语多方言的使用者有关。

受访华人选择的不同，也与他们对自己方言具体归属的不同认知有关。一般来说，华人对汉语方言都有自己的习惯称谓，例如，在马来西亚，华人把粤方言称为"广东话"，把福建厦漳、泉一带的闽南话称为"福建话"。美国华人则习惯将粤方言广府话称为"广东话"，也有一些老华人将粤方言台山话叫作"唐话"。在美国华人社区，粤方言作为主要通行的方言，影响力很大。这使得一些祖籍地不是粤方言地区、会讲粤方言的华人也认可粤方言为自己的母语，因为这是他们从小就学习和使用的汉语方言。

再从年龄段来看华人的母语认同。(见表5-5)

表5-5 不同年龄华人的母语认同

年龄段	粤语	闽语	客家话	普通话	英语	北方话	四川话	未填写
<20岁	13人	4人	2人	6人	11人	2人	0人	3人
20~30岁	16人	3人	2人	1人	4人	0人	0人	1人
31~40岁	6人	0人	2人	0人	3人	0人	0人	0人
41~50岁	3人	0人	1人	0人	0人	0人	1人	3人
51~60岁	17人	0人	3人	0人	0人	0人	0人	0人
>60岁	23人	2人	3人	0人	2人	1人	0人	2人
未填写	0人	1人	0人	0人	0人	0人	0人	0人

由表5-5可以看出：①认同粤方言为母语方言的，在任何年龄段的华人中都占优势；②将普通话或英语作为母语的，基本为年龄小于30岁的华人，另有两位年龄大于60岁的华人将英语归为母语。

目前来看，大多数受访者仍视粤方言、闽方言和客家方言为母语，可见，汉语方言在大多数华人中仍然受到重视。但是，随着汉语国际影响力的提升和英语的强势影响，可以预见，在未来，美国华人，特别是年轻一代的美国华人会更多地使用英语和华语（普通话），汉语方言则会呈现弱化的趋势。

5.1.2.2 关于日常使用汉语方言的统计

图5-2、图5-3、图5-4显示，在家庭交流中，华人使用母语的频率还是比较高的，受访者选择"全说"或"常常说"的，两者相加占78.13%。在与亲朋好友的交往中，华人使用母语的频率则相对要低一些，其中，选择"全说"或"常常说"的人数有60.15%。这个超过六成的选择传递了一个信息：汉语方言目前仍是维系族群内部交流的重要纽带。相反，在工作和学习中，受访者选择"全说"或"常常说"汉语方言的占比只有35.94%，明显低于前两者。这证明了，无论工作还是学习，除了华人自己开办的企业有些差异以外，英语是交际的不二选择。

受访华人中，选择在家庭中"全说"母语的有62人，占全部受访者的48.44%；选择"常常说"的有38人，占全部受访者的29.69%；选择"偶尔说"的有18人，占全部受访者的14.06%；选择"不说"的有8人，占全部受访者的6.25%；而未填写的有2人，占全部受访者的1.56%。（如图5-2所示）

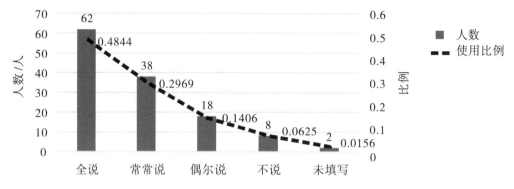

图 5-2　在家庭中使用母语的情况

受访华人中,在工作或学习中,选择"全说"母语的有 24 人,占全部受访者的 18.75%;选择"常常说"的有 22 人,占全部受访者的 17.19%;选择"偶尔说"的有 21 人,占全部受访者的 16.41%;选择"不说"的有 54 人,占全部受访者的 42.19%;未填写的有 7 人,占全部受访者的 5.47%。(如图 5-3 所示)

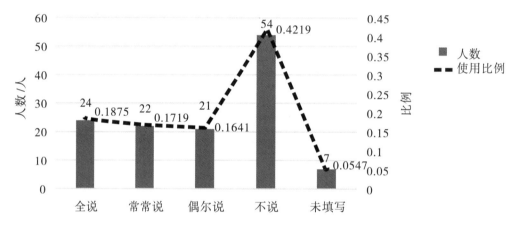

图 5-3　工作或在校学习使用母语的情况

受访华人中,在与亲朋交往中,选择"全说"母语的有 35 人,占全部受访者的 27.34%;选择"常常说"的有 42 人,占全部受访者的 32.81%;选择"偶尔说"的有 28 人,占全部受访者的 21.88%;选择"不说"的有 18 人,占全部受访者的 14.06%;未填写的有 5 人,占全部受访者的 3.91%。(如图 5-4 所示)

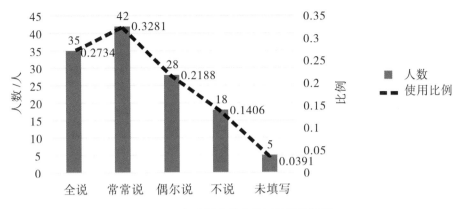

图 5-4 与亲朋交往中使用母语的情况

从年龄来看，在工作或学习中，偶尔说或不说母语的基本上集中在"<20 岁"和"20～30 岁"的年龄段；全说或常常说的，则集中在"51～60 岁"和">60 岁"的年龄段。（见表 5-6）可见，汉语方言仍是老一辈华人在日常工作和生活中主要使用的交流工具。但是，随着时代的发展，年轻一辈的华人越来越多地融入美国主流社会，相信汉语方言使用的场合会逐渐减少。

表 5-6 在工作或学习中使用母语方言与年龄段的关系

年龄段	全说	常常说	偶尔说	不说	未填写
<20 岁	5 人	3 人	9 人	17 人	1 人
20～30 岁	0 人	2 人	5 人	17 人	0 人
31～40 岁	0 人	2 人	2 人	5 人	0 人
41～50 岁	1 人	2 人	1 人	4 人	0 人
51～60 岁	7 人	6 人	1 人	3 人	1 人
>60 岁	11 人	8 人	2 人	8 人	4 人
未填写	1 人	0 人	0 人	0 人	0 人

以上这些变化也和受访者的受教育程度密切相关，在我们的受访者中，拥有大专（大学）以上学历的华人占被调查人数的一半。其中，年龄小于 20 岁的人中正在接受小学教育的有 13 人，正在接受初中教育的有 8 人，正在接受高中教育的有 10 人。可以说，在现阶段，美国华人普遍接受了较为良好的教育，这为他们融入主流社会奠定了坚实的基础。受访者的受教育程度见表 5-7。

表 5-7 受访者的受教育程度

教育程度	人数	比例
小学	13	10.16%
初中	28	21.88%
高中	19	14.84%
大专	58	45.31%
研究院	6	4.69%
其他	3	2.34%
未标出	1	0.78%

5.1.2.3 关于母语掌握程度的统计

表 5-8、表 5-9、表 5-10 的资料显示，母语掌握熟练的人数接近六成，加上基本会的人，共有接近 80% 的人能比较好地运用母语。而在"日常使用得最多的语言或方言"和"哪种语言或方言使用得最熟练"这两个问题上，选择英语的受访者都超过了一半。这说明，英语不仅是华人与社会沟通的主要语言工具，也成了华人之间相互交流的方式之一。另外，在汉语方言使用的熟练程度方面，粤语仍然占据了大多数。

表 5-8 受访者的母语掌握程度①

掌握程度	人数	比例
熟练	73	57.03%
基本会	29	22.66%
会一点	21	16.41%
不会	4	3.13%
未填写	1	0.78%

表 5-9 受访者日常使用得最多的语言或方言

语言或方言	人数
粤语	52
闽语	6
客家话	6

---

① 熟练，指听、说、读、写都可以；基本会，指主要在听、说、读上基本可以，不会写或只会写自己的名字；会一点，指在听、说上会一些，读、写不行；不会，指完全不会。

续表5-9

语言或方言	人数
英语	75
北方话	5
上海话	1
四川话	1
香港话	1
普通话	4
无	0
未填写	8

表5-10　受访者哪种语言或方言使用得最熟练①

语言或方言	人数
粤语	43
闽语	7
客家话	8
英语	65
北方话	3
上海话	0
四川话	2
普通话	5
未填写	16

5.1.2.4　关于受访者母语之外还会说的语言或方言统计

通常，海外华人一般都会说不止一种语言和汉语方言，美国华人也不例外。在"日常使用得最多的语言或方言"以及"说得最流利的语言或方言"两栏中，归结都不止一种。

通过表5-11的统计，可以看到：①大部分人将英语选为母语以外会说的语言；②粤语依然是受访者的第二选项，同时，选择北方话的也有17个人。这也说明随着华人来源地的多样化，美国华人社区流通的汉语方言也会更加多样。

---

① 在"日常使用的最多的语言或方言"和"你说哪种语言或方言最流利"这两个问题上，有人填写了不止一种语言或方言，比如，将英语和粤方言都作为日常使用得最多的语言或方言等。

表 5–11　母语之外还会说的语言或方言

语言或方言	人数
粤语	18
闽语	2
客家话	5
英语	70
北方话	17
上海话	2
普通话	17
无	10
其他	7
未填写	11

表 5–12 说明，美国华人会说不止一种语言或汉语方言的原因，主要在于家庭和学校的教育，家庭和学校是学习语言和方言的两个最好的场所。另外，多数被调查者也都认为，这与他们在生活中会接触到许多说不同语言、汉语方言的人有关。

表 5–12　会说多种语言或方言的原因

原因	人数
家里教的	83
学校教的	45
和朋友学的	29
工作中学的	25
其他	16
未填写	18

5.1.2.5　关于传承方言意愿的统计

针对"传承方言意愿"这一方面，我们做了两个有关小问题的调查：一是，是否被父母要求讲母语；二是，如果有孩子，是否要求他们讲母语。调查结果见表 5–13、表 5–14。

表 5–13　受访者对"是否被父母要求讲母语"的回应

回应	人数	比例
是	61	47.66%
不是	32	25.00%

续表 5-13

回应	人数	比例
看情况	30	23.44%
未填写	5	3.91%

表 5-14　受访者对"如果有孩子，是否要求他们讲母语"的回应

回应	人数	比例
是	48	37.50%
不是	32	25.00%
看情况	33	25.78%
无孩子	8	6.25%
未填写	7	5.47%

在表 5-13、表 5-14 中，选择"不是"和"看情况"两项的受访者分别是 48.44% 和 50.78%。这说明，随着时代的发展，在对待汉语方言传承的选择上，大多数华人对语言学习持比较开放的态度，他们不会硬性要求孩子一定要学会。

不过，大多数华人还是认为，会说母语方言，是要告诉自己不忘根，"留住方言，留住根"。而这种"不忘根"的思维体现在文化上，最显而易见的，就是对中华传统习俗的继承，如对中华传统节日，以及中华饮食的保留，即是否过中国的传统节日、是否吃中式的食品。我们也做了这两个方面的调查，调查结果见表 5-15、表 5-16。

表 5-15　过中国节日

节日	人数
春节	120
中秋	94
端午	62
元宵	55
清明	50
其他	30
未填写	5
不过	4

表 5-16　饮食习惯

食物	人数
米饭	120
饺子	108

续表 5-16

食物	人数
点心	105
粥	100
中式汤	98
月饼	91
粽子	84
其他	32
未填写	5

春节、中秋节为中国主要的传统节日，华人以过这两个中国节为主，故选择过这两个节日的人数都远远超过了被调查人数的一半，其中，过春节的就有 120 位，过清明节的则只有 50 人。选择吃 7 种中国食物的人数也都超过了被调查人数的一半，其中，选择"米饭"的人数也是 120 位。这再次说明，"饮食是最能体现民族性"的。当然，生活在美国，华人也会与居住国的其他民众一样，过西方的特色节日，如圣诞节、万圣节、复活节等，吃西式的特色食物，如沙拉、比萨、热狗、汉堡包等。

5.1.3 与马来西亚华人语言方言取向的比较

我们曾经做过马来西亚华人语言方言取向的相关问卷调查（参见《东南亚华人社区汉语方言概要》，世界图书出版公司，2014），比较美国、马来西亚两国华人的语言现状，以及语言方言取向，会有一些不一样的发现。

首先，我们认为，对语言和方言的维护和传承来说，人口基数很重要，一个稳定的人口使用基数，是维护和传承语言和方言的基本保证。

汉语方言在马来西亚华人社区的强势程度超过其在美国的华人社区。造成两国华人社区语言方言流通差异的原因，与两国华人的总数密切相关。据统计，在美华人目前超过 500 万，而在马来西亚的华人有近 750 万；美国华人约占全美人口的 1.5%，占比明显少于马来西亚华人，后者约占全马人口比例的 23.4%。[①]

虽然马来西亚国家不大，但是语言现象复杂，国家的主流语言是马来语，行政用语是英语，还有好几种少数民族语言；马来西亚华人社区流行的语言、汉语方言也更复杂，除了汉语的闽、粤、客等各种方言和华语，还有标准用语马来语、行政用语英语、马来西亚少数民族的语言如伊班语、印度籍移民的泰米尔语等。就语言方言的掌握、使用能力来说，马来西亚华人素有"语言天才"之称，无论男女老少，无论受教育程度，掌握华语、马来语和三两种汉语方言是稀松平常的普遍现象。他们一般除了会说母语方言，还会说马来语、英语、华语，以及一些其他汉语方言，例如闽语（包括闽语中的福建闽南话、福州话，广东潮州话等）、粤语、客家话，甚至有的还会说当地的土著语言，如上述的马来西

[①] 马来西亚人口相关数据来自马来西亚统计局官方网站，美国人口相关数据来自维基百科。

亚的伊班话，还有，在马来西亚也流通的印度泰米尔语，等等。这是其居住国的复杂语言环境使然。

而在美国，除了国家通用的英语，能在美国华人社区通用的汉语方言，基本就是粤方言的广府话、台山话，美国华人掌握汉语方言的数量和使用频率都远不及马来西亚华人。

语言和方言的作用是交流。

以分散居住为主的美国华人分散于美国各处，聚居度远不及马来西亚。马来西亚国家不太大，相对于散居在幅员广阔的美国的华人来说，马来西亚华人迄今仍以聚居为主，相互之间的联系比较紧密，华人社团在大马华人中也依然起着凝聚族群关系的重要作用。更重要的是，马来西亚迄今仍有在世界其他国家华人社区中都没有的，从小学、中学直至大学系统的华校教育。华校教育以教华语（汉语普通话）为主，也教英语和马来语。良好的传统文化氛围和语言传承，让马来西亚华人从小就有一个很好的汉语、汉语方言的学习环境。

尽管美国和马来西亚两国华人社区的语言、方言环境不同，但在语言、方言取向方面，美国华人与马来西亚华人却有较大的一致性。不过，随着中国国际综合实力的提升、华语影响力的日益增强，加上英语的强势影响，美国华人子女在教育和工作上，将会更多地使用英语，华语的使用也会逐渐增多，汉语方言的使用则会逐步减少。因此，在可以预见的未来，汉语方言的影响将会不可避免地在美国华人社区呈现出相对减弱的趋势。目前，得克萨斯州休斯敦的唐人街，除了通行传统的粤方言，还通用华语的现象，就是一个很好的例子。

5.2 华文教育在美国

汉语言文化教育，在海外通常叫"华文教育"。众所周知，随着中国的崛起，"汉语热"也渐渐在全球蔓延。本节中，我们想就调查研究所得，谈谈与美国华人的汉语、汉语方言传承息息相关的美国汉语教育、华文教育，谈谈美国华文教育的一些历史和现状，以及有关华文教育的一些问题。

5.2.1 美国华文教育的一些历史

重视教育是中国的文化传统，这个传统也被海外华人带到了海外的不同居住国，美国华人也一样，将这个传统带到了美国。

华文教育包括汉语教育和汉文化教育。美国的华文教育既包括面向华裔子弟的汉语和汉文化教育，也包括面向非华裔子弟的汉语和汉文化教育。

谈论美国最早的汉学教育与研究，离不开一个叫丁龙的默默无闻的华工。丁龙是广东人，文盲。清朝末年，18岁的丁龙被"卖猪仔"，随着其他华人一起远渡重洋，到美国打工。在他去世之后，美国的常青藤名校哥伦比亚大学设立了以他的名字命名的、专讲中国文化的讲座。在全美的大学中，哥伦比亚大学的东亚系是第一个设立专讲中国文化讲座的大学。

哥伦比亚大学为什么会成为美国第一个设立专讲中国文化讲座的大学？

在美国名牌大学之一的哥伦比亚大学建立汉学系，让美国人能够更多地了解中国和中华民族的文明，是丁龙这个普普通通的华人一生的追求。他一辈子勤勤恳恳地为他的雇主卡本蒂埃当仆人，到晚年，当卡本蒂埃问他想要得到什么回报时，丁龙的回答却出人意料：希望能在美国最好大学之一的哥伦比亚大学建立一个汉学系，来研究祖国的文化，让美国人能够更多地了解中国和中国的文化。

在丁龙的那个时代，中国积贫积弱，备受欺凌。为了传播祖国悠久的文化，实现这个一辈子的追求，丁龙克勤克俭，终生未娶，献出了自己的血汗积蓄，而他的捐赠附言只是："我在此寄上12000美元的支票，作为贵校汉学研究的资助——丁龙，一个中国人。"对丁龙来说，这12000美元即便不是他一生的全部积蓄，也绝对是他的大部分财产了，按照美国当时的黄金官价，1美元可以兑1.37克黄金。可知，当时这笔钱，对于美国的普通家庭来说，也是一笔巨款。

1901年6月，深受丁龙行为所感动的卡本蒂埃向哥伦比亚大学当时的校长塞斯·洛（Seth Low）捐了10万美元，并致信道："50多年来，我是从喝威士忌和抽烟草的账单里一点一点省出钱来的。这笔钱随信附上。我以诚悦之心献给您筹建一个中国语言、文学、宗教和法律的系，并愿您以'丁龙汉学讲座教授'为之命名。这个捐赠是无条件的，唯一的条件是不必提及我的名字。但是我要保持今后追加赠款的权利。"

此后，卡本蒂埃不仅陆续捐款将近50万美元，帮助哥伦比亚大学建立了汉学系，也捐助了大量的钱财给美国华人聚居地之一的加利福尼亚州的加州大学，让他们多买书籍，加强对中华文化和思想的研究。卡本蒂埃也向哥伦比亚大学的医学院和巴纳德女校捐出了巨款。他还不断地给哥伦比亚大学汉学系追加经费，并捐献了各种名目的奖学金。

也是因为丁龙的缘故，卡本蒂埃对中国有着特别的情感，他生前曾多次到中国广东，并给广州的博济医学堂捐款2.5万美元。成立于1866年的广州博济医学堂是中国最早设立的西医学府，孙中山曾在此学医和从事革命活动。

当时，清朝的最高统治者闻知丁龙的事迹，也深受感动。慈禧太后捐赠了5000余册珍贵的图书给哥伦比亚大学，清朝的大臣李鸿章和清朝驻美使臣伍廷芳等人也都有所捐助。

这个全美第一个，且是由华人推动成立的汉学系，就是今天的纽约哥伦比亚大学的东亚系。汉学传播由此在美国拉开了序幕，而哥伦比亚大学汉学系也成为中国文化在海外传播的一块高地。"丁龙汉学讲座教授"是一种荣誉，胡适、冯友兰、徐志摩、宋子文、马寅初、陶行知、陈衡哲、潘光旦、闻一多等著名的中国学者都曾在那里留下过足迹，顾维钧、张学良、李宗仁等也曾在那里留下了第一手的口述实录。

普通华人丁龙的追求和捐助，推动了美国的高等汉学研究。一个多世纪过去了，今天，中国人民没有忘记他，有研究者在寻找、宣传这位为中美文化交流做出了贡献的普通华工的事迹；美国人民也没有忘记他，在纽约市以北300多千米的萨拉托加县戈尔维村，就有一条以丁龙的名字命名的路，这里的村民几乎都知道"丁龙"这个名字。

假如说，美国的高等汉学研究和教育是由一位普普通通的美国华工推动的，那么，美国民间的、普通民众的华文教育更是全体美国华人一直以来的一致坚持和追求。完全可以说，美国的华文教育历史与华人移民美国的历史一样久远。

第5章 美国华人社区教育与文化点滴

早期的华人移民从踏入美国这个新的国度以后，就时刻不忘对他们的后代进行汉语和汉文化教育，传输中华文化，于是，中文学校、中文学堂、中文补习班在美国应运而生。而一些到中国传教的美国传教士回到美国以后，也以极大的热情著书立说，在大学里开设华语课程，介绍华语和中国文化。可以说，这就是华文教育在美国的肇始。

在美国，凡是有华人聚居的地方，都会有或大或小的中文补习学校。中文学校寄托了华人期望保留中华文化传统的美好愿望。早年的不少中文补习学校用汉语粤方言台山话、广府话教学，如今则改用华语（汉语普通话）教学。最早的华文教育可能只是私塾式的家庭教育，由华人聘请教师在家庭中，或在教师的家中教孩子。在粤方言台山话和广府话的老用语中，学校常被叫作"书馆"。我们在美国实地调查时，有的发音人还保留了"书馆"这个指代学校的老称呼。书馆教授基本的中文知识，所收的学生最多也不过二三十个。三藩市的一位时年84岁的第四代华人——广府话发音人黄×威先生，其曾祖辈就到美国打拼，当年曾在三藩市唐人街最热闹的都板街开书局和文具店。三藩市唐人街的华人历史博物馆现今仍有关于他母亲创办女校、福泽穷苦华人女童的记载。

美国的主流文化并非中华文化，因此，华人开办的华文学校通常只能在主流学校的休假日，主流学校上课前、放学后，或者晚间上课。故每周有6天，孩子们从早到晚，既要到主流学校上课，又要到补习学校上课，早年有的孩子还要在课余时间帮助家里做各种工作，去打工，非常辛苦。且因为汉语难学、汉字难写，中文学习在美国又常常不能"学以致用"，很多孩子不理解学习中文的用处。有的孩子因为社会通用英语，家庭用语为粤方言，可是学校聘请的教师讲的是华语，在英语、华语、汉语方言之间不断转换，对汉语学习更加不理解，因此很抗拒父母的安排。但是无论如何，尽管美国华文教育的道路坎坷，还是一直坚持下来了。

美国现存的历史最悠久的华文学校，当属位于加利福尼亚州三藩市唐人街的美洲中华中学校。该校从1888年，即清光绪十四年成立至今，已有100多年历史。请注意这个成立时间——1888年。1848年，华人才开始大批移民美国（参见1.1.2"美国的华人社区"），可是甫站稳脚跟，1888年就成立了这所学校。至今，100多年的风雨过去了，不知有多少华文学校在美国开办了，又停办了，而这所非全日制，主要在主流学校上课前、放学后，晚间及周末上课的美洲中华中学校不但坚持下来了，而且越办越好、越办越强。

美洲中华中学校最初用华人社区中最通行的粤方言台山话教学，1926年前后改用粤方言广州话教学，从学校成立100周年的1988年开始设立华语教学班，当时学华语的学生并不多。2007年开始停招广州话班，2010年则全面取消粤方言教学。现在，学校的全部教学都改用华语。虽然美洲中华中学校至今仍是非全日制的学校，不过得益于华界上下一致的鼎力支持，目前学校有从幼儿园开始，到小学、初中、高中的班，学生越来越多，学校的办学条件也在不断改善。

近年来，由于中国国力的不断增强，汉语热在全球日益高涨。现在，美国华人及华人青少年的中文学习意愿也随之水涨船高。

我们在三藩市美洲中华中学校调查时，就碰到过一些学习认真努力的青少年华人学生。他们都认为，尽管中文学习要额外占用业余时间，很辛苦，但是很值得。纽约一位被调查者——时年仅12岁的小姑娘也给了我们很深的印象。她不仅会说流利的英语、汉语普通话，会说粤方言广府话、台山话，还多次获得汉语比赛和汉语演讲的奖项。在纽约，还有一位发音人，那是一位当时正在上高中的姑娘，她因为英语、汉语、汉语粤方言和客家方言等都很娴熟，还被所在学校聘用为翻译，与英语不好、只会讲汉语或汉语方言的学生家长沟通。

5.2.2 美国华文教育的一些现状

5.2.2.1 美国的主流华文教育

上一节我们主要谈了美国华人在民间坚持推动华文教育，这一节谈谈美国的主流华文教育。

美国的主流华文教育大致经历了以下几个重要阶段。

在 1994 年以前，美国的华文教育课程还只是在一些重点大学和华人聚居地的大学里才有的课程，华文并没有被列入全日制中学的外语课程。这也就是说，除了华人社区内部的坚持，华社内部的独立办学，当时美国的华文教育还不成气候，华文学习也没有氛围。

也就是从 1994 年起，美国的大学理事会才正式把中文列入大学选考科目 SAT Ⅱ，为学习中文的学生增加了一项在大学入学考试中得分的科目。SAT Ⅱ 中文测试的对象是在美国中学学习了 2~4 年汉语的学生，他们可以把测试的成绩作为申请大学的一项资格。

将中文列入大学选考的科目 SAT Ⅱ 中，这个意义非同小可，因为这标志着中文正式被美国主流社会接受，成为一门全日制学校的外语课程，这是美国中文教学史上一个重要的里程碑。SAT Ⅱ 中文考试跟任何教材都没有直接的关系，考题以汉语拼音、简体字和注音符号、繁体字等并列列出。同时，考题的设计十分注重实际使用语言的能力。整个考试的时间为一小时，包括听力、语法和阅读，3 项内容的考试时间各为 20 分钟，共 85 道题。

但是，美国联邦政府对包括汉语在内的所有外语学习的重视，则应该是迟至 2001 年 "9·11 事件" 发生以后。

2001 年 "9·11 事件" 后，美国联邦政府充分认识到外语学习对美国国家、美国国防的重要性，开始与中国政府合作，共同推动华语教学。于是，美国国家中文领航项目开始启航，大批美国大学生到中国留学，孔子学院也开始在美国建立。

2003 年，美国大学理事会得到了中华人民共和国汉语国际推广领导小组办公室（简称 "汉办"）的资助，决定增加中文 Advanced Placement Test 项目（简称 "AP"）。AP 中文包括了 AP 中文课程和 AP 测试。2006 年，全美各地中学开始设置 AP 中文课程。2007 年，美国大学理事会批准中文进入大学的预科考试 Advanced Placement Test。也就是说，美国的高中学生只要通过中文的预科考试 Advanced Placement Test，就可以拿到相应的大学学分。美国的大学理事会在美国各地开办了不少培训班，帮助中文老师们熟悉 AP 中文课程，熟悉测试的内容与方式，每年夏天还有很多老师到中国参加类似的培训。

自从实行中文进入大学的预科考试以后，美国的全日制中学和周末中文学校都纷纷开设 AP 中文课程，掀起了前所未有的 "汉语学习热"。2007 年举行的第一次 AP 中文考试，反响就很热烈，参加者共有 3000 多人，其中大部分是华裔子弟。

AP 中文的出现，推动了全美各地中小学汉语课程的设置，美国各地中小学汉语教育成长的速度很快，AP中文的设立是其中一个重要的原因，可以预见，AP中文也将提高美国中小学汉语教学的水平。这也意味着，以后参加大学汉语初级班学习的人数会减少，想再继续选修汉语的大学生可能会选择汉语高级班的课程或专业的汉语课程，如医学汉语、工程汉语、法律汉语等。

2009年，当时的美国总统奥巴马推动了在5年内选派10万名美国大学生到中国留学的"十万强"项目，期望在中美两国政府的全力支持下，到2014年，"十万强"项目能够顺利如期完成。

2015年，奥巴马又再次推出"百万强"的项目，要求项目从美国的大学扩展到中小学，并且确定，5年内把美国学习中文的中小学学生的数量由之前的10万人增加到100万人的目标。"十万强"和"百万强"两个项目的运作都由总部设在美国首都华盛顿的非营利性组织中美强基金会（The US-China Strong Foundation）监管。

5.2.2.2 美国的中文学校

除了主流学校的华文教育，美国中文学校的中文教育也不可忽视。

美国的中文学校指的是华人专为华裔子弟设立的中小学中文学校。我们也在上文5.2.1"美国华文教育的一些历史"谈到过这个问题，本节再做一些专门的探讨。

教学对象为中小学华裔学生的美国中文学校，可以分为两大阵营，一是由中国台湾地区移民设立的，另一是由大陆移民设立的。

中国台湾地区移民设立的中文学校历史比较长，他们的教材多半由中国台湾地区政府提供，教繁体字和注音符号，由于实际需要，有的也教简体字和汉语拼音。截至2008年秋季，全美50个州约有1000所中国台湾地区移民设立的、以台湾地区移民为主的中文学校，学校的学生人数约为10万。

近二三十年，第二波移美大潮中大批进入美国的中国大陆移民，为了教育子女，也纷纷开办中文学校。大陆移民办的中文学校，不少选用中国暨南大学编的《汉语》这套教材，教简体字和汉语拼音。虽然起步比较晚，但是由大陆移民办的中文学校在美国各地的成长速度却很快。截至2008年秋季，这些学校分布在全美的41个州，已经约有700所，学生人数约为7万。

鉴于中文学校的教师不少是志愿者、华裔儿童的家长等，专业资质参差，故中文学校的教学质量也不一。美国的汉语教师，尤其是经过专业训练的中小学教师缺乏，这是美国汉语教育的一块短板。

目前，由信息革命带来的网络学习也在美国的中文教育中开始了，汉语教学利用了最新科技。网络教育的成本低，且与传统教育不同，网络学习不需要有固定的教学点、固定的时间，学生只要在家里，挑选自己合适的时段上网学习就可以了。为此，有的网络学习机构专门为学生的需要设计课程，由教师一对一地上课，有些网站还是专为儿童学习设计的。但是，这种平台师资水平如何、教学效果如何，还有待考察。

5.2.3　美国华文教育的一些问题

相信对上述背景情况的了解，有助于我们理解当前美国非全日制，以及全日制学校的华文教育、华文教育课程的概况。下面，我们再谈谈有关美国华文教育的一些问题。

5.2.3.1　关于美国的孔子学院

谈美国大学的华文教育课程，就不能不提孔子学院（Confucius Institute）。

孔子学院是中外合作建立的非营利性教育机构，提供的服务包括开展汉语教学，培训汉语教师，提供汉语教学的资源，开展汉语考试和汉语教师资格认证，提供中国教育、文化等信息的咨询，开展中外语言文化交流活动等。孔子学院所做的一切，都是为了把中国的语言和文化推广到世界各地。

据统计，截至2017年12月31日，全球五大洲共有146个国家和地区，建立了525所孔子学院和1113个孔子课堂。孔子学院和孔子课堂的性质一样，都是文化交流和语言培训的机构，区别只在于规模的大小，学院大，学堂小。

中国国家汉办网站的数据也显示，美国自从2004年开始建立孔子学院，迄今总共在大专院校开设了110所孔子学院，在中小学开设了501个孔子课堂。通过派遣汉语志愿者教师，组织访华校长团和夏令营，分享汉语课堂教学优秀实践等项目，孔子学院为数十万美国汉语学习者提供了丰富的汉语学习渠道。仅在旧金山湾区，就建立了三藩市州立大学（San Francisco State University）孔子学院和斯坦福大学（Stanford University）孔子学院。孔子学院积极推行华文教育，开设多种多样的汉语课程，包括普通话课程和广州话课程，举办各种华文教育研讨会和中文教师培训班，组织美国学生参加"汉语桥"比赛，并组织中学生中文写作比赛等，受到美国学生和社会各界的热烈欢迎。

不仅在华人众多的旧金山湾区，即使在美国西部的犹他州（Utah），"汉语热"也正方兴未艾。犹他州的前任州长洪博培、现任州长加里·赫伯特，以及犹他州的议会，都是汉语教育，特别是在公办中、小学开设汉语课程的积极支持者。这个人口不到美国全国总人口百分之一的州（其总人口约250万），却拥有全美1/5的汉语学习者，特别是其采取的汉语沉浸式教学（参见下文）的经验，更是广受认可。犹他州的一位参议员霍华德·斯蒂芬曾在接受媒体采访时说："汉语教育帮助美国学生拥抱未来。美国家长为了不让孩子错过足球班，会扎起帐篷彻夜排队。现在类似的情况也出现在了汉语教学上，家长们会抢着给孩子报名加入汉语课程学习，甚至有人专门把家从别的州搬到犹他州，只为让孩子加入我们的沉浸式教学项目。"

犹他州的案例只是"汉语热"在美国的一个缩影，美国的汉语教育正在逐步迈向成熟。据中美强基金会的统计，目前，全美共有约40万学生正在学习汉语，比2015年时增长了一倍。随着美国汉语教育规模的不断扩大，教学法研究和相关配套产业等也正在进入加速发展期，美国的全美中文大会近年来重要的议题已经是关于汉语教学法方面的讨论。中美两国的出版社、教育企业也在不断开发系统化的教材和配套读物、在线"一对一"的私教、人工智能教学软件、中国游学夏令营等产品，以进一步推动汉语学习。从长远发展来看，美国的"汉语热"将会为中美关系的发展带来益处。

那么，目前在美国，主要是什么人在学习汉语、修读华文课程？

在美国大专学校修读华文课程的相当一部分学生是华裔子弟或是华裔子弟的配偶、男女朋友等，也有不少是对汉语和中国文化感兴趣的非华裔学生。另外，还有一部分是因为工作的需要，而在职进修的联邦政府雇员，法庭、医院和各单位的职员。

在全日制中小学学习华文课程的大部分学生都是非华裔子弟，华裔学生只占其中的一小部分。自从中文正式被纳入SAT Ⅱ和AP考试科目以后，部分学生学习中文的目的是出于对汉语和中国文化的兴趣，也有部分学生是为了能拿到学分。

到周末中文学校学习的学生大部分是华裔子弟，其中有相当一部分人是在父母的要求下去学习的。当前为数相当多的中国移民来自中国的粤方言区，粤方言至今都是美国华人社区的通用汉语方言。华裔青少年的父母希望他们的子女能用母语与他们沟通，能保留一些传统的中华文化，所以把子女送到周末中文学校学习。这就是有的周末中文学校也教粤语的一个重要原因。

5.2.3.2　关于美国华文教育的两个项目

5.2.3.2.1　关于美国的国家中文领航项目（Chinese Flagship Program）

除了孔子学院，近年来，美国的华文教育还有另一个很重要的进展，并且在这个华文教育的项目上取得了巨大的成功。这个项目就是美国的国家中文领航项目。

2001年的"9·11事件"以后，美国联邦政府对外语学习对于国家安全的重要性有了新的认识，从而启动了"国家安全语言计划"。该计划将汉语、阿拉伯语、日语、韩语等语言列为对国家安全和竞争力提升具有关键性作用的"战略语言"。2002年，美国联邦政府正式启动了国家语言领航项目中最大的一项——中文领航项目。

中文领航项目的目的，是要为美国培养顶尖的汉语人才，也就是所谓的"中国通"。截至2017年年底，共有12所美国大学加入了中文领航项目，即亚利桑那州立大学（Arizona State University）、杨百翰大学（Brigham Young University）、纽约市立大学（The City University of New York）、印第安纳大学（Indiana University）、旧金山州立大学（San Francisco State University）、夏威夷大学（University of Hawaii）、明尼苏达大学（University of Minnesota）、密西西比大学（University of Mississippi）、北佐治亚大学（University of North Georgia）、俄勒冈大学（University of Oregon）、罗德岛大学（University of Rhode Island）和西肯塔基大学（Western Kentucky University）。其中，美国中文领航项目的总部设在杨百翰大学。

美国中文领航项目试图把语言教学与职业教育结合起来。这个项目分为美国国内的学习和海外留学两个部分，通过"美国国内学习—海外留学—海外实习"的模式，培养语言人才。凡是计划参加领航项目的学生，都要通过考试和选拔。该项目除了要求学生在其本身的专业学习方面有比较优秀的成绩以外，对学生的汉语能力也有比较高的要求，一般要达要到全美外语教学协会（American Council on the Teaching of Foreign Language，简称ACTFL）的高级水平（Advanced Low or Advanced Mid）。

从2002年至今，该项目已开展了十几年。从实践来看，参加中文领航项目的学生主要是大三、大四的学生和研究生，也有大一、大二的学生，甚至还有高中生。由于对汉语的要求比较高，因此在参加中文领航项目的学生中，相当一部分是华裔子弟。中文领航项目的学生在中国内地（大陆）、香港或是台湾地区学习一年并实习一年以后，无论在汉语水平还是在专业领域方面都有非常大的进步。实践证明，美国国家中文领航项目是成功的。

5.2.3.2.2　关于中文语言沉浸课程（Chinese Language Immersion Program）

美国国家中文领航项目的成功，促使美国的华文教育工作者和汉语教师思考其成功的秘诀。大家很快认识到，语言沉浸是帮助外国学生成功掌握汉语、了解中国文化的有效途径，于是纷纷效仿。

效仿的措施之一，就是各大学把修读汉语的大学生送到中国大陆，或者中国台湾地区去进行短期的语言和文化沉浸。沉浸时间长的有一个学期，短的也有4个星期。短期语言沉浸开始的时间，有的大学选择在学生毕业前进行，有的则选择在大学二、三年级进行。短期语言沉浸所选择的学校，前提是必须获得中美双方有关方面批准，至于具体选择在中国的什么地方、什么学校学习，则由美国的大学根据其课程的需要而定。例如，为了学习悠久的中国文化，有些大学选择了北京和西安，有些大学的粤语课程选择了香港，有些大学出于学生学习繁体字的考虑，选择了台湾。

美国大学在海外的沉浸课程完全由中国的接收大学负责设计和实施，包括选用教材，设计家庭作业和考试。美国的大学只是对海外的接收大学提出沉浸课程的一般要求，虽然有些美国大学也会派出任课老师陪同学生一起前往接收的大学，可是派出的老师一般只是充当观察员和辅导员，不负责上课。在海外的沉浸课程结束的时候，接收学生的中国大学通过考核，会给每个学生一个总成绩，作为他们在海外语言沉浸的成绩带回美国的大学。

实践证明，这种短期的海外中文语言沉浸课程，对美国学生提高汉语水平，增强对中国语言文化的了解，起到了非常明显的促进作用。而对很多华裔学生来说，除了提升中文水平，他们同时也获得了一个回到中国祖籍地"寻根"的好机会。

5.2.3.3　关于华文教育的两个讨论

"汉语热"愈来愈烈，华文教育受到追捧，那么，什么人可以在美国教华文教育课程，或者说，什么人可以取得在美国教华文的资格？

任教美国全日制大学华文课程的老师一般都需要获得与任教课程对口的硕士或博士学位，并通过聘用大学学术委员会的考核和面试，才能获得聘用。

任教全日制中小学华语课程的老师，除了要获得相关学科的本科学位以外，还必须通过其所在的州规定的全日制中小学教师执照考试，才能被录用。美国各州的教师执照考试大同小异，其中，英语和数学是必考的两个科目。而难度较大的英语词汇考试，还有英语的作文考试，往往能把一大批来自中国内地的申请者拒之门外。

而众多的周末中文学校的老师，通常有不少由华裔学生家长中的志愿者组成。由于周末中文学校的非营利性质，其经费来源是一个大问题。另外，缺乏合格的中文老师，也一直是周末中文学校面临的一个重大挑战。

美国各类学校的华文教育课程既存在差异，也有着共识。20世纪八九十年代，美国华文教育界就曾经发生过关于汉语拼音和注音符号、繁体字和简体字的一场大辩论。这场辩论中的一个问题是：对美国的学生，应该教汉语拼音还是教注音符号？当时，从中国大陆来的中文老师认为，汉语拼音采用拉丁字母，方便用键盘打出，容易学；从中国台湾地区来的中文老师则认为，只有使用汉字偏旁的注音符号，才能正确地反映汉字的读音。另一个问题是：应该教美国学生繁体字还是简体字？从中国大陆来的中文老师认为，简化汉字是汉字发展的必由之路；从中国台湾地区来的老师则认为，只有繁体字才是正体字。

这场大辩论在美国华文教育界前前后后持续了好几年。现在，历史已经为这场大辩论下了结论。随着联合国在其文件里使用汉语拼音，目前，在美国的全日制大、中、小学校的华文课程里，都已经不再使用注音符号，而全部采用汉语拼音。另外，随着中国内地移民到美国的人数逐渐增多，美国一些报纸，如《侨报》《人民日报（海外版）》等都开始使用简体汉字，在美国的华人圈中，也慢慢形成了繁体字和简体字并用的局面。而美国的华文教育界也与时共进，达成了"认繁写简打拼音"的共识。也就是说，既要教会美国学生认读繁体字，也要教会他们写简体字，并且要让学生学会用汉语拼音在电脑里输入汉字。

5.2.3.4 美国的华文教育课程简介

当前，在美国提供华文教育课程的主要有两种学校：全日制学校和周末的中文学校。下面简要介绍其有关课程的设置、课程使用的教材，以及中文的师资和考试方式。

美国的学校有些什么样的华文教育课程？

在美国，主要提供华文教学的是全日制的学校。这些全日制学校包括各大、中、小学校，它们是华文教育的正规军和主力军。到目前为止，几乎所有的美国大学都提供华文教育课程。在华人聚居的州和城市，也几乎所有的高中都提供华语课程。此外，美国各地还有数量难以统计的周末中文学校。很多周末中文学校是华人为了方便华裔子弟学习而开办的。

美国的大专院校所提供的华文课程数量繁多，通常比较常见的有汉语普通话会话、广州话会话、中文写作、汉字、汉字书法、古代汉语、中国文学史、汉语方言、中国画等课程。美国的一些重点大学，如哈佛大学（Harvard University）和杨百翰大学（Brigham Young University）还可以颁授中文的学士学位和中文的硕士学位，而不少社区学院则可以颁授中文的副学士学位（AA Degree）。

目前，美国的全日制中小学一般只提供普通话课程。有些周末中文学校既教普通话，也教粤方言广州话。下面谈谈美国华文教育课程使用的教材和考试方式。

（1）美国华文教育课程使用的教材。美国的全日制学校和周末的中文学校并没有统一的华文教材，教材的选用全由各个学校自主决定。

最早期的华文教材由曾到中国传教的美国传教士编写，采用耶鲁大学拼音系统，大都缺乏系统性和科学性。这种状况一直持续到20世纪七八十年代，当时，北京语言学院刘珣主编的《实用汉语》教材开始传入美国，被美国各大学普遍采用。1997年，姚道中、刘月华等编著的《中文听说读写》出版，并逐渐成为美国大学、高中使用率最高的汉语教材。暨南大学华文学院编写的《中文》（修订版，海外华文教材12册，含练习册、教师教学参考书等共48本）则是目前美国的全日制中小学和周末中文学校都普遍使用的汉语教材。

近10年来,伴随着互联网的迅猛发展和大批新词语的出现,美国也新出版了一批高质量的大学、高中汉语课本。

鉴于纸质教材出版周期长、缺乏多媒体支持等弱点,有一种意见认为,制作网络华文教材应该是今后华文教育发展的一个新方向。

(2)美国的华文教育课程怎样考试?美国的华文课程有两种不同的考试方式:课程考试和水平考试。其中,课程考试一般由任课教师出考题,考的是课程所教的内容。美国全日制学校的华文课程考试通常都是如此。水平考试因为考的是考生在日常生活中运用语言的实际能力,故不只以某一课程的内容为依据。水平考试由专门的水平考试机构出考题,由经过专门训练的考官主考。

而上文提到的,美国国家中文领航项目和海外中文沉浸项目的汉语口语水平考试,以及中文写作考试,则统一由全美外语教学协会的考试部(LTI)负责举行。美国高中的SAT Ⅱ 中文考试和 AP 中文考试则统一由美国的大学理事会命题和主持。

5.2.3.5　美国的中文教师协会

汉语教师是汉语教学的保证。

美国各大学,还有各中小学到底有多少汉语教师,我们不得而知。但是仅美国国防语言学院,教汉语的教师就有近 200 位。除了国防语言学院,美国的外交部、美军三军的军官学校和情报机构也都设立了汉语课程,甚至一些商业化的语言学校,还有近年来私人设立的网络学校等,也都有汉语课程。有汉语课程就必须有汉语教师,要确定全美国中文教师的数量实属不易,本小节就只谈谈有关美国中文教师的两个社团组织。

一是美国的中文教师协会。

美国的中文教师协会肩负着全美华文教育的重要使命,目前,在美国的全日制大学、中学、小学和周末中文学校任教的中文教师,大部分是中文教师协会的成员。

美国的中文教师协会包括全国性和地区性两种。全国性的中文教师协会有美国中文教师协会(Chinese Language Teachers Association,简称 CLTA)和美国中小学中文教师协会(Chinese Language Association of Secondary-Elementary Schools,简称 CLASS)。

美国中文教师协会是一个非营利性的学术团体,其主体由全美各大专学校的中文教师组成,会员包括永久会员和年度会员两种。永久会员必须一次性缴纳会费 1600 美元,年度会员则只需缴纳一年的会费 100 多美元。目前,美国中文教师协会有永久性会员 200 多人,年度会员的数目波动较大,一般超过 150 人。美国中文教师协会的主要活动,包括每年召开一次大型的学术研讨会(通常与全美外语教学协会联合主办),每年出版两期学术论文杂志,以及不定期的美国中文教师协会会刊。

二是美国中小学中文教师协会。

与美国中文教师协会一样,美国中小学中文教师协会也是一个非营利性的学术团体,它的会员全部是美国全日制中、小学的中文教师,有 200 多人。它的学术活动包括每年召开学术研讨会,以及出版学术杂志/会刊等。

除此之外,还有地区性的中文教师协会。地区性的中文教师协会中,比较有名、比较活跃的是加州中文教师协会（Chinese Language Teachers Association of California，简称CLTAC）、美国大纽约地区汉语教师学会、俄亥俄州中文教师协会。

其中，加州中文教师协会，是全美国州一级中规模最大、历史最悠久的中文教师协会。加州中文教师协会成立于1964年，目前有注册会员200多人。除了每年举办春季、秋季两季的学术研讨会以外，每年4月还会举办一次北加州国语（华语）演讲比赛。这个比赛是美国同类型演讲比赛中规模最大的一个。参加这个国语演讲比赛的学校有来自北加州的著名大学，如斯坦福大学、三藩市州立大学、加州大学伯克莱分校、加州大学戴维斯分校，还有北加州的重点高中、初中、小学等的四五百名学生。

例如，2018年的国语（华语）演讲比赛是第43届北加州国语演讲比赛。参加演讲比赛的学生有来自北加州35所院校的462名学生，参加赛后文艺演出的共有100多名师生。值得一提的是，参加这个国语（华语）演讲比赛的大、中、小学学生，大部分是非华裔子弟。仅从这点我们就可知，华文学习在美国已经不仅仅是华人的选择。

5.3　美国华人社区的中文传媒

在语言、方言的学习传播中，传媒的力量不可忽视。这方面最典型的例子莫过于粤方言广州话在中国的南北方、在全世界华人圈里，甚至在世界上的非华人圈中的传播。我们知道，粤方言在中国的流行地域只是广东和广西的部分地区，还有香港和澳门地区。但是，从20世纪七八十年代中国改革开放开始，鉴于珠江三角洲及香港、澳门地区的经济实力，及粤语歌曲、电视剧、电影、书籍报纸和其他文艺作品的魅力，这些作品借助传媒的力量飞快地在全国流传，一时间，粤语歌曲唱响大江南北。由此，粤方言广州话被带到了祖国各地。

也是由于传媒的助力、粤语电视节目的流行，在世界上很多国家的华人社区中，原本只是流行在部分祖籍地为中国粤语区华人中的粤方言广府话也慢慢地在祖籍地并非流行广府话地区的华人中流传。洛杉矶的一位祖籍台山的年轻人就曾告诉我们，她的广府话是通过看电视上的粤语节目学会的。

除了粤方言，美国华人社区的传媒也在华语的传播方面发挥了重大的作用，包括电视广播，以及华人社区的报纸。

美国华文媒体因应美国华人的精神需求和信息需求而发展。它在服务于当地法律法规和主导文化的同时，又满足了海外华人的怀旧思乡情绪，服务于海外华人对政治、社会、经济、文化生活和精神生活各方面的需要，为海外华人提供了祖籍国和居住国的各种信息。对美国华人而言，它既是信息来源之一和某种精神寄托，又是华人维护自身合法权益，表达自我、展现自我，实现与社会沟通交流的一个平台。同时，它也是中国与海外华人建立联系与交流的最重要的渠道之一。

传统的研究者将海外华文媒体视为中国新闻史在海外的延伸，本小节就谈谈我们所知的，美国华人社区广播、电视、报纸、杂志、网络媒体及其他各种新兴媒体等的中文传媒。

5.3.1 关于美国的华语电视

随着互联网的迅猛发展,目前在美国的任何地方都能收看到中国内地(大陆),以及香港和台湾地区的电视节目。除此以外,美国华人还能看到美国本土的中文电视节目。

一般来说,美国的中文电视节目都是时段性的,只在一天里的某个时段中,在本地的电视节目里播放。

在美国加利福尼亚州旧金山湾区,KTSF26 电视台的中文节目就是一个面向湾区 10 个县几十万华人的电视节目,不过,它只在晚上播出。1989 年 2 月 6 日,KTSF26 电视台首播的粤语新闻是当时全美首个用中文现场直播的节目,该节目现在已经被列为永久展览作品。KTSF26 电视台除了粤方言节目,也有汉语普通话节目。时至今日,KTSF26 电视台在晚上播出的普通话和粤语节目仍然深受旧金山湾区华人的喜爱。

不但在华人最多的旧金山,在美国的其他一些地方也有华人的电视台,如同样深受洛杉矶华人喜爱的天下卫视、美国中文卫视、好莱坞中文卫视,还有休斯敦的美南国际电视台等。美南国际电视台的节目主要辐射美国南方的几个州,节目中还有一个粤方言栏目叫《粤语天地》。2017 年年初,到休斯敦调查汉语方言时,我们还用粤方言专门为《粤语天地》栏目做了一期有关海外汉语方言及海外汉语方言调查研究的节目,呼吁华人关注、保护母语方言。除了电视,美南新闻集团也发行华文报纸。

在一天 24 小时内,全天候播送中文电视节目的美国中文电视台为数甚少,到目前为止只有一家,那就是美国中文电视台。

美国中文电视台成立于 1990 年,是北美地区影响力最大,也是最具规模的中文电视台之一。美国中文电视台以"面向地方观众,向主流社会靠拢"为宗旨,以成功的策略、多频道的平台,打造服务华人的知性资讯台,致力于成为美国华人电视传媒的引领者,为大纽约地区的观众提供了很多高素质的电视节目,以快捷准确的小区报道、丰富多彩的综艺节目,吸引了无数的华语电视观众。

2011 年 1 月,这个总部位于纽约曼哈顿中城,在曼哈顿下城、皇后区和布鲁克林都设有分部,并且在波士顿、华盛顿、芝加哥、三藩市、洛杉矶和休斯敦等华人较多的地区均设有记者站的美国中文电视台,还正式开启了 24 小时全天候的数字频道。如今,只要打开有线电视的 73 频道,就可以欣赏其播出的数字频道节目。

5.3.2 关于美国的华文报纸

在美国,有不少历史悠久的华文报纸,不过,美国的第一份华文报纸却不是华人办的。

1854 年 4 月 22 日由美国人威廉·霍华德在旧金山创刊的《金山日新录》,是美国的第一份华文报刊。当时,美国加利福尼亚州发现金矿的消息吸引了许多希望淘金致富的华人,加州的主要港口旧金山成为蜂拥而至的华人的聚居地。威廉·霍华德发现了这个商机,这份刊物主要便是以旧金山的华人为读者对象的,其内容有国际新闻、中美新闻和当地新闻,还有货物行情、船期及广告等。

据现存资料记载,在《金山日新录》之前,当时在中国本土之外,世界上已有 3 份中文报刊,如清嘉庆二十七年七月初一(1815 年 8 月 5 日)创办于马六甲,每月出版一次的《察世俗每月统计传》，但是比较具备现代报纸特征的只有《金山日新录》。因此，有些学者认为《金山日新录》才能称为世界上第一份中文报刊。

再如，1856年，美国华人司徒源创办《沙架免度新录》①。1910年，《少年中国晨报》于三藩市创办。上文提到的，三藩市的一位时年84岁的第四代华人，广府话发音人黄×威先生，其祖父是二三十年前才停刊的《少年中国晨报》的创办者之一。同样在三藩市，1915年又创办了《金山时报》。1928年，《中华新报》在檀香山创办。1940年，《美洲华侨日报》在纽约创办。1941年，《联合日报》也是在纽约创办。在1970年以后创办的有《世界日报》《中报》和洛杉矶的《国际日报》等。《世界日报》《中报》《国际日报》都是直到1988年以后仍然在发行的华文报纸。

中国台湾地区的《联合报》1951年在台北创刊，其海外报系《世界日报》总部设在纽约，1976年在纽约和旧金山同时创办。美国的《编辑与出版人年度手册》（Editor & Publisher International Year Book）2007年版公布的报刊发行数量显示，《世界日报》每日的发行量达到了135000份。其发行范围基本覆盖北美地区主要的华人社区，是当时北美发行量最大的中文报纸。

据统计，截至1988年，美国共有华文报纸60种，其中有日报9种。而美国三藩市的《东西报》、西雅图的《西华报》等还有中、英双语两种文字的版面。

可以毫不夸张地说，目前在美国，只要是在有一些华人、在有华人稍微集中的地方，都会有中文报纸。而在纽约、洛杉矶、三藩市、芝加哥、休斯敦等城市，大大小小的中文报纸更是多达十几种甚至几十种。在这些报纸中，在全美发行量和影响较大的有《世界日报》《国际日报》《星岛日报》，还有《侨报》《人民日报（海外版）》《美国芝加哥晨报》《美国侨报》《中南报》等。另外，《佛州侨声报》是佛罗里达州历史最悠久的中文周刊，《国际日报》是全美第一家全彩印刷的华人大报。这些中文报纸都及时报道全球各地及美国各地的新闻，都致力于为华人提供美国、中国及其他各国，以及美国华人社会的各种信息。

据报道，在过去10年里，美国华文媒体的数目和发行量增长了近三成，其中，日报的每日总印量已经超过了25万份。还有一种说法，在美国华人最多的三藩市，有大约60%的华人是通过阅读中文报纸了解世界的，而阅读英文报纸的华人大约只有15%。为了争取华人读者，2019年3月1日，英文报纸《纽约时报》国际新闻部主编还透露，《纽约时报》已经做出推出中文网络版的决定。

据业内人士估计，在美国所有中文日报的实际总发行量中，《世界日报》和《星岛日报》总共占了六至七成的份额。美国的《华尔街日报》也曾做过报道，称假若把《星岛日报》和《世界日报》这两家在美国发行量最大的中文报纸，与美国的其他主流英文报纸，如美国发行量最大的10家英文日报（《今日美国》《华尔街日报》《纽约时报》《洛杉矶时报》《华盛顿邮报》《纽约每日新闻》《纽约邮报》《芝加哥论坛报》《每日新闻》和《休斯敦纪事报》）等放在一起排名，中文报纸《星岛日报》和《世界日报》的发行量可以排在第20位左右。请不要小看了这个"第20位左右"的说法，因为美国华人人口约

---

① "沙架免度"即"Sacramento"，今汉语普通话译作"萨克拉门托"，美国华人现在通常将其叫作"沙加缅度"。此地据传是淘金年代华人首先登陆美国的地方。

500万，只不过占了全美3.27亿人口总数中很少的一部分。仅从华文报纸的这个发行量，就可见华人对华文报纸的热爱。

在纽约曼哈顿，当地华人于1990年1月5日创办了《侨报》。它从初创时的黑白套红的周报，发展到今天，成为拥有日报和周报，有中文网站和英文网站，有社交媒体和文化中心的传媒集团公司，在全美17个华人聚居的地方拥有记者站、发行点和不同版本的报纸。《侨报》在美国东西部主要城市发行，在中国的北京和台北都设有办事处，服务全美侨胞，拥有大量华人读者和社交媒体粉丝，完全可以说，它是美国发展最快和最有影响力的华文媒体之一。《侨报》在报道中国国内新闻方面处于美国媒体的领军地位，在舆论上占有举足轻重的地位，也是重要的世界性华文媒体。

美国华文报纸在美国所有媒体中，可能是竞争最激烈的报纸群体，仅从在人数不多的美国华人圈中，大大小小的华文报纸即超过百家这点就可知。华人报纸的竞争主要体现在广告的竞争上，因为在美国办报，主要靠广告收入维持，如果缺少广告收入，背后又没有实力雄厚的财团支持，报纸就会办不下去。其中，竞争最为激烈的应是那些周末出版的免费中文报纸。美国各地的华人都很喜欢看这种免费的中文报纸，每逢周末，就可以看到很多在超市和街头拿取三五份免费报纸的华人。由于需求量大，免费中文报纸往往在星期六下午就会被全部拿空。这类报纸虽然免费，内容却一点都不马虎。除了各种重大新闻均不遗漏，一些社会新闻更是吸引读者眼球。那些与华人工作、生活息息相关的经济新闻和广告，无论是与房地产、保险、法律、移民、股市有关的，还是与餐饮、超市等有关的，无所不包，华人能够从中获得足够的资讯。

由于经济不景气、广告收入减少，以及数码传媒、网络传媒的兴盛等原因，近年来美国很多主流英文报纸的发行量出现了下跌的趋势。而与此形成鲜明对比的是，中文报纸的经营状况却继续稳步上升，不仅报纸的种类越来越多，发行量也越来越大，甚至还有新报纸创办。

从某个角度来看，华文报纸也是华人社区中一股凝聚华人、团结华人的力量。其中一个很重要的原因是，尽管美国华人报纸竞争很激烈，但是为华人服务、维护华人权益的宗旨都是一致的。2018年10月以来，美国的华人报纸号召华人团结一心，反对美国主流媒体歧视华人，促使抗议活动获得了胜利，就是一个很好的例证。

即使在今天，在这个纸质传媒日益感到压力、普遍衰落的时代，美国的华文报纸也还在不断发展。例如，在并非美国华人传统聚居的地方美国东部俄亥俄州（Ohio）的克利夫兰（Cleveland），2002年11月，《伊利华报》创刊，一开始作为月刊发行，2004年11月起，又改为半月刊。

创刊于2007年6月的美国《侨声报》，报社总部位于并非华人最多的俄勒冈州波特兰（本书汉语方言调查的一个点）。该报逢周五出版，为4开24版。其办报宗旨为，"弘扬中华文化，加强中美交流，热诚为侨胞服务，缔造和谐侨社，促进侨界工商业"。自创刊以来，《侨声报》发挥媒体的喉舌作用，为俄勒冈州华人华侨提供及时准确的新闻报道和丰富多元的文化信息，成为向主流社会传达侨声的渠道、华人华侨与祖籍国联系的桥梁。

随着美国纸质媒体的不断衰退，并逐渐向网络媒体过渡，不难预见，美国华人报纸的未来也必将逐渐向扩大报纸网络发行的方向发展。例如，美国中文网就向美国华人提供了美国、中国和全球新闻资讯，包括博客、论坛、商讯、美食、求职招聘、社会活动、房屋租赁等信息。

直面当今世界潮流，美国华人报纸面对网络媒体的巨大挑战，发行量不同程度地下降是必然的，但从长远来看，华人报纸不会消失。假如能顺应网络发展的新潮流，增加开设网络版，根据读者需求加大信息量，加快新闻传播速度，美国的华人报纸或许会越办越精彩。

5.4　美国华人社区文化生活点滴

5.4.1　流传在美国华人社区的方言俗语举例

尽管本章要讨论的是美国华人社区的文化，但我们还是绕不开语言和方言，因为语言和方言是文化的载体。人类的一切文化、经济和政治活动，都离不开语言和方言，美国华人社区的一切文化、经济和政治活动，也同样离不开语言，离不开华人使用的汉语方言，特别是社区内主要流行的粤方言台山话和广府话。对于承载华人社区文化的方言载体，无论如何，我们都应该与华人一起，倾尽全力去维护它、保护它。

在美国，不论进入哪一个城市的唐人街，首先看到听到的，除了大红灯笼、中式建筑，让人目不暇接的中式商品，与唐人街外面不一样的各种夹杂着英语、用汉字书写的街道名称、商铺名称、商铺里售卖的各种货物的名称，用英语、汉字或汉语方言文字写就的各种广告，还有在街道上、商铺食肆里面充盈着的人们用以交谈的汉语、汉语方言。在美国最大的唐人街之一——三藩市唐人街，有一个叫"花园角"的公共活动区域，华人平日里在那儿聊天、歇息、锻炼身体，每逢周末的下午，则都会有一些华人在那里聚集，一起唱华语歌曲，甚至演唱他们从中国祖籍地广东带去的方言歌谣，如广府话的咸水歌、台山话的卖鸡调等，抒发思乡之情。

以往为每个国家、每个地方的汉语方言著书，我们都会在最后附上调查时搜集到的，用当地流行的汉语方言说的俗语。这些方言俗语或有长篇的故事，或有短小的歌谣、童谣、歇后语、顺口溜、谜语、对话等。在调查东南亚华人社区的汉语方言时，我们就搜集了一些被华人保存下来，在国内闽、粤、客方言区流行的方言俗语，甚至还非常幸运地搜集到了华人迁移出祖籍国以后，在现居地创作的新的方言歌谣等。

遗憾的是，相较于东南亚的华人社区，在美国华人社区的调查中，我们记录到的相关信息却不多，源自华人的新创作则更少，只有三藩市台山话的《老华人的一生》、三藩市的两首华人团体的会歌——《三藩市台山联谊会会歌》《三藩市宁阳会馆会歌》，以及同样是三藩市台山话的一个小故事——《三个男人》等，广府话在这方面搜集到的信息更是总体少于台山话。

从华人社区中搜集到的方言俗语不多，这也从一个方面反映了美国华人社区汉语方言的活跃度远不及东南亚华人社区汉语方言的活跃度高。

因为搜集到材料不多，故其愈显珍贵。无论如何，都有必要将这些不多的宝贵材料奉献出来，让大家从另一个角度了解美国华人，了解美国华人的汉语方言。下文我们会将所有的语料综合起来进行比较。

本节的内容，我们还是分别从华人社区的台山话和广府话两个方面来展示。

5.4.1.1 华人社区台山话的语料

5.4.1.1.1 歌谣

① 《十二生肖歌》（三藩市台山话）

jit⁵ si⁵⁵ ŋi³¹ ŋau²² ɬam⁴⁴ fu⁵⁵ si⁵⁵ tʰu⁴⁴ m̩⁵⁵ luŋ²² luk⁵ sɛ²² tʰit⁵ ma⁵⁵ pat³ jeŋ²² kiu⁵⁵ hau²²
一 鼠，二 牛， 三 虎， 四 兔， 五 龙， 六 蛇。七 马， 八 羊， 九 猴，
sip² kai⁴⁴ sip² jit⁵ kau⁵⁵ sip² ŋi³¹ tsi⁴⁴
十 鸡， 十 一 狗， 十 二 猪。

② 《二十四节气歌》（三藩市台山话）

lip² tsʰun⁴⁴ ji⁵⁵⁻³⁵ sui⁵⁵ kəŋ⁴⁴ tsit⁵ tsʰun⁴⁴ fun⁴⁴ tʰɛŋ⁴⁴ men²² kuk⁵ ji⁵⁵⁻³¹ lip² ha³¹ ɬiau⁵⁵ mɔn⁵⁵ mɔŋ²²
立 春，雨 水， 惊 蛰，春 分， 清 明， 谷 雨， 立 夏，小 满， 芒
tsuŋ⁴⁴ ha³¹ tsi⁴⁴⁻³⁵ ɬiau⁵⁵ si⁵⁵ ai³¹ si⁵⁵ lip² tʰiu⁴⁴ tsui³¹ si²⁵ pak² lu³¹ tʰiu⁴⁴ fun⁴⁴ hɔn²² lu³¹ sɔŋ⁴⁴ kɔŋ⁴⁴
种， 夏至， 小 暑，大 暑，立 秋， 处 暑， 白 露， 秋 分， 寒 露， 霜 降，
lip² uŋ⁴⁴ ɬiau⁵⁵ sut⁵ ai³¹ sut⁴⁴ ŋtsi³¹ ɬiau⁵⁵ hɔn²² ai³¹ hɔn²²
立 冬， 小 雪， 大 雪， 冬至， 小 寒， 大 寒。

③ 儿歌《长颈鹅》（三藩市台山话）

tsʰɛŋ²² kɛŋ⁵⁵ ŋu²² hɛt³ kuk⁵ u⁵² haŋ²² jun⁵⁵ lu³¹ mɔ⁵⁵ si⁵⁵ ɔ⁴⁴
长 颈 鹅，喫谷多，行 远 路，冇 屎 屙①。

④ 儿歌《捡田螺》（三藩市台山话）

kim⁵⁵ hɛŋ²² lu³¹ kim⁵⁵ ki⁵⁵ u⁵⁵ kim⁵⁵ ɬam⁴⁴ lu²² ei⁵⁵ lu²² lɔk² mei⁵⁵ tsʰau⁵⁵ ei⁵⁵ lu²² lɔk² tsʰai⁵⁵
捡 田 螺，捡 几多②，捡 三 箩，乸箩 落 米 炒③，乸箩 落 柴
siau⁴⁴ hɛŋ⁵⁵ ai⁵⁵ kɔk³ wan²² jiu⁵⁵ lu²²
烧④，厅 底 角⑤，还 有 箩。

⑤ 《老华人的一生》（三藩市台山话）⑥

haŋ²² nɛn²² si⁴⁴ sip² ɬam⁴⁴ ti⁵⁵ ai²² jiu³¹ ti⁵⁵ han⁴⁴ li²² hɔi²² tsʰai⁴⁴ na⁴⁴ tʰaŋ⁴⁴ pun⁴⁴ au³¹ hɔi⁵⁵
行 年 四 十 三， 死捱 又 死悭⑦，离 开 □ □ □⑧，搬 到 海

---

① 冇屎屙：没有屎拉。
② 几多：多少。
③ 乸箩落米炒：一箩用来放米炒。
④ 乸箩落柴烧：一箩用来放柴烧。
⑤ 厅底角，还有箩：客厅角落还有一箩。
⑥ 此为当地华人自创的歌谣，也是我们记录到的一首非常难得的反映老一辈华人生活的歌谣。
⑦ 死捱又死悭：省吃俭用拼命干。
⑧ □□□tsʰai⁴⁴na⁴⁴tʰaŋ⁴⁴：唐人街，英语为"Chinatown"。

kau⁵⁵ san⁴⁴ tsuŋ⁴⁴ ji⁴⁴ faŋ⁴⁴ uk⁵ lau⁴⁴ fan⁴⁴ kan⁴⁴ tu³¹ ŋin²² tsin⁴⁴ m²² kɛn⁴⁴ an⁴⁴ haŋ²² nɛn²² m⁵⁵ sip²
狗 山①，终 于 房 屋 捞 翻 间②。做 人 真 唔③ 简 单。行 年 五 十
ɬam⁴⁴ ai²² ai²² jit⁵ ŋi³¹ ɬam⁴⁴ au²² ɔ⁴⁴ tsi³¹ lau⁵⁵ fan⁴⁴ li²² hɔi⁴⁴ kiu⁴⁴ kim⁴⁴ san⁴⁴ wɔŋ²² hɔk² jit⁵
三，捱 大 一、二、三④，倒 □ 聚 老 番⑤，离 开 旧 金 山⑥，黄 鹤 一
hui⁴⁴ m²² fuk² fan⁵⁵ haŋ²² nɛn²² luk² sip² ɬam⁴⁴ sit⁴ hui²² ŋɔi⁴⁴ a⁴⁴ san⁴⁴ fan⁵⁵ wui²² tsʰai⁴⁴ na⁴⁴ tʰaŋ⁴⁴
去 唔 复 返。行 年 六 十 三，失 去 我 阿 珊⑦，返 去 □ □ □,
tsuŋ⁴⁴ jit² ku⁴⁴ an⁴⁴ an⁴⁴ fa⁴⁴ jɔn²² kɔk³ li³¹ hɛt⁴ liaŋ⁵⁵ tʰɔn⁴⁴
终 日 孤 单 单，花 园 角 里 喫 两 餐⑧。

⑥《三藩市台山联谊会会歌》歌词（三藩市台山话)⑨
hɔi²² san⁴⁴ kim⁴⁴ san²² hai³¹ ŋɔ⁵⁵⁻³¹ ka⁴⁴ kim⁴⁴ san⁴⁴ hɔi⁴⁴ san⁴⁴ tɛ⁵⁵ mui³¹ fa⁴⁴ kui⁴⁴ tsi³¹ tɔi³¹ kim⁴⁴ mɔn²²
　台 山 金 山 係 我 家⑩，金 山 台 山 姐 妹 花。居 住 在 金 门
kʰiau²² pɔn³¹ wai⁴⁴ niam³¹ tsɛk² ku⁴⁴ hiaŋ⁴⁴ kɛ³¹ man⁵⁵⁻³¹ ha²² ti⁵⁵ ha²² ku⁴⁴ hiaŋ⁴⁴ kɛ³¹ sui⁵⁵ a³¹ kʰɔi³¹ tʰui⁴⁴ kɛ³¹
桥 畔，怀 念 着 故 乡 嘅⑪ 晚 霞 紫 霞，故 乡 嘅 水 啊，□ □⑫嘅
san⁴⁴ ɔ⁴⁴ mɔ⁴⁴ mui⁵⁵⁻³¹ lai³¹ lɛŋ³¹ ŋin²² tim⁴⁴ hɛn⁴⁴ kʰa⁴⁴
山，多 么 美 丽，令 人 心 牵 挂。
kim⁴⁴ san⁴⁴ hɔi²² san⁴⁴ kɛ³¹ hiɔŋ⁴⁴ tʰin⁴⁴ a³¹ ai⁴⁴ ka⁴⁴ lɔi²² lun²² ŋei²² hut³ mak³ ɬiɔŋ⁴⁴ lɛn²² huŋ²² pau⁴⁴
　金 山 台 山 嘅 乡 亲 啊 大 家 来 联 谊，血 脉 相 连，同 胞
jiu⁵⁵⁻³¹ hɔŋ²² hai³¹ tsuŋ⁴⁴ wa²² nam²² nui⁵⁵ hiɔŋ⁴⁴ tʰin⁴⁴ a³¹ ai⁴⁴ ka⁴⁴ lɔi²² lun²² ŋei²² taŋ⁴⁴ tin⁴⁴ hiɔŋ⁴⁴ tʰɛn⁴⁴ hɔi²²
　有 情 系 中 华。男 女 乡 亲 大 家 来 联 谊，增 进 乡 情，培
jɔŋ⁵⁵ jiu²² i²² tsi⁴⁴ fa⁴⁴ kim⁴⁴ san⁴⁴ kɛ³¹ lou⁵⁵ ɬiau⁵⁵ hiɔŋ⁴⁴ tʰin⁴⁴ a⁴⁴ ai³¹ ka⁴⁴ lɔi²² lun²² ŋei²² hɔn²² kɛt³
　养 友 爱 之 花，金 山 嘅 老 少 乡 亲 啊，大 家 来 联 谊，团 结
jiu⁵⁵⁻³¹ hau⁵⁵ hou⁵⁵ si³¹ jit⁵ ka⁴⁴ huŋ²² pau⁴⁴ jiu⁵⁵ tʰeŋ²² hai²² tsuŋ⁴⁴ wa²² kim⁴⁴ san⁴⁴ hɔi²² san⁴⁴ kɛ³¹ hiɔŋ⁴⁴
　友 好 好 似 一 家，同 胞 有 情 系 中 华，金 山 台 山 嘅 乡
tʰin⁴⁴ a⁴⁴ ai⁴⁴ ka⁴⁴ lɔi²² lun²² ji²²
亲 啊，大 家 来 联 谊。

---

① 海狗山：当地一个地名。
② 终于房屋捞翻间：终于买回了一间房子。
③ 唔：不。
④ 捱大一、二、三：辛苦养大了老大、老二、老三。
⑤ 倒□ɔ⁴⁴聚老番：反倒全都（跑去）与老外（做伴）。"□ɔ⁴⁴"，全、全部，英语为"all"。
⑥ 旧金山：三藩市也叫"旧金山"。
⑦ 失去我阿珊：失去了我的（亲人，太太）阿珊。
⑧ 花园角里喫两餐：（返回唐人街）每天在花园角处吃两顿。"花园角"是三藩市唐人街的一处公共活动场地，也常有人坐在那里吃快餐盒饭。意为又回复了当初寂寞孤单的人生。
⑨ 此为华人自创的会歌。
⑩ 台山金山係我家：（广东的）台山（美国的）旧金山是我家。
⑪ 嘅：的。
⑫ □□kʰɔi³¹ tʰui⁴⁴：这儿、这里。

⑦《三藩市宁阳会馆会歌》歌词（三藩市台山话）①

fui⁴⁴ siaŋ³¹ lam²² hɛn⁴⁴ fui⁴⁴ jɔt² hai³¹ pʰeŋ²² jɔŋ²² pak⁵ mi⁵⁵⁻³¹ ai³¹ i³¹ ŋoi⁵⁵ ɬoi⁴⁴ oi²² kɛ³¹ ku⁴⁴ hiaŋ⁴⁴
飞 上 蓝 天，飞 跃 太 平 洋，北 美 大 地，我 心 爱 嘅 故 乡。
ɬɛn⁴⁴ pɔi⁴⁴ hou²² kim⁴⁴ hɛt³ kou⁵⁵ hɔi⁴⁴ lu²² ɬin⁴⁴ ji²² min²² juŋ³¹ tsi⁴⁴ fui³¹ tʰɔŋ⁴⁴ tou³¹ fui⁴⁴ wɔŋ²² lɔk² i³¹
先 辈 淘 金，铁 镐 开 路，新 移 民 用 智 慧 创 造 辉 煌。落 地
saŋ⁴⁴ kin⁴⁴ hɔi⁴⁴ san⁴⁴ ŋin⁴⁴ hiaŋ⁴⁴ jim⁴⁴ wɔ²² eŋ⁴⁴ ŋui⁵⁵⁻³⁵ jit⁵ jɔŋ³¹ hiɔŋ⁵⁵ liaŋ³¹ ɬin⁴⁴ ai³¹ luk² kɛ³¹ tɔŋ⁴⁴
生 根，台 山 人 乡 音 和 英 语 一 样 响 亮。新 大 陆 嘅 当
ŋin²² tsi⁵⁵ ŋin²² jɔŋ²² kɔŋ⁴⁴ ha³¹ ŋɔ⁴⁴ mun²² heŋ⁵⁵⁻³¹ hi⁵⁵ huŋ⁴⁴ hɔŋ²²
然 主 人，阳 光 下 我 们 挺 起 胸 膛。

lai²² pa³¹ lai²² pa³¹ lai²² pa³¹ lai³¹ pa³¹ fu³¹ lɔ⁵⁵ hiɔŋ⁴⁴ tʰin⁴⁴ tu⁵⁵ tu⁵⁵ ɬun⁴⁴ ɬun⁴⁴ neŋ²² jɔŋ²² wɔi³¹ kuɔn⁵⁵
来 吧 来 吧，来 吧 来 吧，父 老 乡 亲，子 子 孙 孙 宁 阳 会 馆。
ŋɔ³¹ mun²² kɛ³¹ ai³¹ ka⁴⁴ heŋ²² lek² ɬu⁵⁵ jiu²² ku⁵⁵ seŋ⁴⁴ sai⁴⁴ huŋ⁴⁴ tsɔŋ⁴⁴ heŋ⁴⁴ ai³¹ tsi⁵⁵ mui³¹ kʰui²²
我 们 嘅 大 家 庭，历 史 悠 久，声 势 雄 壮，兄 弟 姐 妹，携
siu⁵⁵ kou⁴⁴ kɔ⁴⁴ ŋɔ³¹ mun²² lɔi²² liao⁴⁴ sai²² kai⁴⁴ put⁵ jit⁵ jɔŋ²²
手 高 歌，我 们 来 了，世 界 不 一 样。
fui⁴⁴ siaŋ³¹ lam³¹ hɛn⁴⁴ fui⁴⁴ jɔt² hai³¹ pʰeŋ²² jɔŋ²² man⁴⁴ li⁵⁵⁻³¹ sin³¹ tsiu⁴⁴ hai³¹ jiu²² tu⁵⁵ kɛ³¹ hiaŋ⁴⁴
飞 上 蓝 天，飞 越 太 平 洋，万 里 神 州，係 游 子 嘅②向
wɔŋ²² ka⁴⁴ hiaŋ⁴⁴ u³¹ kun⁴⁴⁻³⁵ muŋ³¹ li⁵⁵ hɔi⁴⁴ fɔŋ⁴⁴ nam²² hɔi⁵⁵ kɛ³¹ pɔ⁴⁴ hou³¹ tɔi³¹ ɬim⁴⁴ tsuŋ⁴⁴ jɔŋ³¹
往。家 乡 杜 鹃 梦 里 开 放，南 海 嘅 波 涛，在 心 中 荡
jɔŋ³¹ hɔi²² san⁴⁴ hɔi³¹ san⁴⁴ ŋɔ³¹ mun²² kɛ³¹ kin⁴⁴ tsuŋ⁴⁴ wa²² mun²² fa⁴⁴ ɔi³¹ ɔi³¹ tsʰun²² jɔŋ²² weŋ³¹ jun⁵⁵
漾。台 山 台 山，我 们 嘅 根，中 华 文 化 代 代 传 扬。永 远
kɛ³¹ wa²² ha⁴⁴ ŋi²² nui⁵⁵ ŋut² kɔŋ⁴⁴ ha³¹ ŋɔ³¹ mun²² ɬu⁴⁴ niam³¹ ku⁴⁴ hiaŋ⁴⁴
嘅 华 夏 儿 女，月 光 下，我 们 思 念 故 乡。

⑧儿歌《点指兵兵》（纽约台山话）③

tiam⁵⁵ tsi⁵⁵ pɛŋ⁴⁴ pɛŋ⁴⁴ sui²² ŋin²² tu³¹ ai³¹ pɛŋ²² tiam⁵⁵ tsi⁵⁵ tʰak² tʰak² sui²² ŋin²² tu³¹ ai³¹ tʰak²
点 指 兵 兵，谁 人 做 大 兵，点 指 贼 贼，谁 人 做 大 贼。

---

① 此为华人自创的会歌。
② 嘅：的。
③ 这是一首儿童边数手指边唱的儿歌。

⑨儿歌《落水仔》(纽约台山话)

lɔk² sui⁵⁵ tɔi⁵⁵ mou⁵⁵ mau³¹⁻³⁵ ai⁴⁴⁻³¹ a⁴⁴ ma⁴⁴ a⁵⁵ a⁴⁴ pʰɔ²² tsai³¹ a⁴⁴ kuŋ⁴⁴ fan⁴⁴ lɔi²² tsau³¹
落 水 仔 冇① 帽 戴, 阿 妈 打, 阿 婆 □②, 阿 公 返 来 就
ŋan³¹⁻³⁵ kai³¹ kai³¹
眼 □ □③。

⑩儿歌《睇牛仔》(芝加哥台山话)

hai⁴⁴ ŋau²² tɔi⁵⁵ hai⁴⁴ ŋau²² niaŋ²² tsam⁵⁵ tsuk⁵ tɔi⁵⁵ tsek⁵ wui²² tʰiaŋ²² tsek⁵ hi⁵⁵ wui²² tʰiaŋ²²
睇 牛 仔, 睇 牛 娘④, 斩 竹 仔⑤, 织 围 墙⑥, 织 起 围 墙
jiu³¹ mou³¹ mou³¹⁻⁵⁵ tsek⁵ hi⁵⁵ mou³¹⁻⁵⁵ tɔi⁵⁵ sui⁵⁵ jiu³¹ heŋ² jit⁵ wun⁵⁵ laŋ⁵⁵ fan³¹ lou⁴⁴ tʰeŋ²² sui³¹ ŋan⁵⁵
又 冇 帽, 织 起 帽 仔⑦ 水⑧ 又 停。一 碗 冷 饭 捞 清 水, 眼
lui³¹ lɛu²² lɛu²² jek² jiu⁴⁴ hui⁴⁴
泪 流 流 亦 要 去⑨。

⑪儿歌《氹氹转》片段(圣安东尼奥台山话)

tʰam²² tʰam²² tsɔn⁴⁴ kek⁵ fa⁴⁴ jɔn²²
氹 氹 转⑩, 菊 花 园。

⑫儿歌《摇摇摇》片段(圣安东尼奥台山话)

jiu²² jiu²² jiu²² jiu²² au⁴⁴ ŋɔi³¹ pʰɔ²² kʰiu²²
摇 摇 摇, 摇 到 外 婆 桥。

5.4.1.1.2 顺口溜、话语、谚语

①话语(三藩市台山话)

hɛt³ fan³¹ sek² fan³¹ ŋui²² jy²¹⁻³⁵ kiu⁵⁵ kau³⁵ ŋui³¹ ŋui³¹ ti³¹ hɔi²² san⁴⁴ wa³¹⁻³⁵
"喫 饭" "食 饭"、 "鱼" "鱼"、 "九" "九"⑪, "□" "我 哋"⑫, 台 山 话

---

① 冇:没有。
② 阿婆□tsai³¹:祖母阻拦。
③ 阿公返来就眼□□kai³¹kai³¹:祖父回来就眼瞪瞪。
④ 睇牛仔,睇牛娘:放牛娃,放牛妹。
⑤ 竹仔:竹子。
⑥ 围墙:下雨天放牛娃没有雨衣,也没有雨帽。此处的"围墙"指可挡风雨的竹围子。
⑦ 帽仔:帽子。这里应是指"斗笠"。
⑧ 水:雨。
⑨ 眼泪流流亦要去:言下之意是,即使没穿的没吃的,眼泪汪汪的,也得去放牛。
⑩ 氹氹转:形容不停地转圈。
⑪ "喫饭""食饭"、"鱼""鱼"、"九""九":这3组词,每一组的前一说法是台山话,后一说法是广府话,意思分别是"吃饭""鱼""九"。
⑫ □ŋui³¹、我哋:前者为台山话,后者为广府话,意思都是"我们"。

kɔŋ⁵⁵ tsiu⁴⁴ wa³¹⁻³⁵ lau⁴⁴ mai²² kɔŋ⁵⁵
广　州　话　捞　埋①　讲。②

②话语（纽约台山话）
jat⁵ luk⁵ tsɛ⁴⁴ wan⁴⁴ luk⁵ wan⁴⁴ tɔ⁴⁴ lə²²
一　辘　蔗，□　辘　□　□□③。

③谚语（纽约台山话）
wɔ²² pʰa⁴⁴ hɔn²² lu²² fuŋ⁴⁴ ŋin²² pʰa⁴⁴ lau³¹⁻³⁵ lɔi²² kʰuŋ²²
禾　怕　寒　露　风，人　怕　老　来　穷。

④谚语（纽约台山话）
nam²² fuŋ⁴⁴ suŋ⁴⁴ ai³¹ hɔn²² ɬin⁴⁴ nɛn²² kɔn⁵⁵ kɛu⁵⁵ tu⁴⁴ m̩²² tsʰut⁵ mɔn²²
南　风　送　大　寒，新　年　赶　狗　都　唔④出　门。

⑤话语（纽约台山话）
liaŋ³¹⁻⁵⁵ tsʰi⁴⁴ hui⁴⁴ tsuŋ⁴⁴ kɔk³ kin⁴⁴ tsɔ⁵⁵ liaŋ³¹⁻⁵⁵ ku⁴⁴ ŋɛu²²
两　次　去　中　国，见　咗　两　个　牛。⑤

⑥话语（纽约台山话）
mɔt⁵ ni⁵⁵ m̩²² hai²¹ hɔŋ²² ŋin²² a⁴⁴　hɔŋ²² ŋin²² m̩²² kɔŋ⁵⁵ hɔŋ²² wa²¹
乜　你　唔　係　唐　人　啊？唐　人　唔　讲　唐　话！⑥

⑦话语（纽约台山话）
kim⁴⁴ man⁵⁵⁻²¹ kɔi⁴⁴ ŋut² hɔ⁴⁴ hɔ⁴⁴ ŋɔi⁵⁵⁻³⁵ aŋ⁴⁴ ni⁵⁵ hui⁴⁴ hɔ²² pɛn⁴⁴ man²¹ man²¹⁻³⁵ haŋ²² haŋ²²
今　晚　个　月　好　好，我　□⑦你　去　河　边　慢　慢　行　行⑧。

———

① 捞埋：混在一起。
② 此句话列举的4对例子——"喫饭""食饭"、"鱼""鱼"、"九""九"、"□ŋui³¹""我哋"，每对的前一例均为台山话音的说法，后一例均为广府话音的说法。这句话反映了三藩市台山籍华人的方言现状：台山话、广府话都说，台山话受到广府话的影响，逐渐向广府话靠拢。但是台山话发音人还是没有发对广府话"九"的音，广府话"九"音应为 kɐu³⁵。台山话没有 ɐ 音；"我哋"广府话的音应为 ŋɔ³¹ tɐi²²。此句话是台山话语音向广府话靠拢转换过程中的一个真实表现。
③ 一辘蔗，□辘□□wan⁴⁴ luk⁵ wan⁴⁴ tɔ⁴⁴ lə²²："辘"为台山话量词，相当于普通话的"截"。这句话的意思是，一截甘蔗，一截一美元。此句子方言与英语混合，反映了英语不娴熟的粤方言台山话生意人的语言状况，"□□wan⁴⁴ tɔ⁴⁴ lə²²"即英语"one dollar"，意为"一美元"。
④ 唔：不。
⑤ 此句意为，去了两次中国，看见了两头牛。"咗"意为"了"。句中与"牛"配对的量词为"个"。
⑥ 20世纪七八十年代以前，美国华人社区通行粤方言台山话，台山籍的老华人认为台山人是"唐人"（华人），台山话就是"唐话"（中国话），并常用此话斥责不会讲或不讲台山话的华人。"乜"意为"怎么、难道"。
⑦ □aŋ⁴⁴：和、同。
⑧ 行行：走走。

⑧话语（纽约台山话）

ŋɔi²¹ mun²²⁻³⁵ hai²¹ sam⁴⁴ mɛn²¹ tsi²¹ sɛŋ²¹ jiu³⁵ lɔ⁵⁵ ha²¹ jiu³⁵ ɬiau⁵⁵
我 们华 係 "三 文 治"，上 有 老 下 有 小。①

⑨话语（纽约台山话）

tsʰaŋ⁴⁴ hɔi⁴⁴ ŋan⁵⁵ lai³¹ niu³¹
撑 开 眼 赖 尿②。

⑩顺口溜（纽约台山话）

tsi⁵⁵ suk² huŋ²² kou⁴⁴⁻³⁵ jiu³¹ ɬan⁴⁴ hui⁴⁴⁻³¹
煮 熟 糖 糕 又 散 墟③。

⑪话语（纽约台山话）

ai³¹ ka⁴⁴ hɛt³ ai³¹ ka⁴⁴ fi²² kɔ⁴⁴ lou⁵⁵ hɛt³ mai²² jit⁵ tʰaŋ²² pʰi²²
大 家 喫 大 家 肥，个 佬 喫 埋 一 层 皮④。

⑫顺口溜（纽约台山话）

lɔk² sui⁵⁵ mi²² tsʰa⁴⁴ am⁴⁴ kai⁴⁴ mai³¹ hɛu²² hɛu²² kai⁴⁴ mau²² ɛm⁵⁵ sai⁴⁴ nai²²
落 水 溦 □ 担 鸡 卖⑤，条 条 鸡 毛 点 嗮 泥⑥。

⑬话语（芝加哥台山话）

saŋ⁴⁴ an³¹⁻³⁵ hou⁵⁵ kɔ³¹ saŋ⁴⁴ ŋan²²
生 蛋 好 过 生 人⑦。

⑭话语（芝加哥台山话）

waŋ²² tsʰɔŋ²² tsek² tsuk⁵ mi³¹ ɬi⁵⁵ san⁴⁴ mai²² pʰan²² fu⁴⁴ kuai⁴⁴ tɛn³¹ huŋ²² kuai⁴⁴ ji⁴⁴ tsan³¹
横 床 直 竹，未 死 身 埋，贫 富 贵 贱，同 归 于 尽。

---

① 此句为中年华人的自嘲，以夹心的"三明治"比喻中年人"上有老下有小"的困顿状况。"係"意为"是"。句中第一人称复数"我们"的说法明显是受到汉语普通话的影响，而非台山话。

② 撑开眼赖尿：睁大眼睛尿床。指人睁眼说瞎话，明知故犯。

③ 煮熟糖糕又散墟：本来煮糖糕是为了赶集，可是糖糕煮好了，集市也散了。言下之意是晚了。"墟"意为"集市"。

④ 大家喫大家肥，个佬喫埋一层皮：大家吃大家胖，一个人独食瘦得只剩一层皮。此句话的深层意义是"分享才是硬道理"。"个佬喫埋"意为"一个人吃完"。

⑤ 落水溦□tsʰa⁴⁴担鸡卖：下雨下得迷迷蒙蒙的，挑着鸡（出去）卖。"溦□tsʰa⁴⁴"形容雨下得迷迷蒙蒙的样子。

⑥ 条条鸡毛点嗮泥：每一根鸡毛全都沾满了泥水。

⑦ 生蛋好过生人：生蛋比生人好。此话类似母亲用广东广州话骂孩子时说的"生旧叉烧都好过生你"（生块叉烧都比生你强，言下之意是叉烧还能吃）。

⑮话语（芝加哥台山话）

tɛ² jit² si²² nɔt⁵ kɐm⁵⁵ san⁴⁴ hai³¹ fu⁵⁵ san⁴⁴
□ □ □ □ 金 山①，係 苦 山②。

⑯惯用语（芝加哥台山话）

mɔi²² fa⁴⁴ hɔi⁴⁴ m̩⁵⁵ fuk⁵ tsʰuŋ²² mɔi²² hɔi⁴⁴ sap² fuk⁵
梅 花 开 五 福， 重 梅 开 十 福。

⑰话语（波特兰台山话）

ɔ³¹⁻³⁵ nai⁵⁵⁻³⁵ kɔi⁴⁴ hɔŋ²² ŋin²² hɔi²² san⁴⁴ hɔi⁵⁵ jin⁴⁴ man²² tsʰun⁴⁴ hɔi⁴⁴ seŋ²² kɔi⁴⁴ tui⁴⁴ tɔ⁴⁴
□ □ 个 唐 人③， 台 山 海 宴、汶 川、 台 城④ 个⑤ 最 多。

⑱话语（波特兰台山话）

luŋ²² fu⁵⁵ ɬi⁵⁵⁻³¹ fu⁵⁵⁻³¹ kau⁴⁴ mu⁵⁵ ɬu⁴⁴ a⁵⁵ ku⁵⁵ a⁵⁵ huŋ²² kʰɛn²² wen³¹ tsʰun⁴⁴ kʰun²²
龙 虎 师 傅 教 舞 狮、打 鼓，打 洪 拳、咏 春 拳。

⑲话语（波特兰台山话）

kʰɔi²² kɔi⁴⁴ tsiu⁴⁴ mai⁵⁵ jɛ⁴⁴ m̩²² sɔi⁵⁵ sui⁴⁴ hɔi³¹ mi³¹ kɔk³⁻³⁵ kɔi⁴⁴ sip² ai³¹ ji²² kui⁴⁴ seŋ²² si³¹ pɔt⁵⁵
□ 个⑥ 州 买 嘢唔使税⑦， 係美国 个 十 大 宜 居 城 市。砵
lœn⁴⁴ kɛ⁴⁴ mɔi²² ki⁴⁴ kuŋ⁴⁴ jɔŋ²² hɔ⁵⁵ hɔ⁵⁵ hai⁴⁴
仑 嘅⑧玫 瑰 公 园 好 好 睇⑨。

⑳顺口溜（波特兰台山话）

jit⁵ tɔn³¹ jin²² ji³¹ tɔn³¹ kei⁵⁵ ɬam⁴⁴ tɔn³¹ ma⁵⁵ nau⁴⁴ kei⁵⁵
一 钻⑩人， 二 钻 鬼， 三 钻 马 骝⑪鬼。

---

① □□□□tɛ² jit² si²² nɔt⁵ 金山：此句英汉混杂，"□□□□tɛ² jit² si²² nɔt⁵"，英语为"that is not"，意为"那不是"。"金山"指美国，因为最初赴美的华工大都是到美国的金矿淘金，故从美国回乡的老华人也被称为"金山伯"。

② 係苦山：是苦山。

③ □□ɔ³¹ nai⁵⁵⁻³⁵个唐人：这里的华人。

④ 海宴、汶川、台城：均为广东台山的地名。

⑤ 个：的。

⑥ □kʰɔi²²个：这个。

⑦ 买嘢唔使税：买东西不交税（美国有五个州购物不用另外付税，即阿拉斯加州、特拉华州、蒙大拿州、新罕布什尔州和俄勒冈州）。

⑧ 砵仑嘅：砵仑的，英语"Portland"（波特兰）讲粤语的华人译作"砵崙"。

⑨ 好好睇：很好看。

⑩ 钻：指头上的旋儿。

⑪ 马骝：猴子。

5.4.1.1.3 歇后语

①歇后语（纽约台山话）
maŋ²² ŋan⁵⁵ lau⁵⁵ fɔŋ⁴⁴ tsi⁵⁵ jau⁵⁵⁻³¹ mou⁵⁵ ŋan⁵⁵ hɔi⁵⁵
盲　眼　佬　放　纸　鹞——冇　眼　睇①。

②歇后语（纽约台山话）
tsʰɔŋ²² ha³¹ ai⁵⁵ pʰɛk³ tsʰai²²　mou⁵⁵ ŋan⁵⁵ hɔi⁵⁵ / tsɔŋ³¹ ai³¹ pan⁵⁵
床　下　底　劈　柴——冇　眼　睇②／撞　大　板。③

③歇后语（纽约台山话）
wɔŋ²² sɛn³¹ sɛŋ⁵⁵ sa⁴⁴ han⁴⁴　m̩²² ɬi⁵⁵ jat⁵ sin⁴⁴ san²²
黄　鳝　上　沙　滩——唔　死　一　身　潺④。

④歇后语（纽约台山话）
sin²² hɔi²² mau⁴⁴ si⁵⁵　ŋin²² tsaŋ⁴⁴ kuai⁵⁵ jam³¹
神　台　猫　屎——人　憎　鬼　厌。

⑤歇后语（纽约台山话）
pak⁵ fuŋ⁴⁴ tsʰui⁴⁴ wɔŋ²² ai⁴⁴ fu⁴⁴ lɔŋ³¹　ku⁴⁴ lɛŋ⁵⁵ hɔn²²
北　风　吹　皇　帝　裤　浪——孤　膦　寒⑤。

⑥歇后语（纽约台山话）
san⁴⁴ wui³¹ nui⁵⁵ tsʰuŋ⁴⁴ liaŋ²²　mou³¹ sɔi⁵⁵ kap⁵
新　会　女　冲　凉——冇　洗　□（不用急）⑥。

⑦歇后语（纽约台山话）
fi²² lɔ⁵⁵ mai³¹⁻⁵⁵ lap⁵ sam⁴⁴　ki⁵⁵ ai³¹ tsiu³¹ ki⁵⁵ ai³¹
肥　佬　买　笠　衫——几　大　就　几　大⑦。

---

① 盲眼佬放纸鹞——冇眼睇：盲人放风筝——没眼看。
② 床下底劈柴——冇眼睇：床底下劈柴——没眼看。
③ 这句歇后语的后半截可有两种不同的说法。
④ 唔死一身潺：不死（也）一身黏液。
⑤ 北风吹皇帝裤浪——孤膦寒："裤浪"即裤裆，"孤"为旧时皇帝的自称，"膦"为男性生殖器，"孤寒"在台山话和广府话中意思都是"吝啬"，"孤膦寒"意为"非常吝啬"。
⑥ 新会女冲凉——冇洗□kap⁵（不用急）："冲凉"即洗澡。此句为谐音歇后语。新会音"□kap⁵"指女性生殖器，与"急kap⁵"同音。"冇洗□mou³¹ sɔi⁵⁵ kap⁵"，"冇"意为"没有、不用"。此句字面的意思是没有洗私处，歇后语的意思为"不用着急"。
⑦ 肥佬买笠衫——几大就几大：胖子买文化衫——多大就多大。

⑧歇后语（纽约台山话）

ɦɔi²² san⁴⁴ pak² tiu⁵⁵   kʰɛk² ma⁴⁴ kɔ⁴⁴ ɦɔi²²⁻³⁵
台　山　白　酒（屎）——渠　妈　个　□①。

⑨歇后语（纽约台山话）

ɬiu³¹ ɬɛŋ⁴⁴ kuŋ⁴⁴ ɛu⁴⁴ kiaŋ⁵⁵   jim²² mian³¹ tsʰɛŋ²²
寿　星　公　吊　颈②——嫌　命　长。

⑩歇后语（纽约台山话）

ɬam⁴⁴ min⁴⁴ tɔi⁵⁵ lun⁵⁵ nai²² sa⁴⁴   m̩²² ɬɔn⁴⁴ ɬu⁴⁴
三　蚊　仔　恋⁼泥　沙③——唔　算　数④。

⑪歇后语（纽约台山话）

ɬi⁵ kai⁴⁴ tsʰaŋ⁴⁴ fan³¹ kɔi⁴⁴   ɬi⁵⁵ eŋ⁵⁵
死　鸡　撑　饭　盖⑤——死　顶。

⑫歇后语（纽约台山话）

maŋ²² ŋan⁵⁵ lɔ⁵⁵ hɛt⁵ hɔŋ⁴⁴ jɔn²²   ɬim⁴⁴ tsuŋ⁴⁴ jiu⁵⁵ su⁴⁴
盲　眼　佬　喫　汤　丸⑥——心　中　有　数。

⑬歇后语（纽约台山话）

sui⁵⁵ sɛ²² tim⁴⁴ tiu⁵⁵   mou⁵⁵ hau³¹
水　蛇　浸　酒——冇　效⑦。

5.4.1.1.4　故事

故事《三个男人》⑧（三藩市台山话）

ɬam⁴⁴ kɔ³¹ nam²² ŋin²² hui⁴⁴ kɔŋ⁵⁵ sek⁵ tsʰa²² tʰɔn⁴⁴ hɛŋ⁵⁵ jim⁵⁵ hɔi⁴⁴ ɬam⁴⁴ kɔ³¹ lau⁵⁵ pʰɔ²² pɛŋ⁵⁵ liaŋ⁵⁵
三　个　男　人　去　港　式　茶　餐　厅，点　开⑨三　个　老　婆　饼、两

---

① 台山白酒（屎）——渠妈个□ɦɔi²²⁻³⁵：台山话中，"酒"与"屎"同音，"□ɦɔi²²⁻³⁵"为女性生殖器。此为詈言，说者常省略后半难听的说法。
② 吊颈：上吊。
③ 三蚊仔恋⁼泥沙：小孩子玩泥沙。
④ 唔算数：不算数。
⑤ 死鸡撑饭盖：死鸡撑饭锅盖。
⑥ 盲眼佬喫汤丸：盲人吃汤丸。
⑦ 水蛇浸酒——冇效：民间认为水蛇泡酒的药用功效不大。
⑧ 此故事为三藩市台山籍华人的自创。
⑨ 点开：点了。

pui⁴⁴ nai⁵⁵ tsʰa²² jit⁵ pui⁴⁴ uŋ³¹ neŋ⁵⁵ sui⁵⁵
杯 奶 茶、一 杯 冻 柠 水①。
ɬin⁴⁴ lɔi²² kɔi⁴⁴ ŋɔi³¹ saŋ⁵⁵ tsek² kʰi⁵⁵ hɔi⁵⁵ hɔi²² san⁴⁴ wa³¹ kɔŋ⁵⁵ m̩²² hau⁵⁵ tsiaŋ⁴⁴ kʰɛt² ɛm⁵⁵ kɔi⁴⁴ jɛ³¹
新 来 个 外 省 籍 企 枱 台 山 话 讲 唔 好②，将 □③ 点 个 嘢④
tui⁴⁴ kɔŋ⁵⁵ kuɔ⁴⁴ jit⁵ ha⁵⁵ tsiu³¹ pɛn³³ tsɔ⁵⁵
再 讲 过 一 下，就 变 咗⑤：
niak² ɬam⁴⁴ kɔ³¹ lau⁵⁵ pʰɔ²² pɛŋ³¹ liaŋ⁵⁵ kɔ³¹ lai⁴⁴ tsʰai²² jit⁵ kɔ³¹ uŋ³¹ nin⁵⁵ ɬi⁵⁵
□ 三 个 老 婆 病，两 个 拉 柴，一 个 冻 □ 死。⑥
ɬam⁴⁴ kɔ³¹ nam²² ŋin⁴⁴ tsaŋ²² nit⁵ pʰiak³ ɬi⁵⁵ kʰui⁵⁵
三 个 男 人 争 啲 劈 死 渠⑦。

5.4.1.1.5 谜语

①谜语打一水果（芝加哥台山话）
huŋ²² pʰou²² pou⁴⁴ pak² pʰou²² pak² pʰou²² pou⁴⁴ tsi⁴⁴ kou⁴⁴ tsi⁴⁴ kou⁴⁴ pou⁴⁴ huŋ²² tau⁵⁵
红 袍 包 白 袍，白 袍 包 猪 膏，猪 膏 包 红 豆。⑧

②打一事（芝加哥台山话谜语）
jap² mɔn²² ɬam⁴⁴ pu³¹ kap⁵ tsʰut⁵ mɔn²² jat⁵ san⁴⁴ suŋ⁴⁴
入 门 三 步 急，出 门 一 身 松。⑨

5.4.1.1.6 对联

对联（芝加哥台山话）
si⁴⁴ huŋ⁴⁴ uk⁵ haŋ²² tʰɛn⁴⁴ li⁵⁵ at² lin²² li⁵⁵ liau⁵⁵ kai⁵⁵ jit⁵ tʰun⁴⁴ wɔ²²
思 通 笃 行 千 里 达，邻 里 了 解 一 村 和。

---

① 冻柠水：冰镇柠檬水。
② 外省籍企枱台山话讲唔好：外省籍跑堂（服务员）台山话讲不好。
③ 将□kʰɛt²：把他们。
④ 嘢：东西。
⑤ 变咗：变成。
⑥ 台山话"病 pɛŋ³¹"与"饼 pɛŋ⁵⁵"音近，"拉柴 lai⁴⁴ tsʰai²²"与"奶茶 nai⁵⁵ tsʰa²²"音近，"冻□死 uŋ³¹ nin⁵⁵ ɬi⁵⁵"与"冻柠水 uŋ³¹ neŋ⁵⁵ sui⁵⁵"音近，外省籍的服务员区分不了。"□niak²"意为"你们"。"拉柴"为避讳词，意为"死"。"□nin⁵⁵"为粗话。
⑦ 争啲劈死渠：差点儿劈死他。
⑧ 这是一个谜底为水果荔枝的谜语。"红袍包白袍"指荔枝外表的红色外皮包着（一层）白色的内膜，"白袍包猪膏"指白色的内膜包着像猪油一样洁白晶莹的荔枝果肉，"猪膏包红豆"指洁白晶莹的荔枝果肉包着（宛如大红豆的）荔枝核。
⑨ 此谜语的谜底是如厕。

横批：si⁴⁴ meŋ²² tʰun⁴⁴
　　　思　明　村①

5.4.1.2　华人社区广府话的语料

5.4.1.2.1　歌谣

①儿歌《落雨大》（洛杉矶广府话）
lɔk² jy¹³ tai²² sœy³⁵ tsɐm³³ kai⁵⁵ a³³ kɔ⁵⁵ tam⁵⁵ tsʰai²¹ sœŋ¹³ kai⁵⁵ mai²² a³³ sou³⁵ lɔk²⁵ tei²² tsœk³
落　雨　大②，水　浸　街，阿　哥　担　　柴　上　　街　卖，阿　嫂　落　地　着③
fa⁵⁵ hai²¹ fa⁵⁵ hai²¹ fa⁵⁵ mɐt² fa⁵⁵ jiu¹³ tai³³ tsɐn¹³ tsy⁵⁵ wu²¹ tip²⁻³⁵ lœŋ¹³ pin⁵⁵ pʰai²¹ pʰai²¹ pʰai²¹ tou⁵⁵
花　鞋，花　鞋　花　袜　花　腰　带，珍　珠　蝴　蝶　两　边　排，排　排　都
jɐu¹³ sɐp² ji²² lɐp⁵ lɐp⁵ lɐp⁵ jy²¹ wɐt² mou¹³ tsʰi⁵⁵ ha²¹
有　十　二　粒，粒　粒　如　核　冇④　疵　瑕。

②儿歌《打开蚊帐》（洛杉矶广府话）
ta³⁵ hɔi⁵⁵ mɐn⁵⁵ tsœŋ³³ ta³⁵ hɔi⁵⁵ mɐn⁵⁵ tsœŋ³³ jɐu¹³ tsɛk³ mɐn⁵⁵ jɐu¹³ tsɛk³ mɐn⁵⁵ fai³³ ti⁵⁵ lɔ³⁵
打　开　蚊　　帐，打　开　蚊　　帐，有　只　蚊，有　只　蚊，快　啲　攞
pa³⁵ sin³³ lei²¹ fai³³ ti⁵⁵ lɔ³⁵ pa³⁵ sin³³ lei²¹ pʰut³ tsɐu³⁵ kʰœy¹³ pʰut³ tsɐu³⁵ kʰœy¹³
把　扇　嚟⑤，快　啲　攞　把　扇　嚟，拨　走　渠⑥，拨　走　渠。

③儿歌《排排坐》片段（洛杉矶广府话）
pʰai²¹ pʰai²¹ tsʰɔ¹³ sek² kwɔ³⁵ kwɔ³⁵
排　排　坐，食　果　果。

④儿歌《点虫虫》片段（洛杉矶广府话）
tim³⁵ tsʰuŋ²¹ tsʰuŋ²¹⁻³⁵ tsʰuŋ²¹ tsʰuŋ²¹⁻³⁵ fei⁵⁵
点　虫　虫，　虫　虫　飞。

⑤儿歌《氹氹转》片段（洛杉矶广府话）
tsʰɐm²¹ tsʰɐm²¹ tsyn³³ kuk⁵ fa⁵⁵ jyn²¹ tsʰau³⁵ mɐi¹³ pɛŋ³⁵ nɔ²² mɐi¹³ jyn²¹
氹　　氹　　转⑦，菊　花　园，炒　米　饼，糯　米　丸。

---

① "思明村"为提供对联的发音人的祖籍地。
② 落雨大：下大雨。
③ 着：穿。
④ 冇：没有。
⑤ 快啲攞把扇嚟：快点儿拿把扇子来。
⑥ 拨走渠：扇走它。
⑦ 氹氹转：形容不断地转圈。

⑥儿歌《落雨大》片段（纽约广府话）

lɔk² tai²² jy¹³ sœy³⁵ tsɐm³³ kai⁵⁵ a⁵⁵ kɔ⁵⁵ tam⁵⁵ tsʰai²¹ sœŋ¹³ kai⁵⁵ mai²²
落　大　雨，水　浸　街，阿　哥　担　柴　　上　街　卖。

⑦儿歌《落雨大》（芝加哥广府话）

lɔk² jy¹³ tai²² sœy³⁵ tsɐm³³ kai⁵⁵ a³³ kɔ⁵⁵ tam⁵⁵ tsʰai²¹ sœŋ¹³ kai⁵⁵ mai²² a³³ sou³⁵ lɔk² tei²² tsœk³ fa⁵⁵
落　雨　大，水　浸　街，阿　哥　担　柴　　上　街　卖，阿　嫂　落　地　着　花

hai²¹ fa⁵⁵ hai²¹ fa⁵⁵ mɐt² fa³³ jiu⁵⁵ tai³³ tsɐn⁵⁵ tsu⁵⁵ wu²¹ tip²⁻³⁵ lœŋ¹³ pin⁵⁵ pʰai²¹ pʰai²¹ pʰai²¹ tou⁵⁵ jɐu¹³
鞋，花　鞋　花　袜　花　腰　带，珍　珠　蝴　蝶　两　边　排，排　排　都　有

sɐp² ji²² lɐp⁵ lɐp⁵ jy²¹ wɐt² mou¹³ tsʰi⁵⁵ hai²¹
十　二　粒，粒　粒　如　核　冇　疵　瑕。

⑧儿歌《月光光》（休斯敦广府话）

jyt² kwɔŋ⁵⁵ kwɔŋ⁵⁵ tsiu³³ tei²² tʰɔŋ²¹ nin²¹ sa⁵⁵ a³³ man¹³ tsak² pɐn⁵⁵ lɔŋ²¹ pɐn⁵⁵ lɔŋ²¹ hœŋ⁵⁵ tsak²
月　光　光，照　地　堂，年　卅　□　晚①，摘　槟　榔，槟　榔　香，摘

tsi³⁵ kœŋ⁵⁵ tsi³⁵ kœŋ⁵⁵ lat² mai¹³ pʰou²¹ tɐt² pʰou²¹ tɐt² fu³⁵ mai¹³ tsy⁵⁵ tʰou¹³ tsy⁵⁵ tʰou¹³ fei¹³ mai¹³
子　姜，子　姜　辣，买　葡　突②，葡　突　苦，买　猪　肚，猪　肚　肥，买

ŋɐu²¹ pʰei²¹
牛　皮。

⑨儿歌《鸡公仔》（休斯敦广府话）

kɐi⁵⁵ kuŋ⁵⁵ tsɐi³⁵ mei¹³ pʰɔ²¹ sɔ⁵⁵ tsou⁵⁵ jɐn²¹ sɐn⁵⁵ pʰou³⁵ sɐm²² kan⁵⁵ nan²¹ sam⁵⁵ tsiu⁵⁵ kwɐi²²
鸡　公　仔③尾　婆　婆，做　人　新　抱④甚　艰　难，三　朝　跪

lan²² lœŋ¹³ tʰiu²¹ kwʰɐn²¹
烂　两　条　裙。

5.4.1.2.2　话语、顺口溜、惯用语、对话

①话语（三藩市广府话）

jit² si²¹ kʰam⁵⁵ fɔ³³ tʰei⁵⁵ pou²² hɐi²² m̩²¹ hɐi²²
□□　□　□　□　□⑤，係　唔　係⑥？

---

① 年卅□a³³晚：大年三十晚，除夕夜。
② 葡突：苦瓜。
③ 鸡公仔：小公鸡。
④ 新抱：媳妇。
⑤ □□□□□□ jit² si²¹ kʰam⁵⁵ fɔ³³ tʰei⁵⁵ pou²²：来自英语"is come from table"，意为"这来自表格"。此句英汉混杂。
⑥ 係唔係：是不是。

②话语（三藩市广府话）

jiu⁵⁵ nou³³ lai³³ tsʰiu²¹ tsɐu⁵⁵ jɛm⁵⁵ ŋɔk² kɔk² wan³⁵ kɔk²

□　□，□　潮　州　音　乐，各　玩　各①。

③话语（三藩市广府话）

ŋɔ¹³ hœy³³ kwɔ³³ a³³ ma⁵⁵ kɛ³³ tsʰyn⁵⁵ tsuŋ⁵⁵ san⁵⁵ sɛk² kʰei²¹ sɐn⁵⁵ wui²²

我　去　过　阿　妈　嘅　村，中　山、石　岐、新　会②。

④话语（三藩市广府话）

tei²² ji²² tɔi¹³ tsuŋ²² wui¹³ kɔŋ³⁵ jɐt⁵ ti⁵⁵　tei²² sam⁵⁵ tɔi²² tsi³³ tsɔ⁵⁵ wui³⁵ tʰɛŋ⁵⁵

第　二　代　仲　会　讲　一　啲，第　三　代　至　多　会　听。③

⑤惯用语（三藩市广府话）

lou¹³ tɐu²² jɔŋ¹³ tsɐi³⁵ tsɐi³⁵ jɔŋ¹³ tsɐi³⁵

老　窦　养　仔　仔　养　仔④。

⑥话语（三藩市广府话）

hœŋ³⁵ mei³⁵ kɔk³ jɐt⁵ hei²² jɐu¹³ tsʰin²¹⁻³⁵ jɐt⁵ hei²² kʰuŋ²¹ jy²¹ kwɔ³⁵ ŋam⁵⁵ ŋam⁵⁵ tsʰiu⁵⁵

响⁼⑤ 美　国　一　係　有　钱，　一　係　穷⑥，如　果　啱　啱　超

kwɔ³³ pʰɐn²¹ kʰun³³ sin³³ tsɐu²² tsœy³³ sɐn⁵⁵ fu³⁵ la³³

过　贫　困　线，就　最　辛　苦　了⑦。

⑦话语（三藩市广府话）

sam⁵⁵ fan²¹ si¹³ tʰɔŋ²¹ jɐn²¹ fɐu²² nin²¹ nin²¹ tsʰœn⁵⁵ tsit³ tou⁵⁵ jɐu¹³ fa⁵⁵ si¹³

三　藩　市　唐　人　埠⑧年　年　春　节　都　有　花　市。

⑧话语（三藩市广府话）

hœŋ⁵⁵ kɔŋ³⁵ jɐn²¹ kɔŋ³⁵ kɛ³³ m²¹ tʰɔŋ²¹ ŋɔ¹³ tei²² ŋɔ¹³ tei²² lap² lap² tsap² tsap²

香　港　人　讲　嘅　唔　同　我　哋⑨，我　哋　立　立　杂　杂⑩。

---

① □□，□jiu⁵⁵nou³³lai³³：来自英语"you know, like"，意为"你知道，像……"。此句英汉混杂。
② 中山、石岐、新会：均为广东省的地名。
③ 此句表述的是华人对方言掌握的情况，"第二代""第三代"指第二代、第三代华人。"仲会讲一啲"意为"还会说一些（方言）"。"至多"意为"最多、顶多"。
④ 此句意为顾下不顾上。"老窦"意为"父亲"。"仔"意为"儿子"。
⑤ 响⁼：在。
⑥ 一係……一係……：要不然……要不然……。
⑦ 啱啱超过贫困线就最辛苦了：刚刚超过贫困线最辛苦，因为一超过贫困线，就必须缴税。"啱啱"意为"刚刚"。
⑧ 唐人埠：唐人街。
⑨ 香港人讲嘅唔同我哋：香港人说的（话）和我们（说的话）不一样。
⑩ 我哋立立杂杂：我们（说的话）拉拉杂杂。

第5章　美国华人社区教育与文化点滴

⑨话语（三藩市广府话）

tʰœy³³ jɐu⁵⁵ tsi⁵⁵ hɐu²² tsɐn⁵⁵ hɐi²² m²¹ kɛŋ⁵⁵ mou¹³ jɛ¹³ tsou²² a³³ jek⁵ hak⁵ tsɐu²² jɐŋ³³ pʰɐŋ³³ ma²¹
退　休　之　后　真　係　唔　惊①　冇　嘢　做②　啊，即　刻　就　应　聘　"麻
juŋ²¹ jɛ⁵⁵ juŋ²¹ tsuŋ²² hɐi²² ja²² sei³³ siu³⁵ si²¹ ɔn³³ kʰɔ⁵⁵ ka³³
蓉、椰　蓉"③，仲　係　廿　四　小　时　□　□　㗎④。

⑩话语（三藩市广府话）

jɐu¹³ kɔ³³ miu⁵⁵ tsek² kʰuk⁵ kiu³³ tsʰou³⁵ mɐŋ³⁵
有　个　□　□　曲　叫　《草　蜢》。⑤

⑪话语（洛杉矶广府话）

wa²¹ jɐn²¹ lei²¹ tou³³ mei¹³ kɔk³ ŋai²¹ jɐt⁵ tɔi²² ŋai²¹ ji²² tɔi²² tou³³ tsɔ³⁵ tɐi²² sam⁵⁵ tɔi²² tsi²²
华　人　来　到　美　国，挨　一　代，挨　二　代，到　咗　第　三　代，自
kei³⁵⁻⁵⁵ wɐn³⁵ tou³⁵ tsʰin²¹⁻³⁵ tsɐu²² hɔi⁵⁵ tsʰi³⁵ tsi²² kei³⁵⁻⁵⁵ fɐŋ²¹
己　揾　倒　钱　就　开　始　自　己　□。⑥

⑫话语（洛杉矶广府话）

nei¹³ sek⁵ tu³⁵ ka³³ la⁵
你　识　□　㗎　啦！⑦

⑬话语（洛杉矶广府话）

jɐm³⁵ jyn²¹ ŋau²¹ nai¹³ tsɐu²² ma¹³ sœŋ²² tʰuŋ¹³ pɔŋ²² ka³³ la³³
饮　完　牛　奶　就　马　上　重　磅　㗎　啦！⑧

⑭顺口溜（洛杉矶广府话）

jɐt⁵ lɔ²² hau³⁵ ji²² lɔ²² kʰam³⁵ sam⁵⁵ lɔ²² pa⁵⁵ tsa⁵⁵ sei³³ lɔ²² lai²² si³⁵ tsʰau³⁵ tsʰyn²¹ tsʰam³⁵
一　胴　好，二　胴　□，三　胴　巴　喳，四　胴　赖　屎　炒，全　参

---

① 真係唔惊：真是不用担心。
② 冇嘢做：没事做。
③ 即刻就应聘"麻蓉、椰蓉"：麻蓉、椰蓉为华人做糕点时喜爱放的两种馅儿——芝麻酱、椰子酱。其广府话发音正好与"嫲佣"（祖母佣人）、"爷佣"（祖父佣人）谐音。"即刻"意为"马上"。
④ 仲係廿四小时□□ɔn³³kʰɔ⁵⁵㗎：还是24小时在线的。"□□ɔn³³kʰɔ⁵⁵"英语为"on call"。此句意为随叫随到。句子汉英混杂。
⑤ 此为汉英混合句，"□□miu⁵⁵tsek²"英语为"music"。"草蜢"即蚂蚱。
⑥ 此句意为，第一、第二代美国华人为了立足、为了家庭艰苦奋斗，第三代开始享受。"到咗"意为"到了"。"□fɐŋ²¹"即英语"fun"，指花钱大手大脚，自己享乐。
⑦ 此句意为"你应该会做"。"□tu³⁵"即英语"do"。
⑧ 此句意为"喝完牛奶（身体）的重量就马上增加了"。"重磅"指重量增加。

tsʰyn²¹ fuk⁵ jɐu¹³ tsʰin²¹⁻³⁵ mou¹³ jɐn²¹ tsi⁵⁵
全 福，有 钱 冇 人 知。①

⑮话语（洛杉矶广府话）
kɐm⁵⁵ man¹³ kɔ³³ mun⁵⁵ hou³⁵ hou³⁵
今 晚 个 □ 好 好。②

⑯顺口溜（纽约广府话）
pin⁵⁵ kɔ³³ wa²² ŋɔ¹³ sɔ²¹ ŋɔ¹³ tsʰɛŋ³⁵ nei¹³ sek² siu⁵⁵ ŋɔ²¹
边 个 话③ 我 傻，我 请 你 食 烧 鹅。

⑰顺口溜（纽约广府话）
hou³⁵ tʰit³ pɐt⁵ ta³⁵ tɛŋ⁵⁵ hou³⁵ nam²¹ pɐt⁵ tɔŋ⁵⁵ pɛŋ⁵⁵
好 铁 不 打 钉，好 男 不 当 兵。

⑱洪拳套路术语（纽约广府话）
龙虎出现 出场亮相 luŋ²¹ fu³⁵ tsʰœt⁵ jin²²
单虎出洞 出虎爪 tan⁵⁵ fu³⁵ tsʰœt⁵ tuŋ²²
饿虎擒羊 出虎爪 ŋɔ²² fu³⁵ kʰɐm²¹ jœŋ²¹
浪里抛球 手似抛球出 lɔŋ²² lei¹³ pʰau⁵⁵ kʰɐu²¹
转身削竹 转身劈手 tsyn³³ sɐn⁵⁵ sœk⁵ tsuk⁵
水浪抛锤 拳头似抛锤出 sœy³⁵ lɔŋ²² pʰau⁵⁵ tsʰœy²¹
二龙争珠 单手撬入对方的眼睛 ji²² luŋ²² tsaŋ⁵⁵ tsy⁵⁵
顺水推舟 双手推出 sɐn²² sœy³⁵ tʰœy⁵⁵ tsɐu⁵⁵
虎眼抛锤 双拳打对手的眼睛 fu³⁵ ŋan¹³ pʰau⁵⁵ tsʰœy²¹
指定中原 单手拱拳 tsi³⁵ tɛŋ²² tsuŋ⁵⁵ jyn²¹
四指撑天 四只手指指天 sei³³ tsi³⁵ tsʰaŋ³³ tʰin⁵⁵
伏虎藏龙 单手下压 fuk² fu³⁵ tsʰɔŋ²¹ luŋ²¹
林中射鸟 兵器三叉耙 lɐm²¹ tsuŋ⁵⁵ sɛ²² niu³⁵
二虎藏踪 ji²² fu³⁵ tsʰɔŋ²¹ tsuŋ⁵⁵
美人照镜 mei¹³ jɐn²¹ tsiu³³ kɛŋ³³
斜风摆柳 tsʰɛ²¹ fuŋ⁵⁵ pai³⁵ lɐu¹³

---

① 这是一首吟唱指纹的顺口溜，句子中一些音节并无具体的含义。"䐴"指圆形的指纹。"巴喳"指啰唆、话多。"赖屎"意为"拉屎"。"全篓全福"意为（指纹）全是"篓"（开放型的指纹），就有全福。"冇人知"意为"没有人知道"。

② 此句汉英混杂。"□mun⁵⁵"即英语"moon"，意为"月亮"。"好好"意为"很好"。

③ 边个话：谁说。

袖里藏花 tsɐu²² lei¹³ tsʰɔŋ³³ fa⁵⁵
摇龙归洞 ₍入场₎jiu²¹ luŋ²² kwɐi⁵⁵ tuŋ²²

⑲惯用语（芝加哥广府话）

nei¹³ tsou²² tsʰɔ⁵⁵ jɐt⁵　　ŋɔ¹³ tsou²² sɐp² m̩¹³
你　做　初　一，　我　做　十　五。

⑳话语（芝加哥广府话）

jɐt⁵ ji²² sam⁵⁵　sam⁵⁵ ji²² jɐt⁵　jɐt⁵ ji²² sam⁵⁵ sei³³ m̩¹³ luk² tsʰɐt⁵
一　二　三，　三　二　一，　一　二　三　四　五　六　七。

㉑话语（芝加哥广府话）

kɔ³⁵ si²¹ ŋɔ¹³ tou⁵⁵ mei²² kɐu³³ tsʰeŋ³⁵ sin⁵⁵ tsi³³ sɐp² tsʰɐt⁵ sœy³
嗰　时　我　都　未　够　秤①，　先　至②十　七　岁。

㉒对话（波特兰广府话）

A. ŋɔ¹³ sɐp² tsʰɐt⁵ sœy³³ la³³　kou⁵⁵ tsuŋ⁵⁵ sɐp² ji² nin²¹ kʰɐp⁵ tsi²² kei³³ tsa⁵⁵ tsʰɛ⁵⁵ fan⁵⁵ hɔk²
　　我　十　七　岁　了，高　中　十　二　年　级，自　己　揸　车　返　学③。

B. tuk² tai²² hɔk² sœŋ³⁵ tuk² mɐt⁵ jɛ¹³
　　读　大　学　想　读　乜　野④？

A. mei²² tsi⁵⁵ a³³
　　未　知　啊。

B. nei¹³ tei²² hɔk² hau²² kɛ³³ tʰeŋ²¹ tsʰɛ⁵⁵ tsʰœŋ²¹ hou³⁵ tai²² a²¹
　　你　哋　学　校　嘅⑤停　车　场　好　大⑥啊？

A. hɐi²² a³³
　　係　啊。

B. nei¹³ tɐi²² tɐi²²⁻³⁵ mui²² mui²²⁻³⁵ tim³⁵ jœŋ²²⁻³⁵ fan⁵⁵ hɔ²
　　你　弟　弟　　妹　妹　　点　样　返　学⑦？

A. sɐp² luk² sœy³³ hɔ³⁵ ji¹³ hau³⁵ tsʰɛ⁵⁵ pʰai²¹ tsa⁵⁵ tsʰɛ⁵⁵ kʰœy³⁵ tei²² ji²¹ ka⁵⁵ tap³ pa⁵⁵ si³⁵ fan⁵⁵ hɔk²
　　十　六　岁　可　以　考　车　牌　揸　车。　渠　哋　而　家　搭　巴　士　返　学⑧。

---

① 嗰时我都未够秤：那时我还不够秤。"未够秤"在此句中意思是不够当兵的年龄18岁。
② 先至：才。
③ 揸车返学：开车上学。
④ 乜嘢：什么。
⑤ 你哋学校嘅：你们学校的。
⑥ 好大：很大。
⑦ 点样返学：怎样回学校。
⑧ 渠哋而家搭巴士返学：他们现在乘巴士上学。

5.4.1.2.3 歇后语

①歇后语（三藩市广府话）

lɐt⁵ seŋ²¹⁻³⁵ ma¹³ lɐu⁵⁵　　mou¹³ woŋ²¹ kun³⁵

甩　 绳　 马　骝①——冇②　王　 管。

②歇后语（洛杉矶广府话）

mou¹³ jim³⁵ kɐi⁵⁵ luŋ²¹　　tsʰœt⁵ jɐp²¹ tsi²² jɐu²¹

冇　 厴　 鸡　笼——出　入　自　 由③。

5.4.2　美国华人社区的饮食文化

在所有文化符号里，饮食文化是最具民族性的。中华饮食文化是中华文化的一个重要组成部分，在中华饮食文化里面，深藏着浓厚的民族性。

谈论美国华人社区的文化，不能不谈华人社区的饮食文化，华人社区的饮食文化是美国华人社区文化的一个重要组成部分。

中国菜作为中国人的一张名牌，美名扬天下，海外华人对此功不可没。足迹遍布五大洲四大洋的华人，将中餐馆开遍了全世界，在让世界了解、认识了中国美味的同时，也将中国的饮食文化传播到了世界的每个角落。说中餐、中餐馆在全世界的各个角落都有，说中国的饮食文化传遍了世界的各个角落并非狂言，即使在离中国最远、离南极洲最近的一个小镇（位于人称"火地岛"的阿根廷乌苏怀亚小岛上），竟然也有一家赫然打出"世界尽头，中国餐厅"招牌的翠竹中餐馆。

民以食为天。无论走到哪儿，中国人的胃都离不开中餐。美国的华人也自然离不开中餐，但有意思的是，土生土长的美国本土其他族裔的人，如今也都离不开中餐。

本小节就谈谈美国华人社区的饮食文化、美国的中餐馆、美国的中国菜。还有，关键是谈谈与语言方言有关，也与华人的生活息息相关的美国中餐馆的命名、中国菜的命名、中国菜名的英译。

5.4.2.1　中国菜的美国化

或许可以说，被美国华人称为"唐餐中餐"、与"老番餐西餐"相对的中餐，还有中餐馆，是美国华人移民文化里的一个极具意义的象征性符号。探讨美国华人社区的文化，必然要谈到中餐和中餐馆。

我们在第 1 章就谈到，美国最早的中餐馆是在淘金年代的 1849 年，在三藩市开张的（参见 1.1.2 "美国的华人社区"），而美国现存的历史最悠久的中餐馆至今也已经有 100

---

① 甩绳马骝：掉了绳子的猴子。
② 冇：没有。
③ 冇厴鸡笼——出入自由：没有盖子的鸡笼——（鸡）出入自由。"厴"意为"（鸡笼的）盖子"。

多年历史了。如今在美国，仰仗于全体美国华人的努力，不仅是在美国各地的唐人街，而且无论是在美国的大城市还是小城镇，都有中餐馆。纽约曼哈顿岛上的唐人街和皇后区的法拉盛，基本上就已经成了中餐馆的天下。也不单是在纽约、三藩市、洛杉矶等华人众多的地方，即使在华人并不多的地方，例如，在位于美国蒙大拿州（Montana）比尤特县（Butte County），也有一家历史悠久，已经存在了过百年的北京面馆——Pekin Noodle Parlors。2011年，这家从1911年经营至今的面馆就迎来了它的100岁生日。同样，在美国，中餐外卖也非常受欢迎，物美价廉的中餐在很多州都成了人们的外卖首选。

酒店餐馆都有名字（招牌），美国的中餐馆常用中国的地名作为餐馆名，如"北京饭店""广州餐厅""香港美食城""老四川""老云南""东北楼"等。这些餐馆的名称既能勾起华人的思乡之情，也能引起老美的食欲。在美国，餐馆的名称也不能没有英语的说法，有的餐馆的英语名称既与汉语名称的意思相符，又很好听，如汉语店名"小苏州"，对应的英语是"Petite Soo Chow"，"petite"的"小巧玲珑"之意就挺能引起人们对巧夺天工的苏州园林、对精致的苏州美食的遐想。不过，也有的餐馆名字的英译尽管文字也美，却与汉语店名无关，如汉语店名"十里香"，译为"Little Garden"。

有调查显示，美国有近40%的青少年喜欢吃中国菜，有超过70%的美国人每周至少会吃一顿中餐。就连美国的宇航局也将恒温的糖醋里脊列入了宇航员的航天菜单中。曾经有报道说，美国前总统尼克松、老布什、小布什、奥巴马等都非常喜爱中餐。2011年，美国国家博物馆还专门设立了一个"酸与甜：美国的中国菜历史"（Sweet & Sour: A Look at the History of Chinese Food in the United States）展区，展示历史上美国的中餐饮食文化。

如今，就连在欢庆圣诞节这样的纯西方的重要节日时，也有美国人选择吃中餐，《餐馆》一书的作者莉莉·安就在书中写道："在美国过圣诞节，没有什么比来一道中国菜更美式的了。"老美们喜欢以去中餐馆排队吃一顿饭，再看一场电影的方式，庆祝这个重大的节日。还有更时尚的，那就是宅在家里，点一份中餐外卖，悠然自得地边吃边看美剧。《纽约时报》也曾报道说，对很多纽约人来说，圣诞节已经是一个与"中餐盛宴"画上等号的节日，是一个离不开中餐的节日。

饮食是最具民族性的。华人经营中餐馆，在最初的淘金年代，自然首先是为了抚慰远离故土的中国人自己的中国胃，缓解思乡之情。慢慢地，中国菜的口碑吸引了越来越多的美国人，而当时处处受到打压的华人也发现，开中餐馆是一门在异国他乡的美国开拓人生的好营生。最终，中餐馆、中国菜不仅在美国成为华人治疗思乡病的良药，也成为部分华人在美国的谋生手段。不过，在美国要发展这个营生，就必须善于利用美国本土的食材，善于迎合当地人的口味，于是美式中餐应需而生。

美式的中餐最先是离不了甜和酸二味，如糖醋咕咾肉、芙蓉蛋（这道在中国国内少见的菜，其实是以肉汤芡汁浇淋的杂蔬鲜虾煎蛋）、宫保鸡丁、春卷、酸辣汤。近年来，老美们又开始迷上川菜的麻辣味，迷上了他们称为"hot pot"的火锅，也有迷上了北京烤鸭的，现在，就连中式的调味品"老干妈"等也成了新宠。最近还有报道说，中国菜甚至走进了美国的军营。

不过，在美国，还有一些在中国看不到的，并非源自中国的中国菜，除了上面提到的芙蓉蛋，还有以下几种比较出名的菜品。

一是炒杂碎（如图5-5所示）。

炒杂碎这道菜几乎是随着中餐在美国的诞生就出现了的，上文提到的，迄今已经有一百多年历史的，蒙大拿州比尤特县的北京面馆Pekin Noodle Parlors，从开业到今天，就从未间断过这道菜的供应。

看看这道菜的英文名"Chow Chop Suey"，就知道它显然是来自粤方言区。其中，"杂"的拼法是收p-尾的入声音节，"碎"的韵母则是粤方言特有的œy。确实，炒杂碎就是粤籍华人厨师发明的。据传，它的发明时间远在淘金热年代之初。某天深夜，一群醉醺醺的白人矿工闯进了三藩市一家即将打烊的中餐馆，餐馆的老板担心他们闹事砸店，决定留他们在店里吃饭，厨师把当天剩下的食材通通放进锅里翻炒，做了一道浸润在肉汁里，有菜有肉的菜肴。没想到这道以此方式问世的菜却令那些白人矿工们惊叹不已，于是炒杂碎很快就传了开来，变成了美国中餐馆的一道传统名菜。

1896年，清朝大臣李鸿章访美，华商又趁机借李鸿章之名，将他与炒杂碎捆绑在一起大做广告，故这道菜也有另一个名称——"李鸿章杂碎"。这道如今取材肉丝（可以是猪肉丝、牛肉丝或鸡肉丝），加上豆芽和各种蔬菜丝混合炒就的菜，在美国各地中餐馆的具体用料不一，口味也不一。在美国东岸的一些中餐馆里，甚至还出售杂碎三明治。

二是左宗棠鸡（如图5-6所示）。

图5-5 炒杂碎

图5-6 左宗棠鸡

这道菜的英语译作"General Tao's Chicken"或"Governor Tao's Chicken"。这道以去骨鸡腿肉切块，炸后用姜、葱、蒜、干辣椒、酱油、糖、醋等调味品调味，原为湘菜式的左宗棠鸡与湖南人左宗棠没有一丁点儿关系。这是一道从湖南辣鸡，从咸辣味，慢慢变换成酸甜味的美国甜鸡菜。左宗棠鸡之所以受欢迎，或许也还有另一个重要原因：有了越来越多的，除广东、福建以外，更多中国其他省份的中国移民去往美国。

在美国人的认知里，左宗棠鸡是道湖南菜。至于是谁带红了左宗棠鸡，说法不一，有人说是基辛格，也有人说是美国太平洋第七舰队司令雷德福特，更有一说法是蒋经国。但根据美国纪录片《寻找左宗棠鸡》的讲述，一位在20世纪40年代迁往台湾地区的名叫彭长贵的湖南厨师很有可能就是这道菜的创造者。不过，最重要的是，如今左宗棠鸡的这种口味让这道菜成了美国人心目中的最佳中餐——它是美国点餐网站Grubhub.com上美式中餐类别全网年度销售的冠军。而这一切全因一位叫作T. T. Wang的纽约华裔大厨。据说，正是他从彭师傅那些移民美国的徒子徒孙手里买下了左宗棠鸡的食谱，并进行了口味上的美式改良。

三是签语饼（如图5-7所示）。签语饼是令很多初到美国的中国人惊异的一种小点心。在美国，人们在中餐馆吃完饭后，就必定会收到赠送的点心签语饼（Fortune Cookie，直译为"幸运曲奇"）。用甜味蛋奶糊做成类似蛋卷的、口感甜甜脆脆的、像个小元宝的签语饼内含各种模棱两可的预言，或者幸运数字，其发明权原本属于在美国的日本人。签语饼起初都是由日本人开的工厂生产的。第二次世界大战时，1941年12月7日，日本偷袭珍珠港，美国在珍珠港事件后对日宣战后，收押了所有在美国的日本人。于是，华人将签语饼发扬光大，使之最终成为中餐馆的一大特色。

图5-7 签语饼
（此签语饼中藏的一张小纸条上用英语写着"变化就要到来"）

据说，在2005年3月底，美国的一种类似香港六合彩的Power ball搅珠，那期的头奖得主多达110人，据称其中共有104人就都是因为看了签语饼的幸运数字，得到了灵感才中奖的。一时间，这使得渴望能得到一个幸运数字而去吃中餐的美国人数量大增。由此可知，中餐、中餐馆的签语饼在美国有多受欢迎。如今，更值得推崇的是，在全球汉语热的影响下，华人又将签语饼中的小纸条做了改进，再增添了简单汉语教学的内容。例如，有的饼中藏的小纸条上写着：

Learn Chinese. "Good morning" is "zao" 早.
"Thank you" is "Hsieh Hsieh" 谢谢.

小小的签语饼尽显华人的商业天赋，也为推动美国的汉语学习贡献了力量。

还有一些签语饼中的文字，英文及西班牙文并用，除了老美，也把中菜推广至在美国人数众多，被华人称为"老墨""墨仔"的墨西哥裔族群。华人的商业头脑灵活，西班牙语是在美国最流行的外语，尤其是在墨西哥裔人士众多的地区，加上西班牙文无疑会引起他们对中国菜更大的兴趣及认同。

据说，现在更有一些特制的签语饼，可以放入自制的签语，恭喜人或作弄人，悉由尊便。也有花式的签语饼，外边裹上一层巧克力或不同颜色的糖衣，看起来更美观名贵。而特制的大如柚子的签语饼，更是人见人爱。

当然，也有一些美式中国菜的发明纯属意外，在中国国内很少见的"煎面"（fried noodles）就是其中之一。

"煎面"是一种表面金黄色的、卖相极佳、酥酥脆脆，炸后再勾淋肉丝韭黄芡烧制的食品。据说，当年某位中餐馆的华人厨师在紧张忙乱中不小心将一整团面条丢进了滚烫的油锅里，阴差阳错做成了这种食品，却因为它能征服美国人的味蕾而被不断推广，甚至转而传回国内。

从中国人开始踏上美国的土地至今，将近200年过去了，一直到2008年，中国的奥运会又让老外重新认识了新的中餐。虽然现在美国有了除粤菜之外的四川菜、湖南菜、京菜、台湾菜、闽式福州菜等其他菜系的中国菜，但是，在很多美国人的印象中，中国菜仍然是那几样：牛肉西兰花、炒杂碎、左宗棠鸡、宫保鸡丁、芙蓉蛋、春卷、酸辣汤……这是因为这些菜不但味美，而且价格适宜、份量大。

今天，仍然有不少华人希望通过投资餐厅经营中国菜，获得在美国长久生活的机会，而售卖的食品也早就不限于粤菜了。除了粤菜，美国人也已经迷上了川菜的麻辣口味，所谓的四川风格（Sichuan style）。据说，由华人创办、总部设于美国加州洛杉矶县的柔似蜜市的一个专门售卖中餐的连锁式餐厅——Panda Express（熊猫快餐），一年就可以赚到100多亿美元。我们还经常可以看到各种新闻报道的例子，例如，在纽约大学门口专卖煎饼的小车，以卖扯面、肉夹馍走红的连锁餐厅"西安名吃"等，都能代表新一代追求更正宗的中餐口味，却仍然需要根据本地口味稍做改良的美式中餐。

以下为几张美国中餐馆的照片。（如图5-8至图5-14所示）

图5-8 招牌名为"HONG FU"即"功夫"的中餐馆
（"HONG FU"是一个颇能吸引美国人眼球，又很有中国味儿的名字）

图 5-9 招牌名为"CHOP CHOP CHINA MAN"的中餐馆

［招牌上还加附了"Cantonese & Szechwan"的说明。餐馆的招牌虽然没有汉字，但名字却颇有中国元素，除了"CHINA MAN"（中国人）以外，还有与英语的"chopstick"（筷子）有关的"CHOP CHOP"。"CHOP CHOP"的发音，使人仿佛听到了"CHINA MAN"中国人用餐使用筷子时发出的小小声响。而"Cantonese & Szechwan"则说明其经营的是粤菜和川菜］

图 5-10 同顺居（BEIJING RESTAURANT）

（"同顺居"以"居"作为餐馆名字的通名，是一个颇能吸引华人，尤其是来自中国北部华人的招牌，其英语译名"BEIJING RESTAURANT"也说明餐馆经营的是北方菜）

图 5-11 渝天下火锅（YU TIAN XIA HOT POT）
（这明显是一家重庆火锅店，可见美国人、美国华人对麻辣川味，对火锅的热爱）

图 5-12 兰州拉面（LanZhouRamen）
（兰州拉面进军美国，就直接打这个招牌）

第5章 美国华人社区教育与文化点滴

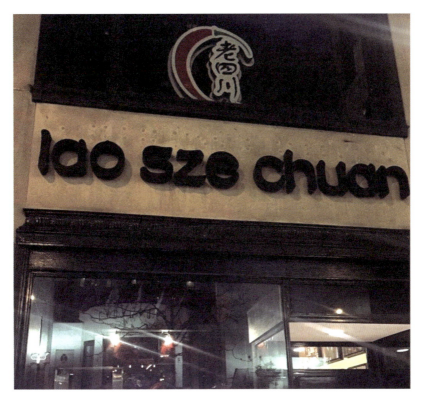

图5-13 老四川（lao sze chuan）

（这是一家经营四川菜的中餐馆，招牌中的"老"字强调的是餐馆味道的正宗）

图5-14 饭（Mandarin Touch）

（这家中餐馆的汉语名字仅是一个字"饭"。"饭"是华人重要的主食，也是美国人所熟知的"cooked rice"或"steamed rice"。另外，招牌中的英语"Mandarin Touch"则说明其经营的是北方菜）

图 5-15 PANDA EXPRESS
（这是熊猫连锁快餐店的招牌，招牌名称很好地利用了典型的中国元素"熊猫"）

5.4.2.2 中国食品、菜名的英译

美国的中国食品，包括中国菜，品种丰富多彩，甚至还有一些如今在中国国内的餐厅难以见到的菜式，如咸鱼炒饭。这道旧时流行在广东珠江三角洲一带的家常美味，国内的餐厅已经难以见到（其中部分原因是咸鱼等腌制的食物长期食用不利于健康），但是美国的一些中餐馆还有售卖。实地调查时，美国三藩市的几位家族已经在美国延续了五六代的老华人也曾向我们回忆道："细个嗰时 小的时候，阿妈晚晚 天天晚上 咸鱼炒饭。"

不过，一直以来，在美国的中国食品、中国菜都没有固定规范的汉语名称，也没有权威的英语译名。同样的菜在不同的中餐馆可能会有不同的英文翻译，就是在同一个餐馆，使用同一种食品做不同的菜时，也会出现不一样的翻译。有的翻译传神，有的翻译生硬，有的翻译甚至出现了低级趣味。中国菜译名的这种混乱状况，有可能给不谙中国菜的人造成困惑，也不利于中国菜的传播。

例如，最常见的中国食品之一的"豆腐"，我们知道的，就有 3 种译法。英语有的译作"tofu"，有的译作"to-fu"，这两个翻译都是音译粤方言，应该是较早期的译名；但也有译作"bean curd"的，此说法意为"豆子（浆）的凝固品"，则可能是比较后期意译的译名。

又如，最普通的中国菜之一的"蛋花汤"，有一种译法是"egg drop soup"，从英语的字面意义来看，这是"蛋（浆）滴下来"（egg drop）做成的汤。这个翻译形象地把做汤时，蛋花倒入汤水中的状态描绘了出来。而与这个"蛋花汤"的英译不一样的另一种译法——"egg flower soup"则应是从汉语普通话意译过去的。

再如，广受美国人欢迎，也很普通的"春卷"就也有两种译法："egg roll"（蛋卷）和"spring roll"（春卷）。

也有的菜名英译，如"fuck the duck until exploded"（干爆鸭子），为了吸引顾客的眼球，经营者居然在英语译名中使用了詈语"fuck"，这不但是对中国菜的玷污，也是对热

爱中国菜的顾客的不敬，中国菜绝不可能因此而发扬光大。

由于最早大批移民美国的华人来自中国广东，最早的美国中餐馆也是由广东籍、使用粤方言的华人开的，因此，除了被美国人再创造的，如调味品辣酱"老干妈"，不知道是否因为其招贴纸上"老干妈"的表情，被一些美国人译成"The Angry Lady"（愤怒的女士）以外，从语言学的角度来看，在华人开的中餐馆里的中国食品、菜名的美式英译，从其翻译的依据，大致可以分为3类：①以纯英语翻译的；②来自粤方言，即从粤方言翻译过来的；③来自汉语普通话，照译普通话的。在这3种类型的翻译中，以纯英语的译名最多，译自粤方言的其次，照译普通话的最少。这也从一个角度说明了最早在美国经营中餐的是粤籍华人，早年美国中餐馆经营的主要就是粤菜。

以下的70多个食品名和菜名，是在美国不同的中餐馆菜单中选取的，也都是在美国比较常见的，包括粤菜、川菜、京菜、闽菜等不同菜系中比较有代表性的中式食品。我们将每一类例子大致先按其英语翻译的方式，再按照食品名、菜名汉语音节的多寡排列，并对出现的例子做出必要的说明。

（1）纯英译的。纯英译的食品的名称和菜名最多，有的也可以说是英语意译汉语的，即用英语的词去表达汉语的意思。（见表5-1。菜名例子按照汉字字数多寡的顺序排列，一字、两字组的在前面，多字的在后面，下同）

表5-1 纯英译的食品名和菜名

食品	英语译名
煎面	Fried Noodles（上文说过，这是一种在美国发明的中式食品）
春卷	Egg Roll（这是纯英译，但是译成"蛋卷"了）
春卷	Spring Roll（这个英译为"春卷"）
火锅	Hot Pot（纯英译，但是"火"译为"hot"，"hot"的本义是"热"，所以若汉语叫"热锅"，则这个翻译可能更贴切）
锅贴	Pot Stick（这个翻译与2009年外语教学与研究出版社的《汉英词典》中表示相同意思的"锅贴"的翻译"lightly fried dumpling; potsticker"相比，完全不一样，简洁得多）
月饼	Moon Cake（这是用英语照译汉语普通话）
叉烧	BBQ Pork ["pork"是英语"猪肉"，"BBQ"则是英语"barbecue"（烧烤）的简缩]
油条	Fried Chinses Bread（油条的英译字面的意思竟是"中国炸面包"）
煎鱼	Pan Fried Fish [说明是用"pan"（平底锅）煎的鱼]
肉燕	Fuchow Dumpling Soup（英语翻译成"福州饺子汤"，说明这是典型的福州菜）
签语饼	Fortune Cookie（发明地为美国，中国无"幸运曲奇"这种食品，汉语也无此说）
炒河粉	Fried Rice Noodles（对比"煎面"的英译，多了"rice"，说明是米粉）
甜酸肉	Sweet & Sour Pork（"甜的和酸的猪肉"，这是纯英译，粤方言说成"咕噜肉"或"咕咾肉"）
酸辣汤	Sour & Bitter Soup（"酸和辣的汤"，这是纯英译）

续表 5-1

食品	英语译名
姜葱蟹	Ginger Crab（英语菜名的直译是"姜蟹"）
洞庭虾	Lake Tung Ting Shrimp［除了"shrimp"是英语以外，"Tung Ting"出现在"lake"（湖）的后面也是英语的表达］
罗汉斋	Buddhish Delight（这个直译成汉语，就是"佛教美食"）
豆腐煲	Bean Curd with Assorted Meat in Clay Pot［英语的翻译比汉语菜名长得多，除了说明菜里有肉（meat），还特别注明锅是用砂锅"clay pot"做的］
芋鸭煲	Duck and Taro Root in Clay Pot（砂锅芋头鸭，汉语菜名少了个音节"头"）
回锅肉	Twice Cooked Pork（这个翻译直译成汉语就是"烹调了两次的猪肉"。这也确实是回锅肉的烹调方法）
陈皮鸡	Orange Chicken（直译成汉语就是"橙子/橘子鸡"，汉语"陈皮"的含义还是无法表达出来）
蛋花汤	Egg Drop Soup［从英语的字面来看，这是"egg drop"（鸡蛋滴下来）做成的汤］
兰豆双菇	Mushrooms with Snow Peas（"兰豆"为"荷兰豆"的简称，英语为"snow peas"，这恐怕就是有些华人称"荷兰豆"为"雪豆"的原因）
蚝油芥蓝	Chinese Broccoli with Oyster Sauce［"蚝油"（oyster sauce）是中式调味品，"Broccoli"前加"Chinese"说明不是西兰花，而是源自中国的芥蓝］
家常豆腐	Home Style Bean Curd［"豆腐"译作"bean curd"（豆子凝结成的），与下面的另一翻译"tofu""to-fu"不一样］
椒盐鸡翼	Pepper Salt Chicken Wing（与上例"pepper style"不同，此例的椒盐"pepper salt"交代得很清楚，有胡椒和盐）
豆豉牛肉	Black Bean Sauce W. Beef［"豆豉"是地道的中式调味品，英语译作"black bean sauce"（黑豆调味酱）。"W."是英语"with"的省写］
牛肉丸粉	Noodles and Meatballs［此翻译既没注明是米粉（rice noodles），肉丸（meatballs）也没说明用料是牛肉还是其他什么肉］
星洲炒米	Rice Noodle Singapore Style（这道菜的汉语名"星洲炒米粉"汉语菜名省略了"粉"，不明就里的人会以为就是"炒米"）
鱼香肉丝	Shredded Pork in Spicy Garlic Sauce（这个菜名直译成汉语就是"撕碎的猪肉放了有蒜香味的酱"）
京都肉排	Peking Style Pork Chop［此翻译"Peking"（北京）还是用旧译法，而不是"Beijing"］
糖醋排骨	Sweet & Sour Ribs（甜和酸的排骨）

续表 5-1

食品	英语译名
避风塘蟹	Crab in Hong Kong Style［凡有汉语"避风塘"字样的菜名，在美国大都译作"港式"（Hong Kong style），因为避风塘就是香港的一个地名，也是一个避风港。来自不同地区，包括东南亚的渔船经常在那里停泊，人们也会随船将不同地区的原材料及饮食习惯带到那里。久而久之，那里就形成了一种风味独特的"避风塘"饮食］
红烧石斑	Braised Rock Fish（红烧石斑鱼，中文菜名少了个"鱼"字）
夫妻肺片	Beef Tendon & Tripe in Szechuan Sauce（Peanuts）［这个英译名很长，特别说明是"Beef Tendon & Tripe"（牛腱和牛肚），而不是让美国人感到困惑的夫妻的"肺片"］
干爆鸭子	Fuck The Duck Until Exploded（这个菜名的英译居然连詈语"fuck"都用上了）
香米白饭	Steamed Rice（英译如再翻译成汉语就是"蒸过的米饭"，与汉语名字传达的意境差远了）
凉拌黄瓜	Cucumber Salad（这是最典型的中国凉拌菜，意译成英语表达的意思就是"黄瓜沙拉"）
酸辣土豆丝	Shredded Hot & Sour Potato W. Pork（这个酸辣土豆丝与国内常见的有点儿不同，里面还有猪肉丝。"W."是英语"with"的省写）
柱侯牛腩煲	Stewed Beef Braised in Clay Pot（瓦锅炖的牛腩）
铁板牛仔骨	Sizzling Beef Ribs in Black Pepper Sauce［译名中没有出现"铁板"，只是说"sizzling"（极热的）］
北京片皮鸭	Peking Duck［此翻译"Peking"（北京）还是用旧译法，而不是"Beijing"。英语的翻译也没有说明是"片皮鸭"，恐怕是因为"Peking Duck"已经是一种品牌，在美国人心目中是一个固定的概念，无须再多说其他］
葱油走地鸡	Green Onion Steamed Chicken（英译已经完全看不出此鸡是"走地鸡"，而只是"葱蒸鸡"）
干煸四季豆	Dry Sauteed String Beans（四季豆英语叫"string beans"）
西湖牛肉羹	West Lake Beef Soup［与上面"Lake Tung Ting Shrimp"中"洞庭"出现在"湖"的后面不一样，"West Lake"（西湖）之说"西"在前，"湖"在后］
杂菜粉丝煲	Mixed Vegetable with Glass Noodle［这个菜名没有出现"clay pot"（砂锅），"粉丝"英语是"glass noodle"］
百花酿豆腐	Steamed Tofu Topped with Fresh Shrimp（这个英语译名比汉语的"百花"清楚，直接说明酿在豆腐上的是"虾"，其实菜中的"百花"就是虾胶）
皮蛋瘦肉粥	Pork and Black Egg Congee［＂皮蛋＂被译作"black egg"，但有的时候，皮蛋会被译作"thousands years egg"（千年蛋）］
咸鱼鸡粒炒饭	Chicken, Salted Fish Fried Rice（这道菜在中国国内的餐馆已经难以见到）

(2) 来自粤方言的 。

这一类的食品名、菜名不少。(见表 5-2)

表 5-2　来自粤方言的食品名和菜名

食品	英语译名
包	Bao（可能有人会认为，普通话也这么叫。但是别忘了在粤方言中，这是个单音节词，而普通话则一定会有词缀，叫"包子"）
炒面	Chow Mien（对比上面提到的"煎面"的英译"fried noodles"，就可知这是来自粤方言的）
荔枝	Litchi（译名来自粤方言，"荔"广府话音 lei，台山话音 lai）
云吞	Won Ten（这是粤方言"馄饨"的说法）
点心	Dim Sum（此点心名来自粤方言，从咸摄字"点"、深摄字"心"在粤方言台山话和广府话中都以 -m 收尾即可知）
豆腐	Tofu（这个译名可以说是译自粤方言的）
白菜	Bukchoi（小白菜。此菜名来自粤方言，入声字"白"在粤方言中收 -k 尾）
茄汁	Ketchup（番茄酱。从入声字"汁"以 -p 收尾，可知此调味品名来自粤方言）
扁肉	Fuchow Wonton Soup [从汉语菜名来看，这是福州菜，但是"wonton"（云吞）之说显然来自粤方言]
芙蓉蛋	Egg Fu Yung [英语"egg"（鸡蛋）加上"芙蓉"的音译，修饰语"芙蓉"放在后面，符合英语的习惯]
炒杂碎	Chow Chop Suey（此菜名来自粤方言，从入声字"杂"以 -p 收尾，"碎"的韵母则是粤方言特有的 œy 即可知）
芥蓝牛	Chinese Broccoli Beef（芥蓝炒牛肉是美国中餐馆的"常见菜"，但是汉语菜名连"牛肉"的"肉"都省了，叫人有点儿摸不着头脑）
炸蟹角	Crab Wontons（"wontons"来自粤方言。这种包成一小团再炸的食品，美国人叫作"wontons"，即云吞）
干炒牛河	Beef Chow Fun with Soy Sauce (Dry)（"chow fun"为粤方言"炒粉"的译音，翻译另外特别说明是用酱油干炒）
扬州炒饭	Young Chow Fried Rice（"Young Chow"之说来自粤方言）
椒盐豆腐	Pepper Style Crispy To-Fu（放了胡椒的豆腐，"豆腐"与另一种译法的"bean curd"不同）
麻婆豆腐	Ma Po Tofu（"tofu"来自粤方言）
蘑菇鸡片	Mo Gu Gai Pan [最能说明此菜名来自粤方言的是"gai"（鸡）]
清蒸鲈鱼	Steamed Seabass（"seabass"应该是海鲈鱼，清蒸是粤菜常用的烹调手法）
西湖鱼柳	Sail Woo Crispy Fish（虽然"crispy fish"是英语，但是"西湖"显然不是普通话的"Xi Hu"，也不是英语的"West Lake"，而是粤方言 sɐi^{55}wu^{21}，所以还是把这个菜名归于此类）

(3) 汉语普通话加英语的。(见表 5-3)

表 5-3　汉语普通话加英语的食品名和菜名

食品	英语译名
蛋花汤	Egg Flower Soup［与上面出现在纯英译中的"egg drop soup"（蛋花汤）的英译不一样，这是照译汉语普通话的］
木须肉	Mu Su Meat（前面两个音节"mu su"来自汉语普通话，后一音节"meat"是英语的"肉"。本是木耳、肉片、黄瓜、黄花菜等炒鸡蛋，只是"木须肉"这个常令一些中国南方人感到迷惑的菜名，相信美国人会感到更加迷惑）
宫保虾	Kung Pao Shrimp（在美国，除了"宫保鸡丁"，还有"宫保虾"。前面的"Kung Pao"来自汉语普通话，后面的"shrimp"是英语的"虾"）
宫保鸡丁	Kung Pao Chicken（前面的"Kung Pao"来自汉语普通话，后面的"chicken"是英语的"鸡"）
左宗棠鸡	General Tao's Chicken（中间的"Tao"来自汉语，前后分别是英语的"将军"和"鸡"）

以下为几幅附了英文译名，在美国最流行的中国菜的图片。(如图 5-16 至图 5-20 所示)

图 5-16　酸甜猪肉（Sweet and Sour Pork）

图 5-17　芙蓉蛋（Egg Fu Young）

图 5-18　西兰花炒牛肉（Beef with Broccoli）

图 5-19　蛋花汤（Egg Drop Soup）

图 5-20　炸蟹角（Crab Wontons）

5.4.3　美国华人姓氏英译探析

在上文 5.4.2.2 小节里，我们分析了一些美国华人社区的中国食品和菜名，以及菜名的英译。这一小节，我们来谈谈美国华人姓名英译中的一些问题，我们将梳理从美国纽约地区收集到的美国华人墓碑上的 400 多个姓氏，以及姓氏的英译，从中探讨分析与美国华人日常生活息息相关的姓氏音译的语言习惯和特点，并探讨华人姓氏音译所传递的一些汉语方言信息和文化信息。

5.4.3.1　美国华人姓氏的英译

1958 年 2 月 11 日，中国第一届全国人民代表大会第五次会议批准颁布了《汉语拼音方案》。此后，汉语拼音在全中国迅速推广，推动了全国人民对共同语普通话的学习。汉语拼音不但助力了普通话的推广，助力了少年儿童、外国人的汉语学习，在今天的网络信息时代，更是发挥了方块汉字所不能取代的作用。在英译中国地名、中国人的姓名时，我们采用的也都是汉语拼音。

汉语拼音同样是联合国规定的用来拼写中国人名、地名和专用词语的国际标准。1979 年 6 月 15 日，联合国秘书处宣布采用汉语拼音的新拼法作为在各种拉丁字母文字中转写中华人民共和国人名和地名的标准。从那一天起，凡是联合国秘书处起草、翻译或发出的各种文件，都用汉语拼音书写中国的人名、地名。例如，中国人名 Hua Kuo-feng 改为 Hua Guofeng（华国锋），Teng Hsiao-ping 改为 Deng Xiaoping（邓小平）。此后，随着联合国在文件里使用汉语拼音，中国地名、人名的汉语拼音拼写也在国际上流通开来。

而在这之前，中国曾经采用过威氏拼音法、邮政拼音法等拼音方案。

威氏拼音法是从 1867 年开始使用的，由英国人威妥玛（Thomas Francis Wade，1818—1895，今天的习惯应该翻译成托马斯·韦德）等人合编的注音规则。威妥玛曾于 1871 年在中国任英国驻华公使，1883 年回国。1888 年起在剑桥大学任教授，讲授汉语，直至 1895 年逝世。他以罗马字母为汉字注音，创立威氏拼音法。后来，H. A. Giles 对之稍加修订，合称"WG 威氏拼音法"（Wade-Giles System）。它的最大优点是利用送气符号" ' "

来表示送气的声母。

威氏音标是在中国清末至1958年汉语拼音方案公布以前,中国和国际上流行的中文拼音方案。这个方案被普遍用来拼写中国的人名、地名等,影响较大,一般称为"威妥玛式拼音"。威妥玛式拼音虽然保持了接近英文拼法的一些特点,但是并不完全迁就英文的拼写习惯。

请看表示"功夫"这一组威妥玛式拼音与汉语拼音对照的例子:威妥玛式拼音为"Kung fu",而汉语拼音则为"gōng fu"。

邮政拼音则是自清朝末年始,到1958年汉语拼音方案公布以前,邮电部门用来拼写中国地名的一套罗马拉丁字母拼音方案。邮政拼音源于威妥玛式拼音,都是现代汉语拼音源流的前身和历史前奏,主要用于邮政部门、海关,各种出版物及地图等涉及中国地名的拼写。邮政拼音曾经被使用拉丁字母的各国所采用,成为国际交流中拼写中国地名的标准,曾经在国内和国际上产生过深远的影响。1958年《汉语拼音方案》公布后,威妥玛式拼音和邮政拼音两者就都逐渐废止,被汉语拼音所取代了。

自汉语拼音方案公布以后,中国内地除了在少数需要保持文化传统的场合以外,基本上不用威妥玛式拼音、邮政拼音。除了一些已成习惯使用的专有名词,如"易经"(I-Ching)、"太极"(Tai-chi)等仍保留威妥玛式拼音;还有一些高等学府的英文校名仍采用旧译方式,如"北京大学"(Peking University)、"清华大学"(Tsinghua University)等大学的英文名为邮政拼音,"中山大学"(Sun Yat-sen University)的英文名为粤语拼音,其他大多数地名、人名等均已使用汉语拼音。

不过,在中国内地以外,海外华人将汉语人名、地名译成英语时,大都仍旧沿用经过改造的威妥玛—翟理斯式拼音。

例如,"北京"是"Peking",而非"Beijing";"台北"的"北"是"pei",而非"bei";"香港"的"港"是"kong",而非粤音的"gong",或是普通话音的"gang"。"毛泽东"是Mao Tse-tong,"蒋介石"是Chiang Kai-shek(送气或不送气声母按字母读,多为送气),还有以Hs-、Tz-以及加h表示送气等。

目前,美国华人的英文姓名拼写法并无统一规范,既有还是采用威妥玛—翟理斯式拼音拼写的,也有采用了汉语拼音拼写的。采用后者的,不少是新一代的移民。

在华人的英文姓名中,华人的姓和名的排放顺序,有的按照汉语的习惯,将姓放在前面,名放在后面,姓氏和名字之间空一格。例如,姚明(Yao Ming)、郎平(Lang Ping)、孙杨(Sun Yang)、苏炳添(Su Bingtian)。但是,也有不少人按照英语的表述习惯,把名放在前面,姓摆在后面,姓名的每个音节之间都空一格。例如林大球(DA QIU LIN)、黄晓华(XIAO HUA WONG)、麦×霖(BRYAN MAI)。

因此,要理顺美国华人这种姓名英译的混乱状况,仍需要时日。

5.4.3.2 美国华人姓氏英译中的一种现象

在本小节里,我们将会对在纽约地区收集到的,华人墓碑上镌刻的400多个姓氏做一个粗略的分析,希望能从中找到一些有关姓氏的翻译方法,以及与其相关的汉语方言信息。本小节的论述只涉及英文姓氏与中文姓氏的对译,不论英文名字,也不论中文名字。

我们收集到的汉语姓氏（单姓以姓名的第一个字计）按照姓氏的音序排列，共有蔡、柴、曹、陈、戴、邓、董、冯、封、顾、高、郭、关、韩、华、洪、侯、黄、何、胡、柯、江、蒋、简、邝、赖、劳、乐、雷、廖、龙、楼、黎、李、柳、梁、刘、卢、陆、罗、吕、梅、马、毛、麦、聂、盘、潘、彭、齐、钱、邱、仇、瞿、秦、岑、任、施、苏、谭、汤、甄、沈、石、宋、孙、陶、滕、吴、伍、王、翁、徐、须、许、夏、冼、萧、谢、杨、易、余、颜、阮、袁、云、朱、周、卓、郑、赵、钟、庄、曾、张95个单姓，还有欧阳、司徒两个复姓，合共97个。其中，陈姓的数量最多，有51个，李姓有27个，黄姓有21个，其余的姓氏从一个到十几个不等。透过华人墓碑上姓氏的英译，我们可以得到一些相关的信息。

我们的信息来自美国华人的墓碑。美国华人的墓碑上，除了有汉字姓名，通常还有英文姓名。在这些华人的姓名里面，有一些是4个汉字的，除了姓复姓欧阳、司徒的不论以外，4个字的姓名还有一些本不是姓复姓的，而是一些已婚女性，入乡随俗，结婚后在自己的三字姓名前面再加了夫姓。当然，也有女性单名者，姓名前再加上夫姓，构成三个字。例如："江戴×梅KONG"，戴姓女士在本家姓氏戴前面再加夫姓江，姓和名相加合成4个字的姓名；"唐朱×庄ZHU"，朱姓女士在本家姓氏朱前面再加夫姓唐，姓和名相加合成4个字的姓名；"凌刘×NONG LIU"，刘姓女士在本家姓氏刘前面再加夫姓凌，姓和名相加合成3个字的姓名；"刘张×ZHANG"，张姓女士在本家姓氏张前再加夫姓刘，姓和名相加合成3个字的姓名。

这些在世时在自己的姓名前添加了夫姓的女性，有的在去世后，墓碑上镌刻的中文姓氏仍将夫家的姓氏放在前面，英文姓氏用的也仍然是夫家的姓氏。例如：

汉语姓名	英文姓氏	汉语姓名	英文姓氏	汉语姓名	英文姓氏
陈梁×屏	CHEN陈	黄伍×霞	WONG黄	李许×霞	LEE李
翁李×乐	WENG翁	阮梁×英	RUAN阮	戴石×宝	DIA戴
郑梁×彩	ZHENG郑	江戴×梅	KONG江	杨朱×云	YANG杨
李曾×金	LEE李	张高×珍	CHEUNG张	黄伍×仙	HUANG黄
翁李×乐	WENG翁	黄周×英	WONG黄	胡黄×冰	WU胡

但是我们也发现，那些原本加了夫姓的女性在去世后，也有部分人墓碑上刻的汉字姓名是加了夫姓的，可是英文姓氏刻的却只是自己本家的姓，如此一来，同一块墓碑上的同一个人，就有了两个不同的姓氏。例如：

汉语姓名	英文姓氏	汉语姓名	英文姓氏	汉语姓名	英文姓氏
杨郑×翠	ZHENG郑	唐朱×庄	ZHU朱	陈马×爱	MA马
邝仇×玉	QU仇	卢罗×坤	LO罗	黄陈×仙	CHAN陈
余胡×韶	WU胡	林关×玲	KWAN关	刘文×云	MAM文
余陈×霞	CHAN陈	赵柳×英	LIU柳	何侯×容	HOU侯
袁叶×兰	YE叶	林黄×好	WONG黄	刘张×	ZHANG张

交代清楚这种现象，下文若出现英语的姓氏翻译对应的并非汉语姓名中的第一个字的例子，也就不奇怪了。

5.4.3.3　美国华人姓氏英译传递的汉语方言信息

本小节探讨美国华人中英对译人名中所透露的汉语方言信息。

小小的姓氏英译传递了非常有用的大信息。丘学强在《新加坡"中英对译人名"中的汉语方言信息浅析》（2018）一文中，曾经分析了新加坡华人的中英对译人名，通过他对中英人名对译的分析，可以知道，新加坡华人大多数来自中国使用闽方言的地区，但也有人来自使用粤方言和客家方言的地区。这个结论与新加坡华人来源组成的事实相符。

美国建国已有200多年的历史，华人移民美国也有将近200年的历史了。时空分隔，如今不仅不少美国的土生华人已经不会说祖辈带自中国祖籍地的汉语方言，还有部分人连自己中国的祖籍地是什么地方也说不清楚了。但是我们发现，华人的英文姓氏有可能透露出一些他们的祖籍地信息，有的或许能够帮助我们了解他们的祖辈是来自中国的什么方言区，使用什么汉语方言。

我们在上文提到，目前还有不少美国华人仍旧采用威妥玛—翟理斯式拼音拼写英文姓氏。这其中包含了两点很重要的信息：一是姓氏与名字不同，名字可变，姓氏则是代代相传、子子孙孙沿袭的；二是身份证件上的姓氏是不可轻易改动变更的。这也是我们选择剔除名字，只从姓氏入手分析的缘故。

早年移民的华人很多都没有文化，祖籍地的汉语方言伴随着他们漂洋过海到了美国，他们的姓名英译，依据的往往就是其所说的方言的发音。因此，我们才可能从旧式的英译姓氏中窥探其中的一些"秘密"。不过，近三四十年来，移民美国的华人已经不再限于中国的粤方言等地区，也有相当一部分来自中国各地。且当代的移民大都文化水平较高，他们的英译姓氏往往是汉语拼音，采用汉语拼音表达的英译姓氏一般就不具备这个功能了。

梳理一下收集到的英译姓氏，借助众所周知的，早年移民美国的华人主要来自广东四邑、珠江三角洲一带这个事实，我们或许可以参照下文谈到的一些条件，判断姓氏的拥有者，或者其先辈是否为粤方言使用者，是来自中国流行粤方言的地区，还是来自中国流行其他汉语方言的地区，或者其姓氏只是汉语普通话的汉语拼音对译。下文中出现的例子，姓氏相同，而英文对译不同的，其中如也有汉语拼音等，我们也会一并列出，以资与方言的说法做对比。

5.4.3.3.1　英译姓氏的声母传达的汉语方言信息

（1）粤方言台山话、广府话，古明、微母不分，古微母字读如明母字，都是 m-。故凡是臻摄合口三等微母字文姓，若声母英语对译为 m-，韵母读ɐn（英语作 an）的，其人或其祖上应有粤方言背景。

1）文姓，结合其韵母的译音，韵母收 – m 尾，可能有粤方言背景的。例如：

汉语姓名	英文姓氏
刘文×云	MAM

2）对比文姓，姓氏应是译自汉语拼音的。例如：

汉语姓名	英文姓氏
文×夫	WEN

（2）中古见组字粤方言今不腭化，江摄开口二等见母字"江"今声母读 k –，故凡是江姓，若英语对译为 k –、g –，韵母读 ɔng（英语作 ong）的，则其人或其祖上应有粤方言背景，可能来自中国的粤方言区。如果声母对译为 J –，则应是为汉语拼音的对译。

1）江姓，可能有粤方言背景的。例如：（例子以中文字数的多寡排列，字数少的排在前，多的排在后，下同）

汉语姓名	英文姓氏
江×杰	GONG
江×廉	KONG
江戴×梅	KONG

2）对比江姓，姓氏应是译自汉语拼音的。例如：

汉语姓名	英文姓氏
江×	JIANG
江×玲	JIANG

（3）中古宕摄合口一等匣母字"黄"，粤方言台山话和广府话都读 W – 声母，韵母 ɔng，如凡黄姓，英语对译为 Wong 的，其人或其祖上应有粤方言背景，可能来自中国粤方言区。如果黄姓英语对译为 Huang，则应是来自汉语拼音的对译。

第5章 美国华人社区教育与文化点滴

1）黄姓，可能有粤方言背景的。例如：

汉语姓名	英文姓氏
黄×志	WONG
黄×若	WONG
黄×鎏	WONG
黄×钢	WONG
黄×华	WONG
黄×耀	WONG
黄陈×仙	WONG
黄周×英	WONG
林黄×好	WONG
黄伍×霞	WONG

2）对比黄姓，姓氏应是译自汉语拼音的。例如：

汉语姓名	英文姓氏
黄×凯	HUANG
黄×钊	HUANG
黄×松	HUANG
黄×洋	HUANG
黄×进	HUANG
黄×标	HUANG
黄×超	HUANG
黄伍×仙	HUANG
黄高家族	GAO HUANG

上述"黄高家族"一条，英语为 GAO HUANG，译者将逝者的本姓 GAO（高）放在前面，夫姓 HUANG（黄）调换于后。

(4) 中古影母字部分在粤方言台山话、广府话中读 j-声母，如"医""腰""冤""怨""拥""翁"等，"翁"为中古通摄合口一等影母字。因此，若翁姓英语对译为 Y-的，其人或其祖上应有粤方言背景，可能来自中国的粤方言区。

1）翁姓，可能有粤方言背景的。例如：

汉语姓名	英文姓氏
翁×蕊	YUNG
翁×健	YUNG

2）对比翁姓，姓氏应是译自汉语拼音的。例如：

汉语姓名	英文姓氏
翁×国	WENG
翁李×乐	WENG

（5）中古遇摄合口一等匣母字"胡""湖""壶""户""沪""护""狐"等，粤方言台山话、广府话今声母都读 w- 声母。故凡是胡姓，英语对译为 w- 的，其人或其祖上应有粤方言背景，可能来自中国的粤方言区。

1）胡姓，可能有粤方言背景的。例如：

汉语姓名	英文姓氏
胡×权	WU
胡×星	WU
余胡×韶	WU[①]
胡黄×冰	WU

2）对比胡姓，姓氏应是译自汉语拼音的。例如：

汉语姓名	英文姓氏
胡×华	HU
胡×生	HU

（6）中古溪母部分字粤方言今音声母为 f-，如"科""枯""裤""宽""苦""款""库""课""况""邝"等。故凡是邝姓，英语对译为 f- 的，其人或其祖上应有粤方言背景，可能来自中国的粤方言区。

---

① 此例译者翻译的是逝者的本姓胡（WU）。

1）邝姓，可能有粤方言背景的。例如：

| 汉语姓名 | 英文姓氏 |
| 邝×云 | FONG |

2）对比邝姓，姓氏应是译自汉语拼音的。例如：

| 汉语姓名 | 英文姓氏 |
| 邝氏家族 | KUANG |

（7）中古邪母字粤方言今部分读 ts－，故中古假摄邪母字"谢"，若英语对译为hs－，其人或其祖上应有粤方言背景，可能来自中国的粤方言区。

1）谢姓，可能有粤方言背景的。例如：

| 汉语姓名 | 英文姓氏 |
| 谢氏墓园 | HSIE |

2）对比谢姓，姓氏应是译自汉语拼音的。例如：

汉语姓名	英文姓氏
谢×西	XIE
谢吴×嫦	XIE

（8）中古晓母部分字粤方言今读 h－，如"虚""许""海""牺""戏""喜""希""好"，故凡是许姓，英语对译为 h－的，其人或其祖上应有粤方言背景，可能来自中国的粤方言区。

1）许姓，可能有粤方言背景的。例如：

| 汉语姓名 | 英文姓氏 |
| 许×佐 | HUI |

2）对比许姓，姓氏应是译自汉语拼音的。例如：

| 汉语姓名 | 英文姓氏 |
| 许×歧 | XU |

5.4.3.3.2 英译姓氏的韵母传达的汉语方言信息

（1）粤方言台山话、广府话通常有来自中古宕摄、通摄的ɔŋ、uŋ（əŋ）韵母，广府话还另有来自宕摄的œŋ 韵母。这几个韵母，旧英文译名一般分别写作 eung、eong、oung、uong 等。故凡是姓氏里有中古宕摄开口三等阳声韵的"梁""杨""张"等字，韵母对译为 eung、eong、oung 或者 uong 等的，其人或其祖上应有粤方言背景，可能来自中国的粤方言区。

1) 梁姓，可能有粤方言背景的。例如：

汉语姓名	英文姓氏
梁×	LEUNG
梁×俊	LEONG
梁×勤	LEUNG
梁×仙	LUONG
梁×灼	LEUNG
梁×财	LUONG
梁氏家族碑	LEONG
梁×发家族碑	LEUNG
梁×发家族平碑	LEUNG

2) 对比梁姓，姓氏应是译自汉语拼音的。例如：

汉语姓名	英文姓氏
梁×流	LIANG
梁×秋	LIANG
梁×宁	LIANG

3) 杨姓，可能有粤方言背景的。例如：

汉语姓名	英文姓氏
杨×欢	YEUNG
杨×苍	YOUNG
杨×青	YOUNG
杨李×贞	YEUNG
杨李×英	YEUNG

4）对比杨姓，姓氏应是译自汉语拼音的。例如：

汉语姓名	英文姓氏
杨陈×心	YANG
杨朱×云	YANG
杨氏墓园	YANG

5）张姓，可能有粤方言背景的。例如：

汉语姓名	英文姓氏
张×运	CHEUNG
张凌×娣	CHEUNG
张曾×英	CHEUNG
张高×珍	CHEUNG
张氏墓园	CHEUNG

6）对比张姓，姓氏应是译自汉语拼音的。例如：

汉语姓名	英文姓氏
张×	ZHANG
张×祥	ZHANG
张×泽	ZHANG
张杨×珍	ZHANG

（2）中古臻摄开口三等字"陈"，粤方言台山话韵母今读 an，粤方言广府话韵母今读 en，对译为英文一般是 an 或 un。因此，臻摄开口三等字"陈"，英语对译音为 an 或 un 者，其人或其祖上应有粤方言背景，可能来自中国的粤方言区。

中古臻摄部分字客家方言韵母今读 in、iun，对译为英文一般是 in。故臻摄开口三等字"陈"，英语对译音为 in 的，其人或其祖上应有客家方言背景，可能来自中国的客家方言区。

1）陈姓，可能有粤方言背景的。例如：

汉语姓名	英文姓氏
陈×	CHAN
陈×辉	CHAN
陈×彦	CHAN
陈×俤	CHAN
陈×相	CHAN
陈×明	CHAN
陈×和	CHAN
陈×南	CHAN
陈×棠	CHAN
陈×官	CHAN
陈×就	CHAN
陈×广	CHAN
陈×克	CHAN
陈×卓	CHAN
陈×霖	CHAN
陈吴×莲	CHAN
黄陈×仙	CHAN
陈张×荣	CHAN
余陈×霞	CHAN
陈吴×球	CHAN
陈黄×柔	CHAN

2）陈姓，可能有客家方言背景的。例如：

汉语姓名	英文姓氏
陈×群	CHIN
陈×常	CHIN
陈×超	CHIN
陈赵×娟	CHIN
陈叶×莲	CHIN

3）对比陈姓，姓氏应是译自汉语拼音的。例如：

汉语姓名	英文姓氏
陈×	CHEN
陈×琳	CHEN
陈×楼	CHEN
陈×均	CHEN
陈×强	CHEN
陈×	CHEN
陈×培	CHEN
陈×妹	CHEN
陈×屏	CHEN
陈×明	CHEN
陈×一	CHEN
陈×春	CHEN
陈×新	CHEN
陈×英	CHEN
陈×雄	CHEN
陈梁×屏	CHEN
陈叶×英	CHEN

（3）广东粤方言、客家方言、闽方言的深摄字今大多收闭口的－m尾，中古深摄开口三等字"林"，粤方言台山话读 lam，粤方言广府话读 lɐm，客家方言、广东闽方言潮州话都读 lim，普通话没有－m尾。故"林"的英文对译若是闭口韵的 Lam，其人或其祖上应有粤方言背景，可能来自中国的粤方言区。若英文对译是闭口韵的 Lim，则其人或其祖上应有客家方言或闽方言的背景，可能来自中国的客家方言区或闽方言区。

1）林姓，可能有粤方言背景的。例如：

汉语姓名	英文姓氏
林×庆	LAM
林×瑞	LAM
林氏大碑	LAM
林庄×容	LAM

2）林姓可能有客家方言，或广东闽方言潮州话背景的。例如：

| 汉语姓名 | 英文姓氏 |
| 林× | LIM |

3）对比林姓，姓氏应是译自汉语拼音的。例如：

汉语姓名	英文姓氏
林×	LIN
林×泰	LIN
林×彩	LIN
林×民	LIN
林×云	LIN
林×鑫	LIN
林×生	LIN
林薛×银	LIN
林陈×芳	LIN

（4）中古曾摄部分字今客家方言韵母不收 -ŋ 尾，收 -n 尾，故若曾姓，英语对译为的 en 的，其人或其祖上应有客家方言背景，可能来自中国的客家方言区。

1）曾姓，可能有客家方言背景的。例如：

| 汉语姓名 | 英文姓氏 |
| 曾×华 | CHEN |

2）对比曾姓，姓氏应是译自汉语拼音的。例如：

汉语姓名	英文姓氏
曾×祥	ZENG
曾林×爱	ZENG

（5）中古梗摄开口二等部分字今粤方言、客家方言读 aŋ 韵，因此，中古梗摄开口二等并母字"彭"，英语对译为 ang 的，其人或其祖上应有粤方言背景或客家方言背景，可能来自中国的粤方言区或客家方言区。

1）彭姓，可能有粤方言或客家方言背景的。例如：

汉语姓名	英文姓氏
彭×博	PANG
彭×淦	PANG

2）对比彭姓，姓氏应是译自汉语拼音的。例如：

汉语姓名	英文姓氏
彭×康	PENG

(6) 中古疑母遇摄合口一等模韵"吴""伍"等字，粤语今音读为自成音节的声化韵 ŋ。因此，凡是吴姓、伍姓，英语对译音为 ng 者，其人或其祖上应有粤方言背景，可能来自中国的粤方言区。

而闽方言潮州话等声化后的 ŋ，除了能自成音节，还能与韵母相拼，故吴姓、伍姓，若英语对译为 ngo，则其人或其祖上应有闽方言背景，可能来自中国的闽方言区。

1）吴姓、伍姓，可能有粤方言背景的。例如：

汉语姓名	英文姓氏
吴×鹏	NG
吴×光	NG
伍×明	NG
吴×章	NG
伍×泰	NG
吴×理	NG
伍×生	NG
伍黄×翠	NG
伍郭×贤	NG
伍李×梅	NG

2）吴姓，可能有闽方言背景的。例如：

汉语姓名	英文姓氏
吴罗×英	NGO

3）对比吴姓、伍姓，姓氏应是译自汉语拼音的。例如：

汉语姓名	英文姓氏
吴×成	WU
吴×清	WU
伍×伟	WU

（7）中古蟹摄开口一等清母字"蔡"，粤方言、客家方言今音韵母读ɔi，故凡是蔡姓，若英语对译为 oi 的，其人或其祖上应有粤方言或客家方言背景，可能来自中国的粤方言区或客家方言区。

1）蔡姓，可能有粤方言或客家方言背景的。例如：

汉语姓名	英文姓氏
蔡×	CHOI
蔡×娇	CHOI

2）对比蔡姓，姓氏非来自粤方言或客家方言的。例如：

汉语姓名	英文姓氏
蔡吴×梅	TSAI[①]

（8）中古流摄三等来母字"刘"，粤方言台山话音 lau，粤方言广府话音 lɐu，客家方言有读 eu、iu 韵的，故凡是刘姓，若英语对译为 ao、au 的，其人或其祖上应有粤方言背景，可能来自中国的粤方言区。若英语对译为 ew 的，其人或其祖上应有客家方言背景，可能来自中国的客家方言区。而英语若对译为 iu 的，其人或其祖上则可能有客家方言背景，也有可能译自汉语拼音。

1）刘姓，可能有粤方言背景的。例如：

汉语姓名	英文姓氏
刘×匡	LAO
刘×冠小碑	LAU
刘×冠家族碑	LAU

---

① 请注意，此姓氏的韵母不是 oi，声母采用了旧译法的 ts，而不是汉语拼音的 c。

2）刘姓，可能有客家方言背景的。例如：

| 汉语姓名 | 英文姓氏 |
| 刘×威 | LEW |

3）对比刘姓，姓氏可能有客家方言背景，或译自汉语拼音的。例如：

汉语姓名	英文姓氏
凌×秾	LIU
刘×成	LIU
刘×新	LIU
刘×群	LIU
刘郑×钦	LIU
刘任×英	LIU
刘氏大碑	LIU
刘×涛	LIU

（9）中古效摄开口三等澄母字"赵"，粤方言韵母音 iu，故凡是赵姓，若英语对译为 iu 的，其人或其祖上应有粤方言背景，可能来自中国的粤方言区。

古全浊声母字客家方言今清化后基本上读送气，古效摄开口三等澄母字"赵"客家方言读 eu、ao 韵，故，澄母字"赵"若英语对译为 Chew、Chao 的，其人或其祖上或有客家方言背景，可能来自中国的客家方言区。

1）赵姓，可能有粤方言背景的。例如：

汉语姓名	英文姓氏
赵×	CHIU
赵陈×稳	CHIU

2）赵姓，可能有客家方言背景的。例如：

汉语姓名	英文姓氏
赵×志	CHEW
赵×南	CHAO
赵谷×丽	CHAO

上面后两例的韵母与下面译自汉语拼音的"赵"韵母一样，都是 ao，但是声母 ch 送气，符合客家方言古全浊声母字清化后基本送气的特点，可与译自汉语拼音的声母 zh 区别开来。

3）对比赵姓，姓氏应是译自汉语拼音的。例如：

汉语姓名	英文姓氏
赵×邦	ZHAO
赵×堂	ZHAO
赵陈×梅	ZHAO
赵陈×娣	ZHAO

（10）中古蟹摄开口四等字"黎"，今粤方言台山话音 lai，粤方言广府话音 lɐi，故凡是黎姓，英语对译为 ai 的，其人或其祖上应有粤方言背景，可能来自中国的粤方言区。

1）黎姓，可能有粤方言背景的。例如：

汉语姓名	英文姓氏
黎×贤	LAI

2）对比黎姓，姓氏应是译自汉语拼音的。例如：

汉语姓名	英文姓氏
黎×霞	LI
黎×成	LI

（11）中古咸摄入声字粤方言保留入声读法，收 -p 尾。咸摄开口三等喻以母字"叶"，粤方言台山话韵母今读 ap，粤方言广府话韵母今读 ip，保留入声韵尾 -p。故凡是叶姓，英语对译为 ip、ɛp 的，其人或其祖上应有粤方言背景，可能来自中国的粤方言区。

1）叶姓，可能有粤方言背景的。例如：

汉语姓名	英文姓氏
叶×惠	YIP
叶何家族	IP HO
叶氏陵园	YEP

2）对比叶姓，姓氏应是译自汉语拼音的。例如：

汉语姓名	英文姓氏
叶黄×花	YE
袁叶×兰	YE

5.4.3.3.3 凭借读音等材料可做推断的姓氏

有的姓氏，虽然没有与汉语拼音对译的对比资料，但我们凭借其读音等材料，仍然可以推断出其可能来自哪种汉语方言。

（1）中古宕摄入声字，今粤方言台山话、广府话保留入声读法，收 –k 尾。故宕摄合口一等字"郭"，英语对译为 ok 的，其人或其祖上就应有粤方言背景，可能来自中国的粤方言区。例如，"郭×德 KWOK"，除了韵母以外，声母 kw – 也提示了其可能来自粤方言的广府话。

（2）粤方言广州话有部分中古泥、来母相混，泥母归来母的现象，根据这个特点，加上中古深摄入声字保留收 –p 尾的特点，虽然没有收集到与汉语拼音对译对比的资料，但从中古咸摄开口三等字"聂"读 LIP，我们也可以判断"聂×LIP"，其人或其祖上应有粤方言背景，可能来自中国的粤方言区。

（3）中古蟹摄开口四等字"齐"，粤方言台山话今读 ai，广府话今读 ɐi，英语对译为 ai，据此，我们可以从古蟹摄开口四等从母字"齐"的韵母判断"齐×滔 CHAI"，其人或其祖上应有粤方言背景，可能来自中国的粤方言区。

（4）中古山摄合口一等字客家方言读 an，故若山摄合口一等字"盘"，英语对译为 an 的，如"盘梅×珠 PAN"，其人或其祖上应有客家方言背景，可能来自中国的客家方言区。另外，广东的台山端芬等地多梅姓，美国祖籍台山的华人中，姓梅的也不少。从这个姓名来看，可能是一个本家姓氏为梅的女性，嫁给了盘姓的客家人，或是讲客家话的畲族人（因为畲族多姓盘，畲语是一种非常濒危的少数民族语言，不少畲族人如今使用的是客家方言）。

5.4.3.3.4 难以判断属于粤、客、闽哪种方言的姓氏

也有的姓氏的英语对译，能够与汉语拼音的对译区别开来，但是却难以判断其属于粤方言、客家方言，还是闽方言。

这方面的例子，有上文 5.4.3.3.2 第（3）部分中提到的林姓，若英文对译是闭口韵的 Lim，则"其人或其祖上应有客家方言或闽方言的背景，可能来自中国的客家方言区或闽方言区"；有 5.4.3.3.2 第（7）部分中提到的中古蟹摄开口一等清母字"蔡"，"粤方言、客家方言今音韵母读 ɔi"，故凡是蔡姓，若英语对译为 oi 的，"其人或其祖上应有粤方言或客家方言的背景"。此外，还有以下例子。

（1）中古定母的平声字清化后，粤方言、客家方言、闽方言今都读送气，咸摄字粤方言广东的台山话、广府话，客家话，以及闽方言都保留 –m 尾的读法，因此，若咸摄开口一等平声定母"谭"字，英语对译为 Tam 的，其人或其祖上应有汉语粤、客、闽几种方言的背景之一，但是我们却难以判断其到底是来自中国的粤方言区、客家方言区，还是来自闽方言区。

1）谭姓，可能有粤方言、客家方言、闽方言背景的。例如：

汉语姓名	英文姓氏
谭×炎	TAM
谭×明	TAM

2）对比谭姓，姓氏应是译自汉语拼音的。例如：

汉语姓名	英文姓氏
谭×裕	TAN
谭×培	TAN
谭×冰	TAN
谭×庄	TAN

（2）上面提到，中古宕摄的入声字，今粤方言台山话、广府话保留入声读法，收－k尾。故宕摄合口一等字"郭"，英语对译为 ok 的，其人或其祖上就应有粤方言背景，可能来自中国粤方言区。"郭×德 KWOK"就是一例，此例的声母 KW－也帮助我们做出了判断，这是粤方言广府话常有的圆唇声母。但若是"郭×玲 KOK"，我们就难以区分其到底是来自粤方言还是客家方言了，因为粤方言台山话"郭"读 KOK，客家方言也读 KOK。

因此，利用姓氏的英语对译法来判断华人的祖籍来源地，只是一种辅助性的方法。

检视我们收集到的材料，可知美国华人社区的英式译名与新加坡华人的英式译名以闽方言音对译的为多不一样，与香港居民的英式译名以粤方言音对译为多相似。这与美国的华人社区原先一直主要以来自广东粤方言区四邑地区、珠江三角洲地区的移民为主的历史事实相符。此外，美国纽约的华人社区也有少量来自中国广东客家方言区的华人，我们在纽约也调查过他们的客家话。

不过，在我们收集到的美国华人墓碑材料里，却暂时没有发现在纽约地区近年来越来越多、来自中国闽方言区、使用闽东方言福州话的华人的例子。这恐怕与使用福州话的华人到美国的年限不长不无关系。

5.5 小结

第 5 章是本书的最后一章。

关于美国华人社区的教育与文化，我们收集到的材料不是很多，本章的内容看来也与第 2、第 3、第 4 章专论汉语方言的不一样，但所述的内容其实都与美国华人社区的汉语、汉语方言息息相关。语言、方言取向作为一种语言问题，决定了语言、方言的发展、变化、走向。华文教育、华文传媒也自然要依附汉语、汉语方言。至于华人的方言俗语、中国菜的译名、华人姓氏的英译等，与语言、方言的联系就更直接了。

其实，语言方言是文化的载体，文化的传扬在维护载体根基的同时，又进一步将语言、方言发扬光大。方言与文化，两者相辅相成。希望本章的内容，能使美国华人社区的汉语方言在读者的眼中变得更形象、更生动、更富有生气。

无论在海内外、国内外，汉语方言的传承都有赖于方言使用者的努力。迄今，美国华人社区的文化主要承载在汉语方言，尤其是美国华人社区的开拓者所使用的汉语粤方言之上，我们绝不能让这个承载体轻易地坍塌。

这几年，国内的语言资源保护进行得如火如荼，可是，濒危程度比起国内很多汉语方言都更严重的海外华人社区汉语方言的保护工作又如何呢？如何能让生活在不同的国度，处在不同于汉语的其他语言包围中的海外华人，特别是年青一代的华人更多地加入维护、学习汉语、汉语方言的行列，主动地学习汉语、汉语方言？是时候思考，也是时候开始行动了。

参考文献

一、著作

[1] 白宛如. 广州方言词典 [M]. 南京：江苏教育出版社，1998.

[2] 俾耳德，巴格力. 美国的历史：从蛮荒时期到帝国时代 [M]. 魏野畴，译. 北京：新世界出版社，2015.

[3] 潮龙起. 美国华人史 [M]. 济南：山东画报出版社，2010.

[4] 陈保亚. 论语言接触与语言联盟 [M]. 北京：语文出版社，1996.

[5] 陈美嫦，蒙显文. 纽约唐人街春秋：忆述父亲陈金坚生平经历 [M]. 香港：华夏文化出版社，2011.

[6] 陈彭年，等. 宋本广韵 [M]. 北京：北京中国书店，1982.

[7] 陈文. 美国粤菜 [M]. 广州：广东科技出版社，2000.

[8] 陈晓锦. 马来西亚的三个汉语方言 [M]. 北京：中国社会科学出版社，2003.

[9] 陈晓锦. 泰国的三个汉语方言 [M]. 广州：暨南大学出版社，2010.

[10] 陈晓锦. 东南亚华人社区汉语方言概要 [M]. 广州：世界图书出版公司广东有限公司，2014.

[11] 陈晓锦，肖自辉. 泰国华人社区的汉语方言 [M]. 广州：世界图书出版公司广东有限公司，2019.

[12] 陈晓锦，张双庆. 首届海外汉语方言国际研讨会论文集 [M]. 广州：暨南大学出版社，2009.

[13] 陈晓锦，甘于恩. 汉语方言在海外的播迁与变异：第四届海外汉语方言国际研讨会论文集 [M]. 广州：世界图书出版公司广东有限公司，2016.

[14] 陈晓锦，李智强，林柏松. 漂洋万里觅乡音：第五届海外汉语方言国际研讨会论文集 [M]. 北京：世界图书出版公司，2018.

[15] 陈依范. 美国华人 [M]. 北京：工人出版社，1985.

[16] 陈依范. 美国华人发展史 [M]. 香港：三联书店，1987.

[17] 陈依范. 美国华人史 [M]. 北京：世界知识出版社，1987.

[18] 陈英福. 美国华人沧桑史 [M]. 洛杉矶：美国西南华人福利支会，2005.

[19] 程曼丽. 海外华文传媒研究 [M]. 北京：新华出版社，2001.

[20] 丁度，等. 集韵 [M]. 北京：北京市中国书店，1983.

[21] 方积根，胡文英. 海外华文报刊的历史与现状 [M]. 北京：新华出版社，1989.

[22] 甘于恩. 广东四邑方言语法研究 [M]. 广州：暨南大学出版社，2010.

[23] 广东省地图出版社. 新编世界地图册[M]. 广州：广东省地图出版社，2004.

[24] 广州华侨研究会. 美国华人现状[M]. 广州：广州华侨研究会，1986.

[25] 何超春. 美国的历史与现状[M]. 北京：旅游教育出版社，1988.

[26] 暨南大学华文学院. 中文（修订版）[M]. 广州：暨南大学出版社，1997.

[27] 贾莉. 美国华人移民子女语言社会化研究[M]. 开封：河南大学出版社，2008.

[28] 江宁康. 美国社会与文化[M]，南京：东南大学出版社，2004.

[29] 李如龙. 福建方言[M]. 福州：福建人民出版社，1997.

[30] 李如龙. 汉语方言研究文集[M]. 北京：商务印书馆，2009.

[31] 李如龙. 东南亚华人语言研究[M]. 北京：北京语言文化大学出版社，1999.

[32] 李如龙，张双庆. 客赣方言调查报告[M]. 厦门：厦门大学出版社，1992.

[33] 李小凡，项梦冰. 汉语方言学基础教程[M]，北京：北京大学出版社，2009.

[34] 李小兵，孙漪，李晓晓. 美国华人[M]. 成都：四川人民出版社，2003.

[35] 李新魁. 广东的方言[M]. 广州：广东人民出版社，1994.

[36] 林柏松. 飞跃初级汉语教程[M]. 北京：华语教学出版社，2014.

[37] 林柏松. 飞跃中级汉语教程[M]. 北京：华语教学出版社，2011.

[38] 林涛. 中亚回族陕西话研究[M]. 银川：宁夏人民出版社，2008.

[39] 林涛. 东干语调查研究[M]. 北京：中国社会科学出版社，2012.

[40] 刘珣. 新实用汉语课本[M]. 北京：北京语言大学出版社，2013.

[41] 吕叔湘，江蓝生. 近代汉语指代词[M]. 上海：学林出版社，1985.

[42] 麦子. 美国华人社会大观[M]. 广州：广州文化出版社，1989.

[43] 麦耘，谭步云. 实用广州话分类词典[M]. 广州：广东人民出版社，1997.

[44] 梅彬. 世界唐人街[M]. 广州：广东人民出版社，2015.

[45] 美国罗省中华会馆. 罗省中华会馆120周年纪念特刊[M]. 洛杉矶：美国罗省中华会馆，2009.

[46] 彭伟步. 海外华文传媒概论[M]. 广州：暨南大学出版社，2007.

[47] 且东. 一个超级美国的诞生[M]. 北京：中国友谊出版公司，2006.

[48] 宋李瑞芳. 美国华人的历史和现状[M]. 北京：商务印书馆，1984.

[49] 王保华，陈志明. 唐人街：镀金的避难所、民族城邦和全球文化流散地[M]. 张倍瑜，译. 上海：华东师范大学出版社，2019.

[50] 王建设，孙汝建. 第二届海外汉语方言研讨会论文集[M]. 昆明：云南大学出版社，2012.

[51] 王士谷. 华侨华人百科全书·新闻出版卷[M]. 北京：中国华侨出版社，1999.

[52] 王士谷. 海外华文新闻史研究[M]. 北京：新华出版社，1998.

[53] 王士元. 王士元语言学集[M]. 北京：商务印书馆，2002.

[54] 本内特，刘军，等. 美国通史：上、下[M]. 南昌：江西人民出版社，2009.

[55] 辛世彪. 东南方言声调比较研究[M]. 上海：上海教育出版社，2004.

[56] 许茂春. 东南亚华人与侨批[M]. [出版地不详]：泰国国际邮票编辑部，2008.

[57] 杨力. 海外华文报业研究[M]. 北京：北京燕山出版社，1990.

[58] 姚道中，刘月华，等．中文听说读写［M］．Boston：Cheng & Tsui Company，1997．
[59] 游汝杰．汉语方言学教程［M］．上海：上海教育出版社，2004．
[60] 云惟利．一种方言在两地三代间的变异［M］．厦门：厦门大学出版社，2004．
[61] 詹伯慧．汉语方言及方言调查［M］．武汉：湖北教育出版社，1991．
[62] 詹伯慧．广东粤方言概要［M］．广州：暨南大学出版社，2002．
[63] 詹伯慧，张日昇．珠江三角洲方言调查报告：一［M］．广州：广东人民出版社，1987．
[64] 詹伯慧，张日昇．珠江三角洲方言调查报告：二［M］．广州：广东人民出版社，1988．
[65] 詹伯慧，张日昇．珠江三角洲方言调查报告：三［M］．广州：广东人民出版社，1990．
[66] 张纯如．美国华人史［M］．陈荣彬，译．台北：远足文化事业股份有限公司，2018．
[67] 中国地图出版社．最新世界地图集［M］．北京：中国地图出版社，1998．
[68] 周敏．美国华人社会的变迁［M］．郭南，译．上海：上海三联书店，2006．
[69] 周南京．世界华侨华人词典［M］．北京：北京大学出版社，1993．
[70] 邹嘉彦，游汝杰．汉语与华人社会［M］．香港：香港城市大学出版社，上海：复旦大学出版社，2003．

二、论文

[1] 陈晓锦．论海外汉语方言的调查研究［J］．语文研究，2006（3）．
[2] 陈晓锦．泰国曼谷半山客话语音［J］．语言研究，2006，26（3）．
[3] 陈晓锦．泰国曼谷半山客话上声读如去声析［J］．中国语文，2006（5）．
[4] 陈晓锦．泰国曼谷广府话语音特点［J］．方言，2006（4）．
[5] 陈晓锦．海外汉语方言与海外汉语方言调查研究［J］．粤语研究，2007（0）．
[6] 陈晓锦．马、泰两国粤语中的"咗"［C］//邵敬敏．21世纪汉语方言语法新探索：第三届汉语方言语法国际研讨会论文集．广州：暨南大学出版社，2008．
[7] 陈晓锦．泰国曼谷半山客话中的潮州话借词［C］//张双庆，刘镇发．第七届国际客方言研讨会论文集．香港：香港中文大学中国文化研究所，2008．
[8] 陈晓锦，郑蕾．海外汉语濒危方言［J］．学术研究，2009（11）．
[9] 陈晓锦．中南半岛五国华人社区及华人语言现状［C］//陈晓锦，张双庆．首届海外汉语方言国际研讨会论文集．广州：暨南大学出版社，2009．
[10] 陈晓锦，高洵．百年前缅甸粤籍华人使用的一些词语：评介昂麀应的《缅甸粤人曾用过的俚语、俗语》［C］//陈晓锦，张双庆．首届海外汉语方言国际研讨会论文集．广州：暨南大学出版社，2009．
[11] 陈晓锦．缅甸仰光台山话语音特点［C］//钱志安，等．粤语跨学科研究：第十三届国际粤方言研讨会论文集．香港：香港城市大学语言资讯科学研究中心，2009．
[12] 陈晓锦．缅甸仰光台山话百年间的若干变化［M］//甘于恩．南方语言学：第1辑．

广州：暨南大学出版社，2009．

[13] 陈晓锦，高洵．广东粤闽客方言歌谣在东南亚华人社区的流变［J］．暨南学报（哲学社会科学版），2010（3）．

[14] 陈晓锦，李建青．越南胡志明市华人社区的语言环境与华人的语码转换［M］//甘于恩．南方语言学：第3辑．广州：暨南大学出版社，2011．

[15] 陈晓锦，张淑敏．广东粤方言在东南亚的流变［M］//甘于恩．南方语言学：第4辑．广州：暨南大学出版社，2012．

[16] 陈晓锦．东南亚华人社区闽南方言的唇齿清擦音f声母［J］．暨南学报（哲学社会科学版），2012（5）．

[17] 陈晓锦，李建青．泰国勿洞容县白话音系［J］．广西社会科学，2012（8）．

[18] 陈晓锦．马来半岛、马来群岛五国华人社区及华人语言现状［C］//王建设，孙汝建．第二届海外汉语方言研讨会论文集．昆明：云南大学出版社，2012．

[19] 陈晓锦．悉尼粤方言广府话［J］．粤语研究，2012（12）．

[20] 陈晓锦．东南亚华人社区汉语方言创新词分析［M］//甘于恩．南方语言学：第5辑．广州：暨南大学出版社，2013．

[21] 陈晓锦．试论词汇研究在海外汉语方言研究中的重要性［J］，暨南学报（哲学社会科学版），2013（9）．

[22] 陈晓锦，黄高飞．海洋方言：汉语方言研究新视觉［N］．中国社会科学报，2014－04－14（7）．

[23] 陈晓锦．东南亚华人社区兄弟汉语方言的互借词［J］．粤语研究，2013（6）．

[24] 陈晓锦，张淑敏．多语多方言环境下马来西亚华人的语言方言取向［C］//赵杰．北方语言论丛第三辑·第三届海外汉语方言国际研讨会专辑．银川：阳光出版社，2013．

[25] 陈晓锦，罗凤莹．论进一步开展海外汉语方言研究的迫切性与必要性［M］//甘于恩．南方语言学：第6辑．广州：暨南大学出版社，2014．

[26] 陈晓锦，徐雨娴．美国三藩市广府话音系［M］//甘于恩．南方语言学：第9辑．广州：世界图书出版公司广东有限公司，2015．

[27] 陈晓锦，黄高飞．海洋方言的扩散与回归［J］．暨南学报（哲学社会科学版），2016（1）．

[28] 陈晓锦，黄高飞．海洋与汉语方言［J］．学术研究，2016（1）．

[29] 陈晓锦，黄裕君．美国芝加哥广府话音系［M］//甘于恩．南方语言学：第10辑．广州：世界图书出版公司广东有限公司，2016．

[30] 陈晓锦，林秀雯．美国三藩市台山话音系［M］//甘于恩．南方语言学：第11辑．广州：世界图书出版公司广东有限公司，2016．

[31] 陈晓锦，张天怡．关注华侨农场的语言方言调查研究［J］．粤语研究，2016（12）．

[32] 陈晓锦，肖自辉．美国洛杉矶华人社区台山话语音［J］．语言研究，2017（1）．

[33] 陈晓锦．美国华人常用时间名词使用特点探析［C］//陈晓锦．漂洋万里觅乡音：第五届海外汉语方言国际研讨会论文集．广州：世界图书出版公司广东有限公

司，2018．

［34］陈晓锦，许婉虹．美加华人社区粤方言的两种词语表达方式［J］．中国语文通讯，2019，98（1）．

［35］陈晓锦，李颖慧．美国华人有关牲畜表述的研究［M］//甘于恩．南方语言学：第16辑．广州：世界图书出版公司广东有限公司，2020．

［36］李元芝．简述时间名词的范畴问题［J］．新课程研究，2007（10）．

［37］丘学强．新加坡"中英对译人名"中的汉语方言信息浅析［C］//陈晓锦．漂洋万里觅乡音：第五届海外汉语方言国际研讨会论文集．广州：世界图书出版公司广东有限公司，2018．

［38］施春宏．词义结构的认知基础及释义原则［J］．中国语文，2012（2）．

［39］陶原珂．哈佛广场燕京饭店菜单的方言因素及威妥玛音标对读［C］//陈晓锦．漂洋万里觅乡音：第五届海外汉语方言国际研讨会论文集．广州：世界图书出版公司广东有限公司，2018．

［40］王文斌．隐喻性词义的生成和演变［J］．外语与外语教学，2007（4）．

［41］张博．并用释词的释义角色及其与被释词的语义对应关系：兼议《现汉》与并用释词相关的几个问题［J］．语言文字应用，2010（4）．

［42］张东波，李柳．社会心理因素与美国华人社团的语言维护和变迁［J］．语言文字应用，2010（1）．

［43］张伟，杜健．编纂汉语学习词典的几点理论思考［J］．辞书研究，1999（5）．

［44］郑厚尧．从汉语中的时间名词看汉民族对时间范畴的认知［J］．云梦学刊，2012（6）．

［45］周国光．论词义发展演变的类型［J］．韶关学院学报（社会科学版），2004（11）．

关于美国的一些资料和数据主要来源于国家汉办官网、360百科、龙源期刊网、维基百科。此外，还有美国侨报网、加州湾区博爱中文学校网站（https：//www.bcs-usa.org/cantonese-dept/）等。

附录一　有关美国华人历史及文化的几份材料

本附录收集了几份与美国华人的历史，以及华人的生活有关的资料，希望这些有限的资料，能够帮助我们更好地了解美国华人和美国华人社会。

下面的资料中，如有需要注释的地方，我们会加上注释，除了个别错别字和标点符号我们做了改正以外，文章全部照原样登载。

（1）以下的珍贵资料，来自一位第五代美国华人——我们的洛杉矶台山话的主要发音人梅×宇先生。资料是梅先生在美国土生的家族前辈1922年为了回中国探亲，填写的证明。（如附图1至附图4所示，参见本书1.1.2.2"在艰难困苦中形成的美国华人社区"）。

附图1　1922年华人回国探亲填写的证明（1）

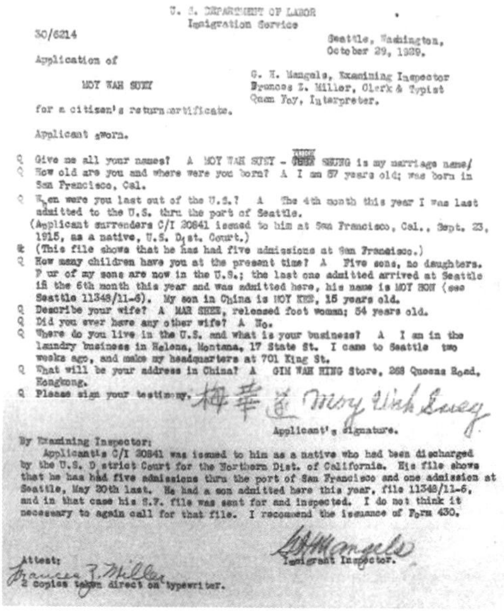

附图2　1922年华人回国探亲填写的证明（2）

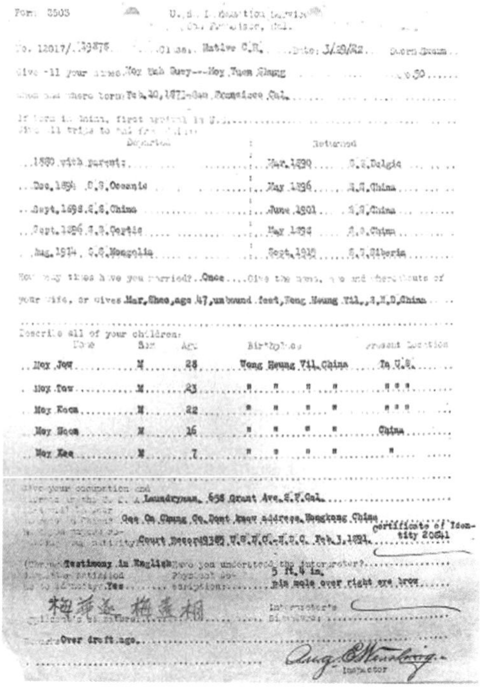

附图3　1922年华人回国探亲填写的证明（3）

附图4　1922年华人回国探亲填写的证明（4）

(2) 以下的珍贵资料同样来自梅×宇先生。

梅先生没有向我们提供《家族概况》作者的姓名，他本人不懂汉字，但是他知道这份材料所述的内容。他告诉我们，文章的作者是他一直生活在中国国内的同父异母的姐姐。梅先生的家族本姓黄，文章后面所附的"表（一） 江夏黄门第二十二世祖"还原了梅先生的家族概况。从中，我们也可以了解到有关早年的美国华人、华侨，及"纸儿子"（paper son）等的一些情况，除了个别错别字，我们没有对资料做其他修改。

为了证明材料的真实性，我们在这份资料的后面加附了《家族概况》手稿的第一页。

家族概况

我们的家乡是广东省台山市白沙区横坑村，乡的划分曾多次变动，现属石公坑乡。1938年村边有新宁铁路通过，不远处就有上马石火车站，火车站西侧到白沙圩，东侧达台城，交通方便。那时知道横坑村的人虽然不多，但提起上马石火车站，知道的人便多了。听说堂兄兆其读草骨萠小学时曾被强盗掳去，后在很远的地方逃脱，他不懂得回家的路，当地人又不识横坑村，他便说家在铁路边，那些人把他送到铁路，他便顺着铁路走回家来了。现在，台山至白沙的公路在离村稍远的地方才经过，且隔了一座山，在公路上看不到村庄。上马石火车站的所在地已成水库，旧铁路路基筑成了堤，我和莉莎在村前水塘边照的相片，背景就是这条堤，远景则是环绕水库的大山。高山、绿树、水库、长堤，如果加以开发，稍为修饰，我们的家乡将是风景优美的游览地。

横坑村是在清朝雍正年间建村，第一代建村者是其中公。其中是江夏黄门第二十二世祖，我村的祠堂就写着"其中黄公祠"。他是护亨村毓文之次子，所以我们村是从护亨分支出来的。护亨、众亨一带都是以潮境圩为活动中心的黄姓族居村，习惯叫"潮境老黄"，横坑村离潮境圩约4公里，仍属"潮境老黄"。我村的排辈（男人结婚时按辈数另起名，如父亲名荣瀚字燊兴，燊兴便是按辈数起的字）也是跟着护亨的，从二十三世起是：德文宏业，开远兴隆，英才育士。

其中子德沧，德沧生四子：文富、文胜、文达、文德。现横坑村文达的子孙最多，我们是文富的后代，文富的子孙仍住横坑村的只有兆钿哥一家人。

文富生二子：宏臻、结宏。结宏生子绍兰，绍兰是我们的高祖父。绍兰没有结婚，养子开玖，开玖便是我们的曾祖父。

开玖生五子：远稿、远胜、远铨、远相、远穰。远稿是我们的大伯公，他的曾孙冠潮现在西萨摩亚，他的玄孙女小敏嫁美国人，全家已取得美国居留卡。远胜是二伯公，他的孙子兆南在古巴哈瓦那，有二孙女在国内。远铨是三伯公，他有一子名荣照，1949年、1950年父亲多次寄钱由我转给他，在广州、香港都见过面。我从香港回广州后便没有再联系。远穰是长叔公，他的孙子兆钿现在横坑村。兆钿的长子群腾早几年去了墨西哥，现在美国探亲，获准居留四年，二子群林在香港，三子群忠在家乡教中学。

我们的祖父远相，小名益，生于同治丙寅年（1866）12月。祖父年轻时在潮境一间洗染店当学徒，有一年天气特别冷，早晨露水结成了一层霜，祖父仍然要站在冰冷的小河水里漂洗棉纱。他手、脚的皮肤都冻裂了，渗出了血，在染料和冷水的刺激下一阵阵刺痛，他忍不住哭了。店老板（译名漏水铜罇）走过来看他一边漂洗一边哭，生气地对他说：“亚益，你这么怕辛苦，日后哪有财发。"祖父牢牢地记住了这句话。不久（1888年左右）他到美国去了。几年后他挣了一些钱，第一次回国来，他到潮境圩请洗染店老板饮茶，老板说：“亚益，发了财啊。"他说：“不，我是来谢谢你的教诲。"这时家里要他结婚，他说让弟弟先结婚，他要赚钱回来娶个缠脚的女子。当时，缠脚女子不能体力劳动，要有婢女侍候，身价也高些。长叔婆是大脚的。长叔公和长叔婆可能是在1892年结婚，因为长叔公的长子是在1893年9月出生，可以肯定是在1892年底之前结婚，但又不可能太早，因为长叔婆出生于1876年，1892年才16岁。祖父是第二次回国来结婚的，那时的华侨一般三四年回国一次，祖母也是1876年出生，不可能超过二十岁才结婚，他们结婚的时间可能在1895年春，祖父在美国报的第一个儿子是1895年11月出生，可作佐证。

祖父的长子夭折，冥婚后号绪奥，兆熙（兆希或少希）哥是继承他的。二伯父荣滚（字美兴）是养子，生子兆璇。父亲排行第三。我们还有一个四叔，是祖父娶妾生的，年龄比我还小两岁，现在肇庆市。

祖父到美国去时用的是真姓名。他在美国期间，恰好有一城市（记不清是波士顿还是旧金山）大火①，这座城市的户籍册全部烧掉，当局通知居民自报。祖父趁机多报了一个美国大埠②先生姓梅的户口，后来他看到出世纸③有利，能带儿女到美国去，他便放弃了黄姓的中国籍。自报出世纸时间应在1914年前，1914年他回国来已能带二伯荣滚和三伯公的儿子荣操到美国去。荣操伯已经没有后人，荣滚二伯的后代就是小珊一家。

1921年荣滚二伯回国结婚后，带长叔公的儿子荣赞伯（字华兴）一起往美。荣赞伯生的儿女均早逝，兆钿哥是养子。

早年华侨回国来一般都做三件事以显示自己的赚钱本领：建屋、买田、娶媳或嫁女。祖父也不例外。他曾在家乡建大屋两座（晚年在广州买两处楼房），第二座约建于1920年，房屋结构很讲究，丁字墙，密排桁。一座屋的砖石、木材用料可盖两座，在我村是独一无二的。听说荣滚二伯的婚礼排场很大，吃的是山珍海味，地上走的猪、牛、鸡、鹅不上席；二伯母的嫁妆是"三盏"（三柏十六椅及其他摆设）；台山旧俗，每年大蕉上市季节，新婚不久的女家要送些大蕉去男家去，叫做"担蕉"，一般人家是派人挑几十斤送过去，可二伯母的父亲竟用牛车送了一车去。祖父当时在家，他非常高兴，叫人移称一称大蕉有多少。他的本意是想知道准确数目有多大，日后拿来向人夸口，却没有想到这一称便失礼了。二伯母的父亲戏谑女儿说，我还欠你们黄家多少蕉。祖父曾下过决心，要把曾祖父耕过的田全部买下来，并要从此斩断犁柄（指开玖公的子孙从此不用耕田），前者他做到并且超过了，后者却办不到，抗日战争时，靠熙哥耕自家的田才能维持几家人的生活，现在兆钿哥也仍在耕田。

祖父曾在美国一处赌场做过管钱的工作。有一次赌场被抢劫，他被人对着额头打了一锤，他去世后捡起的头颅骨仍留有裂痕。他于1929年10月尾次④回国，曾在香港与人合

---

① 那个城市应为旧金山，即三藩市。
② 美国大埠：指三藩市。老华人习惯称三藩市为"大埠"，因为当地的华人最多。
③ 出世纸：出生证。
④ 尾次：最后一次。

附录一 有关美国华人历史及文化的几份材料

股开过庄口，股东共三人，其中一人猝死，另一人请祖父打开死者的夹万①。祖父不知是计，把夹万打开了，里面没有多少钱。后来劝祖父开夹万的人串通死者家属，向法庭上告祖父开夹万拿走了大笔款子。祖父上了当，从此离开香港在广州居住，那个人的名字我在香港时仍听到过，当时已是香港的绅士，现在我记不起名字了。

1943年祖父在家乡去世。临终前，祖母、细婆②、荣孚（四叔）、二伯母和我（当时我母亲也已病重，兆熙在韶关，我母亲去世前他刚返家）环立床前，问他有什么话说，他说，我一生带了四个子侄去金山③，可他们连厕所也不盖一间给我看看。

父亲1907年出生，1925年结婚，当时在台山中学读书。毕业后（曾留有毕业合影相片，前年台山一中校长来我院学习，我将相片送给台山一中了）到香港一英文书院（可像叫文化书院）学英文。1929年5月到美国去。

父亲到了美国后四五个月我才出生。这时，华侨中报出世纸的一般只报男的，明明是生了女儿也报男儿。父亲不违俗例，但又爱惜我这个头生女儿，便报了李（孖）生子女，多报了一个元主。这一来，我小时候在家乡人眼中的身价便不一般了。父亲在我读小学二年级时，开始用通信的方式教育我，他要求我爱读书，不要爱好女儿装饰与浮奢，答应培养我从小学、中学读到大学。这对我的一生是起了很大的作用的。我母亲去世那年我才13岁，但我没有受到任何一方面的歧视和虐待，二伯母（璇柔的母亲）和我的两位舅母都像亲生女儿一样爱护我，这不是由于我能讨人喜欢，而是出于她们对父亲的尊重。

1947年9月父亲回国，我和熙哥到香港迎接他。这是我们父女俩第一次见面，我激动得在父亲的怀里抽泣，父亲的泪珠也滴在我的头上。

同年10月，父亲第二次结婚，他们返乡见过我外公、外婆后，回来同我商量有关我的前途问题。父亲说，外婆的意见是要我趁她在生时结婚，这是一条路，如果我愿意，可以给我一大笔钱陪嫁；再有一条路是马上办手续跟他到美国去，他回来时就是准备这样做的；还有一条路是在国内读完高中考入大学，然后到美国去，这一条路有利于我将来在国内做事。他还希望我能考入上海的教会大学。我当时毫不犹豫，表示愿意先在国内读完高中，再作定夺。这一条路其实是父亲早就给我安排了的，但能否行得通，除了社会因素和父亲的支持外，很重要的是我个人的志向和主观努力。父亲对我这个决心是满意的。

父母亲和我在广州居住一年多，我们的关系是融洽的。1948年12月父母亲乘飞机赴美，我和亲友们到机场送别。进入机场后，父亲和我相抱大哭，在场的亲友无不动容。他还说时局的发展使他改变了主意，回美国后立即办手续让我尽快到美国去。我舅父当时在顺德法院工作，假日经常到我家来，白云机场送别他也在场。他后来回乡对我外祖父母和舅母说：一年多来观察明和她父母的关系，预想不到她父亲爱她的感情那么深，她后母通情达理，我们可以放心了。

1949年初开始办理我往美的手续，后又转到香港领事馆办理。同年我中学毕业，便到香港等候。1951年春我回广州考入岭南大学，三月间，香港领事馆通知我去领取护照。这

---

① 夹万：保险箱。
② 细婆：小祖母，文中指祖父的妾。
③ 金山：指美国。

时我多年梦寐以求的大学生活深深吸引了我,加上解放初期广州的政治气氛,我没有听从父亲的意见,留在国内了。1953年父亲再次劝我往美,是我不懂事,没能体会父亲的困难,当时中美关系极其紧张,我也很难做出往美的抉择。不久,父亲返香港第三次结婚,他事前没有告诉我知,但到香港后他找到我的一个朋友,托带弟妹们的相片和钱给我,要我一个月内到香港见他们。我那位朋友还到过父母亲的住处。是我自己错过了这次和父母亲见面的机会,造成了终生的抱憾。

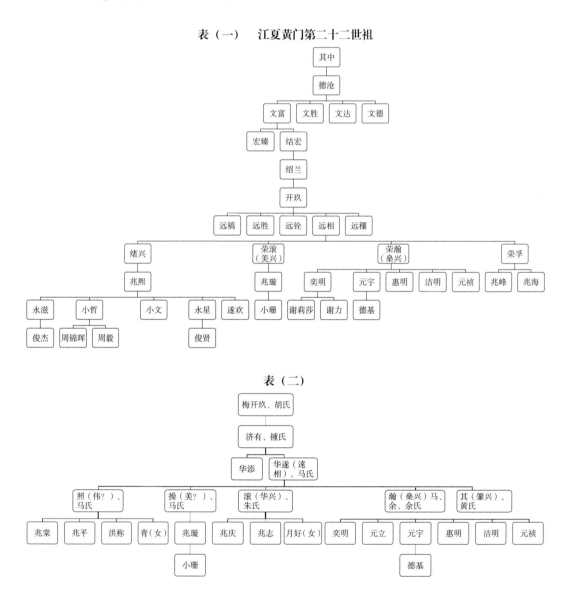

附图 5 为这份资料的手稿第一页。

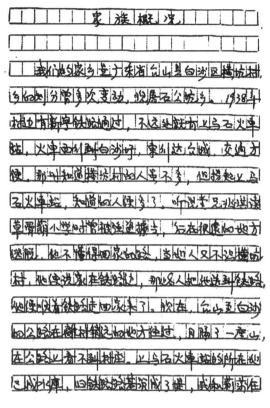

附图 5 《家庭概况》手稿第一页

（3）以下文章节选自 2011 年 7 月 10 日芝加哥的美籍华人梅怡冬女士发表于《世界周刊》上的文章《家族经历　移民史缩影》。这篇文章对我们了解"纸儿子"也有所帮助。

家族经历　移民史缩影（节录）
梅怡冬

我们家乡台山是著名的侨乡，我们家族的经历，可以说是美国华人移民史的典型缩影。

我的曾祖父在年轻时就来到美国，是最早的旅美华工之一。我的祖父在父亲出生数月后，便坐船远渡重洋到美国谋生，落脚在芝加哥，辛苦做工，寄钱回中国养家。我大伯父 12 岁那年，祖父想方设法为他"买纸"①，伯父作为"纸儿子"，来到美国。

说起"纸儿子"，这是华人移民史上饶有趣味而又辛酸痛楚的一段，早在两个多世纪前，就有华人以"卖猪仔"的形式，进入美国，那应该算是最早的偷渡客吧。按 1882 年

---

① 买纸：指买出生证。

的移民法，除非是在美国出生者的子女，才能从海外移民到美国，这样的法规，对华人而言，移民的大门是紧闭的。当时的侨工，我的曾祖父一辈，都是孤身一人在美国打拼，大半辈子与留在国内的妻儿天各一方，无法团聚。1906年，旧金山一场大地震摧毁了在市政府存档的所有资料。其后，成千上万在美国的华人申报自己的出生地是在旧金山，对此，美国政府无从考证，只有照单全收。这些"在旧金山出生的公民"得以申请子女（绝大多数是申请儿子）的美国居留身份。而这些孩子只是在档中显示为是美国人的后代，有不少是通过"买纸（出生档）而得以移民，因此被称为"纸儿子"（paper son）。我伯父就是这样一位"纸儿子"。他来美国时，用的并非我们的家族姓氏。

伯父立功　"纸儿子"正名

第二次世界大战时，伯父参加美军，被派往中国支援抗日。60年代约翰·甘迺迪任总统期间，美国国会废除了移民政策中种族歧视的弊端，改变了对中国及亚洲其他国家的移民政策。伯父从军参战报效美国有功，他在少年时以"纸儿子"身份移民时隐瞒姓氏的坦白得到宽恕，他堂堂正正地恢复了姓"梅"，祖父也在居美40多年后，通过自己的儿子、我的伯父为其申请，取得了在美国的正式身份。

…………

（4）以下为洛杉矶的美籍华人陈灿培先生发表于《世界日报》的几篇有关美国华人、美国华人社区的短文章。

我所认识的老华侨

老华侨——团结互助，勤俭致富。

老华者，住美已有三、四、五十或以上年历，他们仍喜欢称自己为唐人，即华人或中国人。其实他们是早已入了籍的"华裔美国人"或"美籍华人"。多数老侨喜欢讲"唐话"，即四邑话、台山话，或广州话，国语、普通话，英文则不多灵活。

你会觉得一些老侨的姓氏很奇怪：他们的中文姓与英文是不同的，举例如，有侨领中文名是"胡×"，英文却是"×李"，这是因为以前买（美国出世）纸来美的缘故。自己姓"胡"，买来的纸是姓"李"便要姓"李"。另一侨领赵××在1948年时16岁，花了当时四千多美元买了"钟"姓纸来美，到美后工作每月只有$75，要工作了四年多才将债还清，可幸1959年坦白案①通过，"钟"还回原姓赵××，并申请其弟妹来美。

也有些老侨自己的姓名被老美移民官弄错：将自己的名变了姓，而姓变了名。举例说：我的名字是"陈灿培"，老美惯例是将姓放在后面，故变了"培灿陈"真是令人啼笑皆非。有一土生小学校长，他中文是姓陈（Chun，中山音），英文却是个怪姓"Chun-

---

① 1959年坦白案：指美国政府在1959年至之后的几年中为非法居留者提供的一段坦白时间，参见本书1.1.2.2"艰难困苦中形成的美国华人社区"。

Hoon"。据他说,在阿爷年代已搞错,虽1959年坦白案可还回原姓名,老侨多免麻烦去更改,就将错就错算了。

老侨喜欢参与侨团如宗亲会、同乡会,或堂口组织,是互助、交谊、活动场所。宗亲会即姓氏公所,有单姓的公所如1. 黄氏宗亲会;2. 李氏敦宗公所;3. 林西河堂;4. 南加马氏宗亲会等。亦有多姓合一的公所如1. "陈""胡""袁"三姓的至孝笃亲公所;2. "薛"及"司徒"二姓的凤伦公所;3. "谈""谭""许"及"谢"四姓的昭伦公所;4. "吴""周""蔡""翁"及"曹"五姓的至德三德公所;5. "雷""方""邝"三姓的溯源堂;6. "刘""关""张""赵"四姓的龙冈亲义公所;等等。

同乡会如1. 台山宁阳会馆;2. 冈州会馆(即新会及鹤山人士);3. 保安堂(即新会及鹤山人士);4. 俊英工商会(即中山、东莞、增城、博罗、斗门及珠海人士);5. 堂口如合胜堂、英端工商会、秉公堂、萃胜堂。

侨团职员每年一任,由会员选出,领导人称"主席",卸任主席称"顾问"。全美年会称"恳亲",通常每二或三年轮值各地分会举行一次。选出全美领导人称"总长"或"总理"。卸任总长或总理称"元老"。也有一些侨团领导人在当了四任主席后,亦冠上"元老"之名。

侨团活动每年肯定有团年、开年、春宴、祭祖及就职典礼,也有宴会庆祝建楼,双亲节、中秋节、感恩节、圣诞节等。每年春节,各侨团都有互贺及送红包,称之为"香油"。

老侨喜欢供子女就读大学,尤其是名校,不管学费高品也要借债完成学业。因为他们以前少受高等教育,也没有这个机会,同时亦知道自己子女如要生活安定,出人头地,高等教育是肯定的,如能入名校是他日进入社会成功的第一步。

老侨很少花天酒地,消遣多玩卫生麻将。老侨喜欢节约悭①俭,但每逢喜庆好事,如子女婚嫁,一定大排筵席,席开七八十桌是家常小事。同时,每年对公所的香油少不了,善事从不落人,对国内教育捐款及天灾更是慷慨捐输。

老侨多拥有自宅。除了自宅外,一有余钱就买土地,置物业。因为他们有很强买田买地的欲望。正是有子万事足,有田地则可以安享晚年。也因如此,早年低价买入的物业,年年升值。老侨表面看来寒酸,事事斤斤计较,可不要小窥他们,因为不少是身缠万贯的百万、千万、甚至过亿的富翁呢!

(原载2006年7月16日《世界日报》)

侨团宴会百态趣谈

洛杉矶侨团宴会名目多,最常见是春宴,新职员就职及庆祝节日,也有恳亲,创会或建楼周年纪念。宴会多在星期六、日晚举行。侨团多,春宴排足3个月之久。侨团惯例,就职宴会后,受邀者有回敬宴会,这是洛杉矶侨团特有文化,是相敬如宾,尊敬新一任及期待好的开始。

侨团少有在宴会开始前唱美国国歌或宣读效忠誓词。笔者认为既落地生根,归化美

---

① 悭:粤方言,意为节省。

籍，也应入乡随俗。在宴会开始前唱美国国歌或/及宣读效忠誓词，免被老美怀疑我辈忠诚度不够也。

　　侨团宴会，饭前少不了主席（或会长）与贵宾相继演讲。多者十人八人，少者两三人。客气者讲几句好话，适可而止，皆大欢喜。不识者滔滔大论，鸡啄唔断①，弄得无聊之至。明理者见吃饭时已过，知道客人肚里咚咚地响，聪明地说前贵宾已讲过，我无须再说。大多客人不习惯或无耐性听（高官除外）演讲，你讲佢②便讲，一于少理③，宴会讲话时，一片吵声。当然亦有客人默静地望穿秋水，等着起菜。

　　讲话者要小心用字用语，不然冯京作马凉，当众出丑亦不知然。举例说："如火如荼"读成"如火如茶"，"爱戴"变了"爱载"，"造诣"当"造指"，"针灸"当"针炙"。要认清楚"衰""哀"与"衷"字不同用法。也不可说错侨团名称，常见如"罗省中华会馆"错说"罗省中华公所"，"中华总商会"变了"中国城商会"，"越棉寮"则与"越柬寮"有别。

　　宴会的成功与气氛好不好，司仪责任最重要。而最受欢迎的莫如司仪宣告"厨房起菜"，要说得准时，太早或太迟都会惹人怨。司仪要懂规矩，不然被人当笑柄。记得有一次敬酒，司仪连敬三杯，被人骂大吉利是④，原来敬人是双数杯，敬鬼神祖先则单数杯。

　　宴会中有介绍嘉宾，是件苦差，因时常出错，令人啼笑皆非。举例说："冼"姓变"洗"，"佘"姓变"余"。或姓名书写潦草认不出或读错，称先生为女士，或女士为先生时而有之。有一次更离谱，介绍人得意洋洋地说：当读到你的名字，请起立，大家可以"瞻仰"庐山面目。

　　主家致谢词亦是少不了，都是客气话，如酒微菜薄，不成敬意。浓情厚礼，受之有愧。多谢各方送来名贵礼品及精美花篮，等等。切记不要把"花篮"当"花圈"说。而挂在颈上的是夏威夷式的"花环"，不是"花圈"。更不可用"最后祝福各位××"，免误会为生离死别之联想，不然人家又来大吉利是。

　　接着是娱乐节目。侨团不喜欢花钱搞娱乐，所以大多以唱卡拉OK为主。这是大放大鸣的时间。可能是洛杉矶接近荷里活⑤，人人都踊跃上台献技，希望博得星探青睐或知音者的共鸣。无论粤语、国语、英语歌曲都派上场，大唱特唱，放尽歌喉为乐。走音走调不打紧，务求唱得开心。有时得意忘形，在高兴喜庆日子，却唱出了悲离惨别的歌曲。在侨团宴会不打紧，在私人婚宴，切不宜唱"劳燕永分飞"或"何日君再来"，或在寿宴中，切不宜唱"潇洒走一回"等。

（原载 2009 年 5 月 10 日《世界日报》）

---

① 鸡啄唔断：此为粤方言成语，在句中的意思是，老是讲不完，就像鸡啄（虫子、食物），老是啄不断一样。
② 佢："他""她""它"的俗写，本字是"渠"。
③ 一于少理：一概少理。
④ 大吉利是：粤方言避忌口头禅。
⑤ 荷里活：好莱坞（Hollywood），粤方言译作"荷里活"。

附录一　有关美国华人历史及文化的几份材料

老侨的"唐话"

早期在美的华侨社团亦称传统侨社，可说是广东人的天下。然广东人中以四邑人为主，多在华埠谋生，故他们的交谈仍是地方土话，他们称之为"唐话"。所谓四邑者，就是台山、开平、恩平及新会。四邑中以台山人最多，所以地方土话称之为四邑话或台山话。他们以为自己的地方土话就是中国话、"唐话"。其实是错的。

笔者在港澳长大，六七年来罗省①半工读，不懂所谓的"唐话"，在中餐馆做工常被大厨骂"唐人"不懂"唐话"。所谓唐人就是华人或中国人。他们的意思就是：你是中国人，为何不懂中国话?!

老侨喜欢称 San Francisco 为"大埠"，因为华人聚居最多。新侨称"三藩市"，国内人士称"旧金山"。老侨喜欢称 Sacramento 为"二埠"，Stockton 为"三埠"。同样的，老侨称 Los Angeles 为"罗省"，国内人士称"洛杉矶"。记得有一期间，台湾经文处称洛杉矶为"罗安琪"。弄得老侨莫名其妙，以为"罗安琪"是另外一个城市呢！

老侨的"唐话"称墨商人士为"吕宋"。他们以为墨西哥是"大吕宋"，菲律宾是"小吕宋"。美国称"金山"，如金山亚伯就是"美国老华侨"，金山橙就是"美国橙"。老妇为"亚姆"，青年人为"后生"，小兄弟为"细个"。女儿称"亚女"，读 nu，儿子为"仔"，读 doy。②

什么是"唛"，读 mod。不知道是"唔地随"。③ 认识叫"晓"。举例说：你认识他吗？说成："你晓唔晓佢?" 称电话为"喊线"。④ 称警察为"绿衣"（那时警察穿绿色的制服）。称银行为"宾房"，25 仙为"钱八"。称结婚为"交姻"⑤。

英文 Apartments 称为"柏文"，Condominium 为"康斗"，Lease 称"批"，Out of town "出埠"，Weekend "礼拜尾"即周末，Magic "弄法"即魔术。

老侨多从事饮食业，称 Tips 为"花利"，国内人士称"小费"。称 Waiter 为"企台"，国内人士称"侍者"或"服务员"。"包 T & T"即"包税及小费"。T & T 是 Tax & Tips，为餐馆术语。Buffet 为"布非餐"，即任食自助餐。Soft Drinks 汽水为"凉水"。Appetizers 为头台，即前菜。Dessert 称尾台或甜品。

老侨喜欢讲"唐话"，不喜欢讲普通话（在台湾称国语），但有时在特别场面也会敷衍演说几句。他们的所谓普通话我们广东人可以听得懂，但外省人士则要洗耳"恭听"，才可以勉强应付了解其意。

（原载 2006 年 1 月 8 日《世界日报》）

---

① 罗省：洛杉矶（Los Angeles）的省译。
② 老妇为"亚姆"，青年人为"后生"，小兄弟为"细个"。女儿称"亚女"，读 nu，儿子为"仔"，读 doy：这几个说法都是台山话的说法。
③ 什么是"唛"，读 mod。不知道是"唔地随"：这是台山话的说法。
④ 认识叫"晓"。举例说：你认识他吗？说成："你晓唔晓佢?" 称电话为"喊线"：这几种说法是台山话的说法。
⑤ 交姻：结婚。应是来自马来语的说法，也写作"交寅"。马来语为"kawin"。

老华侨的经典英文　会心一笑

早年来美的老华侨受教育不多，英文程度又有限，凭着智慧，刻苦耐劳，不断奋斗下，创出生路。也创造了不少经典的英文，使人一听便了然明白，简而清，又实用，至今仍中外贯通。

老华侨懂一些不咸不淡，但能达意的英文。举例说：1. 好久不见是"Long time no see"。2. 眼看手勿动是"Look，see OK，no touch"。3. 无钱无得倾是"No money，no talk"，及无钱无爱情是"No money，no honey"。4. 人山人海是"People mountain，people sea"。5. 五花八门是"Five flowers，eight doors"。6. 你去睇睇是"You go look look"。7. 好好读书是"Good good study"。8. 无眼睇①是"No eye see"。9. 花心是"Flower heart"。10. 看不起你是"See you no up"。11. 不三不四是"no three no four"。12. 马马虎虎是"Horse horse tiger tiger"。13. 全部都好是"All good"或"All OK"。14. 全部一样是"All same"。15. 土生华人是"ABC"，亦称土著仔或竹升，即American Born Chinese。16. 大乡里是"FOB"，即Fresh off the Boat，又解刚来的新移民。17. 满月酒是"Ginger & Egg Party"②。

有一些中西合璧的"唐话"，但听起来很有意思。如：1. "识唔识do"即"识唔识做人"。2. "去mall"即"去商业城"。3. "去shopping"即"去购物"。4. "去market"即"去超市"。5. "睇show"即"看表演，秀也"。6. "去happy"即"去开心"也。举例说："去赌城happy下"即"去赌城开心一下"。

又有一些对字音照读照写，如：恭喜发财照说"Gung Hey Fat Choy"，太极就是"Tai Chi"，气功是"Chi Gung"，功夫是"Kung Fu"或"Gung Fu"。少林是"Shaolin"，师傅是"Si fu"，阴阳是"Yin Yang"，风水是"Feng Shui"，牌楼是"Pai lou"，麻将是"Mah Jong"，牌九是"Pai kow"，锅是"Wok"，茅台是"Mao Tai"，观音是"Kwan Yin"，关公是"Kwan Gung"，二胡是"Er wu"，琵琶是"Pi pa"。历年以来，无论中外人士，一听便知是什么。

也有一些是意译，如：中秋节称"Moon Festival"或"Mid-Autumn Festival"，月饼是"Moon cake"，端午节"Dragon Boat Festival"，元宵节"Lantern Festival"，农历新年"Chinese New Year"。这些节日大家都能耳熟能详。

老华侨多从事饮食业。早年的菜单都不是名菜，只是家常菜。老华侨又不懂如何称呼，索性就对字音照读照写。如炒面叫"Chow Mien"，杂碎"Chop Suey"，豆腐"Tofu"，云吞"Won Ton"，芙蓉蛋"Egg Fu Yung"，蘑菇鸡片"Mo Gu Gai Pan"，木须肉"Mu Su Meat"。点心叫"Dim Sum"，包③叫"Bao"。有些则照译，如春卷叫"Egg Roll"或"Spring Roll"，锅贴"Pot Sticker"，蛋花汤"Egg Flower Soup"，酸辣汤"Sour & Bitter Soup"。又烧叫"BBQ Pork"，甜酸肉"Sweet & Sour Pork"。现在无论中外，不用解释，

---

① 无眼睇：没眼看。"睇"即"看"。
② Ginger & Egg Party：直译为"姜蛋宴会"。按粤俗，孩子满月要请亲朋好友吃糖醋猪脚姜蛋。
③ 包：汉语普通话的"包子"，在粤方言里是单音节词"包"。

大家都明白是什么东西。由此可知，老华侨多有智慧。这些家常菜现在美竟成了"经典名菜"。

有友人看到国内菜单"干炒牛河"竟译成"Dry Fried Beef River"，令外人看了莫名其妙，不知所谓。与老华侨菜单比较之下，你倒觉得老华侨真多有智慧。这"河"不是彼河"River"，是"沙河粉"的"河"，即"Rice Noodle"也。

（原载2006年9月24日《世界日报》）

中菜配签语饼——老华侨的智慧

早年来美的老华侨受教育不高，英文程度又有限，在排华及歧视的环境下，生存确实不易，但凭着智慧，刻苦耐劳，不断奋斗，绝处逢生，并创出天地。

在寻金热与铁路劳工后期，老侨能不用英文干活的只限于：一、种卖农产品，二、洗衣，及三、饮食业。在这三行业中，饮食业较流行。正是揾食①、揾食，民以食为先。渐渐地，大部分老侨都从事这行业。老侨真有先见之明，也为后辈铺好出路。直至现在为止，大部分不懂英文的新侨也在这饮食行业打拼。

初期凭着杂碎餐、家常小菜，添上中菜色、香、味的特色，吸引中美顾客。如此解决了基本养家活儿的重担。及后老华侨智慧又来了，发明美式玩意来推销中菜。签语饼（Fortune Cookies）由此运生。正是有吃有玩，让客人尽其乐。使中菜色、香、味、乐皆备。客人乘兴而来，开心而返。

这小玩意其貌虽不扬，魔力可真大，很多美国儿童对中菜陌生，起初都不喜欢中菜，甚至不敢尝试。但一知道有签语饼玩就改变主意了。正是有吃有玩，从小培养吃中菜的习惯，增广客路，签语饼立下大功。

早年加州流行六合彩，老华侨又灵机一触，在印上好话绵绵的签语上，再加上六个号码。使人想入非非。正是一边可享受中菜美食，更有发大财之美梦。老华侨的脑筋真灵活、真实用。中菜在美大行其道，老华侨其功不可没也。

日前用中餐，送上签语饼。打开一看，又有新主意。除了好话，六个合彩号码，更教人学简单的中文。如"早""谢谢"等。举例说：1. Learn Chinese，"Good Morning" is "Zhao"（早）。2. Learn Chinese，"Thank you" is "Hsieh Hsieh"（谢谢）。这签语饼魔力越来越大，在推动中国热上亦起了多少作用。

也有一些签语饼，英文及西班牙文并用。除了老美，把中菜也推广至墨裔族群。尤其是墨裔人士众多的地区，加上西班牙文可引起他们对中菜的兴趣及认同。

现时的签语饼更是追上时代，五花八门，形形式式。有特制的签语饼，放入自制的签语。恭喜人或作弄人，悉由尊便。有花式的签语饼，外边加上朱古力或不同颜色的糖衣，看起来更美观名贵。更有特大如柚子的签语饼，更能令人人见人爱。笔者每逢见到签语饼，真佩服老华侨的智慧。中菜能在美大行其道，签语饼其功不可没。

（原载2006年11月19日《世界日报》）

---

① 揾食：寻活路、赚钱。

附录二 有关海外华人社区汉语方言的文献

我们曾在《东南亚华人社区汉语方言概要》的后面做了一个附录——"有关海外华人社区汉语方言的文献"。附录搜集了此前没有被充分关注的、我们所能搜集到的研究海外汉语方言的著作论文,包括从最早的一直到2013年的研究成果。这个附录很受汉语方言,尤其是海外汉语方言研究者、学习者的欢迎。

但是,从2013年至今,时光又过去了几年,海外汉语方言研究从最初的少为人们关注,到如今有越来越多的研究者参与,这几年无论是相关的著作,还是文章的数量,都是前几十年所不可比的。2018年,在甘肃兰州召开的第六届海外汉语方言国际研讨会上的大会发言《海外汉语方言国际研讨会十年》中,我们谈到:

2008年以前发表的,有关海外汉语方言研究的相关成果,计有专著30部,其中出版最早的是1985年的;论文136篇,最早的是1968年的(参见《东南亚华人社区汉语方言概要》附录三、陈晓锦,2014),也就是说,1968—2008年的40年间,论文和论著相加共计166项。

而2008—2018年的10年间,有关海外汉语方言的一些相关研究成果,仅我们看到的就有论著(含论文集)19部,论文160篇,其中发表在北大核心期刊上的文章有16篇。

如今,这个数字肯定又有了新的变化。为了能让广大海外汉语方言的研究者和学习者都能及时了解、掌握海外汉语方言研究的最新动态,我们在《东南亚华人社区汉语方言概要》附录三的基础上,又搜集增添了从该书出版以来至2021年所有我们能够搜集到的、新的相关研究成果的信息。虽然不能说是穷尽式的搜索,但希望这一次的更新能为大家提供更多有效的资讯。

以下是我们粗略搜集到的有关海外汉语、海外汉语方言研究的著作和文章,为便于查找,分著作、论文集和论文3类,按作者姓氏音序排列。

著作

[1] 陈恩泉. 双语双方言 [M]. 香港:彩虹出版社,1992.

[2] 陈晓锦. 马来西亚的三个汉语方言 [M]. 北京:中国社会科学出版社,2003.

[3] 陈晓锦. 泰国的三个汉语方言 [M]. 广州:暨南大学出版社,2010.

[4] 陈晓锦. 东南亚华人社区汉语方言概要 [M]. 广州:世界图书出版广东有限公司,2014.

[5] 陈晓锦,肖自辉. 泰国华人社区的汉语方言 [M]. 广州:世界图书出版广东有限公

司，2018.

[6] 陈重瑜. 华语研究论文集[C]. 新加坡：新加坡国立大学华语研究中心，1993.

[7] 崔东红. 新加坡的社会语言研究[M]. 北京：北京出版社，2011.

[8] 戴庆厦. 跨境语言研究[M]. 北京：中央民族学院出版社，1993.

[9] 甘于恩，陈李茂，单珊. 印尼"先达国语"调查报告[M]. 广州：世界图书出版广东有限公司，2016.

[10] 郭熙. 华语研究录[M]. 北京：商务印书馆，2012.

[11] 郭振羽. 新加坡的语言与社会[M]. 台北：中正书局，1985.

[12] 哈玛宛. 印度尼西亚爪哇客家话[M]. 北京：中国社会科学出版社，1994.

[13] 黄长著，孙越生，王祖望. 欧洲中国学[M]. 北京：社会科学文献出版社，2005.

[14] 贾莉. 美国华人移民子女语言社会化研究[M]. 郑州：河南大学出版社，2008.

[15] 孔远志. 汉语及其方言中的马来语借词[M]. 北京：北京大学出版社，1999.

[16] 李宇明. 全球华语词典[M]. 北京：商务印书馆，2010.

[17] 林涛. 东干语论稿[M]. 银川：宁夏人民出版社，2007.

[18] 林涛. 中亚东干语研究[M]. 香港：香港教育出版社，2003.

[19] 林涛. 中亚回族陕西话研究[M]. 银川：宁夏人民出版社，2008.

[20] 林涛. 东干语调查研究[M]. 北京：中国社会科学出版社，2012.

[21] 林涛，陈晓锦，张轶群. 中亚华人回民社区语言文化风俗研究[M]. 北京：世界图书出版公司，2018.

[22] 林万菁. 汉语研究与华文教学论集[M]、新加坡：新华文化事业有限公司，2006.

[23] 石峰. 汉语研究在海外[M]. 北京：北京语言学会出版社，1995.

[24] 谭慧敏. 汉语文走向世界[M]. 新加坡：八方文化创作室，2006.

[25] 田小琳. 香港社区词词典[M]. 北京：商务印书馆，2009.

[26] 汪惠迪. 时代新加坡特有词语词典[M]. 新加坡：联邦出版社，1999.

[27] 王保华，陈志明. 唐人街：镀金的避难所、民族城邦和全球文化流散地[M]. 张倍瑜，译. 上海：华东师范大学出版社，2019.

[28] 王景荣. 东干语、汉语乌鲁木齐方言体貌助词研究[M]. 天津：南开大学出版社，2008.

[29] 习晏斌. 差异与融合：海峡两岸语言应用对比[M]. 南昌：江西教育出版社，2000.

[30] 肖自辉. 泰国的西南官话[M]. 广州：广东人民出版社，2016.

[31] 徐复岭. 泰国华语特有词语例释[M]. 曼谷：留中大学出版社，2007.

[32] 许茂春. 东南亚华人与侨批[M]. 泰国国际邮票编辑部，2008.

[33] 许小颖. 语言政策和社群语言：新加坡福建社群社会语言学研究[M]. 北京：中华书局，2007.

[34] 游汝杰. 西洋传教士汉语方言学著作书目考述[M]. 哈尔滨：黑龙江教育出版社，2002.

[35] 云惟利. 方言人文丛考[M]. 新加坡：新加坡青年书局，2007.

［36］云惟利．新加坡社会和语言［M］．新加坡：南洋理工大学中华语言文化中心，1996．

［37］云惟利．一种方言在两地三代间的变异：文昌话和漳州话在本土与海外的时地差异［M］．厦门：厦门大学出版社，2004．

［38］周清海．全球化环境下的华语文与华语文教学［M］．新加坡：新加坡青年书局，2007．

［39］周清海．新加坡华语词汇与语法［M］．新加坡：玲子传媒，2002．

［40］周长楫，周清海．新加坡闽南话概说［M］．厦门：厦门大学出版社，2000．

［41］周长楫，周清海．新加坡闽南语词典［M］．北京：中国社会科学出版社，2002．

［42］周长楫，周清海．新加坡闽南话俗语歌谣选［M］．厦门：厦门大学出版社，2003．

［43］庄晓龄．敲开语言的窗口：多样性、变异性和规范性［M］．马来西亚：艺青出版社有限公司，2007．

［44］邹嘉彦，游汝杰．汉语与华人社会［M］．上海：复旦大学出版社，2001．

［45］邹嘉彦，游汝杰．全球华语新词语词典［M］．北京：商务印书馆，2010．

论文集

［1］陈晓锦，张双庆．首届海外汉语方言国际研讨会论文集［C］．广州：暨南大学出版社，2009．

［2］陈晓锦，甘于恩．汉语方言在海外的播迁与变异：第四届海外汉语方言国际研讨会论文集［C］．广州：世界图书出版公司广东有限公司，2016．

［3］陈晓锦，李智强，林柏松．漂洋万里觅乡音：第五届海外汉语方言国际研讨会论文集［C］．广州：世界图书出版公司广东有限公司，2018．

［4］古小松．东南亚：历史　现状　前瞻［M］．广州：世界图书出版公司广东有限公司，2013．

［5］黄高飞，陈晓锦．方音传异载，与析有同声：第七届海外汉语方言国际学术研讨会论文集［C］．广州：中山大学出版社，2021．

［6］李如龙．东南亚华人语言研究［M］．北京：北京语言文化大学出版社，2000．

［7］莫超，张建军，任丽华．域外乡愁的回音：第六届海外汉语方言国家研讨会论文集［C］．广州：世界图书出版公司广东有限公司，2019．

［8］王建设，孙汝建．第二届海外汉语方言研讨会论文集［C］．昆明：云南大学出版社，2012．

［9］赵杰．北方语言论丛：第3辑［M］．银川：黄河出版传媒集团阳光出版社，2013．

论文

［1］LING CHINGROU，CHAN CHEONGJAN，LOO FUNGCHIAT．马来西亚泗里街当今四邑社区的儿童歌仔//甘于恩．南方语言学［M］．广州：暨南大学出版社，2013．

［2］LIAW FUIING（廖慧萤）．印度尼西亚华语与现代汉语普通话的语法差异及其成因［D］．北京：首都师范大学，2008．

[3] DENISOVA VALERIA（瓦莱丽娅）．澳大利亚华人的语言使用考察［D］．长春：东北师范大学，2011．

[4] DENISOVA VALERIA（瓦莱丽娅）．澳大利亚华人社区的汉语方言分布［J］．华章，2011（9）．

[5] 昂麈应．缅甸粤人曾用过的俚语、俗语［M］//观音古庙重修落成庆典一百七十九周年纪念特刊，2002．

[6] 班弨，唐叶．新加坡的语言问题［J］．东南亚研究，2005（6）．

[7] 毕新惠．中亚东干人语言特点与民族文化认同［J］．中国穆斯林，2011（2）．

[8] 曾宝芬．东干语和普通话有关名词的正词法比较［J］．湖南涉外经济学院学报，2008（4）．

[9] 曾晓舸．论泰华语书面语的变异［J］．云南师范大学学报（对外汉语教学与研究版）．2004（4）．

[10] 陈家骏．论新加坡华语中语码夹杂的现象［D］．新加坡：新加坡国立大学，1992．

[11] 陈锦源．马来西亚华语调值的演变兼与普通话比较［J］．现代语文，2007（5）．

[12] 陈美玲．新加坡华语中的语码夹杂现象［J］．语文建设．1999（10）．

[13] 陈琪．新加坡华语词语研究［D］．上海：复旦大学，2008．

[14] 陈淑婷．马来西亚华语口语语气词变异试论［D］．杭州：浙江大学，2012．

[15] 陈思慧，郑一省．泰国的客家人与客属总会［J］．八桂侨刊，2014（1）．

[16] 陈松岑，王晓梅．新加坡华语与方言［C］//陈照明．二十一世纪的挑战：新加坡华语文的现状与未来．北京：联邦出版社，2000．

[17] 陈松岑．新加坡华人的语言态度及其对语言能力和语言使用的影响［J］．语言教学与研究．1991（1）．

[18] 陈晓锦．论海外汉语方言的调查研究［J］．语文研究，2006（3）．

[19] 陈晓锦．泰国曼谷半山客话语音［J］．语言研究，2006，26（3）．

[20] 陈晓锦．泰国曼谷半山客话上声读如去声析［J］．中国语文，2006（5）．

[21] 陈晓锦．泰国曼谷广府话语音特点［J］．方言，2006（4）．

[22] 陈晓锦．海外汉语方言与海外汉语方言调查研究［J］．粤语研究，2007（0）．

[23] 陈晓锦．老挝万象市的潮州话［J］．湛江师范学院学报，2008（2）．

[24] 陈晓锦．马、泰两国粤语中的"咗"［C］//邵敬敏．21世纪汉语方言语法新探索：第三届汉语方言语法国际研讨会论文集．广州：暨南大学出版社，2008．

[25] 陈晓锦．泰国曼谷半山客话中的潮州话借词［C］//张双庆，刘镇发．第七届国际客方言研讨会论文集．香港：香港中文大学中国文化研究所，2008．

[26] 陈晓锦．越南、柬埔寨、老挝三国潮州话训读现象比较［J］．广东技术师范学院学报，2009（8）．

[27] 陈晓锦，郑蕾．海外汉语濒危方言［J］．学术研究，2009（11）．

[28] 陈晓锦．中南半岛五国华人社区及华人语言现状［C］//陈晓锦，张双庆．首届海外汉语方言国际研讨会论文集．广州：暨南大学出版社，2009．

[29] 陈晓锦，高洵．百年前缅甸粤籍华人使用的一些词语：评介昂麈应的《缅甸粤人曾

用过的俚语、俗语》［C］//陈晓锦，张双庆．首届海外汉语方言国际研讨会论文集．广州：暨南大学出版社，2009．

［30］陈晓锦．缅甸仰光台山话语音特点［C］//钱志安，等．粤语跨学科研究：第十三届国际粤方言研讨会论文集．香港：香港城市大学语言资讯科学研究中心，2009．

［31］陈晓锦．缅甸仰光台山话百年间的若干变化［M］//甘于恩．南方语言学：第1辑．广州：暨南大学出版社，2009．

［32］陈晓锦．东南亚潮州话词语的借出与借入［M］//潮学研究：第2辑．北京：社会科学出版社，2021．

［33］陈晓锦．东南亚、北美华人社区汉语方言比较与思考［C］//黄高飞，陈晓锦．方音传异域，与析有同声：第七届海外汉语方言国际学术研讨会论文集．广州：中山大学出版社，2021．

［34］陈晓锦，高润．广东粤闽客方言歌谣在东南亚华人社区的流变［J］．暨南学报（哲学社会科学版），2010（3）．

［35］陈晓锦，肖自辉．广东潮汕方言在东南亚的流变［M］//甘于恩．南方语言学：第2辑．广州：暨南大学出版社，2010．

［36］陈晓锦，李建青．越南胡志明市华人社区的语言环境与华人的语码转换［M］//甘于恩．南方语言学：第3辑．广州：暨南大学出版社，2011．

［37］陈晓锦，肖自辉．缅甸仰光客话"一"的特殊用法［J］．语言研究，2012（1）．

［38］陈晓锦，张淑敏．广东粤方言在东南亚的流变［M］//甘于恩．南方语言学：第4辑．广州：暨南大学出版社，2012．

［39］陈晓锦．东南亚华人社区闽南方言的唇齿清擦音f声母［J］．暨南学报（哲学社会科学版），2012（5）．

［40］陈晓锦，李建青．泰国勿洞容县白话音系［J］．广西社会科学，2012（8）．

［41］陈晓锦．马来半岛、马来群岛五国华人社区及华人语言现状［C］//王建设，孙汝建．第二届海外汉语方言研讨会论文集．昆明：云南大学出版社，2012．

［42］陈晓锦．悉尼粤方言广府话［J］．粤语研究，2012（12）．

［43］陈晓锦．东南亚华人社区汉语方言创新词分析［M］//甘于恩．南方语言学：第5辑．广州：暨南大学出版社，2013．

［44］陈晓锦．试论词汇研究在海外汉语方言研究中的重要性［J］．暨南学报（哲学社会科学版），2013（6）．

［45］陈晓锦．东南亚华人社区兄弟汉语方言的互借词［J］．粤语研究，2013（6）．

［46］陈晓锦，张淑敏．多语多方言环境下马来西亚华人的语言方言取向［J］．北方语言论丛，2013（0）．

［47］陈晓锦，黄高飞．海洋方言：汉语方言研究新视觉［N］．中国社会科学报，2014-04-14（7）．

［48］陈晓锦，张敏怡．海外汉语方言研究刻不容缓［M］//甘于恩．南方语言学·2015．广州：暨南大学出版社，2015．

［49］陈晓锦，黄高飞．海洋与汉语方言［J］．学术研究，2016（1）．

[50] 陈晓锦，黄高飞．汉语海洋方言的扩散与回归［J］．暨南学报（哲学社会科学版），2016（1）．

[51] 陈晓锦，黄裕君．美国芝加哥广府话音系［M］//甘于恩．南方语言学：第10辑．广州：世界图书出版公司广东有限公司，2016．

[52] 陈晓锦，林秀雯．美国三藩市台山话音系［M］//甘于恩．南方语言学：第11辑．广州：世界图书出版公司广东有限公司，2016．

[53] 陈晓锦，张天怡．南非约翰内斯堡广府话音系［M］//甘于恩．南方语言学：第13辑．广州：世界图书出版公司广东有限公司，2018．

[54] 陈晓锦，肖自辉．美国洛杉矶华人社区台山话的语音［J］，语言研究，2017（1）．

[55] 陈晓锦，陈嘉乐，李颖慧．巴西的台山籍华人及台山话［J］．贺州学院学报，2018（4）．

[56] 陈晓锦，许婉虹．美加华人社区粤方言的两种词语表达方式［J］．中国语文通讯，2019（1）．

[57] 陈晓锦．海外汉语方言国际研讨会十年［C］//莫超，张建军，任丽华．域外乡愁的回音：第六届海外汉语方言国际研讨会论文集．广州：世界图书出版公司广东有限公司，2019．

[58] 陈晓锦，李颖慧．美国华人有关牲畜表述的研究［M］//甘于恩．南方语言学：第16辑．广州：世界图书出版公司广东有限公司，2020．

[59] 陈晓锦，吴婷．阿根廷布宜诺斯艾利斯广州白云区人和话的语音［M］//甘于恩．南方语音学：第17辑．广州：世界图书出版公司广东有限公司，2021．

[60] 陈晓锦，龙祉均．从语音特点看古巴台山话的演变［M］//甘于恩．南方语言学：第18辑．广州：世界图书出版公司广东有限公司，2021．

[61] 陈玉清，黄明．新加坡双语教育与华人语言习惯和态度的变迁［J］．集美大学学报（教育科学版），2012（2）．

[62] 陈玉珊．语言的接触与趋同：论粤语对新加坡通俗华语及英语的影响［C］//单周尧，陆镜光．第七届国际粤方言研讨会论文集．北京：商务印书馆，2000．

[63] 陈重瑜．新加坡华语语法特征［J］．语言研究，1986（1）．

[64] 戴庆厦，乔翔，邓凤民．论跨境语言研究的理论与方法［J］．云南师范大学学报（哲学社会科学版），2009（3）．

[65] 迪德·吴托摩，杨启光．印度尼西亚华人的多元语言和种族性征［J］．八桂侨史，1995（1）．

[66] 刁晏斌．从"华人社区"到"全球华语社区"：两岸四地语言差异与融合研究观念的演进［J］．云南师范大学学报（哲学社会科学版），2012（2）．

[67] 刁晏斌．新时期大陆汉语与海外汉语的融合及其原因［J］．辽宁师范大学学报（社会科学版），1997（4）．

[68] 丁宏．东干文与东干语［J］．西北民族研究，1999（2）．

[69] 丁宏．东干语的走向［J］．回族研究，2007（4）．

[70] 丁宏．试论东干人语言使用特点：兼论东干语与东干文化传承［J］．民族研究，

1998（4）.

［71］甘于恩，单册. 印尼"先达国语"音系及主要特点研究［M］//甘于恩. 南方语言学：第5辑. 广州：暨南大学出版社，2013.

［72］甘于恩，李明. 印尼汉语方言的分布、使用、特点及影响［M］//甘于恩. 南方语言学：第4辑. 广州：暨南大学出版社，2012.

［73］郭熙. 论华语研究［J］. 语言文字应用. 2006（2）.

［74］郭熙. 马来西亚：多语言多文化背景下官方语言的推行与华语的拼争［J］. 暨南学报（哲学社会科学版），2005（3）.

［75］郭熙. 马来西亚槟城华人社会的语言生活［J］. 中国社会语言学，2003（1）.

［76］郭熙. 新加坡中学生华语词语使用情况调查［J］. 华文教学与研究，2010（4）.

［77］郭熙. 普通话词汇和新马华语词汇的协调和规范问题：兼论域内外汉语词汇的协调的原则和方法［J］. 南京社会科学，2002（12）.

［78］海峰，王景荣. 现代东干语把字句［J］. 南开语言学刊，2003（0）.

［79］海峰. 东干语概况［J］. 民族语文，2002（1）.

［80］海峰. 东干语研究概况［J］. 语言与翻译，2002（3）.

［81］海峰. 东干语中一个特殊的 ди "的"［J］. 语言与翻译，2013（1）.

［82］海峰. 论东干语的发展［J］. 新疆大学学报（哲学社会科学版），2005（3）.

［83］海峰. 试析中亚东干语中的借词［J］. 新疆大学学报（哲学社会科学版），2000（3）.

［84］海峰. 中亚东干语 - my"们"的使用特点［J］. 语言与翻译（汉文），2004（1）.

［85］海峰. 中亚东干语的语言学价值［J］. 新疆大学学报（哲学社会科学版），2006（3）.

［86］海峰. 中亚东干语是汉语西北方言的域外变体［J］. 语言与翻译，2007（2）.

［87］海峰. 中亚东干语多维研究：基于社会人文背景的语言多学科研究范式［J］. 江苏社会科学，2009（3）.

［88］海峰. 东干语"把N不V"句式分析［J］. 新疆大学学报（哲学·人文社会科学版），2015（2）.

［89］韩爱珍. 马来西亚华语和中国现代汉语语法差异现象研究［D］. 济南：山东大学，2011.

［90］韩金彪. 解读华人语言的文化魅力：读《方言与中国文化》有感［J］. 全国新书目，2006（23）.

［91］何科根. 粤港澳地区粤方言词语进入共同语书面语的现象［C］//詹伯慧. 第五届国际粤方言研讨会论文集. 广州：暨南大学出版社，1996.

［92］何丽娴. 新加坡华语会话中语气词的语用功能［D］. 新加坡：新加坡国立大学，2003.

［93］洪丽芬，吴文芯. 马来西亚华语口语中的粤语成分［C］//詹伯慧，等. 第八届国际粤方言研讨会论文集. 北京：中国社会科学出版社，2003.

［94］洪丽芬. 华语与马来语的词汇交流：马来西亚文化融合的表现［J］. 东南亚研究，

2009（1）.

[95] 洪丽芬. 马来西亚华人的语言马赛克现象：语言融合的表现［J］. 东南亚研究，2007（4）.

[96] 洪丽芬. 马来西亚华人的语言态度［C］//刘泽彭. 互动与创新　多维视野下的华侨华人研究. 桂林：广西师范大学出版社，2011.

[97] 洪丽芬. 马来西亚华人和语言［J］. 八桂侨刊，2005（4）.

[98] 洪丽芬. 马来西亚华人家庭语言的转变［J］. 东南亚研究，2010（3）.

[99] 洪丽芬. 试析马来西亚华人母语的转移现象［J］. 华侨华人历史研究，2008（1）.

[100] 洪丽芬. 马来西亚社会变迁与当地华人语言转移现象研究：一个华裔的视角［D］. 厦门：厦门大学，2006.

[101] 胡光明，黄昆章. 新加坡华语生存环境及前景展望［J］. 云南民族大学学报（哲学社会科学版），2004（2）.

[102] 胡培周. 葡萄牙语对澳门话的影响［J］. 方言，1991（4）.

[103] 胡培周. 一本和葡语、粤语、北京话有关的字书［J］. 方言，1991（4）.

[104] 胡振华. 关于"东干"、"东干语"、"东干人的双语"和"东干学"［J］. 语言与翻译，2004（3）.

[105] 荒井茂夫. 马来西亚华人社会的语言生活和认同结构：以问卷调查为基础的分析［J］. 华侨华人历史研究，2007（2）.

[106] 黄惠珍. 印尼山口洋与台湾客语词汇比较研究［C］//张双庆，刘镇发. 客话纵横：第七届国际客方言研讨会论文集. 香港：香港中文大学中国文化研究所吴多泰中国语文研究中心，2008.

[107] 黄谨良. 潮化的泰语和泰化的潮语［C］//泰国潮州会馆成立三十周年纪念特刊. 泰国潮州会馆，1968.

[108] 黄敏. 香港、新加坡、马来西亚华人语言中的语码转换现象［J］. 新疆教育学院学报，2004（2）.

[109] 黄妙芸. 从汉语走向国际化看区域华语词汇变异：以马来西亚为例［J］. 八桂侨刊，2010（4）.

[110] 黄明. 新加坡语言政策对英语和华语交流的影响［J］. 西南交通大学学报（社会科学版），2007（1）.

[111] 黄明. 英语运动及华语运动与新加坡华人的语言转移［J］. 西南民族大学学报（人文社会科学版），2013（3）.

[112] 黄年丰. 印度尼西亚华语平面媒体特色词语初探［D］. 广州：暨南大学，2006.

[113] 黄婉桦. 马来西亚华语和汉语标准语词语差异研究［D］. 广州：暨南大学，2010.

[114] 黄伟亮. 广东四邑华侨"口供纸"方言的综合考察［J］. 广西民族师范学院学报，2015（2）.

[115] 黄雪霞. 新加坡华语词汇五十年发展变化研究［D］. 武汉：华中师范大学，2011.

[116] 黄艳梅，华玉明. 华语在泰国［J］. 环球采风，2001（1）.

[117] 何向向. 东干语亲属称谓语研究［J］. 祖国，2016（16）.

[118] 何向向．汉语和东干语亲属称谓文化的对比研究［J］．散文百家，2018（9）．

[119] 胡振华．关于"东干""东干语""东干人的双语"和"东干学"［J］．语言与翻译，2004（1）．

[120] 贾益民，许迎春．新加坡华语特有词语补例及其与普通话词语差异分析［J］．暨南大学华文学院学报，2005（4）．

[121] 柯永红．论马来西亚语言特点［J］．广西民族大学学报（哲学社会科学版），2009（6）．

[122] 孔远志．文化交流的历史见证：从闽南方言借词看闽南华侨与印度尼西亚、马来西亚人民的友好关系［J］．华侨历史，1986（Z1）．

[123] 李嘉郁．海外华人的语言生活与华文教学的内容、方法和目标［J］．华侨大学学报（哲学社会科学版），2007（4）．

[124] 李苗．台湾国语词汇与新加坡华语词汇特色比较［J］．武陵学刊，2011（2）．

[125] 李欧，唐韵．泰国报刊书面汉语的变异［J］．四川师范学院学报，1999（9）．

[126] 李秋霞．全球华语新词面面观［J］．HNSW，2003（2）．

[127] 李如龙．关于华人地区语言生活和语文政策的研究［C］//华人地区语文生活与语文计划国际学术研讨会论文，2002．

[128] 李如龙．海外汉语方言研究的新视野：读《全球华语词典》［J］．辞书研究，2013（1）．

[129] 李如龙．华人地区语言生活和语文政策研究［J］．厦门大学学报（哲学社会科学版），2004（3）．

[130] 李如龙．略论东南亚华人语言的研究［J］．学术研究，1997（9）．

[131] 李思旭．完成体助词量化功能差异的跨方言考察［M］//甘于恩．南方语言学：第5辑．广州：暨南大学出版社，2013．

[132] 李永明．新加坡潮州话的外语借词和特殊词语［J］．方言，1991（1）．

[133] 李正栓，贾纪芳．新加坡各族母语与官方语言和其他语言的融合：谈新加坡的语言现象与优势［J］．邢台学院学报，2006（12）．

[134] 练春招．马来西亚土乃客家话的词汇特点［C］//李如龙，周日健．客家方言研究第二届国际客方言研讨会论文集．广州：暨南大学出版社，1998．

[135] 梁心俞．从"陆丰辞典"看印度尼西亚海陆客语词汇及语言接触现象［C］//张双庆，刘镇发．客语纵横：第七届国际客方言研讨会论文集．香港：香港中文大学中国文化研究所吴多泰中国语文研究中心，2008．

[136] 梁心俞．印度尼西亚西加地区海陆客语的接触研究［D］．新北：台湾辅仁大学，2007．

[137] 林采淇．马来西亚华裔语码混用现象探索［D］．北京：北京大学，2012．

[138] 林涵．明清以来"过番"文化在潮汕方言中的反映［J］．南方职业教育学刊，2014（1）．

[139] 林冬梅．从马来西亚华裔家庭用语看华语方言的兴衰［D］．杭州：浙江大学，2010．

[140] 林建平．香港粤语阴平调值商榷［C］//单周尧，陆镜光．第七届国际粤方言研讨会论文集．北京：商务印书馆，2000．

[141] 林涛．东干语的语法特点［J］．汉语学报，2005（2）．

[142] 林涛．东干语在多民族语言接触中的变异现象［J］．西北第二民族学院学报（哲学社会科学版），2003（4）．

[143] 林涛．东干语与北京话及西北方言的比较［J］．北方语言论丛，2012（0）．

[144] 林涛．中亚东干语的特点、现状和发展趋势［J］．当代语言学，2016，18（2）．

[145] 林涛．中亚回族陕西话与甘肃话语音的比较［J］．咸阳师范学院学报，2009，24（3）．

[146] 林涛．东干族口歌里的民俗事象［J］．北方民族大学学报（哲学社会科学版），2004（4）．

[147] 林涛．东干文：汉语拼音文字的成功尝试［J］．北方民族大学学报（哲学社会科学版），2005（4）．

[148] 林涛．东干语的融合、变异和演化［C］//马宗保：中国回族研究论集：第1卷．北京：民族出版社，2005．

[149] 林涛，惠继东．东干语言文化研究的现状与发展方向［J］．西夏研究，2015（3）．

[150] 林涛．中亚东干语及其发展状况［J］．北方语言论丛，2011（0）．

[151] 林涛．我对东干语的调查研究［J］．北方语言论丛，2013（0）．

[152] 林涛．中亚回族汉语方言的传承、衰变及发展走向［J］．北方民族大学学报（哲学社会科学版），2018（6）．

[153] 林秀玲．新加坡华语词汇研究［D］．新加坡：新加坡国立大学，1997．

[154] 林亚茗，段燕．毛里求斯华人流行客家话［N］．人民日报（海外版），2008-12-12（12）．

[155] 刘华，郭熙．海外华语语言生活状况调查及华语多媒体语言资源库建设［J］．语言文字应用，2012（4）．

[156] 刘慧博．新加坡华语与普通话的分歧研究［D］．哈尔滨：黑龙江大学，2010．

[157] 刘俐李．论中亚东干语的去汉语化音变［C］//第八届中国语音学学术会议暨庆贺吴宗济先生百岁华诞语音科学前沿问题国际研讨会论文集，2008．

[158] 刘俐李．论哈萨克斯坦东干语音节的辅音化变异［J］，语言研究，2015，35（2）．

[159] 刘丽宁．80年代初至今新加坡华语使用状况分析及展望［J］．东南亚研究，2002（5）．

[160] 李阳阳．东干语借词词汇特点浅析［J］．现代语文，2017（6）．

[161] 刘汝山，鲁艳芳．新加坡语言状况及语言政策研究［J］．中国海洋大学学报，2004（3）．

[162] 刘文辉，宗世海．印度尼西亚华语区域词语初探［J］．暨南大学华文学院学报，2006（1）．

[163] 刘晓梅．《全球华语词典》处理区域异同的成功与不足［J］．辞书研究，2013（1）．

[164] 刘雅贤．泰国华人方言定语结构考察［J］．现代语文（语言研究版），2015（4）．

[165] 刘岩．泰国曼谷华人的汉语观［J］．民族教育研究，2001（4）．

[166] 刘镇发，刘慧玲．印度尼西亚加里曼丹岛西部的海陆腔客家话［J］．韶关大学学报，2000（5）．

[167] 刘镇发．过去130年间客家方言用字的演变［J］．赣南师范学院学报，2011（4）．

[168] 刘忠．全球华人的共同语言［J］．今古传奇（武侠版上半月版），2007（9）．

[169] 卢绍昌．华语与方言［C］//华语论集．新加坡：新加坡金昌印务，1984．

[170] 陆镜光．香港粤语通俗小说的书写系统［C］//第三届国际粤方言研讨会论文集，1992．

[171] 马诗帆，严艳群．语言接触与汉语［J］．南开语言学刊，2013（1）．

[172] 莫超．东干语研究概述［J］．丝绸之路，2017（14）．

[173] 潘碧丝．多元方言下的渗透与包容：马来西亚华语中的方言词语［J］．云南师范大学学报（对外汉语教学与研究版），2012（3）．

[174] 潘碧丝．华语与普通话亲属称谓语的泛化［J］．河南科技大学学报（社会科学版），2007（5）．

[175] 潘碧丝．马来西亚华语与普通话社会称谓语比较［J］．云南师范大学学报（对外汉语教学与研究版），2008（3）．

[176] 潘家福．新加坡华社的多语现象与语言接触研究［D］．上海：复旦大学，2008．

[177] 潘家懿．柬埔寨潮汕话记略［J］．汕头大学学报（人文社会科学版），1997（4）．

[178] 千岛英一，樋口靖．马来西亚粤语中的借词问题初探［C］//詹伯慧．第五届国际粤方言研讨会论文集．广州：暨南大学出版社，1997．

[179] 桥本万太郎，李斯纪，李新华．东干语研究的当前发展［J］．西北民族研究，1986（0）．

[180] 桥本万太郎，杨占武，刘静．东干语研究现状［J］．固原师专学报（社会科学版），1986（4）．

[181] 饶秉才．港穗粤语差异问题探讨［C］//单周尧，陆镜光．第七届国际粤方言研讨会论文集．北京：商务印书馆，2000．

[182] 尚国文，赵守辉．华语规范化的标准与路向：以新加坡华语为例［J］．语言教学与研究，2013（3）．

[183] 尚国文．新加坡华语中的数词及其相关表达［J］．华文教学与研究，2012（4）．

[184] 邵慧君．毛里求斯华人社会语言概况［J］．方言，2001（3）．

[185] 邵敬敏，刘宗保．华语社区词的典型性及其鉴定标准［J］．语文研究，2011（3）．

[186] 石川贤作，刘晓民．新加坡、马来西亚的语言、教育政策和华人社会的阶层结构［J］．南洋资料译丛，2002（2）．

[187] 石川贤作．新加坡、马来西亚的语言教育政策和华人社会的阶层结构［J］．南洋资料译丛，2002（2）．

[188] 矢放昭文．《华英通语》反映的一百五十年前粤语面貌［C］//张洪年，张双庆，陈雄根．第十届国际粤方言研讨会论文集．北京：中国社会科学出版社，2007．

[189] 宋歌,马辉芬. 试析东干语语气词"哩"[J]. 呼伦贝尔学院学报,2018,26(5).

[190] 苏金智. 台港和大陆词语差异的原因、模式及其对策[J]. 语言文字应用,1994(4).

[191] 孙艳,王景荣. 东干语中的儿化现象[J]. 语言与翻译,2011(1).

[192] 汤嵋厢. 泗里街广府丧葬仪式歌时闻之"字眼"探析[M]//甘于恩. 南方语言学:第5辑. 广州:暨南大学出版社,2013.

[193] 汤志祥. 论华语区域特有词语[J]. 语言文字应用,2005(2).

[194] 汤志祥. 论华语区域特有词语[J]. 语言文字应用,2005(5).

[195] 汤志祥. 中国大陆、台湾香港、新加坡汉语词汇方面若干差异举例[J]. 徐州师范学院学报,1995(1).

[196] 田惠刚. 海外华语与现代汉语的异同[J]. 湖北大学学报(哲学社会科学版),1994(4).

[197] 田小琳. 香港词汇研究初探[J]. 语言文学应用,1997(2).

[198] 汪惠迪. 华语特有词语:新加坡社会写真[J]. 扬州大学学报,1999(4).

[199] 汪惠迪. 新加坡华语词汇的特点[C]//世界华语教学研讨会论文集. 新加坡:新加坡华语研究会,1990.

[200] 王爱平. 汉语言使用与华人身份认同:对400余名印度尼西亚华裔学生的调查研究[J]. 福州大学学报(哲学社会科学版),2006(4).

[201] 王成山,梁松鹤. 语用学视角下的新加坡华人语码转换研究[J]. 山东文学,2007(3).

[202] 王干荣. 华文、华语在马来西亚[J]. 群言,1994(11).

[203] 王会俊. 马六甲华人社会语言状况研究[D]. 南京:南京大学,2005.

[204] 王会俊. 新加坡华语"域化"现象研究[D]. 南京:南京大学,2002.

[205] 王景荣. 东干语、汉语乌鲁木齐方言"完成"体貌助词"哩/咧"[J]. 南开语言学刊,2006(2).

[206] 王景荣. 东干语、汉语乌鲁木齐方言常用语气词及语气词的共现[J]. 南开语言学刊,2011(1).

[207] 王景荣. 东干语、汉语乌鲁木齐方言形容词后的助词"下"[xa][J]. 和田师范专科学校学报,2004(4).

[208] 王茂林. 普通话与马来西亚华语单元音比较[J]. 语言研究,2011(4).

[209] 王世凯,方磊. 《全球华语词典》中异名词语的调查分析[J]. 语言文字应用,2012(4).

[210] 王晓梅. 马来西亚雪兰莪州万津华人的语言保持和语言转用[J]. 中国社会语言学,2005(4).

[211] 王晓梅. 马来西亚华语社会称谓语"安娣"探析[J]. 华文教学与研究,2010(4).

[212] 王晓梅. 马来西亚柔佛州客家民系的语言转用[C]//张双庆,刘镇发. 客语纵

横：第七届国际客方言研讨会论文集. 香港：香港中文大学中国文化研究所吴多泰中国语文研究中心，2008.

[213] 王晓梅. 柔佛州二代同堂华人家庭的语言转用[D]. 香港：香港城市大学，2006.

[214] 王仲黎. 老挝跨境"云南人"语言生活调查[J]. 西南边疆民族研究，2012（1）.

[215] 沃新. 澳大利亚：华语成为第一大外语[J]. 课程·教材·教法，2002（9）.

[216] 吴丹，张秋生. 大洋洲华侨华人研究综述[J]. 东南亚研究，2013（1）.

[217] 吴琼，李创鑫. 泰国汉语及汉语教育现状[J]. 暨南大学文学院学报，2001（4）.

[218] 吴文芯. 马来西亚华语口语的语音特点[C]//第38届国际汉藏语会议论文提要，2005.

[219] 吴文芯. 马来西亚半岛台山话语言转用个案调查[C]//张洪年，张双庆，陈雄根. 第十届国际粤方言研讨会论文集. 北京：中国社会科学出版社，2007.

[220] 吴文芯. 马来西亚"槟城福建话"特征词研究[J]. 泉州师范学院学报，2014（1）.

[221] 吴英成. 从新加坡华语句法实况调查讨论华语句法规范化问题[C]//世界华文教学研讨会论文集. 新加坡：新加坡华文研究会，1990.

[222] 吴英成. 海外华人圈华语变体切片[M]//苏新春. 台湾及东南亚华文华语研究. 香港：香港霭明出版社出版，2004.

[223] 吴英成. 新加坡华语语法研究[D]. 台北：国立台湾大学，1986.

[224] 吴雨凤. 印度尼西亚华人语言使用情况调查研究[D]. 广州：暨南大学，2012.

[225] 吴子荣. 汉学研究在荷兰[J]. 中国典籍与文化，1998（2）.

[226] 夏琳娜. 新加坡华语"第五声"在不同年龄层的出现频率[D]. 新加坡：新加坡国立大学，2003.

[227] 鲜丽霞. 曼德勒华人的语言生活[J]. 东南亚研究，2008（1）.

[228] 冼伟国. 马来西亚吉隆坡粤语之马来语借词研究[D]. 广州：暨南大学，2005.

[229] 肖荷. 泰国北柳府华人社区华人语言使用情况考察[D]. 湘潭：湘潭大学，2011.

[230] 肖自辉. 海外华人方言口述历史有声记录初论[J]. 贺州学院学报，2018，34（4）.

[231] 萧国政，徐大明. 从社交常用语的使用看新加坡华族的语言选择及其趋势[J]. 语言文字应用，2000（3）.

[232] 萧国政. 新加坡华语发展的历史动因和华语形态透视[J]. 语文建设，1998（12）.

[233] 萧忆茹. 马六甲华社语码转换之新老差异考察[D]. 北京：清华大学，2012.

[234] 辛林. 毛里求斯华人客家话的变迁[J]. 岭南文史，1992（2）.

[235] 星雨. 东干语陕西方言语音研究[D]. 北京：北京语言大学，2008.

[236] 邢福义. 新加坡华语使用中源方言的潜性影响[J]. 方言，2005（2）.

[237] 徐大明，王晓梅. 全球华语社区说略[J]. 吉林大学社会科学学报，2009（2）.

[238] 徐大明. 新加坡华社双语调查—变项规则分析法在宏观社会语言学中的应用[J]. 当代语言学，1999（3）.

附录二　有关海外华人社区汉语方言的文献

［239］许丽珊，赵亮．马来西亚槟城州华人青少年语码转换之社会表现研究［J］．南洋问题研究，2011（1）．

［240］许丽珊．多语接触下马来西亚华人的语码转换研究［D］．杭州：浙江大学，2008．

［241］许小颖，吴英成．新加坡华语"第五声"遗失过程中的"词汇扩散"现象［C］//新世纪的现代语音学：第五届全国现代语音学学术会议论文集．北京：清华大学出版社，2001．

［242］许迎春．新加坡华语特色词语考察［D］．广州：暨南大学，2006．

［243］宣轩．新加坡华语中的叠音词［J］．咬文嚼字，1999（2）．

［244］杨秀明．中国本土与海外闽南方言声调差异及其成因［J］．漳州师范学院学报（哲学社会科学版），2011（2）．

［245］杨景．中外东干语外来借词评述［J］．湖北经济学院学报（人文社会科学版），2014，11（10）．

［246］杨福绵．罗明坚、利玛窦《葡汉辞典》所记录的明代官话［J］．中国语言学报，1995（5）．

［247］杨荣华．英国华人言语社区的结构模式研究［J］．华文教学与研究，2011（3）．

［248］杨锡铭．泰国潮州话初探［J］．韩山师范学院学报，2004（4）．

［249］杨占武．东干语及东干语研究的语言学意义［J］．中央民族学院学报，1987（3）．

［250］伊维德，李芳．过番歌：清末民初以来客家与闽南方言说唱中的海外移民［J］．戏曲与俗文学研究，2017（1）．

［251］矣琴．泰国南邦府华人语言使用情况调查研究［D］．昆明：云南师范大学，2008．

［252］游汝杰．《上海通俗语及洋泾浜》所见外来词研究［J］．中国语文，2009（3）．

［253］游汝杰．略论《圣经》方言译本（提要）［C］//"经典的翻译与诠释"国际学术研讨会论文集，2006．

［254］游汝杰．全球汉语融合趋势日渐明显［J］．社会科学报，2012（4）．

［255］游汝杰．台湾与大陆华语文书面语的差异［J］．语文建设，1992（11）．

［256］游汝杰．西洋传教士著作所见上海话的塞音韵尾［J］．中国语文，1998（2）．

［257］游汝杰．泰国潮州籍华裔语言使用情况调查报告［J］．海外华文教育，2015（1）．

［258］袁方．泰北美斯乐汉语云南方言调查研究［D］．厦门：厦门大学，2007．

［259］詹伯慧．再接再厉，把海外汉语方言的研究持续深入地进行下去：在第三届海外汉语方言研讨会上的发言［J］．北方语言论丛，2013（0）．

［260］张楚浩．广州话对新加坡华语的影响［C］//第一届国际粤方言研讨会论文集．香港：现代教育研究社，1994．

［261］张典姊．澳洲华人社会的语言文化生活［J］．广东社会科学，2001（4）．

［262］张东波，李柳．社会心理因素与美国华人社团的语言维护和变迁［J］．语言文字应用，2010（1）．

［263］张攀．东干语词汇特点浅析［J］．西安文理学院学报（社会科学版），2012（6）．

［264］张淑娟．泰国华语书面语词汇变异研究［D］．石家庄：河北师范大学，2003．

［265］张淑均．俄汉语言接触中东干语的变异现象［C］//首届海峡两岸外语教学与研究

学术研讨会暨福建省外国语文学会2011年会论文集，2011.

[266] 张黎，杜氏秋姮. 中越边民互市语言生活调查研究：以浦寨和新清市场为例［J］. 语言文字应用，2014（1）.

[267] 张双庆. 研究海外汉语方言外来语的一些思考［J］. 北方语言论丛，2013.

[268] 张双庆，潘家铭. 泰语中的潮汕方言词汇试析［M］//甘于恩. 南方语言学：第1辑. 广州：暨南大学出版社，2009.

[269] 张双庆，庄初升. 从巴色会出版物看一百多年前新界客家话的否定词和否定句［J］. 语言研究，2001（4）.

[270] 张双庆，庄初升. 19世纪美部会、圣公会传教士与闽北方言研究［J］. 中国语文研究，2007（2）.

[271] 赵杰，崔宝莹. 第三届海外汉语方言国际研讨会综述［J］. 北方语言论丛，2012（0）.

[272] 赵敏. 泰国北部清迈府华人村华语教育及语言使用［M］//云南孔子学术研究会. 孔学研究：第17辑. 昆明：云南人民出版社，2011.

[273] 郑军. 闽南话对印度尼西亚华裔汉语书面语表达的影响［J］. 湛江师范学院学报，2013（2）.

[274] 郑伟聪. 谈谈港澳书面粤语的一些小问题［C］//第三届国际粤方言研讨会论文集，1992.

[275] 钟贵峰，宋少军. 融合与坚守：全球化背景下缅甸客家人的文化调适［J］. 东南亚研究，2016（4）.

[276] 周柏胜. 论香港粤语用字的使用问题［C］//詹伯慧. 第八届国际粤方言研讨会论文集. 北京：中国社会科学出版社，2003.

[277] 周烈婷. 从几个例子看新加坡华语和普通话的词义差别［J］. 语言文字应用，1999（1）.

[278] 周清海，萧国政. 新加坡华语词的词形、词义和词用选择［J］. 中国语文，1999（4）.

[279] 周清海. 新加坡华语变异概说［J］. 中国语文，2002（6）.

[280] 朱辉. 泰国北部山区华人村落语言运用调查研究［D］. 昆明：云南师范大学，2005.

[281] 朱丽丽. 美国华语与普通话的差异研究［D］. 哈尔滨：黑龙江大学，2012.

[282] 朱湘燕，黄舒萍. 印度尼西亚苏北华语口语词汇与现代汉语词汇差异调查［J］. 华文教学与研究，2013（1）.

[283] 祝晓宏. 新加坡华语语法变异研究［D］. 广州：暨南大学，2008.

[284] 庄初升，陈晓丹. 19世纪以来潮汕繁衍的罗马字拼音方案［M］//甘于恩. 南方语言学：第1辑. 广州：暨南大学出版社，2009.

[285] 庄初升，陈英纳. 早期荷兰人编印的两种印度尼西亚客家方言文献［J］. 文化遗产，2013（2）.

[286] 庄初升，刘镇发. 巴色会传教士与客家方言研究［J］. 韶关学院学报，2002（7）.

[287] 庄初升．清末民初西洋人编写的客家方言文献［J］．语言研究，2010（1）．
[288] 庄初升．一百多年前新界客家方言的体标记"开"和"里"［J］．暨南学报（哲学社会科学版），2007（3）．
[289] 周庆生．论东干语言传承［J］．民族语文，2018（2）．
[290] 周庆生．东干语案例可以作为语言传承畅通与中断的典型［J］．语言战略研究，2017（3）．
[291] 邹嘉彦，廖国辉，王培光．香港电视新闻节目中的粤语与普通话用语初探［C］//詹伯慧．第二届国际粤方言研讨会论文集．广州：暨南大学出版社，1990．
[292] 左飚，谭慧敏．语言选择与文化认同：新加坡华人语言与文化发展轨迹刍议［J］．英语研究，2006（3）．

学位论文

[1] 陈嘉乐．马来西亚亚庇宝安客家话词汇研究［D］．广州：暨南大学，2021．
[2] 黄高飞．广东华侨农场越南广宁归侨粤语语音研究［D］．广州：暨南大学，2015．
[3] 黄裕君．缅甸曼德勒台山话语音研究［D］．广州：暨南大学，2018．
[4] 李建青．泰国勿洞广西白话语音研究［D］．广州：暨南大学，2013．
[5] 李阳阳．东干语词汇研究［D］．银川：北方民族大学，2018．
[6] 李颖慧．马亚西亚亚庇宝安客家话语音研究［D］．广州：暨南大学，2021．
[7] 林秀雯．缅甸曼德勒台山话词汇研究［D］．广州：暨南大学，2018．
[8] 罗凤莹．越南芒街市粤方言词汇研究［D］．广州：暨南大学，2015．
[9] 庞文丽．泰国三个华人聚居区华人语言使用现状调查分析［D］．南宁：广西大学，2015．
[10] 任士友．马来西亚砂拉越古晋河婆客家话语音研究［D］．广州：暨南大学，2020．
[11] 王邦晖．外语和华语方言词语在马来西亚华语语用中的感情色彩倾向［D］．杭州：浙江大学，2015．
[12] 王景荣．东干语、汉语乌鲁木齐方言体貌助词研究［D］．天津：南开大学，2003．
[13] 吴婷．肇庆大旺华侨农场越南归侨客家话语音研究［D］．广州：暨南大学，2022．
[14] 萧丽燕．马来西亚士乃客家话调查报告［D］．广州：暨南大学，2001．
[15] 肖自辉．泰国西南官话研究［D］．广州：暨南大学，2014．
[16] 许婉虹．马来西亚华人社区潮汕方言语音研究［D］．广州：暨南大学，2021．
[17] 徐雨娴．广西北海侨港镇吉婆岛粤方言词汇研究［D］．广州：暨南大学，2018．
[18] 尤慧君．马来西亚砂拉越泗里街新会话词汇研究［D］．广州：暨南大学，2020．
[19] 张淑敏．马来西亚吉隆坡大埔客家话词汇研究［D］．广州：暨南大学，2014．
[20] 张敏怡．吉婆岛归侨群体粤方言使用状况与变异研究［D］．广州：暨南大学，2019．

附录三　有关美国田野调查的照片

一、三藩市调查

2016年暑假,在美国三藩市旧金山大学参加第五届海外汉语方言国际学术研讨会。其间与导师詹伯慧先生(左二)及同门林柏松教授(右二)、甘于恩教授(右一)合影。我们3人,还有彭小川教授,都是先生开门招收的第一批弟子。

美国项目的合作者,三藩市旧金山大学现代与古典语言学系系主任李智强博士。

附录三 有关美国田野调查的照片

2016年暑假,在三藩市旧金山大学召开的第五届海外汉语方言国际学术研讨会上主持会议的开幕式。

三藩市华人吴月芳与儿子对我在三藩市进行的广府话调查给予了很大的帮助。

与美国项目的合作伙伴、在美多年的暨南大学同门林柏松教授（中间），以及旧金山大学现代与古典语言学系系主任李智强博士（右一）一起商讨美国项目的开展问题。

与美国项目的合作伙伴、在美多年的暨大同门林柏松教授（右一），以及旧金山大学现代与古典语言学系系主任李智强博士（左一）在一起。

附录三　有关美国田野调查的照片

2016年夏天，在美国旧金山大学第五届海外汉语方言国际学术研讨会闭幕后，与会代表合影。

在美国旧金山大学第五届海外汉语方言国际学术研讨会上发言。

与宁夏北方民族大学的林涛教授在美国旧金山大学第五届海外汉语方言国际学术研讨会上合影。

在美国三藩市繁华的唐人街。

附录三 有关美国田野调查的照片

听时任美国历史最悠久的华文学校——三藩市美洲中华中学校的李校长介绍学校的校史。

记录三藩市华人的广府话。

与暨南大学校友会三藩市的老校友们合影。校友会的老师们给了我很大帮助,特别是时任会长的周云汉老先生(前排左一)与其太太(后排左三)为我在三藩市的调查,以及在旧金山大学召开的第五届海外汉语方言国际学术研讨会提供了很多支持和帮助。

在三藩市和同门林柏松夫妇拜访暨南大学中文系的老教师饶秉才先生(右二)和师母(右三)。

附录三　有关美国田野调查的照片

与美国三藩市台山话的发音人一家三代的合影。

二、洛杉矶调查

记录美国洛杉矶的台山话，发音人为第五代美籍华人梅×宇先生（右二），右三为给了我们很大帮助的陈×培先生，右一为陈×培先生的妻子——洛杉矶广府话的发音人李×清女士，左二为在洛杉矶的调查中给了我们很多帮助的老同学黄小梁。

在美国洛杉矶调查汉语方言。

在美国洛杉矶的中华会馆。

附录三 有关美国田野调查的照片

在洛杉矶中华会馆，介绍海外汉语方言调查研究，介绍美国华人社区汉语方言的调查研究。

在美国洛杉矶的长滩。

在美国洛杉矶调查汉语方言。

三、纽约调查

与香港的林文芳博士（中间）一起在美国纽约记录广府话。

附录三 有关美国田野调查的照片

与香港的林文芳博士(右二)一起在美国纽约调查汉语方言。至孝笃亲公所的陈建平先生(右一)给了我们很大的帮助。

在美国纽约记录广府话。

在美国纽约,我和香港的林文芳博士(右一)借住在我的初中同学梁任大的大哥家里,大嫂(中间)给了我们很多帮助。

和香港的林文芳博士(中间)一起记录纽约的广府话。

和香港的林文芳博士（右一）一起与美国纽约的广府话发音人合影。

四、芝加哥调查

芝加哥的唐人街已有过百年的历史，身旁的石狮子底座上刻着"芝加哥唐人街建埠百年志庆，1912—2012"字样。

在美国芝加哥调查台山话。

在芝加哥调查台山话,右一为发音人邝×明先生,左一为在芝加哥的调查中给了我们很大帮助的梅怡冬女士。

夏日的美国芝加哥,周末傍晚免费的露天音乐会。

五、俄勒冈波特兰调查

在俄勒冈州的波特兰调查广府话。

在俄勒冈州的波特兰调查台山话。

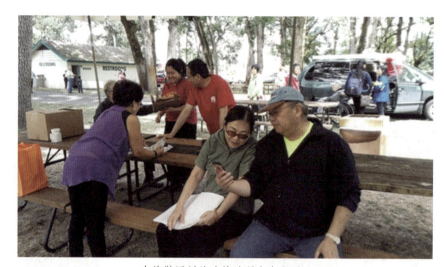

在俄勒冈州的波特兰调查台山话。

附录三　有关美国田野调查的照片

在俄勒冈州的波特兰调查台山话。

俄勒冈州波特兰的李氏宗亲会。

与身为龙虎师教练的俄勒冈州波特兰台山话发音人李×安先生（右一）和他的混血儿子（左一）合影。

俄勒冈州波特兰的两位可爱的年轻女孩，广府话流利的发音人甄×洁（中间）和詹×仪（右一）。詹×仪的母亲来自香港，父亲则是美籍印度人。

附录三　有关美国田野调查的照片

在俄勒冈州波特兰调查发音人李×安先生的台山话。

在俄勒冈州波特兰调查时，在我们暨南大学中文系的硕士生王淑良家借住。淑良一家给了我非常大的帮助。那段时间，她和先生既要照顾3个年幼的孩子，又要帮我联系发音人，非常不容易。这是淑良时年6岁的大女儿为我们拍的照片。

六、得州调查

在美国得州的圣安东尼奥调查台山话,我的中学同学刘纪元(右一)给了我很大的帮助。左一年届90岁的发音人竟然是曾在20世纪20—30年代治粤多年的陈济棠之女。

与美国得州圣安东尼奥台山话发音人朱×华(右一)和她母亲(陈济棠之女,中间)合影。

附录三 有关美国田野调查的照片

在得州休斯敦与暨南大学校友商粤生会长合影。商会长对我的休斯敦广府话调查给予了大力支持。

在美国得州休斯敦接受美南国际电视公司的采访,用粤语做了一期介绍海外汉语方言和海外汉语方言研究的电视节目。

在休斯敦美南国际电视公司接受采访,录制《粤语天地》电视节目的截图。

在得州与中学老同学刘纪元(右一)及时任得克萨斯大学圣安东尼奥分校孔子学院的院长姚万祥博士(左一)合影。

后　　记

国家社科基金重点项目"美国华人社区汉语方言与文化研究"（14AYY005）的最终成果《美国华人社区粤方言与文化研究》即将交付出版社出版，此刻，面对这部一百多万字的著作，心里既很欣喜，亦很忐忑。

欣喜是因为海外汉语方言研究终于冲出了亚洲，涉及了世界头号超级大国美国的华人社区——尽管这只是一次不够完美的涉及。但是无论如何，有着几可媲美美国建国史，在美国华人社区流行了几近两百年的社区通用语，粤方言台山话和广府话，终于在世人面前露出了一些真颜。而且，这次不只是单点的调查研究，而是涉及了美国的 5 个州、7 个城市的 6 个粤方言台山话点和 6 个粤方言广府话点，是关于 6 个台山话、6 个广府话，总共 12 个点的调查研究。

还有，更加幸运的是，我最终赶在了 2019 年年底，在不可预知的新冠疫情全球暴发，全球各国间的交通瘫痪，多国（特别是美国）禁入前完成了项目的调查和写作，通过了项目的结项。

确实值得为此擦一把汗。

本书的完成，与国家社科基金重点项目"美国华人社区汉语方言与文化研究"的合作者——时任美国旧金山大学现代与古典语言学系主任李智强博士的支持，与我的暨大硕士同门——在美多年的林柏松教授的帮助，与美国各地原先相识的老同学、老朋友，以及众多新近为了项目的调查才结识的华人的热心帮助分不开。众人拾柴火焰高。没有他们的力量，我不可能多次飞到远隔重洋的北美洲，在与国内汉语方言调查研究环境，甚至与我曾经做过的东南亚华人社区调查研究的环境都完全不一样的美国做田野调查。美国华人社区的调查研究，令我获得了在这之后进行的国家社科基金重大项目"海外华人社区汉语方言与文化研究"（14ZDB107）工作的不可多得的可贵经验。

特别感谢旧金山大学李智强教授的帮助。最初，在美国和中国之间还没有实施 10 年旅游签证之前，因为旧金山大学现代与古典语言学系与暨南大学文学院汉语方言研究中心签订的合作协议，我得以用旧金山大学发出的短期访问学者邀请申请签证赴美。虽然那次进入三藩市差点被美国海关拦住（原因最后搞清楚了，是该校发出的邀请文件以平信送达给我，超时了），结果是美国的田野调查搞了个有惊无险的开头，但还是非常感谢智强博士，特别是 2016 年暑假，他还与我们暨大汉语方言研究中心合作，在旧金山大学一起成功地举办了第五届海外汉语方言国际学术研讨会。

林柏松教授是我的硕士同学，更是美国华人社区汉语方言调查研究的热心支持者和执行者，本项目的申请和进行，还有我在美国三藩市的调查，都得到了他和他太太、家人的鼎力、热心的帮助。柏松还为我提供了本书第 5 章的一些有关美国华文教育的材料。项目的完成，还有在旧金山大学成功召开的第五届海外汉语方言国际研讨会，也都有他的功劳。

美国各个调查点的华人无私地帮助我们，他们也是本项目完成的幕后功臣。我和外子在洛杉矶、芝加哥、纽约、俄勒冈州波特兰、得州圣安东尼奥、休斯敦少年时代的老同学、老朋友、学生，暨南大学三藩市的校友会，还有很多原先素不相识，但是热心中华文化传播的华人，他们或者努力地帮我寻找发音人，或者费神费时地充当各地点华人社区的发音人，甚或为我们提供住处。虽然难以在一篇小小的后记中一一详列他们的大名，但是他们的情谊已经深深地印在我的脑海中，他们都是本项目得以顺利完成的有功者。

我的学生们更是一直给我各种大事琐事提供帮助，特别是李颖慧、陈嘉乐，以及他们的师兄师姐师妹许婉虹、任士友、尤慧君、吴婷、黄晓婷、龙祉均、方舒雅等人付出了很大的努力。本书全书的编辑、第5章关于"华人的语言方言取向"表格的整理，都有他们的劳动。本书的责任编辑，现在中山大学出版社任职的高洵，也是我毕业多年的学生，我也想对她为这本专业书付出的劳动表示感谢。多年来，我与学生们教学相长，共同在田野调查现场摸爬滚打，共同摸索讨论学术疑难，共同分享生活中的点点滴滴，我与在读和毕业了的学生们都情同家人，借这篇小文，我谨向每一位学生表达我从心底里发出的感激。

感谢我的家人。外子几年来不但承担了很多繁重的家务，而且在我利用寒暑假飞赴各地进行田野作业时，还常常不辞劳累地陪伴我。我做出的每一点成绩，都有他付出的辛劳。

该如何报答那么多给了我帮助的好人？

或许，只有更加努力地工作，将发掘、抢救、维护海外华人社区汉语方言进行到底，才是对他们最好的回报。

忐忑的还有，书是写出来了，但是我深知浅薄，之所以敢于让小书面世，也是期望能引来批评，能引来海内外更多华人的关注，能引来更多的汉语方言工作者的深入研究。美国很大，美国华人已达500万之多，华人社区的汉语方言调查研究要进行得更全面、更深入，必须要有更多华人和学人的共同努力。

祈望在全球肆虐的新冠疫情早日得到彻底控制，人类彻底消灭病毒，四海升平，海外华人社区汉语方言调查研究在疫情过后，更加蓬勃开展！

作者

2020年10月22日

写于广州华景新城寓所